VOLTAIRE EN SON TEMPS

sous la direction de

RENÉ POMEAU

de l'Institut

4

RENÉ POMEAU

«Ecraser l'Infâme»

1759–1770

avec la participation de

Jean Balcou, Marie-Hélène Cotoni,
Jean Dagen, Sylvain Menant
et Charles Porset

VOLTAIRE FOUNDATION
TAYLOR INSTITUTION
OXFORD

1994

ISBN 0 7294 0468 4

Voltaire Foundation
99 Banbury Road
Oxford OX2 7RB

En France

Universitas
62 avenue de Suffren
75015 Paris

Couverture

Portrait de Voltaire par Jean Huber.
British Museum, Londres.

Printed in England at The Alden Press, Oxford

NOTE

Ce quatrième tome de *Voltaire en son temps* a bénéficié comme les précédents de l'aide du Centre d'étude des XVIIe et XVIIIe siècles de la Sorbonne, unité de recherche associée 96 du CNRS. Nous prions le directeur du Centre, M. Marc Fumaroli, de trouver ici l'expression de notre gratitude.

L'aide que les collaborateurs ont bien voulu apporter à la préparation du présent volume se répartit ainsi :

Jean Balcou : chapitres I, VI, VII.
Marie-Hélène Cotoni : chapitres XIII, XVII (et ce qui a trait à la critique biblique dans les chapitres XII et XIV).
Jean Dagen : chapitres II, III, IV, V, X.
Sylvain Menant : chapitres V, X, XI.
Charles Porset : chapitre XIV.

Jean Dagen a assuré une tâche de coordination.

Pour ce volume comme pour le précédent, Odile Barckicke a effectué avec autant de dévouement que de compétence le travail considérable qu'a exigé la préparation du manuscrit.

Nous remercions vivement Ulla Kölving qui a bien voulu établir l'index de ce tome iv, ainsi que celui du tome iii.

LISTE DES ABRÉVIATIONS

BN Bibliothèque Nationale.

BnC *Catalogue général des livres imprimés de la Bibliothèque nationale. Auteurs*, t.214 (1978).

BV *Bibliothèque de Voltaire : catalogue des livres* (1961).

Caussy *Voltaire seigneur de village* (1912).

Chassaigne pour le ch. IX, Marc Chassaigne, *L'Affaire Calas* (1929); pour le ch. XVI, Marc Chassaigne, *Le Procès du chevalier de La Barre* (1920).

Choudin *Histoire ancienne de Ferney* (1989).

CLT Grimm, *Correspondance littéraire*, éd. M. Tourneux (1877-1882).

D *Correspondence and related documents*, éd. Th. Besterman, dans *OC*, t.85-135 (1968-1977). Le chiffre qui suit D renvoie au numéro de la lettre.

Desnoiresterres *Voltaire et la société française au XVIIIe siècle* (1871-1876).

Galland Elie Galland, *L'Affaire Sirven* (1910).

Leigh *Correspondance complète de Jean-Jacques Rousseau*, éd. R. A. Leigh (1965-). Le chiffre qui suit renvoie au numéro de la lettre.

Longchamp et Wagnière *Mémoires sur Voltaire* (1826).

Marginalia *Corpus des notes marginales de Voltaire* (1979-).

M *Œuvres complètes de Voltaire*, éd. L. Moland (1877-1885).

MLN *Modern language notes.*

OC *Œuvres complètes de Voltaire / Complete works of Voltaire* (1968-). En cours de publication.

OH Voltaire, *Œuvres historiques*, éd. R. Pomeau (1957).

Orsoni Orsoni, *L'Affaire Calas avant Voltaire*, thèse de l'Université de Paris IV-Sorbonne, 1981.

RHLF *Revue d'histoire littéraire de la France.*

RLC *Revue de la littérature comparée.*

Romans et contes Voltaire, *Romans et contes*, éd. Deloffre, Van den Heuvel, Hellegouarc'h (1979).

Studies *Studies on Voltaire and the eighteenth century.*

NOTE SUR LES MONNAIES

Les valeurs relatives des monnaies françaises au dix-huitième siècle sont les suivantes:

12 deniers	=	1 sol (ou sou)
20 sous	=	1 livre ou franc (les deux termes sont équivalents)
3 livres	=	1 écu
10 livres	=	1 pistole
24 livres	=	1 louis

Il est fort difficile de donner des équivalents dans nos monnaies de 1994. Celles-ci sont instables, et la différence des modes et niveaux de vie rend toute comparaison aléatoire.

Afin de faciliter les estimations, même approximatives, de la fortune, des prêts et des dépenses de Voltaire, indiquons que la livre du dix-huitième siècle vaut environ 80 francs 1982 (Jean Sgard, «L'échelle des revenus», *Dix-huitième siècle* 14 (1982), p.425-33). Pierre Malandain, dans une étude sur l'argent dans *Manon Lescaut* (Prévost, *Histoire du chevalier Des Grieux et de Manon Lescaut* (Paris 1990), p.210) précise qu'«en valeur actuelle de pouvoir d'achat, on peut évaluer la livre aux alentours de 100 francs 1990». Comme il n'y eut pas de mutations des monnaies entre 1726 et 1770, ces chiffres restent valables pour la période 1759-1770.

Introduction

Deux échafauds dominent la décennie dont traite le présent volume: celui où Jean Calas périt sur la roue, le 10 mars 1762, à Toulouse; celui où le chevalier de La Barre est décapité, à Abbeville, le 1er juillet 1766. On n'oubliera pas le sinistre prélude au supplice de Calas: l'exécution du pasteur Rochette et des gentilshommes ses coreligionnaires. Peu s'en est fallu qu'un autre échafaud fût érigé, sur la place de Mazamet, où auraient été pendus le protestant Sirven et sa femme. L'Infâme existe. Ce n'est pas un fantasme né dans l'imagination de Voltaire. Il exerce des ravages, peu visibles, au quotidien, par l'oppression de la vie privée dont témoigne telle lettre d'une vieille dame.[1] Il sévit dans certains collèges, comme celui qui inspira à Condorcet une horreur définitive des prêtres et de la religion.[2] Le magistère ecclésiastique, qui avait été longtemps accepté comme une discipline bienfaisante, commence à être ressenti comme une intrusion insupportable. Un tel changement des mentalités accompagnait un changement en profondeur de la société française. Nous le savons aujourd'hui par les recherches des historiens: un phénomène majeur du dix-huitième siècle fut l'expansion démographique. La population du royaume, grâce à une baisse de la mortalité, s'accroît de 30 à 40 pour cent: ce qui est énorme par rapport aux taux d'accroissement, très faibles, des siècles précédents. Mais la production ne suit pas. La croissance démographique a rendu nécessaire une réforme des structures économiques qui tardera à s'accomplir. Avec ce phénomène un autre interfère, qui l'aggrave: la multiplication de la monnaie métallique. Selon Ernest Labrousse, le dix-huitième siècle, à lui seul, a produit autant d'or et d'argent qu'on en avait extrait auparavant, depuis la découverte de l'Amérique. D'où une hausse générale des prix qui, s'ajoutant à la surpopulation des campagnes, pousse vers les villes des masses d'hommes sans ressources. Il en résulte une tension entre un paupérisme croissant des couches populaires et l'enrichissement des parties prenantes. Et encore parmi celles-ci un conflit apparaît-il. La prospérité favorise surtout le monde des affaires. Ernest Labrousse estime qu'entre 1750 et 1775 la valeur de la production industrielle a plus que doublé. L'essor bénéficie principalement à la catégorie qui fait du commerce et investit dans l'industrie naissante. Mais cette catégorie, dans sa majeure partie, reste reléguée en position

1. Voir ci-dessous, p.205.
2. Elisabeth et Robert Badinter, *Condorcet* (Paris 1988), p.17-21.

subalterne, au sein d'une société hiérarchisée par «ordres» (noblesse, clergé, tiers-état). Les mesures nécessaires pour faire face à la situation se font attendre. L'ancienne monarchie, en ses dernières décennies, semble atteinte d'immobilisme, incapable qu'elle est d'effectuer les réformes mêmes qui paraissent les plus urgentes, par exemple en matière de finances publiques ou de législation religieuse.[3]

De cette évolution de la société, l'historien du *Siècle de Louis XIV* avait une certaine conscience. Il est porté surtout à promouvoir un changement dans le domaine de la religion. Il en parle comme d'une «révolution». Terme non excessif. Nous devons prendre conscience en effet de l'ambition du dessein voltairien. Projet grandiose que le sien. Il vise à rien moins qu'à changer les bases idéologiques de la société. Il aspire à imposer une nouvelle vision du monde qui se substituerait à celle que la religion avait jusqu'alors installée dans les esprits. Il prétend abolir des croyances millénaires sur lesquelles se fondait la civilisation de l'Europe. A la place il posera un système de connaissances rationnelles, d'où procéderont une nouvelle morale, une nouvelle politique, une vie nouvelle. Au terme de la présente biographie nous aurons à nous demander ce qui, de ce vaste programme, sera effectivement réalisé.

Pour accomplir un dessein aussi prométhéen, il compte essentiellement, nous le verrons, sur la propagande par l'imprimé. «J'écris pour agir», affirme-t-il.[4] Et depuis son installation à Ferney il vit surtout pour écrire. C'est pourquoi nous paraissent paradoxales les biographies de Voltaire qui ignorent ou réduisent à quelques titres, rapidement énumérés, son immense production en ces années 1759-1770. Jamais n'a paru aussi discutable le parti de Desnoiresterres de laisser de côté des secteurs entiers de l'œuvre. Des contes importants n'ont droit qu'à une mention de quelques lignes. *L'Homme aux quarante écus* n'est signalé que pour avoir été «condamné au feu» et pour avoir excité «la rancune de Messieurs de la ferme»; sur *La Princesse de Babylone* nous lisons seulement qu'elle est «l'un des plus jolis et ingénieux romans» de Voltaire. De *L'Ingénu* nous saurons uniquement qu'il a servi de canevas à un opéra de Grétry.[5] Arrivant à ces œuvres majeures, Jean Orieux ne dit rien de plus, se contentant de démarquer les quelques mots de Desnoiresterres.[6] Réduire la vie de Voltaire à n'être qu'une succession d'anecdotes piquantes, c'est renoncer à prendre l'homme dans sa grande dimen-

3. Voir Pierre Goubert, «Révolution démographique au XVIIIe siècle?», dans *Histoire économique et sociale de la France*, t.ii, *1660-1789* (Paris 1970), p.35-84, et Ernest Labrousse, «D'une économie contractée à une économie en expansion», *ibid.*, p.367-528.

4. D14117 (vers le 15 avril 1767), à Jacob Vernes: «Jean-Jacques n'écrit que pour écrire et moi j'écris pour agir.» Observation discutable en ce qui concerne Jean-Jacques.

5. Desnoiresterres, vii.241, 245.

6. Jean Orieux, *Voltaire* (Paris 1966), p.678-79.

sion. On sait gré en revanche à Th. Besterman d'avoir consacré tout un chapitre à Voltaire conteur et un autre à l'abondante production «philosophique» des années 1767 et 1768.[7]

Nous allons plus loin dans le même sens. Nous situons les œuvres à leur place et cherchons dans quelle perspective chacune fut écrite, puis comment elle fut imprimée, diffusée. Nous nous intéressons ainsi non seulement à des textes comme *L'Ingénu*, *La Princesse de Babylone* et *L'Homme aux quarante écus*, mais à maints autres qui n'ont plus aujourd'hui de lecteurs, œuvres assurément pour nous fort désuètes, mais où se rencontrent, plus fréquemment qu'on ne croit, des pages brillantes, inspirées, et quelquefois très actuelles par rapport à notre temps.

Ces onze années présentent enfin une difficulté qui ne se rencontrait pas au même degré dans les précédents volumes de cette biographie. Nous atteignons la période la plus active de Voltaire. Il a à la fois plusieurs œuvres en préparation, ou en instance s'il s'agit de théâtre. Simultanément il s'occupe de multiples affaires: au niveau personnel et familial, au niveau local (Genève, pays de Gex), au niveau national et européen. La clarté de l'exposé ne permettant pas de parler de tout à la fois, le récit doit traiter séparément chacune des séquences qui s'entrelacent, avec le souci cependant de marquer les interactions. Ainsi nous avons suivi jusqu'à son terme l'affaire Calas, qui dura trois ans, mettant par là en évidence la continuité de l'action voltairienne, à travers maintes traverses susceptibles de la détourner ou de l'arrêter. Mais il fallut ensuite revenir en arrière, notamment pour examiner le *Dictionnaire philosophique*: nous avons alors marqué comment il s'insère à un certain moment de l'affaire et se propose d'en élargir la portée. Des orientations permanentes – Voltaire russophile, Voltaire et la Bible, Voltaire «aubergiste» – ne pouvaient être localisées en un point déterminé de cette chronique de onze années. Nous les avons considérées en elles-mêmes, en des chapitres panoramiques. Ceux-ci cependant se placent à l'intérieur du déroulement chronologique dont ils suspendent le cours sans l'interrompre.

Entre 1759 et 1770, Voltaire a changé. Inévitablement il a vieilli. L'âge est certes pour beaucoup dans la révolution de château qu'il opère le 1er mars 1768, lorsqu'il chasse de Ferney Mme Denis et son bruyant entourage. Il change pareillement par la perception qu'a de lui l'opinion. Dans la crise de 1760, dans l'affaire de *Bélisaire*, et en d'autres moindres circonstances, il s'est affirmé le champion de la «philosophie», le combattant suprême irremplaçable. Par ses luttes pour Calas, pour Sirven, pour La Barre, il s'est fait reconnaître par un vaste public, même populaire, comme l'infatigable défenseur de la cause humaine.

Nous terminons l'histoire de cette période sur l'épisode de la statue. Les promoteurs et souscripteurs ont voulu rendre un hommage éclatant au grand

7. Theodore Besterman, *Voltaire* (Oxford 1976), ch.32 et 35.

homme des Lumières. Une telle consécration comportait pourtant un aspect négatif, en ce sens qu'une statue fige l'homme. On allait immobiliser Voltaire dans sa gloire. Autour du personnage statufié, le siècle cependant poursuivait son mouvement. N'était-il pas dépassé celui qui résistait aux tenants de l'athéisme, les Diderot et d'Holbach; qui méconnaissait Rousseau, ou ne voulait plus connaître ce Shakespeare dont il avait le premier parlé aux Français? En 1770, le risque est que l'hommage de la statue lui prête la figure du grand homme d'un temps révolu. Heureusement en un sens, l'œuvre du statuaire Pigalle fut totalement manquée, inexposable. Ce qui peut signifier aussi qu'à cette date le patriarche Voltaire avait encore devant lui un avenir.

1. «Coups de patte» à l'Infâme

L'Infâme: le substantif, du genre féminin, pour désigner une forme abominable de la religion, est devenu inséparable du nom de Voltaire. «Mot de Voltaire», note le *Dictionnaire* Robert.[1] Fut-il inventé par lui? On peut en douter. Ses premières occurrences se lisent sous la plume, non pas de l'homme de Ferney, mais de Frédéric II. Le 2 mai 1759, le roi de Prusse exhorte d'Argens: «Allons, allons, une bonne brochure contre l'Infâme; cela sera bon.» Quelques jours plus tard, le même Frédéric parle de l'Infâme à Voltaire, mais pour nier que celui-ci s'engage à fond dans le combat contre le monstre: «Vous caresserez encore l'Infâme d'une main, et l'égratignerez de l'autre, vous la traiterez comme vous en usez envers moi et envers tout le monde.» Voltaire a deux plumes: l'une «confite en douceur», l'autre un «glaive vengeur».[2] Voltaire, *écraser* l'Infâme? Frédéric est sceptique. Pour l'un et l'autre de ses correspondants, le roi emploie le nom sans qu'il soit besoin d'explication. Entre «frères» philosophes, on se comprend. Tous deux sont des anciens des soupers de Potsdam. On peut supposer que le mot a jailli à la table royale, dans l'une de ces séances animées où l'on projetait de lancer un dictionnaire bien plus virulent que l'*Encyclopédie*, contre, précisément, l'Infâme. Puis survient l'affaire *Akakia*. Les convives de Potsdam se dispersent. Il n'est plus question de combattre l'Infâme. C'est en mai 1759 que Frédéric relance le mot et l'idée. En Silésie, près de Breslau, il se prépare à une nouvelle campagne, dans cette guerre de «bêtes féroces».[3] Il va être assailli une nouvelle fois par «les trois illustrissimes putains» (selon lui, l'impératrice Marie-Thérèse, la tsarine Elisabeth Petrovna et Mme de Pompadour). Mais il promet bien qu'elles seront «foutues».[4] Tel est le vocabulaire de Frédéric, héros «vaurien»,[5] n'échappant que par d'incessantes prouesses à des forces ennemies considérablement supérieures. Il ne ménage pas davantage les puissances célestes. Il conclut une lettre à Voltaire, seigneur de Tourney, par une singulière formule de politesse:

> Je vous recommande, monsieur le comte, à la protection de la très sainte maculée vierge, et à celle de monsieur son fils le pendu.

1. Tome iii, 1966, de la grande édition. On s'étonne en revanche que Littré ignore cet emploi du mot.
2. D8304 (18 mai 1759), où la note 7 cite la lettre à d'Argens du 2 mai.
3. D8258 (11 avril 1759).
4. D8304.
5. Le mot est dans D8855.

Il ajoute que son correspondant pourra, s'il veut, communiquer au Saint-Père ce nouveau «style de chancellerie».[6]

Dérision, blasphème. Dans un tel état d'esprit, les ardeurs anciennes contre l'Infâme reviennent à sa mémoire, attisées encore par un incident. Le pape a jugé bon de prendre parti en envoyant sa bénédiction au maréchal Daun, commandant de l'armée autrichienne.[7] Il s'en faut que Voltaire soit alors au diapason. Il proteste, sans doute, contre les reproches de Frédéric II. «Caresser l'Infâme», lui qui, «ne travaille qu'à l'extirper».[8] L'extirper, ce n'est pas encore l'écraser. Il a promis à Frédéric de «donner un coup de patte à l'Infâme».[9]

Mot de coterie, l'Infâme le restera. Dans les mois suivants de 1759, il n'apparaît que dans la seule correspondance avec Mme d'Epinay. L'amie de Grimm se trouve séjourner à Genève. Elle en profite pour tirer sur une «presse de poche» des ouvrages clandestins, peut-être, entre autres, le *Sermon des cinquante*. Voltaire l'encourage.[10] Il l'exhorte à venir avec Grimm «parler avec [lui] de l'Infâme.»[11] Quand elle et son ami Grimm sont de retour dans la capitale française, il feint de s'étonner. «Quoi! [...] vous êtes à Paris et l'Infâme n'est pas encore anéantie?»[12] Il ajoute: «Il faudra que je vienne travailler à la vigne»: métaphore qui se présente fréquemment sous sa plume quand il s'agit de ce combat. Elle est d'origine évangélique,[13] et s'appliquait couramment, dans le vocabulaire religieux, à l'apostolat missionnaire. L'extension voltairienne, toute parodique qu'elle soit, indique bien que la campagne contre l'Infâme a les allures d'une mission. Mais mission limitée en 1759 à très peu de participants: Frédéric, Mme d'Epinay, Grimm... C'est dans les mois suivants que le mot d'ordre de l'Infâme sera diffusé dans de plus larges cercles.

Mais qu'est-ce donc que cette Infâme? Réalité émotionnelle, Voltaire n'a jamais pris la peine de la définir. On comprend cependant que sous ce vocable il vise un complexe de superstition et de fanatisme, éminemment dangereux. L'Infâme, c'est la passion religieuse soulevant les foules pour les exciter à des massacres comme celui de la Saint-Barthélemy, ou bien incitant des hommes de foi à réclamer du sang, comme il adviendra bientôt en France dans de dramatiques affaires. C'est l'esprit partisan qui fait s'affronter le parti jésuite et le parti

6. D8885 (1er mai 1760).
7. D8383 (2 juillet 1759).
8. Même mot dans D8328 à Mme d'Epinay, et dans D8383.
9. D8383 (2 juillet 1759).
10. D8328 (vers le 1er juin 1759).
11. D8398 (vers le 20 juillet 1759). Voir aussi à Mme d'Epinay, D8510, D8511, D8546.
12. D8637 (7 décembre 1759).
13. Matthieu xx.2, xxi.33, Marc xii.1, Luc xx.9. Voir *Candide*, *OC*, t.48, p.174.

janséniste, quand ils ne se réunissent pas pour accabler ensemble les philosophes, comme on vient de le voir dans la condamnation de l'*Encyclopédie*. C'est l'intolérance institutionnelle: celle de l'Inquisition dans les pays latins. Si la France est préservée d'un tel fléau, elle n'en reste pas moins dans les années 1760 officiellement «toute catholique». Combattre l'Infâme, c'est combattre l'appareil législatif qui continue à persécuter les protestants, c'est tenter de démanteler le système de contrôle qui s'applique, avec d'ailleurs de moins en moins de succès, à réprimer toute expression s'écartant de l'orthodoxie. La campagne vise plus loin encore: depuis longtemps c'est le catholicisme, et même le christianisme, qui est visé par la critique voltairienne, laquelle refuse les dogmes fondamentaux, l'Incarnation et la Révélation. Pour timoré que Voltaire se montre parfois, il mérite qu'on prenne la mesure de son audace. C'est une mutation religieuse qu'il prétend accomplir: une deuxième Réforme, qui pour ainsi dire déchristianiserait le christianisme, en lui substituant un théisme minimal conforme à l'esprit des Lumières.

Il voit pourtant clairement en 1759 les limites d'une telle entreprise. Il l'a dit, déjà, dans les textes que nous avons cités précédemment.[14] On se le rappelle, en décembre 1757, au moment où l'article «Genève» de l'*Encyclopédie* fait scandale dans la cité de Calvin, il mandait au signataire, d'Alembert:

> Je fais comme Caton, je finis toujours ma harangue en disant *Deleatur Carthago* [...]. Il ne faut que cinq ou six philosophes qui s'entendent, pour renverser le colosse. Il ne s'agit pas d'empêcher nos laquais d'aller à la messe ou au prêche; il s'agit d'arracher les pères de famille à la tyrannie des imposteurs, et d'inspirer l'esprit de tolérance. Cette grande mission a déjà d'heureux succès. La vigne de la vérité est bien cultivée par des d'Alembert, des Diderot, des Bolingbroke, des Hume, etc.[15]

Le nom de l'Infâme n'est pas prononcé. Mais le programme de la campagne se trouve énoncé. Et la métaphore, connexe, de la vigne apparaît, avec une énumération d'artisans de la «grande mission»: petit troupeau – «cinq ou six philosophes» – qui fera de grandes choses. Déjà cependant les limites du champ d'action sont posées. Les apôtres ne s'adresseront pas à «nos laquais», catholiques ou protestants. Ils agiront auprès des «pères de famille»? Il est peu probable que l'expression vise des gens du peuple. Plutôt de grands bourgeois, comme le «père de famille» de Diderot (ici nommé et dont la pièce de théâtre sera publiée l'année suivante): un chef de famille exerçant sa paternité à la manière d'un sacerdoce, jouissant d'une autorité qui exclut ou du moins limite l'influence du prêtre.[16] En 1759, Voltaire s'en tient au même élitisme. «Extirper l'Infâme», oui, mais chez

14. *Voltaire en son temps*, iii.333.
15. D7499 (6 décembre 1757).
16. Voir J. Ehrard, «Tableaux en famille: la lecture de la Bible», *Actes du colloque Diderot et Greuze, Clermont-Ferrand, 16 novembre 1984* (Clermont-Ferrand 1987).

les «honnêtes gens»: «laissons-la aux sots».[17] Apparemment ces «sots» ne diffèrent guère des «laquais» mentionnés plus haut. Vocabulaire méprisant, qui nous choque. Représentons-nous cependant que la discrimination voltairienne correspondait à la forte dénivellation de la société française au dix-huitième siècle. Les «honnêtes gens», c'est-à-dire les milieux cultivés, ne constituaient qu'une faible minorité, sans qu'on puisse assurément avancer un chiffre. La masse de la nation demeure paysanne, non certes inculte, mais perpétuant une culture traditionnelle fortement influencée par l'Eglise. Voltaire renonce à étendre la «mission» à ce peuple innombrable. Il conçoit même que, dans l'intérêt de la stabilité sociale, il ne serait pas souhaitable d'ébranler les croyances populaires. Aussi, «renverser le colosse» ne signifie pas pour lui qu'il faille anéantir l'Eglise comme institution sociale. Il aurait un jour lancé le défi, en forme de boutade, de «détruire la religion chrétienne». Il rappelle l'épisode dans une lettre à d'Alembert.[18] Mais, trois jours plus tard, au même, il assigne un objectif plus réaliste: réduire la religion «à l'état où elle est en Angleterre».[19] Soit assigner à l'Eglise catholique en France un statut officiel analogue à celui de l'Eglise anglicane, en tolérant à côté d'elle les dissidents – en France, les protestants –, et sans persécuter ces *free-thinkers* que sont les philosophes français. On «éclairera» une élite: chez eux on «détruira la religion chrétienne», au profit d'une philosophie et d'une morale rationnelles.

La limitation de la campagne est conforme aux moyens d'action dont Voltaire dispose. Une propagande de masse, dans le petit peuple, serait hors de portée. Comment procéder, en effet? Par une campagne épistolaire, depuis Ferney, et encore auprès de correspondants bien choisis. Il ne va pas exhorter à combattre l'Infâme par exemple le cardinal de Bernis ou le président Fyot de La Marche, son ancien condisciple de Louis-le-Grand, qu'il a retrouvé et qui reste sentimentalement attaché aux jésuites. Ce sont là des destinataires qu'on ne peut «éclairer» qu'avec ménagement. Le mot d'ordre, d'abord réservé à Frédéric II, à Mme d'Epinay, va s'étendre à de nouveaux adeptes, d'Alembert, Thiriot, les d'Argental, Damilaville, sans jamais être diffusé dans un cercle très large. Il arrive à Voltaire de penser à une sorte de porte à porte: «aller *per domos* semer le bon grain».[20] On doute que cet apostolat à domicile ait été très pratiqué.

Il compte plutôt sur les écrits, tracés de sa plume ou plus souvent dictés, qu'il fait passer sans délai aux presses genevoises. Reste ensuite à surmonter les

17. D8328 (vers le 1er juin 1759), à Mme d'Epinay. Peu après, à la même Mme d'Epinay, Voltaire nomme parmi ces laissés pour compte, outre «nos laquais», «mon tailleur», D8511 (sept.-oct. 1759).

18. D8993 (20 juin 1760): le lieutenant de police Hérault – dans les années 1730 – «disait un jour à un des frères: Vous ne détruirez pas la religion chrétienne. – C'est ce que nous verrons, dit l'autre». Condorcet (M.i.210), rapportant cet échange identifie le «frère» avec Voltaire lui-même.

19. D9006 (23 juin 1760), à d'Alembert.

20. D9074 (18 juillet 1760), à Thiriot.

difficultés qui au dix-huitième siècle entravent la diffusion de l'imprimé. Les techniques de l'époque ne permettent que de faibles tirages, n'excédant guère les 2 000 exemplaires.[21] L'*Encyclopédie* même ne dépasse pas pour toute l'Europe le chiffre de 4 000.[22] De tels in-folio ne peuvent être mis sur le marché sans autorisation officielle: «privilège» du roi ou permission tacite. A la date où nous sommes, l'*Encyclopédie* est interdite, le privilège ayant été retiré, après l'affaire du tome VIII.[23] Les autres volumes de texte sont imprimés mais bloqués. Ils ne pourront être distribués aux souscripteurs, et encore presque subrepticement, qu'en 1766. Car la police des livres, surtout à Paris, est loin d'être inefficace.

Comment il parvient, depuis Ferney, à vaincre ces redoutables obstacles, un exemple en ce printemps de 1759 va le montrer. Vers le mois de mai sort des presses de Cramer une *Relation de la maladie, de la confession, de la mort, et de l'apparition du jésuite Berthier*. On ne trouverait guère pour un titre aussi long un imprimé plus court: 6 pages in-4°.[24] On conçoit que ces feuillets peuvent voyager, circuler, sans attirer l'attention. Au début de juin, les six pages sont entre les mains de d'Argental: Voltaire lui demande ce qu'il en pense.[25] Puis paraissent trois autres éditions parisiennes, à peine plus volumineuses: une en 14 pages in-8°, deux en trente pages in-8°. Ensuite en janvier et février 1760, Cramer tire une autre édition avec un supplément, la *Relation du voyage de frère Garassise*, 54 pages in-12°. Le tout enfin est réimprimé dans le *Recueil des facéties parisiennes pour les six premiers mois de 1760*, rassemblant les «facéties» contre Pompignan et *Les Philosophes* de Palissot. Ainsi la *Relation* a réussi à sortir d'une clandestinité très confidentielle. Thiriot, fidèle échotier, mande à Ferney qu'elle se vend «à tous les carrefours», et que ses plaisanteries «ont fort réussi».[26]

«A tous les carrefours»? Le succès de la *Relation* amène à nuancer ce que nous disions, à la suite de Voltaire, d'une limitation élitiste de la campagne contre l'Infâme. Au centre de la «cible» – pour employer le vocabulaire d'aujourd'hui –, ce sont assurément les «honnêtes gens» qui sont visés. Mais est atteint en même temps, dans les marges, un plus vaste public, qu'on ne saurait circonscrire. A Paris et dans les grandes villes, de petites gens lisent – ne serait-ce que dans les

21. Nous l'avons vu à propos de *Candide*, *Voltaire en son temps*, iii.373.

22. Il est vrai qu'ensuite l'*Encyclopédie méthodique* de Panckoucke diffuse l'esprit encyclopédique dans un plus large public. Voir R. Darnton, *L'Aventure de l'Encyclopédie* (Paris 1979).

23. Mais l'impression des volumes suivants continue, avec une certaine complicité du pouvoir. On attend l'occasion de les distribuer tous en une seule fois.

24. Voir D. W. Smith, «The first edition of the *Relation de Berthier*», *Studies* 137 (1975), p.47-54. Par précaution, Voltaire a renoncé à employer son orthographe: les imparfaits sont en *oi*, non en *ai*.

25. D8331 (3 juin 1759). Il l'avait annoncé à d'Alembert, dès le 4 mai (D8286).

26. D8618 (28 novembre 1759).

cabinets de lecture –,[27] s'intéressent à des pensées différentes de celles qu'elles entendent aux sermons monotones du dimanche. L'une des parties fortes de la société française au dix-huitième siècle est constituée par la classe des artisans, pour lesquels l'exercice même du métier, hors normalisation et standards, exige réflexion et parfois invention. Qu'on songe à la boutique de l'horloger parisien Caron. Si le père, protestant converti, demeure profondément croyant, les idées philosophiques gagnent ses filles et surtout son fils, qui deviendra Beaumarchais (et futur éditeur de Voltaire). On peut estimer que la famille Caron ne représente pas une exception dans l'artisanat parisien.

La *Relation* avait de quoi plaire à un public large. Elle prenait appui sur l'impopularité des jésuites en 1759. L'affaire du P. La Valette n'a pas encore commencé. Mais les jésuites se sont trouvés impliqués – eux qu'on accuse traditionnellement d'encourager le régicide – dans l'attentat contre le roi de Portugal. «Los Padres», à en croire Thiriot, sont «très contrits» de cette satire paraissant «dans les circonstances présentes». Renchérissant sur les plaisanteries anti-jésuitiques de *Candide*, Voltaire transforme en figure de farce l'une des éminentes personnalités de la Société, le R. P. Berthier, directeur du *Journal de Trévoux*.

Voltaire se trouvait alors en état de vivacité créative.[28] Sa malice invente une aventure de Berthier, qui est supposée être la dernière.[29] Il raconte comment le révérend père, accompagné de frère Coutu, son secrétaire, monte en voiture pour Versailles. Il va solliciter à la cour les protecteurs de son journal. Tandis que les deux hommes roulent, des bâillements de plus en plus incoercibles les saisissent et bientôt le cocher et des passants sur la rue sont atteints par la contagion. Le mal s'aggrave. Berthier perd connaissance, saisi «d'une affection soporifique et léthargique». Il faut appeler un médecin. Après examen, celui-ci diagnostique que le malade a inhalé les vapeurs d'un poison «pire qu'un mélange de ciguë, d'ellébore noire, d'opium, de solanum et de jusquiame». N'a-t-on pas placé dans la voiture quelque paquet aux effluves délétères? Si fait: le cocher en retire deux douzaines d'exemplaires du *Journal de Trévoux*. «Eh bien, messieurs, avais-je tort? dit ce grand médecin».

L'homme de science prescrit de brûler les journaux «sous le nez du patient» et en outre de «lui faire avaler une page de l'*Encyclopédie* dans du vin blanc». Soulagement, mais qui ne dure pas. Berthier est à l'agonie. On arrête un prêtre

27. Qui seront pour beaucoup en 1761 dans le succès de *La Nouvelle Héloïse*. Certes la *Relation de Berthier* ne peut figurer dans la liste des livres à louer. Mais peut-être réussissait-on à la lire, au prix fort, dans une discrète arrière-salle.

28. D8341 (8 juin 1759), Mme Denis: «sa pétulance augmente avec l'âge».

29. En fait le P. Berthier survécut fort bien à la *Relation*, et à Voltaire lui-même: il mourra en 1782.

de passage. Il va entendre la dernière confession du jésuite. Singulier confesseur! Il fait avouer au pénitent qu'il a lu maints mauvais livres: toutes les publications de la Société, jusqu'au salace *De Matrimonio* du P. Sanchez. Berthier doit reconnaître qu'il dirige le *Journal de Trévoux*, ce périodique qui «damne tant de monde» et en particulier «tous nos bons auteurs». A ce moment surgit frère Coutu, effrayé. Car le révérend père est en train de se confesser à son pire ennemi, au directeur du journal janséniste, *Les Nouvelles ecclésiastiques*.[30] Berthier a encore le temps de dire ce qu'il pense des jansénistes. Mais il est à l'extrémité. Frère Coutu l'exhorte: «Ah! mon révérend père, vous êtes un saint [...], mourez, mon révérend père, et soyez sûr que vous ferez des miracles.»

Dernier épisode: deux jours après sa mort, le fantôme de Berthier apparaît au milieu de la nuit à frère Garassise, petit neveu de Garasse, le célèbre pamphlétaire jésuite à l'époque de Louis XIII, qui a succédé au défunt à la tête du *Journal de Trévoux*. Question de Garassise: Berthier doit être désormais au paradis avec quatre millions d'autres jésuites. Point du tout: les bons pères se trouvent, et pour longtemps, au purgatoire, à l'exception du P. Le Tellier, ce fanatique confesseur de Louis XIV au temps de la bulle *Unigenitus*, qui a été directement jeté en enfer. Pourquoi les pères jésuites subissent-ils un si triste sort? Garassise passe en revue les péchés capitaux, lesquels se montrent au fur et à mesure. Enfin apparaît un «magnifique diable» qui règne «sur le mandarin et sur le colporteur, sur le grand-lama et le capucin, sur la sultane et sur la bourgeoisie». C'est l'Orgueil. C'est lui qui a perdu les jésuites, qui sont ses «premiers favoris». Le songe s'étant dissipé, Garassise quitte la direction du *Journal de Trévoux* et part pour Lisbonne.[31]

Voltaire reconnaissait «qu'il y a un peu de gros sel» dans sa *Relation de Berthier*.[32] Nous retrouvons ici l'univers de ses contes: des éléments de réalité entraînés dans une fantaisie bouffonne; des personnages-marionnettes, inconsistants mais vivants; une verve qui ménage malicieusement les surprises. L'Infâme – non nommée dans le texte – est représentée seulement par deux catégories de ses suppôts, les jésuites et accessoirement les jansénistes. Elle est simplement, comme disait Frédéric, «égratignée»: un «coup de patte», en attendant mieux.

30. Les *Nouvelles ecclésiastiques*, périodique très militant des jansénistes, constitue un cas étonnant de journal clandestin imprimé. En dépit des recherches de la police, il paraît pendant tout le dix-huitième siècle, jusqu'à la Révolution.

31. M.xxiv.95-104. Dans la suite ajoutée en 1760 (M.xxiv.105-108), l'intérêt fléchit nettement. Garassise raconte sa visite à Malagrida, dans sa prison, dont les portes s'ouvrent miraculeusement. Il évoque l'affaire des jésuites du Paraguay et après qu'on eut écarté les candidatures de Chaumeix et Fréron, accepte de reprendre la direction du *Journal de Trévoux*. Il va sans dire que ce Garassise est un personnage fictif.

32. D8616 (26 novembre 1759), à Mme d'Epinay.

Va-t-il combattre l'Infâme au théâtre, ce qui est au dix-huitième siècle le moyen le plus sûr d'atteindre un public étendu? Encore faut-il que l'œuvre accède à la scène et y reste. Il a sur le métier un *Tancrède*, tragédie fort pathétique, mais nullement philosophique: à cette date la campagne militante ne mobilise pas encore toutes ses énergies. Voici pourtant que circule clandestinement à partir de juillet un petit in-12 de 107 pages imprimé à Genève, par Cramer, et copié à Paris, par Lambert. Il s'intitule *Socrate, ouvrage dramatique, traduit de l'anglais de feu Mr. Tompson*, par un Hollandais, M. Fatema: fausse attribution et faux traducteur qui ne trompent personne. Voltaire reçut pour ce *Socrate* les éloges de ses admirateurs habituels: la duchesse de Saxe-Gotha,[33] Algarotti,[34] Frédéric II, qui écrit «du camp près de Wilsdruf».[35] Dans ce concert, une voix discordante, celle de Diderot: «On ne veut pas croire ici que de Voltaire en soit l'auteur; [...] c'est une chose mauvaise».[36] Jugement qu'on ne peut que ratifier.

Grand sujet pourtant que cette mort du Sage, immolé par les ennemis de la philosophie. Malheureusement, en le traitant, Voltaire s'est abandonné à sa facilité. Il ramène la tragédie au niveau d'un médiocre drame bourgeois, voire d'un mélodrame. Les méchants se complaisent à étaler leur méchanceté. Anitus, «grand-prêtre de Cérès», annonce ouvertement ses noirs desseins. Il veut épouser l'orpheline recueillie par Socrate, Aglaé, qu'on croit héritière d'une grande fortune. Aglaé aime le jeune Sophronime et en est aimée. Mais Anitus a comploté que le jeune homme épouserait la marchande Anixa. Xantippe épouse de Socrate favorise cette combinaison. Socrate cependant s'y oppose catégoriquement. Alors, pour faire pression sur le philosophe, Anitus dénonce Socrate. Il l'accuse d'impiété. Il s'est assuré, en cela, la complicité du juge Mélitus, et de comparses nommés Chomos (Chaumeix), Bertillos (Berthier).[37] Il espère que le philosophe, menacé de mort, acceptera de lui céder Aglaé et sa fortune (le prétendu héritage est en réalité composé du legs de tous les biens que Socrate a cédés à la fille de son meilleur ami décédé). Une manifestation de la foule, suscitée par Anitus et consorts, aboutit à l'arrestation du philosophe.

Au troisième acte pourtant, le Socrate de Voltaire, jusqu'ici honnête homme assez banal, prend une autre stature. Devant ses juges, il fait, non sans noblesse, une profession de théisme. «Levez vos yeux vers les globes célestes», vous y

33. D8479 (13 septembre 1759): «Votre Socrate mourant est adorable, comme tout ce qui sort de votre plume».

34. D8552 (22 octobre 1759), commentaire: «beaucoup de choses fort plaisantes».

35. D8602 (17 novembre 1759): la pièce devrait confondre le fanatisme, «vice dominant à présent en France»; suit une tirade en vers sur l'Infâme qui allume déjà le bûcher, mais ne brûlera que le livre, «non l'auteur».

36. D8465 (3 septembre 1759), à Collini, commentaire.

37. Auxquels sera adjoint, après la publication des *Erreurs de Voltaire*, un certain Nonoti.

découvrirez l'évidence d'un «Etre suprême», «Dieu de tous les êtres, unique, incompréhensible, incommunicable, éternel, et tout juste, comme tout puissant». En corollaire, il raille les fables de la mythologie. Comment croire que «le Dieu suprême descendit dans les bras d'Alcmène, de Danaë, de Sémélé, et qu'il en eut des enfants»? Au passage, une autre Incarnation est visée. «C'est insulter la Divinité, de prétendre qu'elle ait commis avec une femme, de quelque manière que ce puisse être, ce que nous appelons chez les hommes un adultère». Ce Socrate si voltairien s'expose donc à l'accusation de nier la pluralité des dieux. Quelques juges l'approuvent, timidement. Mais la majorité, entraînée par Mélitus et Anitus, le condamne à mourir par la ciguë. La scène suivante le montre dans sa prison, entouré de ses disciples et de son épouse Xantippe, qui dans l'intervalle a changé de camp. Il médite sur l'immortalité de l'âme. «La matière change et ne périt point; pourquoi l'âme périrait-elle?» Il continue, plus affirmatif: «Puisque nous pensons, nous penserons toujours: la pensée est l'être de l'homme; cet être paraîtra devant un Dieu juste, qui récompense la vertu, qui punit le crime et qui pardonne les faiblesses.»[38] Est-ce ici Socrate seul qui parle? Ou encore une fois Voltaire à travers Socrate? L'immortalité de l'âme est un article sur lequel le théisme voltairien hésite, bien que cette immortalité soit postulée par l'idée de Dieu «rémunérateur et vengeur». On retiendra ce passage où pour la première fois le philosophe semble se prononcer catégoriquement. L'action se termine ensuite par un retournement de situation, imaginé par le dramaturge. Aglaé et Sophronime ont soulevé le peuple contre Anitus et ses complices, qui sont en fuite. Socrate est donc libre. Mais il est trop tard. Il s'est soumis à la loi de la cité, si injuste soit-elle, parce qu'elle est la loi. Il a bu la ciguë, et il expire.

Dialogue philosophique plutôt que pièce de théâtre, ce *Socrate* n'était pas conçu pour être joué.[39] Pourtant l'année suivante, quand il y aura urgence à répliquer au succès des *Philosophes* de Palissot, d'Argental, Lekain penseront à *Socrate*. Voltaire n'est pas de cet avis. Son expérience de la scène le persuade qu'une telle pièce ne «passerait» pas.[40] D'Argental insistant, il oppose un argument, d'où ressort l'idée qu'il se fait du théâtre. Il faudrait que la pièce fût en vers: «Cela donne plus de force aux maximes, et la morale est un peu moins ennuyeuse en vers bien frappés qu'en prose.» Or il est impossible de versifier *Socrate*: les personnages sont trop nombreux.[41] L'«ouvrage dramatique» du prétendu «Mr. Tompson» ne sera donc jamais joué.

Pendant que Voltaire menait le combat contre l'Infâme, une autre guerre se

38. *Socrate*, acte III, scène 3.
39. D8417 (4 août 1759), Mme Denis: «le sujet est scabreux et ne peut se risquer au théâtre».
40. D8951 (mai-juin 1760), à Lekain.
41. D8972 et D9089.

poursuivait, la guerre de Sept Ans. Dans celle-ci, la France subissait sur tous les théâtres d'opérations d'humiliantes défaites.

Sur terre, on n'avait pas tiré la leçon de Rossbach. Non seulement Soubise n'avait pas été relevé de son commandement, mais Versailles continuait à nommer à la tête des armées d'Allemagne des hommes de cour incapables: le comte de Clermont, le maréchal de Contades, le maréchal d'Estrées. Le maréchal de Broglie, chef de guerre autrement expérimenté, malgré sa victoire de Bergen, ne parvint pas à redresser la situation. L'infanterie française disposait généralement de la supériorité numérique. Mais les troupes restaient mal entraînées, mal entretenues à cause du désordre des finances, et donc mal disciplinées.[42] Pendant que Frédéric II se dote d'une artillerie légère destinée à évoluer rapidement sur le champ de bataille, les Français ne disposaient que de canons lourds, faits pour la guerre de siège ou de position. D'où des défaites répétées, qui causaient en France une vive déception.

Après Rossbach, on évita d'affronter les redoutables troupes prussiennes, qu'on laissait aux prises, à l'est de l'Allemagne, avec les armées autrichiennes et russes. En 1759, le cabinet de Versailles fixa comme objectif la conquête du Hanovre. Richelieu, on se le rappelle,[43] l'avait déjà conquis dans les premiers mois de la guerre. Mais par la capitulation de Kloster-Seven, il avait bien légèrement libéré l'armée anglo-hanovrienne, contre la promesse de ne plus combattre. Le cabinet de Londres ayant refusé la capitulation, les Anglo-Hanovriens avaient repris les opérations et chassé du Hanovre l'armée de Richelieu, tout occupée avec son chef à piller systématiquement le pays. Le Hanovre demeurait cependant un objectif sensible. Le roi d'Angleterre George II était en même temps électeur de Hanovre, et très attaché à son électorat. Une deuxième conquête amènerait sans doute le ministère anglais à composition. Mais ce fut un échec cuisant. L'armée française de Contades, rassemblée à Minden, sur le bord de la Weser, pour envahir le Hanovre, se fit massacrer. «Tragédie» qui a «plongé toute la France dans la douleur et dans le deuil». Voltaire rapidement reçoit des informations: «On a mené à la boucherie une armée florissante. On l'a fait combattre pendant quatre heures contre quatre-vingts pièces de canon.»[44] Les troupes françaises ne réussiront pas davantage par la suite à réoccuper le Hanovre.

Autres désastres au Canada et en Inde. Tout à la guerre continentale, le cabinet de Versailles ne peut envoyer sur ces théâtres lointains que de maigres renforts, pendant que les Anglais expédient là-bas de forts contingents. Au Canada, Montcalm est tué en défendant la ville de Québec, qui est prise par l'Anglais

42. Voltaire le constate après la défaite des Français à Minden par les Anglais: «La vérité du fait est que toutes ces troupes-là sont mieux disciplinées que les nôtres» (D8430, 15 août 1759).

43. *Voltaire en son temps*, iii.331.

44. D8426 (14 août 1759), à la comtesse de Bentinck.

Wolfe (12 septembre 1759). Peu après Montréal capitule. Ce Canada, que Voltaire jugeait depuis longtemps impossible à défendre, est tout entier occupé par les forces anglaises. En Inde, le gouvernement français avait commis la faute de rappeler Dupleix, renonçant à la politique de celui-ci et en conséquence abandonnant les princes indigènes alliés. Un nouveau gouverneur, Lally, brutal et maladroit, échoue dans une tentative de reprendre Madras, et va être bloqué dans Pondichéry. Voltaire prévoit, sans se tromper, la chute prochaine de cette ville où il a des intérêts. Dans le même temps, le ministère préparait pourtant un audacieux débarquement sur les côtes anglaises de la Manche.[45] Encore faudrait-il posséder une marine. Hélas! la flotte française est battue par l'amiral Boscawen au large du Portugal (7 août 1759). La marine britannique s'assure la maîtrise des mers. Elle croise sans rencontrer d'opposition dans le golfe de Gascogne. Bientôt elle va s'emparer, près des côtes bretonnes, de Belle-Isle.

Voltaire est sensible à tant de désastres. Certes il gémit sur les conséquences financières d'une guerre ruineuse. On en est à imposer un troisième impôt du vingtième. Un décret demande même aux sujets du roi (26 octobre 1759) de porter leur vaisselle d'argent au Trésor et de se contenter d'assiettes de faïence. Il n'en fera rien. Il ne veut pas être réduit à manger dans des «culs noirs».[46] Ce qui n'empêche que, dans les malheurs de la patrie, il se sente Français. D'autant plus Français qu'il est revenu en faveur à la cour. Mme de Pompadour l'appelle, en jouant sur son prénom, «Voltaire françois».[47] Quant à Choiseul, il lui a fait obtenir au Conseil du roi une exemption des droits de mutation pour l'achat de Ferney. En habile politique, le ministre entretient avec son «cher solitaire suisse» (c'est ainsi qu'il le nomme) une correspondance non exempte d'arrière-pensées.

Après tant de défaites, Voltaire n'a qu'une idée en tête: la paix! Choiseul de son côté, après une si décevante année, pense à une paix de compromis. C'est alors que de nouveau, comme dans les tractations de 1757 qui précédèrent Rossbach, Voltaire peut jouer un rôle utile d'intermédiaire. Il est en relations épistolaires avec le redoutable «Luc», avec l'électeur palatin, avec le duc de Wurtemberg, avec la maison de Gotha. Et Genève est un centre cosmopolite. L'hôte des Délices a autour de lui «des gens de toutes nations, des ministres anglais, des Allemands, des Autrichiens, des Prussiens et jusqu'à d'anciens ministres russes». Il pourrait accomplir des missions discrètes sans compromettre la cour de France, comme il l'a fait en 1743. Voilà ce qu'il mande à d'Argental: son «ange» étant une relation de Choiseul, Voltaire fait passer parfois des messages

45. Voltaire en est informé au début d'août, D8416 (2 août 1759).

46. D8611 (24 novembre 1759), à d'Argental.

47. D8351 (14 juin 1759). Mme de Pompadour a oublié «qu'il avait été prussien».

comme celui-là au ministre.[48] Une lettre suivante montre que ces ouvertures ont été bien accueillies.[49]

Au reste, depuis un certain temps, des offres venant de Voltaire transitaient par la duchesse de Saxe-Gotha. Nous en avons la première trace à la fin d'avril 1759, c'est-à-dire bien avant les défaites de la campagne d'été. Le philosophe des Délices a-t-il pris de lui-même l'initiative de démarches en vue de la paix? Il y fait allusion en tout cas sous un langage codé. Frédéric est désigné comme «la cousine de M. Pertriset»: cette personne est dite «toujours bien fière», ce qui paraît sous-entendre une réponse peu encourageante à une avance antérieure.[50] Nouvelle lettre de Voltaire, encore par l'intermédiaire de la duchesse, mais celle-là après Minden. Nous n'en connaissons pas le texte. On en imagine la teneur d'après la réponse du roi de Prusse, directement envoyée aux Délices.[51] Frédéric s'est assez bien tiré des combats de cet été. Sévèrement battu sur l'Oder à Kunersdorf par les troupes russes et autrichiennes réunies, il a profité ensuite de la division de ses ennemis. Les Autrichiens voulaient entraîner les Russes à la reconquête de la Silésie. Ceux-ci refusèrent et se retirèrent. Frédéric II était sauvé. Il se montre donc intransigeant. Il pose deux conditions: il ne fera la paix qu'en accord avec les Anglais; il ne la fera qu'«honorable et glorieuse». Voltaire transmet cette réponse à Choiseul. Le ministre français juge fragile la position militaire du roi de Prusse. Elle l'était réellement. «Luc» risque d'être un jour ou l'autre écrasé. C'était effectivement dans l'ordre des possibles. En fait, cela ne se produira pas. Mais, confiant en cette éventualité, à l'automne de 1759, Choiseul de son côté se montre peu conciliant.[52] C'est alors, pensons-nous, que prend place une «lettre de M. de Voltaire au roi de Prusse écrite par ordre du ministre, 1759».[53] La lettre (que nous n'avons pas) fut soumise, avant envoi, au ministère. L'ambassadeur Chauvelin, homme de confiance de Choiseul, y fait deux «observations»: 1° «L'idée de restitution» (de la Silésie à l'Autriche) sera «amère» au roi de Prusse; il faut «adoucir ce passage»; 2° que Frédéric fasse pression sur les Anglais pour la paix; les Français alors feront pression sur leurs alliés pour en obtenir des «sacrifices» en faveur de la Prusse. Toujours est-il que peu avant le 18 décembre Frédéric reçut par l'intermédiaire de Voltaire l'offre d'un compromis. Les Français renonçaient en faveur de l'Angleterre au Canada (qu'ils avaient

48. D8598 (vers le 15 novembre 1759).
49. D8620 (30 novembre 1759), à d'Argental.
50. D8276 (29 avril 1759), à la duchesse de Saxe-Gotha.
51. D8489 (22 septembre 1759).
52. D8588 (12 novembre 1759), Choiseul à Voltaire.
53. D.app.166.

perdu). En échange ils demandaient «quelques avantages aux Pays-Bas». Moyennant quoi, ils se retireraient d'Allemagne et abandonneraient l'Autriche.[54]

La réponse, sur ces «avantages» aux Pays-Bas, fut négative. Choiseul n'en reste pas moins persuadé que «Luc sera anéanti»: sa puissance manque de «consistance», et «nous ne ferons pas toujours les mêmes fautes».[55] Aussi une nouvelle offre est-elle faite au roi de Prusse, toujours par l'intermédiaire de Voltaire. En échange de la paix, qu'il cède le pays de Clèves, possession prussienne mais pays pauvre. «Projet ridicule», ironiquement repoussé.[56]

Nous sommes au début d'avril 1760. Bientôt les combats vont reprendre. Les tentatives de paix ont totalement échoué. La France n'a pas obtenu des vainqueurs – le roi de Prusse, l'Angleterre – les compensations demandées, soit aux Pays-Bas, soit dans la province de Clèves. Restent les défaites, cruellement ressenties par l'opinion. Une partie de celle-ci, limitée mais influente, s'en prend aux philosophes. Ainsi la guerre militaire va interférer avec la guerre de plume contre l'Infâme.

54. Cette lettre ne nous est pas parvenue. Elle ne nous est connue que par ce qu'en dit Frédéric II, D8632, commentaire.

55. D8708 (14 janvier 1760), Choiseul à Voltaire.

56. D8839 (3 avril 1760). L'offre ne nous est connue que par cette réponse de Frédéric II à Voltaire.

2. Le laboureur de Ferney

Voltaire développe ses activités à deux niveaux: sur le grand théâtre, parisien et européen; dans le cercle étroit de son domaine, avec des prolongements vers Genève et vers le pays de Gex. Avant de revenir au premier, considérons celui-ci.

Adossé au mont Jura qui fait barrière au nord et à l'ouest, du col de la Faucille au Colomby de Gex, au Crêt de la Neige et au Grand Crêt d'Eau, le pays de Gex s'ouvre à l'est sur le lac Léman et au-delà sur les hauts sommets des Alpes de Savoie. Le Rhône le borne au sud de sa sortie du Léman, dans Genève même, au Défilé de l'Ecluse. Voltaire est installé au centre d'un espace bien délimité: un quadrilatère irrégulier; son côté septentrional, le plus court, fait à vol d'oiseau une douzaine de kilomètres entre la montagne et le lac, à hauteur de Gex. Il s'évase aux approches de la vallée du Rhône. Selon sa plus grande diagonale, de Versoix au défilé de l'Ecluse, il s'étend sur moins de trente kilomètres. Veut-on circonscrire strictement le champ d'action du patriarche: il suffit de noter que Ferney se trouve à 10 km environ au sud de Gex, que Genève au sud n'en est éloigné que de quelque 6 km. La propriété des Délices est distante d'un petit kilomètre des bords du lac, à l'ouest de la cité de Calvin. Quant au château de Tourney, sis entre les localités du Grand Saconnex et de Prégny, aujourd'hui faubourgs de Genève, il n'est guère qu'à 4,5 km de Ferney, au sud-est. Ces indications permettent d'apprécier l'ampleur des déplacements de Voltaire. Les distances n'empêcheront pas qu'il fasse festoyer ses invités dans une de ses demeures, les héberge dans une autre, leur offre dans la troisième le divertissement du théâtre. Il s'en faut que chacun de ces trajets prenne une heure en voiture à cheval.

Zone de transition, région «intermédiaire», «lieu d'échange, de communication, de passage», le pays de Gex, au temps de Voltaire, a les avantages et les inconvénients de cette situation. Pour l'économie, il se trouve dépendre principalement de Genève; ce qui ne va pas sans une forme de dépendance à l'égard de ce partenaire commercial privilégié. Les Genevois maîtrisent les échanges: c'est vers Genève que vont les fruits de l'élevage, produits laitiers et viande de boucherie. C'est pour les libraires genevois que tournent les six moulins à papier du pays. De plus en plus, en cette seconde moitié du dix-huitième siècle, les paysans se mettent à travailler à domicile pour les horlogers et les lapidaires de Genève.

En tant que zone frontalière, tiraillé entre quatre puissances, France, Savoie,

Genève et Berne, le pays de Gex a bénéficié au long de son histoire de privilèges douaniers. En 1604, peu après le rattachement du territoire à la France, Henri IV l'exempte des péages et accorde une franchise totale pour le commerce genevois dans le bailliage. Aboli par Louis XIII, rétabli en 1724, ce système est en vigueur à l'époque de Voltaire. Après des fluctuations, des menaces (en 1775 en particulier) et des restrictions diverses, le statut subsiste partiellement de nos jours.

Pour l'administration, le pays de Gex dépend des Etats de Bourgogne. De sorte que Voltaire doit négocier sans cesse avec l'intendant ou avec le parlement de cette province. Limitrophe de la république de Genève, le territoire l'est également du canton de Berne au nord: de là des imbroglios où se débat Voltaire, l'affaire de Versoix par exemple. D'autre part, comme terre «apanagée» des princes de Conti, le pays leur est redevable de droits casuels: des droits seigneuriaux exigibles à l'occasion d'une transmission de propriété; ainsi Voltaire, nouveau propriétaire, doit-il payer au comte de La Marche des droits de mutation.[1]

Le fils du notaire Arouet est formé à la procédure, il paraît même éprouver quelque jouissance à argumenter, ergoter, contester. Il ne se prive même pas de se jouer des juridictions, de les accommoder à ses intérêts, usant sans vergogne de raisonnements à l'évidence spécieux. Dans cette chicane de chaque jour, le seigneur de Ferney a particulièrement affaire à certain personnage, dont la présence dans la vie et la correspondance de Voltaire est telle qu'on ne peut se dispenser d'évoquer son rôle. Subdélégué de l'intendant de Dijon et le représentant à Gex, fils lui-même d'un ancien subdélégué, Louis Gaspard Fabry exerce dans son ressort droit de regard sur tout objet de police ou d'administration. Fort averti des questions de bornage et de franchise, appelé à négocier avec Genève et avec Berne, Fabry a progressivement étendu sa compétence et son pouvoir. Il s'impose d'autant mieux qu'à sa fonction de subdélégué il ajoute en 1760 celle de syndic du tiers état; le voilà par conséquent chargé d'agir au nom d'une communauté à laquelle sous son autre titre il transmet pour exécution les instructions de l'intendant. Autre paradoxe dans le cumul des charges, le même Fabry devient maire de Gex tout en faisant office de fermier du comte de La Marche. Ce personnage sans rémunération fixe, mais capable de gérer adroitement les influences dont il dispose, sait très bien tirer son profit des droits d'adjudication, des lods et ventes, des redevances sur l'usage des moulins, sur l'importation des blés et l'exploitation des forêts communales.

A cet homme essentiel pour le pays de Gex, Voltaire s'adresse avec son exquise politesse, assuré que «le bonheur d'être en relation avec [lui] donnerait un nouveau prix à ce petit domaine»,[2] trop honoré «de pouvoir contribuer au bien que [Fabry

1. Les seigneurs de Gex étaient les princes de Conti en leur qualité de comtes de La Marche.
2. Il s'agit de Ferney (D7905).

veut] faire au pays».[3] Il propose d'intervenir auprès du Contrôleur général Boullongne, demandant au subdélégué ses «ordres»: «je les remplirai auprès de lui», écrit-il, «avec toute la vivacité d'un homme qui est idolâtre du bien public et qui désire avec passion votre amitié.»[4] Il invite Fabry aux Délices: «les agréments de la campagne pourront [le] délasser quelques moments de [ses] occupations».[5] Bonne occasion au reste de s'entendre «au sujet des lods et ventes de Ferney». Quand arrive de Belley le montant des impositions que les officiers de l'élection réclament de Mme Denis et de l'oncle, Monsieur le Subdélégué est prié d'intervenir auprès de l'intendant: on compte sur son amitié et sur son crédit.[6]

L'affaire du curé de Moens, celle de la Perrière obligent à multiplier les interventions. C'est une grêle de lettres qui tombent sur le subdélégué quand Voltaire envisage de régler par forfait avec les fermiers généraux la question du sel et du tabac, aux mois de janvier et février 1760.[7] Afin d'amadouer l'intendant de Bourgogne, un Joly de Fleury, neveu d'Omer Joly de Fleury, ce procureur général chargé notamment de dénoncer devant le parlement de Paris le poison des livres impies, Voltaire fait de Fabry le porte-parole de ses humbles prévenances et patelinages. On respectera l'incognito de M. de Fleury en route pour Genève, mais qu'il n'aille point en cette ville loger au cabaret, il y «sera fort mal». Qu'il consente plutôt à prendre aux Délices «un léger dîner avec sa compagnie»; «après quoi nous aurons l'honneur de le mener à Tourney où nous lui donnerons une pièce nouvelle, de là nous le remènerons lui et sa compagnie souper aux Délices, et après souper nous le mènerons coucher à Ferney».[8] Sans doute, le château n'est «ni meublé ni fini», mais le duc de Villars et M. de Saint-Priest, intendant du Languedoc, s'accommodent présentement de la «petitesse de la maison», du «théâtre de polichinelle» et de la «médiocre chère». Monsieur l'Intendant de Bourgogne ne saurait-il se résigner aux mêmes désagréments? Son indulgence pourrait s'étendre aux affaires en instance.

De quelles affaires Voltaire traite-t-il avec l'intendant et son subdélégué en ces années 1759-1760? D'affaires qu'on inclinerait à tenir pour minimes. Les enjeux en effet ne paraissent pas être à la mesure de l'énergie et de l'astuce dépensées, à moins qu'on n'admette qu'au-delà d'intérêts sans grandeur sont en cause des principes de liberté: liberté d'entreprendre et de vivre dignement, liberté de

3. D7941 (15 novembre 1758).
4. D7941.
5. D8415 (2 août 1759).
6. D8446 (19 août 1759).
7. D8692, D8706, D8724, D8725, D8728, D8744, D8755, D8762, D8769, D8776. Voir Arthur M. Wilson, *Diderot, sa vie et son œuvre* (Paris 1957), p.278-79, et Desnoiresterres, iii.352-53.
8. D9293 (8 octobre 1760).

conscience pour les paysans de Ferney autant que pour le seigneur du lieu. Il convient d'apprécier ces querelles et procès à l'échelle du territoire. Il importe aussi de leur faire une place en rapport avec celle qu'elles occupent dans la vie et la correspondance de Voltaire à cette époque. Au reste, le même homme travaille à la prospérité de ses paysans sur le terrain et mène une réflexion théorique sur les bienfaits de l'agriculture; le même conduit la bataille contre le curé de Moens et s'apprête à d'autres chicanes auprès des parlements et institutions pour des enjeux d'une autre envergure.

Revenons au conflit, proprement rabelaisien, de Voltaire et du curé Ancian. Les origines de l'affrontement sont connues.[9] A la demande du curé de Moens Philippe Ancian, le parlement de Dijon a, le 14 août 1758, condamné les communiers de Ferney[10] à la restitution des dîmes et aux dépens: l'argent qui devrait revenir aux «pauvres» par l'intermédiaire du prêtre aurait donc été détourné au profit des seuls communiers. Ces derniers sont bien incapables de s'acquitter de la somme exigée. En leur nom, Voltaire proteste, écrit à l'évêque d'Annecy, Mgr Deschamps de Chaumont,[11] au président de Brosses.[12] S'adressant au conseiller Le Bault il qualifie Ancian de «curé d'enfer», puis de «prêtre de Belzébuth».[13] Il cherche des documents pour étayer son plaidoyer, solliciter les «puissances»: «Il serait plaisant qu'un président et un intendant réunis ne pussent venir à bout de secourir de pauvres diables qu'un prêtre persécute».[14]

Le curé de Moens disparaît de la correspondance jusqu'à l'automne 1759. Voltaire alors a d'autres soucis: on l'a vu et on le verra. Dans l'intervalle pourtant la question de la dîme a évolué. Afin de s'acquitter de leur dette, les communiers de Ferney ont voulu contracter un emprunt auprès de leur seigneur. Voltaire rappelle à Fabry les tractations engagées, dans une lettre du 6 novembre 1759.[15] Le seul empêchement tient au «bon plaisir» de l'intendant. Il suffirait que ce dernier «ayant ordonné que tout le village se cotise, [...] ordonne à présent que les communiers empruntent.»[16] Fabry pourrait l'en convaincre. Pour Voltaire, il regarderait «comme une grâce la permission de prêter aux communiers de Ferney l'argent nécessaire pour payer le prêtre qui les ruine.»[17]

9. *Voltaire en son temps*, iii.359.
10. Le terme désigne les membres de la communauté municipale appelés à délibérer sur convocation du syndic ou injonction du subdélégué (d'après M. Marion, *Dictionnaire des institutions de la France aux XVIIe et XVIIIe siècles*, 1976).
11. D7981 (16 décembre 1758).
12. D7996 (25 décembre 1758).
13. D8011 (29 décembre 1758).
14. D8028 (5 janvier 1759), à de Brosses.
15. D8576.
16. D8599 (vers le 15 novembre 1759).
17. D8607 (21 novembre 1759).

Fabry est intervenu auprès de l'intendant, ainsi que l'en priait Voltaire; sa lettre relance des négociations de ce mois de novembre 1759.[18] Le subdélégué rappelle la décision de Joly de Fleury du 14 août 1759, prise à la requête du curé de Moens et stipulant que les habitants de Ferney (il convient de rapporter exactement le texte de Fabry) «imposeraient sur eux pendant trois années consécutives au marc la livre de leur taille et par un rôle séparé la somme de 2 102 livres 4 sous 8 deniers à laquelle montent la restitution des fruits et les dépens.»[19] Mais, remarque Fabry, l'ordonnance était inapplicable: «les habitants non communiers et les propriétaires forains» refusant, à bon droit, leur contribution, ne restaient pour assumer la charge que peu de familles, cinq, et des plus pauvres. Là-dessus, «M. de Voltaire touché de leur situation» a fait à ses paysans, sous le nom de Mme Denis, le prêt sans intérêt des 2 100 livres, «imputables chaque année sur la rente de 120 livres, prix d'une amodiation[20] que les habitants de Ferney lui ont passé d'un marais et d'un pré faisant partie de leurs communaux.» Arrangement avantageux pour la commune de Ferney, elle n'aura rien à dépenser: c'est le jugement de Fabry que l'intendant va entériner. L'affaire des dîmes de Collovrex est réglée. Mais le conflit de Voltaire et du curé Ancian va rebondir. Se substituant à ses paysans, Voltaire a le beau rôle: qui fut en la circonstance modèle de charité? Il n'a pas mal joué non plus pour son compte personnel: il adjoint à son domaine, outre un pré, un marécage pestilentiel qui le gênait, qu'il va assécher et mettre en culture. Quant au prêtre tyrannique et prédateur, il va de lui-même offrir à Voltaire l'occasion d'une vengeance.

L'affaire illustre la politique locale de Voltaire. Pour assurer la prospérité de Ferney, il doit, il s'en rend compte, libérer des impôts ses terres et ses paysans, affranchir les produits des droits et traites. Il n'est pas installé qu'il sollicite Choiseul: il demande que soient maintenues et authentifiées les franchises dont le seigneur de Ferney «a joui deux cents années», c'est-à-dire l'exemption de dîmes et «la faculté de vendre son blé à Genève ou en Suisse».[21] Sollicité à plusieurs reprises au cours du printemps de 1759, François de Bussy, premier commis des Affaires étrangères, ne saurait ignorer «l'ancien dénombrement», dont relèvent le château et les terres, dont dépendent les privilèges à confirmer.[22]

18. Voir également Caussy, et Lucien Choudin, *Histoire ancienne de Ferney* (Annecy 1989), p.143.

19. D8619 (29 novembre 1759).

20. «Amodiation» désigne le bail à ferme d'une terre. Amodier est l'équivalent d'affermer.

21. D8164 (9 mars 1759). Voir *Voltaire en son temps*, iii.363-64, le début de ces négociations.

22. D8267 (18 avril 1759). Par «aveu et dénombrement» on désigne la «description détaillée de tout ce qui concerne un fief, due au suzerain par son vassal une fois dans sa vie, dans les quarante jours suivant la foi et hommage. Il appartenait ensuite au seigneur suzerain de recevoir ou de ‹blâmer› cet aveu.» (M. Marion, *Dictionnaire des institutions de la France aux XVIIe et XVIIIe siècles*). En l'occurrence le seigneur de Ferney demande au roi de France de «recevoir» comme suzerain ce qui a été jadis accepté par ses prédécesseurs.

Que dans ce canton cerné par les renards, les loups et les neiges, quatre-vingt-quatre commis des fermes s'engraissent aux dépens d'autant de paysans à demi-vêtus, Monsieur le duc de Choiseul peut-il ne pas remédier à cette iniquité? Voltaire en a donné l'exemple: «Je peuple le pays de Suisses; j'y établis un haras du roi. Je mets hommes, chevaux, bœufs et moutons dans un pays où il n'y avait que des glaces, des ronces et deux curés. Si on ne m'aide pas on aura grand tort. Et pour m'aider il faut me laisser faire».[23] Que demeure «souveraine» ma terre de Ferney, «je ne demande qu'à être laboureur et meunier». La requête, plusieurs fois réitérée, est plus que satisfaite: c'est non seulement à la nièce, officielle demanderesse, mais à l'oncle que le roi accorde «tous les droits de l'ancien dénombrement de la terre de Ferney et des terres acquises».[24] Voltaire exulte, annonce son succès aux Tronchin, à d'Argental, à de Brosses: «Cette nouvelle me fait plus de plaisir que toutes celles que je pourrais recevoir de la Poméranie, de la Bohême et de la Franconie.»[25] Bussy reçoit les «tendres remerciements» qu'il mérite, mais aussi un prolongement de requête: excipant du succès, l'«oncle Voltaire» suppose que le roi eût d'un même mouvement accordé pour Tourney ce qu'il concédait pour Ferney: pourquoi donc ne pas s'enhardir jusqu'à solliciter encore? Nouvelle campagne, auprès de Bussy naturellement, et de l'intendant Jacques Bernard Chauvelin, et du marquis de Courteilles, le gendre de Fyot de La Marche.[26] En vain. Pour les droits, franchises et obligations attachés au domaine de Tourney, Voltaire s'engage dans un imbroglio juridique où nous le verrons bientôt se débattre.

Cependant les leçons qu'il tire des présents démêlés, les réflexions que lui inspirent deux mémoires de Fabry l'amènent à concevoir en faveur du pays de Gex une réforme radicale du régime des fermes. Il envisage et propose le rachat de la gabelle, avec cette conséquence que quitteraient le pays, où leurs vexations les rendent détestables, les gardes chargés de la surveillance et de la perception des impôts et droits de douane. Ce grand projet va faire pendant des années l'objet de négociations, avant de se réaliser en 1775 grâce à Turgot.

En janvier 1760, Voltaire expose son plan dans un mémoire et dans une lettre à Fabry.[27] Il voudrait, afin de désintéresser les fermiers généraux, contracter envers eux une sorte d'«abonnement». Il se fait fort de réunir une «compagnie» capable de verser les trois cent mille livres nécessaires au dédommagement, puis de gérer en le rentabilisant le commerce du sel. Il ne veut pas que pour «racheter

23. D8300 (16 mai 1759), à Bussy.

24. D8330 (2 juin 1759). Le brevet, accompagné d'une lettre de Bussy, est envoyé de Versailles le 28 mai.

25. D8330. Voir également D8329, D8331 et D8332.

26. D8333, D8334, D8335.

27. D8692. Le mémoire est reproduit dans D.app.187.

chaque année des fermes générales la liberté du pays» on impose «une espèce de capitation sur chaque individu, homme ou bétail»;[28] pareille disposition ne peut apparaître que comme «une autre sorte d'esclavage qu'on propose pour être libre, et un nouvel appauvrissement pour être à son aise». Le recours aux détenteurs de capitaux permet de dispenser les moins riches des charges contributives. Mais rien n'est possible sans l'appui des fermiers généraux. Mme d'Epinay est chargée d'«ameuter trois ou quatre des soixante».[29] D'autre part le banquier lyonnais Jean Robert Tronchin, appelé à Versailles, évoque le projet devant le Contrôleur général Bertin.[30] Au fil des correspondances et des négociations le plan initial se modifie.[31] Voltaire s'efforce de convertir à ses vues le président de Brosses; à son intention, il résume ainsi le marché: «Mon avis à moi serait qu'on donnât au roi les trois cent mille livres ou même quatre cent mille au nom de la province, et que la province obtînt son arrêt du Conseil qui la détachât des cinq grosses fermes moyennant une petite indemnité par an qu'elle payerait à nos seigneurs. Il y aurait encore beaucoup à gagner pour la province et pour la compagnie.»[32]

A ce marchandage financier et politique, un incident habilement exploité va conférer une tournure dramatique et un caractère d'urgence. Le 24 janvier 1760 Voltaire subit à travers ses gens une avanie de la part des commis du bureau des douanes de Saconnex. «Le pain manquant aux Délices», il envoie «chercher vingt-quatre coupes de blé à Ferney par [ses] domestiques et [ses] équipages». L'opération est régulière, puisque l'intendant de Bourgogne a délivré un passeport, puisque le secrétaire Wagnière a devant témoins et au préalable déclaré au bureau de Saconnex la quantité de blé transportée. Pourtant le brigadier Crépet et ses sbires ont saisi le blé et les équipages. Indignation, protestations auprès de Fabry, déclaration de Mme Denis envoyée le 25 et signifiée le 26 au bureau de Saconnex.[33] Voltaire a aussitôt imaginé le parti à tirer de la mésaventure. L'affaire de Saconnex ne démontre-t-elle pas la nocivité et l'arbitraire du système des fermes? Il faut que le scandale soit reconnu, que le méfait de quelques employés soit tenu pour preuve de la perversité du règlement. On joint donc les deux causes, on orchestre les réclamations: «grandes plaintes, mémoires au Contrôleur général, à Mgrs les fermiers généraux, à Sa Majesté M. l'intendant, procès, écritures...»,[34] en quelques jours sont mis en alerte tous ceux qui décident ou pèsent sur les décisions.

28. D8700 (7 janvier 1760), à de Brosses.

29. D8702. Voltaire insiste dans D8738, souhaite que M. d'Epinay vienne lui-même traiter sur place. De même dans D8747.

30. D8706 et D8750 (9 janvier et 8 février 1760). Tronchin a écrit à Voltaire de Paris le 2 février.

31. D8754, D8755, D8762.

32. D8767 (20 février 1760).

33. D8724, D8725. La déclaration de Mme Denis est jointe à la lettre D8728.

34. D8749. Voir également D8743 à d'Argental.

Premier résultat: «le contrôleur du bureau vient déclarer et signer aux Délices que les employés sont des fripons et qu'il les désavoue». Le lendemain, le receveur en fait autant et reconnaît que le procès-verbal du brigadier Crépet est antidaté: le coquin prétendait avec ce faux invalider la démarche de Wagnière.[35] Originaux et copies des pièces communiqués à qui de droit, chantage discret exercé sur de Brosses, menaces sur les agents des fermes désignés à leurs supérieurs,[36] le dénouement est bien et promptement ménagé. Dès le 27 février, Voltaire annonce les sanctions prises par les fermiers généraux, le 5 mars il veut partager avec de Brosses sa satisfaction: «L'affaire des brigands du bureau de Saconnex est finie, grâce au ciel et à Monsieur l'intendant.»[37] Il ne reste qu'à «casser le corps de la brigade de Saconnex»: ce sera, si nécessaire, au prix d'un «procès criminel».

Car, à ce qu'il semble, le «corps» entier des commis de la ferme présents au pays de Gex s'est senti visé par la campagne voltairienne. Dès le début, on peut soupçonner la collusion de «l'horloger Croze»,[38] «préposé par intérim au bureau de Saconnex frontière»,[39] et d'un certain Sédillot que Voltaire va poursuivre de son animosité. Or le sieur Sédillot, accusé d'avoir encouragé les auteurs des «violences faites à Mme Denis et à moi»,[40] se révèle, d'après une lettre de Voltaire même à Turgot en date du 8 janvier 1776, avoir été longtemps receveur du grenier à sel de Gex.[41] Tous ceux qui par leur activité relèvent du régime de la ferme, soit qu'ils contrôlent le mouvement des denrées et perçoivent les impôts, soit qu'ils en tirent des profits indirects, sinon illégaux, se mobilisent dès qu'ils ont vent des intentions avouées du nouveau seigneur de Ferney. En vertu de cette volonté de résistance, Sédillot fait en sorte de mériter la haine de Voltaire: aussi le voilà mis en demeure de prouver des titres de noblesse qu'il usurperait,[42] puis donné pour coupable de malversations: «Tout salé qu'est cet homme, il a bien l'air d'être un peu corrompu»;[43] le voilà livré au jugement de Montigny, «commissaire nommé par le Conseil pour examiner les sels de la Franche-Comté», un homme donc qui «se connaît en sels et en Sédillot».[44] On appelle sur Sédillot l'attention de parlementaires, d'intendants, de conseillers d'Etat.[45] Le 14 juin

35. D8747, D8749, D8750.
36. D8738, D8767, D8769.
37. D8789.
38. D8744 (4 février 1760), à Fabry.
39. D8738 (30 janvier 1760), à Mme d'Epinay.
40. D8728 (26 janvier 1760), à Fabry.
41. D19851.
42. D9093 (28 juillet 1760), à Fabry.
43. D9190 (3 septembre 1760), à Fabry.
44. D9332 (20 octobre 1760), à Fabry.
45. D9647, D9702.

1761, Voltaire estime qu'on devrait et pourrait «finir l'affaire du baron Sédillot».[46] On la finira en effet quand, en 1776, les commis des fermes étant bannis du pays de Gex, Voltaire recommandera au ministre Turgot le receveur du grenier à sel, maintenant octogénaire, et son fils, avec cet éloge: «Ils ont sacrifié sans peine leurs intérêts et ont perdu leur place pour le bien de la province»![47]

Quels intérêts et quelles puissances s'opposaient à la libération du commerce du sel et du blé, on le mesure dans l'affaire des douanes de Saconnex et dans l'histoire de Sédillot. De fait, Voltaire se dit satisfait des premières réactions des autorités sollicitées en janvier et février 1760.[48] Il a d'abord espoir dans la décision de l'intendant de Bourgogne.[49] Il veut croire «l'affaire [...] en très bon train».[50] Mais il déchante à la fin de février: l'intendant porte l'affaire au Conseil du roi, elle «traînera longtemps», les raisons politiques dudit Conseil rejoignant l'intérêt des fermiers généraux. Car les traitants ont les dents longues. Trudaine ne le cache pas: tout en encourageant Voltaire dans son projet d'affranchissement du pays de Gex et en l'assurant de son soutien, il remarque «qu'on n'a point voulu jusqu'à présent offrir un abonnement égal au produit net que les fermiers généraux en retirent de net».[51] Voltaire n'aura pas réussi à faire prévaloir dans le pays de Gex les idées tout récemment émises par le physiocrate Quesnay, ni la *Théorie de l'impôt* qui vaut, en cette même année 1760, huit jours de prison, trois mois d'exil et une grande popularité au marquis de Mirabeau, l'«ami des hommes».

Il n'en a pas fini avec les «sbires» de la ferme et les «regrattiers», que le voici aux prises avec des jésuites. Il est toujours question de terres, de droits de propriété et d'exploitation. Mais pourquoi s'attaquer à des jésuites? Sans doute parce qu'ils sont installés à Ornex. Ce voisinage gêne d'autant plus le seigneur de Ferney que les révérends pères souhaitent comme lui étendre leur domaine. Ils ont d'abord entretenu avec lui de bonnes relations.[52] Il le confesse à d'Alembert: «J'ai un château à la porte duquel il y a quatre jésuites. Ils m'ont abandonné frère Berthier, je leur fais de petits plaisirs et ils me disent la messe quand je veux bien l'entendre.»[53] S'il se résout néanmoins à les défier, c'est, annonce-t-il au banquier Tronchin, pour «faire une bonne action».[54]

46. D9819, à Fabry.

47. D.app.432.

48. D8762 (17 février 1760), à Fabry.

49. D8767 (20 février 1760), à de Brosses.

50. D8769 (22 février 1760), à Fabry.

51. D9693 (22 mars 1761). Ce Trudaine est Jean Charles Philibert, fils du conseiller d'Etat membre du Conseil royal des finances.

52. Desnoiresterres, vi.58, d'après P. J. Grosley, *Observations sur l'Italie et sur les Italiens* (Londres 1770), i.12-13.

53. D8451 (25 août 1759).

54. D9437, D9445, D9497, D9502, D9503.

«Deux vieilles damnées», les demoiselles Balthazar, protestantes, possédaient à Ornex un bien d'environ dix-huit mille livres. De ce domaine deviennent propriétaires par héritage les Deprez de Crassier. Mais cette honorable famille, dont les garçons (six frères d'après le Voltaire de 1760, sept d'après le même en 1769) servent tous le roi, n'est pas assez riche pour conserver sa terre; elle la cède par antichrèse[55] à des prêteurs genevois. Sans scrupule excessif, les jésuites d'Ornex, convoitant un clos si proche du leur, lient partie avec un syndic de Genève, le secrétaire d'Etat Chapeaurouge, et s'apprêtent à «acquérir saintement le domaine à vil prix». Il leur fallait des lettres patentes au parlement de Dijon; sans difficulté, on les a entérinées. Pour dépouiller plus sûrement des mineurs, les bons pères n'hésitent pas, paraît-il, à déclarer dans un mémoire les enfants Crassier définitivement hors d'état de rentrer dans leur bien. Ils en auront menti, car Voltaire intervient, dépose les dix-huit mille livres au nom des légitimes propriétaires: l'argument est imparable, à moins que les usurpateurs «ne fassent un miracle qui leur conserve le bien usurpé». Point de miracle, et Voltaire se félicite de faire pleurer à la fois Ignace et Calvin. Le clos Balthazar est rendu «aux héritiers naturels». On prévient, comme d'habitude, les amis qu'ils ont à se réjouir du bon tour: lettres à Thiriot, à Bertrand, à Helvétius, à Cramer, à de Ruffey, à de Brosses, à Turrettini.[56] Pourtant, quelque plaisir qu'il ressente à berner celui qu'il rebaptise, sans trop de délicatesse, «Jean Fesse», Voltaire écrit au marquis d'Argence: «Je ne mérite pas tout à fait les compliments dont vous m'honorez sur l'expulsion du gros frère Fessy; j'ai bien eu l'avantage de chasser les jésuites de cent arpents de terre qu'ils avaient usurpés sur des officiers du roi, mais je ne peux leur ôter les terres qu'ils possédaient auparavant; [...] on ne peut pas couper toutes les têtes de l'hydre.»[57] Le regret accompagne le sentiment de jouer un rôle dans la destruction des jésuites, d'ores et déjà engagée. Plus tard, en 1769, Voltaire entendra donner à l'épisode de 1760 tout son sens: dans l'*Histoire du Parlement de Paris* et dans la *Lettre anonyme*,[58] il le présentera sous une lumière nouvelle et lui fera place dans l'épopée des guerres contre le fanatisme.

Le symbole du fanatisme dans les campagnes autour de Ferney, c'est, précisément, le curé de Moens. Dans le même temps qu'il mène la vie dure aux jésuites d'Ornex, Voltaire poursuit en justice Philippe Ancian, prêtre indigne sans doute,

55. Consentir une antichrèse, c'est abandonner les revenus d'une propriété pour acquitter les intérêts d'un emprunt.

56. D9499, D9503, D9513, D9549, D9555, D9583, D9590. Ces lettres sont écrites en décembre 1760 et janvier-février 1761.

57. D9646 (24 février 1761).

58. Au chapitre 68 de l'*Histoire du Parlement*, première édition, et dans la «Réponse» de la *Lettre anonyme*.

mais plein de ressources et bien protégé. Les deux affaires d'ailleurs ne se développent pas sans interférences.

L'affaire Decroze, ainsi désignée par le nom de la principale victime, ce n'est, dira-t-on, qu'une anecdote et des plus croustilleuses. Très «voltairienne» en effet, puisqu'on y voit un curé aux prétentions de gendarme des mœurs se rendre ridicule et odieux, par une violence où l'on reconnaîtrait volontiers de la jalousie. Sans aucun doute, Voltaire compte sur de telles impressions. Mais il amuse afin d'instruire. Et le zèle, la passion qu'il met à imposer sa thèse en détruisant le prêtre prouvent combien il lui importe d'inscrire sa pensée dans les faits. L'impatience de faire triompher la bonne cause, grâce même aux procédés de la mauvaise foi, dénote une philosophie essentiellement tournée vers les applications pratiques.

Peut-on produire un récit objectif de l'événement? Il faut s'efforcer au moins de dégager le vraisemblable de la littérature qu'il suscite, entre d'une part le rapport du 3 janvier 1761, signé par Ambroise Decroze père, Vachat procureur, et d'autre part la lettre du père Joseph Fessy, supérieur des jésuites d'Ornex, au conseiller Le Bault du parlement de Dijon.[59] Ce dernier texte présente l'intérêt de s'opposer directement au premier et de faire entendre la voix de la partie adverse. Fessy, notons-le, s'adresse à Le Bault après Voltaire, lequel entretient avec le parlementaire viticulteur de bonnes relations: le 29 janvier[60] justement il le prie de lui «envoyer tous les ans deux tonneaux, l'un de vin ordinaire, l'autre de nectar»; la même correspondance procure l'occasion de présenter avec humour la nouvelle excentricité du curé de Moens et de mettre en cause comme complice certain «Jean Fessy», jésuite de son état. Or un parlementaire est censé ne pas aimer un jésuite; en revanche le Bourguignon est supposé vouloir du bien à qui apprécie son vin, l'achète et le paie sans façon.[61]

Voici donc les faits d'après le rapport signé par Decroze, mais rédigé, on n'en saurait douter, sous le regard, voire sous la dictée de Voltaire.[62] Le 28 décembre 1760, entre dix heures et demie et onze heures du soir, Philippe Ancian, curé de Moens, s'introduit chez la veuve Burdet, résidant à Magny, hameau de sa paroisse. Il est accompagné d'hommes de main, et y «assassine» Joseph Decroze, fils du plaignant. C'est qu'Ancian a ses habitudes chez la dame Burdet: longue visite le 26 en soirée; de nouveau le 27, il y rencontre sans plaisir Collet, jeune ouvrier en

59. D9650 (25 février 1761).

60. D9580.

61. D9665 (3 mars 1761), à J. R. Tronchin. Voltaire écrit à son banquier: «M. Le Bault, conseiller du parlement de Dijon, tirera sur vous une lettre de change de cinq cents et tant de livres pour du vin qu'il me fournit».

62. Le texte de cette supplique au lieutenant criminel du pays de Gex fut imprimé aussitôt. Voir M.xxiv.161-64 et D9515.

horlogerie du bourg de Saconnex, ami du fils Decroze. Le 28, invité à «souper» chez la même dame Burdet, décidément accueillante, le sieur Guyot, contrôleur du bureau de Saconnex, rencontre en chemin et entraîne Collet et Joseph Decroze. Dubi, un espion aposté par le curé, avertit ce dernier que les conviés sont à table et qu'il fait les frais de la conversation. Ancian qui dîne avec trois confrères les quitte sans mot dire, recrute quelques paysans dont un nommé Brochu qui l'attendait au cabaret. «Il arme lui-même ses acolytes de ces bâtons et massues avec lesquels on assomme les bœufs», investit la maison de la veuve Burdet, y pénètre avec quatre ou cinq de ses hommes, accable de reproches l'hôtesse: «C'est donc ainsi, Madame, que vous vous plaisez à déchirer ma réputation.» Le chien du fils Decroze passant à sa portée, il le frappe et l'assomme; le maître du chien demandant raison de cette violence, le curé le gifle. Il le livre, ainsi que Collet, survenu, à ses complices: coups de bâton sur la tête; voilà les deux jeunes gens étendus «aux pieds du curé». Au bruit et aux cris de la dame Burdet, Guyot accourt, le couteau de chasse à la main; il est à son tour assommé. A ce point du récit, on ne peut que citer le mémoire de Decroze père: «Le curé lui-même, armé d'un bâton, frappe à droite et à gauche sur mon fils, sur Guyot et sur Collet, que ses complices avaient mis hors d'état de se défendre; il ordonne à ses gens de marcher sur le ventre de mon fils; ils le foulent longtemps aux pieds; Guyot s'évanouit du coup qu'il avait reçu sur la tête; ayant repris ses esprits, il s'écrie: Faut-il que je meure sans confession! Meurs comme un chien, lui répond le curé, meurs comme les huguenots!» Quand la dame Burdet se jette, implorante, aux genoux d'Ancian, il la bouscule, la soufflette, la repousse à coups de pieds sous le lit. Encore le pauvre père prétend-il ne pas tout dire: qu'on interroge plutôt les témoins, au nombre desquels les chirurgiens et les sœurs grises de Saconnex. Niera-t-on qu'il s'agit d'un crime prémédité? A peine ose-t-on ajouter ce détail abominable: le prêtre assassin eut l'audace, le lendemain, de célébrer la messe et de tenir son Dieu en ses mains meurtrières (l'alexandrin tragique vient spontanément sous la plume de l'horloger de Saconnex).

La campagne est lancée: émotion, indignation, scandale. A Fyot de La Marche, le 3 janvier,[63] dans le registre de la pitié: «J'ai vu le fils du sieur Decroze blessé, je l'ai vu dans son lit n'attendant que la mort» (l'alexandrin encore); puis sur le ton de la vengeance: combien est lente la justice, «aujourd'hui qu'il s'agit de la sûreté publique»; «nous attendons tout de votre bonté et de votre pouvoir». Le 7 à Cramer: le fils Decroze est bien mal en point; verra-t-on le curé de Moens «chanter pour lui une messe de requiem»?[64] Au même, le 12, en sollicitant l'action des «bons huguenots» de Genève: Ancian a l'insolence d'intenter un

63. D9517.
64. D9525.

procès en diffamation à Decroze père, assez «imbécile» et apeuré pour se désavouer.[65] Après quinze jours, il apparaît que les autorités temporisent et que le plaignant incline à «marchander le sang de son fils»; il faut «que le géant Pictet coure à Saconnex. [...] Il ne faut pas qu'il épargne l'argent», les assassins sont riches, «il y aura des dédommagements très considérables».[66] L'amour de la justice et de la vérité doit composer, hélas!, avec l'humaine nature. Le 20 janvier, Voltaire alerte le marquis d'Argence, sur le ton du cynisme irréligieux.[67] A l'intention du président de Brosses il choisit d'user du registre politique,[68] puis judiciaire,[69] alléguant les antécédents du curé de Moens, les dépositions des victimes, les difficultés de la procédure, faisant valoir son propre rôle de protecteur et de bailleur de fonds: on ne saurait, nul ne l'ignore, soutenir un procès sans argent.

Au fil des jours la partie civile ajuste son argumentaire, concède quelques détails,[70] renchérit sur le scandale. Voltaire, en effet, se doit de l'apprendre à Le Bault et de Brosses: désormais «le sacrilège est joint à l'assassinat»; une sœur de Decroze, l'assassiné, «voyant son frère en danger de mort, s'est avisée de faire une neuvaine»; elle voulait communier, il fallait donc se confesser, «mais à qui? à un jésuite nommé Jean Fessy, ami du curé de Moens»! Que répond Fessy? Il promet à la fille qu'elle sera damnée si elle n'abandonne pas la cause de son frère et ne persuade son père de se désister. Il refuse l'absolution. Dans son affolement, la pénitente vient se confier à Voltaire. Qu'on imagine l'effet d'une pareille «scène [...] dans Genève et dans toute la Suisse».[71] La Bourgogne ne va-t-elle pas à son tour s'émouvoir?

Voltaire aura fait de son mieux pour «exciter le cri du public».[72] Dès le 4 janvier,[73] il envoie à Cramer pour qu'il l'imprime le mémoire signé Decroze. Il demande, le 10, qu'on lui expédie aux Délices cinquante exemplaires «*presto presto, subito subito*, vite vite».[74] Il en veut quatre douzaines le 11.[75] Le 12 il presse Cramer: «il me semble que c'est la cause du genre humain».[76] Comme l'imprimeur

65. D9537.
66. D9541 (vers le 14 janvier), à Cramer.
67. D9561.
68. D9565 (22 janvier 1761).
69. D9583 (30 janvier 1761).
70. Le curé n'est pas allé «boire chez Mme Burdet» le 27, mais seulement le 26 décembre (D9631, au président de Ruffey, vers le 16 février 1761).
71. D9580 (29 janvier 1761), à Le Bault.
72. D9534 (?11 janvier 1761), à Cramer.
73. D9521.
74. D9529.
75. D9534.
76. D9537.

tarde, il se décide à faire faire une douzaine de copies à la main de l'addition au mémoire :[77] il y est question des menaces et promesses d'Ancian à ses victimes et aux témoins ; on devine collusions et protections. Mais Voltaire ne compromet-il pas sa cause par trop de passion et d'activité ? Le Genevois Du Pan le donne à penser : « Voltaire a écrit à Dijon, à Annecy, et s'est trop montré l'instigateur du plaignant ; toute la prêtraille et tout Gex sont pour le curé, vraisemblablement l'information ne sera pas concluante contre lui ».[78] Du Pan prétend même que le philosophe « devient chaque jour plus fou et plus déraisonnable dans sa conduite, n'écoutant aucun conseil, et ne faisant rien que par caprice ou par passion ». Reportons-nous plutôt à la lettre très remarquable que de Brosses écrit à Voltaire le 11 février.[79] Sur la forme donnée à l'affaire, le président bourguignon se montre sévère : « Je suis très fâché de la chaleur et de la cabale que j'apprends qu'on met de part et d'autre dans cette affaire. Ceci est un procès criminel comme cent mille autres, qui veut être suivi comme tous autres, sans déclamations extrajudicielles qui ne servent à rien ». Et de reprocher à son correspondant d'avoir fait venir chez lui les témoins : l'impartialité de leurs déclarations devient suspecte. « Trop de chaleur nuit souvent aux affaires, et ce serait bien fort contre votre intention si celle que vous montrez pour Decroze allait par malheur procurer cet effet ». Pour l'un des griefs avancés par les plaignants, de Brosses ne conteste pas seulement la forme : la loi est impuissante à l'égard du père Fessy ; supposé que le jésuite ait effectivement fait refus de l'absolution à la fille Decroze, comment sévir en matière de conscience ? « Je serais bien en peine de dire quelles peines les lois humaines peuvent infliger à un prêtre qui ne veut pas trouver sa pénitente en état d'être absoute. La malice des hommes est au-dessus de leur sagesse ». Bel aphorisme d'un homme de droit doublé d'un moraliste. De Brosses voit juste et Joseph Fessy le prouve quand il écrit à Le Bault que la confession de la fille Decroze, une forte tête du reste et qui gouverne sa maisonnée, était un piège et que le prêtre se réfugie dans le secret du confesseur. Autour de l'imputation sans preuve dont il se dit victime, le jésuite reconstruit aisément comme factice et calomnieuse toute la manœuvre voltairienne : les billets répandus qui le diffament, billets signés à son corps défendant par un homme, Decroze père, que Voltaire aurait persécuté ; intrigues de ce personnage « plein de fiel et de venin », devant lequel tout doit plier, le seul vrai tort d'Ancian étant de lui tenir tête ; derrière tout cela, la haine des jésuites, une inépuisable rancune envers le père Berthier et le *Journal de Trévoux*. Fessy n'est pas maladroit. Il sait aux arguments de fond joindre les enseignements de sa propre enquête, des images même, efficaces comme celle de la veuve Burdet, femme de médiocre réputation, arrivant dans

77. D9546 (vers le 15 janvier 1761), à Cramer.
78. D9603.
79. D9623.

Gex pour la confrontation des témoins et rentrant à Ferney «triomphalement», «dans un carrosse à quatre chevaux de M. de Voltaire». Ce que le jésuite écrit au conseiller du parlement donne à comprendre ce que fut le discours de la défense.[80]

De la comparaison des textes il résulte du moins que les faits reprochés au curé de Moens ne sont pas imaginaires. Tout circonspect qu'il soit, et bien qu'il s'en remette au jugement du bailliage de Gex, le jésuite d'Ornex concède que «dans cette affaire le curé [a] commis par zèle une très grande imprudence». De Brosses s'exprime en termes décisifs. «Le fait me paraît clair», écrit-il, «en ce qu'il contient».[81] La plainte de Decroze «est juste», les violences «si extraordinaires» du curé ne trouvent même pas de justification dans un souci d'ordre puisqu'il n'y avait pas de désordre. Decroze est connu pour «un très honnête homme», son fils mérite compassion. De Brosses ajoute, et il ne le fait pas à la légère, présumant l'usage qui peut être fait de sa lettre, que son information est parfaitement impartiale, puisée même, ce qui est, il l'accorde, contre les règles, auprès des responsables de l'instruction. On ne peut se priver enfin du témoignage de Mgr de Chaumont, évêque titulaire de Genève en résidence à Annecy. Supérieur direct du curé de Moens, il lui décerne un brevet de vertu, atteste avec «tous les ecclésiastiques et tous les honnêtes gens» son horreur active du vice, fût-il par là porté «à pousser [son] zèle un peu trop loin dans une circonstance où il aurait pu prendre plus de précautions». Monseigneur a le style retors – on va s'en apercevoir plus loin –, il lui faut ajouter pourtant à l'adresse du prêtre qu'il accuse et excuse à la fois: «cette faute [il y a donc faute] ne saurait mordre en aucun sens sur des mœurs aussi irréprochables que les vôtres l'ont toujours été.»[82] La lettre du prélat suggère la sentence, le tribunal ne peut sanctionner que d'une amende la démonstration trop énergique d'une vertu toute pastorale. Voltaire aura mis en cause vainement la conduite personnelle d'Ancian.[83]

Pour donner sa pleine résonance à une histoire qu'on ne considère pas comme simplement anecdotique, il convient d'évoquer les relations épistolaires du seigneur de Ferney et de l'évêque d'Annecy: elles ont pris au cours de l'épisode une telle tournure que Mgr de Chaumont se fait fort, auprès de son curé, d'utiliser au besoin contre Voltaire «les lettres qu'il a osé m'écrire» et qu'il redouterait de voir paraître. C'est à un véritable chantage que se livre le prélat: ou Voltaire cesse ses poursuites contre le curé de Moens, ou l'on publie ses lettres. Quelles lettres? Les deux surtout où tour à tour l'impie «tombe impitoya-

80. D9650 (25 février 1761), à Le Bault.

81. D9623.

82. D9679 (12 mars 1761), Deschamps de Chaumont à Ancian.

83. Voltaire n'en répète pas moins à son avocat Arnoult: «Il est certain que ce malheureux [le curé Ancian] a été amoureux de la dame Burdet, bourgeoise de Magny, et de très bonne famille, qu'il n'a jamais appelée que *la prostituée*» (D9821, 15 juin 1761).

blement sur les ministres de Genève», puis s'avise de «déprimer tous les docteurs catholiques pour exalter à leurs dépens le mérite et la science des prédicants de cette ville infortunée.»[84] Lettres gênantes, en effet, Mme Denis écrivant pour son oncle n'en disconvient pas. Mais la «probité», la «candeur», les «vertus» de Monseigneur l'empêcheront sûrement de les publier sans l'aveu «de celui qui les écrit».[85] Aussi faut-il croire «supposée» la copie répandue dans Genève d'une lettre «adressée par mon oncle à Votre Grandeur»![86] Avant de se commettre dans un procédé si hétérodoxe, Mgr de Chaumont a opposé aux demandes de sanctions de Voltaire deux arguments principaux, sans d'ailleurs s'expliquer jamais clairement sur la responsabilité d'Ancian. D'une part, il s'apitoie, dans son style amphigourique, sur cette «âme qui, trop aveugle pour se plaindre elle-même, affecte de gémir encore d'une manière aussi étrange sur l'effusion de quelques gouttes, non pas de la main du prêtre, où après tout elle n'a d'autre intérêt que celui que, pour des motifs trop connus, elle veut bien y prendre».[87] En clair le châtelain de Ferney n'a pas titre à juger le curé de Moens, il n'intervient que par haine du catholicisme qu'il s'efforce de discréditer en la personne d'un de ses plus ardents apôtres. Ce faisant, second argument, tout empreint celui-ci de paternelle vigilance, M. de Voltaire se damne. Il s'opiniâtre à répandre ses «ironies» et «contre-vérités»; «j'ai le cœur percé de douleur», lui écrit son évêque, de le voir qui «s'obstine à vouloir malheureusement périr dans un âge où tout peut lui échapper à chaque instant; mais si la juste punition peut-être du mauvais emploi de tant de riches talents l'aveugle au point de s'étourdir sur le triste sort de l'humanité qui fait que nous sommes aujourd'hui et que nous disparaissons demain, qu'il soit pourtant bien convaincu qu'un peu plus tôt ou un peu plus tard toutes mes lettres lui seront présentées un jour au tribunal de Jésus-Christ, son maître et le mien.»[88] Cet avertissement est extrait de la dernière lettre de l'évêque d'Annecy: elle met un terme à un échange curieux où Voltaire, cédant adroitement la plume à Mme Denis, ainsi chargée de la défense de son oncle, entraîne son correspondant dans un dialogue indirect.[89] Volonté d'acculer le

84. D9632 (vers le 16 février 1761), Deschamps de Chaumont à Mme Denis. La seconde des lettres évoquées par l'évêque d'Annecy est du 16 décembre 1758. Voltaire y oppose la conduite des pasteurs à la rapacité d'un curé de Moens dans l'affaire des dîmes de Collovrex (D7981).

85. D9625 (13 février 1761), Mme Denis à Deschamps de Chaumont.

86. D9638 (19 février 1761), Mme Denis à Deschamps de Chaumont.

87. D9615 (7 février 1761), Deschamps de Chaumont à Mme Denis.

88. D9651 (vers le 25 février 1761), Deschamps de Chaumont à Mme Denis. Mgr de Chaumont n'a cessé d'attendre la conversion de Voltaire (voir D9527). Sans grande illusion, il croit ne devoir compter que sur le «miracle du grand chemin de Damas» (D9518).

89. Voltaire continue la correspondance alors même qu'il sait n'avoir plus rien à espérer d'un interlocuteur avisé, qui connaît son homme et veut avoir le dernier mot. La série concernant Decroze se compose de sept lettres de février 1761: de Mme Denis, D9595 (vers le 1er), D9609 (le 5), D9625 (le 13), D9638 (le 19); de Mgr de Chaumont, D9615 (le 7), D9632 (vers le 16), D9651 (vers le 25).

porte-parole de l'Eglise, besoin de confronter à l'adverse pensée la sienne propre, le philosophe se sent exister dans de tels défis. Comme le dit très bien son interprète, il n'a souci que des vivants parmi lesquels il vit, en faveur desquels il parle. Serait-il contre l'Evangile de travailler au bien-être d'une communauté misérable et n'a-t-il pas une morale selon Dieu celui qui s'y dévoue? «Je vous parle au nom de la province, Monseigneur, pour les affaires qui nous intéressent», écrit par procuration Mme Denis, et sur l'oncle même: «Il fait plus de bien à la province qu'aucun homme en place n'y en a fait depuis plusieurs siècles; il fait dessécher tous les marais qui infectent le pays, et prête de l'argent sans intérêt aux gentilshommes, il en donne aux pauvres, il établit des écoles où il n'y en a jamais eu, il défriche les terres incultes, il nourrit plus de cent personnes, il rebâtit une église.»[90] Autre affaire que cette église, nous y reviendrons. Reste le dessein, qui a sa cohérence et sa générosité.

Dès janvier 1759, jugeant que le printemps est proche, Voltaire, impatient, avait mis en terre les plants de vigne envoyés par le Bourguignon Le Bault.[91] A l'automne suivant, il s'inquiète de vendanger dans le domaine de Tourney avant que les guêpes n'aient tout mangé.[92] Ce n'est pas qu'on y fasse du bon vin: un palais délicat s'accommode mieux d'un de ces nectars du Beaujolais qu'on donnerait «hardiment pour du bourgogne».[93] Plus d'une lettre souligne le souci de ne recevoir que des vins «de garde»:[94] sur la récolte de 1759, les jugements incertains jusqu'au printemps suivant laissent perplexe l'habitant des Délices.[95] Quant au vin de Tourney, si clair et aigre qu'il soit, il est bon à vendre aux Genevois. C'est de l'argent et du travail pour le pays de Gex. On plante donc en tâchant d'améliorer le cépage: en même temps qu'il se plaint à Le Bault de boire depuis deux ans du vinaigre – plainte évidemment peu fondée – Voltaire le prie avec des mots de vigneron de lui «procurer deux mille barbues», «c'est», ajoute-t-il, «le mot je crois de ceps bourguignons».[96] Autant que de vendanges le propriétaire de Ferney se préoccupe de moissons. Le vin et le blé, denrées essentielles, avec le sel, on l'a vu, pour le seigneur comme pour ses gens. Il ne lui déplaît pas à l'occasion d'annoncer: «Corneille ne me fait point oublier Triptolème».[97] Encore faut-il rendre à la culture des espaces abandonnés aux

90. D9595.

91. D8051 (17 janvier 1759), à de Brosses.

92. D8494 (?25 septembre 1759), à Mme Gallatin.

93. D8526 (6 octobre 1759), à J. R. Tronchin.

94. D8781 (1er mars 1760), à Ami Camp.

95. D8882 (28 avril 1760), au même.

96. D10149. Le Bault ne parle pas de «barbues», terme appartenant au parler de la Suisse romande, mais de «chapons».

97. D9613. Allusion au commentaire de Corneille dont il sera parlé plus loin.

ronces. «J'ai défriché, j'ai brûlé, j'ai fait porter de la terre légère». Pires que les ronces, les marécages: il est près de Magny, «presque sous les fenêtres de mon château», un marais empoisonné: non seulement son trop-plein vient inonder et gâter les prairies de Voltaire, mais ses exhalaisons tuent les hommes et les bestiaux, provoquent paralysie chez les uns, chez les autres «une maigreur affreuse». Le pays devient un désert, «la négligence amènera la peste».[98] «L'affaire du marais [...] est très importante». Le laboureur de Ferney est prêt à conduire à ses frais l'entreprise d'assèchement et d'assainissement, pourvu seulement que les autorités la cautionnent. Il s'adresse à Fabry, à l'intendant Dufour de Villeneuve, à Jean Baptiste Sénac,[99] premier médecin du roi et conseiller d'Etat, à son fils Sénac de Meilhan; il sollicite surtout l'appui du Contrôleur général Bertin, un vrai physiocrate au pouvoir. Il voudrait qu'un règlement imposât à chaque propriétaire de concéder du terrain pour les rigoles de drainage.[100]

Autre chapitre au programme: peupler le pays de chevaux. D'Argenson doit procurer l'étalon, Jean Robert Tronchin «deux jeunes et bonnes juments de trait».[101] Faute de contribuer lui-même à «provigner son espèce», Voltaire augmentera le cheptel chevalin. Il compte bien que la multiplication des chevaux entraînera celle des ressources et par suite celle des hommes. Le voilà ravi quand il se trouve en possession de «beaux harnais de timon».[102] Il écrit de sa propre main pour commander de l'avoine, en annoncer la bonne réception: «mes chevaux et moi nous vous remercions».[103] Dans cette activité d'agriculture, il trouve, à n'en pas douter, un très grand plaisir, pour lui inédit. On serait tenté de le croire quand, dans l'enthousiasme du moment, il écrit à sa nièce Mme de Fontaine: «Je vais me servir de mon beau semoir à cinq tuyaux, et cette pièce de menuiserie me fait plus de plaisir que des pièces de théâtre.»[104] Dans le même esprit, avec l'intention de désarmer les rieurs et les sceptiques, il annonce à Damilaville et Thiriot: «Il faut défricher une lieue de bruyères et l'histoire de Pierre Ier.»[105] Il se réjouit d'inscrire ses *Géorgiques* dans les terres du pays de Gex.

De fait, la théorie accompagne expressément la pratique. Plusieurs lettres traduisent l'inspiration de cette éthique nouvelle. Aux philosophes paresseux de Paris, aux politiques maladroits, aux généraux qui se font battre, n'est-il pas juste

98. D9078, D9433, D9528, D9607.
99. D9446 (6 décembre 1760).
100. D9730 (9 avril 1761), à Fabry.
101. D8156, D8285, D8296.
102. D8342 (9 juin 1759), à J. R. Tronchin.
103. D8626, D8656, lettres à François Guillet, baron de Monthoux. Voir de même D9678 et D9713.
104. D8404 (27 juillet 1759).
105. D9790 (24 mai 1761). Cf. D9683: «J'ai l'histoire universelle et une demi-lieue de pays à défricher».

d'opposer celui qui a «bâti, labouré, planté et semé», qui visite ses métairies, guérit ses paysans et ses bœufs quand ils sont malades, marie des filles, met en valeur des terres abandonnées depuis le déluge?[106] Pour le fermier général Bouret, avec le plan de rachat des droits de douane, Voltaire présente les données et les perspectives d'une véritable politique économique: il lie la renaissance de l'agriculture, dans le pays de Gex, à la modification du régime des impôts et par conséquent du commerce.[107] Il s'agit de la situation très singulière et des besoins d'un territoire particulier, Voltaire ne prétendant pas à une philosophie de la chose rustique. Il n'est pas de ceux qui enseignent à labourer du fond de leur cabinet: «je laboure et n'écris pas sur le labourage».[108] Dans les écrits récents il ne veut voir qu'une mode, produits de «regrattiers de la littérature» qui, sans le bon sens des laboureurs et vignerons, se flattent de leur apprendre ce que ces praticiens ont toujours su. Après tout, ainsi qu'il l'écrit au géomètre et astronome Clairaut, «je mets en pratique ce que l'*Ami des hommes* conseille».[109]

Voltaire n'en versifie pas moins une *Epître à Mme Denis sur l'agriculture*. C'est qu'il rejoint dans leur inspiration générale les chapitres sur l'agriculture de l'*Ami des hommes*.[110] Mirabeau y présente les avantages d'une société fondée sur le respect et le développement de la culture du sol. Il combat, comme Voltaire, les institutions, règlements et manières de penser auxquels on doit l'abandon et l'appauvrissement des campagnes; il fait valoir le rôle des grands propriétaires terriens dans la restauration de l'économie rurale. Mais il se livre à des élans lyriques, quand il exalte l'agriculture comme «le plus admirable», comme aussi «le plus sociable» des arts.[111] Sans nul doute, Voltaire a peu apprécié, chez Mirabeau, la critique de la philosophie moderne,[112] coupable d'irréligion et responsable du relâchement des mœurs, les objections contre la liberté de la presse, la déclaration d'allégeance à l'égard du catholicisme appuyée de cet argument: «Quoi qu'on en dise, rien n'est moins intolérant que l'esprit de la Religion».[113]

Quand il annonce à Damilaville le 19 mars 1761 une «*Epître sur l'agriculture*

106. D8485 (17 septembre 1759), à Thiriot.

107. D10165, lettre à Etienne Michel Bouret du 20 novembre 1761. C'est le même Bouret, directeur du personnel des fermes, richissime et prodigue, que Diderot malmène dans *Le Neveu de Rameau*.

108. D8029 (5 janvier 1759), à Elie Bertrand.

109. D8455 (27 août 1759). Mirabeau (père du tribun révolutionnaire) a publié *L'Ami des hommes* de 1756 à 1758. Voltaire jugera «obscure» et «absurde» (D9539), tout comme Mme d'Epinay (D9464), *La Théorie de l'impôt* du même Mirabeau, publiée en 1760.

110. Ce sont les chapitres III, IV, V et VI de la première partie dans *L'Ami des hommes ou traité de la population*, 5e éd. (Hambourg 1760), i.46 et suiv.

111. *L'Ami des hommes*, i.62 et 64.

112. *L'Ami des hommes*, ii.127 et suiv.; chapitre IV de la deuxième partie, intitulé «Les Mœurs».

113. *L'Ami des hommes*, ii.140.

(M.x.378-82) dans laquelle [il] parle heureusement très peu d'agriculture», il suggère le sens de son propos. Le court prologue du poème invoque le modèle latin:

> Qu'il est doux d'employer le déclin de son âge
> Comme le grand Virgile occupa son printemps!

Mais aussi le poète chante la vie rurale en homme qui sait de quoi il parle. Car Voltaire ne s'est pas contenté de regarder les travaux de la ferme depuis son salon ou son cabinet. Il se rend dans ses étables, examine ses bêtes. «J'aime mes bœufs», déclare-t-il, «je les caresse, ils me font des mines.» Et pour marcher dans de tels endroits, il s'est fait faire une paire de sabots.[114] Voilà le vrai. En comparaison, combien paraissent faux les bergers du «Normand Fontenelle». Il fait la leçon à celui-ci et à tous les amateurs de «bergeries» enrubannées:

> Ne célébrons jamais que ce que nous aimons.
> En fait de sentiment l'art n'a rien qui nous plaise:
> Ou chantez vos plaisirs, ou quittez vos chansons;
> Ce sont des faussetés, et non des fictions.

Puis au «petit-maître» épris du «fracas» de Paris, redoutant l'ennui d'une vie «sans plaisir, sans faste, sans emploi», le poète répond, en chiasme, d'abord que le vieil homme meurtri par les épreuves s'est fait une sagesse:

> Tu verras qu'il est bon de vivre enfin pour soi,
> Et de savoir quitter le monde qui nous quitte.

d'autre part que le cultivateur

> Des ressorts de l'Etat est le premier moteur

qu'il faut donc cultiver les déserts français:

> Change en épis dorés, change en gras pâturages
> Ces ronces, ces roseaux, ces affreux marécages.

Ainsi le travail d'un homme fait, outre son bonheur propre, celui de ses «vassaux». Dans le prolongement de cette exhortation, Voltaire marque sa préférence pour les laborieux «enfants tondus» de saint Benoît, tellement plus utiles que les «robustes fainéants» de saint François; les premiers obéissent à la maxime divine déjà rapportée dans la conclusion de *Candide*:

> Et le sot mari d'Eve, au paradis d'Eden,
> Reçut un ordre exprès d'arranger son jardin.

Il convient de prêter une attention particulière au troisième tiers de l'*Epître*: on

114. D9684 (19 mars 1761), à Damilaville, et D9683 (même date), à d'Argental, qui, lui, n'aime pas «la chose rustique». Toutefois, à propos de ses sabots, si son ami réussit à faire jouer sa tragédie d'*Oreste*, il les troquera «contre deux cothurnes sous l'ombrage de vos ailes».

y voit s'équilibrer, se répondre, les deux formes d'activité pratiquées par le poète-paysan :

> Il est des temps pour tout ; et lorsqu'en mes vallées,
> Qu'entoure un long amas de montagnes pelées,
> De quelques malheureux, ma main sèche les pleurs,
> Sur la scène, à Paris, j'en fais verser peut-être.

Voici l'écrivain et le philosophe : le théâtre, avec la Clairon, la satire, et apparaissent les noms de Trublet et de Fréron, le soutien à l'*Encyclopédie*, à Diderot et à son compère :

> Les échos des rochers qui ceignent mon désert
> Répètent après moi le nom de d'Alembert,

le combat contre le fanatisme, qu'il vienne des disciples de Loyola ou des illuminés de Saint-Médard. Les vers traduisent l'harmonie des deux missions : celle du penseur et celle du propriétaire rural, également accordées à l'exigence personnelle :

> C'est ainsi qu'on peut vivre à l'ombre de ses bois,
> En guerre avec les sots, en paix avec soi-même,
> Gouvernant d'une main le soc de Triptolème,
> Et de l'autre essayant d'accorder sous ses doigts
> La lyre de Racine et le luth de Chapelle.

L'épilogue remercie Mme Denis de participer à ces tâches nécessaires en même temps qu'à l'éducation de la descendante du grand Corneille.

L'*Epître sur l'agriculture* veut manifester la cohérence d'une existence qui se joue en deux lieux distincts, Ferney et Paris. Mêmes enjeux de part et d'autre ; les réunir c'est traduire l'accomplissement de l'homme Voltaire, authentifier la pensée en lui conférant une réalité concrète. On s'obstine, et il proteste, à regarder le Suisse Voltaire comme un exilé, mais il est en France et pourtant, gageure réussie, il est libre et son maître.[115]

Ce qui ne représentait qu'une interprétation possible du «il faut cultiver notre jardin» prend à Ferney son sens plein : «Tout ce que nous avons de mieux à faire sur la terre, c'est de la cultiver».[116] Il est plaisant de se donner pour simple laboureur, il y a du défi dans l'humour, de l'orgueil satisfait dans l'humilité du titre. Mais Voltaire ne laisse pas ignorer qu'il pratique conjointement des formes diverses et complémentaires de culture. Ainsi l'adepte de la science newtonienne fait de ses terres son laboratoire : «Mon cabinet de physique est ma campagne.»[117] L'athlète de la littérature n'omet pas de mettre en balance ses bœufs et ses

115. Voir par exemple D9542 à Mme Du Deffand (15 janvier 1761).
116. D8266 (17 avril 1759), à Haller. Même expression dans D9361.
117. D8806 (14 mars 1760), à Elie Bertrand.

charrues avec les persécutions de la philosophie et des belles-lettres.[118] Ce lui est une volupté que de déployer la litanie de ses travaux mêlés: il se sert du semoir et du van cribleur tout aussi bien que de la plume.[119] Pour Mme Du Deffand il schématise son emploi du temps en ces termes: «Je n'ai jamais été moins mort que je le suis à présent. Je n'ai pas un moment de libre. Les bœufs, les vaches, les moutons, les prairies, les bâtiments, les jardins m'occupent le matin; tout l'après-dîner est pour l'étude; et après souper on répète les pièces de théâtre qu'on joue dans ma petite salle de comédie.»[120]

Quel art de vivre peut valoir mieux que celui-là qui satisfait en tout aux principes de la philosophie? Voltaire veut le croire et le donne à croire. Il lui paraît bon que le pasteur du troupeau philosophique soit perçu sous les espèces d'un patriarche énergique et bienveillant, ou d'un suzerain éclairé armé de l'écritoire et de la charrue. Car laboureur, il l'est, et dans le sens le plus étroit du mot. A proximité de son château, il a choisi un champ, spécialement désigné comme «le champ de Monsieur de Voltaire». Il le travaille de ses propres mains, à l'imitation de l'empereur de Chine. Il devra un jour y renoncer, n'ayant plus la force de labourer. Sa mort alors sera proche.[121]

118. D8880 (27 avril 1760), à d'Argental.

119. Voir l'admirable paragraphe de la lettre à Jacques Bernard Chauvelin du [3] août 1760 (D9112).

120. D8873 (25 avril 1760), à Mme Du Deffand.

121. Témoignage de Jacob Jonas Björnståhl, *Lettere ne' suoi viaggi stranieri* (Poschiavo 1786), iv.117 (Ferney, 1er octobre 1773). Björnståhl, professeur de philosophie à l'Université d'Uppsala, a rendu deux visites à Voltaire, sur la route d'Italie: à l'aller, en octobre 1770, au retour en octobre 1773. Ses lettres, adressées à Gjörwell, bibliothécaire royal de Stockholm, ont été traduites du suédois en allemand, et retraduites de l'allemand en italien. Elles paraissent en cette langue, à Poschiavo, entre 1782 et 1786 (deux tomes). Nous remercions M. Lucien Choudin de nous avoir signalé cette source peu connue d'informations sur Voltaire à Ferney. Voir cependant Carl Fehrman, «Un voyageur suédois chez Rousseau et chez Voltaire», dans *Rencontres et courants littéraires franco-scandinaves, Actes du 7e Congrès international d'histoire des littératures scandinaves* (Paris 1972), p.253-62.

3. Les droits du seigneur

Ferney, mais toujours les Délices. Pendant des années, Voltaire entend maintenir, à côté de sa nouvelle résidence en terre française, celle qu'il s'était aménagée aux portes de Genève, sur le territoire de la république. Il a si peu renoncé à ses Délices qu'en avril-mai 1759 il y entreprend de grands travaux. En accord avec les Tronchin, il va mener de front et la réfection du «grand chemin de Lyon» qui longe les jardins de Saint-Jean et le réaménagement des clôtures fermant lesdits jardins. C'est l'occasion de créer «une belle terrasse de trente toises de long».[1] Il fait construire, à frais partagés, une vraie «muraille de Chine», mais – Jean Robert Tronchin, son homme d'affaires, doit en convenir – la terrasse ainsi édifiée «augmentera bien le prix de cette retraite».[2] En juillet, Voltaire s'inquiète. Le mur prévu laisse le domaine ouvert de tous côtés. En outre il n'a que sept pieds de haut, si bien que Pictet «le géant» le franchit d'une enjambée.[3] Il convient donc de réviser le devis: à mesure que la muraille s'allonge et s'exhausse, s'accroît la quantité de terre à rapporter pour la terrasse. Fin septembre, la décision est prise.[4] Le «rempart» sera construit. Jean Robert Tronchin en est averti le 6 octobre: on commence cette fameuse muraille de Chine, «on fait de nouvelles chambres dans les dépendances».[5] Le même est invité, au printemps de 1760, à revenir de Lyon à Genève pour admirer le résultat.[6] Un peu plus tard, après de nouveaux embellissements, les Délices disposent de quinze pièces de plain-pied. Voltaire va jusqu'à leur donner la préférence sur Ferney. «Mais», ajoute-t-il, «il est bien doux de posséder ces deux retraites.»[7] Il n'en renoncera pas moins aux Délices au début de 1765: la conduite des Genevois va faire qu'il se «dégoûte» de la maison d'Aristippe et des jardins d'Epicure; décision opportune à la veille d'une nouvelle période de troubles politiques à Genève.

Du côté de Ferney et de Tourney, il travaille à se constituer une vaste propriété

1. D8287. La toise équivalant à près de deux mètres, la terrasse aura en effet près de soixante mètres.

2. D8294.

3. D8391 et D8401.

4. D8487 et D8488.

5. D8526.

6. D8848.

7. D9845 (23 juin 1761), à J. R. Tronchin.

d'un seul tenant. Projet en bonne voie, il le confirme à son banquier le 2 mai 1759: il vient d'«acheter encore deux domaines à [sa] bienséance dont l'un joint la terre de Ferney à celle de Tourney».[8] Un peu auparavant, il a dû verser à Diodati treize mille livres en paiement de la propriété de Caille, une enclave dans les biens de Ferney.[9] Convaincu qu'en temps de guerre il vaut mieux mettre son argent en prés, bois, vignes et maisons, il arrondit son «domaine patriarcal», dût-il provisoirement limiter ses dépenses.[10] «Tourney, Ferney, Choudens, Diodati, Poncet, Burdet, etc.»: telles sont, en vrac, les acquisitions faites ou en cours au mois de mai 1759. Ainsi, son banquier Ami Camp recevra du 14 mars 1760 l'ordre de compter «au sieur Poncet 3 000 livres tournois pour parfait paiement des prés qu'il m'a vendus».[11] Les minutes de Pierre François Nicod, notaire au bailliage de Gex, révèlent l'acquisition de champs à Pitegny.[12] Voltaire ne cesse de se plaindre: il achète «au poids de l'or»[13] des biens surestimés. On le dupe, prétend-il, mais il persévère.

A la vérité, il se trouve engagé dans d'étonnantes transactions. Ainsi pour ce qu'on nommera l'affaire Choudens. Le 14 août 1759, à celui qu'il appelle «mon cher Cicéron», le Genevois Jean Vasserot de Châteauvieux, il écrit: «L'argent pour la terre Choudens est tout prêt et déposé depuis longtemps.»[14] Aussitôt il se ravise: «la vente pure et simple que Choudens m'a faite d'un bien qui ne lui appartient pas [...], n'est-ce pas une espèce de stellionat?[15] ou pis? Ce bien qui n'est pas à lui, est le seul bon champ de son domaine.» Scrupule tardif. Jacques Louis de Choudens, citoyen de Genève, a proposé à plusieurs reprises de vendre à Mme Denis un domaine qu'il possède à Collovrex. Au centre du domaine, entourant la maison, les meilleures pièces, le pré des Fontaines et le champ de la Planche. Or certain Abraham Pasteur, autre citoyen de Genève, est venu, le 3 avril précédent, avertir la dame Denis et son oncle: ledit pré et ledit champ lui appartiennent, il les a seulement «engagés pour quelques années [...] audit Choudens et à son frère pour une somme modique.»[16] Le même jour et le lendemain les deux Choudens, invités à s'expliquer, jurent que Pasteur est de mauvaise foi, ils prennent tout sur eux. Que font l'oncle et la nièce? Sans

8. D8285.

9. D7947 (18 novembre 1758), à J. R. Tronchin, n.3.

10. D8294 (10 mai 1759), à J. R. Tronchin.

11. D8807. Suit ce commentaire: «Je voudrais avoir tout mis en prés plutôt qu'en billets de loterie et annuités.»

12. D.app.205.

13. D8542 (vers octobre 1759), à Vasserot de Châteauvieux.

14. D8428.

15. Est coupable de stellionat qui vend ou hypothèque un immeuble dont il sait n'être pas propriétaire ou déclare libres des biens hypothéqués.

16. D.app.186.

barguigner davantage, le 5 avril, ils signent l'acte de vente, pour 6 000 livres. Le 6 avril, les créanciers de Choudens affluent et demandent saisie de la somme. Voltaire transige, remet au propriétaire prétendu le tiers environ du prix de vente, dépose d'autre part une provision. Là-dessus Choudens et Pasteur s'entendent, se lient par un acte secret, assignent la dame Denis devant un tribunal genevois. Mais comment y comparaîtrait-elle, quand elle n'est ni ne peut être, en tant que catholique, propriétaire sur le territoire de la république? L'imbroglio judiciaire est complet. Les acquéreurs imprudents excipent du traité de Soleure de 1579 pour s'en remettre à la seule justice française. En 1776 encore, on songe à une transaction. Dix ans après la mort de Voltaire, l'affaire n'est pas terminée. Le domaine de Collovrex n'aura rapporté qu'«un procès, des tracasseries et un ridicule complet aux yeux des commis de Versailles».[17]

Tantôt manque la circonspection, tantôt l'élégance morale: la passion de posséder porte à concilier l'humanité et l'intérêt. «J'ai eu la bêtise honnête», prétend Voltaire, «de tirer de prison un pauvre homme de mes vassaux.»[18] C'est un de ses régisseurs, du nom de Bétens, dont le domaine vient d'être saisi pour dettes. Pour complice dans cette «bonne œuvre» le seigneur de Ferney emploie Vasserot de Châteauvieux, son «cher Cicéron», dont la tante dénommée parfois Mme de La Bâtie, parfois la générale Donnop,[19] tient entre ses mains le sort de Bétens. Voltaire propose la somme en litige (4 365 livres arrondies à cinq mille) sous réserve qu'en remboursement du prêt le prisonnier lui abandonne «quinze settines de mauvais pré» et quelques autres terres.[20] Il craint un moment que la dame Donnop ne fasse «subhaster»[21] le domaine entier, dit de Valauran. Il s'inquiète alors d'obtenir par antichrèse les prés de Bétens. Alerte sans suite, le 3 mars 1761 Jean Robert Tronchin doit pour la quasimodo acquitter une lettre de change à l'intention de Mme Donnop. Bétens est libre et le domaine revient à Voltaire, lequel remarque ingénument: «Il se trouve insensiblement qu'une partie de mon bien est à Genève, ou dans les environs.»[22] Ne s'est-il pas vanté auprès du président de Brosses d'avoir payé mille écus de dettes pour faire sortir

17. D'après Caussy, p.6-7 et 83-87.

18. D9241 (19 septembre 1760), à J. R. Tronchin.

19. Il s'agit de Françoise Turrettini, veuve de David Vasserot, seigneur de La Bâtie, bourgeois de Genève, épouse en secondes noces du baron de Donop, Hessois, lieutenant-général, ministre des Affaires étrangères du landgrave de Hesse-Cassel (voir D6676 et surtout la *Correspondance avec les Tronchin*, éd. Delattre, p.136).

20. Voir D8428, D8434, D8435, D8436, D8437, D8438.

21. «Subhaster» signifie faire procéder à une vente à cri public, par autorité de justice, au plus offrant et dernier enchérisseur.

22. D9665.

Bétens de prison? De Brosses commente: «En profitant de la nécessité où il se trouvait pour acheter son bien à vil prix.»[23]

Qu'en l'occurrence la remarque soit ou non justifiée, on peut être sûr que dans son marché avec Voltaire ce n'est pas le président dijonnais qui sera dupé. Voltaire a voulu être comte de Tourney. Il l'est, mais à quel prix!

Il a acheté le fief à vie parce qu'on le lui garantissait «libre». Or si le nouveau locataire payait le centième denier,[24] les franchises ne seraient-elles pas entamées? Il se retourne vers de Brosses: celui-ci devrait solliciter, il a des relations, qu'il «se trémousse» donc. Le président ne veut rien entendre, s'abritant comme il le fera toujours (au préjudice d'un Voltaire ligoté que son impuissance exaspère) derrière un contrat d'une savante ambiguïté: il n'y a point vente de sa part, mais un simple bail à ferme qui préserve ses privilèges; au reste, que le contractant «se qualifie comme il voudra».[25] Ce dernier en effet argumente, s'emporte: «J'ai embelli Tourney, j'ai amélioré la terre; mais je brûlerai tout si on me vole le moindre de mes droits [...] J'ai de quoi vivre sans Tourney. Et j'aime mieux laisser croître des ronces que d'y être persécuté. Heureusement, Monsieur, ma cause est la vôtre.»[26] Erreur justement, mais Voltaire le sait-il? Quand il entreprend de libérer le pays de Gex des impôts de la ferme, il tente de faire entrer de Brosses dans le jeu, de l'intéresser à ses propres mésaventures, de présenter ses différentes actions comme relevant d'une véritable politique en faveur de la province, autant que des bailleurs de fonds.[27] Il n'est rien là qui ne concoure à plus de justice et la liberté à sauver justifie qu'on risque quelque chose.[28] Mais le président reste sourd. Pour les «lods et ventes» de Tourney, il revient au seul Voltaire de négocier avec le comte de La Marche le paiement d'une «somme modique».

C'est encore au comte, tout nominal pourtant, de Tourney qu'échoit le différend de la Perrière. Le cas est quasiment paradoxal puisqu'il s'agit cette fois d'éluder un privilège féodal dont l'exercice paraît inutilement onéreux. Tout un monde est mis en branle: correspondances, enquêtes, recherche de documents, examen des cartes et des traités, et cela pour six noix et un coup de sabre! «Le nommé Panchaud, Suisse demeurant au lieu dit la Perrière, en poursuivant un particulier

23. D8580 (9 novembre 1759), n.4.

24. Le centième denier est la taxe de un pour cent perçue à toute mutation de propriété ou de jouissance d'immeuble.

25. Voir, par exemple, le commentaire de de Brosses dans sa lettre à Fargès, D10144.

26. D8313 (23 mai 1759), à de Brosses.

27. D8767 (20 février 1760), à de Brosses.

28. Voir D8789, par exemple: «je vous avertis que si je ne suis pas parfaitement libre, je me jetterai la tête la première dans le lac».

qui lui volait ses noix, lui a donné un coup de sabre.»[29] Encore le coup de sabre «donné sur le bras du voleur» fut-il «très léger». De plus, le Suisse de la Perrière est depuis longtemps connu pour un «fieffé garnement». De Brosses avait «recommandé qu'on le chassât».[30] Pourquoi donc tant de bruit? C'est que, Panchaud jugé et condamné par le tribunal du bailliage, le greffier de Gex adresse à Voltaire les «exécutoires»: mandements du juge fixant les frais de justice et permettant d'en poursuivre le paiement. Panchaud se voit infliger une amende de 300 livres «envers le seigneur de Tourney». Quant au montant des exécutoires, il s'élève à 577 francs 8 sols 7 deniers, payables par le même seigneur de Tourney. «600 livres pour six noix!» s'écrie Voltaire,[31] alors qu'il s'est soucié déjà de faire «panser à Genève, à [ses] dépens», la victime du coup de sabre, qui «s'en porte très bien»! Les poursuites du greffier ne sont pas sans fondement; les officiers du bailliage ont considéré que la terre de la Perrière, où le délit fut commis, dépend de la seigneurie de Tourney, que le seigneur de Tourney y exerce donc les prérogatives de «haut justicier». On a affaire à une survivance de l'ancienne justice seigneuriale, fort dégradée dans la pratique au détriment des populations.[32] En l'occurrence le juge de Gex a officié au nom du seigneur, mais à celui-ci revient la charge de la procédure. Voltaire oppose que la Perrière ne relève pas de la juridiction de Tourney, ni par conséquent l'affaire Panchaud. Il ne veut pas être «*le haut justicier malgré lui*».[33] L'argumentation avancée, et que retiendra l'intendant Joly de Fleury, est la suivante: la Perrière est située sur le bord du lac de Genève, entre ce lac à l'est et à l'ouest «le grand chemin qui conduit de Suisse [c'est-à-dire du territoire de Berne] à Genève». La seigneurie de Tourney est «de l'autre côté du grand chemin».[34] Il faut remonter à des actes de 1539 et 1564 pour démontrer d'une part que les Bernois s'étaient réservé toute justice sur le grand chemin, qu'ainsi le domaine de la Bâtie dont celui de Tourney n'est qu'un «dénombrement» ne pouvait «outrepasser ce grand chemin»; d'autre part que la république de Genève, propriétaire du terrain bordant le lac a «toujours eu toute justice sur le lieu de la Perrière», du moins jusqu'au traité de 1749 à la suite duquel la république cède la juridiction au roi de France. Il revient donc à Sa Majesté d'acquitter les frais de justice.

Voltaire a travaillé seize mois environ à imposer ses vues, de novembre 1759 à la mi-avril 1761. Il n'a cessé d'expédier lettres et documents à Fabry, au marquis de Courteilles, à Joly de Fleury, François de Bussy, Jean Philippe Fyot de La

29. D.app.188 et 202.
30. D9517, D8638.
31. D8754 (10 février 1760), à de Brosses.
32. Voir M. Marion, *op. cit.*, article «Justice».
33. D8796 (10 mars 1760), à de Brosses. En italique dans le texte.
34. D9394 (10 novembre 1760), Joly de Fleury à Courteilles.

Marche, lesquels se consultent avec une admirable constance. Est-ce souci de bien administrer ou complaisance envers Voltaire? En fait ce dernier n'éprouve de résistance que de la part du président de Brosses. Il a beau le prendre à témoin de l'iniquité, faire appel à ses lumières, comme feront également les autres enquêteurs. Le président se borne à des commentaires dilatoires, vaguement ironiques.[35] Devant l'insistance de son locataire,[36] il finit non par ouvrir ses archives, mais par fournir des plans. Voltaire remercie benoîtement. Les recherches continuent au cours du printemps et de l'été 1760. Les autorités pensent à confronter les deux sires de Tourney,[37] dont les relations se sont entre temps détériorées. De Brosses, goguenard, se contente de «souhaiter» que le roi paie: vous voulez que la justice à la Perrière soit faite aux frais du roi, je le veux aussi, dit-il à peu près, mais «je n'ai jamais rien ouï dire de pareil»;[38] la justice a toujours appartenu au juge de Tourney. L'intendant cependant admet la requête de Voltaire, pourvu que le demandeur renonce aussi aux avantages que lui vaudrait la prérogative de haut justicier et pourvu qu'elle soit signée conjointement avec de Brosses, «le véritable propriétaire».[39] Celui-ci refuse de se désister de ses droits, ce qui embarrasse fort Dufour de Villeneuve, en possession du dossier comme successeur de Joly de Fleury à l'intendance de Dijon.[40] La contradiction entre le dossier de l'un et les affirmations de l'autre paraît insoluble, à moins d'un procès qui définisse privilèges et obligations. Comme on ne peut en attendre l'issue, ordre est donné aux officiers de Gex de retirer les exécutoires présentées à Voltaire, de les «décerner sur le domaine du roi», mais sans que pareille mesure autorise à «répétition».[41]

Si Voltaire a mis tant d'acharnement à poursuivre l'affaire, est-ce afin de mettre en cause l'administration de la justice? En ce cas, il devait être plus explicite. Est-ce avarice de sa part? Un tel reproche s'appliquerait mieux à de Brosses, dans les négociations pour Tourney. On croirait que tout est réglé après le séjour chez Voltaire du président dijonnais en décembre 1758. Le nouveau comte s'apprête à jouir «pleinement et sans partage de tous les droits seigneuriaux» attachés à Tourney.[42] En 1759, il n'est question que d'élargir ces droits. Pour ce qui est de ses engagements, le nouvel occupant fait plus qu'il ne doit. Il promettait

35. D8638 et D8668.
36. D8749, D8754, D8767, D8796, D8809.
37. D8989, D9002, D9015.
38. D9042 (vers le 5 juillet 1760).
39. D9394 (10 novembre 1760), Joly de Fleury à Courteilles.
40. D9656 (27 février 1761), Dufour de Villeneuve à Courteilles.
41. D9705, D9740 et D9741.
42. D7976 (13 décembre 1758), à J. R. Tronchin.

de dépenser dans les trois ans douze mille livres en améliorations et réparations;[43] il en a «fait pour plus de quinze mille livres les premiers six mois». Il a planté des arbres, fait sauter des rochers qui encombraient les champs. «C'est une entreprise immense», et la valeur de la propriété s'en trouve accrue. Et d'ajouter, non sans fatuité, ni imprudence: «Ma fortune qui me met au-dessus des petits intérêts, me permet d'embellir tous les lieux que j'habite.»[44] Ecrit-on de la sorte à un de Brosses quand on est en affaire avec lui? Voltaire précise qu'il n'inclut pas dans les dépenses dues «le petit théâtre» de quinze mille francs: on l'eût compté pour «un embellissement nécessaire» chez les Grecs et les Romains, mais dans le Jura, «aux portes de Genève»! Le président veut bien approuver, et le théâtre («le génie dramatique est un démon puissant»), et les «amusements du dehors» (on sait «votre goût actuel et favori pour l'agriculture»). «Je crois cependant qu'il y en a [*sic*] un article à excepter», écrit de Brosses, venant enfin à son véritable objet, l'objet ou le prétexte de l'affrontement de deux années qui commence.[45]

Les deux hommes s'écrivent le même 9 novembre 1759: rien de fortuit dans cette concomitance. Un même motif les mobilise l'un et l'autre, avec des sentiments contraires: le travail de Girod, le notaire de Gex.[46] Voltaire est agacé, Girod «cherche à exciter les difficultés»; qu'a-t-on à faire de son rapport? Pourquoi ces «attentions fort inutiles» au sujet de tel petit bois où «il ne restait que des pins et des tronçons de chênes»? On les a fait déraciner. On a encore coupé des pins et quarante chênes pour réparer les ponts-levis. Un pré par trop irrégulier se trouve de la sorte plus grand et plus carré. «Au reste, Monsieur, vous trouverez mes conditions exactement remplies.» Rien n'est moins sûr, précisément, au jugement de de Brosses.[47] Ainsi le petit bois donnait «de l'ébranchage»; il fera un mauvais pré. Suit le rappel des conventions: «ne dénaturer rien essentiellement aux fonds». Déraciner des troncs, c'est y contrevenir si manifestement qu'on ne peut imaginer que Voltaire l'ait ordonné. De Brosses se fait apaisant: «Il n'y aura jamais de difficulté entre nous.» On ne veut que prévenir les contestations en enregistrant «l'état actuel des choses», avant que l'ancien ne soit plus reconnaissable: telle est la tâche de Girod.

Aux lettres croisées réponses croisées. Voltaire tient Girod pour un délateur sans compétence. De Brosses affirme gravement que les mesures prises ne marquent pas de défiance envers Voltaire. Aux plaintes du locataire sur le faible

43. Voir *Voltaire en son temps*, iii.357.
44. D8580 (9 novembre 1759).
45. D8582 (vers le 9 novembre 1759).
46. Girod est bien notaire, ainsi qu'il ressort de maint texte (voir la *Correspondance avec les Tronchin*, p.754), en particulier de l'extrait du contrat d'acquisition de Ferney (D.app.174).
47. D8580, D8582.

rapport de Tourney il oppose ses propres regrets: quel pas de clerc il a fait en troquant la jouissance du fonds contre 35 000 livres! Le sentiment du président serait plus crédible, si au même moment il ne se vantait auprès de Girod d'avoir écrit à Voltaire «une lettre très polie, mais forte et pleine».[48] On surveille, on se précautionne, mais «sans inquiéter».

Pour échapper à pareille inquisition, Voltaire envisage l'achat définitif de Tourney. A peine pressenti, de Brosses joue la comédie. Bien sûr, il veut complaire à son «satan tentateur», mais que faire de l'argent en ces temps difficiles? Vous êtes à l'abri, vous, et libre, avec la santé, la gloire, la richesse! et il pousse l'enchère: 120 000 livres.[49] Cent dix mille en trois versements, répond Voltaire, et sous réserve qu'on le dispense des deux tiers des droits de «lods et ventes».[50] Partageons, dit de Brosses: vous offrez 140, je demande 155,[51] vous m'avez déjà versé 35 000 livres, reste à payer 112 500. «Tous les Bernoullis du monde ne feraient pas une équation plus juste [...] Je vous conseille de la meilleure foi du monde de finir.» Vous vous constituez un domaine magnifique, il faut m'en remercier, «car, en honneur, le cœur me saigne d'en parler». Voltaire est-il sensible à ces accents pathétiques? Il est bien près d'accepter, mais à condition de lier le marché au rachat des droits de la ferme, d'investir les 100 mille livres (25 000 de rabais!) dans la compagnie constituée à cet effet: de Brosses y gagnera une rente perpétuelle de dix pour cent.[52] En février et mars 1760, Voltaire pense toujours qu'il va devenir propriétaire sans partage de Tourney. De Brosses, vigilant, maintient son espion aux aguets,[53] il se méfie du «divin poète» qui coupe les bois «comme des navets». Il s'impatiente, le marché est fait, que ne conclut-on? Sinon «mon petit garçon ne sera pas fâché de retrouver un jour sa vieille terre», après qu'en aura joui «très longtemps», «je le souhaite», «une personne qui honore son siècle», et qui de plus est mon ami.[54] En juillet, il n'a pas depuis longtemps de nouvelles de l'acheteur, qu'il sait mécontent des interventions et de l'inventaire de Girod:[55] l'estimation du «petit bois» notamment est jugée scandaleuse, les arpenteurs du roi n'accordent à «l'immense forêt» que 43 arpents et demi.[56] Par une lettre du marquis de Ximénès, lequel envisageait de racheter

48. D8594 (vers le 14 novembre 1759). Cf. D8593, de Brosses à Voltaire.

49. D8638 (vers le 7 décembre 1759).

50. D8648 (12 décembre 1759).

51. D8668 (vers le 20 décembre 1759): de Brosses fait entrer en ligne de compte la somme déjà versée par Voltaire.

52. D8700 (7 janvier 1760).

53. D8754, D8815, D8900, D8954.

54. D8932 (vers le 25 mai 1760).

55. D8557, D9037.

56. D9068. La différence est de 43,5 arpents à 90, c'est-à-dire avec un arpent ordinaire de 92 ares, de 18,27 hectares à 37,8 hectares! Cf. D9090. De Brosses ergote sur la valeur de 90 poses ou coupées (cf. la lettre de Voltaire, D14141).

Tourney à Voltaire, on apprend que ce dernier «ne songe plus à en acquérir la propriété».[57]

Avant d'aller plus avant, il convient de parler d'une autre affaire: les moules de bois de Charles Baudy. Critiques et biographes ont retenu l'épisode comme particulièrement propre à déconsidérer Voltaire. Notons que la dispute est contemporaine des péripéties qu'on vient de relater. C'est pour mettre quelque clarté dans ces histoires emmêlées que nous les exposons successivement. Elles se trouvent ainsi coupées artificiellement des autres préoccupations de Voltaire dont il sera traité plus loin: le combat philosophique, Palissot et Pompignan, l'œuvre de théâtre, la guerre. Or, la correspondance le démontre, dans la vie et l'esprit de Voltaire ces sujets multiples se croisent, se superposent, entretiennent entre eux des rapports bizarres, souvent comiques. L'obstination dépensée dans l'affaire Baudy n'en paraît que plus étonnante. Quel déploiement d'énergie, quelle ingéniosité mise en œuvre, et pour quel enjeu!

Du point de vue de Voltaire les données sont simples: «après la passation du contrat [acquisition à vie de Tourney en décembre 1758], il [de Brosses] me dit en présence de ma famille, et de mes domestiques, que je pouvais prendre dans le forestal une douzaine de moules de bois pour mon usage, avant même d'entrer en jouissance.»[58] Voltaire déclare n'en avoir pas pris plus de trois ou quatre; il dit parfois quatre ou cinq. Il a toujours considéré que ce bois lui était offert en cadeau par-dessus le marché et comme pour entériner l'accord. Il estime en tout cas qu'il ne saurait le devoir à Charles Baudy, ce cabaretier de Tourney dont de Brosses a fait son «commissionnaire». Charlot, ainsi qu'on le nomme communément, vend le bois pour son patron, sans qu'il y ait entre eux contrat ni acte quelconque; il agit en simple intermédiaire d'un commerce vraisemblablement clandestin, et s'il a fourni quelques charretées de bois de chauffage à Voltaire, c'était sur le compte du propriétaire. Or Voltaire lui-même était déjà ce propriétaire. Ce bois dont rien ne prouve qu'il était déjà vendu, lui appartient en réalité, même si de Brosses ne lui en avait pas fait présent. Du reste, il fut, pense-t-il, si bien grugé dans l'acquisition de Tourney que le bois était payé par avance.

La somme en cause est de 59 livres,[59] de 144 en fait si le moule de bois est à 12 livres et si Voltaire en a prélevé douze.[60] Imagine-t-on le nouveau locataire de

57. D9649 (24 février 1761).

58. D.app.209. Le mot *forestal* désigne sous la plume de Voltaire le fonds forestier, le capital en bois sur pied ou abattu. Le *moule* est une ancienne mesure pour le bois à brûler: il est l'équivalent de 2 stères environ, c'est-à-dire d'une charretée ou voie, ce dernier mot étant également employé par Voltaire (voir D10062).

59. Dans son élan final de générosité, de Brosses parlera de 14 voies de bois et de 30 pistoles, soit 300 francs (D10144).

60. D10142, D10082.

Tourney s'opiniâtrant pour si peu dans la plus vulgaire avarice, au regard des sommes engagées pour le domaine, et compte tenu d'une prodigalité telle qu'à cette époque elle inquiète Mme Denis ? La ladrerie n'explique pas son prodigieux entêtement. Qui d'ailleurs s'entête ? De quel côté est la lésine, de quel côté l'intention de tromper ?

Dès février 1759, pressentant des arrière-pensées chez de Brosses, Voltaire met noir sur blanc sa demande de bois : il passera « comme convenu » par Charlot Baudy, lequel « on le sait assez [...] n'est que commissionnaire ».[61] L'affaire est donc close, croirait-on. En fait, elle n'a pas commencé. Le président la prépare en sourdine. A la fin d'une lettre à Girod, comme fortuitement, un souvenir lui revient : « Par parenthèse, dites-moi, je vous prie, s'il [Voltaire] a payé à Charlot les moules de bois qu'il me donna la commission, lorsque j'étais là-bas, de lui faire fournir par ce pauvre diable qui certainement ne peut ni ne doit en être le payeur. Au reste, je crois que vous avez fini le compte avec Charlot pour la vente de bois qui lui a été faite de mon temps. »[62] Nouveau jalon : s'adressant à Voltaire lui-même, de Brosses fait état d'un marché passé avec Charlot quand les négociations pour Tourney n'étaient pas encore engagées. En janvier 1761, Voltaire, apparemment serein, assure le président de son amitié et ajoute, reste d'inquiétude plutôt que défi : « Je me flatte, Monsieur, que je n'entendrai jamais parler de Charles Baudy. » Or précisément de Brosses vient d'examiner « le compte de [ses] affaires » pour les années 1759 et 1760. Il en ressort que Baudy n'a pas été payé pour ses quatorze moules de bois (quatorze, désormais !). Il est venu chez vous, Monsieur de Voltaire, demander son dû ; vous le lui auriez refusé : propos de rustre auquel moi, de Brosses, je n'accorde point foi ; je ne puis croire davantage que vous regardiez quelques bûches pour un cadeau digne de vous et de moi. Il est clair d'ailleurs que votre mémoire vous trahit ; voici la vérité des faits qui vous oblige à incontinent payer cette bagatelle à Charlot. Sinon j'aurai recours contre lui qui aura recours contre vous.[63] En effet, le 2 juin de Brosses fait assigner Baudy pour non-paiement de 281 livres de bois et « Charles Baudy en bas de cet exploit assigne François de Voltaire ».[64] La collusion du président et du commissionnaire ne fait pas de doute. Elle indigne d'autant plus Voltaire qu'aucun document ne confirme le marché prétendument conclu par les deux hommes en 1756 ; si bien même que le bois prélevé et vendu par Charlot depuis que Voltaire a pris en main le domaine se trouve « injustement distrait du forestal » : le manque à gagner s'élèverait à 4 800 livres.

Voltaire en appelle à Jean Philippe Fyot de La Marche, le fils et successeur de

61. D8114 (vers le 15 février 1759), à de Brosses.
62. D8594 (vers le 14 novembre 1759).
63. D8932, D9565, D9570.
64. D10046 (30 septembre 1761), à de Ruffey, accompagné d'un exposé du « fait ».

son ancien condisciple de Louis-le-Grand, puis au président de Ruffey. Il écrit enfin à de Brosses:[65] belle lettre, bilan éloquent des relations d'affaires de deux hommes d'esprit. Pour le ton, la première et la dernière phrase suffisent: «Vous n'êtes donc venu chez moi, Monsieur, vous ne m'avez offert votre amitié que pour empoisonner par des procès la fin de ma vie.» Et pour finir: «Vous m'avez réduit, Monsieur, à n'être qu'avec douleur votre très humble et très obéissant serviteur.» Nulle trace d'ironie ni d'insulte, nulle provocation: «Vous m'attaquez. Il faut me défendre, j'y suis forcé.» Voltaire désigne d'abord le dessein de longue haleine et à longue portée de son adversaire: une avarice impitoyable qui vise Mme Denis au-delà de son oncle. Il allègue sa bonne foi dans l'achat de Tourney: «Je m'en remis à votre honneur, à votre probité, vous dictâtes le contrat, je signai aveuglément.» Il n'est que trop vrai qu'il ignorait la valeur du domaine: on l'a berné sur les superficies et le rendement; il a dépensé sans compter. «Mais je ne peux souffrir (et je vous l'ai mandé, Monsieur) que vous me fassiez un procès pour deux cents francs, après avoir reçu de moi plus d'argent que votre terre ne vaut.» Vient l'examen des faits: l'utilisation de Baudy qui recevait, comme chacun le sait dans la province, 21 sous par jour pour exploiter les forêts du président; l'impossibilité de justifier par un acte la vente de bois; l'exploit du 2 juin 1761 se réclame d'une convention verbale, sans valeur; les deux cents louis de bois[66] vendus sous le couvert d'une clause ambiguë; le caractère irrégulier d'une exploitation subreptice échappant au contrôle des officiers royaux. Il y a enfin le calcul mesquin et la dérobade du coupable: «J'ai supplié Monsieur le Premier Président, Monsieur le Procureur Général, Monsieur le Conseiller Le Bault de vouloir bien être nos arbitres. Vous n'avez pas voulu de leur arbitrage. [..] Vous avez cru m'accabler au bailliage de Gex. Mais, Monsieur, quoique Monsieur votre frère soit bailli du pays, et quelque autorité que vous puissiez avoir, vous n'aurez pas celle de changer les faits. [...] La justice de Gex est obligée de juger contre vous si vous avez tort; elle jugerait contre le roi, si un particulier plaidait avec raison contre le domaine du roi.» Il resterait, en dernier ressort, à prendre l'opinion à témoin: «S'il faut que Monsieur le Chancelier et tous les ministres, et tout Paris soient instruits de votre procédé, ils le seront, et s'il se trouve dans votre compagnie respectable une personne qui vous approuve, je me condamne.» Ce même 20 octobre 1761 et les jours suivants, Voltaire expose la question et son sentiment aux juges les moins contestables, à des parlementaires collègues du président de Brosses. Il ne veut, dit-il, qu'un avis impartial et, malgré les conseils de prudence, il met en balance toute son honorabilité.[67]

Que fait de Brosses? En lisant la lettre du 20 octobre, le petit homme le prend

65. D10082 (20 octobre 1761).
66. Les 4 800 livres dont il est question plus haut (voir D10046).
67. D10111, du président de Ruffey qui devine les ruses de de Brosses.

de haut. C'est lui qui en tout a raison et il s'octroie largement le droit d'être insolent et de donner la leçon. Il ose écrire: «vous resterez toujours un grand homme... dans vos écrits. Je voudrais seulement que vous missiez dans votre cœur le demi-quart de la morale et de la philosophie qu'ils contiennent.»[68] Pour finir un trait qu'il croit sans doute du meilleur goût: «Je vous fais, Monsieur, le souhait de Perse: *Mens sana in corpore sano.*»[69] Si Voltaire a fait un mauvais marché, c'est que «l'esprit de calcul [lui] a manqué». Pour les 281 livres de Baudy, de Brosses veut bien les offrir: que Voltaire signe seulement son billet par lequel, lui, seigneur de Ferney et gentilhomme de la chambre du roi, reconnaisse avoir reçu en présent de Monsieur de Brosses, président au parlement, la valeur de 281 francs en bois de chauffage. Au demeurant, il assigne Baudy, Baudy assigne Voltaire, mais «de vous à moi il n'y a rien et faute d'affaires, point d'arbitrage». C'est juridiquement impeccable et Voltaire est joué.

De Brosses tient son homme. Sa réponse, il l'estime, le mot lui plaît, «atterrante». Pourtant il ne l'envoie pas. Il la conserve pour le régal de Loppin de Gémeaux son cousin, le destinataire de ses belles proses, l'ami, paraît-il, de Lefranc de Pompignan.[70] Cette terrible lettre, en effet, «après m'être ainsi satisfait dans le premier moment, j'ai repris [*sic*] de sang-froid le parti de la supprimer pour ne faire de peine ni à son ami [Fyot de La Marche] ni à sa nièce.»[71] La belle âme, qui préfère l'amitié à la justice! Peut-être de Brosses veut-il ménager sa réputation. Car il a entrepris, en sous-main, de négocier pour étouffer le bruit de l'affaire. Il s'est adressé à un sien cousin François de Fargès. Ce maître des requêtes, en mission à Ferney, y fait le naïf: il passait, il est «très émerveillé de cette affaire», il promet de s'interposer.[72] Fargès est à Ferney le 21 novembre. Or le 10 novembre, de Brosses écrit au même Fargès. La lettre prolonge un échange antérieur, elle mérite examen. L'auteur y répète ses arguments habituels avec un air d'assurance désinvolte, il admet, de mauvaise grâce, l'erreur;[73] le marché conclu en 1756 avec Baudy, rien ne le confirme, sans doute, mais ce Voltaire «de quoi se mêle-t-il?»; s'il y a eu des actes de vente, ceux qui les détiennent les dérobent aux contrôles et aux droits: «Ils ont raison, ce n'est pas l'affaire de cet homme-là.» Après des explications de cette force, un autre motif émerge: «on dit, c'est un homme dangereux». Faut-il donc se taire ou punir le

68. D10097 (vers le 25 octobre 1761).

69. Le mot est de Juvénal: *Satires*, x.356.

70. Voir D8954.

71. D10123 (1er novembre 1761), de Brosses à Loppin de Gémeaux.

72. D10175, lettre de Voltaire à Jean Philippe Fyot de La Marche, de Ferney, le 25 novembre. D10168: «J'ai chez moi un parent du fétiche, encore plus petit que lui. C'est M. Fargès, maître des requêtes.»

73. Son excuse: «Pour la contenue [*sic*], au diable soit si je connais ma terre!» (D10144).

méchant? Pour moi «je ne le crains pas. Je n'ai pas fait le Pompignan». On devine ce qu'appréhende le président, homme de lettres aspirant à l'Académie.

Tout l'objet de la lettre à Fargès est de transformer une défaite en un geste de générosité. De là le dernier paragraphe, comique à force de naturel emprunté: «Ecoutez: il me vient en ce moment une idée.» Certes, tout ce qui précède n'était que hors-d'œuvre. Voici donc trouvée la seule solution: Voltaire distribue les 281 livres en litige aux pauvres de la paroisse et moi, de Brosses, je les «passerai en quittance à Charles Baudy dans son compte».

Dans les huit ou dix jours suivant la réception de la lettre du 10 novembre, Fargès est passé par Ferney, puis revenu à Dijon pour arrêter avec de Brosses les termes d'une lettre qu'il paraît plus diplomatique et moins humiliant d'adresser à Mme Denis.[74] De Brosses, écrit Fargès, était «très ulcéré» de la lettre de Voltaire «et surtout de la publicité qu'il y a mise», mais «son amitié pour moi [Fargès] l'a emporté». Il ne sera plus question des moules de bois, pourvu que Voltaire en distribue la valeur dans l'hiver aux miséreux de Tourney. Nul ne contrôlera l'exercice d'une générosité dont Mme Denis se portera sans difficulté garante. Pour le reste, c'est-à-dire les poursuites pour dégradation, on se satisfait des promesses, tenant Voltaire quitte pour ce qui a été fait. On donne tous apaisements pour l'avenir lointain, quand Tourney reviendra aux de Brosses, enfin on s'en remet entièrement à Mme Denis pour les conditions précises de cette paix et le soin d'entretenir «la bonne intelligence que Monsieur de Brosses désire».

Pour Voltaire, le «fétiche» a rendu les armes. Mais le président, devant Loppin de Gémeaux et la postérité, prend la pose du juste généreux. Dans une de ces lettres qu'il apprête, comme les *Lettres d'Italie*, pour la publication posthume, il se venge en brocardant cet «écervelé» de Voltaire, «ce personnage déshonoré dans toute l'Europe par tous les bouts de sa vie».[75] Quant à l'«écervelé», il ne tire pas gloire de l'aventure: il n'y en a guère, il l'avoue,[76] à se révolter pour deux cents francs. Mais le procédé du parlementaire l'a choqué, «parce que», dit-il, «j'y ai entrevu trop de mépris pour ma faiblesse. Je veux bien qu'on me ruine, mais je ne veux pas qu'on se moque de moi. Et si Monsieur le président de Brosses m'avait donné son amitié pour mon argent, je ne me serais pas tant plaint du marché.» Quand meurt Mme de Brosses, le 25 décembre, Voltaire exprime son émotion: «elle était la fille d'un homme[77] que j'avais aimé depuis l'âge de sept

74. D10174. La lettre est du 24 novembre 1761. Voltaire ne l'a pas reçue quand il annonce à Fyot de La Marche, le 25 novembre, la visite de Fargès.

75. D10179 (27 novembre 1761), de Brosses à Loppin de Gémeaux.

76. D10193 (5 décembre 1769), à Le Bault.

77. M. de Crévecœur. Ils se sont connus, d'après cette lettre, dès avant le collège de Louis-le-Grand.

ans». Il écrirait au veuf si ses compliments devaient être bien reçus. «J'ai été très fâché contre lui, mais je n'ai point de rancune.»[78]

Dans ces piètres querelles où se compromettent Voltaire et de Brosses, les torts reviendraient-ils principalement à Voltaire? On l'affirme communément et Desnoiresterres tire même de sa sévérité argument en faveur de l'objectivité de sa biographie.[79] Il va jusqu'à supposer que c'est un autre Voltaire qui se manifeste dans l'avocat des Calas. En vérité, les échanges avec de Brosses et à propos de de Brosses le montrent coupable de précipitation, d'une naïveté qui ressemble à de l'aveuglement (de Brosses en juge ainsi), d'une obstination passionnée peut-être, mesquine sans doute, mais il peut dans ces affaires revendiquer sa bonne foi, et s'il est excessif dans ses certitudes il ne renonce jamais à sa parfaite courtoisie. L'examen des faits et l'analyse des correspondances ne plaident pas toujours, il s'en faut, en faveur du président bourguignon.[80] On a noté chez Voltaire une sorte d'exaltation qui se développe dans ces années. Il ressent l'urgence d'accomplir ses desseins, de parfaire sa figure, de remplir son rôle. Aussi est-ce sans hésitation ni rupture que des affaires du pays de Gex, dérisoires apparemment, il passera à celle du roué de Toulouse, une «aventure épouvantable». La tromperie et le mensonge, quelle qu'en soit la gravité, le jettent hors de lui.

78. D10262 (13 janvier 1762), à de Ruffey.

79. Desnoiresterres consacre 34 pages à ce sujet (vi.121-54).

80. Même Yves Florenne qui ne voit que vertus chez de Brosses, le juge dans sa correspondance avec Voltaire «un peu au-dessous de lui-même», Voltaire étant, bien sûr, «au-dessous de tout» (*Le Président de Brosses*, Paris 1964, p.19).

4. Le château, l'église, le théâtre

En achetant Ferney, Voltaire avait acquis d'abord un château. Un château à reconstruire.[1] Les travaux s'achèvent au début de l'automne 1759, du moins pour le gros œuvre. Il se montre fort content de ce «morceau d'architecture» qu'en Italie même on ne dédaignerait pas: il a bâti «*nel' gran gusto*»: «c'est Palladio tout pur»,[2] et sur ce bâtiment «d'ordre dorique» qui doit durer mille ans, l'architecte songe à graver à la frise *Voltaire fecit.*[3] Le bâtiment durera-t-il mille ans? En tout cas, les deux siècles écoulés depuis la mort du constructeur en ont profondément altéré la disposition intérieure;[4] la façade occidentale, côté jardin, fut refaite au milieu du dix-neuvième siècle. L'avancée médiane en arrondi, bâtie en molasse friable, n'avait pas résisté aux intempéries et fut supprimée. Mais la façade principale, orientée au nord-est, justifie encore, discrètement, la référence paladienne, avec son avant-corps central décoré au rez-de-chaussée et à l'étage de colonnes accouplées, encadrant les ouvertures, et surmonté, à hauteur des mansardes, d'un fronton triangulaire sculpté. L'édifice, sans originalité, doit répondre par son air de solidité et une élégance sans emphase au goût du maître. Il est dommage que les deux ailes un peu mesquines, ajoutées en 1765-1766, écrasent désormais la perspective.

Ralentis en 1760, l'aménagement intérieur et l'ameublement du château s'achèvent l'année suivante. Voltaire va vivre là pendant dix-huit années, sans guère sortir de chez lui. Il est donc utile de connaître les lieux. Le visiteur traverse une cour, laissant à sa gauche l'église et le théâtre dont nous parlerons. Il se présente à une entrée demeurée intacte, qui ne manque pas d'allure: deux colonnes de chaque côté de la porte à double battant, où l'on monte par quelques marches. C'est là, en haut des degrés, que Voltaire accueille les hôtes de marque. On est introduit dans le vestibule. A gauche, une antichambre, où l'on fait attendre ceux que le maître ne veut pas recevoir immédiatement. Encore à gauche

1. Voir *Voltaire en son temps*, iii.353.

2. D8569, D8375, D8757.

3. D8397. Voltaire s'est en effet vanté d'être lui-même l'architecte du château. Voir D9294: «j'ai fait mon château sans consulter personne». En matière d'architecture, Voltaire se réclame (D9723) de Richard Boyle, comte de Burlington, dont il a visité l'hôtel de style palladien en chantier dans Piccadilly (A.-M. Rousseau, *L'Angleterre et Voltaire*, p.107).

4. Voir *Ferney-Voltaire, pages d'histoire*, ouvrage du Cercle d'études ferneysiennes, Académie Candide (Annecy 1984).

de ce vestibule, s'ouvre la salle à manger, plus vaste et bénéficiant d'une avancée sur la cour. Symétrique de la salle à manger, et d'une égale superficie, à l'extrémité droite du rez-de-chaussée côté cour, la chambre de Mme Denis. Derrière cette rangée de pièces, une autre, symétrique, a vue sur le jardin. Dans le prolongement du vestibule, le salon, d'où l'on descend par quelques marches sur une vaste terrasse où est aménagé ce jardin ; à gauche de la terrasse, en contrebas, une allée plantée d'arbres deviendra l'allée des Charmilles. Voltaire, par beau temps, aime promener ses visiteurs parmi ces végétations bien alignées.[5] Le salon lui-même, de dimensions modestes, s'avérera bien étroit lorsque Voltaire devra accueillir des hôtes en présence des résidents permanents du château.[6] A droite de la pièce de réception, un «cabinet des tableaux et du billard». A gauche, sa chambre, exiguë, et, attenante, celle de son valet de chambre. A l'angle gauche du rez-de-chaussée, côté jardin, la bibliothèque assez spacieuse : elle contient 7 000 volumes.[7] Voltaire ne monte guère au premier étage, où sont les chambres des invités, et encore moins au second étage mansardé, où loge la domesticité. Ensemble fonctionnel, comme nous dirions. Des pièces confortables qui peuvent nous paraître peu étendues, mais par là même faciles à chauffer, dans un climat où les feux doivent être allumés dans les cheminées dix mois de l'année.[8]

Un visiteur, ultérieurement, le Suédois Björnståhl, nous a donné quelques informations sur les tableaux qui décoraient les différentes pièces.[9] Dans le salon, un portrait de Mme Du Châtelet, des gravures représentant Newton, Locke et d'autres philosophes. Chez Mme Denis prendra place «le portrait sur soie de l'impératrice Catherine de Russie dans un grand médaillon». Le même témoin signale des «portraits de famille», sans doute dans la chambre de Voltaire celui de Mme Arouet sa mère.[10] Sont indiqués également, sans localisation précise, des tableaux de maîtres italiens, une Vénus de Véronèse, une Flore de Guido Reni, deux toiles de l'Albane ; et aussi des statues : une statue de Voltaire en

5. On en jugera par la gravure de Jean Signy, 1764, «Vue du château de Ferney [...] du côté du couchant», souvent reproduite, en particulier par Lucien Choudin, *Le Château de Ferney-Voltaire* (Ferney 1992), p.14. Cette «vue» est en contradiction avec une déclaration de Voltaire, D9723, (4 avril 1761), à George Keate : «Mes jardins ne sont point à la française, je les ai faits les plus irréguliers, et les plus champêtres que j'ai pu ; j'ose les croire tout à fait à l'anglaise, car j'aime la liberté, et je hais la symétrie.» Ces jardins à l'anglaise seraient-ils à chercher dans les bosquets qu'on aperçoit, sur la gravure de Signy, à droite et à gauche ? Les dessins de Signy furent gravés par François Marie Queverdo, et envoyés à Voltaire. Ce qui donna lieu à un échange de lettres (de Signy, 9 avril 1769, D15580 ; de Voltaire, le 6 mai, D15633).

6. Voir ci-dessous, p.349.

7. Björnståhl, *Lettere*, i.179.

8. Ces «chiens de gypsiers de Genève» avaient fait d'abord à Ferney des cheminées qui fument. En janvier 1761, Voltaire et les siens avaient dû retourner aux Délices (D9564, 21 janvier 1761).

9. Björnståhl, *Lettere*, iv, lettre 6, datée «Ferney, le 1er octobre 1773».

10. Björnståhl, *ibid.* Voir *Voltaire en son temps*, i.28.

marbre (qui n'est évidemment pas celle que sculptera Pigalle), et d'autres «dans presque toutes les chambres du château, grandes ou petites», certaines en plâtre.

Voltaire, en 1771, fera construire une salle de bains, dans un pavillon extérieur, à l'angle sud-ouest du château. Björnståhl en donne la description: un «petit bassin de marbre couvert de fer-blanc». L'eau chaude et l'eau froide arrivent par des tuyaux de plomb. L'eau est chauffée «dans une chaudière placée dans un angle à l'extérieur de la salle de bains». Aménagement moderne, compte tenu des moyens de l'époque.

Les allées du jardin déboucheront, une fois les lieux mis en état, sur un vaste parc, planté de chênes, de tilleuls, de peupliers. Là se trouvera un cabinet de verdure (dans le plan de Lucien Choudin, le «bureau favori» de Voltaire, en k, à transférer dans le parc). C'était, selon Björnståhl, «une touffe verte entourée de buissons avec quatre entrées ou ouvertures, et au milieu un vieux tilleul grand et feuillu, qui couvre le buisson de ses branches épaisses. On l'appelle le cabinet de Monsieur de Voltaire. C'est son asile, c'est là qu'il travaille, et où chacun brûle de le rencontrer. Quand il se sent bien, il vient toujours là, s'assied sur un banc, et puise ici son inspiration poétique». Evocation d'un Voltaire poète dans la nature, dans le goût du temps. Mais il n'y a pas lieu de douter que l'écrivain se soit fait aménager en son parc un «asile» où il aimait se rendre, par beau temps.

Voltaire savait qu'un château vaut par son cadre. Aussi s'est-il employé à dégager et embellir les abords. Il achète ou échange des terrains. Il doit modifier les chemins, celui notamment qui allait de Ferney à Moens. Afin d'en faire l'allée de sa charmille, il lui faut arrêter et aménager un autre tracé pour les habitants du pays. Dans ses entreprises, le nouveau châtelain rencontre plus d'une fois l'hostilité des Mallet: ce sont les propriétaires les plus importants; leur domaine, qu'ils accroissent méthodiquement, jouxte celui de Voltaire. Ils se soucient peu de voir celui-ci s'étendre, acquérir des privilèges et une influence dont ils se montrent jaloux. On imagine quelles habitudes et ambitions locales le nouvel arrivant a pu déranger. Selon Lucien Choudin, on attribue à tort la mésentente de Voltaire et de Mallet «à l'irascibilité du patriarche alors qu'en réalité Mallet fut un très mauvais voisin et communier».[11]

C'est à dégager la vue sur la façade que Voltaire s'emploie surtout. La cour d'entrée de son manoir est, quand il achète le domaine, bordée au nord d'une muraille qui s'appuie sur quatre tourelles rondes à poivrières; deux de ces tourelles, reliées par des machicoulis à créneaux, flanquaient une porte à pont-levis. Ces vestiges féodaux, où Voltaire s'amuse d'abord à reconnaître le symbole

11. L. Choudin, *Histoire ancienne de Ferney* (Annecy 1989), p.102-103. M. L. Choudin a bien voulu nous autoriser à reproduire ce plan, que nous empruntons à son ouvrage, *Le Château de Ferney-Voltaire* (Ferney 1992), p.19 (et antérieurement dans *Ferney-Voltaire, pages d'histoire*, p.41). Nous le prions de trouver ici l'expression de notre vive gratitude.

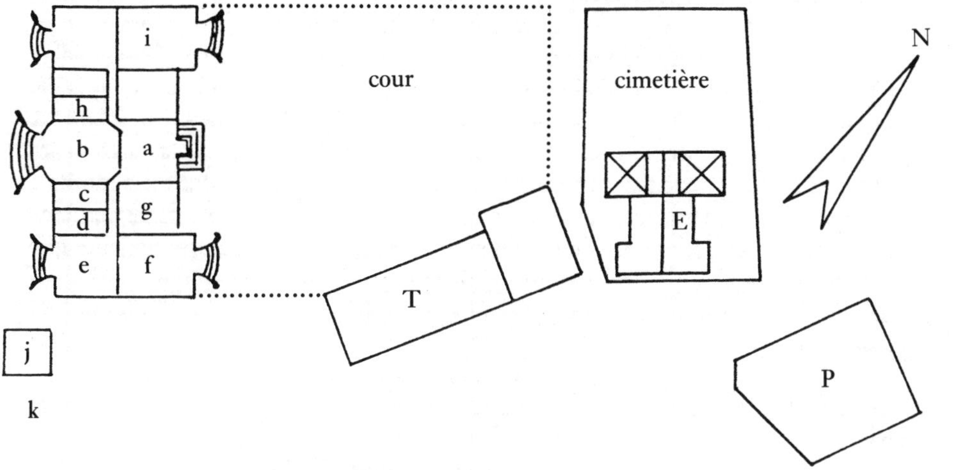

Plan du rez-de-chaussée du château de Voltaire et de ses abords, en 1778.

a *Vestibule*
b *Salon*
c *Chambre de Voltaire*
d *Chambre du valet de chambre*
e *Bibliothèque*
f *Salle à manger*
g *Antichambre*
h *Cabinet des tableaux et du billard*
i *Chambre de Mme Denis*
j *Salle de bains*
k *Bureau favori de Voltaire*

E *Eglise paroissiale*
P *Presbytère*
T *Théâtre*

de sa suzeraineté, ne seront abattus qu'au moment de construire les ailes du château. Ils figurent encore en 1764 sur la gravure de Signy.

Mais le pire pour la perspective et pour l'agrément est qu'à une cinquantaine de mètres, dans l'axe de cette façade principale, le regard bute sur l'église du village entourée du cimetière.[12] Impatient de se débarrasser de ce qui l'importune, sachant du reste que l'église est en piteux état et que des réparations sont prévues, Voltaire décide non seulement de la reconstruire à ses frais, mais de la déplacer. Le 6 août 1760, il passe un contrat avec des entrepreneurs pour bâtir, avec les matériaux de l'ancienne (autant que possible), une église neuve, presque semblable à la précédente, mais embellie, et sur un autre emplacement. Il a omis de s'entendre au préalable avec le curé et les communiers de Ferney. En revanche, il avertit ses amis de son intention. Dès le 3 août, il promet à ses «anges» les d'Argental de leur dédier l'église qu'il bâtit à Ferney.[13] Le 8, il dit ses motifs à Thiriot: «Oui, je bâtis une église. Annoncez cette nouvelle consolante aux enfants d'Israël, que tous les saints s'en réjouissent. Les méchants diront sans doute que je bâtis cette église dans ma paroisse pour faire jeter à bas celle qui me cachait un beau paysage, et pour avoir une grande avenue. Mais je laisse dire les impies, et je fais mon salut.»[14]

Parmi les impies, il y aura, on s'y attendait, de Brosses.[15] La hâte du châtelain justifiait les protestations. Le premier contrat, du 6 août, restera donc lettre morte. Le 29 août, «Jérôme Carré» – alias Voltaire – «a des tracasseries avec des prêtres pour l'église qu'il fait bâtir, mais», ajoute-t-il, «il s'en tirera, et il en rira, et il écrira au pape».[16] Un nouvel accord est intervenu le 25 août avec le curé Gros, vraisemblablement cautionné par l'évêque: en échange de l'ancien enclos paroissial et du presbytère voisin, le pasteur de Ferney reçoit église nouvelle, nouvelle maison et l'équivalent d'une rente annuelle de sept cents livres. Ce projet connut un début de réalisation: le mémoire du 25 mai 1761 évoque la pose d'une première pierre.[17] Mais, selon ce même mémoire, les pièces de terre choisies par le curé et l'official[18] pour y implanter le sanctuaire faisaient l'objet d'une contestation et l'on dut cesser les travaux. Ces contretemps ne seraient pas,

12. Voir le plan dans *Ferney-Voltaire*, p.41. Dans *Deo erexit Voltaire MDCCLXI. L'église de Ferney 1760-1826* (Annecy 1983), L. Choudin fait un historique très complet et reproduit les documents essentiels. Une photo (p.37) prise de la porte du château montre combien l'église était, et est encore, proche de la façade.

13. D9113.

14. D9124.

15. D9795 (vers le 27 mai 1761), de Brosses à Loppin de Gémeaux.

16. D9175, à Thiriot.

17. Voir D.app.206.

18. L'official, juge ecclésiastique commis par l'évêque pour exercer en son nom la juridiction qui lui appartient, est en l'occurrence Anthelme Castin, curé de Gex.

semble-t-il, sans rapport avec l'affaire du curé de Moens et la protection accordée par Voltaire au fils Decroze et à la veuve Burdet.[19]

On ne déplacera pas l'église. On va donc l'«embellir»; le curé et les habitants de Ferney prient le seigneur de prendre à sa charge cette reconstruction. Le même curé et les syndics de la communauté signent le 31 décembre l'acte d'autorisation. Après l'interruption de l'hiver, les travaux commencent en avril 1761. Il convient d'abord de détruire. On abat l'ancienne façade et une partie de la nef, puis on prépare les fondations des deux tours quadrangulaires qui flanqueront la nouvelle façade. Chacun dans le pays peut observer le chantier; les plans de l'édifice sont connus et approuvés. Rien ne se fait qu'au su et au vu du curé Gros, requis comme témoin par l'entrepreneur pour toute opération délicate. Le promoteur ecclésiastique[20] lui-même pouvait à tout moment dénoncer la moindre irrégularité. Celui-ci, Pierre Joseph Perrault, «ne demeure qu'à un petit quart de lieue de cette église.»[21] Il est curé d'Ornex, et dévoué aux jésuites du lieu, selon Voltaire qui ne les soupçonne pas de favoriser ses entreprises. Alors donc «que tout s'est passé avec piété et révérence», ce promoteur, sans doute aiguillonné par Mallet de Genève, lequel est «très méchant homme [et] unique cause de cette levée de boucliers»,[22] suscite le transport sur les lieux de la justice de Gex et de l'official. Ils sont «descendus à Ferney le 19 mai. Ils ont fait tous ensemble la procédure la plus violente et la plus précipitée sans en parler au seigneur et à la dame du lieu, sans les prévenir en rien. Ils ont interrogé vingt témoins pour savoir si ce n'était pas le seigneur du lieu qui avait ordonné l'élévation des ouvrages nouveaux et la démolition de l'ancien portail [...] L'official surtout a intimidé le curé de Ferney»[23] jusqu'à le faire douter du bien-fondé de l'entreprise qu'il a approuvée.

Dernier trait de la malignité: les représentants des deux justices «ont adroitement voulu faire une espèce de délit de la transplantation d'une croix dans le cimetière, croix donnée par les seigneurs des lieux», croix gênante durant les travaux, du reste «transplantée publiquement en présence et du consentement du curé». Voltaire se voit intenter un procès criminel, «abominable» et qui surtout «[lui] fait perdre [son] temps».[24] On le chicane pour quelques ossements mis à découvert par les ouvriers: «nous pourrons envoyer à l'évêque d'Annecy tous les os de morts de son prétendu cimetière; il en fera s'il veut des reliques». On le

19. Voir L. Choudin, *Deo erexit Voltaire*, p.54-58.

20. Le promoteur remplit dans la juridiction ecclésiastique le même rôle que le procureur du roi dans la juridiction laïque.

21. D.app.206.

22. D9786 (22 mai 1761), à Fabry.

23. D.app.206.

24. D9785 (21 mai 1761), à d'Argental.

chicane pour une croix déplacée: «il est toujours bon qu'on sache qu'il n'y a pas un mot de vrai touchant le *patibulum*».[25] En effet, sur le rapport d'une couturière, on l'accuse de s'être écrié devant l'encombrante croix de bois: «Qu'on m'enlève cette potence!»[26] Au fond, la situation est sérieuse, au point que Voltaire évoque, plaisantant à demi, le sort de Michel Servet. Afin de parer l'attaque, il convoque le 22 mai, «au son de la cloche», les communiers et habitants de Ferney pour qu'ils confirment ensemble l'accord antérieur, approuvent le nouveau plan de l'église restaurée, réprouvent la conduite du promoteur. Ce qu'ils font. La convention est portée le jour même à la connaissance de Fabry, enregistrée le 29 par le notaire de Gex, Claude Louis Vuaillet. Le dossier de l'affaire est envoyé au procureur général de Dijon par l'intermédiaire du conseiller Le Bault.[27] Au château, c'est l'inquiétude, la fébrilité. L'oncle doit mettre sa nièce en demeure de ne pas «l'abandonner» dans ce conflit.[28] La cause est confiée au «plus fameux avocat de Dijon», Jean Marie Arnoult.

Le promoteur ecclésiastique convainc même le curé Gros, personnage très influençable, de ne plus célébrer les offices dans son église à demi démolie, mais de se transporter avec les objets du culte à Moens, chez le curé Ancian, l'adversaire capital de Voltaire. Il apparaît, à la suite des recherches de Lucien Choudin, que pendant tout le mois de juin, si ce n'est pas plus longtemps, le curé de Ferney officia dans l'église de Moens.[29]

Cependant l'official Castin poursuit enquêtes et interrogatoires, en l'absence irrégulière de la justice séculière, sollicitant les témoignages, suscitant les délations contre le protecteur de Decroze. En réponse Voltaire s'efforce de démontrer l'illégalité des poursuites très méthodiquement menées contre lui. Il soumet ses suggestions à Fabry, au président de Ruffey, à l'avocat Arnoult.[30]

Au centre désormais de la bataille, le *patibulum*. Voltaire juge le cas assez sérieux pour proposer à Arnoult les arguments d'une apologie.[31] D'une part, l'official «a très indûment instrumenté le 8 juin», exerçant des pressions sur les témoins. D'autre part, quel est le motif du litige? «Une croix de bois qui ne peut subsister devant un portail assez beau que je fais faire, et qui en déroberait aux yeux toute l'architecture; [l'official] a fait dire à un malheureux que j'ai appelé cette croix *figure*, à un autre que je l'ai appelée *poteau*; il prétend que six ouvriers qu'il a interrogés déposent que je leur ai dit [...]: *Otez-moi cette potence.*» Or des

25. D9787 (22 mai 1761), à Jean Robert Tronchin et à Théodore Tronchin.
26. Voir Caussy, p.102.
27. D9788 (23 mai 1761).
28. Voir la lettre de Marie Louise Denis à Théodore Tronchin du 25 mai (D9793).
29. L. Choudin, *Deo erexit Voltaire*, p.77-78.
30. Voir D9819, D9821, D9828, D9830, D9847.
31. D9879 (6 juillet 1761).

six ouvriers quatre démentent sous serment et les deux autres sont des canailles avérées. Soucieux de la propriété des termes, Voltaire précise: «je suis bien aise de vous dire que cette croix de bois qui sert de prétexte aux petits tyrans noirs de ce petit pays de Gex, se trouvait placée tout juste vis-à-vis le portail de l'église que je fais bâtir: de façon que la tige et les deux bras l'offusquaient entièrement, et qu'un de ces bras étendu juste vis-à-vis le frontispice de mon château, figurait réellement une potence, comme le disaient les charpentiers. On appelle *potence* en terme de l'art tout ce qui soutient des chevrons saillants; [...] quand j'aurais appelé cette figure *potence*, je n'aurais parlé qu'en bon architecte.» Bien loin de blasphémer, Voltaire n'employait donc qu'un terme de métier. Mais François Tronchin rapporte les faits autrement, avec une précision qui les authentifie: «Un jour de fête,[32] paraissant sur son perron et voyant au coin de sa cour la croix du vieux cimetière, Voltaire se mit à crier: ‹Otez-moi ce pendu de là.› Ce propos plus qu'imprudent fut bientôt déféré au lieutenant criminel de Gex par les paysans dont la cour était pleine.»[33] L'histoire du *patibulum* pouvait donc prendre mauvaise tournure: le procureur général Quarré de Quintin avait averti et vertement tancé l'imprudent. Il fallut toute l'amitié active de François Tronchin, ses interventions pressantes auprès du procureur général[34] et du premier président Fyot de La Marche pour que la procédure fût arrêtée et l'affaire étouffée.

L'église enfin est achevée, sur le même emplacement, toujours aussi proche de l'entrée du château. Mais elle a belle allure. On n'en jugera pas par celle, modeste chapelle, qui s'offre aujourd'hui aux regards des touristes. L'église de 1761 avait une façade imposante, flanquée de deux tours, chacune se terminant par une sorte de dôme. Quatre pilastres entourent le portail, dominé lui-même par une fenêtre. Au-dessus, entre les deux dômes, un fronton, portant une croix et le coq d'une girouette. Sur le fronton, l'inscription latine de la dédicace. Voltaire avait pensé d'abord dédier son église *Deo solo*, à Dieu seul.[35] La formule célèbre, *Deo erexit Voltaire MDCCLXI*, apparaît dans une lettre à d'Argental, du 14 septembre 1761.[36] Bien visible, au sommet du bâtiment, Voltaire la commentera volontiers à l'intention de ses visiteurs. Cette église dédiée non à une personne de la Trinité, ni à la Sainte Vierge, ni à un quelconque saint, s'annonce comme celle d'un théiste. Et le donateur, au nom gravé en gros caractères, ne se laisse pas oublier.

32. Il pourrait s'agir de la Pentecôte de 1761, qui tombe le 10 mai. L'algarade de Voltaire trouverait ainsi sa place logique dans l'enchaînement des faits.

33. Cité par L. Choudin, *Deo erexit Voltaire*, p.78, d'après Henry Tronchin, *Le Conseiller François Tronchin et ses amis* (1895), p.160-61.

34. De là, sans doute, ses informations de première main.

35. D9971 (25 août 1761), à Jacob Vernes.

36. D10008 (14 septembre 1761), à d'Argental.

Deo erexit Voltaire: «un beau mot entre deux grands noms», dira l'abbé Delille, avec un sous-entendu.[37]

Cette belle façade n'est plus.[38] Car l'église de Voltaire compte parmi les victimes de la Révolution. En octobre et novembre 1793, une des cloches et les vases sacrés en argent furent offerts à la patrie, pour soutenir l'effort de guerre. En 1794, on abat les clochetons, retire le *Deo erexit Voltaire*, vide l'église de ce qu'elle contenait encore. On y célébra quelque temps le culte de l'Etre suprême, en 1801, après avoir fait des réparations. Le clocher simple, tel qu'on le voit aujourd'hui, fut édifié en 1806. La plaque *Deo erexit Voltaire*, retrouvée chez un cabaretier de Ferney, ne sera remise en place que vers 1850.

En 1761, Voltaire ne s'était pas désintéressé des aménagements intérieurs. Il avait décoré l'église neuve d'un «baldaquin». Il s'était préoccupé de la doter de reliques, selon la tradition. Il les demande, en italien, au pape Clément XIII lui-même, et au cardinal Passionei,[39] non sans plaisanter *in-petto*.[40] La requête est transmise, grâce à Choiseul, par la voie diplomatique. Il reçoit donc non pas «un ossement», comme il croyait, mais un cilice de saint François, son patron. Ce qui ne l'impressionne guère. Une fois déballée, la relique est traitée avec le plus grand sans-gêne. Charlotte Constant de Rebecque, en visite à Ferney, l'a vue «éparse sur la cheminée».[41]

Voltaire cependant a tenu à apporter une touche «philosophique» à son église. Il a passé commande à Lyon, pour 1 200 livres, au sculpteur Perrache d'une statue du Christ, haute de cinq pieds et demi, soit environ un mètre soixante-quinze. Il a donné des instructions précises, qui ont été suivies. Il reçoit ainsi en mars 1762 «un grand Jésus, doré comme un calice, qui a l'air d'un empereur romain». Il se flatte de lui avoir «ôté sa physionomie niaise»,[42] entendons celle qu'attribue à Jésus l'iconographie traditionnelle. On aimerait voir ce Christ selon Voltaire. Malheureusement il a disparu (pendant la Révolution?), sans laisser de trace. On n'en connaît aucune reproduction. Nous disposons seulement du témoignage de Björnståhl qui l'a vu en 1773. La statue se dressait sur l'autel. Elle ressemblait, selon le visiteur suédois, à un «consul romain».[43] En bois, l'enduit qui la recouvrait lui donnait l'apparence du bronze. En tout cas, l'intention de

37. D20719 (5 juillet 1777), Moultou à Meister. *Erexit*, est-ce bien le terme propre, demande l'abbé. «Ne faudrait-il pas *Dicavit*, *sacravit*?» «Non, non», répond Voltaire.

38. Elle nous est connue par deux dessins, de Signy et de Brandein, comportant quelques variantes, L. Choudin, *Deo erexit*, p.89-106.

39. D9841, D9842 (23 juin 1761).

40. «Ma destinée est de bafouer Rome et de la faire servir à mes petites volontés» (D9837, 21 juin 1761, aux d'Argental). Voir aussi D9878, sur Clément XIII, «ce pantalon de Rezzonico».

41. D10055, commentaire (5 octobre 1761).

42. D10186 (29-30 novembre 1761), D10379 (19 mars 1762), à Mme de Fontaine.

43. Björnståhl, *Lettere*, iv.111.

Voltaire paraît claire. Ce Christ n'est pas le crucifié, mais un sage à l'antique, comparable à l'un des grands empereurs Antonins qui sont une de ses références constantes.

Le philosophe n'a pas construit cette église, son église, pour n'en pas faire usage – à sa manière. Tandis qu'il l'édifie, il est engagé contre les ennemis de la philosophie dans une âpre campagne dont nous allons parler. Les Fréron, Pompignan, Palissot et consorts, ainsi que leurs puissants protecteurs, doivent savoir que combattre l'Infâme, ce n'est pas combattre Dieu, du moins ce n'est pas refuser ce «Dieu unique», dont le nom est inscrit sur le fronton du nouveau temple. «Les philosophes servent Dieu et le roi, quoi que ces messieurs en disent.»[44] Notamment, à partir du moment, comme nous le verrons, où il a recueilli Mlle Corneille et se charge de son éducation, il lui faut répondre aux venimeuses accusations des dévots. Il répète dans ses lettres que sous sa direction l'arrière-petite-nièce du grand Corneille s'acquitte scrupuleusement de ses devoirs religieux. Elle fréquente régulièrement les offices de la paroisse. Il la conduit lui-même. Il ajoute: «Nous devons l'exemple et nous le donnons.»[45] Car l'affaire de son église, et ce qui s'y rattache, a une importance locale. Patronner son église, exercer son autorité sur son curé, édifier ses gens (sans croire à ce qu'ils croient): voilà qui fait partie de sa fonction de seigneur de village. Il assure d'Alembert qu'il se fait «encenser tous les dimanches» à son banc dans l'église paroissiale.[46] Il entend même faire ses Pâques, conformément à l'usage. «Oui, par Dieu, je communierai avec Mme Denis et Mlle Corneille, et si vous me fâchez, je mettrai en rimes croisées le *Tantum ergo*.»[47] Il n'exécutera pas la menace de mettre en rimes ce chant liturgique des vêpres. En revanche, il semble avoir réalisé la première partie du programme. Il annonce à sa nièce Mme de Fontaine que, pour Pâques de 1761, il a communié (après s'être confessé?). Il a «édifié [ses] paroissiens».[48] Geste de convenance villageoise. L'autorité ecclésiastique n'a pas alors réagi. Il n'en sera pas de même en 1768 et 1769.

Entre l'église et le château, s'interposait un édifice, lieu pour lui d'une véritable «dévotion»: un théâtre.

Cette scène théâtrale dont il ne peut se passer, il l'avait d'abord installée en son château de Tourney. Dans cette demeure qu'il n'habite pas, il a transformé la grande salle «en tripot de comédie».[49] On y vient des Délices, distants seulement

44. D9514 (2 janvier 1761), à Le Brun.

45. D9543 (15 janvier 1761), à Dumolard.

46. D9523 (6 janvier 1761).

47. D9630 (16 février 1761), à d'Argental.

48. D9717 (1er avril 1761), faute d'avoir pu «les amuser»: il comptait jouer la comédie avec Lekain, mais Lekain n'est pas venu.

49. D9250 (22 septembre 1760), à Cideville.

d'un quart de lieue. On y soupe après le spectacle. Le lendemain, on se rend à Ferney. C'est ainsi qu'en septembre 1760 on a diverti le duc de Villars. On joue devant lui *Alzire*, *Tancrède*, *Mahomet*.[50] En octobre on donne *Fanime*. Voltaire interprète le «bonhomme Mohadar», assez pathétiquement croit-il. Mais une spectatrice de passage, Catherine de Chandieu, en juge tout autrement. Voici Voltaire-Mohadar vu par un regard de femme, particulièrement attentif au costume:

Voltaire était mis à faire étouffer de rire. Il avait de grandes culottes qui venaient à la cheville du pied, une petite veste d'étoffe de soie rouge travaillée en or, par-dessus cette petite veste une fort grande veste d'une étoffe magnifique à fond blanc brodée en or et en argent. Elle était relevée d'un côté pour laisser voir la petite veste, et de l'autre elle descendait jusqu'au-dessous du genou. Les culottes étaient de satin cramoisi, par dessus la grande veste il avait une espèce de surtout de satin cramoisi avec de l'argent, et par dessus le tout un manteau bleu doublé de cramoisi galonné d'or superbe. Quand il se présenta au théâtre, beaucoup de gens se mirent à rire et je fus du nombre. Il avait une grande barbe blanche qu'il rajusta une ou deux fois, et un certain air comique, même dans les endroits les plus tragiques.[51]

Il faut dire que les acteurs n'étaient guère à l'aise sur la scène de Tourney. C'est un «petit théâtre de Polichinelle», «grand comme la main».[52] Quand le géant Pictet de Varambé, haut de six pieds (1,92 m), est sur les planches, son panache d'un pied et demi (48 cm) frotte presque les combles.[53] Le plateau peut tenir neuf personnes, «assez à l'aise» même avec leurs lances et leurs boucliers (dans *Tancrède*), mais elles doivent se disposer en demi-cercle.[54] Autre inconvénient. On doit faire les répétitions aux Délices en territoire genevois. Les pasteurs s'émeuvent. Ils se posent des questions. Après les représentations de Tourney, les portes de la ville étant fermées, comment toute cette jeunesse genevoise passe-t-elle la nuit? Le Consistoire a élevé une protestation auprès du Magnifique Conseil. Entre octobre 1760 et janvier 1761, plusieurs séances sont consacrées à délibérer de ce grave sujet.[55]

Voltaire prend donc le parti d'installer un théâtre à la fois plus vaste et tout proche de son habitation. Dans la cour du château, en oblique par rapport à l'église, s'élevait une dépendance, bâtisse sans grâce mais spacieuse, qu'on aperçoit sur le dessin de Signy. Voltaire en 1761, en même temps qu'il construisait son église, aménagea le bâtiment en salle de spectacle. Il s'inspire du théâtre que

50. D9233 (16 septembre 1760), D9244 (20 septembre), D9341 (22 octobre).
51. D9344 (24 octobre 1760).
52. D8425, D8951.
53. D8431 (15 août 1759), à Ami Camp.
54. D8554 (24 octobre 1759), à d'Argental.
55. D9494 (24 décembre 1760), J. Vernet à J.-J. Rousseau, et D.app.199.

venait de construire Soufflot à Lyon. Celui de Ferney peut contenir jusqu'à trois cents spectateurs. La scène est vaste. Elle se prête aux évolutions de nombreux figurants. On peut y déployer les mises en scène spectaculaires, qui sont à la mode à Paris depuis que le comte de Lauraguais a libéré le plateau de la Comédie-Française. Le fond de la scène s'ouvre ou se ferme, à volonté. Une habile disposition permet les illusions d'optique et une bonne acoustique.

Le théâtre est terminé au début d'octobre tandis que le comte de Lauraguais est à Ferney. Voltaire juge l'édifice «très beau», et fort «commode». L'hôte rapporte quel «effet prodigieux» produisent maintenant à Paris *Sémiramis* et *Mahomet*. Ici on va commencer par donner *L'Ecossaise*, pièce qui suppose, comme nous le verrons, une dualité de lieux. Mais bientôt on y essaie *Olympie*, tragédie à grand spectacle où le public a sous les yeux un bûcher, avec des flammes véritables. On voit l'héroïne s'y précipiter. Quelques mois plus tard, pour d'augustes visiteurs, le duc de Richelieu et le duc de Villars, le théâtre de Ferney redonne cette *Olympie* avec le plus sage *Droit du seigneur*.[56] Voltaire est ici à la fois auteur, directeur, metteur en scène et acteur. Pendant des années, il se livre à la joie d'interpréter avec fougue et passion les personnages qu'il a créés.

Mais en même temps il joue, au naturel et d'inspiration, un rôle où s'achève de s'affirmer sa personnalité: Monsieur de Voltaire.

56. D10052 (3 octobre 1761), D10388 (25 mars 1762), D10762 (13 octobre 1762).

5. Monsieur de Voltaire

Il est désormais «Messire François Marie Arouet de Voltaire, chevalier, gentilhomme ordinaire de la Chambre du roi, comte de Tourney, Prégny et Chambésy, seigneur de Ferney». C'est ainsi qu'il se dénomme ou se fait dénommer dans les mémoires divers dont Mme Denis est cosignataire ou dans les contrats notariaux. Au fronton de son château, il a fait sculpter, accolées, ses armes, «d'azur à trois flammes d'or», et celles de Mme Denis, «d'azur en chevron d'or accompagné en chef de deux grappes de raisin d'argent et en pointe d'une main dextre apaumée d'or».[1] Est-il dupe de ses titres et blasons? Il n'en méconnaît pas l'efficacité sociale. Il importe de montrer, aux puissants autant qu'aux humbles, de quelle «classe» on est.[2] Les titres en imposent, mais également les marques extérieures comme la livrée des domestiques. Il habille ses gens de bon gros drap vert avec des doublures jaunes, d'un «vert très foncé et approchant du gris de fer» et d'un jaune «aussi très foncé pour être moins tachant».[3] L'humour d'ailleurs vient souvent dénoncer le jeu des conventions, sans que Voltaire affecte jamais la moindre hypocrisie ou illusion sur la nature des rapports sociaux.

Dans ces années 1759-1761, alors qu'il achève de s'installer à Ferney, fréquemment dans ses lettres il se place et place son correspondant en face d'une certaine image de lui-même. L'idée qu'il se fait de son personnage nous aide à connaître l'homme qu'il est, comme à comprendre sa conduite. On se gardera donc des interprétations caricaturales. On évitera, par exemple, de n'apercevoir que le parvenu, le fils de notaire enrichi, dans cette confidence à son banquier (le destinataire n'est pas indifférent): «Je suis né assez pauvre, j'ai fait toute ma vie un métier de gueux, celui de barbouilleur de papier, celui de Jean-Jacques Rousseau, et cependant me voilà avec deux châteaux, deux jolies maisons, soixante-dix mille livres de rente, deux cent mille livres d'argent comptant et quelques feuilles de chêne en effets royaux que je me donne garde de compter. Savez-vous bien qu'en outre j'ai environ cent mille francs placés dans le petit

1. Reproduction dans L. Choudin, *Le Château de Ferney-Voltaire*, p.2. Selon L. Choudin, les armes de Voltaire «ont été reprises de celles de la famille Arouet», avec quelques changements; les armes de Mme Denis sont celles de sa famille paternelle, les Mignot.

2. Voltaire emploie le mot pour désigner le rang social en tant qu'il correspond à la qualité propre, notamment intellectuelle, de la personne. Voir par exemple D8442.

3. D8285. Voir aussi D8291.

territoire où j'ai fixé mes tabernacles?»[4] Il a su se faire une fortune, il en éprouve autant de fierté que de satisfaction et Rousseau n'est pas sa seule référence: «Je plains le roi mon maître dont les finances n'ont pas été si bien administrées que les miennes, je plains Marie-Thérèse et le roi de Prusse, et encore plus leurs sujets.» Au-delà de la jubilation du possédant, il veut surtout traduire un état d'âme: «Quelquefois je prends toute ma félicité pour un rêve. J'aurais bien de la peine à vous dire comment j'ai fait pour me rendre le plus heureux de tous les hommes. Je m'en tiens au fait, tout simplement, sans raisonner.» Tel il est, tel il se sent, responsable d'un bonheur qui est aussi prospérité, et bien décidé à en jouir.[5]

Richesse signifie puissance: «Je me suis fait une petite souveraineté en poussant à droite et à gauche. J'ai fait tout ce que j'ai voulu.»[6] Dans l'esprit de cet homme si longtemps errant et dépendant, s'impose, avec le plaisir d'être maître chez soi, le sentiment de sa sûreté et de sa stabilité. Il paraît s'absorber dans la conscience de son confort matériel et moral: «Je reste chez moi; j'ai de belles terres, libres et indépendantes, sur la frontière de France. Le pays que j'habite est un bassin d'environ vingt lieues, entouré de tous côtés de montagnes: cela ressemble, en petit, au royaume de Cachemire.»[7] Un Voltaire romanesque fixe l'image de son bonheur au sein d'un paysage vu par les yeux de «quelque Claude Lorrain». «C'est un vallon terminé en face par la ville de Genève qui s'élève en amphithéâtre. Le Rhône sort en cascade de la ville pour se joindre à la rivière d'Arve qui descend à gauche entre les Alpes. Au-delà de l'Arve est encore à gauche une autre rivière, et au-delà de cette rivière quatre lieues de paysage. A droite est le lac de Genève, et au-delà du lac les plaines de Savoie; tout l'horizon terminé par des collines qui vont se joindre à des montagnes couvertes de glaces éternelles éloignées de vingt-cinq lieues et tout le territoire de Genève semé de maisons de plaisance et de jardins.»[8] Voltaire, qui évoquait tout à l'heure un Cachemire imaginaire, doute maintenant que Constantinople soit dans une «situation [...] aussi agréable». L'auteur de *Candide* s'est ménagé dans cette autre Propontide[9] le sort le meilleur auquel puisse prétendre un habitant de ce «globe terraqué».

Il répète que la retraite lui assure la sécurité dans un monde en folie. «J'ai trois ports contre tous les naufrages, c'est là que je plains les folies barbares de ceux

4. D9564 (21 janvier 1761), à J. R. Tronchin.

5. Cf. D9558: «J'ai bâti, j'ai planté tard, mais je jouis.»

6. D9341 (22 octobre 1760), à Mme de Fontaine.

7. D8871 (23 avril 1760), à Maurice Pilavoine, ancien camarade de collège, devenu membre du conseil de la Compagnie des Indes.

8. D8875 (25 avril 1760), à Claude Watelet, auteur de *L'Art de peindre*.

9. Sur la comparaison des rives du lac Léman avec celles du Bosphore, *Candide*, ch.XXIX, *OC*, t.48, p.252.

qui s'égorgent pour des rois, je ris de la folie ridicule des courtisans et du changement continuel de scènes dans une très mauvaise pièce.»[10] Il prodigue les variations sur le thème, explicitement désigné, du *Suave mari magno* de Lucrèce: «Je vois tous les orages, mais je les vois du port, et je vous assure que mon port est bien joli et bien abrité.»[11] De plus, il satisfait ainsi une violente exigence de liberté. Il ne cesse de le dire: Ferney est une terre libre.[12] «Plus j'approche de ma fin», écrit-il à d'Argental, «plus je chéris ma liberté.»[13] «Trouver des terres libres où on est le maître absolu, être à la fois dans trois souverainetés et ne dépendre d'aucune, c'est un bonheur singulier, auquel je n'osais pas prétendre.»[14]

Il ne s'agit nullement cependant d'une liberté passive: être libre signifie pour lui penser librement, donc écrire et publier à sa guise. Ainsi à l'éloge de Vérone, présentée par Bettinelli comme le berceau naturel des arts et des belles-lettres, il réplique: «Je ne suis pas du tout curieux de demander à un jacobin, à un dominicain, permission de parler, de penser et de lire; et je vous dirai ingénument que ce lâche esclavage de l'Italie me fait horreur. [...] Je ne sais pas de quelle liberté vous me parlez auprès du *monte Baldo*; je ne connais d'autre liberté que celle de ne dépendre de personne; c'est celle où je suis parvenu après l'avoir cherchée toute ma vie.»[15] Quand on est seigneur de Tourney et de Ferney, qu'on a soixante-cinq ans, qu'on est d'humeur joyeuse, on se fait fort de «pendre aux créneaux de [ses] châteaux» les «prêtres de Baal». Car, comme il l'écrit en vers au duc de Bouillon, on ne combat des persécuteurs qu'à l'abri d'une place forte; de là

> On peut mépriser les frelons,
> Et contempler gaiement leur sottise et leur haine [...]
> Cela n'est pas chrétien, j'en conviens avec vous;
> Mais ces gens le sont-ils?[16]

Il existe donc un rapport essentiel entre la condition que s'est faite Voltaire et l'activité militante. Il s'en flatte et s'en réjouit, sa situation favorise sa mission de propagandiste des Lumières. On voit par là la cohérence du personnage qu'au début des années soixante présente Monsieur de Voltaire. Il peut alors concevoir son rôle comme exemplaire et le gérer comme tel.

On ne jugera pas arbitraire de lier à la conscience qu'il a de cette situation un sentiment de tonicité, dans ces mêmes années. Toute cette dépense et le plaisir

10. D8660 (16 décembre 1759), à Mme de Lutzelbourg.
11. D8825 (28 mars 1760), à Cideville.
12. D8569 (5 novembre 1759), à Mme de Fontaine.
13. D8880 (27 avril 1760).
14. D8909 (15 mai 1760), à Hénault.
15. D8663 (18 décembre 1759).
16. D9920 (31 juillet 1761).

qu'elle procure assurent la santé de l'éternel égrotant. On vient chez lui, écrit-il à Moncrif, comme «au temple d'Esculape». Mme d'Epinay est venue, elle est ressuscitée. «Et moi donc! ne pourrai-je me citer? Je m'étais arrangé pour mourir il y a quatre ans, et je me trouve plus fort que je ne l'ai jamais été, bâtissant, plantant, rimant».[17] Mme Denis observe en effet que «sa pétulance augmente avec l'âge».[18] Elle déplore une activité excessive, véritablement incontrôlable, chez cet homme âgé dont cependant les «talents sont plus brillants et plus abondants que jamais». Voltaire confirme, en décrivant pour l'ancien ami de collège Fyot de La Marche l'homme qu'il est devenu: cheveux blancs, sans dents, mais le cœur est jeune, et ceci surtout: «Je suis aussi lévrier qu'autrefois, toujours impatient, obstiné, ayant autant de défauts que vous avez de vertus.»[19] Entre les Délices, Ferney et Tourney, «enchaîné au char de Cérès comme à celui d'Apollon», jouant de plus les Vitruve, il déploie une vitalité qui le surprend lui-même. «Je ne croirais pas vivre si je vivais autrement», prétend-il; «ce n'est qu'en s'occupant qu'on existe.»[20] Son tempérament se satisfait dans cette débauche d'énergie; y trouve également son compte l'esprit d'un philosophe occupé de l'avenir, s'imposant à soixante-six ans de «regarder le moment présent comme celui où tout commence pour nous»,[21] insoucieux du passé, réservant son admiration pour les seuls créateurs: «tout le reste», dit-il, «me paraît peu de chose.»[22] Sa manière de vivre est désormais sa raison de vivre.

Il est vrai qu'il lui arrive de signer une lettre du pseudonyme «Le Malingre», il est vrai que la fin de l'hiver de 1760 le mit en un pitoyable état: il ne manque pas d'en tirer éventuellement parti, laissant à Wagnière la plume et le soin de l'excuser. Il ne ment sûrement pas quand il confie à d'Argental: «Mon divin ange, le vent du nord me tue.»[23] A l'adresse d'Octavie Belot et de Constant de Rebecque,[24] il se peint, mais, comme souvent, avec humour, sur le point de passer dans l'autre monde. Il fait si bien que pendant quelques jours Paris colporte le bruit de sa mort. Cette mort n'était pas purement et simplement une fausse rumeur. Ressuscité, il écrit à d'Alembert qu'il n'est pas tout à fait en vie. En réalité, pour qui le suit au jour le jour, son activité ne diminue guère. Tantôt

17. D8481 (septembre 1759), à Moncrif.

18. D8341 (8 juin 1759), à Cideville.

19. D9558 (18 janvier 1761).

20. D9399 (12 novembre 1760), au comte de Tressan.

21. D8687 (1er janvier 1760), à de Ruffey.

22. D8354 (15 juin 1759), à Thiriot.

23. D8785 (3 mars 1760). Aux autres correspondants il écrit dans ce même hiver: «Le froid me tue, les neiges me désespèrent» (D8718).

24. D8813 (24 mars 1760) et D8840 (5 avril 1760). Voir lettre de d'Alembert du 14 avril (D8852) et de Mme Du Deffand du 16 (D8859).

prétexte, tantôt motif littéraire, la maladie est surtout, alors même qu'il s'en plaint, occasion de guérir, de répéter comme une malice et un défi son exercice de renaissance. Il ne saurait mieux prouver et se prouver combien il est vivant qu'en mourant de temps à autre.

Sans doute la médecine constitue-t-elle pour Voltaire un thème habituel de réflexion et le ton de plaisanterie n'exclut pas, bien au contraire, le sérieux. Mais les hypothèses qu'il formule sur ses affections réelles ou prétendues, les traitements qu'il imagine, suggère ou réclame, les échanges par lettres et les conversations sur le sujet, tout cela l'aide à dominer le risque et peut-être la peur, son ironie les circonvenant. C'est bien ce qu'il donne à entendre quand, après avoir justifié son installation à Genève par la proximité du médecin Théodore Tronchin, il affirme qu'il est à lui-même, par sa manière de penser et de vivre, son meilleur médecin. Il entend choisir seul son régime, se prescrivant en particulier, en guise de thérapeutique, ce «sport de l'âme et de l'esprit»[25] qu'est la gaîté. Formule mettant en évidence la gaîté comme une pratique, voire une technique à portée psychologique, à vertu prophylactique, «curative même». Voltaire multiplie dans les années 1760 et 1761 les préceptes du genre: «gaîté vaut mieux que médecine.» Il est sain de rire selon la morale de Démocrite, souvent alléguée, et à l'instar de Rabelais, modèle dont Voltaire se reproche d'avoir jadis méconnu les vertus. Il est meilleur encore de rire des sots et des méchants, et les occasions ne manquent ni au pays de Gex, ni à Paris. Dépense de soi et jubilation, alacrité et optimisme, désinvolture contrôlée et persiflage, dans tout cela dont se compose sa gaîté, Voltaire reconnaît le régime et le rythme naturels de son organisme. Il croit tenir le principe du mieux-être: «Je suis vieux», dit-il, «et malade; et je tiens la gaîté un remède plus sûr que les ordonnances de mon cher et estimable Tronchin.»[26] Il écrit au président Hénault, en pensant à Mme Du Deffand, affligée de cécité: «Je prends le parti de me moquer de tout, de rire de tout; ce régime est très bon pour la santé, et j'espère qu'il me guérira.»[27] La gaîté est censée traduire et inspirer cette énergie vitale, si essentielle à Monsieur de Voltaire.

Mais ce bonheur, n'en fait-il pas trop ostensiblement parade? Ne doit-on pas le juger suspect? Le contentement du Suisse Voltaire, notons-le, répond de manière très symétrique à sa détestation de Paris. Ne va-t-il pas jusqu'à s'exclamer: «Je hais Paris»?[28] N'est-ce pas là l'expression d'un dépit? L'interprétation sera mieux justifiée quelques années plus tard. Elle paraît moins vraisemblable dans la phase présente, quand il est tout à la joie de vivre en son royaume.

25. J. Bréhant et R. Roche, *L'Envers du roi Voltaire, quatre-vingts ans de la vie d'un mourant* (Paris 1989), p.179.

26. D9005 (23 juin 1760), à Palissot.

27. D8998 (20 juin 1760).

28. D9346 (25 octobre 1760), à Mme d'Argental.

Ainsi installé dans sa seigneurie, entre ses prés, ses vignes et ses bois, l'indépendance de la fortune et de l'esprit garantie, Voltaire, patriarche des lettres et des philosophes, dialogue de pair à compagnon avec tout ce qui compte en Europe. Quiconque lit sa correspondance est à même d'apprécier son audience. Il a soin de cultiver une présence qu'imposent sans cesse livres, pamphlets, pièces de théâtre, poèmes, une présence dont ses lettres, promises souvent à des lectures en société, démultiplient les effets. Il en a «dix ou douze à écrire par jour», dit-il à Mme Du Deffand pour expliquer qu'il «ne [l]'ennuie pas aussi souvent qu'[il] le voudrait».[29] De même, il se plaint d'être «accablé d'une correspondance qui s'étend de Pondichéry jusqu'à Rome».[30] En commandant douze livres de cire d'Espagne pour cacheter ses plis, il confie à Robert Tronchin que «cette horrible correspondance consume le temps et l'esprit».[31] Les lettres aux familiers ne sont pas les moins exigeantes. Il faut de la simplicité et de l'entrain avec Mme de Fontaine, sa nièce, un ton de cordialité désinvolte avec Thiriot ou Cideville, de la liberté et de la déférence pour un d'Alembert, philosophe et savant. On mesure la variété des voix voltairiennes s'adressant à deux esprits forts de femmes: un humour grave pour Mme Du Deffand et pour Mme d'Epinay de la vivacité et de l'esprit. La strasbourgeoise comtesse de Lutzelbourg a droit à de la prévenance et à des marques de sensibilité. Le style de l'amitié la plus confiante est réservé aux d'Argental. Ce sont là les correspondants les plus favorisés. Le roi de Prusse, très présent jusqu'à l'automne de 1760, disparaît jusqu'en décembre 1764. Mais la fréquence des échanges ne faiblit pas avec la duchesse de Saxe-Gotha, intermédiaire de bonne volonté entre le poète et le roi. Ont droit encore à une correspondance régulière le duc de Richelieu, la comtesse Bentinck, le président Hénault et l'abbé d'Olivet, ceux-ci experts en fait de critique et d'histoire, ou le cardinal de Bernis, ministre disgracié qu'on n'abandonne pas dans son exil. La diversité des registres et des thèmes est de nature à décourager le biographe: comment rendre compte de la densité de cette correspondance et par conséquent de la vie de Voltaire dans les premières années de Ferney? Cependant la chronique biographique, appuyée sur les réseaux épistolaires, rend sensible le rapport essentiel et réciproque de l'expérience et de la pensée voltairiennes. L'histoire personnelle, qui n'est jamais absolument personnelle, corrige les notions d'une histoire trop générale. On s'en aperçoit d'après l'extension des affaires dont Voltaire se mêle. Dans un premier cercle, à court rayon, les représentants des administrations locales, notaires, avocats, procureurs du pays de Gex, avec au premier plan le polyvalent Fabry, assailli de rapports, demandes, billets, invitations. Dans le second cercle, les instances de pouvoir de la province et des états

29. D9297 (10 octobre 1760).
30. D9542 (15 janvier 1761).
31. D9874 (1er juillet 1761).

limitrophes. Du côté genevois les interlocuteurs inévitables et les amis. Retenons un Labat de Grandcour, un Vasserot de Châteauvieux, fréquemment sollicités pour leurs conseils ou leur influence. A Genève, c'est la tribu des Tronchin, François le conseiller, Jean Robert, le banquier installé à Lyon, que seconde Ami Camp, Théodore le médecin. Il faut compter avec les pasteurs émancipés, Jacob Vernes ou Moultou. Genève, c'est surtout le libraire Cramer, complice de tous les instants. On ne laisse pas se distendre non plus les liens avec Mme Gallatin qu'on remercie de ses envois de figues, avec Monthoux qui habite Annemasse, avec Elie Bertrand, l'ami bernois, avec, à Lausanne, Constant de Rebecque et Clavel de Brenles. Du côté bourguignon, Voltaire cultive la bienveillance des intendants successifs, Joly de Fleury et Dufour de Villeneuve. Il entretient, on l'a vu, avec Charles de Brosses des échanges difficiles. Il se ménage assidûment les bonnes grâces du conseiller Le Bault, du président de Ruffey, du procureur général Quarré de Quintin, de Jean Philippe Fyot de La Marche, le fils et successeur de Claude Philippe, le «respectable ami», ancien compagnon de collège. Autre Dijonnais et collaborateur, l'avocat Jean Marie Arnoult.

Le troisième cercle est parisien et versaillais. Au gouvernement, il y a Choiseul que Voltaire traite comme son allié majeur: c'est à lui et à ses proches qu'aboutissent les requêtes, quels qu'en soient l'objet et l'importance. On ne néglige pourtant pas Mme de Pompadour et les entours de la marquise. Peuvent être utilisées des relations soutenues avec Chennevières, le marquis de Courteilles, voire Sénac de Meilhan. La finance et l'administration centrale sont représentées par le fermier général Bouret, par Pâris de Montmartel, par Turgot. Mme d'Epinay fait, par son mari, le lien entre les Lettres et les puissances d'argent, comme les d'Argental avec Choiseul et la politique. Le pouvoir intellectuel repose à l'Académie sur le secrétaire perpétuel Duclos. Mais Voltaire fait appel en même temps à celui qu'il nomme complaisamment «le père de l'Académie», le duc de Nivernais. On ne refera pas la liste des «philosophes»: Voltaire écrit surtout à d'Alembert, à Helvétius aussi, à Diderot avec des marques appuyées de considération et quelque componction. A la Comédie-Française, Lekain et Mlle Clairon sont à la fois ses interprètes et ses interlocuteurs favoris.

Il y aurait un quatrième cercle international. On relève du côté allemand, outre Frédéric et la duchesse de Saxe-Gotha déjà nommés, l'Electeur palatin Charles Théodore et son secrétaire Collini, porte-parole habituel de Voltaire, des connaissances de la période prussienne comme Formey. A ses correspondants italiens, Voltaire parle principalement littérature et sciences: ainsi à Algarotti, «le cygne de Padoue», au marquis Albergati Capacelli, à Saverio Bettinelli, cet admirateur venu de Vérone, résolu à fuir dans les lettres l'hypocrisie du monde et la laideur de l'histoire.[32] L'élaboration de l'*Histoire de l'empire de Russie* entraîne, on le

32. Voir D8663 et D8710.

verra, de longues négociations avec Shouvalov. Enfin, malgré son goût persistant pour la pensée anglaise et pour Hume en particulier, Voltaire de ce côté-là n'entretient guère en ces années de correspondance suivie qu'avec George Keate.[33] A ce catalogue très incomplet, il convient d'ajouter non seulement des correspondants de circonstance, mais les témoins dispersés de relations anciennes – tel est à Nîmes, tel autre à Clermont en Auvergne –, et surtout des amis d'assez fraîche date, ainsi l'avocat-poète Sébastien Dupont, ce «cher Démosthène», rencontré pendant le séjour en Alsace et qui a droit aux meilleurs des «rogatons». D'autres noms apparaissent au gré des circonstances, au nouvel an, à l'époque de la souscription pour les *Commentaires sur Corneille*. Cette foule de correspondants confère aux écrits et aux actes de Voltaire une résonance sans égale. Quoi qu'il prétende, son activité d'épistolier le fait vivre plus qu'elle ne le consume. En acteur qu'il est, il a besoin de sentir son public, de mesurer presque physiquement la dilatation de son existence.

Sans doute est-ce pour les mêmes raisons que d'une part il écrit «à tout l'univers», que d'autre part il accueille tout l'univers à sa table. Mais disons-le: s'il reçoit très volontiers aux Délices et à Ferney, ce n'est pas simple vanité, souci de paraître. Il sait être généreux et bon. Une demoiselle de Bazincour pouvait l'attester: elle vécut de décembre 1759 à novembre 1760 auprès de Mme Denis et de Voltaire.[34] Pour les exilés, pour les persécutés, ses portes sont ouvertes. Il héberge des jésuites en débandade: si d'un révérend père portugais il est près de faire un valet de pied ou un échanson, c'est qu'il tourne en farce sa compassion. Il a offert un asile à un certain Siméon Valette, un assez «bon diable»,[35] à première vue, qui «fait des lignes courbes et de petits vers»;[36] on ne sait rien de lui, on le garde, d'Alembert après coup renseigne et remercie.

La venue de Marie Fel est de celles que l'on souhaite. La cantatrice séjourne quatre semaines aux Délices, et enchante «avec tous ses rossignols» Marie Louise Denis, Charlotte Constant de Rebecque et «toute l'assemblée de chez Voltaire».[37] Provoqué, préparé, le passage des Chauvelin, en route pour l'ambassade de Turin, permet de resserrer après quatorze ans des liens anciens. Monsieur de Chauvelin est toujours «un homme très aimable», «d'un très grand crédit».[38] Aussi a-t-on

33. Voir A.-M. Rousseau, *L'Angleterre et Voltaire*, p.271 et suiv.

34. D8417 (4 août 1759), Mme Denis à Cideville, et note 1.

35. D8651, D8655.

36. D8451, D8673. C'est «le Pauvre diable» de la satire.

37. D8339, D8343 et D8348. Mme Constant de Rebecque décrit Marie Fel (D8339, n.1), que nous connaissons par le portrait de Quentin de La Tour.

38. D8571 (5 novembre 1759), à J. R. Tronchin.

reçu M. et Mme de Chauvelin «avec une magnificence à laquelle ils ne s'attendaient pas. Mais on ne peut trop faire pour de tels hôtes.»[39]

Marmontel est arrivé, fin mai 1760, «avec un Gaulard, receveur général»; il s'est installé pour une quinzaine de jours.[40] Il a laissé dans ses *Mémoires* un récit de ce séjour, pittoresque, non sans une complaisance affectée à l'égard du vieil homme dont il convient de flatter les manies et d'approuver les avis, pourtant arbitraires. Voltaire joue la comédie du malade qui ressuscite, daube sur le Pompignan, fait le magnanime à propos de Frédéric, dénonce Rousseau comme l'homme au masque, célèbre la vieille cour pour vilipender l'actuelle, quête des compliments pour une tragédie, *Tancrède*, où se lisent, selon le visiteur, les signes de la décadence. Marmontel a l'admiration venimeuse. Mais certains détails se trouvent confirmés par la correspondance; sur les relations de Voltaire avec les Genevois par exemple: «sa maison leur était ouverte; ils y passaient des jours entiers.»[41]

Le 8 octobre il a «dans [son] taudis des Délices Monsieur le duc de Villars, un intendant, un homme d'un grand mérite qui a fait 150 lieues pour me voir».[42] L'affluence en ce mois de novembre suscite l'ironie de l'ami d'Alembert: «Comment diable quarante-neuf convives à votre table, dont deux maîtres des requêtes et un conseiller de grand-chambre? sans compter le duc de Villars et compagnie? Vous êtes comme le père de famille de l'Evangile qui admet à son festin les clairvoyants et les aveugles, les boîteux et ceux qui marchent droit»; autrement dit, le jésuite et le janséniste, le catholique et le socinien, le convulsionnaire et l'encyclopédiste et, pourquoi pas, Jean-Jacques Rousseau, venu «à quatre pattes de Montmorency [...] faire amende honorable à la comédie»?[43] L'intendant de Bourgogne, Jean François Joly de Fleury, a condescendu lui aussi à faire étape chez Voltaire, avec son neveu, le propre fils d'Omer, et «un cortège de proconsul»;[44] belle occasion de sermonner le futur magistrat: «souvenez-vous», lui aurait-on dit, «qu'il faut être l'avocat de la nation et non des Chaumeix.»[45]

Au retour du printemps de 1761, «le pauvre maçon de Ferney [...] travaille à force» pour mettre son «ermitage» en état d'accueillir les présidents dijonnais de Ruffey et Fyot de La Marche.[46] Emouvantes retrouvailles. Au second, l'ancien condisciple de Louis-le-Grand, Voltaire n'hésite pas à prêter, sans grandes

39. D8569 (5 novembre 1759).

40. D8940, D8946, D8963, D8972, D8995.

41. Marmontel, *Mémoires*, éd. J. Renwick (Clermont-Ferrand 1972), i.205-206.

42. D9294: l'intendant est celui du Languedoc, Saint-Priest, «l'homme d'un grand mérite», le marquis d'Argence.

43. D9329, Voltaire écrit à Thiriot le 8 octobre: «Nous couchons les uns sur les autres» (D9294).

44. D9331 (19 octobre 1760), à Thiriot.

45. D9340 (22 octobre 1760), à Duclos.

46. D9672, D9709.

garanties, vingt mille francs.[47] Comblé, Fyot de La Marche décide qu'en hommage à l'homme qu'il aime autant qu'il l'admire, Ferney s'appellera désormais Voltaire.[48] Autre rencontre, préparée de longue main avec l'aide de Fabry, l'intendant Dufour de Villeneuve et Madame doivent souper à Ferney, le 17 septembre (ce fut en réalité aux Délices, en compagnie du duc de Villars).[49] Il faudrait citer encore les visiteurs importuns, tel ce filou dont Mme Constant de Rebecque rapporte l'aventure,[50] ceux aussi qui ne méritent que l'anonymat: des conseillers au parlement de Paris, débarquant par pleins carrosses.[51] Voltaire tient à Ferney table ouverte, porte ouverte, jusqu'à ce que l'afflux et la fatigue l'obligent à restreindre l'accueil.

Sa vieillesse est celle d'un homme riche. Il aime à faire le bien. Sa fortune lui en donne les moyens. On verra comment les capitaux qu'il investit tireront Ferney d'une misère qui sans lui fût restée sans espoir. On l'accuse de vouloir maintenir le peuple dans l'ignorance, et certaines de ses déclarations vont en ce sens. Pourtant l'une de ses premières initiatives fut d'établir à ses frais un maître d'école en ce village où n'existait aucun enseignement élémentaire.[52]

Mais il ne recule pas d'autre part devant les dépenses somptuaires. Il y a chez lui un plaisir certain à décrire les fêtes qu'il donne, par exemple un bal à Ferney, le samedi 6 mars 1762. Aux d'Argental, il énumère les distractions qu'il a offertes à ses hôtes, venus de tous les environs: il a tenu lui-même le rôle du bailli dans *Le Droit du seigneur*, «à faire pouffer de rire», mais que faire de trois cents personnes au milieu des neiges, à minuit que le spectacle a fini? Il a fallu leur donner à souper à toutes, ensuite il a fallu les faire danser... «Un bal, vieux fou? un bal dans tes montagnes? et à qui l'as-tu donné? aux blaireaux? Non, s'il vous plaît: à très bonne compagnie.»[53] Un témoin, Du Pan, n'évalue l'assistance qu'à cent soixante personnes, mais confirme les rafraîchissements, la comédie et «un opéra-comique pour servir de petite pièce», le souper avec «toutes sortes de viandes froides, de bons vins, etc.» et la danse jusqu'à six heures du matin «que chacun remonta en carrosse pour retourner chez soi bien content».[54] Autre fête, au début d'octobre 1762, pour accueillir le maréchal de Richelieu, qui «n'a pas

47. D9993 (7 septembre 1761), à J. R. Tronchin. Fyot de La Marche, qui avait annoncé sa visite dès mars, ne viendra à Ferney qu'en septembre.

48. D10006 (13 septembre 1761), Fyot de La Marche à Voltaire.

49. D9819, D10023, D10026, D10028.

50. D10122 (1er novembre 1761).

51. D10168 (21 novembre 1761), à Fyot de La Marche.

52. D9625 (13 février 1761).

53. D10366 (8 mars 1762), aux d'Argental.

54. D10363, n.1; la fête eut lieu dans la nuit du 6 au 7 mars.

été mécontent de la manière» dont il a été reçu.[55] Quelques jours plus tard, c'est pour «une demi-douzaine de pairs, soit anglais soit français», que se déchaîne «le fracas de nos plaisirs»: son «trou» est transformé en une véritable «cour» – «ma cour», dit Voltaire avec humour.[56]

Tout cela coûte cher: «Je ne peux arrêter le torrent de nos dépenses», et Voltaire s'inquiète, ou affiche des inquiétudes. «Les fêtes vont leur train, la dépense augmente, la ruine avance.»[57] Il tente de contrôler les frais: en janvier 1763 il fait même vérifier les quantités de sel commandées à Ferney pendant l'année précédente, qui lui paraissent démesurées.[58] Mais il faut tenir compte des goûts dépensiers de Mme Denis. A Jean Robert Tronchin et à Ami Camp, ses banquiers, il souligne les responsabilités de sa nièce, une nièce qui fait «bâtir des théâtres, habille les acteurs, et donne à souper à cent cinquante personnes: que voulez-vous que je fasse? Il faut bien souffrir mon plaisir et le payer.»[59] Il s'agit bien du plaisir de Voltaire, et il joue dans une certaine mesure le rôle du barbon de comédie, laissant à Mme Denis celui de la dépensière. Au début de 1762 il règle leurs budgets respectifs: à elle, cent louis par mois, soit deux mille quatre cents livres, qui devront suffire à ses dépenses personnelles et à leur train de maison, «si elle sait se régler», avec «le revenu de Ferney, [...] celui des Délices qui est peu de chose, mais une quantité immense de provisions de toute espèce» produites par les domaines. Lui se contentera de deux cents louis par an.[60] La mensualité de Mme Denis, Ami Camp, son banquier de Lyon, la lui enverra en la prenant sur la masse des capitaux placés entre ses mains: Voltaire les lui remboursera au bout de l'année. En septembre 1762 des chiffres similaires se retrouvent dans un nouvel arrangement: les dépenses mensuelles seront couvertes sur les versements, également mensuels, de deux mille huit cent quatre-vingts livres de son notaire, M. de Laleu.[61] Ainsi, Voltaire peut dépenser environ trente-trois mille six cents livres par an pour son train de vie et celui de Mme Denis sans toucher aux capitaux qu'il laisse entre les mains du banquier de Lyon, cent cinquante mille livres, ou même cent quatre-vingt mille livres.[62] «Je sais bien qu'il faut se réjouir, mais il ne faut pas se ruiner»:[63] ni avarice, ni imprudence. A côté de ses dépenses pour sa maison, pour sa nièce et pour ses plaisirs, les générosités de Voltaire paraissent modestes. Mais nous ne savons sans doute pas

55. D10742 (4 octobre 1762), à Ami Camp. Voir ci-dessus, p.65.
56. D10746, D10747.
57. D10377 (19 mars 1762), à Ami Camp.
58. D10889 (7 janvier 1763), à Balleidier.
59. D10390 (27 mars 1762).
60. D10473, D10259.
61. D10733 (27 septembre 1762), à Ami Camp.
62. D10473, D10701.
63. D10338 (21 février 1762), à Ami Camp.

tout, et la façon de donner ajoute aux dons eux-mêmes. Voltaire a ses pauvres: la famille Calas, la famille Corneille, Thiriot. «A la mère de Mlle Corneille qui a été malade», il envoie en février 1762 dix louis d'or; à Thiriot qui est venu le voir à Ferney, il paie discrètement le voyage de retour, six louis d'or, et il lui offre la moitié du profit que rapportera la représentation du *Droit du seigneur*.[64] Le reste ira aux comédiens: l'auteur ne garde rien pour lui-même. Il ne manque jamais de gratifier les acteurs, dont il aime tant l'art. Ainsi il fait remettre à Grenier, qui est venu jouer *Mérope* à Ferney avec Lekain en 1761, quatre louis d'or neufs;[65] ou bien il fait présent à Mlle Clairon et à Lekain du droit d'imprimer *Zulime*.[66]

C'est que les droits d'auteur ne seraient que bien peu de chose pour lui. La source principale des revenus de Voltaire reste évidemment à cette époque les intérêts des prêts qu'il a consentis ou consent de tous côtés. Il choisit ses nouveaux débiteurs: des grands seigneurs de ses relations comme les ducs de Richelieu et de Villars,[67] un premier président de la chambre des comptes de Provence, M. d'Albertas.[68] Les risques sont répartis: une somme prêtée ne représente que quelques mois du budget de Voltaire. Le prêt à intérêt reste encore suspect à certaines autorités religieuses. Voltaire stigmatise, en octobre 1763, des pères de l'Oratoire qui le condamnent «comme un péché» et se réjouit qu'ils s'attirent la réponse d'un avocat de Lyon, cité où la finance est florissante.[69] Cette réponse[70] contient des points de vue, en faveur du prêt à intérêt, si proches des siens qu'il la laissera imprimer parmi ses propres œuvres et qu'il en félicite l'auteur, Antoine Prost de Royer.[71] Pour éviter toute difficulté, la procédure est simple: le débiteur signe une reconnaissance de dette où les intérêts sont intégrés au capital prêté. Ainsi M. d'Albertas, qui emprunte six mille livres à cinq pour cent, signe une reconnaissance de dette de six mille trois cents francs pour un an, ou de six mille six cents francs pour deux ans. Le taux est fort modéré mais, pour Voltaire, le placement équivaut aux meilleurs placements que proposent aujourd'hui les banques.[72] On constate que l'absence de banques de dépôt au dix-huitième siècle conduit les particuliers à s'entreprêter des sommes même faibles; le manque de

64. D10345, D10751, D10302.

65. D10255.

66. D10297 (30 janvier 1762), à Lekain.

67. 30 000 livres chacun en janvier 1762 (D10255).

68. D10312, D10321, D10338, D10377.

69. D11440 (1er octobre 1763), à Pierre Rousseau.

70. *Lettre à Mgr l'Archevêque de Lyon, dans laquelle on traite du prêt à intérêt à Lyon, appelé dépôt de l'argent* (Avignon 1763; BV, no 2824: 1769), par Prost de Royer.

71. Le 1er octobre 1763 (D11441). Voir *Les Choses utiles et agréables* (1769) et les *Nouveaux mélanges* (1765-1776), ix.

72. 8 à 9% en tenant compte de l'inflation.

liquidité met de riches propriétaires dans l'embarras dès qu'une dépense inhabituelle se présente, procès, voyage, achat d'un grade. La difficulté est d'obtenir le remboursement de ces prêts, accordés, semble-t-il, sans garantie en général.[73] Voltaire a tôt fait de s'inquiéter. «C'est un charme de voir comme tout le monde me tire, et comme personne ne me paie», «je prête beaucoup et on ne me paie rien».[74]

Beaucoup d'éléments influent sur l'exactitude des débiteurs, et d'abord leur situation financière, qui dépend de la situation économique générale. On comprend que Voltaire trouve là une raison supplémentaire de s'intéresser à l'actualité, notamment à l'actualité internationale. En novembre 1762, par exemple, il voit dans la cession de la Louisiane et dans la signature de la paix une raison pour que les affaires s'améliorent.[75] Mais, quelle que soit la situation, il relance et fait relancer ses débiteurs dès que les échéances arrivent – et l'argent rentre, souvent sous forme de lettres de change que ses banquiers sauront, à plus ou moins longue échéance, transformer en bonne monnaie – par exemple le 14 avril 1762, «pour environ vingt cinq mille livres [...] un petit bouche-trou» – en fait, à peu près le budget annuel de la maison Voltaire. Une somme équivalente rentre à nouveau début mai.[76]

A côté de tels mouvements de capitaux, une pension de deux mille livres semble peu de chose – plus d'un homme de lettres pourtant en vivrait, et c'est le salaire de Diderot chez le libraire Le Breton en 1751.[77] Voltaire n'est pas homme à la refuser. En janvier 1762, il apprend avec surprise et plaisir que sa pension d'historiographe du roi, depuis longtemps oubliée, est rétablie grâce aux soins du duc de Choiseul. On lui paie pour le moment l'année 1758. L'argent lui fait plaisir, mais plus encore la considération et les bonnes dispositions que le rétablissement de sa pension suppose du côté du pouvoir. Du Pan, bon observateur, note bien: «La pension n'est rien pour Voltaire, mais cette marque de faveur du roi lui fait autant de plaisir qu'elle a fait de peine à ses ennemis.»[78] Voltaire exulte en effet: «Que dira à cela Catherin Fréron? Que dira Lefranc de Pompignan?» Plus d'une lettre reflète la satisfaction de se voir rétabli dans sa pension royale.[79]

Néanmoins, qui jugerait que cette dénomination, «Monsieur de Voltaire»,

73. Voltaire cherche à connaître la situation patrimoniale réelle de Fyot de La Marche en janvier 1763: la solidité de sa dette en dépend (D10880).

74. D10335, D10377.

75. D10807 (21 novembre 1762), à Ami Camp.

76. D10412, D10439.

77. J. Proust, *Diderot et l'Encyclopédie* (Paris 1952), p.94. Voir J. Sgard, «L'échelle des revenus», *Dix-huitième siècle* 14 (1982), p.427.

78. D10257, n.1, à la date du 12 janvier 1762.

79. D10257, D10259.

trahit seulement l'autosatisfaction d'un parvenu, se tromperait. «Il faut», mande-t-il à sa nièce, Mme de Fontaine, «être vieux, riche, libre, hardi», ce qu'il est devenu ; il ajoute, «et bien à la cour sans en approcher», c'est aussi son cas, on vient de le voir. Mais cette situation privilégiée (celle même de la vieillesse), qui est la sienne, il l'oriente vers une fin. Il se sent par là, et il le dit expressément dans la même phrase, en position de force pour combattre les ennemis des philosophes.[80] Ferney, autrefois «maison forte» avec créneaux et machicoulis, a conservé d'une certaine manière sa vocation belliqueuse. «J'ai vu», écrit le châtelain, «qu'il n'y avait rien à gagner à être modéré, et que c'est une duperie. Il faut faire la guerre et mourir noblement sur un tas de bigots immolés à mes pieds.»[81] Lorsque Monsieur de Voltaire prononce cette déclaration, il se trouve engagé dans «la guerre» contre l'Infâme. Quant à «mourir», noblement ou non, il n'en est pas question.

80. D9341 (22 octobre 1760).
81. D9743 (20 avril 1761), à d'Alembert. On remarquera l'alexandrin final.

6. Une offensive antiphilosophique

Jésuites, jansénistes: c'étaient pour les philosophes des adversaires quasi institutionnels. Ils prenaient appui sur des milieux mondains, proches du pouvoir. La coalition de ces forces s'était dans un passé récent déchaînée contre l'*Encyclopédie*, jusqu'à en obtenir l'interdiction. Au printemps de 1760 les cercles conservateurs ne désarmaient pas. Effrayés par l'émergence des idées nouvelles, ils avaient de nouveaux motifs de s'inquiéter, après les défaites de 1759. Car à qui les imputer? On ne veut pas accuser la politique d'alliance avec l'Autriche, où la France n'avait rien à gagner; ni le mauvais état de l'armée et de la marine. Si la France est vaincue, la faute en incombait aux intellectuels mal-pensants, aux philosophes: transfert des responsabilités dont l'histoire offre d'autres exemples. A la fin de 1759, de tels propos sont parvenus aux oreilles de Voltaire. «C'est l'*Encyclopédie*», écrit-il à Mme d'Epinay, «qui attire visiblement la colère céleste sur nous», et nous fait battre sur terre et sur mer.[1]

L'anti-philosophisme a ses garants et ses inspirateurs jusque dans la famille royale: la pieuse reine Marie Leszczynska, son fils le dauphin Louis, unique enfant mâle né du mariage de Louis XV avec la fille de Stanislas. Tout porte à croire qu'un jour le prince régnera sur la France.[2] A côté d'eux de grandes dames, alarmées par les progrès de l'esprit nouveau: ainsi la princesse de Robecq, la comtesse de La Marck. En 1757, ces dames avaient été attaquées dans des dédicaces anonymes en tête de deux traductions de Goldoni (*Le Véritable ami*, *Le Père de famille*): textes attribués, à tort, à Diderot (le coupable était sans doute Grimm). Deux ans plus tard, on exhume cette affaire, comme pour justifier, à titre de représaille, l'offensive qui va suivre. Autres personnes de haut parage qui interviendront dans la campagne: la princesse de Conti, la première présidente Molé. En outre de grands seigneurs comme le duc de La Vauguyon, des pamphlétaires comme l'abbé de Saint-Cyr, et surtout Fréron le redoutable journaliste.[3] Bref tout «un parti de dévots et de dévotes»[4] prêt à soutenir les assauts contre les philosophes.

1. D8546 (19 octobre 1759).

2. En réalité, il mourra en 1765, neuf ans avant son père. Les trois derniers rois de France seront les trois petits-fils de Louis XV: Louis XVI, Louis XVIII, Charles X.

3. D9443, D9449, D8988.

4. D9437, commentaire: lettre de Gottfried von Swieten à Johann Karl Philip von Cobenzl.

La première attaque vint de Lefranc de Pompignan. C'était une vieille connaissance de Voltaire, perdue de vue depuis l'époque de Cirey. Il avait tenté d'opposer à *Alzire* sa tragédie de *Zoraïde*. Puis il avait donné une *Didon*, qui était restée au répertoire. Revenu dans son pays natal, comme avocat général à la cour des Aides de Montauban, puis comme premier président, il n'avait pas renoncé à ses ambitions littéraires. Frère de Jean Georges, évêque du Puy, il donna des *Poésies sacrées* (1751-1757), où passe parfois quelque chose du souffle prophétique de l'Ancien Testament. Grand homme en sa province, plein de confiance en lui, il décide de faire retour dans la capitale par l'Académie française. Après un premier échec en 1758, il est élu triomphalement à la succession de Maupertuis (15 septembre 1759). Il voulut faire de son discours de réception (10 mars 1760) un coup d'éclat. Il eut l'idée, ou il reçut la recommandation, d'y lancer une charge à fond contre les philosophes. Ce morceau d'éloquence était, nous dit-on, destiné à être lu ailleurs, c'est-à-dire «à Versailles».[5] Prenant prétexte de la fin chrétienne de Maupertuis, il dénonce «l'abus des talents, le mépris de la religion, la haine de l'autorité». Il prétend que chez les contemporains «tout porte l'empreinte d'une littérature dépravée, d'une morale corrompue, et d'une philosophie altière qui sape également le trône et l'autel». Il place en regard la vraie philosophie, celle du «sage et vertueux chrétien». Voltaire est plus précisément visé, comme auteur de l'*Essai sur les mœurs*. Pompignan accuse la «nouvelle histoire» d'être constituée de «faits malignement disposés».[6] La diatribe fut prononcée avec force et chaleur, d'un ton de conviction indignée. Les philosophes étaient loin, à cette date, d'avoir conquis à l'Académie une influence prépondérante. Le discours fut bien accueilli. Le public l'applaudit. Dans sa réponse le directeur, Dupré de Saint-Maur, évoqua le frère du récipiendaire, l'évêque du Puy. Il osa comparer le nouvel académicien à Moïse et le prélat à Aaron. Il suggère que les deux frères, comme leurs prédécesseurs bibliques, ne manqueront pas d'«opérer des miracles en Israël». Lefranc sortit de la séance «triomphant et enflé de sa vaine gloire».[7] La sincérité de ses sentiments, encore que gonflée de forfanterie, n'est pas douteuse. Mais son agressivité s'inspirait d'un calcul. Il ambitionnait d'être nommé gouverneur des «enfants de France», les jeunes fils du dauphin. Les choses paraissaient en bonne voie. Il fut admis à remettre son discours au roi. Sa Majesté promit de le lire, et le lut effectivement. Louis XV en parle à un de ses courtisans: «un peu long [...], mais c'est un excellent ouvrage, selon moi, peu fait, au reste, pour être applaudi par les impies et les esprits forts.» Fréron,

5. Selon l'abbé Morellet, l'un des champions de ces luttes que nous allons bientôt rencontrer, *Mélanges de littérature* (Paris 1813), ii.26.

6. *Année littéraire* 176, ii.277, dans Desnoiresterres, v.420-21.

7. Marmontel, *Mémoires*, éd. Renwick, i.195.

comme on peut s'y attendre, fait écho à la gloire de Pompignan dans un compte rendu complet de la séance académique et de ses suites.[8]

Enivré de son propre mérite, Lefranc n'avait pas prévu qu'il s'attirerait des représailles. La suffisance ridicule du personnage donnait beau jeu à ceux qu'il avait attaqués. Le bruit courait que le plus dangereux, Voltaire, venait de mourir. Déjà on choisissait son successeur à l'Académie: l'ancien évêque de Limoges, Coëtlosquet.[9] Mais le prétendu défunt va démontrer sur-le-champ qu'il reste bien vivant, et virulent. Une brochure éditée par Cramer, quelque trois semaines après l'homélie de Pompignan, vient réjouir la malignité des Parisiens: *Les Quand, notes utiles sur un discours prononcé devant l'Académie française*. Volée de bois vert:

> *Quand* on a l'honneur d'être reçu dans une compagnie respectable d'hommes de lettres, il ne faut pas que la harangue de réception soit une satire contre les gens de lettres: c'est insulter la compagnie et le public.
>
> [...] *Quand* on est à peine homme de lettres, et nullement philosophe, il ne sied pas de dire que notre nation n'a qu'une fausse littérature et une vaine philosophie.
>
> [...] *Quand* on harangue en France une académie, il ne faut pas s'emporter contre les philosophes qu'a produits l'Angleterre; il faudrait plutôt les étudier.
>
> *Quand* on est admis dans un corps respectable, il faut dans sa harangue cacher sous le voile de la modestie l'insolent orgueil qui est le partage des têtes chaudes et des talents médiocres.[10]

Ce n'était qu'un commencement. Lancée par Voltaire, une grêle de petits vers s'abat sur Pompignan: les *Pour*, les *Que*, les *Qui*, les *Quoi*, les *Oui*, les *Non*, suivie en prose par les *Car*, les *Ah! Ah!*; à quoi s'ajoutent, par l'abbé Morellet, les *Si*, les *Pourquoi*, etc. Toutes les «particules» de la langue française bourdonnent autour de l'insolent orateur.[11] Voltaire alors remet en circulation, adapté à la circonstance, un ancien quatrain:

> Savez-vous pourquoi Jérémie
> A tant pleuré pendant sa vie?
> C'est qu'en prophète il prévoyait
> Qu'un jour Lefranc le traduirait.[12]

Les *Poésies sacrées* bientôt connaîtront d'autres malheurs. On rappelle en outre que le prétendu Moïse avait vingt ans plus tôt publié une traduction française de

8. *Année littéraire* (30 mars 1760), ii.264-77.
9. D8852 (14 avril 1760), d'Alembert à Voltaire.
10. M.xxiv.111-13.
11. M.x.560-64; D8916; M.xxiv.261-64. La campagne se prolongera en 1761, et jusqu'en 1763, voir M.xxiv.461-63.
12. M.x.560 et n.1.

La Prière universelle de Pope, dite *La Prière du déiste*, ce qui lui aurait valu alors quelques ennuis.[13]

Ainsi harcelé Pompignan tente de se défendre, maladroitement. Il en appelle au souverain qui naguère l'avait si franchement approuvé. Il imprime un *Mémoire présenté au roi par M. de Pompignan le 11 mai 1760*. «Monsieur de Pompignan» a l'imprudence de conclure:

> Toute la cour a été témoin de l'accueil que me firent leurs Majestés. Il faut que tout l'univers sache aussi qu'elles ont paru s'occuper de mon ouvrage, non comme d'une nouveauté passagère ou indifférente, mais comme d'une production qui n'était pas indigne de l'attention particulière des souverains. Le roi daigna s'en entretenir avec des personnes de sa cour; et l'on n'a pas voulu que j'ignorasse que S. M. avait joint à ses éloges un air d'intérêt et de bonté qui marquait sa satisfaction.[14]

Dans sa suffisance aveugle, Pompignan ne sentait pas combien de tels propos l'exposaient à de cinglantes répliques. Une satire en vers se répand dans Paris. L'auteur? un «frère de la doctrine chrétienne», tout désigné pour administrer une leçon d'humilité. Sous ce masque Voltaire va corriger «La Vanité» (c'est le titre du poème) d'un «petit bourgeois d'une petite ville» – Pompignan, natif de Montauban. Le dialogue s'engage. «L'univers doit venger mes injures», s'indigne le vaniteux. – «L'univers, mon ami, ne pense point à toi». – «Je vais me plaindre au roi»... – «Va, le roi n'a point lu ton discours ennuyeux [ce qui est faux]. Il a trop peu de temps...» On tente de raisonner le «petit bourgeois». Il est légitime que chacun souhaite être estimé dans son petit canton. Mais par «l'univers», et par la postérité! Combien de grands personnages, «jadis si révérés», sont aujourd'hui oubliés. On ne sait plus «en quel lieu florissait Babylone», ni où reposent «l'ombre» d'Alexandre, celle de César:

> Et l'ami Pompignan pense être quelque chose![15]

Flèche finale dont Pompignan ne se relèvera jamais. Le trait enchanta l'un des plus haut placés parmi les ennemis des philosophes: le dauphin. Agacé, malgré son appui au parti dévot, par la sotte vanité de Lefranc, l'héritier du trône se plaisait à répéter:

> Notre ami Pompignan pense être quelque chose.[16]

Le trait fut rapporté à l'intéressé, et il parvint aussi aux Délices. «Voilà»,

13. D8973 (13 juin 1760), à Mme d'Epinay. Embarrassé, Pompignan s'efforce de se justifier dans une lettre, reproduite par Desnoiresterres, v.432-33.

14. Cité par D8973, note 1.

15. M.x.114-18.

16. Anecdote rapportée avec des variantes dans D9449 et par Mme Du Hausset, citée M.x.118, note 2.

commente Voltaire, «à quoi les vers sont bons quelquefois. On les cite [...] dans les grandes occasions.»[17]

Un incident acheva la déconfiture du prétentieux personnage. A la Comédie-Française, un jour de novembre 1760, on annonça à la fin du spectacle, selon l'usage, le programme du lendemain. On donnerait la *Didon* de Pompignan, suivie du *Fat puni*, petite pièce de Pont-de-Veyle. Explosion d'hilarité dans la salle: le «fat puni», c'était ce même Pompignan.[18] En butte à une dérision générale, Lefranc abandonne la partie. Il se retire dans sa province, définitivement. Il ne reparaîtra plus à l'Académie française.

Mais, bien avant ce dénouement, la philosophie avait été l'objet d'une attaque autrement dangereuse. Le 2 mai 1760, le Théâtre-Français avait donné la première de la comédie de Palissot, *Les Philosophes*, en trois actes et en vers.

Un certain secret avait entouré les répétitions. C'est le 14 avril seulement que d'Alembert recueille les premiers échos. Il découvre l'œuvre à sa création, et aussitôt informe Voltaire.[19] La comédie, montée sur ordre, était «fort protégée». «Versailles la trouve admirable». En cours de répétition, elle a subi des remaniements. Elle n'a pas été jouée, le 2 mai, «telle qu'elle avait été faite». Ainsi un trait contre Mme Geoffrin a été retiré.[20] Il s'agit d'ajuster les coups. Les attaques sont concentrées sur le groupe encyclopédiste et sur son idéologie, réelle ou supposée. Ainsi est tournée en dérision la morale de l'intérêt personnel. Celui qui la prône en devient la victime, lorsqu'un valet vole dans la poche de son maître, en déclarant: «Je deviens philosophe» (acte II, scène 2). Autre cible: le cosmopolitisme. En ce temps où la guerre de Sept Ans est si malheureuse pour la France, les philosophes mettraient leur «honneur à avilir leur patrie», puisque «le véritable sage est un cosmopolite» (acte III, scène 4). Troisième attaque: la loi naturelle. A la scène 5 du premier acte, Crispin faisait son entrée à quatre pattes, mangeant une laitue. On reconnaissait Rousseau, par allusion à une lettre de Voltaire qui avait fait du bruit.[21] D'autres personnalités étaient identifiables. Si le salon de Cydalise reste vague à souhait, Valère et Carondas font penser à Grimm et à Marmontel, présentés comme des fourbes, et Théophraste désigne Duclos. Mais la principale victime était Dortidius, anagramme transparent de Diderot. On le voyait sur la scène, dogmatique, enthousiaste à froid. Ses mots, ses ouvrages étaient cités, moqués. De telles attaques personnelles n'étaient pas une nouveauté

17. D9460 (12 décembre 1760).

18. D9431 (29 novembre 1760), et note 2.

19. D8852, D8894.

20. D8944.

21. D6451 (30 août 1755): «Il prend envie de marcher à quatre pattes quand on lit votre ouvrage» (le *Discours sur l'origine de l'inégalité*). Ce jeu de scène fut supprimé dès la deuxième représentation.

au Théâtre-Français. On se rappelle l'abbé Cotin affublé en Trissotin dans *Les Femmes savantes* de Molière, dont d'ailleurs Palissot s'inspire. Mais ici c'est tout un groupe qui est pris à partie: une faction d'intrigants, usant d'un code prétentieux, pratiquant le tutoiement de reconnaissance, et animés d'intentions perverses. D'Alembert n'exagérait pas, quand il annonçait le 6 mai à Voltaire que les philosophes étaient, dans cette pièce, représentés comme «des gens de sac et de corde, sans principes et sans mœurs».[22]

Bien écrite, habilement conduite, la pièce remporta un immense succès de scandale. «C'était», jubile Fréron, qui assistait à la première, «une presse, une foule, une ferveur dont il n'y a point d'exemple [...] Le succès de la pièce avait excité dans Paris une fermentation générale de curiosité.»[23] Les chiffres de la première confirment les assertions du journaliste: 1 439 entrées payantes, un record. Mais l'affluence déclina rapidement. Il ne restait plus que 462 spectateurs payants à la quatorzième, le 31 mai. Succès de «curiosité», comme le notait justement Fréron, mais qui s'usa vite.

Il reste qu'un rude coup avait été porté à la cause philosophique. D'autant plus dangereux qu'il s'accompagnait d'une manœuvre de division.

> Je déclare la guerre à la philosophie

annonçait, dès la première scène, la soubrette Marton. Mais non à tous les philosophes. Les deux derniers vers de la pièce mettaient les choses au point:

> Des sages de nos jours nous distinguons les traits:
> Nous démasquons les faux et respectons les vrais.

En effet deux philosophes notoires, d'Alembert et Voltaire, étaient épargnés. D'Alembert était, apparemment, récompensé d'avoir abandonné l'*Encyclopédie*. Mais que signifiait la faveur suspecte dont Voltaire était l'objet? Trois personnages sont, à ce moment de la bataille, à considérer: Palissot de Montenoy, auteur de la comédie; l'inévitable Fréron, chef d'orchestre de la manifestation; Choiseul, le grand protecteur.

Quand Voltaire apprit quel était l'auteur des *Philosophes*, il dut être marri, mais non surpris. Palissot avait fait ses débuts dans le milieu lorrain. Autour du dévot Stanislas, ex-roi de Pologne et père de la reine, sous l'influence du P. Menoux s'était organisée une résistance aux idées philosophiques en ce qu'elles avaient d'hostile à la religion. Palissot, encouragé par un tel entourage, avait fait ses débuts dans la lutte antiphilosophique. Sa petite pièce du *Cercle* (1755) s'en prenait à Rousseau, considéré encore comme encyclopédiste. Ses *Petites lettres sur de grands philosophes* (1757) attaquaient Diderot et son drame bourgeois. Qu'il ait

22. D8894.
23. *Année littéraire* (6 mai 1760), vii.214.

voulu porter l'offensive sur un théâtre plus prestigieux, ou qu'on ait songé à lui pour cette opération, il n'y avait là rien que de naturel. Mais en même temps il était un admirateur de Voltaire. Il se présentait même comme un disciple du grand homme, dont plus tard il éditera les *Œuvres*. Il avait fait, en 1755, un séjour aux Délices, avec son ami Patu.[24] Voltaire est toujours sensible à de tels égards. Il n'infligera jamais à l'auteur des *Philosophes* le même traitement ignominieux qu'à un Pompignan ou à un Fréron. Palissot lui envoya sa pièce dès le 28 mai, l'accompagnant d'une lettre pleine de révérence. Il revient sur la distinction entre les «vrais philosophes» comme Voltaire, qui «ont rendu la vertu respectable dans leurs écrits», et «ces écrivains téméraires qui ont osé mettre au jour une philosophie destructrice des mœurs et des lois», c'est-à-dire Diderot et les encyclopédistes. Dans une lettre ultérieure, il souligne les désaccords entre «le chantre de la loi naturelle» et du «Dieu rémunérateur et vengeur» et ceux «qui n'ont cherché qu'à détruire ces notions fondamentales et sacrées».[25] Désaccord bien réel. Au cours de ces débats, Voltaire réitère sa réprobation de La Mettrie et de son immoralisme. Mais il l'affirme avec raison: la philosophie de *L'Homme-machine* n'est pas celle de Diderot et de ses amis. Il ne se prête donc pas à la manœuvre de division. Dans sa première réponse à Palissot, mesurée, précise, très ferme, il se déclare solidaire des philosophes vilipendés sur la scène. Avant même la création de la pièce, il déplorait que devant «les fanatiques réunis pour accabler les philosophes», ces philosophes fussent divisés.[26] Il ne cesse de prêcher l'union. L'Infâme est puissante. Il faut que contre elle, les sages conjuguent leurs efforts.

D'ailleurs le spectacle de leurs dissensions ferait trop de plaisir à Fréron. Quel redoutable ennemi pour Voltaire, que le directeur de l'*Année littéraire*! Il écrit bien. Homme de goût, il juge avec sûreté les œuvres nouvelles. Ces mérites font qu'il est très lu. Dès ses débuts (*Lettres de la comtesse*..., 1745, suivies des *Lettres sur quelques écrits de ce temps* et, à partir de 1754, de l'*Année littéraire*), il s'attaque à Voltaire. Il y met les formes. Mesuré, courtois, soudain il lance le trait qui fait mal. Fréron possède un très grand sang-froid que les luttes de 1760 vont mettre à rude épreuve. Voltaire au contraire à la moindre critique du journaliste entre en fureur, lance les injures les plus invraisemblables. Fréron sait haïr passionnément, lui aussi. La différence est qu'il sait se maîtriser. Il est loin de refuser toutes les idées novatrices. Il défend par exemple l'inoculation, ou le drame bourgeois. Mais cet homme intelligent s'indigne des progrès de l'esprit nouveau. En privé, il s'exprime même brutalement à ce sujet. En 1758, croyant toute proche la déroute des philosophes, il laisse éclater sa joie dans une lettre à Palissot (qu'il tutoie): «Sais-tu que ce vil troupeau d'encyclopédistes est sur le point d'être

24. Voir *Voltaire en son temps*, iii.263.
25. D9439 (1er décembre 1760), p.348-49.
26. D8872 (25 avril 1760), à d'Alembert.

exterminé [...] Tes *petites lettres* et *Les Cacouacs* ouvrent les yeux à tout le monde: ils sont si humiliés, si accablés, qu'ils commencent à exciter la compassion.»[27] Sous le calme apparent de Fréron, couve une passion partisane. Dans l'affaire des *Philosophes*, il joue un rôle déterminant. Il s'en vantera plus tard: «C'est moi qui ai fait recevoir» la comédie de Palissot; «c'est moi qui, je vous le confie, l'ai fait applaudir.» Collé le confirme: c'est lui qui a lu la pièce aux Comédiens-Français.[28]

En sous-main, Choiseul l'appuie. Il avoue à Voltaire qu'il le «protège». Il l'eut comme régent au collège de Louis-le-Grand. Il reconnaît même qu'il l'«aime un peu».[29] Certes il affecte de mépriser toutes ces querelles entre gens de plume. En réalité, *Les Philosophes* n'auraient pu être joués sans son accord. Ce qu'il laisse sous-entendre en concédant qu'il a lu la pièce (qui lui fut donc soumise). Il l'a trouvée bien écrite. Des attaques contre des personnalités connues? Non. «Comme je suis bête, je n'y ai reconnu personne.» Il ne comptait sans doute pas que Voltaire accepterait une affirmation aussi énorme.[30] La famille des Choiseul est lorraine d'origine. Le ministre connaît bien Palissot. Il eut recours à ses services. Lorsque Frédéric II s'égaya en petits vers sur les amours de Louis XV et de Mme de Pompadour, c'est à Palissot que Choiseul demanda de riposter, sous la même forme, en évoquant les amours de Luc «dans les bras de [ses] tambours», avec menace de diffusion, dans le cas où les vers de Frédéric circuleraient.[31] Lorrain, Choiseul ne partage assurément pas la dévotion qui a cours dans l'entourage du roi Stanislas. Son indifférence en matière de religion – pour ne pas dire plus – se manifestera dans ses initiatives politiques: interdiction, puis expulsion des jésuites, commission des réguliers qui supprimera un grand nombre de couvents... Mais il s'en tient à un scepticisme de bonne compagnie, entre gens du monde. Il se sent ainsi en communauté d'esprit avec Voltaire. Aussi le *distinguo* de Palissot lui convient-il parfaitement. Sans doute voudrait-il lui aussi séparer les «vrais sages», tel celui des Délices, des encyclopédistes, dangereux opposants, croit-il, sur le plan de l'idéologie.[32] A court terme, le ministre fait aussi un calcul politique. Les opérations militaires en Allemagne vont reprendre. Elles risquent d'être de nouveau décevantes. Il est évident que la comédie des *Philosophes* va faire naître

27. Lettres du 8 janvier 1758 dans *RHLF* (1977), p.264-67.

28. J. Balcou, *Le Dossier Fréron* (Genève 1975), p.352. Collé, *Journal* (Paris 1807), ii.238.

29. D8983 (16 juin 1760), D8904 (12 mai 1760), Choiseul à Voltaire.

30. D8904.

31. Voir *Voltaire en son temps*, iii.367-68.

32. Il ne se trompe pas complètement. Sortant du salon de Mme Geoffrin, Morellet, d'Alembert, Raynal, Helvétius, Galiani, Marmontel, Thomas, etc., se rassemblaient autour d'un arbre des Tuileries pour «fronder le gouvernement». Le cercle philosophique applaudissait les succès, surtout contre l'Autriche, du roi de Prusse, roi philosophe, «plus favorable qu'aucun autre de ses frères les rois à l'établissement des vérités que nous regardions comme utiles, et que nous nous efforcions de répandre» (Morellet, *Mémoires*, Paris 1988, p.97).

brochures sur brochures, polémiques sur polémiques. Cette «guerre des rats et des grenouilles»[33] fera oublier l'autre guerre. Le cynique Choiseul avouera à Voltaire que toute cette agitation contribuait à «faire diversion dans la tête des badauds de Paris».[34]

Bientôt des motifs personnels vont intervenir. L'affaire des deux dédicaces de 1758, mettant en cause l'une Mme de La Marck, l'autre la princesse de Robecq, a une suite en ce printemps de 1760. Le responsable: l'abbé Morellet. Ce collaborateur de l'*Encyclopédie* survivra à toute sa génération. Il traversera la Révolution, l'Empire, et les débuts de la Restauration (il mourra en 1819). Il vivra assez longtemps pour lire les premières œuvres de Chateaubriand, dont le style le déconcertera. En 1760, il est dans toute la fougue de la jeunesse.[35] On l'a vu prendre part à la campagne des «particules» (l'expression est de lui) contre Lefranc de Pompignan. Il assista à la deuxième représentation des *Philosophes*. Bouillant d'indignation, il met sur le papier, la nuit suivante, une *Préface de la comédie des Philosophes ou la Vision de Charles Palissot*. Il la fait lire à d'Alembert et à Turgot qui approuvent. Le libelle, imprimé à Lyon, est répandu quelques jours plus tard par les colporteurs, aux Tuileries, au Palais-Royal, «partout». On voyait dans les lieux publics «des groupes de lecteurs riant aux éclats». Hélas! dans le feu de l'improvisation, l'abbé *Mords-les* avait laissé échapper une phrase fort imprudente: «Et on verra une grande dame bien malade désirer, pour toute consolation avant de mourir, d'assister à la première représentation et dire: C'est maintenant, Seigneur, que vous laissez aller votre servante en paix, car mes yeux ont vu la vengeance.» Il s'agissait de la princesse de Robecq, fille du maréchal de Luxembourg, ancienne maîtresse de Choiseul. Elle avait intrigué pour imposer la pièce au Théâtre-Français, malgré les objections de la censure. Elle obtint même que la comédie de Palissot passât avant une tragédie de Voltaire alors en répétition. Mais la princesse était atteinte d'une phtisie, en sa dernière phase. Elle se fit conduire à la première, donnant la main à l'auteur dans sa loge. Comme elle crachait le sang, elle dut partir avant la fin.[36] Odieuse attaque. La jeune femme fut, nous dit-on, informée de la gravité de son état par la phrase de *Mords-les*. Elle ne croyait pas le terme si proche. Elle mourra en effet le 4 juillet.

Dès qu'il apprend ce faux pas, Voltaire se désole. «Attaquer les femmes!» quelle faute! Il «pleure sur l'abbé Morellet», qui a été envoyé à la Bastille, et il

33. Expression de Mme Du Deffand, D9041 (5 juillet 1760), à Voltaire. Réponse de Voltaire, 14 juillet (D9063).

34. D8983 (16 juin 1760).

35. Jeunesse prolongée: il naquit en 1727.

36. Morellet, *Mémoires*, p.101-102. Palissot aurait adressé à la princesse de Robecq la *Vision* avec la mention «de la part de l'auteur».

pleure «sur Jérusalem» à cause de la *Vision*.[37] S'en prendre à l'amie mourante de Choiseul, c'est «le tombeau ouvert pour les frères», c'est justifier Palissot.[38] Voltaire voit là l'échec de sa politique qui entend promouvoir les Lumières par l'alliance avec un pouvoir éclairé ou qu'on éclairera.

Il faut pourtant répondre publiquement à l'assaut public de Palissot, et c'est sur Voltaire que l'on compte. D'Alembert le lui dit, le 6 mai, en lui rendant compte de la première des *Philosophes*.[39] Mais dans son éloignement Voltaire se trouve quelque peu déphasé par rapport au climat parisien. «Le seul parti raisonnable dans un siècle ridicule, c'est de rire de tout.» La comédie de Palissot? «un ridicule méprisable qui sera bientôt oublié».[40] Il est encore dans l'état d'esprit de la campagne anti-Pompignan, par les *Qui*, les *Que*, les *Quoi*, etc., qui continue à se développer. D'Alembert fut vivement déçu et même ulcéré d'une telle réponse. «Vous paraissiez vouloir prendre leur défense [des philosophes]. Ils l'espéraient, le désiraient; vous m'écrivez aujourd'hui que vous vous en foutez».[41] Dans l'intervalle, Voltaire a pris une vue plus juste de la situation. Il a auprès de lui Marmontel qui le met au fait.[42] Il rectifie: rire certes, mais ensuite «le coup de foudre».[43] Toutefois, quelle foudre lancer sur Palissot et consorts? Il retire sa tragédie en répétition à la Comédie-Française, qu'on avait retardée pour faire place aux *Philosophes*: il s'agissait d'une *Médime*, nouvel avatar de *Zulime*, qui sous le titre de *Fanime* avait triomphé aux soirées de Monrepos.[44] Cette marque de désapprobation, nécessaire, ne saurait suffire.

En juin, trois «fusées volantes» s'envolent des Délices vers Paris, «qui crèvent sur la tête des sots».[45] L'une est en prose, un *Plaidoyer de Ramponeau*, de peu de portée. Ramponneau était un cabaretier connu de toute la bonne société. Un entrepreneur de spectacles l'avait engagé. Mais Ramponneau n'avait pas tenu parole. D'où un procès. Sous prétexte d'écrire son *Plaidoyer*, Voltaire se moque de Jean-Jacques: la récente *Lettre à d'Alembert* condamne le théâtre, mais recommande (au dire de Voltaire) les marchands de vin.[46]

Le Pauvre diable mérite une tout autre attention: en décasyllabes, c'est une

37. D8993 (20 juin 1760), à d'Alembert. Voir aussi D8991.
38. D8993, D8973.
39. D8894: «c'est à vous [...] à venger l'honneur des gens de lettres outragés».
40. D8926 (21 mai 1760), à d'Alembert.
41. D8937 (26 mai 1760).
42. D8963, n.1.
43. D8948 (31 mai 1760), à d'Alembert.
44. *Voltaire en son temps*, iii.317-18.
45. D9121, expression d'une lettre à Mme Du Deffand (6 août 1760).
46. M.xxiv.115-20.

satire où la verve malicieuse du poète fait merveille.[47] Il y traite un sujet qui au plus haut point l'excite. Il avait recueilli quelque temps aux Délices un «pauvre diable», recommandé par d'Alembert, Siméon Valette. Le «pauvre diable» en vers fait, lui, un parcours exemplaire. Menacé de famine, à la recherche d'un emploi, il s'adresse successivement à tous les ennemis de Voltaire. D'abord Fréron:

> un homme à lourde mine
> Qui sur sa plume a fondé sa cuisine.

Il travaille à l'«hebdomadaire patibulaire» du «pirate», critique «sans esprit et sans choix», il se fait connaître par son «infamie». Dégoûté, il quitte le «corsaire»,

> Qui me vola, pour fruit de mon labeur,
> Mon honoraire en me parlant d'honneur.

Il frappe ensuite à la porte de Pompignan. «Votre dur cas me touche», lui dit celui-ci. Il lui confie la vente de ses *Cantiques sacrés*:

> Sacrés ils sont, car personne n'y touche.

Plus *Zoraïde*, un «chef-d'œuvre tragique». Le pauvre diable va lire le chef-d'œuvre au «parlement comique». On lui rit au nez. Puis voici Gresset, lequel vient de renoncer au théâtre par scrupule de dévotion. «Gresset se trompe»: pour avoir commis le péché de théâtre, encore faut-il avoir écrit de bonnes pièces. Voltaire oublie méchamment *Le Méchant*, qui n'est pas loin d'être une grande œuvre. Le personnage suivant est l'abbé Trublet, coupable d'avoir imprimé que *La Henriade* le faisait bâiller... Le pauvre diable entre au service du «petit personnage» auquel «l'esprit d'autrui par supplément servait»:

> Il compilait, compilait, compilait;
> On le voyait sans cesse écrire, écrire
> Ce qu'il avait jadis entendu dire,
> Et nous lassait sans jamais se lasser:
> Il me choisit pour l'aider à penser.
> Trois mois entiers ensemble nous pensâmes,
> Lûmes beaucoup, et rien n'imaginâmes.

Le pauvre diable échoue ensuite dans un grenier de convulsionnaires jansénistes: il y rencontre maître Abraham Chaumeix... Enfin après plusieurs autres aventures, son interlocuteur – Voltaire lui-même – l'engage comme concierge à sa porte, avec cette consigne:

47. Cramer l'imprime au début de juin (D8971). Voltaire l'attribue à «feu M. Vadé», poète poissard. La cousine de Vadé, Catherine Vadé, est censée le publier, avec une dédicace à «Maître Abraham Chaumeix».

et surtout garde-toi
Qu'aucun Fréron n'entre jamais chez moi.[48]

Réjouissant, émoustillant, ce jeu de massacre comporte néanmoins un absent: Palissot. L'auteur des *Philosophes* avait ménagé Voltaire. Voltaire à son tour le ménage. La troisième «fusée» le nommera, mais seulement au détour d'un alexandrin.

Cette nouvelle satire, *Le Russe à Paris*, suit de près *Le Pauvre diable*.[49] Sur un sujet plus noble, Voltaire adopte le vers classique de douze pieds. M. Aléthof, dans les glaces d'Archangelsk, s'est nourri des ouvrages français du grand siècle. Il est venu à Paris pour

Voir un peuple fameux, l'observer, et l'entendre.

Quelle déception! son interlocuteur, le Parisien, lui explique que tout a dégénéré. Agitation du parlement, querelles des jésuites et des jansénistes, voilà ce qui passionne maintenant les Français. Bossuet, Fénelon ont pour successeurs Abraham Chaumeix, l'abbé Trublet:

Au lieu du *Misanthrope* on voit Jacques Rousseau,
Qui, marchant sur ses mains, et mangeant sa laitue,
Donne un plaisir bien noble au public qui le hue.

Une cabale de misérables,

Qui se sont faits dévots, de peur de n'être rien,

persécute «tout citoyen qui pense». Le Russe le constate tristement:

Votre nuit est venue après le plus beau jour.

Le Parisien proteste qu'il est encore «de bons esprits»,

Qui peuvent, des erreurs où je la vois livrée,
Ramener au droit sens ma patrie égarée.
Les aimables Français sont bientôt corrigés.

Le Russe tire cependant la conclusion:

Adieu, je reviendrai quand ils seront changés.[50]

De nombreuses notes, en bas des pages, précisent les griefs. Il n'empêche: ce *Russe à Paris* assez morose ne suffirait pas à «ramener au droit sens» les Français «égarés» par la campagne antiphilosophique.

La riposte devait être donnée là où avait été portée l'attaque: au théâtre. Ce

48. M.x.99-118.

49. Quoique Voltaire le donne pour «composé à Paris au mois de mai 1760», c'est seulement le 30 juin qu'il en parle à Mme d'Epinay (D9014), à Thiriot (D9017).

50. M.x.120-31.

que Voltaire seul peut réaliser. Il n'avait produit aucune pièce nouvelle depuis *L'Orphelin de la Chine* qui remonte à 1755. Stérilité provisoire. Car en 1759 et 1760 il ne compose pas moins de quatre œuvres théâtrales dans des genres divers: *Tancrède*, *Socrate*, *L'Ecossaise*, *Le Droit du seigneur*, pour ne rien dire de *Fanime* remaniée en *Médime*.[51] Dans cet ensemble on a vu pourquoi *Socrate* n'était pas jouable. Entre les autres, seule *L'Ecossaise* était assez militante pour apporter la réplique des philosophes aux *Philosophes*. Un inconvénient: la pièce n'était pas une nouveauté, ayant déjà été publiée. Elle était sortie en avril 1760 des presses de Cramer. Elle procédait d'une fureur de Voltaire contre Fréron. Il avait donné jadis pour les divertissements de Lunéville une petite pièce, *La Femme qui a raison*, imitée du *Retour imprévu* de Regnard, et fort gaie.[52] Cette plaisante comédie de société avait été reprise à Monrepos, puis aux Délices.[53] En juin et juillet 1758, le théâtre de Carouge, aux portes de Genève, mais hors des frontières de la république, la joue pour le plaisir des Genevois. Le texte est publié à Paris en novembre 1759. Fréron en donne aussitôt un compte rendu qui est un éreintement. Il accuse la pièce de «grossièreté tudesque, de bassesse et d'indécence». Quant au style, «on ne le passerait pas au suisse du temple».[54] On imagine l'effet sur un auteur à l'épiderme aussi sensible que Voltaire.

Il réplique d'abord par deux articles, dans le *Journal encyclopédique*, puis au *Mercure de France*. La pièce «défigurée» n'est pas de lui. Cet acte joué à Lunéville, il y a douze ans, il s'est contenté d'aider l'auteur à le «remettre» en trois actes. Il suit que les imputations de «grossièreté tudesque» tombent sur la société aristocratique entourant Stanislas.[55] Voltaire n'en reste pas là. Il va vilipender Fréron en le portant à la scène.

Dès février 1760, Cramer imprime une comédie en prose, en cinq actes, intitulée *Le Caffé ou l'Ecossaise*.[56] Il la diffuse dans Paris en avril. L'ouvrage se présente comme la simple traduction d'une pièce anglaise d'un certain Mr. Hume, pasteur d'Edimbourg, parent du célèbre philosophe David Hume. Mais il suffit d'en lire les premières lignes pour reconnaître le véritable auteur. L'action se situe dans un «café» de Londres – plutôt une auberge – à l'époque contemporaine. Un journaliste y tient ses assises, restant en scène longuement pendant le premier acte. Ce qu'il a de plus remarquable: son nom, celui, fort peu britannique, de Frélon. On attend le pire de ce Frélon-Fréron, et l'on n'est pas déçu. Avec

51. Enumération dans D8972 (13 juin 1760), à d'Argental. Sur la fécondité de Voltaire en 1760 voir W. H. Barber, *OC*, t.50, p.XIX-XXI.

52. Voir *Voltaire en son temps*, ii.360-61.

53. D7555, D7410.

54. *Année littéraire* (30 novembre 1759), viii.3-25.

55. *Journal encyclopédique* (1er janvier 1760), i.I.110-16. *Mercure de France* (janvier 1760), ii.143-48.

56. *OC*, t.50, p.242-43.

l'habituelle complaisance des traîtres voltairiens, le personnage nous fait connaître que pour de l'argent, à la demande, il diffame ou loue. Il est à l'affût pour recueillir non pas des informations journalistiques, mais des secrets en vue de délations aux autorités. Il subodore en ce «café» des mystères dont il fera son profit. Une jeune fille, Lindane, avec sa servante Polly, s'y cache, vivant misérablement de travaux d'aiguille. C'est «l'Ecossaise», manifestement une fugitive après l'un des soulèvements politiques qui agitèrent l'Ecosse au dix-huitième siècle. Voici que vient chercher refuge dans la même auberge, mais sans rencontrer Lindane, un autre Ecossais, lord Monrose. La jeune fille se désespère. Elle se croit abandonnée de celui qu'elle aime, le jeune lord Murray. En fait, une audacieuse Anglaise, lady Alton, délaissée par Murray, intrigue pour séparer les jeunes gens, aidée en cela par Frélon. Lindane, dénoncée, serait arrêtée, sans la caution du généreux Freeport, richissime négociant colonial. On sent venir la scène de la reconnaissance. Une fille de Monrose lui avait été enlevée, à l'âge de cinq ans. C'est, bien entendu, Lindane. Le père de Murray est responsable de tous les malheurs de la famille: un mariage entre les deux jeunes gens serait impossible. Mais Murray le fils revient triomphant. Il a obtenu du gouvernement la réhabilitation de Monrose. Comme en outre Frélon a été expulsé du «café» à l'acte IV, plus rien ne s'oppose au bonheur de tous.

Cette *Ecossaise* ne manque pas d'un certain intérêt dramatique. Pour la première fois Voltaire prévoyait d'utiliser les ressources d'un plateau débarrassé de ses spectateurs. Il installait sur la scène une dualité de lieux: la salle du café, la chambre de Lindane. Il voulait deux pièces placées côte à côte. A Paris, on préférera séparer les deux lieux par un rideau qu'on lève et baisse. Surtout Voltaire, suivant l'air du temps, donnait à son ouvrage une allure de modernité. L'auteur de *Mérope* ose choisir pour lieu de l'action un café. Il s'inspire de Goldoni, auteur d'une *Bottega del caffè*, d'ailleurs fort différente du *Caffé* de Voltaire. Il se réclame des idées de Diderot sur le théâtre. Deux personnages ont paru particulièrement anglais: Freeport le marchand, un sans-gêne savoureux, gros bon sens et parler franc, indépendant par son caractère et grâce à sa fortune; d'autre part lady Alton, amazone d'outre-Manche, dont le type fera une belle carrière dans le roman français du dix-neuvième siècle, notamment chez Balzac.

Mais c'est à d'autres mérites que l'ouvrage dut son succès, lorsqu'il se répandit dans Paris. Au lendemain du triomphe de Palissot, il apportait la réplique. Une préface encensait «Dortidius»: un «homme de génie», qui a «présidé au *Dictionnaire encyclopédique*, à cet ouvrage nécessaire au genre humain, dont la suspension fait gémir l'Europe». Surtout les philosophes ulcérés trouvaient une revanche dans «le caractère de Frélon [...], si lâche et si odieux». La préface renchérissait:

Dans les grandes villes, où la presse jouit de quelque liberté, on trouve toujours quelques-uns de ces misérables qui se font un revenu de leur impudence, de ces Arétins subalternes qui gagnent leur pain à dire et à faire du mal, sous le prétexte d'être utiles aux belles-lettres, comme si les vers qui rongent les fruits et les fleurs pouvaient leur être utiles.[57]

En ce Frélon, le parti philosophique voyait la riposte aux caricatures de Palissot. D'où, pour la pièce sous la forme de livre, «une espèce de fortune dans la capitale»: c'est Fréron lui-même qui en fait l'amère constatation.[58] Aussi la Comédie-Française demande-t-elle, fin juin, à jouer en priorité *L'Ecossaise* (on préfère en définitive ce titre).[59] Ce sera la réponse aux *Philosophes*, une réponse qui promet un égal succès. Choiseul laisse faire. Une fois de plus, le pouvoir, après l'hostilité, joue à l'égard du parti encyclopédiste la tolérance.

L'Ecossaise, tout comme le *Socrate* de juin 1759, avait été écrite pour être seulement lue. C'est à un «lecteur» que la Préface fait référence. Voltaire ainsi, hors de tout contrôle, avait pu s'octroyer pleine licence contre un adversaire détesté. Le passage à la scène de la Comédie-Française imposait d'obtenir l'agrément préalable de la censure. Il fallut accepter des atténuations. Le nom, trop parlant, de Frélon n'était pas admissible. Le journaliste de l'*Année littéraire* proposa de mettre carrément Fréron, puisque tout le monde savait que c'était de lui qu'il s'agissait.[60] On préféra le nom anglais de M. Wasp (M. Guêpe). On édulcore les épithètes. M. Wasp n'est plus un «fripon», mais un «mauvais sujet», ni un «cœur de boue», mais «un homme dangereux», etc.[61] Les comédiens répètent: Mlle Gaussin (malgré son âge) interprète Lindane, Mlle Dangeville Polly, Mme Préville Lady Alton, Brizard Monrose, Préville Freeport. La fièvre monte dans le public à mesure qu'approche la première. Les philosophes, on peut le croire, prennent des dispositions pour que ce soit un triomphe – sans aller cependant, comme le prétendra Fréron, jusqu'à recruter une claque de laquais et de ramoneurs savoyards. Mais il est vraisemblable que la veille et le matin même on prit soin de distribuer dans la salle, aux points stratégiques, les partisans de *L'Ecossaise*.[62]

Enfin le 26 juillet 1760, à cinq heures et demie du soir, le rideau se lève sur la pièce tant attendue. La salle est toujours celle de la rue des Fossés-Saint-Germain. Au rez-de-chaussée, le parterre où les spectateurs sont debout: c'est lui surtout qui va manifester. On ne nous dit pas comment réagirent les loges. On sait

57. *OC*, t.50, p.356.

58. *Année littéraire* (3 juin 1760), iv.73-116: compte rendu où la pièce est sévèrement critiquée, souvent à bon escient.

59. D9018 (30 juin 1760), d'Argental à Voltaire.

60. *Année littéraire* (1760), v.215.

61. Voir Colin Duckworth, *OC*, t.50, p.255.

62. C'est Fréron qui l'affirme. Sa *Relation d'une grande bataille*, dans l'*Année littéraire* datée du lendemain, 27 juillet 1760, est le récit le plus détaillé de cette soirée, compte tenu cependant de la déformation satirique.

seulement que Palissot était présent dans cette section aristocratique de la salle, «avec un air radieux qui s'obscurcit, il est vrai, à mesure que le succès s'accrut».[63] Le vieux Marivaux, Collé, Favart, Piron étaient venus, en curieux. Mais le plus étonnant, c'est que Fréron en personne était présent, debout au parterre, prêt à recevoir les coups, avec un courage qu'on admire. A ses côtés se tenait Malesherbes, le directeur de la librairie. Et Fréron s'était fait accompagner de sa femme. Elle était assise dans l'amphithéâtre, au premier rang. Elle eût été placée là «pour exciter par sa jolie figure les partisans de son mari contre la pièce». En réalité, elle faillit s'évanouir. Favart, auprès d'elle, la réconfortait: «Ne vous troublez point, Madame, le personnage de Wasp ne ressemble en aucune façon à votre mari». «Ah! monsieur», répondit-elle ingénument, «on a beau dire, on le reconnaîtra toujours.»[64] En effet, dès les premières répliques, ce fut contre Fréron un tonnerre de clameurs, de trépignements. Diderot au centre du parterre exulte, «la tête échevelée, tous ses sens agités». A droite Grimm, à gauche Sedaine donnaient le signal des applaudissements. D'Alembert, d'Argental attendaient au jardin des Tuileries – lieu de rendez-vous des Cacouacs – les nouvelles de la «bataille». Après chaque acte, un courrier les informait du succès grandissant. Les anti-philosophes, ceux que Fréron désigne comme «les gens de goût», furent écrasés par le nombre. Les philosophes, – «les barbares», selon Fréron – «se virent maîtres du champ de bataille». Après le spectacle, on se précipita aux Tuileries, pour rejoindre les «sages» du parti. On crie dans l'enthousiasme «triomphe, victoire, victoire complète». Fréron, dont nous suivons le récit, ensuite brode, pour amener un trait, en vérité fort plaisant. Les «sages» auraient donné rendez-vous pour le lendemain: on chantera un *Te Voltarium*.[65]

Fréron était décidément un grand journaliste. Après avoir été insulté toute une soirée, non seulement sur la scène, mais par tout un public dans la salle, il conserve calme et sang-froid. Il rédige le lendemain une *Relation*, où il fustige avec un esprit mordant les excès partisans de ses ennemis. Il eut d'autant plus de mérite qu'il dut défendre son texte contre la censure. Il devait soumettre chacune de ses feuilles à l'examen sourcilleux du censeur, Coqueley de Chaussepierre. Consigne: aucun nom de personne. On tolère seulement Dortidius, auquel Palissot avait donné droit de cité. Mais pour les autres, Fréron doit recourir à des périphrases, ou à des pseudonymes: «le sage Tacite» (d'Alembert), «le prudent Théophraste» (d'Argental, ou Duclos), «Mercure» (Marmontel)... Mais le *Te Voltarium*? Chaussepierre prétend interdire ce nom propre, privant ainsi le texte d'un savoureux final.

63. Piron dans Desnoiresterres, v.407.

64. Favart cité par Desnoiresterres, v.490. L'amphithéâtre était au fond de la salle, dominant le parterre, la partie incurvée où se rejoignent les loges du premier étage.

65. Transposition de la formule *Te Deum laudamus*, une cérémonie liturgique d'actions de grâce.

On saisit l'absurdité du régime de la librairie au dix-huitième siècle, tel qu'il fonctionnait en fait. Voltaire imprime librement à Genève et récemment dans *Le Pauvre diable* ne s'était nullement gêné pour nommer ses ennemis en les couvrant d'infamie. Sait-on par exemple en quels termes il rappelle les débuts de Fréron dans le journalisme? C'était, à l'en croire, un

Vermisseau né du cul de Desfontaines...

Ainsi d'un côté tout Paris avait lu dans *Le Pauvre diable* les insultes les plus grossières déversées sur Fréron. De l'autre, le directeur de l'*Année littéraire*, astreint à respecter les règlements, se voyait refuser une plaisanterie bien trouvée, fort anodine. Il se plaignit avec quelque véhémence, et il avait raison. Finalement Malesherbes accepta le *Te Voltarium*.

Minimisé par l'adroite *Relation* de Fréron, le succès de *L'Ecossaise* ne fut pas d'autre part aussi total qu'aimaient à le dire les partisans de Voltaire. La pièce de Palissot n'était pas vraiment éclipsée, quant aux chiffres des entrées. *Les Philosophes*, nous l'avons dit, avaient eu à la première 1 439 spectateurs payants; *L'Ecossaise* nettement moins: 1 150. Baisse sensible dès la deuxième représentation: 953, contre 1 189 à la deuxième des *Philosophes*. Ensuite les chiffres de *L'Ecossaise* remontent. Au bout de quatorze représentations, *L'Ecossaise* s'assure un léger avantage au total (12 940 contre 12 839). La différence tient surtout au fait que le succès des *Philosophes* s'éteignit rapidement. Au contraire *L'Ecossaise* sera reprise à la Comédie-Française presque chaque année, jusqu'en 1788. Et elle sera applaudie à Lyon, Bordeaux, Marseille.[66] Le nom de Voltaire la soutient, de même que, abstraction faite du personnage après tout épisodique de M. Wasp, un intérêt dramatique réel, dans le goût du temps.

Pour compléter la victoire, Voltaire caressait une chimère: faire entrer Diderot à l'Académie française. Dortidius académicien, quel camouflet à l'Infâme! Voltaire en lance fougueusement l'idée le même jour en trois lettres, à d'Alembert, d'Argental, Mme d'Epinay.[67] La chose lui paraît facile. Choiseul, Mme de Pompadour ne s'y opposeront pas, croit-il. Il demande à d'Argental, lié comme on sait avec le ministre, de commencer les démarches préparatoires. Il imagine une campagne académique d'allure toute voltairienne. Que Diderot désavoue «les petits ouvrages qui pourraient lui fermer les portes de l'Académie». «Qu'on l'introduise chez Mme ..., ou Mme ..., ou Mme ..., lundi; qu'il prie Dieu avec elle mardi; qu'il couche avec elle mercredi; et puis il entrera à l'Académie tant qu'il voudra et quand il voudra.»[68] Farce sans rapport avec la situation réelle.

66. Voir le tableau de l'édition Duckworth, *OC*, t.50, p.266, ainsi que 275.

67. D9047, D9048, D9049 (9 juillet 1760).

68. D9077 (19 juillet 1760), à d'Argental, D9131, à Mme d'Epinay et Grimm (vers le 10 août 1760).

D'Alembert essaie de le faire entendre à son illustre correspondant.[69] Diderot d'ailleurs se serait-il prêté aux reniements, aux compromis que Voltaire considère comme la chose la plus aisée? C'est fort douteux. Ajoutons que le Diderot de 1760 n'est pas le nôtre. Il n'est encore connu que pour un libelle anti-religieux, les *Pensées philosophiques*, un roman licencieux, *Les Bijoux indiscrets*, des théories contestées sur le drame bourgeois, deux drames non encore joués (*Le Fils naturel*, *Le Père de famille*), et l'*Encyclopédie* interdite. Ce qui fait pour nous le meilleur de son œuvre reste à écrire. Notamment *Le Neveu de Rameau*, véritable réponse à Palissot, dont le sujet a quelque analogie avec *Le Pauvre diable*, mais qui tend aujourd'hui à éclipser, par sa richesse et la nouveauté de la forme, le poème décasyllabique de Voltaire. Sont encore à naître, et ne paraîtront qu'à la fin du siècle ou au siècle suivant, *Jacques le fataliste*, le *Paradoxe sur le comédien*, le *Supplément au voyage de Bougainville*, les contes, les entretiens sur lesquels se fonde aujourd'hui la réputation de l'écrivain. Voltaire avait du mérite à reconnaître en Diderot, en 1760, l'un des maîtres du siècle. Un maître largement posthume. Il en résulte qu'il prendra rang parmi les nombreux titulaires du quarante-et-unième fauteuil académique.

C'est par *Tancrède* que Voltaire allait affirmer la prééminence littéraire des philosophes: succès de meilleur aloi que celui de *L'Ecossaise*. La pièce était prête depuis longtemps. Voltaire avait voulu mettre à profit sans retard les nouvelles possibilités offertes par une scène dégagée de ses spectateurs, grâce au comte de Lauraguais.[70] Le jour même où il apprend l'expulsion des «blancs poudrés et talons rouges», il annonce à d'Argental «quelque chose de plus fort» que «l'eau de rose» de sa *Fanime*: ce sera *Tancrède*. «De la pompe, du spectacle, du fracas»: voilà ce qu'on voudra désormais.[71] Très excité, il va prodiguer ce que depuis longtemps il souhaite. La nouvelle tragédie se situera à Syracuse au début du onzième siècle. La ville, assiégée par les Maures, est dirigée par des chevaliers normands. Le dramaturge prévoit une dualité de lieux: d'abord dans le palais d'Argire, chef de la cité; ensuite sur la place publique. En ce vaste espace, s'élèveront des mâts porteurs d'oriflammes. Aux murs seront suspendus les écussons et les devises des chevaliers. Des foules de figurants, «d'écuyers, soldats, peuple», animeront la scène. Les personnages porteront boucliers et hauberts.[72] Voltaire retrouve l'inspiration de *Zaïre*. Une première rédaction, commencée le 22 avril, est terminée le 18 mai.[73] Suivra une longue mise au point: remaniements,

69. D9075 (18 juillet 1760), à Voltaire.

70. Voir *Voltaire en son temps*, iii.364.

71. D8249 (6 avril 1759), à d'Argental.

72. D8785 (3 mars 1760), à d'Argental. Voltaire tente une autre nouveauté qui n'eut, elle, guère de succès: les rimes plates alternent avec les rimes croisées ou embrassées.

73. D8305 (19 mai 1759), aux d'Argental.

épluchage vers par vers, sous le rigoureux contrôle de «Madame Scaliger» (Mme d'Argental). La pièce aurait pu être montée à la Comédie-Française dès l'été de 1759. Voltaire préfère ajourner. L'action exalte ces preux que sont les chevaliers normands, victorieux au dénouement. Dès la première scène, un hémistiche annonçait même: «Tout Français est à craindre». Or l'actualité militaire de 1759 démontrait plutôt le contraire. Dans un contexte d'humiliantes défaites, l'héroïsme patriotique de *Tancrède* prenait l'allure d'un persiflage. Le public parisien aurait sans doute fort mal réagi. La première n'eut donc lieu que l'année suivante, le 3 septembre, dans une ambiance différente, cinq semaines après *L'Ecossaise*.

Ce fut un succès d'émotion et de larmes comme on en connaît peu. Larmes de Mme d'Epinay, enivrée «de douleur et d'applaudissements».[74] La sèche Mme Du Deffand a tenu à venir dès le 3 septembre: elle a pleuré «à chaudes larmes».[75] Choiseul, tout ministre qu'il est, a pleuré lui aussi, et même «à chaque scène».[76] On signale le cas d'un étranger, au parterre, «qui pleurait, criait, battait des mains». Interrogé par d'Argental son voisin, il exprime son enthousiasme comme il peut: «Monsieur, cela est fort propre, fort propre assurément».[77] Tant de larmes n'auront-elles pas valeur d'exorcisme? Voltaire imagine une anecdote: «On dit que Satan était dans l'amphithéâtre sous la figure de Fréron, et qu'une larme d'une dame étant tombée sur le nez du malheureux fit psh psh, comme si ç'avait été eau bénite.»[78] En réalité Fréron, lui-même à demi conquis, consacra à *Tancrède* un compte rendu, contre son habitude, assez favorable.

«Des pleurs et du spectacle voilà ce qu'il y a de bon»:[79] Voltaire avait agencé sa pièce en ce sens, fût-ce au détriment du vraisemblable. Au premier acte, nous apprenons que Syracuse est assiégée par les Maures. Devant le danger, les grandes familles naguère divisées se réunissent. En signe de réconciliation, Argire va donner sa fille Aménaïde en mariage à Orbassan. La jeune fille résiste. Elle fut courtisée par Solamir, le chef des Maures. Mais c'est pour le chevalier Tancrède qu'elle soupire secrètement: Tancrède exilé à Messine, dont les biens ont été confisqués au profit d'Orbassan. Elle prend le parti audacieux de l'appeler à son aide. Elle charge un Maure de lui faire passer une lettre à travers le camp ennemi. La lettre est interceptée, l'émissaire mis à mort. Argire et les chevaliers croient que la missive s'adressait au musulman Solamir, et qu'Aménaïde trahit sa patrie. Des soldats la saisissent. Elle est condamnée à mort. Mais, au troisième acte, Tancrède, «suivi de deux écuyers qui portent sa lance, son écu, etc.», fait une entrée à sensation:

74. D9216 (10 septembre 1760).
75. D9197 (5 septembre 1760).
76. D9242 (19 septembre 1760).
77. Rapporté par Mme d'Epinay.
78. D9207 (vers le 8 septembre 1760), aux d'Argental.
79. Conclusion de la lettre de Choiseul, D9242.

A tous les cœurs bien nés que la patrie est chère!

Il n'a pas reçu le message d'Aménaïde. Quand il est informé, il la croit lui aussi coupable: elle le trahirait pour Solamir. Néanmoins il est décidé à lui sauver la vie. Car si un champion accepte «de défendre en champ clos le sexe qu'on outrage», elle échappera au châtiment suprême. Tancrède lance alors à la face d'Argire:

Il s'en présentera; gardez-vous d'en douter.

Sur la place, remplie de peuple, entre Aménaïde soutenue par les gardes. En reconnaissant Tancrède, elle s'évanouit. De remords, pense l'amant qui se croit trahi. Il ne lance pas moins son défi pour la sauver. «Il jette son gantelet sur la scène». Orbassan le relève. «Acte de toute beauté», commente Diderot, «rien à lui comparer au théâtre ni dans Racine ni dans Corneille».[80] Le duel a lieu pendant l'entracte. Tancrède a tué son rival Orbassan. Mais il repousse Aménaïde qui vient l'implorer. Il part pour le combat, car les Maures attaquent. Aménaïde, folle de douleur, l'y suit. Acte V: arrivent les nouvelles de la bataille. Les Maures sont en fuite. Hélas! Tancrède est grièvement blessé. Désespéré il a cherché la mort dans les rangs de l'ennemi. Des soldats le portent sur la scène, agonisant. Alors enfin Aménaïde s'explique. Tancrède reconnaît son innocence, mais trop tard. Il expire. L'amante se jette sur le corps inanimé, se redresse: «Je l'entends, il m'appelle»; retombe à ses côtés, mourante. Pathétique violent, qui ébranlait les nerfs de spectateurs avides de telles émotions.

Il est rendu possible par un artifice d'intrigue au plus haut point invraisemblable. Comme dans *Zaïre* une lettre interceptée produit un fatal malentendu. Aménaïde, menacée de mort, exposée à perdre l'amour de Tancrède, ne fait rien pour dissiper l'erreur, quand il en est encore temps. *Quand parlera-t-elle?* demandait judicieusement Riccoboni, au titre d'une parodie jouée au Théâtre-Italien. Mais l'auditoire n'avait d'attention que pour les effets amenés par ce moyen contestable. Car les acteurs surent concentrer l'attention sur les temps forts de l'action. Lekain fut un admirable Tancrède. Mlle Clairon le surpassait encore par son interprétation d'Aménaïde. Certaines trouvailles électrisaient son public. Lorsqu'elle reparaît à l'acte III, «traversant la scène à demi renversée sur les bourreaux qui l'environnent, ses genoux se dérobant sous elle, les yeux fermés, comme morte»,[81] et lorsqu'apercevant Tancrède elle se redresse soudain dans un cri, nous ne sommes plus tout à fait dans la tragédie classique. Un autre grand

80. Diderot, qui n'aime guère la tragédie classique, avait émis des réserves. Voltaire, informé, lui demande de préciser ses critiques. Diderot s'exécute, mais en insistant surtout sur les éloges, D9430 (28 novembre 1760).

81. D9430, Diderot à Voltaire. Diderot saisit l'occasion pour plaider en faveur de la «pantomime».

moment dans le jeu de la Clairon se situait à l'acte v, scène 5. On apporte du champ de bataille à Aménaïde une lettre de Tancrède, *tracée de son sang*. Elle la lit devant Argire, et s'écrie: «Eh bien mon père!» d'un ton absolument bouleversant. «Ah! [...] ne me dites jamais *eh bien* de ce ton là, si vous ne voulez pas que je meure», écrivait Mme d'Epinay à sa correspondante.[82]

Les acteurs, qui pressentent les attentes du public, auraient voulu accentuer l'aspect mélodramatique de la mise en scène. Mlle Clairon, mandatée par la troupe, proposa à Voltaire, au troisième acte, de tendre le théâtre de noir et de dresser un échafaud, pour le supplice d'Aménaïde. Voltaire refusa, horrifié: «c'est déshonorer le seul art par lequel les Français se distinguent», c'est changer «la scène en place de Grève».[83] On dut insister auprès de lui, car il revient sur la question dans les semaines suivantes. «Un tombeau, une chambre tendue de noir, une potence, une échelle, des personnages qui se battent sur la scène, des corps morts qu'on enlève, tout cela est fort bon à montrer» dans les baraques de la Foire. Mais c'est «avilir la scène française», et «ne ressembler aux barbares Anglais que par leurs mauvais côtés».[84] Les Anglais, et leur «barbare» Shakespeare! Le même jour, il annonce son opuscule *Appel à toutes les nations de l'Europe*. Le *Journal encyclopédique* avait donné en traduction deux opuscules anglais, l'un préférant Shakespeare à Corneille, l'autre Otway à Racine. Voltaire proteste, par un résumé caricatural de *Hamlet* et un autre, non moins caricatural, d'une pièce d'Otway. Il conclut sur une mise en garde: «L'abus de l'action théâtrale peut faire rentrer la tragédie dans la barbarie. [...] Il est vraisemblable qu'on gâtera la tragédie en croyant la perfectionner». Premier engagement de la campagne voltairienne contre Shakespeare.[85]

Préserver la dignité de la scène française: tel est le souci du dramaturge, qui sent monter des tendances nouvelles. Plus encore que ses autres tragédies, *Tancrède* se meut dans la sphère des grands sentiments. Tous ces chevaliers rivalisent d'héroïsme, Orbassan tout autant que Tancrède. Le poète ainsi évite mal la psychologie la plus conventionnelle. Il reprend les stéréotypes du genre troubadour, récemment mis à la mode par La Curne de Sainte-Palaye (*Mémoires sur l'ancienne chevalerie*, 1753). N'était-ce pas d'ailleurs un penchant de Voltaire homme de théâtre? Déjà sa *Zaïre*, son *Adélaïde Du Guesclin* avaient manifesté une confiance fondamentale en la noblesse de l'homme. Dans *Tancrède* la fierté noble des personnages s'exprime en vers bien frappés, enfermant des pensées hardies. Ainsi:

82. D9216 (10 septembre 1760), Mme d'Epinay à Mlle de Valory.

83. D9317 (16 octobre 1760), à Mlle Clairon. On se rappelle que les exécutions capitales à Paris avaient lieu, en public, sur la place de Grève.

84. D9472 (16 décembre 1760), à Lekain. Voir aussi D9461 (15 décembre 1760), à d'Argental.

85. M.xxiv.221.

L'injustice à la fin produit l'indépendance. (IV, 6)

Parfois on croit entendre, à travers les paroles de ses héros, la protestation d'un Voltaire exilé (quoi qu'il en dise):

Aucun n'ose parler pour ce proscrit auguste. (I, 6)

Ou plus nettement:

Depuis que je suis né j'ai vu la calomnie
Exhaler les venins de sa bouche impunie. (III, 3)

Et encore ceci:

Un grand homme opprimé doit nous faire rougir. (V, 1)

Il voulut faire plus: couronner son succès par une dédicace à une personne haut placée, Mme de Pompadour. Ce serait démontrer que le philosophe Voltaire et peut-être avec lui le parti philosophique sont, eux aussi, bien vus du pouvoir. Il procède prudemment. Il fait pressentir la dédicataire par Choiseul.[86] Il soumet son texte au ministre et à la favorite. L'un et l'autre approuvent. Choiseul le lui renvoie, «muni du grand sceau des petits appartements».[87] L'édition de *Tancrède* s'ornait donc d'une épître dédicatoire à Mme de Pompadour, où l'auteur se faisait fort de flatter sans bassesse. Il fit parvenir un bel exemplaire à la marquise. Il attendait un mot aimable de remerciement. Or, les semaines puis les mois s'écoulant, rien ne vint. Le 16 février 1761 enfin, il se déclare déçu, mais non fâché.[88]

Il ne sut jamais ce qui était arrivé. Ni lui, ni Choiseul, ni Mme de Pompadour n'avaient remarqué que son épître, aux termes soigneusement pesés, contenait un passage susceptible d'une interprétation maligne:

J'ai vu dès votre enfance, les grâces et les talents se développer. J'ai reçu de vous, dans tous les temps, des témoignages d'une bonté toujours égale. Si quelque censeur pouvait désapprouver l'hommage que je vous rends, ce ne pourrait être qu'un cœur né ingrat. Je vous dois beaucoup, Madame, et je dois le dire.

De ces lignes, Mme de Pompadour reçut, sous forme de lettre anonyme, un commentaire. L'hommage apparent, lui disait-on, est en réalité une insulte, «si vous la lisez avec attention»:

Que signifient au fond ces phrases, si ce n'est que Voltaire sent qu'on doit trouver extraordinaire qu'il dédie son ouvrage à une femme que le public juge peu estimable; mais que le sentiment de la reconnaissance doit lui servir d'excuse? Pourquoi supposer que cet hommage trouvera des censeurs, tandis que l'on voit paraître chaque jour des

86. D9207 (vers le 8 septembre 1760), à d'Argental.
87. D9390 (10 novembre 1760), à d'Argental.
88. D9630, à d'Argental.

épîtres dédicatoires adressées à des caillettes sans nom ni état, ou à des femmes d'une conduite repréhensible, sans qu'on y fasse attention.

L'auteur, sans doute quelque courtisan, resta incognito. Sa lettre nous fut transmise par Mme Du Hausset, dame de compagnie de la favorite.[89] Le coup, savamment calculé, porta. L'explication de texte parut convaincante aux familiers de la marquise. Voltaire «dès ce moment fut perdu dans l'esprit» de Mme de Pompadour, nous assure sa dame de compagnie.[90]

Tancrède poursuivait une carrière brillante. La pièce en sa nouveauté avait eu treize représentations consécutives, avec de bonnes recettes. Elle restera au répertoire jusqu'en 1855. Elle sera traduite par Goethe (1820), et par Rossini (1853), qui en tirera un opéra. Mais elle marque aussi la fin de la tragédie voltairienne. Voltaire persistera à écrire de nouvelles pièces: elles échoueront, parfois pitoyablement, ou même ne seront pas jouées. S'il continue, pendant trois-quarts de siècle encore, à dominer la scène française, il le doit à ses succès antérieurs. Après *Tancrède*, on constatera qu'il a perdu le contact avec l'évolution théâtrale de son temps.

89. D9715 (mars-avril 1761), et le commentaire.

90. En tout cas, dans les trois ans (1761-1764) qui lui restent à vivre nous n'avons plus aucune lettre d'elle à Voltaire.

7. Mademoiselle Corneille

Dans les derniers jours d'octobre 1760, Voltaire reçoit une ode de Le Brun, accompagnée d'une lettre. Le Brun allait faire carrière dans le genre lyrique, au point d'acquérir, très abusivement, le nom de Lebrun-Pindare. Il n'est encore en 1760 qu'un assez obscur débutant. Par sa lettre, il sollicite le secours de Voltaire pour les descendants de la famille Corneille, tombés dans l'indigence.[1] L'ode, qui ne compte pas moins de trente-trois strophes, précise qu'il s'agit d'un père et de sa très jeune fille. Le poète imagine le grand Corneille apparaissant à sa petite-nièce, pour lui révéler que Voltaire seul est digne de venir à son aide.

Ce Corneille, prénommé Jean François, né en 1714, descendait d'un frère du père de Pierre Corneille le tragique. Presque illettré, il vivait, avec sa femme et leur fille Marie Françoise, dans la misère. Apprenant qu'il appartient à une famille illustre, dont fait partie aussi Fontenelle, il vient à Paris quémander auprès de cet important personnage. Mais Fontenelle, âgé alors de quatre-vingt-dix-sept ans, ne se reconnaît pas apparenté à Jean François et omet de l'inscrire sur son testament. Alors la triste situation de ces Corneille émeut un riche homme de lettres, Titon Du Tillet, auteur d'un *Parnasse français*. Par celui-ci Jean François est adressé à Fréron. Le journaliste, compatissant, présente le descendant des Corneille à «des personnes du premier rang». Il obtient des Comédiens-Français une représentation de *Rodogune* à son bénéfice. Le rapport, 5 000 livres, permet au père de Marie Françoise Corneille de payer ses dettes et de constituer un pécule destiné à l'éducation de la jeune fille. Marie Françoise est placée au couvent de Saint-Antoine. Mais, la somme étant épuisée, elle doit quitter l'établissement. Titon Du Tillet la recueille quelque temps chez lui. C'est alors que Le Brun intervient auprès de Voltaire. Il coupait court ainsi à une autre initiative de Fréron: publier une belle édition du grand tragique pour subvenir aux besoins de la jeune fille. Lorsqu'il en obtint le privilège, le 9 décembre 1760, mademoiselle Corneille était déjà en route pour Ferney.[2]

A peine alerté, Voltaire s'enthousiasme. Il croit Marie Françoise «petite-fille du grand Corneille» (elle n'est qu'une arrière-petite-nièce assez éloignée), «âgée de seize ans» (elle en a dix-huit).[3] Il s'informe auprès de d'Argental et de Thiriot.

1. D9349 (vers le 25 octobre 1760).

2. D. Williams, «Voltaire's guardianship of Marie Corneille and the pursuit of Fréron», *Studies* 98 (1972), p.27-46. Voir *Année littéraire* (9 décembre 1762), i.272-73 et 1763, i.273.

3. D9372 (1er novembre 1760), à d'Argental.

Sans attendre les réponses, sa décision est prise. Dès le 5 novembre, il répond à Le Brun qu'il offre, lui «vieux soldat du grand Corneille», de recevoir «la petite-fille de son général». Mme Denis lui assurera «l'éducation la plus honnête». Il lui servira lui-même de père. Il la voit déjà jouer «les pièces de son grand-père». Il se charge, ce qui est plus positif, de tous les frais: voyage jusqu'à Lyon où l'accueillera Jean Robert Tronchin; de là une voiture la conduira à destination.[4] Générosité très spontanée. Il ne prévoit pas, à cette date, qu'il tient là une occasion de contrister et Fréron et quelques dévotes.

Le Brun, soucieux de se mettre en valeur, fait imprimer son ode et la réponse de son illustre correspondant, sans l'autorisation de celui-ci. Voltaire, fâché, craint les conséquences: «La basse littérature cherche toujours à tout empoisonner; elle ne vit que de ce métier.»[5] Bientôt il est en effet informé que les dévots et dévotes se sont assemblés chez la première présidente Molé. On a déploré le sort de Mlle Corneille, allant chez Voltaire. Quelqu'un aurait dit: «Mesdames, que ne faites-vous [...] ce qu'on fait pour elle». Mais personne n'offre le moindre argent. Voltaire rappelle que Mme Molé a reçu onze millions en mariage, que son frère Bernard lui a fait une banqueroute de vingt mille écus, sans que la famille lui rembourse un sou. L'affaire de Mlle Corneille fut évoquée à Versailles par les dévotes de la cour, au lever du roi: on voudrait enlever à Voltaire sa protégée.[6] Mais le pouvoir n'intervint pas.

Mlle Corneille, par l'itinéraire prévu, arrive donc à destination vers le 20 décembre. Voltaire l'accueille dans le château de Ferney. Il importe qu'on sache à Paris, que la descendante des Corneille vit en France, et non dans la ville huguenote de Genève. Voltaire trace un premier croquis de «Mlle Rodogune»:[7] une fille agréable, mais fort ignorante. Voltaire s'aperçoit qu'il faudra tout lui apprendre.

Fréron a déjà son idée sur l'éducation qu'elle recevra chez le philosophe. Dans l'*Année littéraire*, à la date du 10 décembre 1760, il ironise sur «le bruit que fait dans le monde cette générosité de M. de Voltaire», sur les «annonces fastueuses» dont doit souffrir «ce poète modeste». Cet «éclat» ne montre-t-il pas «que c'est la chose la plus extraordinaire que de le voir jeter un regard de sensibilité sur une jeune infortunée»? Il continue en ces termes:

Mais il y a près d'un an qu'il fait le même bien au sieur Lécluse, ancien acteur de

4. D9382 (5 novembre 1760), à Le Brun. Voltaire et Mme Denis adressent, le 22 novembre, une invitation en forme à Marie Françoise Corneille (D9421).

5. D9453 (9 décembre 1760), à Le Brun.

6. D9431 (29 novembre 1760), à d'Argental, D9454 (10 décembre 1760), à Diderot.

7. D9485 (22 décembre 1760), aux d'Argental. Le 19 décembre, Marie Françoise Corneille n'était pas encore arrivée à Ferney (D9479).

> l'Opéra-Comique, qu'il loge chez lui, qu'il nourrit, en un mot qu'il traite en frère. Il faut avouer qu'en sortant du couvent, Mlle Corneille va tomber en de bonnes mains.[8]

Insinuation odieuse. Fréron jette le soupçon sur le genre de relations qui existerait entre Voltaire et Lécluse. Sans le dire, il porte à penser qu'entre Voltaire et un danseur, Mlle Corneille va recevoir une initiation aux mauvaises mœurs. Dépité de voir lui échapper cette jeune fille qu'il a aidée, il compromet sciemment son avenir. Fréron commet ici une «mauvaise action».[9]

Quand il a connaissance d'une telle attaque, Voltaire entre en fureur, bien légitimement, on l'avouera.[10] Lécluse a sans doute été acteur à l'Opéra-Comique, mais en sa jeunesse, il y a vingt-cinq ans. A son arrivée en Suisse, il est bien venu chez Voltaire aux Délices: c'était pour soigner les dents de Mme Denis. Car il s'est établi comme dentiste à Genève. Il ne vit donc pas au château de Ferney, où sera élevée Mlle Corneille. Voltaire veut poursuivre Fréron en justice pour sa calomnie. Il dicte à Mme Denis une lettre au chancelier Lamoignon: il faut réprimer «l'insolence» de ce journaliste qui «insulte toutes les familles». Que Le Brun porte plainte, de son côté, au lieutenant de police, qu'il obtienne procuration du père de Marie Françoise Corneille afin d'«écraser le monstre» Fréron.[11] Un parti avantageux, un bon gentilhomme du pays de Gex, allait demander la jeune fille en mariage. Après avoir lu les phrases venimeuses de l'*Année littéraire*, il se serait retiré. Sur quoi Mlle Corneille porte plainte au comte de Saint-Florentin, à l'avocat général Séguier, à M. de Sartine, récemment nommé lieutenant de police. Cette correspondance «doit faire une grande impression»: elle a été, on l'a compris, dictée par Voltaire lui-même.[12] Mais l'autorité fait la sourde oreille. Aucune suite ne sera donnée aux plaintes contre Fréron. On songe alors à Ferney à infliger au journaliste une punition d'une autre sorte.

Fréron ignorait sans doute que Voltaire possédait contre lui, depuis plusieurs mois, une arme redoutable. Thiriot avait en août 1760 constitué un dossier bien informé: il recueillait les indications fournies par un autre journaliste, l'abbé de Laporte, ancien collaborateur devenu le rival de Fréron. Voltaire en tire les *Anecdotes sur Fréron*, brochure de douze pages imprimée par Cramer. Bien entendu, le directeur de l'*Année littéraire* y est présenté comme un forban, méritant d'être dénoncé à la justice. Les *Anecdotes* sont annoncées comme «écrites par un homme de lettres à un magistrat qui voulait être instruit des mœurs de cet homme». Imputations scandaleuses, certes, mais qui ne sont pas lancées au

8. *Année littéraire* (1760), viii.163-64.

9. On ne peut qu'approuver l'appréciation de Desnoiresterres, vi.32.

10. Le 15 janvier 1761, il n'a pas encore reçu la livraison de l'*Année littéraire*, dont il a entendu parler (D9544). Il l'a entre les mains le 30 janvier (D9584).

11. D9584, D9585.

12. D9700 (26 mars 1761), à Le Brun.

hasard. Le moderne éditeur du pamphlet, Jean Balcou, a pris le soin de vérifier et le plus souvent de rectifier, dans une copieuse annotation, les assertions du texte. La conclusion est que la «calomnieuse imagination de Voltaire ne brode qu'à partir d'éléments du réel».[13] Le polémiste se garde de s'avouer l'auteur de si basses attaques. Bien que «son style alerte et piquant» soit fort reconnaissable, il impute les *Anecdotes* à La Harpe, alors à ses débuts.[14]

Une nouvelle punition est administrée sous la forme d'un chant ajouté à *La Pucelle*, le poème étant toujours en voie d'extension, selon les besoins de l'actualité. Le rêve de Voltaire: que Fréron soit envoyé aux galères. Pendant le séjour en Prusse, il avait annoncé cette bonne nouvelle, du ton le plus affirmatif: «Ah! ce pauvre Fréron, il est condamné aux galères; il est parti ces jours derniers avec la chaîne; on me l'a mandé de Paris.» Fréron rapporte ce propos au moment de *L'Ecossaise*. Voltaire est invité à citer ses sources, ce qu'il est bien incapable de faire.[15] Il réalisera son rêve dans l'imaginaire. Au chant XVIII de *La Pucelle*, le roi Charles, Agnès sa maîtresse et leur escorte font une étrange rencontre: des hommes enchaînés deux par deux, sous bonne garde, cheminent vers les galères de Marseille. En tête de file, un personnage patibulaire, mais qui devant le roi «affecte un air dévot, contrit»: c'est Frélon, ou Fréron. Derrière lui, les gens de plume ennemis de Voltaire. La Beaumelle ferme la marche. Jeanne, s'imaginant que ce sont des chevaliers prisonniers des Anglais, met en fuite leurs gardiens. Le roi, Agnès, attendris par les belles paroles de Frélon, veulent les libérer. Mais Jeanne, pensant à la crise des effectifs, les enrôle dans son armée. Qu'arriva-t-il alors? Le lendemain les galériens se sont tous enfuis, Frélon en tête, emportant bijoux, objets précieux, vêtements du roi et des siens. Voilà donc comment, selon l'imagination de Voltaire, Fréron est parvenu à échapper aux galères.[16]

Mlle Corneille arrivait au moment où la vie de Voltaire changeait de cadre. Au cours des jours précédents, l'oncle et la nièce s'étaient installés dans le château de Ferney reconstruit. Les travaux étaient à peine terminés.[17] Dans ces murs encore humides, aux jours les plus courts de l'année, le charme de Marie Françoise allait éclairer l'existence du vieil homme et séduire Mme Denis. Mlle Corneille

13. *OC*, t.50, p.484, 485, de l'excellente édition de Jean Balcou. Les *Anecdotes* recevront en 1770 un supplément non moins scandaleux fondé sur la dénonciation d'un beau-frère de Fréron, Guillaume Royou, exilé en Angleterre pour éviter l'arrestation sur lettre de cachet, lancée à la suite d'une plainte du journaliste.

14. D9767 (6 mai 1761), à Le Brun. La première édition des *Anecdotes* parut au début de février 1761. Il n'en subsiste qu'un exemplaire, à la Bibliothèque de Saint-Pétersbourg.

15. *Année littéraire* (1760), iv.115-16. Défaite sur ce point de «Jérôme Carré», dans son adresse *A messieurs les Parisiens* (*OC*, t.50, p.350).

16. *OC*, t.7, p.533-45, chant désigné comme «la Capitolade». Il ne paraît qu'en 1764.

17. D9547 (janvier 1761), Mme Denis à la comtesse de Bentinck.

n'était pas vraiment jolie. Mais elle plaisait. Un petit nez retroussé, de grands yeux noirs, un teint brun, une belle bouche, de belles dents. Elle a surtout un heureux caractère: «douce et gaie, bonne, vraie, reconnaissante, caressante sans dessein et par goût.»[18] Bien vite tout le monde l'aime, à commencer par la servante qui lui est personnellement attachée. Ses dix-huit ans s'épanouissent en cette demeure combien luxueuse, au sortir de la misérable maison de son père et de l'austère couvent de Saint-Antoine. Elle prend vite de l'assurance. Elle a conquis Voltaire, elle le sent. Elle émeut chez cet homme qui n'a pas eu d'enfant une fibre paternelle, ou grand-paternelle. Il lui passe tout. Elle dérange ses parties d'échecs, le distrait quand il est occupé à versifier, interrompt les répétitions théâtrales, en attendant d'y interpréter un rôle – un petit rôle.[19] Sa gaîté un peu puérile (elle joue encore à la poupée) rencontre chez Voltaire le côté gamin qui subsiste en lui, malgré l'âge. Il s'en amuse, redevenant enfant avec cette enfant.

Mais il n'en prend pas moins son rôle au sérieux. Marie Françoise réveille en lui une vocation pédagogique qui jusqu'ici n'avait trouvé à s'exercer, difficilement, qu'auprès du jeune Frédéric. A peine est-elle arrivée, qu'il voit en elle une éducation à faire. De cette gracieuse ignorante, il ne fera certes pas une savante. Il lui apprendra «à vivre dans le monde et à y être heureuse».[20] Ce sera la «grande consolation» de sa vieillesse.[21] Pour commencer, les rudiments. On la fait écrire, «tous les jours». On l'oblige à former lisiblement ses lettres, à tracer des lignes droites, et non ces lignes en diagonale que se permettent les belles dames de Paris. On lui enseigne l'orthographe. Elle doit envoyer chaque jour à Voltaire son professeur «un petit billet» de sa façon: il le corrige. On la fait lire «à des heures réglées», comme si elle était à l'école. On lui explique les mots. On commente avec elle ce qu'elle a lu. On complète par quelques notions d'histoire. Qu'elle parle ou qu'elle écrive, elle doit s'exprimer «avec simplicité et avec noblesse». On ne lui passe «ni mauvais termes, ni prononciations vicieuses».[22] Ecrivant à Paris, le seigneur de Ferney insiste aussi sur un point: sa pupille remplit exactement ses devoirs de chrétienne. Il la conduit lui-même à la messe de la paroisse. De quoi faire enrager Berthier, Fréron et consorts.[23]

Dans les débuts les progrès sont rapides. Le professeur s'applaudit. «Elle se forme non pas d'un jour à l'autre, mais d'un moment à l'autre.»[24] Puis les

18. D9485 (22 décembre 1760), aux d'Argental; D9670 (6 mars 1761), à Mme Du Deffand. Voir aussi D9770 (7 mai 1761), Mme Denis à la comtesse de Bentinck.

19. D10415 (avril 1762), Huber à Mme d'Epinay.

20. D9487 (22 décembre 1760): Mlle Corneille est à Ferney depuis deux jours.

21. D9495 (25 décembre 1760), à Jean François Corneille, son père.

22. D9514 (2 janvier 1761), à Le Brun. La lettre commence par quelques lignes de remerciement de Marie Françoise, évidemment écrites sous le contrôle du maître. Voir aussi D9543 (15 janvier).

23. D9495, D9514, D9543.

24. D9507 (31 décembre 1760), aux d'Argental.

difficultés surgissent. Marie Françoise aura du bon sens, sans doute, mais pour «le bon ton», le maître y a renoncé: «elle le prendra où elle pourra».[25] Quand il faut aborder l'éducation littéraire, l'élève peine. Voltaire voudrait faire connaître à Mlle Corneille les tragédies de son arrière-grand-oncle. Las! «son petit nez retroussé n'est pas tourné au tragique».[26] Les grands sentiments, le grand style sont hors de sa portée. Elle préfère les petits romans d'aujourd'hui. On lui a lu *Cinna*. A une déclaration du héros à Emilie, elle réagit vivement: «Est-ce qu'on parle ainsi à sa maîtresse?»[27] Il faudra attendre un an pour qu'elle lise, «enfin», *Le Cid*.[28] Elle ne lira jamais des pièces difficiles comme *Héraclius*.

Elle a quelque don pour le théâtre, mais comme actrice. Voltaire l'enrôle dans ses représentations, pour lesquelles il manque toujours d'interprètes. Cornélie-Chiffon, comme il dit, dans *Le Droit du seigneur* joue Colette, un second rôle, «très joliment». Elle pourrait même s'essayer à jouer les héroïnes de Racine, ou de Voltaire. «Sa voix est flexible, harmonieuse et tendre».[29] Point de danger cependant qu'elle concurrence, sur les tréteaux de Ferney, Mme Denis dans les rôles de Zaïre, ou d'Aménaïde. Sa destinée véritable est ailleurs.

Voltaire eut la sagesse de songer à la marier sans trop attendre.

Deux prétendants s'étaient tour à tour présentés: un mauvais et un bon. Non que le premier eût tous les défauts. Mais il pensait d'abord au parti avantageux que serait l'arrière-petite-nièce de Corneille, devenue riche héritière grâce à Voltaire. Ce Colmont de Vaugrenant avait débarqué à la fin de décembre 1762 au château de Ferney. Il avait des titres, et le grade de capitaine. Les d'Argental le recommandaient, prétendument comme «demi-philosophe».[30] Voltaire le voyait déjà servir dans la diplomatie. Son père possédait du bien. Mais enfin il n'était venu que pour épouser, visant surtout la dot. Il était lui-même endetté et son père ne donnait rien. Il avait en outre contre lui de n'attirer la sympathie ni de la future, ni de la maîtresse de maison. Il s'était installé avec trois chevaux à nourrir. Il se trouvait si bien chez M. de Voltaire qu'on eut toutes les peines du monde à se débarrasser de lui. Ah! soupirait le maître, si «quelque neveu de Racine» se présentait![31]

Il ne fut pas nécessaire d'attendre un parti aussi hypothétique. Voltaire

25. D9670 (6 mars 1761), à Mme Du Deffand.
26. D9824 (15 juin 1761), à l'abbé d'Olivet.
27. D9952 (16 août 1761).
28. D10220 (20 décembre 1761).
29. D10232, D10270, D10220.
30. D10836 (13 décembre 1762).
31. D10883 (5 janvier 1763), aux d'Argental; D10899 (10 janvier), aux mêmes; D10905 (12 janvier), à l'abbé d'Olivet.

connaissait dans les environs un jeune gentilhomme, âgé de vingt-deux ans, «cornette au régiment colonel-général de dragons», Pierre Jacques Claude Dupuits. Il l'avait aidé en mai 1762 à acquérir une compagnie de cette même arme: il lui avait prêté à cette fin neuf mille livres.[32] C'était un garçon «sage, doux, brave, d'une jolie figure», ayant dix mille livres de rente. Il était déjà connu de Marie Françoise. Il en était amoureux, et était aimé. Une quinzaine de jours après le départ du «demi-philosophe», il se déclara et fut tout de suite agréé.[33] Les choses ensuite allèrent vite. Il fallait le consentement du père, Jean François Corneille. Celui-ci avait dit qu'il ne consentirait jamais au mariage de sa fille. Son opposition fut facilement surmontée par quelque argent (que d'ailleurs il gaspilla sottement).[34] Il fallait surtout l'empêcher de venir de Paris pour la cérémonie. Il avait fait déjà un séjour à Ferney, en avril de l'année précédente. La tournure, les manières du bonhomme avaient été peu appréciées.[35] Le duc de Villars et les gentilshommes de la famille Dupuits assisteraient au mariage. Le grossier personnage ferait tache, et s'exposerait à quelque «mauvaise plaisanterie». Avec l'aide des d'Argental, Voltaire évita sa présence.[36] Il aurait voulu obtenir du roi une dot de huit ou dix mille livres à inscrire au contrat.[37] Mais on n'eut pas le temps de faire les démarches nécessaires. Dès le 9 février le contrat de mariage était signé. Voltaire avait cependant obtenu de l'orner, par procuration, de signatures prestigieuses: celles du duc et de la duchesse de Choiseul, de la duchesse de Grammont, du duc de Chevreuse, des d'Argental, et de l'Académie française en corps constitué.[38] Le mariage fut célébré par le P. Adam, en l'église de Ferney, récemment reconstruite, à minuit, le 13 février 1763.

Ce fut une bonne union. Le ménage est logé au château. Voltaire garde ainsi près de lui Marie Françoise qui fait sa joie. Quelques mois plus tard il trace d'elle ce croquis: «Elle est folle de son mari. Elle saute du matin au soir avec un petit enfant dans le ventre, et dit qu'elle est la plus heureuse du monde.»[39] Voltaire avait fait en sorte qu'elle n'eût aucun souci d'argent. Il lui avait constitué, au contrat de mariage, deux rentes, une de 13 096 livres, une autre de 20 000 livres, à quoi s'ajouteraient les bénéfices de l'édition de Pierre Corneille qu'il prépare.

Mais lui faudra-t-il étendre ses secours à d'autres membres de la famille Corneille? Au début de mars 1763, un pauvre hère vient frapper à sa porte, aux

32. D.app.216.

33. D10939 (23 janvier 1763), aux d'Argental; D10943 (24 janvier 1763), à Damilaville.

34. D10985 (6 février 1763), aux d'Argental; D13226 (29 mars 1766), aux mêmes.

35. D10429 (26 avril 1762), aux d'Argental; D10466 (24 mai 1762), à Cideville: comme François Corneille a reçu de Voltaire quelque argent, il menace de revenir.

36. D10959 (29 janvier 1763), aux d'Argental.

37. D10985 (6 février), aux d'Argental.

38. D.app.225, texte du contrat de mariage.

39. D11717 (22 février 1764), à Cideville.

Délices. Il se nomme Claude Etienne Corneille et, à la différence de Marie Françoise, descend en ligne directe de Pierre Corneille le tragique. «Soldat, déserteur, manœuvre», il a traîné sa misère jusqu'à Grenoble. Là un président du parlement, en lui refusant la moindre obole, le dirige vers l'hôte munificent des Délices. Il arrive mourant de faim. On le restaure, il montre ses papiers qui «sont en très bonne forme». On l'empêche de rencontrer sa cousine Mme Dupuits. Mais on lui donne quelque argent et il partira. Voltaire est-il menacé «d'une douzaine d'autres petits Cornillons, cousins germains de Pertharite»? Quelques jours après, rassuré, il constate qu'il ne lui vient plus de nouveaux Corneille.[40]

Il n'en reste pas moins «encorneillé».[41] Car en même temps qu'il recueillait, instruisait, mariait Marie Françoise, il entreprenait d'éditer et de commenter son arrière-grand-oncle. Le père (selon lui) du théâtre français ne quitte plus sa pensée. Il a dû récemment, par l'*Appel à toutes les nations*, le défendre contre un insolent Britannique. Maintenant la présence sous son toit de Mlle Corneille fait qu'il se pose constamment la question: quand la gracieuse enfant sera-t-elle capable de lire les tragédies du grand ancêtre? Autre souci: comment lui constituer une dot qui lui permettrait de se marier? La rencontre des deux interrogations conduit Voltaire à reprendre une idée de Fréron: éditer les œuvres du grand Corneille à son profit. Mais il conçoit l'affaire comme une publication de grand prestige, intéressant les plus hautes autorités. Le 10 avril 1761, il propose à Duclos, secrétaire perpétuel de l'Académie française, un grandiose projet: sous le patronage de l'Académie, on fera paraître des éditions des grands classiques français. Lui-même donnera l'exemple en publiant Corneille.[42] Il lance l'affaire avec enthousiasme. L'Académie l'accueille d'abord avec une froideur polie.[43] Il revient à la charge. Finalement, en mai 1761, l'honorable assemblée voulut bien approuver une édition de Corneille, «au profit de sa nièce».[44] Ce sera une ambitieuse opération de librairie: des in-quarto en nombre encore indéterminé, sur beau papier, avec de nombreuses illustrations.[45] Voltaire pense tout de suite au montage financier qu'exige pareille entreprise. Il prévoit une publication par souscription, sur le modèle de sa *Henriade* jadis. Pour encourager les adhésions, les souscripteurs n'auront rien à payer dans l'immédiat. On leur fait seulement

40. D11078 (9 mars 1763), aux d'Argental, D11116 (21 mars 1763), aux mêmes.
41. L'expression est dans D9425 (26 novembre 1760), aux d'Argental.
42. D9733. Le même jour il fait part du projet à l'abbé d'Olivet, académicien (D9734).
43. Duclos signale «en deux mots» le projet à une séance du samedi. On n'en délibéra pas (D9744).
44. D9781 (19 mai 1761), d'Alembert à Voltaire.
45. En fait la première édition, en 1764, sera en 12 volumes in-8°, avec 35 illustrations. Voltaire avait accepté à contre-cœur le principe d'une édition illustrée.

connaître le prix: deux louis d'or. Voltaire se charge des avances nécessaires. Il imprimera chez Cramer, qu'il a à portée de main.[46]

Au temps de *La Henriade* publiée à Londres, il avait procédé par démarchage personnel dans l'aristocratie anglaise.[47] En 1761, c'est par lettres qu'il sollicite les souscriptions, pour Corneille et pour son arrière-petite-nièce. A partir de juin il lance un considérable courrier, à travers toute l'Europe. Et il ne s'agit pas d'une lettre circulaire. Il module la demande selon la personnalité de chaque destinataire.[48] Parfois il recourt à des intermédiaires. Ainsi Louis XV est sollicité par Choiseul et par Mme de Pompadour: le roi souscrit pour 200 exemplaires. De même Voltaire a obtenu l'adhésion des têtes couronnées les plus prestigieuses: la tsarine Elisabeth Petrovna (200 exemplaires) et après elle Catherine II, l'empereur (100 exemplaires) et l'impératrice Marie-Thérèse (100 exemplaires). Il s'assure tout un lot de souscriptions russes.[49] Pareil succès atteste l'autorité européenne de Monsieur de Voltaire. A Londres, Nourse est chargé de recevoir les souscriptions anglaises.[50] Il y en aura 89. L'Allemagne en donnera 60, dont la Prusse 25; en tête Frédéric souscrit, chichement, pour 6 exemplaires.[51] En France, Paris, Versailles, les provinces souscrivent massivement. Peu de déceptions: parmi elles, le prince de Conti qui oppose un refus en raison des attaques de Voltaire contre Fréron,[52] ou Mme Du Deffand qui n'a pas donné suite à sa souscription. La liste des souscripteurs sera publiée à la fin de la première édition en 1764: elle comptera alors 1 176 noms, pour 4 009 exemplaires.[53] Opération très largement bénéficiaire, au total, on le voit. Voltaire, bailleur de fonds, n'en était pas moins passé par des affres financières. Des souscripteurs renâclent à s'acquitter, ou paient mal. Ainsi le comptable du roi de France, dans le désordre du budget, offre de payer en billets à échéance, dévalués, ou difficilement commercialisables.

Voltaire eut maille à partir, aussi, en tant que commentateur littéraire de son auteur. Une philosophie historique des civilisations oriente ses remarques: celle de son *Siècle de Louis XIV*. Lorsqu'un pays émerge de la barbarie, il suit d'abord une ligne rapidement ascendante, jusqu'à un sommet. Au-delà, c'est le déclin. Voltaire juge que la France de son temps est entrée dans cette phase de décadence.

46. Pour plus de détails, voir l'excellente édition de David Williams, *OC*, t.53-55 (un volume d'introduction, deux volumes de texte), qui constitue un travail fondamental sur les *Commentaires sur Corneille*.

47. Voir *Voltaire en son temps*, i.253 et suiv.

48. Voir David Williams, *OC*, t.63, p.64 et suiv.

49. D9877, D10030, D10181, D10001.

50. D9929.

51. Mais sa situation, militairement critique en 1761, ne lui permet guère d'être plus généreux.

52. D9957 (20 août 1761).

53. Elle est non seulement reproduite par David Williams, *OC*, t.55, p.1067-102, mais analysée par catégories sociales et par pays.

C'est ce que récemment son *Russe* est venu constater *à Paris*. Par son projet d'éditer les grands classiques du siècle précédent, il voudrait arrêter le mouvement: «fixer» selon ses termes «la langue et le goût», s'opposer, répète-t-il, à «la décadence de la langue et du goût».[54] Car le point de perfection se mesure par des critères littéraires. La langue française a acquis un degré maximal de précision, d'élégance sous Louis XIV. Elle ne doit pas changer, sous peine de se détériorer. C'est ce français-là qu'on doit proposer à une Europe s'efforçant de parler notre langue.[55] En même temps, par la lecture de nos grands classiques, sera administrée aux étrangers une leçon de «goût». Ils s'initieront, chez nos meilleurs auteurs, à des œuvres dégagées de la grossièreté, de la sottise, s'élevant par la noblesse de la forme aux grandes idées, aux grands sentiments. Le dessein de Voltaire s'inspire ainsi d'un patriotisme, développant spontanément, dans l'Europe du dix-huitième siècle, un impérialisme culturel.

Corneille appartenait à la première phase du processus, au siècle précédent. «Le bon goût», affirme Voltaire, «n'a été le partage de la France qu'à commencer du temps de *Cinna* et des *Provinciales*».[56] Qu'on s'attende donc à rencontrer chez lui les «fautes» des initiateurs, fautes qu'il faudra censurer. Voltaire ne s'en priva pas. Il avait commencé dans l'enthousiasme. Relisant *Le Cid*, il s'écrie: «Pierre, je vous adore.»[57] Mais vite il achoppe. Il s'attarde à ce qui le choque dans le génie parfois rugueux de Corneille. Aussi l'Académie, recevant ses premières notes, n'est-elle guère satisfaite. D'Alembert le lui fait savoir: il n'insiste pas assez «sur les beautés de l'auteur, et quelquefois trop sur des fautes qui peuvent n'en pas paraître à tout le monde».[58] Voltaire le reconnaît: il traite Corneille «tantôt comme un dieu, tantôt comme un cheval de carrosse».[59] Les réserves de l'Académie l'amèneront à se modérer sur le «cheval de carrosse». Il ne parvient pas pourtant à dissimuler ses dégoûts. C'est avec Racine que la tragédie française atteindra son point de perfection. Il reproche en somme à Corneille de n'être pas Racine: ce qu'il expose longuement dans une lettre à d'Olivet.[60] Et quand il arrive aux tragédies de la fin, *Attila*, *Théodore*, *Pertharite*, *Agésilas*, *Suréna*, il est «accablé». «Ah! le pauvre homme!» soupire-t-il, «qu'il me fait trouver Racine divin!» Le

54. D9733, à Duclos, D9734, à d'Olivet (10 avril 1761).

55. D10058 (7 octobre 1761), à Duclos: la supériorité de Corneille sur les dramaturges étrangers «a contribué principalement à faire de notre langue la langue universelle».

56. D9754 (vers le 25 avril 1761), longue lettre, publiée, au duc de La Vallière sur l'éloquence religieuse: dans le processus, Bourdaloue est comparable à Corneille, et Massillon à Racine. Voir aussi D9572 (24 janvier 1761), à Deodati de Tovazzi, contre la précellence de la langue italienne, soutenue par celui-ci.

57. D9790 (24 mai 1761), à Damilaville et Thiriot.

58. D9996 (8 septembre 1761).

59. D9979 (31 août 1761), à d'Argental.

60. D9959 (20 août 1761), particulièrement p.392.

Commentaire, enfin terminé, est publié en 1764. Le «cri» alors est «général». Voltaire s'est «attaché à déprimer ce grand homme». Fréron, toujours acide, lui demande: «Que diriez-vous, Monsieur, si l'on entreprenait une édition de vos ouvrages dans le même goût, si l'on s'attachait à montrer vos fautes de langage, vos solécismes, vos plagiats, votre ignorance, etc. etc. etc. etc. etc.»[61]

Le *Commentaire* reste un monument du goût de Voltaire: un goût pur, exigeant, mais irritable et étroit. Corneille mettra du temps à se relever de cette pluie de flèches voltairiennes. Il faudra attendre le paradoxal Péguy, pour proposer de réhabiliter *Tite et Bérénice*, en face de sa concurrente *Bérénice*.[62] Il faudra attendre notre siècle pour qu'on renonce à juger les ouvrages de Corneille par référence au modèle racinien; et aussi à disqualifier le reste de ce théâtre par comparaison avec *Le Cid*, *Horace*, *Cinna*, *Polyeucte*. C'est en notre temps seulement qu'on osera apprécier en elles-mêmes et rejouer des œuvres comme *Don Sanche d'Aragon*, *L'Illusion comique*, *Sertorius*, *Suréna*.

Jusque-là, Corneille aura longuement pâti, par la faute de Monsieur de Voltaire, et indirectement par la faute de Mlle Corneille.

61. Cités par David Williams, t.53, p.135, qui a donné l'historique détaillé des *Commentaires*.
62. Charles Péguy, *Victor Marie, comte Hugo* (Paris 1934), p.192.

8. D'une tsarine à l'autre

Les relations de Voltaire avec la cour de Saint-Pétersbourg avaient commencé en 1745. Il vient d'être nommé historiographe du roi. On lui a promis le prochain siège qui serait à pourvoir à l'Académie française. Il s'efforce donc d'étendre ses relations dans les capitales européennes. A la tsarine Elisabeth Petrovna il fait parvenir, par l'intermédiaire du comte d'Alion, l'ambassadeur français, sa *Henriade*, son *Poème de Fontenoy*, ses *Eléments de la philosophie de Newton*. Il demande à être admis dans l'Académie fondée par Pierre le Grand. Ce serait pour lui l'occasion de faire le voyage de Saint-Pétersbourg et d'être présenté à l'impératrice.[1] Dans la même missive, il propose d'écrire une histoire de Pierre le Grand, si du moins la tsarine en approuve le projet et lui procure des documents. Auprès de l'Académie la demande réussit. Voltaire est admis comme membre honoraire. Il remercie par une belle lettre autographe en latin cicéronien, adressée au secrétaire perpétuel, l'Allemand Gerhard Friedrich Müller.[2]

Mais du côté de la tsarine, silence complet. Elle ne remercie ni ne fait remercier Voltaire de ses œuvres. Elle laisse sans réponse l'offre d'une histoire de Pierre le Grand.

Entre la mort de Pierre le Grand (1725) et l'avènement de Paul Ier (1796), la Russie au dix-huitième siècle ne fut guère gouvernée que par des femmes. A Pierre avait succédé son épouse, Catherine Ière. A la mort de celle-ci, Pierre II ne régna que trois ans (1727-1730). Après lui l'impératrice Anna (1730-1740) avait désigné comme successeur un enfant nouveau-né, fils d'une de ses nièces. Cet Ivan VI, tsar au berceau, fut aussitôt détrôné (1741) par la fille de Pierre le Grand, Elisabeth Petrovna, qui occupera le pouvoir jusqu'en 1762.[3] L'autocratrice mena une vie privée dont Catherine II suivra l'exemple. Auprès d'elle, restée célibataire,

1. D3146 (16 juin 1745). Comme il a été annoncé dans *Voltaire en son temps*, iii.320, nous reprenons en détail dans ce chapitre l'histoire des relations de Voltaire avec la cour de Saint-Pétersbourg et la genèse de l'*Histoire de l'empire de Russie sous Pierre le Grand*.

2. D3423 (28 juin 1746). Müller l'avait informé de son élection par une lettre, également en latin (D3368a), du 25 avril. On se rappellera que la Russie n'avait pas encore adopté la réforme grégorienne du calendrier (elle ne s'y ralliera qu'après la Révolution de 1917). Nous donnerons toujours les dates selon le calendrier grégorien (en avance, au dix-huitième siècle, de onze jours sur le calendrier russe).

3. Voltaire le fait apparaître dans *Candide*, au chapitre du carnaval des rois à Venise. En réalité, le malheureux passa sa vie en prison. Catherine II fera assassiner en 1764 cet éventuel compétiteur.

des jeunes gens se succédèrent dans ses faveurs, jusqu'au moment où, l'âge venu, elle se fixa. Son choix s'arrêta sur Ivan Ivanovitch Shouvalov, de vingt-huit ans plus jeune qu'elle.[4] Avec le titre de chambellan et de lieutenant-général, il va exercer une influence prépondérante sur la nonchalante Elisabeth, dans les dernières années du règne. Aimant les lettres, parlant et écrivant parfaitement le français, il a pour l'empire de Russie des ambitions culturelles. Il fonde une université à Moscou (1755) et une Académie des beaux-arts à Pétersbourg (1757). Il entend démontrer que son pays appartient au monde européen des Lumières. La nécessité s'en faisait sentir depuis qu'au début de la guerre de Sept Ans la Russie se trouvait être l'alliée de l'Autriche et de la France contre la Prusse et l'Angleterre. Il revient alors au projet de Voltaire, depuis longtemps oublié, d'écrire une histoire de Pierre le Grand.

Deux gentilshommes russes vivaient alors à Genève. Avram Pavlovitch Veselovski, jadis compromis dans le complot du tsarévitch Alexis contre Pierre le Grand, avait dû s'exiler. Son frère Fedor Pavlovitch, compromis lui aussi, l'avait accompagné. C'est à celui-ci que Shouvalov s'adressa au début de 1757. De la part du favori, Fedor Pavlovitch Veselovski propose par lettre à Voltaire d'écrire l'histoire de Pierre le Grand. Déjà, avant cette demande officielle, des contacts avaient été pris.[5] On avait proposé à l'illustre auteur d'aller rédiger son ouvrage sur place à Pétersbourg. Quelle gloire pour la cour russe si le grand homme voulait bien l'honorer de sa présence, comme naguère celle de Prusse! Etant entendu que les choses tourneraient tout autrement. Mais Voltaire se dérobe. Aux Russes, il allègue son mauvais état de santé. Aux intimes, il dit la vraie raison: «Je ne veux ni roi, ni autocratrice. J'en ai tâté, cela suffit.»[6] Informé de ce refus, Veselovski lui promet qu'à défaut on lui fera parvenir tous les documents dont il aura besoin. Dans ces conditions, Voltaire accepte. Le 27 avril 1757, Ivan Shouvalov lui écrit lui-même, pour confirmer leur accord: c'est le début de la correspondance entre le favori et le philosophe.

Outre les considérations de santé et de prudence, Voltaire avait de bonnes raisons de ne pas se rendre à Pétersbourg. Il veut écrire en toute indépendance, hors de l'influence de la cour russe (bien qu'avec l'approbation de celle-ci). Car dès les origines une divergence apparaît entre ce qu'on attend de lui et l'idée qu'il se fait du tsar fondateur d'une nation, telle qu'il l'avait esquissée déjà dans son *Histoire de Charles XII*. On compte, du côté russe, que cette nouvelle histoire

4. Il était né en 1737. Voltaire sera étonné d'apprendre qu'il n'a que vingt-cinq ans, D7811 (1er août 1758): en fait Shouvalov n'a même à cette date que vingt-et-un ans.

5. La lettre de Veselovski est du 16 février 1757 (D7160). Mais quelques jours plus tôt, Voltaire mandait à Richelieu: «L'autocratrice de toutes les Russies veut que j'aille à Pétersbourg» (D7141, 4 février). Même message à la duchesse de Saxe-Gotha (D7150), à la margrave de Bayreuth (D7151).

6. D7152, à Cideville (9 février 1757).

proposera une glorification du tsar, un éloge patriotique de ses hauts faits, faisant taire les bruits défavorables qui courent en Europe (fondés, hélas! sur des faits trop réels). On espère que l'historien, naguère victime de Frédéric II, réduira enfin au silence ce souverain qui se plaît à taxer Pierre le Grand de barbarie, et à répandre ses ironies sur Elisabeth Petrovna, la désignant comme l'une des «trois catins» qu'il a à combattre. Dans cette vue, on fait parvenir aux Délices les documents adéquats. Veselovski a promis une «collection de médailles en or des principaux événements du règne de Pierre le Grand». Voltaire a beau protester que ces témoignages commémoratifs sont absolument «inutiles» à l'historien, il recevra lesdits «médaillons d'or grands comme des patènes», au lieu des mémoires qu'il réclame.[7] Bientôt, en guise de mémoires, on lui fait parvenir la traduction française de certains manuscrits de Lomonosov. Mikhaïl Vassilievitch Lomonosov, pionnier des lettres russes, après avoir erré une dizaine d'années en Allemagne et jusqu'aux Pays-Bas pour compléter sa formation, était entré à l'Université et à l'Académie de Saint-Pétersbourg. Shouvalov le protège. Or en sa jeunesse il avait entrepris de versifier une grande épopée sur Pierre le Grand, une *Tsaréïde*. Le poème restait dans les papiers de l'auteur à l'état de manuscrit inachevé. Mais Lomonosov en avait établi un long canevas en prose, sous le titre *Apothéose de Pierre le Grand, czar et empereur de toutes les Russies*. On fit donc tenir à Voltaire une traduction française de ce «document», rien moins qu'historique: l'épopée de Lomonosov s'ouvrait sur une visite du tsar à la déesse de la mer, Thétis... On y joignit du même auteur, également en traduction, un *Parallèle de Pierre le Grand avec Alexandre le Grand et Lycurgue le législateur*, et enfin une *Réfutation* des attaques contre le tsar. Une copie de ces textes a été retrouvée à Prague, et publiée.[8] A lire cet ensemble, on comprend que Voltaire ait réagi défavorablement. Un panégyrique, répond-il, est étranger à l'esprit historique. «Il n'y a que les vérités de l'histoire qui puissent forcer l'esprit à croire et à admirer».[9]

D'emblée, dès sa première lettre à Shouvalov, il avait affirmé sa conception de l'œuvre. Il écrirait une histoire «philosophique» de Pierre le Grand, conforme à «l'esprit éclairé qui règne aujourd'hui dans les principales nations de l'Europe». Il va brosser le «vaste tableau de la réforme du plus grand empire de la terre». Il montrera ce tsar révolutionnaire arrachant son pays à un archaïsme barbare pour en faire une nation moderne. Par là Pierre le Grand épouse le mouvement de son siècle. Héros des Lumières, il a fait «le bien du genre humain dans l'étendue de deux mille lieues de pays». Retracer l'histoire de ce grand homme, c'est dévoiler

7. D7160, D7169, D7407.

8. *L'Apothéose de Pierre le Grand, trois écrits historiques, inconnus, présumés de M. V. Lomonosov*, publiés par Vaclav Černy (Prague 1964).

9. D8486 (18 septembre 1759), à Shouvalov.

un «beau spectacle», celui de «l'esprit humain» en voie de «s'étendre».[10] L'éloge du souverain ressortira de lui-même. L'historien, après avoir décrit «l'état florissant» où se trouve présentement l'empire de Russie, désigne «le créateur de tous ces prodiges». L'évidence des faits, sans enflure oratoire, impose l'idée de la grandeur de Pierre Alexeiévitch.

Un tel parti permet à Voltaire d'éviter de dangereux écueils. La biographie de son personnage comporte, il ne le sait que trop, d'odieux épisodes. Le grand homme était une brute: un ivrogne, parfois sanguinaire dans ses emportements éthyliques. Il lui arrivait non seulement d'abreuver de vodka les filles d'honneur mais, «au dessert», de «couper quelques têtes».[11] Il y a pire encore. Les réformes du tsar se sont heurtées à l'opposition des strélitz, milice turbulente et indocile, comparables aux janissaires de l'empire ottoman. La modernisation de la Russie exigeait évidemment l'élimination de ces unités factieuses. Les strélitz s'étant soulevés pendant son voyage à l'étranger, Pierre le Grand procéda personnellement à leur liquidation, et avec quelle férocité! Un écrit qui circulait en Europe racontait la scène: il tranche lui-même quatre-vingts têtes, dans le parc Preobrajenski. Un boyard tenait le supplicié par les cheveux, pour que le tsar frappât juste.[12] Voltaire est en droit de passer sous silence ces accès barbares de son personnage.[13] Il a choisi pour sujet l'autre aspect du même homme: l'action novatrice qui a fait de la Russie l'une des grandes puissances de l'Europe.

Voltaire ne veut pas se laisser dicter un autre plan. Il prend les devants, sans attendre les documents qu'on lui promet de Pétersbourg. A l'aide des seuls matériaux de son *Histoire de Charles XII*, il rédige très vite huit chapitres qu'il envoie à Shouvalov le 7 août 1757, soit au bout de six mois à peine. Mais pour continuer il lui faut d'autres informations, indispensables à l'histoire telle qu'il la conçoit: donc des mémoires sur «les manufactures», «les communications des fleuves», «les travaux publics», «les monnaies», «la jurisprudence», «les armées de terre et de mer». L'historien le constate tristement: «ce qui mérite le mieux d'être connu de toutes les nations ne l'est en effet de personne». Il a effectivement bien de la peine à obtenir de Pétersbourg ce genre d'informations, qu'on doit juger là-bas peu utiles à un panégyrique de Pierre le Grand. Les envois au surplus, quand ils sont effectués, sont exposés entre la capitale russe et Genève à toutes sortes d'aléas. En raison du mauvais état des routes, on attend à Pétersbourg

10. D7298, D7349, D7412.

11. D7349, D7412.

12. *Histoire de Pierre Ier, surnommé le Grand* (Amsterdam, Leipzig 1742), par Eléazar Mauvillon, secrétaire du roi de Pologne, électeur de Saxe. Lomonosov, *L'Apothéose*, p.110-11, oppose à ce récit, bien faiblement, qu'une telle action est «incompatible avec la majesté d'un empereur».

13. La participation du tsar au massacre des strélitz ne sera pas mentionnée dans l'*Histoire de l'empire de Russie sous Pierre le Grand*.

la belle saison pour procéder aux expéditions. On évite la voie directe, par l'Allemagne en guerre, ravagée par quatre ou cinq armées (prussienne, française, autrichienne, russe, plus les Anglais du Hanovre). Les courriers sont donc adressés à Vienne, à des personnes réputées sûres, et qui ne le sont pas toujours: un M. Pouchkine s'est enfui, emportant et les mémoires et l'argent destiné à l'impression du livre.

Cependant, avec ou sans mémoires, Voltaire a poussé hardiment la rédaction. Aussi est-il en mesure, à la fin de 1759, de faire imprimer par Cramer le tome I de l'*Histoire de l'empire de Russie*. Il avait envoyé son manuscrit en cahiers successifs à Pétersbourg, pour être examiné par les experts de l'Académie des sciences. Les réponses tardant à arriver, il publie son tome premier sans plus attendre. Un incident était survenu qui l'avait irrité contre les savants russes. Lomonosov avait antérieurement rédigé une *Réfutation* des critiques adressées à Pierre le Grand. Il apparaissait à ce patriote sourcilleux que l'*Histoire de Charles XII* n'avait pas fait la part assez belle au héros de la Russie. Aussi le plus grand nombre des remarques de la *Réfutation* prenaient-elles à partie celui qui était désigné dédaigneusement comme «le poète historien». Blessé en son chauvinisme, Lomonosov affirmait d'entrée de jeu que «de tous les auteurs étrangers qui ont parlé de Pierre le Grand, aucun n'en a fait un plus noir portrait que Mr. Voltaire».[14] Imputation très injuste. Il est évident au contraire que dans le *Charles XII*, surtout après la révision de 1739, la comparaison avec le conquérant suédois démontre la supériorité d'un tsar fondateur de son peuple. Or cette phrase sur le «portrait noir», avec les autres remarques acrimonieuses, Voltaire put la lire, grâce aux bons soins de ses correspondants russes. Ceux-ci, apparemment mal informés de sa susceptibilité, lui firent parvenir en guise de document le petit pamphlet antivoltairien qu'est la *Réfutation* de Lomonosov. Il réagit avec une rage froide. Il obtient, par le comte de Tressan, l'attestation d'un acteur des événements, l'ancien roi de Pologne, protégé de Charles XII, Stanislas Leszczynski, actuellement beau-père du roi de France, terminant paisiblement sa vie en Lorraine. Stanislas certifie «l'exacte vérité de tous les faits contenus» dans l'*Histoire de Charles XII*.[15] Voltaire publie ce témoignage en bonne place dans la préface de son *Histoire de l'empire de Russie* de 1759.[16]

Les remarques des savants russes, portant désormais sur le texte imprimé du

14. *L'Apothéose*, p.119, 130.

15. D8408 (29 juillet 1759). Contrairement à ce que croyait Černy, qui ne connaissait pas la lettre de Shouvalov, D7755 (13 juin 1758), la *Réfutation* n'a pas été envoyée à Voltaire en même temps que l'*Apothéose*: elle a sans doute été reçue peu avant D8408.

16. Ultérieurement (édition in-quarto de 1769), Voltaire transfère l'attestation, sous le titre *Avis important*, en tête de l'*Histoire de Charles XII* où elle est mieux à sa place.

premier tome, parviennent à Ferney au début de juin 1761. Ces messieurs – Müller, Büsching, Lomonosov – n'avaient pas la manière douce. Ils relevaient d'un ton rogue des erreurs qui étaient parfois des vétilles. Voltaire s'en plaint avec vivacité dans sa réponse à Shouvalov. On lui fait des querelles orthographiques. Deux des censeurs, étant Allemands, voudraient lui imposer la transcription germanique des noms. Ainsi le nom de Voronej, transposé par lui en Véronise, devrait s'écrire Woronestsch. Voltaire souhaite à ses censeurs «plus d'esprit et moins de consonnes». Comment s'appelait tel médecin hollandais dont il a dû parler? Vangad, selon les mémoires reçus de Pétersbourg. Non, Vangardt, rectifient ses auteurs d'observations. Comment supporter pareilles chicanes? «Il semble qu'on ait cherché à me mortifier, à me dégoûter, et à trouver dans l'ouvrage des fautes qui n'y sont pas».[17] Pourtant un examen attentif a révélé que beaucoup de ces remarques étaient fondées.[18] On objectait à juste titre que Pétersbourg au temps de Pierre le Grand était moins splendide que ne l'imaginait l'historien dans son enthousiasme. Point de balustrade de belles pierres en bordure de la Néva. Le nouveau palais d'été, «un des plus beaux morceaux d'architecture qui soit en Europe»? Ce n'était qu'une vaste bâtisse de bois. La «porte triomphale»? Elle n'existe plus: construite, en bois aussi, pour l'entrée du tsar dans sa capitale, elle a été ensuite abattue. Confusions entre le tsar Ivan Vassiliévitch et son grand-père portant le même nom, du Dniestr avec le Dniepr, erreur sur une prétendue «ville chinoise» dans Moscou, etc.[19] Voltaire, irrité, tint peu de compte de toutes ces observations. Dans la révision de son texte, il n'adoptera qu'une vingtaine de corrections sur les trois cents demandées. Mais, alerté, il se montrera plus docile dans le second tome: la proportion passera à soixante-dix sur deux cents.

Du côté de Pétersbourg quelqu'un l'a déçu plus encore que les érudits de l'Académie des sciences. Dès la lettre où il accepte d'entreprendre l'*Histoire de Russie*, il sollicite expressément l'approbation de la tsarine Elisabeth Petrovna. Ensuite, lettre après lettre, il y revient. Que Shouvalov veuille bien dire si Sa Majesté donne son «agrément» à l'histoire de son père. Pendant des mois, des années, il insiste.[20] En vain. Nous n'avons pas une seule lettre d'Elisabeth Petrovna à Voltaire. Un jour arrive à Ferney un ballot contenant, outre «une très grande compilation de mémoires», des fourrures précieuses – «marte zibeline» et les «plus belles hermines» – «avec une prodigieuse quantité de Chine».[21] Mais l'envoi fut sans doute diligenté par le seul Shouvalov. Ensuite, quand est

17. D9818 (11 juin 1761), à Shouvalov.

18. Voir Y. F. Šmurlo, *Voltaire et son œuvre «Histoire de l'empire de Russie sous Pierre le Grand»* (Prague 1929).

19. Voir *OH*, p.1690-94.

20. D7298, D7339, D7342, D7349, D7369, D7415, D8974, D9530, D9612, D9750, D7791, D9799...

21. D8341 (8 juin 1759), Mme Denis à Cideville.

lancée l'édition de Corneille, l'impératrice souscrit généreusement: deux cents exemplaires. Mais est-ce elle, ou en son nom Shouvalov? Pas un mot de sa main impériale pour accompagner la souscription.[22] Lorsqu'en 1759 est imprimé le premier tome, Voltaire a pris soin d'y faire graver un portrait de la tsarine.[23] Comme il convient, l'auteur en offre des exemplaires à la souveraine. Il attend des remerciements. «C'est ainsi que nos rois ont la bonté d'en user», mande-t-il à Shouvalov.[24] Mais Sa Majesté tsariste, elle, garde le silence.

Le chambellan fort embarrassé essaie de pallier ce mutisme.[25] Le volume a excité la colère de Frédéric II: de quoi Voltaire s'avise-t-il «d'écrire l'histoire des loups et des ours de Sibérie»? Or n'y a-t-il pas de quoi contenter la tsarine dans cette mauvaise humeur de son pire ennemi? Voltaire «se flatte» que «la digne fille de Pierre le Grand sera aussi contente du monument élevé à son père que le roi de Prusse en est fâché».[26] Il se flattait en vain. Elisabeth Petrovna va mourir sans lui avoir adressé le moindre signe de satisfaction. Elle a laissé faire Shouvalov. Quant à elle, peu lui chaut de Voltaire, de ses œuvres, et notamment de l'*Histoire de l'empire de Russie*.

Une autre tsarine bientôt comprendra mieux le prestige européen qu'elle peut tirer de ses relations avec les philosophes français.

Elisabeth Petrovna mourut le 15 janvier 1762 (5 janvier a.s.). Pierre III son neveu lui succéda. Le nouveau souverain portait une admiration éperdue à Frédéric II. Il le sauva d'un désastre imminent. Depuis 1758, les troupes russes occupaient la Prusse orientale. Pendant quatre années le commandement pratiquait avec succès une politique de séduction auprès de l'aristocratie locale, préparant de toute évidence l'annexion à l'empire tsariste. Replié sur le Brandebourg, Frédéric résistait mal aux assauts, heureusement pour lui mal coordonnés, des armées russes et autrichiennes. En 1760, Berlin fut bombardé, occupé, mis à sac par l'ennemi. Mais Frédéric réussit à battre à Torgau les Autrichiens qui avaient commis la faute de se séparer de leurs alliés. La campagne de 1761 laisse l'armée prussienne dans un état lamentable: armement délabré, effectifs très réduits, et le trésor est vide. Il est vraisemblable que Frédéric n'aurait pas pu

22. D10031, D10038, D10131.

23. Lequel excita la malice des Parisiens. Epigramme rapportée à Voltaire par d'Alembert (D9384): elle

> N'est là que pour montrer deux énormes tétons
> Que, tout flasques qu'ils sont, Shouvalov idolâtre.

24. D9530 (10 janvier 1761), Voltaire à Shouvalov.

25. D9750 (12 avril 1761): «Ce que je vous ai marqué dans une de mes précédentes lettres ne devrait vous laisser aucun doute sur le contentement que mon auguste souveraine fait paraître à l'égard de votre ouvrage.»

26. D9367, D9441.

résister à une troisième campagne. Alors se produisit le miracle: l'avènement de Pierre III. Partisan inconditionnel du génial stratège, il signe la paix en mai 1762. Il restitue la Prusse orientale sans contrepartie. Il va même en juin jusqu'à conclure une alliance avec l'ennemi de la veille. Le revirement russe acculait l'Autriche et la France à accepter la paix dans la défaite. Ainsi était démontré le poids décisif en Europe de la puissance russe. Les réformes de Pierre le Grand développaient leurs effets diplomatiques et militaires. Au moment où paraissait l'*Histoire de l'empire de Russie* les événements se chargeaient de confirmer ce que Voltaire disait de l'action du tsar novateur.

Mais Frédéric n'avait en Pierre III qu'un bien piètre allié. Ce tsar de toutes les Russies, formé à l'étranger, en Allemagne, et en outre alcoolique et taré, détestait les Russes. En quelques mois, il réussit à dresser contre lui la cour, l'armée, l'Eglise orthodoxe. On l'avait marié à une princesse allemande de la maison d'Anhalt-Zerbst, Sophie, âgée de seize ans, rebaptisée Catherine après son mariage. L'odieux personnage la rudoyait, menaçant de la répudier et de l'enfermer dans un couvent. Mais Catherine n'était pas femme à se laisser faire. Contrairement à son mari, elle s'était appliquée à devenir toute russe. Elle gagne à sa cause la cour, où elle peut compter sur plusieurs officiers qui furent ses amants: les Orlov et Potemkine. Elle est aimée de l'armée et du petit peuple. Mettant à profit une absence de Pierre III, elle monte à cheval, prend la tête des régiments qui lui sont favorables, se proclame impératrice autocrate sous le nom de Catherine II. Son mari n'ose pas lui résister. Il abdique et, au bout de quatre jours, elle le fait assassiner. Version officielle : il est mort subitement d'un transport au cerveau (juillet 1762). Catherine II allait régner en souveraine absolue sur l'empire de Russie, pendant un tiers de siècle (1762-1796).

De ces débuts entachés de crime, la nouvelle tsarine prend soin d'effacer tout de suite l'effet déplorable qu'ils risquent de produire. En Europe, elle s'adresse à Voltaire. Elle a beaucoup lu ses œuvres. Elle les aime.[27] Elle connaît bien l'influence de l'homme de Ferney sur l'opinion éclairée. Or par chance, voici qu'arrive à Saint-Pétersbourg un jeune homme qui fut un voisin des Délices: François Pierre Pictet, dit le Géant. Rompant avec la sagesse d'une famille de magistrats, ayant siégé de génération en génération dans les conseils de la République, François Pierre va mener une existence vagabonde. Il séjourne d'abord à Vienne auprès du jeune comte Alexandre Romanovitch Vorontsov, chargé d'affaires de Russie par intérim.[28] Puis, apprenant la mort d'Elisabeth Petrovna, il va chercher fortune à la cour de Russie, auprès du nouveau souverain. Il adresse aussitôt à Voltaire une lettre dithyrambique sur les débuts de Pierre III :

27. D10817.
28. D10091 (24 octobre 1761). La date de D9581, Saint-Pétersbourg, 29 janvier 1761, est erronée. François Pierre Pictet n'a pas encore quitté la Suisse.

il s'imagine que ce médiocre personnage fera une longue carrière.[29] Mais après le coup d'Etat de Catherine II, il opère un rétablissement instantané. La tsarine va désormais l'utiliser comme intermédiaire auprès de Voltaire. Le «Géant» raconte par une longue lettre la prise de pouvoir de l'impératrice. Il faut que Voltaire sache bien que c'est «la Nation russe» qui a chassé Pierre III. Aucune «intrigue», aucune «faction»: Catherine II n'a pas «cherché le trône», «elle n'a fait que céder au vœu général de la nation». Pictet l'avouera: son texte a été soumis à l'approbation de la souveraine.[30] Mais Voltaire savait à quoi s'en tenir. Shouvalov lui avait raconté comment les choses s'étaient réellement passées.[31] Aussi répond-il brièvement et froidement à la version officielle. Pictet qui se flattait de montrer une lettre chaleureuse est déçu, et Catherine II aussi. Pourtant elle ne se décourage pas. Elle fait savoir à Voltaire qu'on joue à la cour *Zaïre*, *Alzire*, *L'Orphelin de la Chine*. Elle demande qu'on lui envoie *La Pucelle*. Par un autre intermédiaire, Boris Mikhaïlovitch Saltykov, Voltaire reçoit un message édifiant: la Russie sans doute est restée, à bien des égards, barbare; mais depuis quatre mois que règne la tsarine, «notre empire commence à changer de face». Elle prépare une «oukase de liberté». Elle veut créer «un Tiers-Etat qui nous manque absolument».[32] Rompant avec la nonchalance d'Elisabeth Petrovna, elle s'applique à modeler son visage de souveraine éclairée. Elle travaille à séduire l'Europe philosophique. Elle invite d'Alembert à venir se fixer à Saint-Pétersbourg: il dirigera l'éducation du prince impérial.[33] L'*Encyclopédie* est interdite en France? Qu'on vienne donc l'imprimer en Russie, par exemple à Riga.[34]

Cette dernière proposition était passée par Shouvalov. Celui que Voltaire appellera «l'ancien empereur»[35] – en quelque sorte, morganatique – n'était pas immédiatement tombé en disgrâce, à la mort de sa chère Elisabeth Petrovna. Il avait survécu même à la chute de Pierre III. En août 1762, Catherine II l'utilise

29. D10355, lettre datée 18/29 janvier 1761 [1762]. Les événements dont il est question dans D10355 ont eu lieu le 18 février ancien style. Th. Besterman corrige la date: [2 mars 1762]. Voltaire répond à D10355 par D10369, datée du 12 mars 1762: D10355 a-t-il mis seulement dix jours pour venir de Saint-Pétersbourg à Ferney?

30. D10650 (15 août 1762). Catherine II insiste sur un point: que Voltaire n'aille pas s'imaginer qu'elle fut aidée par la princesse Dachkova, sœur de la maîtresse de Pierre III (ce qui fut pourtant le cas).

31. D10596 (20 juillet 1762).

32. D10818 (30 novembre 1762).

33. D10817 (30 novembre 1762). Ce que d'Alembert refuse. Voltaire ne l'en blâme pas, mais constate: la philosophie «a fait une alliance avec les puissances du nord» (D10980).

34. D10664 (20 août 1762). Voltaire répond que les engagements pris avec des libraires français ne permettent pas cette transplantation. Mais beaucoup d'articles sont défectueux. Pourquoi ne ferait-on pas une deuxième édition, améliorée, en Russie (D10730, 25 septembre 1762)?

35. D18634 (19 novembre 1773).

encore comme intermédiaire avec Ferney. Mais sa position à Saint-Pétersbourg devenait de plus en plus difficile. A la fin octobre, il avoue à Voltaire son désarroi. Il part pour l'Europe de l'Ouest. Il annonce sa visite à Ferney. En fait le philosophe, qui se réjouit d'accueillir ce seigneur russe dans sa «simplicité champêtre»[36] ne le verra pas de sitôt. Shouvalov n'a nulle hâte de se rendre auprès de son illustre correspondant. Il séjourne longuement à Vienne, promettant toujours qu'il arrivera en Suisse «dans peu de temps».[37] En réalité Voltaire le verra seulement dix ans plus tard. Shouvalov rendra à Ferney une unique visite, en novembre et décembre 1773.[38]

C'est pourtant sous ses auspices que Voltaire avait terminé la rédaction de l'*Histoire de l'empire de Russie*. A peine paru le tome I, l'historien avait attaqué le tome II. Comme précédemment, il envoie le manuscrit à Shouvalov, cahier par cahier. En marge, il broche une satire, *Le Russe à Paris*.[39] Avançant dans la vie de Pierre le Grand, il rencontre l'un de ces épisodes qui mettent dans le plus grand embarras le chroniqueur quasi officiel qu'il est: la mort dans les conditions les plus suspectes du fils de Pierre le Grand, le tsarévitch Alexis, héritier présomptif de l'empire. La première épouse du tsar, Eudoxie Théodora Lapoukin, «dominée par la superstition»,[40] avait détesté les nouveautés introduites par son mari: ce qui lui valut d'être répudiée et enfermée dans un couvent. Son fils Alexis hérita de ses dispositions. Personnage peu sympathique. Il fit mourir par ses brutalités la très jeune princesse de Wolfenbüttel qu'on lui avait donnée comme femme. L'ivrognerie et la débauche n'étaient certes pas, sous Pierre le Grand, des motifs d'exclusion du trône. Mais Alexis, qui détestait son père, s'était bien promis d'anéantir son œuvre, et de restaurer l'ancien ordre, ou désordre. Il fit, en 1717, un voyage à Vienne et en Italie, apparemment pour chercher des appuis extérieurs. Pierre le Grand décida donc de l'éliminer. Il voulut le faire dans des formes juridiques. L'Europe assista alors à l'un de ces étranges procès russes où l'inculpé s'applique à renchérir sur les charges de l'accusation. Alexis est condamné à mort. A la lecture de la sentence, il serait tombé «en convulsions». Le lendemain il serait mort, après s'être pieusement réconcilié avec son père. Voltaire reproduit cette édifiante version sans en cacher l'invraisemblance: «Il est très rare qu'un jeune homme expire d'une révolution subite causée par la lecture d'un arrêt de mort, et surtout d'un arrêt auquel il s'attendait.» Sur la version manuscrite envoyée à Saint-Pétersbourg, Voltaire ajoutait: «mais on en a quelques

36. D10783 (29 octobre 1762), D10852 (19 décembre 1762).
37. D11260 (9 juin 1763), D11337 (2 août 1763).
38. D18634, D18878.
39. D8620 (30 novembre 1759), D9813 (8 juin 1761).
40. *OH*, p.540.

exemples». En marge: «j'en cherche». Le censeur russe: «Vous ne sauriez manquer d'en trouver». Il finira par imprimer, dans le texte définitif: «mais enfin les médecins avouent que la chose est possible».[41] Quels médecins? Voltaire ne le dit pas, et pour cause.

Il ne laisse cependant pas ignorer une autre version, infiniment plus vraisemblable, que colportait la rumeur. Après la condamnation, le tsar avait lui-même donné le knout à son fils, et l'avait de ses mains décapité. On prit soin ensuite d'ajuster exactement la tête sur le cou, pour exposer publiquement le corps selon la tradition russe. Voltaire rapporte en détail ce récit, imprimé par Lamberty dans ses *Mémoires*. Mais il ne l'adopte pas.[42] Servitude de l'historiographe aux ordres!

L'historien est infiniment plus à l'aise pour rapporter la fin du règne et en dresser le bilan. «Les esprits sages», note-t-il, «aiment mieux voir un grand homme travailler vingt-cinq ans au bonheur d'un grand empire, que d'apprendre» les secrets scandaleux de sa vie privée. L'*Histoire de l'empire de Russie sous Pierre le Grand* conserve pour nous le mérite de mettre en valeur ce qui est effectivement l'essentiel dans l'œuvre du tsar révolutionnaire. L'historien était fondé à accorder autant de place qu'il l'a fait aux campagnes militaires de son «grand homme». Le jeune Pierre Alexeiévitch n'est pas parti d'une notion abstraite, s'inspirant d'une «philosophie des Lumières» qu'il ignorait. A ses débuts il a la passion de la marine et une vocation militaire. Or il lui a fallu d'emblée combattre ses ennemis de l'intérieur et les ennemis héréditaires de la Moscovie. Depuis longtemps les tsars sont engagés dans une guerre quasi permanente contre les Ottomans et contre les Tatars. La première expédition de Pierre le Grand fut en direction de la Crimée et marquée par la prise d'Azov. Ensuite, mettant à profit l'abaissement de l'empire ottoman (paix de Karlovitz, 1699), il peut tourner ses forces vers l'Ouest. De ce côté, il se heurte à la puissance dominante, qui est la Suède de Charles XII. Pour affronter un tel adversaire, il lui faut procéder à la première de ses réformes, celle de l'armée. Les forces russes ne peuvent plus être cette cohue archaïque, où chaque boyard emmène avec lui, pour une campagne, la troupe de ses moujiks. Pierre met sur pied une armée permanente, organisée et disciplinée sur le modèle occidental. Grâce à l'instrument militaire, il desserre l'étreinte du côté des pays baltes. Il fonde Saint-Pétersbourg et ouvre la Russie sur l'Ouest. Il édifie, à partir de là, un Etat moderne. Il dote l'empire des moyens financiers indispensables, par une réforme fiscale, établissant une administration chargée de

41. *OH*, p.559 et variante.

42. *OH*, p.558. Lomonosov, dans ses notes transmises à Voltaire, réfutait d'autres versions: Pierre le Grand aurait fait ouvrir les veines à son fils dans un bain, ou bien il l'aurait fait mourir par le poison (*L'Apothéose de Pierre le Grand*, p.113). L'*Histoire de l'empire de Russie* ne dit rien de ces récits, moins accrédités que celui de Lamberti.

lever l'impôt. Il supprime le patriarcat orthodoxe, met au pas le clergé, et lève ainsi la tutelle anachronique qui pesait sur le pouvoir du tsar. Il tente d'imposer les mœurs qu'il a vues dans ses voyages en Europe de l'Ouest. Il réforme le mariage, s'efforce d'introduire une vie de cour et une vie mondaine. Il ouvre un musée à Saint-Pétersbourg. Pour attirer les visiteurs, on offre à chacun un verre de vodka à la sortie. Conscient de ce qui fait la force d'une nation moderne, il mène une politique de développement économique. Philosophe sans doute sans le savoir, il a, par bon sens et pragmatisme, rejoint les Lumières. Il va en être, notamment grâce à Voltaire, l'un des modèles constamment proposés dans la campagne philosophique.

Il est banal qu'un chef d'Etat inaugure le monument construit sous son prédécesseur. C'est un peu ce qui s'est passé pour l'*Histoire de l'empire de Russie*. L'ouvrage complété par son second tome sort des presses de Cramer en juin 1763. Catherine II règne alors depuis près d'un an.[43] Elle ne pouvait qu'être flattée du tableau que l'historien brossait de son empire : un pays moderne, en plein essor. Elle n'allait pas lui reprocher d'embellir la réalité et de passer sous silence, dans son enthousiasme, toutes les marques d'arriération que détaillera bientôt l'abbé Chappe d'Auteroche.[44] Elle lui sait gré surtout du magnifique éloge qu'il fait de la politique de Pierre le Grand. Elle entend bien, elle, poursuivre et développer l'œuvre du tsar fondateur. C'est ce que manifestera bientôt la gigantesque statue équestre qu'elle va commander à Falconet :[45] au bord de la Néva, sur un rocher de Finlande, le tsar cabrant son cheval vers le ciel s'élance vers l'avenir. Ce sera la traduction monumentale du Pierre le Grand de Voltaire. Dès maintenant, Catherine II fait savoir à l'historien de la Russie que le tsar a laissé son œuvre inachevée, et qu'après quarante années de stagnation elle entend, elle, la reprendre et la mener à son terme. Ce message est encore envoyé indirectement par le truchement de Pictet le « Géant ».[46] Voltaire fait des avances pour une relation épistolaire directe. Il fait savoir, toujours par Pictet, qu'il a connu en Prusse la mère de la tsarine, Jeanne Elisabeth d'Anhalt-Zerbst, princesse « fort belle et pleine d'esprit », à laquelle il était « très attaché » et qui en retour l'honorait de « beaucoup de bonté ».[47] Catherine ne se fit pas prier. En septembre 1763, elle trace de sa main sa première lettre à Voltaire. Ainsi commence un commerce épistolaire qui ira s'intensifiant et ne prendra fin qu'en mai 1778, à la mort du patriarche. Au total, cent-quatre-vingt-sept lettres échangées : une correspondance

43. Elle a reçu son exemplaire et remercie en septembre (D11421).

44. Jean Chappe d'Auteroche, *Voyage en Sibérie, fait par ordre du roi en 1761* [...] *de Paris à Tobolsk* (Paris 1768). Catherine II entrera en fureur en prenant connaissance de cette relation trop véridique.

45. Falconet vient à Saint-Pétersbourg pour la réaliser à partir de 1766.

46. D11201 (10 mai 1763).

47. D11296 (4 juillet 1763), D12809. La princesse Johanna était morte le 30 mai 1760.

à mettre en parallèle avec la correspondance de Voltaire et de Frédéric II. Comme celle-ci, elle témoigne de «l'universalité de la langue française», du moins en Europe et dans le deuxième tiers du dix-huitième siècle. Mais la tsarine, née Allemande, écrit un français embarrassé. La qualité de sa langue s'améliorera, sans jamais atteindre l'aisance de Frédéric. Elle conservera en revanche la saveur du français parlé par un étranger, avec gaucheries et impropriétés. C'est une correspondance beaucoup plus calme que la correspondance de Voltaire avec le roi de Prusse. Point ici, de la part du souverain, de ces coups de colère, de ces interruptions, de ces perfidies aussi qui rehaussent l'échange entre Frédéric et Voltaire. Catherine est femme, très femme. Elle sait présenter, épistolairement parlant, un visage toujours avenant. Avec souplesse, à ce correspondant qu'elle n'a jamais vu et ne verra jamais, elle dit toujours ce qui lui agréera le mieux. Sans doute elle a pour l'esprit et les ouvrages de Voltaire un goût réel. Mais à sa sincérité un calcul se mêle, en proportion indéfinissable. Lorsqu'elle écrit à Ferney, elle n'oublie jamais de faire elle-même la propagande de sa propre politique. Elle flatte et caresse. Dès mai 1763, elle avait souscrit à cinquante exemplaires du *Corneille*.[48] Ayant reçu *La Défense de mon oncle*, elle remercie en badinant, à vrai dire assez lourdement, sur le pseudo-neveu du fictif abbé Bazin. Elle envoie une lettre de change pour les Sirven. Elle permet (elle demande) que son geste soit annoncé publiquement.[49] Elle s'est fait inoculer – audace «philosophique» – et avec elle le tsarévitch, le comte Orlov, les principaux courtisans.[50] Elle fait grand bruit d'une commission qu'elle a établie pour la réforme des lois, laquelle en fait n'entamera nullement les pouvoirs de l'autocratrice.[51] Elle protège Diderot, d'Alembert, les Calas. Voltaire se dit ravi. «Tous les gens de lettres de l'Europe doivent être à vos pieds.» «Louis XIV avait moins de magnificence que Votre Majesté.»[52]

Adroitement, elle insiste sur ce qui tient particulièrement à cœur à son correspondant de Ferney. Elle peuple une Russie où l'espèce humaine, effectivement, était jusqu'alors fort clairsemée. Elle change «des déserts» en «villes superbes». C'est «un excellent terrain, sur lequel une bonne graine prend bien vite.» Ainsi Saratov qui s'élève déjà à 27 000 âmes. Ces «âmes» nagent, à l'en croire, dans l'opulence. Elle omet de signaler que cette population paysanne non seulement est serve, dans sa majorité, mais que le servage tend à s'étendre.[53] Voltaire s'enthousiasme. Catherine pratique en grand cette même politique de

48. D11210, à Pictet. Catherine II n'a pas encore écrit directement à Voltaire.
49. D13433 (20 juillet 1766).
50. D15396 (28 décembre 1768).
51. D13433 (20 juillet 1766).
52. D12973, D13756.
53. D13134, D14611, D15775.

développement qui est la sienne dans son modeste «hameau». Il en fait confidence à la souveraine: «les colonies [entendons: le peuplement des «déserts»], les arts de toute espèce, les bonnes lois, la tolérance sont mes passions».[54]

Cette tolérance, qui est pour lui une «passion», la tsarine a bien soin de répéter qu'elle est aussi un principe de sa politique. Sous Catherine déjà, la Russie a commencé à devenir un agrégat pluriculturel. De Kasan, «en Asie», l'impératrice mande à Ferney qu'«il y a dans cette ville vingt peuples divers qui ne se ressemblent point du tout». «Idolâtres», musulmans, grecs, latins, luthériens, doivent cohabiter dans cet empire, «plus vaste que l'empire romain».[55] De ce fait s'impose la plus large tolérance des multiples religions. En Pologne aussi, la souveraine brandit l'étendard de la tolérance: couverture philosophique d'une politique d'expansion dont elle se garde bien d'avouer les desseins à son correspondant de Ferney. En ces années, l'anarchie polonaise n'a fait qu'empirer. Au lendemain de la guerre de Sept Ans, le royaume couvre encore un immense territoire. A l'ouest, les bords de la Vistule jusqu'à la mer Baltique restent polonais, séparant Königsberg et la Prusse orientale du reste du royaume prussien. Au nord, la Pologne comprend la Courlande et la Lituanie jusqu'à l'embouchure de la Duna; au sud, la Galicie et la Podolie, jusqu'au Dniestr; à l'est, au delà de la Duna et du Dniepr, la Russie blanche, et une partie de l'Ukraine, Kiev étant presque une ville frontière. Dans ces vastes plaines, les seigneurs sont polonais et catholiques, les paysans – des serfs – sont ukrainiens et orthodoxes.

A peine Catherine II installée sur le trône, une crise s'est ouverte à la mort du roi de Pologne, le saxon Auguste III. D'accord avec Frédéric II, la tsarine veut installer sur le trône un de ses anciens amants, Stanislas Auguste Poniatowski. Pour plus de sûreté, les troupes russes occupent Varsovie. Les opposants s'étant enfuis, la Diète élit à l'unanimité Stanislas Auguste, qui sera le dernier roi de Pologne: prince éclairé, de bonne volonté, mais réduit à l'impuissance. Encouragé par ses oncles, les Czartoryski, il tente des réformes. La plus urgente était de supprimer le *liberum veto*: en vertu de cette disposition, il suffisait de l'opposition d'un seul membre de la Diète pour bloquer toute décision. Mais Catherine II s'y opposa, sous prétexte de défendre la constitution de l'Etat: elle tenait à conserver ce très efficace instrument de l'anarchie polonaise. Son ambassadeur Repnine suscita une coalition d'ultra-conservateurs. A Radom, quatre-vingt mille nobles, groupés en «Confédération», prirent le titre de «patriotes», et prièrent la tsarine de protéger les libertés de la Pologne. Sous le règne nominal de Stanislas Auguste

54. D15664 (27 mai 1769). Il semble même avoir envoyé un écrit sur la population (aujourd'hui disparu) pour un concours organisé par la société d'économie de Saint-Pétersbourg. Voir Ulla Kölving, *OC*, t.63A, p.XXX.

55. D14219, D14704.

Poniatowski, la souveraine russe imposait son protectorat à ce malheureux pays occupé par ses troupes.

Bien entendu, dans sa correspondance avec Voltaire cet aspect de sa politique est soigneusement passé sous silence. Pendant un certain temps, elle réussira à faire croire au philosophe que ses armées n'interviennent en Pologne que pour y instaurer la tolérance. Ce vaste royaume enfermait dans ses frontières des peuples de religions différentes, «dissidents» par rapport au catholicisme dominant. Outre les paysans orthodoxes d'Ukraine, et une importante minorité juive, de nombreux bourgeois sont protestants, soit luthériens soit calvinistes. Or ces dissidents sont frappés de mesures discriminatoires: interdiction aux non-catholiques de siéger au Sénat, à la Diète, au tribunal. La tsarine va se créer parmi eux un parti. Parallèlement à la Confédération catholique de Radom, elle suscite des confédérations de dissidents à Thorn et à Sluck. Mais une partie des nobles catholiques réagissent. Ils prennent les armes dans la confédération de Bar pour défendre à la fois l'indépendance de la patrie et la prééminence de la religion catholique. On déploie des bannières et des croix, on arbore des chapelets. Les confédérés de Bar seront bientôt écrasés, ayant affaire en même temps qu'aux forces russes, appuyées par celles de Stanislas Auguste, à un soulèvement de leurs paysans, en une impitoyable jacquerie.

Cette confédération de Bar rappelait à Voltaire les plus mauvais souvenirs de la Ligue. Il méconnaît le sursaut patriotique qui l'inspire. Aussi fait-il savoir à Catherine II qu'il «goûte [...] une joie pure en voyant les dissidents rétablis dans les droits de l'humanité, et les progrès de la raison qui s'étendent chaque jour du nord au midi». Catherine II et le roi de Pologne: «deux têtes philosophiques».[56]

Voltaire applaudit pareillement à une autre entreprise conquérante de la tsarine, en direction de l'empire ottoman.

A la frontière de la Russie, les vastes domaines de la Porte souffraient de maux analogues à ceux de la Pologne. La domination turque s'étendait en Europe de la Crimée (Pierre le Grand ayant dû restituer Azov) jusqu'à l'Adriatique, englobant de nombreux pays chrétiens, en majorité orthodoxes: Roumanie, Bulgarie, Bosnie, Macédoine, et toute la Grèce. Tandis que ces populations vassales commençaient à s'agiter, encouragées par des agents russes, la désorganisation administrative et militaire s'aggravait. Après les efforts du grand vizir Raghib-pacha, le pouvoir sous le sultan Mustapha III retomba dans son inertie habituelle. L'armée des

56. D14890 (28 mars 1768), à Vorontsov. Sur ces événements de Pologne, Voltaire publie, en 1767, un *Essai historique et critique sur les dissensions des Eglises de Pologne*, à la gloire de Catherine II («Non seulement elle établit la tolérance chez elle, mais elle a recherché la gloire de la faire naître chez ses voisins»), *OC*, t.63A, p.287.

janissaires et des sipahis, très nombreuse, n'était qu'une cohue indisciplinée, entraînée surtout à piller.

Pendant les opérations de Pologne contre les confédérés, à Bar, ville proche de la frontière turque, une unité russe avait pénétré en territoire ottoman. L'ambassadeur français à Constantinople, le comte de Vergennes (futur ministre de Louis XVI), crut pouvoir exploiter l'incident pour soulager le gouvernement de Varsovie. Il décida Mustapha III à déclarer la guerre à la Russie (octobre 1768). La pression russe sur Varsovie n'en fut pas allégée. Mais Catherine II en profita pour mener une offensive en direction de Constantinople. Ses troupes franchirent le Dniestr, occupèrent la Bessarabie, la Moldavie, la Valachie. En octobre 1769 les Russes sont maîtres de Yassi, en décembre ils s'emparent de Bucarest. Une autre armée occupe la Crimée, repoussant un débarquement turc. De tous ces succès Catherine a bien soin d'informer son correspondant de Ferney.[57]

Dans ses réponses, Voltaire prodigue félicitations et encouragements. Dès le début de la campagne, il prévoit que la tsarine va réaliser le rêve de Pierre le Grand: «faire de Constantinople la capitale de l'empire russe.»[58] Il veut voir là une campagne non moins «philosophique» que celle de Pologne. Naguère, il avait dans l'*Essai sur les mœurs* brossé un tableau élogieux de la civilisation musulmane. Mais c'était au temps d'Haroun al-Rachid. Mustapha III ne ressemble en rien au grand calife. En 1765, Voltaire avait donné la parole à un Joussouf-Chéribi, «par la grâce de Dieu mouphti du Saint-Empire ottoman». Le saint homme avait lancé en son «palais de la stupidité» un mandement pour dénoncer *De l'horrible danger de la lecture*. Etait rappelée la vaine tentative de Saïd-Effendi pour établir à Constantinople une imprimerie (1726), vite supprimée. En ce pays barbare les livres, à l'exception du Coran, sont interdits.[59] Autre tort des Turcs: ils enferment les femmes. La grande Catherine va les en punir.[60]

Comment douter que la tsarine soit «la bienfaitrice du genre humain»? Voltaire envoie à Pétersbourg ses plus récentes productions: *Des singularités de la nature*, *Les Colimaçons*, *L'A.B.C.*[61] Les victoires russes sur les Turcs intensifient la correspondance entre la tsarine et le philosophe. Dans le seul mois d'octobre 1769 pas moins de cinq lettres sont échangées: un record quand on connaît la difficulté des communications. Voltaire ne ménage pas les dithyrambes. Il révère «la législatrice, la guerrière, la philosophe», la moderne «Tomyris».[62] L'empereur

57. D15938 (3 octobre 1769), D15943 (6 octobre), D15974 (29 octobre), D16057 (24 décembre).
58. D15316 (15 novembre 1768).
59. M.xxv.335-37.
60. D15316.
61. D15487.
62. D15487 et D15865. Tomyris est cette reine des Massagètes qui, selon Hérodote, aurait vaincu et fait prisonnier Cyrus.

et Venise devraient se coaliser avec elle pour chasser le Turc. Ils n'en font rien (ayant de bonnes raisons de s'abstenir). De sorte qu'elle seule a «vengé l'Europe».[63] L'enthousiasme de Voltaire atteint un tel paroxysme qu'en lisant un bulletin de victoire de la tsarine, il a «sauté de [son] lit en criant *alla Catarina*»![64]

On comprend que dans ses lettres, si flatteuses pour la destinataire, il ne laisse pas percer ses arrière-pensées, si du moins il en a. Cette cour épistolaire auprès de Catherine II s'inspire assurément de sa politique générale pour les Lumières: à savoir, gagner à la cause de la «philosophie» les grands de ce monde. L'impératrice de toutes les Russies s'y prête merveilleusement. Mais Voltaire s'interroge-t-il, *in petto*, sur la pureté «philosophique» des motivations de la souveraine, tant à l'égard de la Pologne que de l'empire ottoman? Pour y voir plus clair, nous devons attendre le développement des événements après la date où nous arrêtons ce chapitre (fin de 1769). En novembre, la flotte russe a franchi le détroit de Gibraltar et se dirige vers l'archipel grec: début d'une phase nouvelle qui pourrait être décisive.[65] En Pologne la mainmise russe va provoquer une riposte de la Prusse et de l'Autriche, d'où résultera le premier partage du royaume. La réaction de Voltaire permettra alors d'apprécier la part d'illusion qui entrait dans son engagement en faveur de Catherine II.[66]

63. D15489, D15817. On s'inquiète à Vienne de l'avancée des Russes dans les Balkans.
64. D15980 (30 octobre 1769).
65. D16009 (20 novembre 1769).
66. Nous renvoyons au volume suivant de *Voltaire en son temps*.

9. Le défenseur des Calas

Le jeune Louis XV, par une déclaration du 14 mai 1724, avait réaffirmé la politique de répression suivie depuis la Révocation de l'Edit de Nantes. Toute réunion de protestants pour célébrer le culte restait interdite et, en cas d'infraction, punie: pour les hommes, des galères à perpétuité; pour les femmes d'un emprisonnement également perpétuel; les biens des uns et des autres étaient confisqués. Ceux qui auraient donné «retraite, secours ou assistance» aux pasteurs ou prédicants encouraient les mêmes peines. Quant à ces «ministres» de la «religion prétendue réformée», ils étaient passibles de la peine de mort. En outre, il était enjoint aux protestants de faire baptiser les nouveaux-nés dans les vingt-quatre heures, de faire instruire ensuite leurs enfants dans la religion catholique. Seuls étaient valables les mariages à l'église. Pour l'accès à toutes sortes de professions libérales, un certificat était exigé du curé, attestant que le candidat pratiquait régulièrement la religion catholique. Cette législation avait été adoptée sur la demande de l'assemblée du clergé de 1723. C'est l'opposition du clergé qui empêchera jusqu'en 1787 qu'elle soit modifiée, et à plus forte raison abolie.[1]

Elle restait en vigueur en 1761, et Saint-Florentin, ministre des affaires de la «religion prétendue réformée», y veillait. Si oppressive soit-elle, elle n'avait pas réussi à extirper «l'hérésie» dans les régions telles que le Languedoc où les populations protestantes sont groupées et denses. Afin de résister, la plupart de ces croyants se soumettaient à des exigences qui permettaient à leurs familles d'avoir un état-civil. Ils étaient baptisés et mariés à l'église. Parfois ils se réunissaient pour le culte dans les campagnes inhabitées ou dans les montagnes, «au désert». C'était fort dangereux. Avisés par des indicateurs, gendarmes et soldats raflaient tous ceux qui ne pouvaient s'enfuir à temps. Les hommes étaient envoyés aux travaux forcés: ainsi se recrutaient aisément, à Marseille ou à Toulon, le personnel des galères et après la suppression des galères (1748), celui du bagne. Nous verrons que Voltaire sera sollicité de s'occuper de quelques-uns de ces malheureux.

Parmi ceux qui se résignaient à faire semblant d'être catholiques, certains,

1. E. Galland, *L'Affaire Sirven* (Mazamet 1910), reproduit les principaux passages de la déclaration, p.3-4. Toutefois le cardinal Fleury, par des instructions secrètes aux intendants, en atténue quelques dispositions (ne plus poursuivre les relaps), et une déclaration royale de 1736 enjoignit d'assurer une sépulture décente aux protestants auxquels étaient refusées des funérailles catholiques.

qu'on empêchait de conserver leur foi réformée, cessèrent d'adhérer à quelque croyance religieuse que ce soit. La répression anti-protestante fut sans doute pour quelque chose dans les progrès de ce que Lamennais appellera l'indifférence en matière de religion. Aux meilleurs l'humanisme «philosophique» offrait une conviction et une morale alternatives. D'autres se repliaient sur eux-mêmes. Ils entretenaient leur foi dans le secret de leur conscience et l'intimité de leur famille. C'est ce que déclarera Sirven : «Nés protestants, ma femme et moi nous respections par le silence la religion établie et nous transmettions à nos enfants, dans le secret et l'intérieur de notre maison, la croyance que nous avions reçue de nos pères.»[2] Ce calvinisme intime, inexpugnable, exaspérait les persécuteurs, tant laïques qu'ecclésiastiques.[3]

Bien que l'autorité civile parfois fermât les yeux, l'application de la loi entraînait nombre de drames. Selon le pasteur Antoine Court, qui écrit en 1751, 2 000 protestants auraient été arrêtés en moins de dix ans; 200 auraient été condamnés aux galères pour les seules années 1745 et 1746. Selon Voltaire, huit prédicants furent pendus entre 1745 et 1762.[4] Les protestants s'étaient réorganisés dans la clandestinité (ils avaient pu tenir un synode national en 1744). La persécution suscitait de leur part des protestations de moins en moins timides, et aussi les réponses des persécuteurs. Une dizaine d'années avant l'affaire Calas, la polémique s'était rallumée. Mais elle n'affectait, pour ainsi dire, que les milieux spécialisés. Voltaire ne s'y est pas intéressé. Les choses vont changer lorsqu'en 1761 se produisent les trois affaires Rochette, Calas, Sirven. L'homme de Ferney va prendre en mains alors, avec éclat, les deux dernières. Il va les traduire devant l'opinion de l'Europe. Ce qui, nous le verrons, modifiera l'état des esprits. Et lui-même va acquérir une nouvelle stature, celle d'un champion de la justice et de l'humanité.

Les trois affaires sont proches chronologiquement et se situent dans la même région du Languedoc. Le pasteur Rochette est arrêté le 14 septembre 1761 au nord de Montauban. Le 13 au soir du mois suivant, rue des Filatiers à Toulouse, Marc Antoine Calas est trouvé mort dans la boutique familiale: tous les siens sont emprisonnés, cette même nuit; on les accuse d'avoir étranglé le jeune homme pour l'empêcher de se convertir. Le 20 janvier 1762, à Mazamet, un décret de prise de corps est lancé contre Sirven, sa femme, deux de leurs filles: ils auraient noyé la jeune Elisabeth qui voulait devenir catholique. Comment expliquer pareille convergence? En ce Languedoc, où la communauté réformée a bien

2. Cité par Galland, p.31.

3. La persécution épargnait les luthériens d'Alsace. Cette province avait été rattachée à la France après l'Edit de Nantes: l'édit n'y fut donc pas révoqué. En outre la proximité d'Etats allemands luthériens alliés au roi de France détournait de toute velléité de persécution en Alsace.

4. A. Court, *Le Patriote français* (Villefranche 1759), i.259; *Traité sur la tolérance*, M.xxv.59.

résisté à la persécution, les tensions religieuses sont restées vives. Elles s'exacerbent en ces années, qui correspondent à la fin de la guerre de Sept Ans. Les régiments chargés de la répression ont quitté le pays pour les champs de bataille d'Allemagne. Les épreuves d'une guerre malheureuse, le marasme de l'économie, attisent en même temps, comme il arrive souvent, l'hostilité envers une minorité suspecte. Au parlement de Toulouse, qui aura à se prononcer sur les trois affaires, on va se montrer enclin à sévir impitoyablement.

Ce sera, dans le cas du pasteur Rochette, en application stricte de la loi.

Rochette a été arrêté, la nuit, dans la campagne au nord de Montauban. On le prend pour un voleur. Mais courageusement il se déclare ministre de la religion réformée. Il sait qu'ainsi il s'expose à la mort. Il est incarcéré dans un gros bourg voisin, Caussade. Le lendemain, 15 septembre 1761, était jour de marché. Des paysans protestants affluent dans l'agglomération. La population catholique prend peur. Des incidents éclatent. A la faveur du désordre, trois frères, gentilshommes verriers protestants, tentent de libérer le pasteur. Ils sont arrêtés eux aussi. Rochette et les trois gentilshommes sont, par Montauban, transférés à Toulouse et traduits devant le parlement.

A leur passage à Montauban, un de leurs coreligionnaires, Ribote-Charron, craint pour leur sort, non sans raison. Ce jeune commerçant, autodidacte, a lu Voltaire et Rousseau. Il admire leur pensée généreuse. Il décide d'écrire à l'un et à l'autre pour leur demander d'intervenir en faveur de Rochette et de ses compagnons. Mal informé des querelles littéraires, il croit se faire valoir auprès de Rousseau en lui annonçant qu'il sollicite aussi M. de Voltaire. Jean-Jacques se dérobe. Il conseille à son correspondant de compter plutôt sur Voltaire. «Mais», ajoute-t-il, «je doute qu'il mette un grand zèle à sa recommandation. Mon cher Monsieur, la volonté lui manque, à moi le pouvoir.»[5] Jean-Jacques se trompait. La «volonté» n'a pas manqué à Voltaire. Mais il est vrai qu'il n'a pas mis «un grand zèle à sa recommandation».

Voltaire répond à Ribote-Charron, le 5 octobre, qu'il est intervenu auprès du maréchal de Richelieu. Il estime que «l'affaire peut s'accommoder». Il souhaite que les protestants du Languedoc aient «des confesseurs et point de martyrs».[6] Quelques jours plus tard, il rappelle l'affaire à Richelieu, d'un ton badin: «On dit qu'il ne faut pas pendre le prédicant de Caussade»...[7] C'est le 27 novembre seulement qu'il peut transmettre à Montauban la réponse du maréchal, peu encourageante. Celui-ci ne peut rien tant que Rochette et ses co-accusés «seront

5. Leigh, n° 1521 (24 octobre 1761), Rousseau à Ribote-Charron.

6. D10055 (5 octobre 1761). Nous n'avons pas la lettre de Voltaire à Richelieu.

7. D10095 (25 octobre 1761).

entre les mains du parlement de Toulouse». Voltaire, sans doute informé par Richelieu, fait connaître qu'à la cour, on est «très indigné contre les assemblées publiques» de protestants. Lui-même ne les approuve pas: «Jésus-Christ a dit qu'il se trouverait toujours entre deux ou trois personnes assemblées en son nom, mais quand on est trois ou quatre mille, c'est le diable qui s'y trouve»:[8] allusion aux échauffourées de Caussade. L'issue du procès lui paraît maintenant douteuse. Le même jour il écrit à Richelieu:

Qu'on pende le prédicant Rochette, ou qu'on lui donne une abbaye, cela est fort indifférent pour la prospérité du royaume des Francs [...] Il faut que le parlement le condamne à être pendu et que le roi lui fasse grâce.[9]

Il demande à Richelieu d'obtenir cette grâce.

Détachement ironique, dont Voltaire ne s'est pas départi pendant toute l'affaire Rochette. Il ne s'est pas engagé dans cette cause. Son état d'esprit et son ton changeront totalement quand il prendra en mains la défense des Calas. Lui qui se trouve en difficulté avec les pasteurs de Genève, c'est sans enthousiasme aucun qu'il intervient en faveur d'un pasteur languedocien. En outre, ce qui tient alors la première place dans ses préoccupations, c'est le supplice infligé par l'Inquisition de Lisbonne au vieux père jésuite Malagrida, impliqué, à tort ou à raison, dans l'attentat contre le roi de Portugal.[10] Ce qui le révolte plus encore, c'est qu'en même temps que le malheureux vieillard ont été brûlés deux musulmans et trente-deux juifs, «sacrifice de sauvages».[11] Rochette, quant à lui, n'allait bénéficier d'aucune indulgence au parlement de Toulouse. Le pasteur Gal-Pomaret était certainement mal renseigné quand il assurait que son confrère était «bien traité dans la prison», et «l'objet de la compassion de tous ses juges, qui souhaiteraient fort de pouvoir le mettre en liberté».[12] Rochette fut condamné à mort, conformément à la déclaration de 1724, ainsi que les trois gentilshommes verriers. L'exécution eut lieu le 19 février: scène dramatique, qui nous est connue par le récit de Ribote-Charron à Rousseau.[13] Le pasteur, en chemise, pieds nus, portant un écriteau «Ministre de la R. P. R.», est conduit dans les rues de Toulouse, à travers une foule qui l'insulte. Parvenu devant l'échafaud, il prie longuement. Il exhorte ses trois compagnons. Puis, chantant des psaumes, monte à la potence où il est

8. D10177 (27 novembre 1761).

9. D10178 (27 novembre 1761).

10. C'est de cette affaire portugaise qu'il parle à Richelieu, plus longuement que du pasteur Rochette (D10095, D10178).

11. *Sermon du rabbin Akib* (M.xxiv.281-82). C'est une petite brochure de 15 ou 16 pages in-8°, dont on connaît trois éditions en 1761. Voltaire en envoie un exemplaire à Fyot de La Marche, le 23 décembre 1761 (D10223).

12. D10279, commentaire. Gal-Pomaret écrit à son frère le 23 janvier 1762.

13. Leigh, n° 1687 (1er février 1762).

pendu. Les trois frères s'embrassent avant de poser leurs têtes sur le billot. Car, en leur qualité de nobles, ils ont le privilège d'être décapités.

Voltaire est informé le 2 mars. Comme souvent il s'efforce, écrivant aux d'Argental, de donner au drame un tour plaisant. Le parlement de Bourgogne a cessé de rendre la justice «pour faire dépit au roi». «Le monde est bien fou. [...] Pour le parlement de Toulouse, il juge. Il vient de condamner un ministre de mes amis [*sic*] à être pendu, trois gentilshommes à être décapités et cinq ou six bourgeois aux galères, le tout pour avoir chanté des chansons de David. Ce parlement de Toulouse n'aime pas les mauvais vers.»[14] Voltaire ignore à cette date que le même parlement dans quelques jours va juger les Calas.

Rue des Filatiers, l'une des principales voies de Toulouse au dix-huitième siècle, Jean Calas tenait, depuis quarante ans, une boutique de tissus.[15] Il exerçait son commerce avec sa nombreuse famille. Il avait épousé en 1731 Anne Rose Cabibel, originaire comme lui du pays de Castres, l'un des principaux foyers du protestantisme français.[16] Ils eurent six enfants, quatre garçons et deux filles. Au moment du drame, en octobre 1761, deux seulement sont présents dans la maison familiale. Les deux filles, Rosine, vingt ans, et Nanette, dix-neuf ans, sont à la campagne: elles font la vendange. Le plus jeune fils, Donat, vingt-deux ans, est en apprentissage chez un commerçant de Nîmes. Louis, le troisième fils, vingt-cinq ans, a quitté sa famille, après s'être converti, «ou plus précisément s'être laissé convertir», au catholicisme.[17] Sans doute, les Calas sont apparemment catholiques: le père, la mère, les enfants ont été baptisés à l'église. Les parents se sont mariés à l'église, dans une paroisse d'Ile-de-France, où l'on ne fit aucune difficulté sur leur certificat de catholicité. Mais ils ne pratiquent pas. Ils sont restés, dans leur conviction intime, protestants.

Ils ont, comme l'ordonnance l'exige, une domestique catholique, Jeanne Viguière,[18] fort âgée, à leur service depuis un quart de siècle, toute dévouée à ses maîtres. Très pieuse, elle avait aidé un voisin, l'abbé Durand, à convertir Louis, cinq ans plus tôt. Depuis lors le garçon végète dans la ville, sans emploi fixe. Il vit de la pension que son père lui verse, en application de la loi. Il fait des dettes: son père, en rechignant, les rembourse. La loi l'exige et Mgr de Crussol, archevêque de Toulouse, y veille. La législation anti-protestante avait cet effet imprévu d'encourager la paresse des enfants convertis.

14. D10355.

15. Jean Orsoni, *L'Affaire Calas avant Voltaire*, thèse de troisième cycle, Université de Paris-Sorbonne, p.71. Ouvrage fondamental auquel nous renvoyons par la mention Orsoni.

16. Anne Rose Cabibel, était née à Londres en 1709, de huguenots réfugiés. Mais ses parents l'avaient renvoyée en France dès ses premières années.

17. Orsoni, p.82.

18. Fille de Viguier, selon l'usage occitan de mettre au féminin le nom de la fille (Orsoni, p.84).

Le 13 octobre 1761, les deux fils Calas présents dans la maison familiale sont l'aîné, Marc Antoine, qui va avoir vingt-neuf ans, et Pierre, vingt-huit ans. Tous deux travaillent au commerce paternel. Marc Antoine, qui mourra ce soir-là, est de caractère renfermé. On prévoit que bientôt il succédera à son père. Mais il avait rêvé d'une existence moins étroite. Intelligent, bel homme, il aimait les lettres. Il aurait voulu poursuivre ses études pour entrer au barreau; il a dû y renoncer, faute de pouvoir présenter un certificat de catholicité. Ce 13 octobre au soir, les Calas reçoivent à souper le jeune Gaubert Lavaysse, d'une famille protestante de Toulouse. Le garçon, après un stage chez un armateur de Bordeaux, vient faire ses adieux: il va partir pour Saint-Domingue. Pour comprendre les événements qui vont suivre, il est nécessaire de se représenter les lieux avec précision. On entrait dans la maison Calas par un couloir conduisant au fond à une courette et à une cour. Sur la gauche, à quelques pas de l'entrée, on accédait à la boutique, donnant sur la rue par une fenêtre. Derrière la boutique, le «magasin» où sont entreposées les étoffes. Le «magasin» communique avec la boutique par une porte: porte à double battant, particularité essentielle, comme on le verra. Au fond du couloir à gauche, un escalier en vis donne accès au premier étage. Là, par une galerie on pénètre au fond dans un salon, attenant à la chambre des époux; sur le devant, la salle à manger et la cuisine. Au deuxième étage, les chambres des enfants et de la domestique. Ce qui frappe, c'est l'extrême exiguïté des locaux. Il ressort qu'un assassinat ne pourrait être ici qu'un crime collectif, impliquant, activement ou passivement, toutes les personnes présentes.

Comment se passa le souper du 13 octobre? Autour de la table, Jean Calas et son épouse, l'invité, leurs deux fils. Jeanne Viguière surveille la cuisine et sert. Le repas commence vers 7 h ou 7 h 30. Nous en connaissons le menu. Est-ce qu'après avoir dégusté pigeons, poularde, roquefort et raisins, les convives se sont levés afin de mettre à mort froidement Marc Antoine? Hypothèse odieuse «jusqu'à l'absurde».[19] Aussi les enquêteurs tenteront-ils d'établir que le fils aîné ne participait pas au dîner et qu'il avait été assassiné précédemment. En vain. L'autopsie prouvera qu'il a mangé, ce soir-là, le repas servi par Jeanne Viguière. Une étude serrée comme celle de Jean Orsoni permet d'éliminer la thèse du crime calviniste, exécuté avec préméditation.

A table, la conversation tourna autour de Gaubert Lavaysse. Il parla de Bordeaux, de ses projets. Marc Antoine fut peu loquace et morose, comme à l'ordinaire. Personne ne remarqua rien d'anormal dans son attitude. Mais au dessert, il se lève pour sortir. Il passe par la cuisine. Jeanne Viguière lui demande s'il a froid. «Au contraire, je sue», répond-il. Ce que les avocats et Voltaire transposeront en: «je brûle». Il descend. On croit qu'il va faire une promenade,

19. Orsoni, p.134.

comme il en a l'habitude le soir. Il est environ 8 h 30. La famille, le repas terminé, s'installe dans le salon. Lavaysse continue à causer avec Jean Calas et sa femme. Pierre somnole. Jeanne Viguière s'est endormie dans la cuisine. Vers 9 h 30, l'invité prend congé. On réveille Pierre. Une chandelle à la main, il reconduit Lavaysse vers l'entrée, au rez-de-chaussée. En passant dans le couloir ils voient à droite la porte de la boutique ouverte. Ils entrent, et découvrent... mais quoi, au juste?

Les Calas ont donné successivement deux versions contradictoires. Le soir même, au premier interrogatoire, Jean Calas et son fils Pierre déclarèrent qu'ils avaient trouvé le cadavre de Marc Antoine allongé sur le sol. Lavaysse, présent, n'a rien dit, et on a omis de l'interroger. Deux jours plus tard, le 15 octobre, au second interrogatoire, le père et le fils, appuyés cette fois par Lavaysse, affirment qu'en entrant ils ont vu, à la lumière de la chandelle, Marc Antoine pendu à la porte entrebaillée du magasin. Jean Calas dépendit son fils et l'allongea sur le sol, sans parvenir à le rappeler à la vie. Ils expliquèrent qu'ils avaient d'abord menti pour éviter à Marc Antoine le traitement infamant infligé au cadavre des suicidés.

Mais quand ont-ils menti? Le cou porte la marque d'une corde remontant vers la nuque: ce peut être aussi bien la trace d'une strangulation que le résultat de la pendaison. Le corps allongé sur le sol, dont ils avaient d'abord parlé, semblait prouver l'assassinat. On les accusait de l'avoir perpétré, et d'avoir ensuite inventé la pendaison pour camoufler leur crime. Mais une hypothèse autre que celle, invraisemblable, d'un assassinat de Marc Antoine par son père, son frère, aidés de Gaubert Lavaysse, peut être envisagée. Une homme a pu, en pleine nuit, se cacher dans la cour à l'extrémité du couloir et surgir de là pour étrangler Marc Antoine.[20] Les mobiles? Affaire de jeu, car Marc Antoine était joueur? Affaire sentimentale? Ou vol? On ne retrouva pas les louis d'or en lesquels, dans l'après-midi, il avait changé de l'argent pour le compte de son père. Une telle piste ne sera jamais explorée. L'enquête tout de suite est orientée dans une seule direction: celle du crime calviniste.

Voltaire, avec les défenseurs des Calas, soutiendra la version du suicide. Marc Antoine, dans un accès de mélancolie, se serait pendu à une corde fixée à un rouleau de bois (destiné à enrouler les étoffes), lequel rouleau était posé en équilibre sur les deux battants entrouverts de la porte de communication entre la

20. Dans le manuscrit que Fr. Deloffre tient pour le texte original de la lettre de Voltaire à d'Alembert, D10394 (29 mars 1762), on lit ce post-scriptum: «Nota. On vient de m'écrire de Marseille qu'un criminel qui vient d'y être roué, a avoué en fondant en larmes et le repentir sur la bouche et dans le cœur, d'avoir assassiné lui-même le fils du protestant de Toulouse que le parlement a fait rouer» (*Correspondance de Voltaire*, Paris 1993, xiii.579). Que valait cette information sur un aveu peut-être obtenu par la «question»? Le fait est que Voltaire n'en a pas fait état par la suite et l'a supprimée de la version récrite de D10394.

boutique et la réserve. Etant donné la taille de Marc Antoine, sa tête était proche du plafond et ses pieds touchaient presque le sol. Suicide peut-être matériellement réalisable, mais en ce cas acrobatique.

Tandis qu'alertée par les cris une foule s'amassait devant leur porte fermée, les Calas appelèrent un «vice-chirurgien» qui ne put que constater le décès, et un homme de loi qui conseilla d'avertir les autorités. Ce qui fut fait vers 10 h 30. Un ou deux quarts d'heure après, le capitoul David de Beaudrigue arriva, suivi d'une escorte de policiers. Beaudrigue, homme brutal, qui a l'habitude d'agir avec précipitation, n'a rien d'un fin limier. Il commença par faire garder par ses hommes tous les habitants de la maison. Il omet de fouiller les vêtements du mort, d'examiner les lieux, de perquisitionner dans la maison. Mais il interroge les gens attroupés dans la rue. On lui dit que Marc Antoine voulait se convertir, et même le lendemain, que ses parents l'ont tué pour l'en empêcher, que les protestants croient avoir le droit d'assassiner leurs enfants soupçonnés de vouloir abjurer. Beaudrigue n'aime pas les protestants.[21] Les accusations simplistes de la rue lui parurent convaincantes. Il fait conduire, vers 1 h 15 du matin, dans la prison du Capitole toute la maisonnée, encadrée par ses policiers: Jean Calas et sa femme, Gaubert Lavaysse, Jeanne Viguière, plus un ami, Cazeing, qui a le tort d'être lui aussi protestant. Pour la foule toulousaine qui voit, à la lueur des flambeaux, défiler le cortège, la culpabilité de ces gens-là ne fait aucun doute.

Le procès des Calas va se dérouler en deux temps: devant le tribunal des capitouls, puis devant le parlement.

Les capitouls en effet n'avaient pas seulement des pouvoirs de police. Ils constituaient une juridiction. Ils mènent une enquête, mais en vue d'aboutir à une décision de justice. Or l'enquête conduite par David de Beaudrigue s'efforça non pas de rechercher la vérité, mais de vérifier une conviction. Beaudrigue a établi une construction cohérente: elle s'exprime, on ne peut plus clairement, dans le monitoire lancé par les capitouls le 17 octobre. Cette pratique de l'ancienne justice impliquait l'Eglise dans l'enquête policière. Le texte fut lu trois fois dans chaque paroisse de Toulouse entre le 18 octobre et le 8 novembre. Les fidèles sont invités à appuyer de leurs témoignages des affirmations présentées comme incontestables. On leur demandait de confirmer neuf points dont les principaux sont les suivants:

1. Marc Antoine Calas «avait renoncé à la religion prétendue réformée», et il allait abjurer.

4. Le 13 octobre, il s'est tenu dans la maison d'un protestant, Cazeing, une réunion où la mort de Marc Antoine «fut résolue ou conseillée».

21. Orsoni, p.293.

5. Ce même 13 octobre au soir, «cette exécrable délibération fut exécutée», par pendaison ou par strangulation.

8. Gaubert Lavaysse, arrivé la veille, «fut présent, consentant ou participant à l'action».[22]

Ce monitoire flattait les passions populaires, telles qu'elles se manifesteront au moment de l'exécution du pasteur Rochette et de ses coreligionnaires. Il renforçait les certitudes nées de ces passions, ainsi que les exprime par exemple le bourgeois toulousain Barthès dans son journal manuscrit.[23] En réalité, la réunion chez Cazeing, préparant le crime, était pure imagination. Plus imaginaire encore, la conviction de certains que les protestants avaient pour principe de mettre à mort ceux des leurs qui voulaient se convertir. Surtout, aucune preuve ne fut apportée sur le point essentiel: la prétendue conversion de Marc Antoine. On eut beau rechercher le prêtre à qui il se serait ouvert de ses intentions d'abjurer: on ne le trouva pas. Toutefois un fait semble incontestable: il fréquentait volontiers les offices de l'Eglise. Sans doute parce qu'il était un amateur de belle musique. Un homme de sa condition n'avait pas accès aux quelques concerts qui se donnaient dans les salons de la bonne société. Il ne pouvait satisfaire son goût qu'aux cérémonies ouvertes à tous dans les églises de la ville. Peut-être aussi, sensible et mélancolique comme il l'était, se plaisait-il dans l'ambiance recueillie de ces lieux. Tout culte public étant interdit aux protestants, il se peut qu'il ait cherché là l'apaisement d'une atmosphère religieuse. Mais il ne songeait nullement à imiter son frère Louis. Les enquêteurs durent enregistrer le témoignage catégorique de Jeanne Viguière: elle n'a «jamais connu qu'il eût aucune disposition à se convertir».[24]

22. Le texte du monitoire est intégralement cité par Marc Chassaigne, *L'Affaire Calas* (Paris 1929), p.171-72. Cet auteur avait antérieurement publié, en 1920, un livre sur l'affaire du chevalier de La Barre, fort bien documenté, qui était sa thèse. Nous en parlerons dans le chapitre XVI. Le livre de 1920 manifestait des tendances qui reparaissent, plus accusées, dans *L'Affaire Calas*: dénigrement du dix-huitième siècle, notamment de Voltaire, de la Révolution et de son héritage. Chassaigne met constamment en valeur ce qui peut être retenu à charge contre les Calas; il tend à justifier le capitoul Beaudrigue et le parlement. Au terme de l'ouvrage il refuse de conclure pour ou contre l'innocence des accusés. Mais ce livre recèle des contradictions: Chassaigne en fait a conclu, p.242-48. Il ne croit pas au suicide ni non plus au meurtre familial: ce qui revient à se prononcer pour l'innocence des Calas. Il suppose que l'assassinat a pu être commis par un meurtrier venu de l'extérieur, pour des motifs tels que le vol, la vengeance, la jalousie amoureuse. L'hypothèse ne manque pas de vraisemblance. Beaudrigue et ses hommes avaient grand tort de ne pas chercher dans cette direction. Chassaigne le reconnaît: l'enquête des capitouls, puis du parlement, ne fut donc pas aussi irréprochable qu'il veut le suggérer. Il reste que cet auteur a réuni une documentation fort utile, à laquelle nous renverrons souvent.

23. Cité par Orsoni, p.451-52. Barthès se réfère explicitement au monitoire, et s'indigne contre «ces monstres d'horreur, ces huguenots vraiment parricides».

24. Orsoni, p.88.

Sa conversion pourtant paraissait une évidence à l'opinion toulousaine. On avait conservé le corps au Capitole aussi longtemps que possible, aux fins d'examen. Mais au début de novembre, il devenait urgent de procéder à la sépulture. La pression du public imposa des obsèques catholiques, et en grande pompe: c'était un martyr de la foi que l'on portait en terre sainte. Le 8 novembre, on transféra la bière, «avec grand luminaire», à l'église de Saint-Etienne. Défilèrent «quarante-six ou quarante-sept ecclésiastiques», puis devant le cercueil les pénitents blancs en cagoule; derrière, «une foule de peuple de tout état».[25] Louis appartenait à cette confrérie des pénitents blancs. On ne doutait pas que Marc Antoine l'aurait rejoint après son abjuration. Dans l'église tendue de noir, sur le catafalque on avait installé un squelette tenant la palme du martyre, et portant un écriteau: «Marc Antoine Calas, abjuration de l'hérésie». Après les obsèques, l'inhumation eut lieu dans l'église Saint-Jacques. Un tel faste[26] donnait satisfaction à un public ardemment convaincu que Marc Antoine, pour s'être converti, avait été assassiné par sa famille. Ce qui pourtant restait à démontrer.

C'est ce que s'efforçaient de faire les capitouls dans leurs interrogatoires. Ils posaient des questions destinées à vérifier leur théorie du crime calviniste. Comme les accusés ne faisaient pas les réponses attendues, ils les taxaient de mensonge, ce qui selon eux confirmait leur culpabilité.[27] Jean Calas, plus solennellement, le 18 novembre, devant les capitouls réunis fut interrogé «sur la sellette». C'était sous l'Ancien Régime un petit siège de bois, très bas, fort inconfortable: on y installait l'accusé pour un dernier interrogatoire précédant la sentence. Il faut reconnaître que le vieil homme ne fit pas bonne impression. Il avait avec son fils incontestablement menti dans l'une des deux versions qu'il avait données de la découverte de Marc Antoine mort. Rien, au surplus, n'avait préparé ce sexagénaire à affronter pareille épreuve, au terme d'une vie honnête. Devant ces policiers-juges, retors et hostiles, il se trouble. Son embarras ne prouve-t-il pas qu'il est coupable? Sans doute, il a un avocat, nommé Carrière, qui a publié pour sa défense un mémoire imprimé. Mais devant les juges il est seul, sans conseil ni appui. Et la procédure secrète interdit la présence de quelque public que ce soit.

Après l'interrogatoire «sur la sellette» les capitouls ont à décider du sort des accusés. Le procureur du roi a requis que tous les Calas soient pendus, leurs corps brûlés sur un bûcher, et leurs cendres dispersées au vent; Lavaysse devait être condamné aux galères à perpétuité et Jeanne Viguière enfermée pendant cinq ans à l'hôpital. Les capitouls ne suivirent pas ces conclusions d'une affreuse

25. Barthès, cité par Chassaigne, p.184-85.

26. Chassaigne ne veut voir là que d'inoffensives pratiques méridionales. A l'en croire, à chaque enterrement, l'habitude était de disposer un squelette sur le cercueil (p.186). Une aussi surprenante assertion demanderait à être confirmée par des preuves.

27. Orsoni donne le détail des interrogatoires, p.466 et suivantes.

cruauté. Car un élément indispensable faisait toujours défaut: l'aveu. Pour l'obtenir, ils décidèrent à la majorité que les accusés seraient soumis à la «question», c'est-à-dire à la torture, avec cette réserve que pour Lavaysse et Jeanne Viguière on se contenterait de la menace.

Ce jugement ne donnait satisfaction ni à la défense ni au ministère public. Il fut aussitôt frappé d'appel devant le parlement.

Les accusés furent transférés à la prison du Palais. Ils furent mis aux fers. Leur cause est soumise à la chambre de la Tournelle, qui dans les parlements d'Ancien Régime traitait les causes de grande criminalité. Celle de Toulouse comprenait vingt-trois magistrats. Elle se réunit le 5 décembre. Cinq voix se prononcèrent pour «rompre vifs» les Calas.[28] Mais il fut décidé, à une petite majorité, de poursuivre l'enquête, en raison de l'insuffisance des preuves. On diffusa de nouveau le monitoire, cette fois «fulminé»: c'est-à-dire que le fidèle coupable de taire ce qu'il savait serait excommunié. Il n'en résulta aucune information valable. Les accusés ont désormais un nouvel avocat, Sudre, de plus d'envergure que le précédent, qui s'est retiré. Les milieux protestants commençaient à s'émouvoir. Le pasteur Rabaut, aidé par La Beaumelle (que nous retrouvons ici), publie une brochure, *La Calomnie confondue*: la «calomnie» était la doctrine homicide qu'on prêtait à la religion réformée.[29] Rabaut eut l'audace d'envoyer son écrit au procureur général Riquet de Bonrepos, avec une lettre signée. D'après la déclaration de 1724, le pasteur, qui à Nîmes ne se cachait guère, aurait dû être arrêté et condamné à mort. L'intendant Saint-Priest et le procureur Bonrepos le réclament. On leur répond de Versailles que son arrestation risquait d'entraîner des troubles graves, et qu'en raison de la guerre il ne reste plus en Languedoc suffisamment de troupes pour tenir en respect les protestants. On se contenta de brûler dans la cour du Palais *La Calomnie confondue*. Tandis que le procès Calas entre dans sa dernière phase, deux événements permettent d'imaginer l'état des esprits. A Mazamet, un mandat d'arrêt vient d'être lancé contre Sirven et sa famille (20 janvier), et l'on se rappelle que le 19 février le pasteur Rochette et trois gentilshommes sont exécutés sur la place publique à Toulouse. Le 23 février, le procureur général Riquet de Bonrepos prononce son réquisitoire. Il demande que les Calas père et fils soient «rompus vifs», et Mme Calas pendue: sursis à statuer pour Lavaysse et Jeanne Viguière. Le conseiller Cassan-Clairac, rapporteur, s'était enfermé dans un couvent pour étudier à fond le dossier. Il conclut à la culpabilité. Mais les magistrats hésitent. On décide de prononcer sur le seul cas

28. Chassaigne, p.22-23.

29. *La Calomnie confondue, ou mémoire dans lequel on réfute une nouvelle accusation intentée aux protestants de la province du Languedoc à l'occasion de l'affaire du sieur Calas, détenu dans les prisons de Toulouse* (Au Désert 1762), 12 pages. Chassaigne, p.236.

de Jean Calas. On remet à plus tard le jugement des autres accusés. Une sentence de mort devait obtenir deux voix de majorité. La majorité en ce sens n'avait d'abord été que d'une seule voix, lorsque le doyen, M. de Beaugeat, change d'avis. Jean Calas est donc condamné, le 9 mars, après dix séances, «à être rompu vif, à être exposé deux heures sur une roue, après quoi il sera étranglé et sera jeté sur un bûcher ardent pour y être brûlé et consommé» [*sic*]. Le président de Senaux qui annonce en ces termes le verdict continue: «Cette dernière peine est une réparation due à la religion dont l'heureux changement qu'en avait fait son fils a été *vraisemblablement* la cause de sa mort» (souligné par nous).[30] Ainsi Jean Calas est condamné à un supplice affreux sur une simple *vraisemblance*. Mais les magistrats espéraient que le supplice même allait apporter la preuve, toujours manquante, qui justifierait le supplice, c'est-à-dire que Jean Calas avouerait enfin son crime.

Le 10 mars, jour de l'exécution, Jean Calas est soumis préalablement à deux degrés de torture, par les soins du capitoul David de Beaudrigue. En premier lieu, la «question ordinaire»: par des cordes on lui étire bras et jambes. Beaudrigue auprès de lui avec les bourreaux, puis seul tête à tête, le presse, le supplie d'avouer. Le capitoul comprend qu'il s'est mis dans un mauvais cas si l'aveu ne vient pas. Mais le vieil homme en ces dernières heures de sa vie se montre d'un grand courage, celui d'un croyant persuadé qu'il meurt pour sa foi. Il répète qu'il est innocent. Puis vient la «question extraordinaire»: on lui ingurgite en deux fois dix cruches d'eau. Deux dominicains, le P. Bourges et le P. Caldaiguès prennent le relais du capitoul, pour tenter d'obtenir l'aveu, par des exhortations persuasives: sans plus de succès.

Jean Calas est alors conduit, en chemise, pieds nus, corde au cou, par les rues de Toulouse, d'abord devant l'église Saint-Etienne pour «faire amende honorable», puis place Saint-Georges, jusqu'à l'échafaud où l'attend la roue. Au pied de l'échelle, une dernière fois David de Beaudrigue lui demande s'il persiste à se déclarer innocent. Il persiste. Couché sur la roue, bras et jambes brisés à coups de barre, il reste là le visage tourné vers le ciel, pendant deux heures, ayant près de lui le P. Bourges. Puis il est étranglé, et son corps brûlé. Après l'exécution le procureur général Riquet de Bonrepos interroge le religieux: «Notre homme a-t-il avoué?» Il n'a pas «avoué». Le P. Bourges témoigne de sa fermeté d'âme. Le courage du supplicié est attesté même par un témoin aussi hostile que Barthès.[31]

Les parlementaires de la Tournelle sont déconcertés. A Versailles on a suivi l'affaire avec attention. Le ministre Saint-Florentin est déçu, lui aussi: «J'aurais

30. Chassaigne, p.250-51.
31. Chassaigne, p.260-63.

fort désiré que Calas eût par son aveu confirmé la justice de la condamnation intervenue contre lui.»[32] Les juges n'osent plus condamner les autres accusés, comme logiquement ils auraient dû le faire. Le 18 mars, ils rendent contre Pierre une sentence de bannissement, et mettent les autres inculpés «hors de cour», autrement dit ils les acquittent. Ce qui était reconnaître tacitement l'erreur judiciaire. Le bourreau fait sortir Pierre Calas de la ville, pour l'y faire rentrer aussitôt par une autre porte. On le séquestre dans le couvent des Dominicains, pour le convertir. Il s'en échappera au bout de quatre mois. Lavaysse et Jeanne Viguière sont libérés. Mme Calas gagne Montauban, ville protestante. Ses deux filles sont internées, mais dans des couvents différents, par lettres de cachet: pur arbitraire car ni l'une ni l'autre n'avait été compromise en quoi que ce soit dans la mort de leur frère Marc Antoine.

Le procès Calas était terminé. Il eût pu, le temps passant, sombrer dans l'oubli, sans que l'injustice soit jamais réparée, sans que soit mise en cause une législation inique. Mais le 22 mars 1762, Voltaire est informé. Par lui – par lui seul – le procès Calas deviendra l'affaire Calas, une de ces affaires qui marquent la conscience des hommes.

Voltaire avait reçu à Ferney des voyageurs que lui adressait Le Bault, président du parlement de Dijon et aussi son fournisseur de vin. Ce fut au château la «cohue» habituelle, comédie, bal... On eut quelque peine à trouver un lit pour l'un des visiteurs, dans le «désordre» dont ils furent «effarouchés». C'est alors pourtant que Voltaire entend parler pour la première fois des Calas. Ses hôtes sans doute lui ont rapporté ce qui se disait dans le milieu parlementaire à Dijon. Sur leur rapport, il ne doute pas de la culpabilité des condamnés: Jean Calas, «ce saint réformé, croyait avoir fait une bonne action, attendu que son fils voulait se faire catholique, et que c'était prévenir une apostasie». «Nous ne valons pas grand chose», commente Voltaire, «mais les huguenots sont pires que nous»...[33] Très vite cependant il va changer d'avis. Le 25 mars, il commence à hésiter. Il a entendu dire «ici» (à Genève) que le malheureux roué était «très innocent et qu'il en a pris Dieu à témoin en expirant». Non seulement une telle «aventure» lui gâte ses «plaisirs», mais elle le touche au cœur. «J'en suis hors de moi», confie-t-il à un autre correspondant.[34] Deux jours plus tard, il tend à croire à l'innocence du supplicié. Il a reçu de nouvelles informations. La condamnation n'a passé que par huit voix contre cinq: s'il s'était trouvé «un sixième juge raisonnable», Calas n'aurait pas été roué. Voltaire fait état du témoignage du religieux qui a assisté le

32. Chassaigne, p.251-52.

33. D10382 (22 mars 1762), à Le Bault.

34. D10386 (25 mars 1762), au cardinal de Bernis; D10387, même jour, à son ami Fyot de La Marche, avec qui il s'exprime plus librement.

condamné: il croit que les juges ont été influencés par le «fanatisme» ambiant (ces pénitents blancs qui ont «soulevé les esprits de Toulouse contre un calviniste»). Apparaît alors l'idée d'un recours: le roi devrait se faire représenter les motifs de l'arrêt. «Il y a certainement d'un côté ou d'un autre un fanatisme horrible.» Il est nécessaire «d'approfondir la vérité».[35] Le 4 avril, il n'a plus aucun doute. «Il est avéré que les juges toulousains ont roué le plus innocent des hommes.» «Criez, et qu'on crie», mande-t-il à Damilaville.[36]

Le supplice de Jean Calas, les calomnies anti-protestantes répandues pendant le procès avaient suscité une vive indignation à Genève et dans les pays suisses. Affaire affreuse, écrivait Haller à Bonnet: «telle est la nature de la religion catholique. Des vertus même de ses sectateurs elle fait des instruments du crime».[37] Manifestement on est intervenu auprès de Voltaire. «Tous nos cantons hérétiques jettent les hauts cris», écrit-il.[38] On lui a fourni les informations qui dans les derniers jours de mars l'ont laissé perplexe. Il a reçu la visite du négociant marseillais Dominique Audibert, de confession protestante. Audibert revient du Languedoc. Il connaît bien les Calas. Il lui assure qu'ils sont innocents.[39] Mais ce qui a achevé de convaincre Voltaire ce fut l'entretien qu'il eut avec Donat Calas. Le plus jeune des fils Calas[40] au moment du drame était, on se le rappelle, en apprentissage à Nîmes. Apprenant ce qui s'était passé à Toulouse, il avait jugé prudent de se réfugier à Genève. Voltaire a voulu connaître par lui cette famille Calas. Il l'a convoqué à Ferney. «Je m'attendais», racontera-t-il, «à voir un énergumène tel que son pays en a produit quelquefois. Je vis un enfant simple, ingénu, de la physionomie la plus douce et la plus intéressante, et qui en me parlant faisait des efforts inutiles pour retenir ses larmes.»[41] Entrevue émotive, des deux côtés: Voltaire aussi a pleuré.[42] A l'origine de l'action qu'il va mener avec tant de ténacité, pendant des années, on discerne un ébranlement de sa

35. D10389 (27 mars 1762), aux d'Argental. Mêmes informations dans une lettre du même jour, D10391, à Espeir de Chazel, dont il sollicite l'avis. Le 29 mars il juge «très vraisemblable» que Marc Antoine s'est «pendu lui-même» (D10394).

36. D10406.

37. D10382 (22 mars 1762), commentaire.

38. D10394 (29 mars 1762), à d'Alembert. Dans le texte tenu par Fr. Deloffre comme la première version de la lettre (voir ci-dessus, n.20): «tous nos cantons hérétiques, tous les cœurs sensibles et chrétiens jettent les hauts cris».

39. D12425 (1er mars 1765), à Damilaville.

40. Donat Calas a vingt-deux ans en 1761. Il n'est pas le plus jeune de la famille, ses deux sœurs étant nées après lui.

41. D12425 (1er mars 1765), à Damilaville: longue lettre ostensible, bientôt imprimée, où il expose comment il fut amené à prendre en charge l'affaire Calas puis l'affaire Sirven. Voltaire avait cru d'abord que deux fils Calas étaient réfugiés à Genève (D10391). Mais en mars 1762, Pierre est enfermé dans un couvent à Toulouse.

42. D10598 (21 juillet 1762), à Cideville: «Le fils du roué m'avait fait verser des larmes».

sensibilité, dont l'effet va perdurer. Il ne renonce pas pour autant à l'enquête critique. Il a interrogé Donat sur son père et sa mère. Etaient-ils d'un caractère violent? Non, «ils n'avaient jamais battu un seul de leurs enfants». De cela il obtient confirmation par deux négociants de Genève qui avaient logé à Toulouse chez les Calas. Après un tel entretien, il est convaincu. Il est impossible que Calas le père soit coupable.[43]

L'affaire intéresse l'historien des mœurs qu'il est. Elle ajoute un épisode particulièrement horrible «au vaste tableau de nos fureurs et de nos faiblesses», brossé dans son *Essai sur les mœurs et l'esprit des nations*. Mais il ne s'en tiendra pas au rôle de spectateur passif. Dans la même lettre, il esquisse un projet d'action. Il faut «rendre public le procès de Calas», contre la loi qui exige alors le secret de la procédure. On avait pourtant publié le procès de Damiens. Il faut faire de même dans la présente affaire: elle «intéresse», au même titre que le régicide, «le genre humain». «Si quelque chose peut arrêter chez les hommes la rage du fanatisme, c'est la publicité et la preuve du parricide et du sacrilège qui ont conduit Calas sur la roue.»[44] Ainsi Voltaire s'est-il trouvé, «insensiblement» dira-t-il, «enchaîné [...] à cette épouvantable affaire». Pourquoi lui? «Parce que personne ne s'en chargeait, [...] parce que les hommes étaient trop indifférents sur les malheurs d'autrui.»[45]

Sans doute les Genevois auraient-ils pu songer à un autre grand homme, plus directement concerné en apparence, puisque citoyen de la République et protestant: Jean-Jacques Rousseau. Lorsque Ribote-Charron lui avait fait connaître le supplice de Calas, il en avait été ému. Quelques jours après (17 mars 1762), son éditeur Marc Michel Rey, qui est aussi un protestant, l'avait pressé d'écrire quelque chose en faveur de «nos frères» (le pasteur Rochette, les trois gentilshommes verriers et Jean Calas). Il avait promis de se prononcer publiquement dans une cause «si belle et si tentante pour le zèle de l'humanité».[46] Mais sur ces entrefaites, l'*Emile* est condamné, il est lui-même décrété de prise de corps et doit s'enfuir. Même s'il était resté plus disponible, on doute que Rousseau ait pu mener à bien la réhabilitation des Calas. Une telle entreprise exigeait des qualités d'homme d'action qui manquent à Rousseau et dont en revanche Voltaire est richement pourvu: une inlassable activité, de la souplesse diplomatique, un sens politique avisé, une grande aptitude aux relations publiques, la largeur de vues qui permettrait d'inscrire l'affaire dans un cadre philosophique général.

43. D10412 (14 avril 1762), à Ami Camp.

44. D10414 (15 avril 1762).

45. D10598 (21 juillet 1762), à Cideville; D10685 (3 septembre 1762), à Bernis.

46. Voir R. Pomeau, «Voltaire et Rousseau devant l'affaire Calas», dans *Voltaire, Rousseau et la tolérance. Actes du colloque franco-néerlandais des 16 et 17 novembre 1978* (Amsterdam 1980), p.61-76.

Le succès final nous expose aujourd'hui à sous-estimer la difficulté de la tâche. Au printemps de 1762, l'avocat des Calas était bien loin d'avoir d'avance cause gagnée. Des présomptions graves pesaient sur les condamnés. Ils s'étaient contredits, déclarant sous serment d'abord qu'ils avaient découvert le corps de Marc Antoine allongé sur le sol, puis, toujours sous serment, qu'ils l'avaient trouvé pendu à la porte entrebâillée du magasin. Voltaire ne pouvait plaider que le suicide par pendaison. Demander une réouverture de l'enquête, en vue de débusquer un éventuel assassin? Il n'y fallait pas songer. Il était donc nécessaire de soutenir, d'après des signes peu probants, que le mélancolique Marc Antoine avait eu ce soir-là le dessein de se donner la mort, et qu'après souper il s'était pendu – dans des conditions à vrai dire peu vraisemblables. Voltaire admettait «la cruelle bonne foi du parlement de Toulouse, qui a rendu le jugement le plus inique sur les indices les plus trompeurs».[47] D'un autre côté, la thèse de l'accusation, un assassinat collectif perpétré après souper, paraît, elle, d'une totale invraisemblance. Voltaire avec raison mettra en pleine lumière ce point fort, et décisif, du dossier.

Il se heurtait, d'autre part, dans le public à des dispositions peu favorables. La solidarité parlementaire joue en faveur des juges toulousains. Le président de Brosses ne peut pas croire qu'ils se soient trompés: la justice telle qu'elle fonctionne dans le royaume de France ne peut «absolument pas donner dans de pareils écarts».[48] On déconseille à Voltaire, chez les protestants même du Languedoc, de se mêler «d'une si mauvaise affaire».[49] Le cardinal de Bernis doute: «il y a du louche des deux côtés».[50] Un des amis du patriarche, le duc de Villars, croit, lui, bien fermement à la culpabilité des Calas.[51] A Paris, «où l'on ne songe qu'à son plaisir, et où la Saint-Barthélemy ferait à peine une sensation»,[52] on est, au mieux, indifférent. N'existe-t-il pas de plus grands intérêts? Un haut personnage a dit à Voltaire: «Que nous importe qu'on ait roué un homme quand nous perdons la Martinique?»[53] On n'est guère disposé à s'intéresser à un obscur boutiquier toulousain. Ce sera malheureusement, du moins dans un premier temps, l'attitude du personnage qui dirige la politique française, Choiseul. Il désapprouve la campagne de Voltaire. Il fait valoir que les parlements sont souverains. Il reconnaît

47. D10519 (21 juin 1762), aux d'Argental. Voir aussi D10776 (vers le 20 octobre 1762), à Debrus.

48. Cité par E. H. Gaullieur, *Etrennes nationales* (Genève 1855), p.204-206, «Anecdotes inédites sur Voltaire racontées par François Tronchin».

49. D12425 (1er mars 1765), lettre récapitulative à Damilaville.

50. D10637 (7 août 1762), à Voltaire.

51. D10472 (26 mai 1762).

52. D10417 (17 avril 1762), à Damilaville.

53. D10405 (4 avril 1762).

qu'il croit à l'innocence de Calas. Mais en politique réaliste, voire cynique, il semble prendre son parti d'une erreur judiciaire.[54]

Voltaire pourtant sait qu'il a des atouts. En dehors du Languedoc, les protestants avaient acquis en France considération et autorité. L'un des partisans des Calas, Dominique Audibert, quoiqu'appartenant à la «religion prétendue réformée», était à Marseille un notable: commerçant prospère, et secrétaire de l'Académie marseillaise. Qu'on songe également à Théodore Tronchin, médecin de réputation incontestée en France et en Europe. Commence à s'imposer le personnage du protestant sérieux, solide, méritant pleine confiance. Bientôt Jacques Necker, Benjamin Franklin «le bonhomme Richard», devront pour une part leur popularité à une conformité avec ce type. Dans une nation légère, gaspilleuse, le protestant apparaît comme l'homme qui sait gérer sagement sa fortune. Il doit cette renommée notamment aux financiers genevois – milieu d'où est issu Necker.

Le poids des capitaux d'origine protestante se fait sentir en cette fin malheureuse de la guerre de Sept Ans. En janvier 1762, au moment où à Toulouse on se prépare à condamner à mort le pasteur Rochette, Calas et ensuite Sirven, à Versailles on nomme fermier général quelqu'un qui est aussi un protestant, Jean Robert Tronchin.[55] Les fermiers généraux, comme on sait, avancent chaque année au roi le montant des impôts à percevoir (déduction faite de leur bénéfice). Chacun de ces soixante «Crésus» doit donc posséder un gros capital disponible. C'était le cas de Jean Robert Tronchin, banquier établi à Lyon, et banquier de Voltaire. La détresse du Trésor royal était telle qu'on passa sur le fait qu'il était étranger et qu'il professait la religion réformée.[56] Ces cercles influents vont exercer leur pression en faveur des Calas. Grâce à la fortune de Voltaire et grâce à leurs moyens, les frais de la réhabilitation pourront être couverts. Car on comprend qu'il faudra beaucoup d'argent pour engager les meilleurs avocats

54. D10752 (9 octobre 1762), Choiseul à Voltaire. En outre, un incident irrite le ministre contre le philosophe. Le *Saint-James chronicle* (juillet 1762), a publié une traduction de la lettre de Voltaire à d'Alembert, 29 mars 1762. Le traducteur, dans une frénésie de gallophobie, y ajoute de son propre cru, en l'attribuant à Voltaire, une longue diatribe contre la France: «immergée dans la débauche et l'infamie», le roi n'étant qu'un «roi de jeu de cartes». Voir D.app.215. Choiseul crut d'abord authentique cette falsification anglaise. Il en exprime à Voltaire son mécontentement.

55. D10261, commentaire, D10277 (20 janvier 1762), à Ami Camp, l'adjoint de J. R. Tronchin. Un fait révèle le décalage entre Toulouse et la capitale. Au seizième siècle, le pape Pie IV avait jugé bon d'instituer des célébrations de deux jours pour commémorer un massacre de protestants. En 1762, à la demande des Toulousains, pour le deuxième centenaire de l'événement, Clément XIII porta les cérémonies à huit jours. Postérieures à la condamnation des Calas, elles n'eurent pas d'influence directe sur celle-ci. Mais elles manifestent un état d'esprit (Galland, p.170-71, note).

56. Mais c'était «sans exemple», selon Théodore Tronchin (D10261, commentaire). Lorsque la veuve Calas sera venue s'installer à Paris, Voltaire chargera le fermier général J. R. Tronchin de pourvoir à toutes ses dépenses en vue du procès de réhabilitation (D10628, 2 août 1762).

parisiens, pour subvenir à toutes sortes de démarches. Et à un certain moment, le parlement de Toulouse, afin de délivrer une copie du dossier, exigera une somme exorbitante, espérant décourager ses adversaires: la somme sera versée. Ainsi s'est constituée aux côtés de Voltaire une sorte de comité de soutien informel, à dominante genevoise. On y rencontre des banquiers comme Henri Cathala, Pierre Lasserre, des commerçants comme Audibert, et des hommes particulièrement actifs tels que Debrus et Végobre.[57]

Le plus urgent était de s'occuper de la veuve de Jean Calas. La pauvre femme, réfugiée à Montauban, moralement effondrée, restait sans aucune ressource. Les biens de son mari avaient été confisqués, sa dot saisie. Voltaire décide de la faire venir à Paris, afin qu'elle puisse paraître, au moment opportun. Il demande à Ribote-Charron de la faire partir, par une route sûre, «que ses amis lui ont indiquée». «Qu'elle ne craigne rien, on la servira avec le plus grand zèle.» A Paris, elle se présente chez les d'Argental, et à l'avocat Mariette, déjà chargé de la cause. Elle est logée chez les banquiers Dufour et Mallet.[58] Elle se sent d'autant moins isolée dans la capitale que Gaubert Lavaysse l'y a rejointe, sous un faux nom. Audibert y est présent aussi, logeant chez les banquiers Tourton et Baur.[59] Mais pour le moment, elle doit rester cachée. Qu'elle se montre sur le passage du roi, à la cour? Voltaire n'en est pas d'avis. Ce n'est pas une grâce qu'on sollicite; c'est la révision du procès qu'on veut obtenir. Voltaire craint des maladresses de la part de cette femme timide et effacée: «une petite huguenote imbécile», ira-t-il jusqu'à écrire, ajoutant toutefois qu'«elle n'en est pas moins infortunée et moins innocente». Il lui fait parvenir de l'argent. Mais il insiste: «dans le moment présent, il faut qu'elle se montre peu, et qu'on agisse beaucoup pour elle.»[60]

Agir pour elle, cela veut dire «préparer les esprits», «mettre tout en mouvement», «soulever l'Europe entière et que ses cris tonnent aux oreilles des juges», bref remuer «le ciel et la terre».[61] De Ferney part une intense campagne par correspondance. Il ne se passe guère de jour sans que le philosophe n'écrive à l'un ou à l'autre: au «comité de soutien» bien sûr, à ses amis parisiens; mais aussi à de nobles personnages comme le duc de Villars, qui croit toujours à la culpabilité de Jean Calas, mais accepte néanmoins de recommander sa veuve au ministre Saint-Florentin, chargé de la R.P.R.[62] Voltaire sait que dans les hautes sphères,

57. D10508 (15 juin 1762), à Philippe Debrus, les énumère.

58. D10496 (7 juin 1762), D10502 (11 juin 1762), D10504 (même date), D10550 (2 juillet 1762).

59. D10573 (9 juillet 1762), à Audibert. Le commerçant marseillais a rendu visite à Mme Calas (D10595).

60. D10638 (vers le 7 août 1762), D10702 (14 septembre 1762), D10686 (3 septembre 1762).

61. D10624 (vers le 1er août 1762), D10563 (6 juillet 1762), D10568 (8 juillet 1762).

62. D10565 (7 juillet 1762).

«l'homme le mieux disposé» est le Contrôleur général, c'est-à-dire le ministre des Finances, tout à fait enclin, pour de bonnes raisons, à ménager Genève.[63] Voltaire vise plus haut encore. Il fait pressentir Mme de Pompadour. Il est informé qu'elle a été «très touchée», et qu'«on en verra des effets avant qu'il soit un mois».[64] Effectivement la favorite mande au duc de Fitzjames que «le bon cœur du roi a bien souffert au récit de cette étrange aventure». Voltaire en est moins persuadé. Il pense que Louis XV demeure indifférent à l'affaire Calas. Mais au moins il laissera agir la commission du Conseil.[65] Le philosophe sollicite l'Europe entière: Frédéric de Hesse-Cassel, la duchesse de Saxe-Gotha, Gustave de Suède, la margrave de Bade-Durlach, Frédéric II atteint tardivement, accaparé qu'il était par les opérations militaires. Voltaire a même connaissance qu'en dépit de l'état de guerre les Anglais ont commencé pour les Calas une «magnifique souscription».[66]

Il comprend qu'une correspondance ne suffit pas. Il faut des écrits pour informer l'opinion de ce qui s'est réellement passé à Toulouse. De qui viendront ces témoignages? Non pas de lui, mais de la veuve du supplicié, de son fils Donat. Prenant la parole, ces parents si proches seront convaincants, émouvants. Malheureusement ni la veuve, ni son jeune fils ne sont capables de rédiger ces textes dans la forme appropriée. Voltaire va donc se substituer à eux. Entrant dans le personnage de l'une puis de l'autre, il les fait parler comme ils auraient dû parler. Ce sont les *Pièces originales concernant la mort des sieurs Calas et le jugement rendu à Toulouse*. Voltaire a donné lecture de son ouvrage chez Théodore Tronchin, à une entrevue où étaient présents Debrus et Végobre. Quelques jours après, le texte est imprimé et circule dans Paris.[67]

La brochure de 22 pages in-8° réunit deux lettres se faisant valoir l'une par l'autre. Mme Calas est censée écrire à l'un des voyageurs qu'elle a reçus à son foyer, avant le drame. Elle affirme d'abord son intention d'obtenir une réhabilitation. Elle proteste contre l'incarcération de ses filles: «on continue d'opprimer l'innocence». Puis elle raconte sa journée du 13 octobre: invitation à souper de Gaubert Lavaysse qui, n'ayant pas trouvé de cheval, ne pourrait quitter Toulouse que le lendemain; préparatifs du repas (dans l'après-midi, elle envoie Marc Antoine acheter du roquefort); puis c'est le souper, et la conversation après le souper au cours de laquelle son fils Pierre s'endort. Elle dit comment Lavaysse et Pierre étant descendus, elle les entendit crier, et comment, malgré les efforts

63. D10638 (vers le 7 août 1762), à Debrus.
64. D10606 (26 juillet 1762), D10677 (27 août 1762).
65. D10870 (1762/1763), à Debrus.
66. D10626, D10625, D10630, D10867.
67. D10537 (29 juin 1762), commentaire; D10559 (5 juillet), aux d'Argental; D10561 (même jour), à Damilaville.

des siens pour la retenir, elle découvrit dans la salle de la boutique Marc Antoine étendu sur le sol; comment elle tenta vainement de le rappeler à la vie. Récit d'une émotion contenue, d'une évidente sincérité, d'où ressort l'absurdité des accusations de crime familial.[68]

La seconde lettre, beaucoup plus longue, est de Donat Calas à sa mère. Voltaire en a fait approuver le texte par ce garçon qui réside à proximité de Ferney: en ce sens elle est «originale». Voltaire a soin de la dater «de Châtelaine, 22 juin 1762»: Châtelaine est en territoire français. Donat ne doit pas se présenter comme réfugié à Genève, et influencé par un entourage calviniste. Fils sensible, il a pleuré en lisant la lettre de sa mère qu'un ami (Voltaire) lui a communiquée. Il était en Suisse pour son commerce quand il apprit le désastre de sa famille. Il s'est informé et rapporte ce qu'il sait, complétant la lettre de sa mère. C'est «une partie de la populace» qui a lancé l'accusation de crime calviniste: selon ces ragots, Lavaysse serait arrivé tout exprès de Bordeaux pour procéder à l'exécution. «C'était la jurisprudence ordinaire des réformés», «criait-on» dans Toulouse. Donat Calas dénonce «ce zèle furieux qui veut que ceux qui ne pensent pas comme nous soient capables des plus grands crimes». Il rapporte les funérailles catholiques en grande pompe par les pénitents blancs. Mais il témoigne, lui qui connaissait si bien son frère, que Marc Antoine n'a jamais eu l'intention de se convertir. Il souligne les faiblesses de l'accusation. «Si Marc Antoine a été étranglé par quelqu'un de sa famille, il l'a été certainement par sa famille entière.» Les magistrats ont condamné son père à un supplice affreux, «dans l'idée où ils étaient que cet infortuné avouerait en expirant le crime de toute la famille». «Etonnés» de ne pas obtenir l'aveu espéré, ils rendent ensuite contre les autres membres de la famille des «jugements extraordinaires et contradictoires». Donat termine par une requête précise: «que les juges produisent le procès criminel», qu'ils ne retiennent pas plus longtemps «dans l'obscurité ce qui doit paraître au grand jour».[69] En suite de quoi, Donat Calas, toujours par la plume de Voltaire, rédige une demande en forme par une lettre «A Monseigneur le Chancelier» et par une «Requête au roi en son Conseil» (7 juillet): que Sa Majesté veuille bien se faire représenter la procédure.

Quelques jours plus tard, Voltaire compose un nouveau *Mémoire de Donat Calas*. Il élargit alors les perspectives. Le jeune homme déclare fermement son appartenance à la religion réformée. Il nie que ce soit là un crime. «Cette aventure épouvantable», affirme-t-il, «intéresse toutes les religions et toutes les nations; il importe à l'Etat de savoir de quel côté est le fanatisme le plus dangereux.»[70] Pierre s'étant échappé de son couvent toulousain, Voltaire lui fait signer une

68. M.xxiv.365-69.
69. M.xxiv.369-77.
70. M.xxiv.392.

Déclaration où il proteste contre le secret judiciaire. Car il n'a pas même vu l'arrêt condamnant son père. Quant à son propre arrêt de bannissement, c'est au bout de quatre jours que «le greffier de la geôle» lui en a lu seulement deux lignes.[71] L'affaire Calas devient ainsi le procès du secret des procédures, de règle sous l'Ancien Régime. En août, Voltaire donne une nouvelle brochure, *Histoire d'Elisabeth Canning et des Calas*. Il rapporte l'affaire de cette jeune Anglaise qui se prétendait enlevée et séquestrée dans une maison de prostitution. Neuf personnes ont été condamnées à mort. Mais, 1° en Angleterre une exécution capitale doit être approuvée par le roi, ce qui ménage un délai de recours (à Toulouse, Calas a été exécuté le lendemain de la sentence); 2° le procès est publié dans les journaux. Un «philosophe» y lut donc l'affaire Canning et la trouva «absurde d'un bout à l'autre». Il n'eut pas de peine à démontrer que les juges s'étaient laissés mystifier. En réalité, la jeune Elisabeth, avec la complicité d'une tante, avait disparu pour dissimuler une grossesse et un accouchement. «Heureusement en Angleterre aucun procès n'est secret.»[72]

En cet été de 1762, des *Mémoires à consulter* de grands avocats parisiens, Elie de Beaumont, Mariette, Loyseau de Mauléon, renforcent l'effet des textes de Voltaire.[73] Son ami dévoué le duc de La Vallière s'est dépensé. Il a remis les *Pièces originales* à Choiseul, au garde des sceaux, à Mme de Pompadour.[74] On est fort bien disposé. Mais il est nécessaire que l'affaire soit évoquée au Conseil du roi. C'est la voie qui sera suivie. Déjà le chancelier, après la requête de Donat Calas, a demandé la procédure.[75] Mais il faut que le parlement de Toulouse soit requis par la plus haute autorité du royaume, qui est le Conseil. Car il ne se montre nullement coopératif. Des émissaires sont venus plaider à Paris que Jean Calas a été justement condamné; que les autres membres de la famille sont pareillement coupables; si les sentences ultérieures ont relativement épargné ceux-ci, ce fut par pure commisération.[76] La démarche n'eut pourtant guère d'effet. L'opinion se montre favorable aux Calas. On en vit la conséquence, lorsque dès le 8 octobre, sur l'intervention de Maurepas, les deux sœurs incarcérées dans des couvents de Toulouse furent libérées et rejoignirent leur mère à Paris. Dénouement heureux que Voltaire n'espérait pas si rapide.[77]

71. M.xxiv.397.
72. M.xxiv.400.
73. Beuchot a établi une liste d'écrits sur l'affaire Calas, de 1761 à 1772 (M.xxiv.365-66).
74. D10628 (2 août 1762). La Vallière parle d'un mémoire pour la veuve Calas: sans doute s'agit-il des deux lettres des *Pièces originales*.
75. D10665 (vers le 20 août 1762), Voltaire à J. Vernes.
76. D10731 (25 septembre 1762), d'Alembert à Voltaire.
77. D10829 (7 octobre 1762), la duchesse d'Enville à Voltaire. La duchesse a vu la veuve Calas «dont le maintien et les discours sont bien attendrissants». Voltaire pensait que les filles ne seraient libérées qu'après la révision du procès (D10822).

Combien la campagne de Voltaire avait agi sur les esprits, on put le mesurer quand l'affaire vint devant le Conseil du roi, le 7 mars 1763. Ce fut une grande journée. Mme Calas, comme c'était, paraît-il, l'usage, s'est rendue à la prison de Versailles. Mais les geôliers, au lieu de l'enfermer dans une cellule, lui offrent un dîner, à elle, à ses filles, à ses amis. Au palais, le Conseil s'est réuni exceptionnellement nombreux: cent personnes, dont trois évêques et tous les ministres d'Etat (à l'exception de Saint-Florentin). La séance a duré plus de trois heures. A l'issue, le Conseil à l'unanimité ordonna au parlement de Toulouse d'envoyer au Conseil du roi la procédure et de faire connaître les motifs de la condamnation à mort de Jean Calas. Louis XV donna son approbation. Pendant les délibérations, une foule se pressait dans la galerie, attendant les résultats. Nanette Calas, au comble de l'énervement, s'est évanouie deux fois. Lorsque la décision fut connue, le public de la galerie fut saisi d'un «attendrissement universel».[78]

Après cette victoire, Voltaire entend énoncer hautement l'enjeu de l'affaire, seulement indiqué dans le *Mémoire* rédigé pour Donat Calas. Il achève et publie le *Traité sur la tolérance*. Il l'avait commencé en décembre de l'année précédente.[79] Mais il ne voulait tout d'abord le publier qu'après la réhabilitation des Calas, craignant de compromettre leur cause. Cependant, dès la fin de décembre 1762, il le donne à imprimer à Gabriel Cramer.[80] Après la séance du 7 mars, il ose le diffuser, par la voie privée, grâce à des amis sûrs. Constant d'Hermenches l'a lu en juillet.[81] Que l'ouvrage vienne à son heure, des rééditions à Liège, à Londres et une traduction anglaise le prouvent. Mais, précise l'auteur, ce n'est pas là «un oiseau de passage»; un tel traité vaudra pour «toutes les saisons».[82]

Certes Voltaire prend appui sur l'affaire Calas. Une fois de plus – c'est la sixième – il en relate la dramatique histoire. Il insiste sur l'influence du «fanatisme»: rumeur de la rue qui «excita» le capitoul David de Beaudrigue;[83] intervention des pénitents blancs; longue hésitation des juges: on n'avait pas de preuves, «mais la religion trompée tenait lieu de preuve»; après que l'attitude de Jean Calas dans son supplice ait déconcerté les juges, acharnement sur les autres membres de la famille que pourtant on n'ose plus croire coupables. Cela, jusqu'à ce que «la raison l'emporte à Paris sur le fanatisme».[84]

78. D11087, D11088 (12 mars 1763), D11110 (16 mars 1763).

79. D10831 (10 décembre 1762), aux d'Argental: il a «sur métier un ouvrage à l'occasion des Calas qui pourrait être de quelque utilité». Même annonce à Damilaville, 5 décembre (D10827).

80. D10865 (vers le 30 décembre 1762).

81. D11305 (12 juillet 1763).

82. D11561 (15 décembre 1763), à Cramer.

83. Voir *Traité sur la tolérance*, éd. R. Pomeau (Paris 1989), p.33.

84. *Ibid.*, p.35, 38.

Ensuite Voltaire passe à la question même de la tolérance, traitée déjà par d'illustres prédécesseurs, John Locke, Pierre Bayle.[85] A la différence de ceux-ci, il va considérer le problème en historien de la civilisation. Lui qui, à ce moment même, prépare une nouvelle édition de son *Essai sur les mœurs*, il parcourt le vaste panorama de l'humanité, à travers la succession des siècles. «Sortons de notre petite sphère et examinons le reste de notre globe.»[86] Le pluralisme religieux est un fait historique, qu'explique la contingence des croyances. Sa Zaïre, née chrétienne, élevée dans l'islam, revenant au christianisme, en avait déjà témoigné:

> J'eusse été près du Gange esclave des faux dieux,
> Chrétienne dans Paris, musulmane en ces lieux. (acte I, scène I)

Aussi non seulement la tolérance n'est pas «dangereuse» (titre du chapitre IV), mais elle est nécessaire et bienfaisante dans les vastes empires, englobant des populations de confessions différentes, qui sont aussi ceux où se développent les grandes civilisations. Il cite l'empire romain dont le syncrétisme acceptait tous les dieux étrangers. Il conteste que les martyrs chrétiens aient été persécutés pour leur foi: on les réprimait comme rebelles au pouvoir impérial. Le vaste empire de Chine, confucéen, tolère «les superstitions de Fo», autrement dit le bouddhisme. Si l'empereur dont Voltaire orthographie le nom Young-Tching a chassé les jésuites, c'est parce que, selon Voltaire, ces missionnaires étaient intolérants. Pareillement tolérants l'Inde, la Perse, l'empire russe depuis Pierre le Grand, l'empire ottoman où cohabitent avec les musulmans des chrétiens grecs et latins, des coptes, des juifs, des guèbres, des banians... Les Juifs eux-mêmes, partagés entre plusieurs sectes, pharisiens, saducéens, esséniens, thérapeutes, faisaient preuve d'une «extrême tolérance». Voltaire en vient ainsi au message évangélique. L'intolérance a-t-elle été «enseignée par Jésus-Christ»? il est évident que non. Le «contrains-les d'entrer» de la parabole n'a pas le sens qu'on lui a attribué, afin de justifier les dragonnades. Jésus «prêche la douceur, la patience, l'indulgence». Il a été lui-même la victime du sanhédrin. «Si vous voulez ressembler à Jésus-Christ, soyez martyrs et non bourreaux.»[87]

Voltaire croit renforcer sa démonstration en faisant comparaître des intolérants grimaçants: un «barbare» exerçant un odieux chantage sur un «mourant», au temps des billets de confession; un «bénéficier» qui propose au fanatique P. Le Tellier, confesseur de Louis XIV, un plan pour exterminer protestants et jansénistes. Mais l'auteur s'élève à une vision plus noble, dans la «Prière à Dieu» qui constitue la véritable conclusion du *Traité*.[88] Car en même temps que d'une

85. Sur sa position par rapport à ces auteurs, voir l'introduction de l'édition citée, p.20-22.

86. *Ibid.*, p.50.

87. *Ibid.*, p.107.

88. Voltaire y ajoute par la suite trois chapitres pour relater les développements ultérieurs de l'affaire Calas, jusqu'à la réhabilitation du 9 mars 1765.

philosophie de l'histoire, son plaidoyer pour la tolérance s'inspire d'une philosophie religieuse. Il invoque le «Dieu de tous les êtres, de tous les mondes et de tous les temps». En regard de cet Etre immense, que les «faibles créatures» prennent conscience de ce qu'elles sont, avec leurs «lois imparfaites», leurs «opinions insensées». Que la diversité des croyances, qui sont (suggère-t-il) autant d'«erreurs attachées à notre nature»; que les petites pratiques différentes d'une religion à l'autre; que «toutes ces petites nuances qui distinguent les atomes appelés hommes» ne soient pas «des signaux de haine et de persécution». «Tu ne nous as point donné un cœur pour nous haïr, et des mains pour nous égorger», dit-il à Dieu. «Puissent tous les hommes se souvenir qu'il sont frères [...] Ne nous déchirons pas les uns les autres», mais «employons l'instant de notre existence à bénir également en mille langages divers, depuis Siam jusqu'à la Californie, ta bonté qui nous a donné cet instant.»[89]

Ces nobles élévations d'une philosophie théiste ne font pas oublier à Voltaire le problème pratique qui se pose en France, et dont l'affaire Calas rappelle dramatiquement la gravité. Il fait dans son *Traité* des propositions pour un statut des protestants. Elles peuvent nous étonner par leur modestie. Il suggère quelque chose d'analogue à la situation, pourtant si injuste, des catholiques en Grande-Bretagne: validité des mariages, légitimité des enfants, droit de succession, sans qu'il soit besoin d'accomplir des actes fictifs, et d'ailleurs sacrilèges, de catholicité, par des baptêmes et des mariages à l'église (comme l'avaient fait les Calas, les Sirven, et tant d'autres); «franchise de leurs personnes», c'est-à-dire qu'ils cessent d'être par principe suspects. Mais ils n'obtiendraient pas le droit au culte public, et si les professions libérales leur deviendraient, semble-t-il, accessibles, en revanche les «charges municipales», les «dignités» leur resteraient interdites. Tolérance donc, mais non liberté. Les propositions de Voltaire, en 1763, restent très en-deçà de l'égalité des droits, que proclamera la Déclaration de 1789. Encore les énonce-t-il avec beaucoup de prudence, en quelques lignes brèves, dans un chapitre intitulé «Comment la tolérance peut être admise».[90] Il sait quelles fortes résistances s'opposent à des concessions, si limitées soient-elles. Effectivement, malgré quelques velléités du pouvoir,[91] rien ne changera dans le statut légal des protestants jusqu'à l'Edit de tolérance promulgué par Louis XVI en 1787.

Car il s'en fallait qu'après le succès du 7 mars tous les obstacles aient disparu. Voltaire s'aperçoit qu'on ne «tolère» pas son *Traité sur la tolérance*. En décembre 1763, fort de l'approbation de plusieurs ministres, il compte le diffuser par Marin.

89. *Ibid.*, p.141-42.
90. *Ibid.*, p.55-56.
91. Voir ci-dessous, p.328.

Il parle à Cramer d'un tirage de 4 000 exemplaires, qui serait insuffisant.[92] Il se propose d'en envoyer «hardiment» un «petit ballot» à Choiseul: on le mettrait en dépôt chez le duc de La Vallière.[93] Mais vite il doit déchanter. La Vallière lui mande qu'on «veut» trouver «très dangereux» le *Traité*. Choiseul refuse qu'on lui envoie quoi que ce soit, ni à lui-même, ni sous son enveloppe. Merlin a été convoqué par le lieutenant de police au sujet de ce *Traité*. La poste très vigilante intercepte tous les volumes expédiés de Genève. Ni Trudaine, ni Montigny son fils, ni personne (pas même Bouret directeur de la poste) n'ont reçu le *Traité* qu'on leur adressait.[94] Le cardinal de Bernis, prudemment, prie Voltaire de ne pas lui faire parvenir un ouvrage traitant d'une question si «délicate».[95] Voilà qui augure mal de la sentence que doit rendre le Conseil du roi dans quelques semaines sur l'affaire Calas, après examen de la procédure.

Se fiant à l'arrêt du Conseil du 7 mars 1763, Voltaire avait espéré que la suite du procès ne consisterait qu'en formalités rapidement expédiées.[96] Il n'en fut rien. Le parlement de Toulouse mit beaucoup de mauvaise volonté à s'exécuter. Il exige que Mme Calas verse 1 500 livres, pour les frais de copie du dossier. Voltaire s'indigne: il ferait, lui, copier la *Somme théologique* de saint Thomas tout entière pour deux cents francs. Il faut pourtant en passer par là. Voltaire et les protecteurs de la veuve Calas se cotisent et envoient les 1 500 livres.[97] Mais le greffe de Toulouse fait traîner les choses. Le 11 juin, date limite fixée par le Conseil, on n'a pas encore reçu la procédure. Elle arrivera à peu près un mois plus tard.[98] Un procureur est désigné. Voltaire se flatte que le procès commencera «après la Saint-Martin».[99] Présentement, il a réussi à éviter une fausse manœuvre. Court de Gébelin avait imprimé des *Lettres toulousaines*, prêtes à être diffusées. Il y traitait de l'affaire Calas, mais aussi de l'affaire Sirven. Quelle maladresse! Le parlement de Toulouse ne manquerait pas de faire valoir, par la concomitance de deux cas si analogues, que les parents protestants supprimaient leur progéniture pour l'empêcher de se convertir, et que les juges de Toulouse avaient dû faire un exemple en la personne de Jean Calas. Voltaire obtient de Court de Gébelin, moyennant un dédommagement, qu'il retienne son édition jusqu'à la conclusion du procès au Conseil du roi.[100]

Sur le vu des procédures, le Conseil du roi doit se prononcer pour ou contre

92. D11561 (15 décembre 1762), à Cramer.
93. D11569 (16 décembre 1762), à Cramer.
94. D11586, 11665, D11597: lettres s'échelonnant de fin décembre 1763 à janvier/février 1764.
95. D11662 (26 janvier 1764).
96. D11094 (14 mars 1763), à Elie de Beaumont.
97. D11186, D11187 (vers le 1er mai 1763), à Debrus.
98. D11277 (23 juin 1763), à Mariette; D11305 (12 juillet 1763), à Constant d'Hermenches.
99. D11436 (28 septembre 1763), à Ribote-Charron.
100. D11134 (28 mars 1763), à Damilaville; D11141 (mars/avril 1763), à Debrus.

la cassation de la sentence rendue à Toulouse. Mariette publie un nouveau mémoire, des *Observations pour la dame veuve Calas et sa famille*. Va-t-on en terminer dès le mois de mars? Voltaire l'a espéré.[101] Mais les délais succèdent aux délais. Le pouvoir ménage les parlements. «D'une main», on leur «donne le fouet, de l'autre on les caresse».[102] Voltaire rappelle le mot scandaleux d'un conseiller au parlement de Paris, l'an dernier: les Calas ne seront pas réhabilités, «parce qu'il y a plus de magistrats que de Calas». Cinq de ces magistrats sont venus à Paris, délégués derechef par le parlement de Toulouse. On attend donc. «Il paraît qu'il est plus aisé de rouer les gens que de rendre justice à l'innocent.»[103]

Pour faire pression sur les juges, Voltaire relance la campagne européenne: appel à la margrave de Bade-Durlach, au landgrave de Hesse-Cassel, qui envoient des secours à la veuve Calas. «Quand on saura», commente Voltaire, «que les personnes les plus respectables de l'Europe s'intéressent à ces innocents persécutés, les juges en seront certainement plus attentifs.»[104] De son côté, le pouvoir fait des gestes favorables. Necker, à ce moment-là négociant à Marseille, s'est légitimement indigné de la condition des huguenots condamnés au bagne, en cette ville et à Toulon, pour avoir été pris aux assemblées du «Désert». Il prie Voltaire d'intervenir pour l'un d'eux, nommé Chaumont. Voltaire le fait et obtient de Choiseul la libération de ce malheureux.[105] Guidé par son coreligionnaire Etienne Chiron, l'ex-galérien se rend à Ferney pour remercier son bienfaiteur. Ce qui nous vaut une scène à la fois comique et émouvante. En présence de Monsieur de Voltaire, Chaumont, tout petit homme, se trouve éberlué. Voltaire, quant à lui, laisse s'exalter un «transport de joie». «Mon pauvre petit bonhomme», s'écrie-t-il, comment a-t-on eu la cruauté «d'envoyer ramer un homme qui n'avait commis d'autre crime que de prier Dieu en mauvais français»! Il appelle les personnes présentes dans la maison, dont le P. Adam, pour les associer à son bonheur. De plus en plus intimidé, Chaumont, se rapetissant encore, ne dit mot. Chiron à sa place exprime sa gratitude. Malheureusement, Voltaire craint de ne pouvoir obtenir d'autres libérations. «Ah! monsieur», insiste Chiron, «vous prenez tant de plaisir à soulager les misérables [...] Vous êtes un vrai ami des hommes.» Au moment où Chaumont se retire, Voltaire lui glisse dans la main quelque argent.[106]

101. D11668 (29 janvier 1764), aux d'Argental; D11650 (18 janvier 1764), à Bernis.

102. D11666 (27 janvier 1764), à Ribote-Charron.

103. D11748, D10925, D11726, D11747.

104. D11648, D11685, D11722, D11788: lettres de janvier-mars 1764.

105. D11700 (15 février 1764), à Necker; D11748 (4 mars 1764), à Végobre. Bien que les galères aient été supprimées, les bagnards de Marseille et de Toulon continuaient à être désignés comme des «galériens».

106. D11751 (6 mars 1764), récit d'Etienne Chiron au pasteur Paul Rabaut.

Un problème en effet se posait. Serait-il possible d'étendre la mesure individuelle dont bénéficiait Chaumont à tous les galériens huguenots ? Voltaire propose un plan. Que les forçats pour cause de religion soient libérés à condition qu'ils aillent fonder une colonie à la Guyane. Ils ne demanderont pas au départ d'obtenir des temples, ni la pratique du culte. Une fois sur les lieux, en ce pays lointain, ils verront... Le plan rejoignait une idée qu'avait eue Choiseul l'année précédente. Pour compenser la perte du Canada, le ministre prévoyait d'installer une colonie de peuplement en Guyane, pays fertile. Faute de volontaires français, il recruta des Allemands. Mais il s'avéra que la plupart de ceux-ci étaient luthériens. On renonça. Le projet de Voltaire échoua pour une raison plus simple. La Guyane faisait peur. Les galériens pressentis préférèrent rester à Marseille, au bagne.[107]

Enfin, le 4 juin 1764, l'affaire des Calas, après avoir occupé douze ou quinze bureaux, fut rapportée devant le Conseil du roi. Aucune voix ne s'éleva pour confirmer l'arrêt de Toulouse. Il fut donc cassé à l'unanimité. Puis, à la pluralité des suffrages, le Conseil décida la révision du procès. Les juges de Toulouse étaient ainsi condamnés, et objets d'une «indignation universelle».[108] Mais l'affaire n'était pas terminée. Le défunt Jean Calas et les siens doivent être rejugés. Devant quelle instance? La cause sera-t-elle renvoyée devant un autre parlement, par exemple Aix ou Grenoble? En ce cas il est à craindre que les nouveaux juges, par solidarité parlementaire, ne confirment la sentence de Toulouse.[109] Mais le tribunal désigné est celui qu'on nomme les «Requêtes de l'hôtel», formé des mêmes juges qui ont cassé l'arrêt toulousain. La réhabilitation est désormais à peu près certaine.[110]

Au cours de ces mois, une personne est revenue à la vie, et a acquis comme un nouvel être: Mme Calas. La pauvre femme, après l'affreux supplice de son mari, était restée longtemps comme anéantie. A Paris, Voltaire lui avait conseillé de se montrer aussi peu que possible. Lorsqu'elle doit écrire, il lui donne ses instructions, et même lui fait passer le texte d'une de ses lettres. Il s'efforce de la rassurer

107. D11785 (19 mars 1764), à Necker; D11518 (27 novembre 1763), Choiseul à Voltaire; D11930 (17 juin 1764), aux d'Argental.

108. D11907 (5 juin 1764), Crommelin à Lullin.

109. C'est ce qui arrivera dans l'affaire du comte de Lally, ancien gouverneur de l'Inde, condamné à mort et décapité, par sentence du parlement de Paris. L'arrêt est cassé, l'affaire est renvoyée devant le parlement de Rouen, qui confirme. Deuxième cassation, et troisième jugement par le parlement de Dijon, qui confirme les deux précédents. On s'acheminait vers une troisième cassation, et un quatrième procès, lorsqu'éclata la Révolution. L'affaire en resta là, sans que le comte de Lally (contrairement à ce que l'on croit) obtienne une réhabilitation posthume.

110. D11930 (17 juin 1764), aux d'Argental.

par correspondance.[111] Lorsque ses filles libérées viennent la rejoindre, elle commence à se sentir réconfortée. Après l'arrêt du Conseil du 7 mars 1763, elle prend courage et reconquiert quelque assurance. Elle remercie Voltaire en termes judicieux. Il a, lui dit-elle, «porté le calme à [ses] tribulations». Ensuite, de succès en succès, objet d'attention de la part d'une opinion de plus en plus favorable, elle devient une personnalité parisienne. On lui rend visite. La reine même a voulu la voir à Versailles avec ses filles.[112] Elle joue avec naturel son personnage de victime qui en impose par sa dignité. Elle offre au public une image du protestant sérieux, modeste, conforme à l'idée qu'on s'en fait. Son attitude contribua certainement à persuader les uns et les autres de l'innocence des Calas. Après la réhabilitation, Carmontelle grave une estampe où elle est montrée telle qu'on se la représente et sans doute telle qu'elle fut réellement. La scène est située dans une cellule de prison. Car Mme Calas et ses trois coaccusés avaient dû, selon la règle, se faire réincarcérer. Nous la voyons assise, au centre de la composition, en longue robe noire; près d'elle ses deux filles, également en robes noires, l'une assise, l'autre debout derrière son siège; à sa droite, la vieille servante Jeanne Viguière; devant, debout, les deux jeunes gens, Pierre Calas et Gaubert Lavaysse; l'un d'eux lit la sentence de réhabilitation. Mme Calas écoute, tendue, avec une anxiété contenue.[113] L'estampe eut un immense succès. Elle se vendit au bénéfice de la famille du supplicié. Enthousiasmé, Voltaire souscrivit pour douze exemplaires. Il en plaça une au-dessus de son lit.[114]

Les «Requêtes de l'hôtel» ont réhabilité la mémoire de Jean Calas le 12 mars 1765, soit trois années après son exécution. Les quatre inculpés, Mme Calas, Jeanne Viguière, Pierre Calas, Gaubert Lavaysse, étaient déchargés de toute accusation. L'arrêt stipulait que «l'écrou» serait biffé partout et la réhabilitation portée en marge sur les registres du parlement de Toulouse. Les accusés avaient la faculté de prendre à partie les juges toulousains pour obtenir des réparations. Voltaire avait demandé dès le début une telle poursuite. Comme elle avait peu de chance d'aboutir, le roi accordait de généreuses gratifications: 12 000 livres à Mme Calas, 6 000 à chacune de ses filles, 3 000 à chaque fils, autant à Jeanne Viguière, et en outre 6 000 livres pour les frais du procès.[115]

111. D10654 (16 août 1762), D10671 (25 août 1762). Voltaire lui fait écrire d'abord à la troisième personne. D10862 (29 décembre 1762), est la première lettre où il s'adresse directement à elle, pour l'exhorter à la confiance.

112. Selon Desnoiresterres, vi.412, qui ne cite pas ses sources.

113. Voir l'estampe de Carmontelle dans l'*Album Voltaire*, par J. Van den Heuvel (Paris 1983), n° 329. L'estampe de Carmontelle est très supérieure à la composition déclamatoire de Chodowiecki, *ibid.*, n° 328, «Les adieux de Calas à sa famille», scène d'ailleurs totalement fictive.

114. D12566 (22 avril 1765), Damilaville à Voltaire, D12573.

115. D12454 (12 mars 1765), Crommelin à Lullin; D12540. En outre, David de Beaudrigue a été destitué de ses fonctions de capitoul (D12459).

Le succès était donc complet. Il fut salué par tous comme étant l'œuvre de Voltaire. Le patriarche se trouvait en compagnie de Donat Calas à Ferney quand il reçut la nouvelle. Tous deux ont versé «des larmes d'attendrissement» jusqu'à «étouffer».[116] «Je n'ai jamais conçu comment l'on peut être froid [...] Quiconque n'est pas animé est indigne de vivre», a-t-il dit en une autre circonstance.[117] C'est bien sa passion à embrasser la cause des Calas, son acharnement à persévérer pendant des mois et des années, qui ont triomphé de toutes les difficultés. Faculté exceptionnelle chez cet homme, qui lui vaut alors des «acclamations publiques» en France et dans toute l'Europe, qui fait qu'«on est enivré à Genève comme à Paris».[118] En effet, l'affaire Calas l'a réconcilié avec toute la métropole calviniste.[119] L'hostilité d'un Haller, d'un Bonnet, fut pour un temps désarmée. Le pasteur Moultou, d'abord aussi mal disposé que possible envers lui, est conquis, au point d'apporter son aide pour la documentation du *Traité sur la tolérance*. Diderot, dont on connaît les réticences, est saisi d'un mouvement d'enthousiasme. «Oh! mon amie, le bel emploi du génie», écrit-il à Sophie Volland. «Il faut que cet homme ait de l'âme, de la sensibilité, que l'injustice le révolte, et qu'il sente l'attrait de la vertu». «Quand il y aurait un Christ», conclut-il, «je vous assure que Voltaire serait sauvé.»[120] Ce sera le Voltaire défenseur de Calas qu'ovationnera la foule parisienne en 1778: le peuple qui le suit dans les rues l'appelle «l'homme aux Calas».[121] Il est connu comme tel par la masse de ceux – le grand nombre au dix-huitième siècle – qui n'ont nul accès aux œuvres littéraires. Il est populaire comme celui qui a eu raison des «grandes robes», de cette caste parlementaire de privilégiés qui si facilement envoient à une mort atroce les pauvres gens, sans toujours bien examiner les charges pesant sur les accusés. Il avait lui-même une claire conscience de sa position dans l'opinion: «Je suis le don Quichotte des malheureux».[122]

L'affaire Calas, comme celles du même ordre qui suivront, révèle le meilleur Voltaire: un homme grand par sa passion du juste, par sa générosité au service d'un idéal humain, lequel compense, corrige, complète le pire Voltaire: non moins réel celui-là, sur lequel le biographe impartial se gardera de jeter le manteau de Noé.

116. D12468 (17 mars 1765), aux d'Argental.

117. D11761 (11 mars 1764), à propos d'*Olympie*.

118. D12469, D12470.

119. D10439 (6 mai 1762), commentaire.

120. Diderot, *Correspondance*, éd. G. Roth (Paris 1958), iv.97, 8 août 1762. Diderot écrit: «de Voltaire».

121. Selon un témoignage de Mme Du Deffand (12 avril 1778), cité par D21151, commentaire.

122. D15903 (18 septembre 1769), à Richelieu, à propos de Lally et de Sirven.

10. Voltaire et Rousseau : la rupture

Contrairement à ce que peuvent laisser croire les innombrables parallèles, scolaires ou de la critique, entre Voltaire et Rousseau, les deux hommes ont entretenu assez longtemps des relations correctes. La distance qui les sépare les y aide. Le hasard de leurs vies de voyageurs et d'exilés les a presque toujours éloignés l'un de l'autre. Depuis 1755, le parisien Voltaire est devenu genevois, et le genevois Rousseau parisien d'adoption. D'autre part, ils n'appartiennent pas aux mêmes sphères sociales. Voltaire, à la tête d'une immense fortune, auteur depuis des décennies illustre dans toute l'Europe, fraye avec les princes et les monarques. Rousseau vit assez péniblement de ses écrits et de son métier de copiste de musique. Il n'a abordé les riches et les grands que dans des fonctions subalternes – précepteur, secrétaire – ou pour bénéficier de leur protection. Il partageait en cela le sort de bien des gens de lettres. A ce titre, Voltaire manifeste envers lui une certaine bienveillance, comme envers bien d'autres auteurs, d'envergure modeste, qui participent au combat philosophique. Car Rousseau est d'abord à ses yeux un collaborateur de l'*Encyclopédie* : au grand dictionnaire il a donné non seulement des contributions sur la musique, mais un article « Economie politique ». On comprend mal les réactions ultérieures de Voltaire si l'on ne se rappelle qu'il a tenu initialement Rousseau pour engagé dans l'entreprise des esprits éclairés visant à transformer les mentalités et à anéantir les préjugés. Rousseau d'ailleurs ne manque pas de payer au maître-écrivain – au « célèbre Arouet »[1] – un tribut d'admiration. Lui écrivant en 1755 il lui rend « l'hommage que nous vous devons tous comme à notre chef ».[2] La critique du « luxe » par Rousseau, sa dénonciation du progrès, sa mise en cause de l'inégalité sociale et de la propriété, toutes notions auxquelles Voltaire est attaché comme à des évidences naturelles et aux fondements de l'ordre – ces désaccords n'ont pas suffi, en un premier temps, à entraîner une rupture entre les deux philosophes. Leur échange de lettres, publiées dans le *Mercure* en 1755, après le *Discours sur l'inégalité*, manifeste encore de l'estime réciproque, une commune lucidité, la modération du dialogue de deux esprits du même bord.[3] L'année suivante, si Rousseau dans sa « lettre sur la Providence » critique éloquemment le *Poème sur le désastre de Lisbonne*, il conclut

1. Ainsi apostrophé dans le *Discours sur les sciences et les arts*, *OC* (Paris 1964), iii.21.
2. Leigh, n° 319.
3. Voir *Voltaire en son temps*, iii.255-56.

par un éloge de *La Loi naturelle*. Il suggère même une sorte de collaboration : que Voltaire écrive donc un «catéchisme du citoyen», «une espèce de profession de foi civile». Le maître dans sa réponse refuse la discussion, mais le ton reste celui de la courtoisie.[4]

Les choses auraient pu se gâter lorsque Rousseau en 1758 publie sa *Lettre à d'Alembert*, «sur son article *Genève* et particulièrement sur le projet d'établir un théâtre de comédie dans cette ville». Rousseau savait que l'article de l'*Encyclopédie* avait été préparé par d'Alembert à Genève, sous l'influence du maître des Délices. Il passe rapidement sur l'imputation de socinianisme à certains pasteurs, qui devait causer tant d'émotion dans la métropole calviniste. Mais il défend, avec la chaleur qui est la sienne, la prohibition du théâtre à Genève, édictée depuis 1617. Il s'attaque ainsi à un sujet auquel Voltaire est particulièrement sensible. Le projet, dont parle Diderot, «concerté avec des Genevois de haut étage [...] pour l'établissement de la comédie à Genève», fut évidemment préparé avec l'appui de celui qui, pour ses spectacles d'amateurs aux Délices, a maille à partir avec le Consistoire. Rousseau ne manque pas de louer dans son texte Voltaire en tant que dramaturge : simple précaution oratoire. Il censure le théâtre comme foncièrement immoral. Il va jusqu'à écrire qu'«on doit voir encore une source de mauvaises mœurs dans le désordre des actrices», qui «entraîne celui des acteurs, surtout dans un métier qui les force à vivre entre eux dans la plus grande familiarité».[5] Il condamne surtout le théâtre comme devant corrompre l'esprit civique dans la pure et vertueuse république de Genève.

Voltaire ne prend pas au sérieux le réquisitoire rousseauiste. Il voit l'auteur du *Discours sur les sciences et les arts* s'enferrer un peu plus dans le même paradoxe insoutenable. Il dirait, selon l'expression théologique qu'il aime parodier, que Jean-Jacques persiste «dans son sens réprouvé». Nier la valeur morale et humaine du théâtre, c'est nier l'évidence. Il juge qu'en répondant à Rousseau, d'Alembert a pris une peine bien inutile. «Moi», écrit-il, «je fais comme celui qui pour toute réponse à des arguments contre le mouvement se mit à marcher. Jean-Jacques démontre qu'un théâtre ne peut convenir à Genève, et moi j'en bâtis un.»[6] Car ici la cause est entendue. La république genevoise n'est plus ce que suppose Rousseau. On «court en foule» aux spectacles donnés à Carouge, à la frontière, mais sur le territoire de Savoie. «La ville de Calvin devient la ville des plaisirs et de la tolérance.»[7] «Les Genevois se battent pour avoir des rôles» sur son théâtre de Tourney.[8] D'ailleurs Rousseau n'a-t-il pas fait jouer lui-même une comédie,

4. *Voltaire en son temps*, iii.302-303.
5. Rousseau, *Lettre à d'Alembert*, éd. J. Varloot (Paris 1987), p.254.
6. D8536 (15 octobre 1759) : il s'agit du théâtre de Tourney.
7. D7887 (3 octobre 1758), à Thiriot.
8. D8536 (15 octobre 1759), à d'Alembert.

Narcisse, un opéra-comique, *Le Devin du village*? Voltaire a reçu par Jacob Vernes, de la part de l'auteur, un exemplaire de la *Lettre à d'Alembert*. Il ne croit pas utile de répondre.

Aussi on imagine sa stupeur quand il lut la lettre que Rousseau lui adressait à la date du 17 juin 1760.[9]

Il n'y est d'abord question que de la lettre sur la Providence, de 1756. Adressée à Voltaire, elle a été publiée sans l'autorisation du destinataire. Rousseau doit donc se justifier. Simple prétexte: la publication remonte à plus de six mois. Après quelques courts paragraphes, Jean-Jacques va à la ligne et en vient au vrai sujet de son épître: une déclaration de haine à Voltaire. Il faut citer intégralement ce morceau d'anthologie:

> Je ne vous aime point, Monsieur; vous m'avez fait les maux qui pouvaient m'être les plus sensibles, à moi votre disciple et votre enthousiaste. Vous avez perdu Genève, pour le prix de l'asile que vous y avez reçu; vous avez aliéné de moi mes concitoyens pour le prix des applaudissements que je vous ai prodigués parmi eux; c'est vous qui me rendez le séjour de mon pays insupportable; c'est vous qui me ferez mourir en terre étrangère, privé de toutes les consolations des mourants et jeté pour tout honneur dans une voirie, tandis que vivant ou mort tous les honneurs qu'un homme peut attendre vous accompagneront dans mon pays. Je vous hais, enfin, vous l'avez voulu: mais je vous hais en homme encore plus digne de vous aimer si vous l'aviez voulu. De tous les sentiments dont mon cœur était pénétré pour vous il n'y reste que l'admiration qu'on ne peut refuser à votre beau génie, et l'amour de vos écrits. Si je ne puis honorer en vous que vos talents, ce n'est pas ma faute. Je ne manquerai jamais au respect que je leur dois, ni aux procédés que ce respect exige. Adieu, Monsieur.

Propos stupéfiants. Voltaire aurait «voulu» se faire haïr par Rousseau. Par la faute de Voltaire le séjour de Genève serait devenu «insupportable» au citoyen de Genève. Voltaire le fera «mourir en terre étrangère». Par la faute de Voltaire toujours, le corps de Rousseau après sa mort sera «jeté à la voirie», comme celui de Mlle Lecouvreur.[10] Souvent déjà Voltaire avait dans ses lettres à ses intimes accusé de dérangement mental Rousseau, l'homme aux paradoxes et aux contradictions. Ainsi à d'Alembert il avait demandé des nouvelles de ses «organes pensants», et s'il avait «toujours mal à la glande pinéale», siège supposé de la raison.[11] Mais en lisant la lettre du 17 juin 1760, Voltaire diagnostique la pure et simple folie, celle que l'on soigne. «Je voudrais que Rousseau ne fût pas tout à fait fou», écrit-

9. D8986.

10. Parce que Rousseau est protestant. Depuis la Révocation de l'Edit de Nantes, il n'existe en France de sépulture que pour les catholiques, décédés en règle avec l'Eglise. Ceci en principe. En pratique on faisait en sorte d'assurer un enterrement décent aux étrangers non catholiques.

11. D7357 (29 août 1757).

il, à d'Alembert encore, «mais il l'est. Il m'a écrit une lettre pour laquelle il faut le baigner et lui donner des bouillons rafraîchissants.»[12]

Il ne pouvait connaître par quel processus, dans les mois précédents, Jean-Jacques en était arrivé à une telle déclaration de haine.[13] Après sa *Lettre à d'Alembert*, les réactions de ses partisans genevois lui avaient ouvert les yeux. Le médecin Théodore Tronchin, les pasteurs Jacob Vernes, Perdriau, Paul Moultou, le jeune théologien Roustan, tout en l'approuvant, lui représentent que Genève n'est plus ce qu'il imagine. Certains pensent même que, sur la question du théâtre, le moment est venu d'accepter un compromis. Voltaire n'est pas tenu par les correspondants de Rousseau comme particulièrement responsable d'une évolution des mœurs, commencée longtemps avant son arrivée. Son succès atteste le changement intervenu, plutôt qu'il n'en est la cause. En recevant de telles informations, Jean-Jacques est déçu et amer. Sa rancœur monte contre les «beaux esprits» de la nouvelle Genève, parmi lesquels Voltaire. Il se sent exclu de sa patrie, dans l'état où elle est désormais. Il dit à ses «chers Genevois»: «Vous voilà tous si élégants, si brillants, si agréables, que feriez-vous de ma bizarre figure et de mes maximes gothiques; que deviendrais-je au milieu de vous, à présent que vous avez un maître en plaisanteries qui vous instruit si bien?»[14] Il ne retournera donc pas à Genève. Il ne pourrait y cohabiter avec le «maître en plaisanteries». Mais il n'accuse pas encore celui-ci – Voltaire – d'être à l'origine de la corruption de la république genevoise ni de *vouloir* par sa présence en interdire l'accès à Rousseau.

Une lettre de Moultou lui fait franchir ce pas. Paul Moultou, protestant français de Montpellier, s'était récemment réfugié à Genève, sanctuaire du calvinisme dont il se fait une haute idée. Il donnera un bon exemple de ce que peut être l'instabilité d'un jeune homme passionné: au moment de l'affaire Calas il se ralliera à Voltaire, jusqu'à collaborer au *Traité sur la tolérance* et à d'autres ouvrages.[15] En 1759 il se déclare violemment hostile au maître des Délices, sans l'avoir encore, semble-t-il, fréquenté.[16] Il prend la liberté d'écrire à Rousseau au sujet de la visite d'un futur beau-frère. Il saisit l'occasion de développer contre Voltaire un véritable acte d'accusation. Il le tient quant à lui, sans hésitation, pour responsable de la corruption de Genève: «Sans mentir, Monsieur, cet homme nous fait beaucoup de mal. Plût à Dieu qu'on eût suivi à son égard le conseil de Platon», de chasser les poètes de la République. Moultou ajoute ceci, qui devait

12. D9006 (23 juin 1760).

13. Evolution magistralement analysée par Henri Gouhier, dans son ouvrage fondamental, *Rousseau et Voltaire, portraits dans deux miroirs* (Paris 1983), p.114-50.

14. Leigh, n° 833, 14 juin 1759, à J. Vernes.

15. Début de cette collaboration dans D10857 (25 décembre 1762).

16. H. Gouhier, p.149.

toucher au vif son correspondant: «Voltaire vous réfute d'une autre manière que d'Alembert, avec des succès bien humiliants pour lui. A soixante ans, Monsieur, il se donne en spectacle avec des écervelés de quinze, et cela pour amuser des radoteurs et des enfants. Voilà la misère des grands talents qui ne sont pas étayés sur un grand fond de raison, ils ne font qu'un bouffon d'un Voltaire.»[17]

A cette lettre de Moultou, Rousseau réagit avec violence. «Vous me parlez de ce Voltaire! pourquoi le nom de ce baladin souille-t-il vos lettres? Le malheureux a perdu ma patrie; je le haïrais davantage si je le méprisais moins. Je ne vois dans ses grands talents qu'un opprobre de plus qui le déshonore par l'indigne usage qu'il en fait. Ses talents ne lui servent, ainsi que ses richesses, qu'à nourrir la dépravation de son cœur. O Genevois, il vous paye bien de l'asile que vous lui avez donné!»[18] Deux des thèmes de la future lettre du 17 juin se trouvent ici énoncés. C'est bien Voltaire qui a «perdu» Genève, la patrie de Rousseau, et pour cela Rousseau le hait: le mot déjà fait son apparition. Il reste encore à découvrir que Voltaire a «voulu» tout cela contre Rousseau. L'argument atteindra son plein développement dans la déclaration du 17 juin. Car, comme il arrive parfois chez Rousseau, la déraison s'y appuiera sur un raisonnement rigoureux. «Vous avez perdu Genève», lui dira-t-il, «pour le prix de l'asile que vous y avez reçu.» Conséquence: Voltaire a «aliéné» de lui ses concitoyens et l'a condamné à mourir en exil. Conclusion: Rousseau hait Voltaire, et c'est Voltaire qui l'a «voulu». Que répondre à cette impeccable logique? Rien, et Voltaire ne répondra pas.

Près de six mois s'étaient écoulés entre la lettre à Moultou et la déclaration de haine à Voltaire. Rousseau est en proie à de grands troubles intérieurs. Il s'était retiré à l'Ermitage, «dans un bois comme un blaireau», avait commenté Voltaire.[19] La solitude avait favorisé la rêverie d'où sortira *La Nouvelle Héloïse*, mais aussi les idées noires et les soupçons. Il s'était brouillé avec Mme d'Epinay, Grimm, et surtout Diderot le très cher ami de ses débuts. Après quoi la retraite de Montmorency avait à la fois exalté sa puissance créatrice et aggravé son humeur sombre. De janvier à juin 1760, il a longuement ruminé sa haine de Voltaire. Il ne tient nul compte de la règle majeure de la communication épistolaire, qu'il connaît assurément, comme tout un chacun de son siècle. A savoir que celui qui écrit une lettre l'ajuste en fonction de son destinataire. C'est ce que font admirablement Voltaire et Rousseau lui-même, quand il est de sang-froid. Quand il ne l'est pas, il écrit seulement pour soulager ce qu'il a sur le cœur. Ainsi sa lettre à «l'homme au beurre». Un médiocre incident a irrité sa bile: un colis de beurre à lui destiné s'était égaré dans la cuisine du comte de Lastic. La mère Levasseur qui va le réclamer fut rabrouée. Sur quoi Jean-Jacques décoche à

17. Leigh, n° 898. La lettre est datée par Leigh fin novembre, début décembre 1759.
18. Leigh, n° 933 (29 janvier 1760).
19. D7666 (7 mars 1758), à d'Alembert.

l'aristocrate une épître vengeresse, foudroyante. Heureusement Mme d'Epinay informée[20] put arrêter la lettre. L'affaire fut arrangée à l'amiable. Personne ne fut à même d'arrêter la lettre à Voltaire, qui porte, il est vrai, sur un sujet autrement grave. Il n'empêche. Certaines choses qu'on pense, qu'on peut communiquer à un confident tel Moultou, ne peuvent être dites en face aux gens. Et encore moins écrites. Mais Rousseau fait fi de toute prudence.

Enfoncé dans son monde intérieur, il n'a nullement pris garde à la conjoncture dans laquelle survenait sa déclaration de haine. Juin 1760 : Voltaire doit faire face à l'offensive antiphilosophique dont nous avons parlé. L'assaut académique de Pompignan a été repoussé. Mais il lui faut maintenant répondre à l'agression plus grave de Palissot. Il s'interroge sur l'œuvre théâtrale à opposer à la comédie diffamatoire des *Philosophes* : *Socrate*, *L'Ecossaise* ? C'est à la fin de juin que le choix se porte sur la seconde.[21] On sait que Palissot attaquait sur la scène Jean-Jacques dans le personnage de Crispin. Collaborateur de l'*Encyclopédie*, il est toujours considéré comme l'un des « philosophes ». Or c'est précisément le moment qu'il choisit pour déserter son camp. Après avoir rompu avec Mme d'Epinay, Diderot, Grimm – « un Allemand nommé M. Grimm », écrit-il dédaigneusement dans la lettre du 17 juin –, voici qu'il déclare sa haine au champion des « philosophes ». Sans doute les motivations fondamentales de Rousseau échappent-elles à Voltaire. En lisant cette lettre du 17 juin, il y voit quelque chose de pis que l'inconséquence d'un « fou » : une trahison. Ce sera désormais sous sa plume un grief constamment répété. Jean-Jacques aurait pu être « un Paul » : entendons qu'il aurait, avec sa puissance de pensée et de style, servi la cause de la « philosophie » aussi efficacement que saint Paul celle du christianisme à ses débuts. Mais il a « mieux aimé être un Judas ».[22]

Voltaire bientôt aura les plus grands torts envers Rousseau. Il se permettra des attaques basses, odieuses. Mais il faut le constater ici : l'initiative de la rupture est venue de Jean-Jacques. Jusqu'alors les deux hommes s'en étaient tenus à ces échanges courtois entre gens de lettres, dont chacun à part soi n'en pense pas moins. C'est Rousseau qui a mis fin à cet état de non-agression, au mépris de la plus élémentaire prudence : en cela consiste peut-être sa « folie », ou son génie. Si désormais la guerre est ouverte, « c'est la faute à Rousseau ».

Les choses vont rapidement s'envenimer. L'offensive contre le théâtre reprend à Genève dès l'automne de 1760. Le Consistoire réagit à l'ouverture par Voltaire d'une salle de spectacle en son château de Tourney. La bonne société genevoise

20. Leigh, n° 349.
21. Voir ci-dessus, p.94.
22. D10755 (10 octobre 1762), à Damilaville.

s'y précipite. On se rappelle[23] que les répétitions se font, pour plus de commodité, aux Délices: c'est-à-dire sur le territoire de la République. Et de la répétition à la représentation proprement dite, il n'y a qu'un pas, qu'on franchit quelquefois. Ainsi le 1er octobre on a joué aux Délices *L'Orphelin de la Chine*. Le Consistoire gémit: l'esprit de pénitence se perd. L'un de ces spectacles eut lieu «le mardi avant le jeûne». «De jeunes dames qui devraient donner des exemples de modestie osent se mettre en quelque sorte au rang des comédiennes.» Les pasteurs demandent donc «que les conducteurs de l'Etat et de l'Eglise s'unissent pour s'opposer à des plaisirs aussi dangereux».[24] Le Conseil fait droit aux réclamations du Consistoire, sans trop se presser. Le 24 décembre, il reçoit la promesse des Genevois qui ont joué aux Délices et à Tourney qu'ils ne recommenceront pas. Le même Conseil rappelle que les représentations théâtrales demeurent interdites sur le territoire de la République.[25]

Le procureur Jean Robert Tronchin tente de rassurer Voltaire. «Il n'y a rien dans tout cela de personnel.» Il faudra seulement «substituer d'autres acteurs» aux Genevois.[26] L'inconvénient n'est pas mince, dans la pénurie d'acteurs dont souffre la scène de Tourney. C'est incontestablement une victoire pour les ennemis genevois du théâtre. Le parti populaire, hostile aux nouveautés, n'est-il pas allé jusqu'à poser des affiches injurieuses aux portes des Délices?[27] Voltaire ne manque donc pas d'imputer à Rousseau la responsabilité de ce déchaînement contre lui de la populace, des marchands de clous et des cordonniers.[28] Il saisit à son tour, pour s'en prendre à Rousseau, la première occasion: ce sera la publication de *La Nouvelle Héloïse*.

Voltaire a lu très vite ce long roman épistolaire – six volumes dans l'édition originale. Ou plutôt, il l'a parcouru, avec irritation.[29] Seule trouve grâce devant lui la lettre-dissertation sur le suicide, «morceau admirable [...] qui donne appétit de mourir».[30] Pour le reste, il juge le roman de Jean-Jacques «sot, bourgeois, impudent, ennuyeux». Il en est «indigné et affligé». Le sang «[lui] bout» de ce roman qui «excite [sa] mauvaise humeur».[31]

23. Voir ci-dessus, p.64.

24. D.app.199, p.532, 534.

25. D.app.199, p.536-37.

26. D9512 (vers le 1er janvier 1761).

27. Wagnière, i.204.

28. D9523 (6 janvier 1761), à d'Alembert.

29. D9566 (22 janvier 1761): «Je parcours un roman du citoyen de Genève»; D9573 (25 janvier): il a achevé de le lire.

30. D9575 (26 janvier 1761), à d'Argental. Dans la conversation son approbation aurait été un peu plus large, incluant aussi la lettre sur le duel et «tout ce qu'il y a de vraiment philosophique» dans l'*Héloïse*. «Mais il se moquait de l'idée générale du roman en tant que roman». Voir les témoignages dans l'édition de *La Nouvelle Héloïse*, éd. R. Pomeau (Paris 1988), p.xxv, note 2.

31. D9610 (6 février 1761), à Damilaville; D9614 (7 février), à d'Argental.

Humeur et exaspération vont s'épancher sans délai dans un pamphlet : les *Lettres sur la Nouvelle Héloïse ou Aloïsia de Jean-Jacques Rousseau*, envoyées à Paris dès le 18 février.[32] Il les met sous le nom du marquis de Ximénès – « M. de Chimène » – qui est alors à Ferney et n'a rien à lui refuser.[33] Mais on le reconnut vite comme le véritable auteur. La première lettre critique le style : il relève ce qui dans l'expression agace le puriste qu'il est, néologismes, provincialismes, inélégances. Sur le roman lui-même, les critiques procèdent d'une certaine idée que Voltaire se fait du genre romanesque. Comment ne pas s'impatienter de ce récit en six tomes qui ne contient que « trois à quatre pages de faits et environ mille de discours moraux » ? Cela, c'est du « Jean-Jacques tout pur ».[34] Ce qui est vrai. Rousseau se vantera d'avoir écrit un si long roman presque dépourvu d'événements.[35] Nous sommes à l'opposé du roman ou conte selon Voltaire, de *Candide* par exemple, où les « faits » défilent à une allure si accélérée.

La Nouvelle Héloïse a excité son génie de la caricature. Le récit simplifié qu'il fait de l'histoire de Julie et de Saint-Preux suffirait à détruire le roman dans l'esprit du lecteur. Par là même, il campe un Rousseau tel qu'il le voit, dont l'image détachera du citoyen de Genève à la fois le public français et le public genevois. A l'intention des Parisiens il montre du doigt des appréciations peu flatteuses. Sur leur musique : « ils ne peuvent avoir une mélodie à eux » ; sur leur poésie : « maniérée et qui ne connut jamais la nature ».[36] Sur la société française : à Paris, le riche « arrache un reste de pain noir à l'opprimé qu'il feint de plaindre en public ».[37] Sur les Parisiennes : « Quoi, illustre amant de Julie, tu leur trouves le maintien soldatesque et le ton grenadier, depuis le faubourg Saint-Germain jusqu'aux Halles ! »[38] Voltaire s'adresse plus précisément à la noblesse française, et note le peu d'estime que Rousseau lui porte : « il y a vingt à parier contre un qu'un gentilhomme descend d'un fripon » ; « la noblesse d'Angleterre est la plus brave d'Europe ».[39] Le public genevois est lui aussi sollicité. Voltaire dénonce l'immoralité du roman, la bassesse des personnages, et de leurs principes, M. de Wolmar, par exemple, qui aurait dit à Saint-Preux : « Monsieur, comme vous avez été l'amant de ma femme, je me flatte que vous serez toujours mon bon ami. »[40]

32. D9634, à Damilaville et Thiriot.

33. Il avait été jadis compromis dans le vol de manuscrits de Voltaire, *Voltaire en son temps*, iii.259.

34. M.xxiv.174.

35. *Les Confessions*, éd. J. Voisine, p.644 : « La chose [...] qui en fera toujours un ouvrage unique, est la simplicité du sujet et la chaîne de l'intérêt qui, concentré entre trois personnes, se maintient durant six volumes, sans épisode, sans aventure romanesque ».

36. M.xxiv.167-68.

37. M.xxiv.175.

38. M.xxiv.176.

39. M.xxiv.176.

40. M.xxiv.174.

Ainsi Rousseau dans *La Nouvelle Héloïse* jette le masque. Le champion de la vertu n'est qu'un libertin. Saint-Preux, c'est lui-même. «Il s'est fait le héros de son roman. Ce sont les aventures et les opinions de Jean-Jacques qu'on lit dans *La Nouvelle Héloïse.*»[41] Le but du roman serait «d'instruire notre nation»? «Ses instructions sont admirables. Il nous propose d'abord de nous tuer.»[42] Suicide, prostitution, séduction d'une jeune élève, voilà la morale de Jean-Jacques, que couvrent mal «de magnifiques lieux communs sur la vertu».[43] Le peu de dignité que pouvait conserver le malheureux, il le perd dans la scène où, poursuivi par les violons de l'opéra à cause des horreurs qu'il a dites sur la musique française, il s'est laissé fesser dans le bouge d'une prostituée.

Voltaire a été particulièrement choqué par la lettre 26 de la seconde partie, Saint-Preux «chez les catins». Il faut avouer que l'épisode, pour autobiographique qu'il soit,[44] n'est pas des mieux venus. Au moment où Voltaire lit *La Nouvelle Héloïse*, il est occupé à réviser *Candide*, pour une réédition dans la *Seconde suite des Mélanges.*[45] Il ajoute au chapitre parisien l'épisode de Mme de Parolignac. Cette partie quasi obligée, la visite d'un jeune étranger chez une courtisane, il la traite comme elle doit l'être, selon lui. Vulgaire et plate, l'anecdote racontée par Rousseau. Il existe à Paris une prostitution de haut vol, d'autant plus corrompue. Mme de Parolignac a une autre allure que les pauvres créatures de Saint-Preux. Son tripot est presque un salon littéraire. La dame a de la culture. Elle sait mettre les formes. Sur le canapé, elle assure à Candide qu'elle fait «quelquefois languir [ses] amants de Paris quinze jours», mais que pour lui elle fera une exception. La chose se passe discrètement, et est évoquée sur le mode allusif. La dame a remarqué deux «énormes diamants»; elle «les loua de si bonne foi, que des doigts de Candide ils passèrent aux doigts de la marquise».[46] Souvent Voltaire ne peut résister à l'envie de refaire une œuvre qui l'irrite. Comme naguère des tragédies de Crébillon, il a donné ici le «corrigé» d'un épisode de *La Nouvelle Héloïse*, manqué par Rousseau.

Peu après son roman, en mars 1761, Rousseau publie l'*Extrait du projet de paix perpétuelle*, tiré des papiers de l'abbé de Saint-Pierre, à lui confiés par les héritiers. A juste titre, l'éditeur Bastide avertit le lecteur que «l'analyste est ici créateur à bien des égards».[47] Duclos pas davantage ne s'y trompe: le texte est «presque

41. M.xxiv.170.
42. M.xxiv.175.
43. M.xxiv.174.
44. Rousseau dans les *Confessions*, livre VIII, éd. Voisine, p.421, rapporte qu'il s'est souvenu de la visite qu'il rendit, en compagnie du «bon Kluppfel», aux filles de la rue des Moineaux.
45. Voltaire, *OC*, t.48, p.73-74.
46. Voltaire, *OC*, t.48, p.218.
47. Rousseau, *OC* (Paris 1964), iii.1542.

tout entier» de Rousseau. Du *Projet de paix perpétuelle* de l'abbé de Saint-Pierre à l'*Extrait*, le progrès est remarquable, dans la forme et dans la conception. Prenant en considération l'objectif, c'est-à-dire la paix entre les peuples, puis le rapport des forces et les mobiles habituels des gouvernements, Rousseau expose les fondements d'une communauté des nations européennes. Une diète ou congrès permanent régirait une «république européenne». Cette grande Europe, incluant jusqu'à la Russie, répondrait aux «vrais intérêts» des peuples et des monarques; elle serait faite pour les hommes tels qu'ils sont, non pas bons et généreux, mais seulement épris de l'utile.[48]

Voltaire ne laisse pas passer sans le combattre cet *Extrait* qu'il impute purement et simplement à Rousseau. A peine l'a-t-il lu, il broche un *Rescrit de l'empereur de la Chine à l'occasion du projet de la paix perpétuelle*.[49] L'empereur chinois ironise sur «la brochure de notre amé Jean-Jacques, citoyen de Genève». Il reproche à celui-ci d'oublier «l'univers»: la Chine, le Grand Mogol, la Perse, le Grand Turc... Effectivement l'*Extrait* précise que l'Europe ne comprendrait que les pays entre lesquels existe «une liaison sociale», ce qui exclut le Turc, bien que l'empire ottoman occupe à cette date la majeure partie des Balkans, et reste menaçant. Mais il est dit aussi qu'on résistera mieux aux ennemis de l'extérieur, si on ne s'affaiblit pas dans des conflits intérieurs.[50] Précisément l'empereur de la Chine, c'est-à-dire Voltaire, évoque de tels «conflits intérieurs»: en cette fin de la guerre de Sept Ans, France, Prusse, Autriche, Russie, Angleterre se déchirent. Chimère, cette république des nations. Le réalisme historique, le scepticisme politique empêchent Voltaire de prendre au sérieux ce nouveau paradoxe de Jean-Jacques. La plaisanterie s'alourdit lorsque le *Rescrit* propose d'installer la capitale de la république européenne dans la ville latine de Maupertuis, et de porter à la tête de la Diète Jean-Jacques lui-même.[51]

Au printemps de 1761 la passion anti-Jean-Jacques de Voltaire s'exaspère. Rousseau, affirme-t-il, mérite punition.[52] Le mépris ne suffit plus. Car on n'a plus affaire à un «inconséquent», mais à un cabaleur, à un «coquin». «Je n'aime», déclare Voltaire, «ni ses ouvrages ni sa personne», et il enchaîne sur cette profession de foi: «Que les philosophes véritables fassent une confrérie comme les francs-maçons, qu'ils s'assemblent, qu'ils se soutiennent, qu'ils soient fidèles à la confrérie, et alors je me fais brûler pour eux.»[53] Faut-il que Rousseau se soit rendu détestable pour qu'on le traite comme l'Infâme qu'il importe d'anéantir!

48. Rousseau, *OC*, iii.588-89.

49. Annoncé dès le 26 mars 1761 à Cideville et à Thiriot, D9698, D9699.

50. Rousseau, *OC*, iii.573, 586.

51. M.xxiv.231-33.

52. D9706 (29 mars 1761), aux d'Argental: «Ne trouvez-vous pas qu'il est trop doucement puni?»

53. D9743 (20 avril 1761), à d'Alembert: c'est l'un des rares textes de Voltaire sur les francs-maçons.

D'Alembert, à qui s'adresse la diatribe, ne fait pas écho aux fureurs du Maître. Il croit pouvoir recommander la pitié et l'indifférence. C'est entendu, dira-t-il bientôt, Rousseau est un déserteur, mais il n'est plus en état de «faire du mal, sa vessie le fait souffrir, et il s'en prend à qui peut» [*sic*].[54]

Cependant à la maladie s'ajoutaient pour Rousseau d'autres épreuves, avec la publication en avril et mai 1762 du *Contrat social* et de l'*Emile*. Il est décrété d'arrestation par le parlement de Paris, le 9 juin, et doit s'enfuir. A Genève, le 19, le Petit Conseil sur les réquisitions du procureur général Jean Robert Tronchin condamne à son tour les deux ouvrages à être lacérés et brûlés, et décide que l'auteur s'il vient à Genève sera arrêté. Voltaire est-il pour quelque chose dans ces décisions? Rousseau va lui imputer, sinon expressément les mesures arrêtées à son encontre par la République, du moins la «violence» et la «précipitation» qu'on met à les prendre.[55] Que vaut pareille accusation? Avancer avec Henri Gouhier qu'«il semble qu'[elle] n'ait d'autre fondement que sa vraisemblance»,[56] c'est encore trop dire. Il convient d'observer attitudes et déclarations selon leur ordre chronologique.

Les premières et les plus chaudes réactions en faveur de Rousseau viennent de Moultou. Le 14 juin il écrit, avec le pasteur Antoine Jacques Roustan, une lettre d'un pathétique extravagant. Il y supplie le «cher et grand Rousseau», le nouveau Socrate, de ne pas aller jusqu'au sacrifice. Il faut empêcher cette âme trop sûre de sa force de céder à la tentation du martyre. «Grand Dieu, fléchis-le, attendris-le. [...] Lui périr, lui qui te révéra toujours, lui qui ne vécut que pour toi! Ah! Seigneur, Seigneur, entends-nous, exauce-nous [...], Adieu, barbare et incomparable homme.»[57] Le 16 juin, rassuré puisqu'il sait Rousseau à Yverdon, mais toujours lyrique, Moultou refait l'histoire de ces derniers jours. Le 18, le disciple est mieux informé: le grand homme et ses livres ont eu des défenseurs au Conseil.[58] Ces lettres de Moultou prouvent qu'au moment de la pire angoisse comme dans le calme retrouvé, cet homme passionné, au jugement plutôt manichéen, ne pense jamais à incriminer Voltaire, qu'il a rencontré peu avant la crise.[59] Plus tard seulement, il mettra nettement en cause non point Voltaire lui-même, mais les gens qui le «soutenaient d'une main, tandis qu'ils écrasaient Rousseau de l'autre».[60] Près de deux ans se seront écoulés, les adversaires auront de nouveaux griefs à s'opposer.

54. D10116 (31 octobre 1761).
55. Leigh, nº 1953 (4 juillet 1762), à la comtesse de Boufflers.
56. H. Gouhier, *Rousseau et Voltaire*, p.178.
57. Leigh, nº 1866.
58. Leigh, nº 1877, 1888.
59. Leigh, nº 1961.
60. Leigh, nº 3150 (février 1764?).

Du côté de Rousseau il faut attendre le 4 juillet pour qu'il nomme Voltaire, encore est-ce dans un contexte tel que la responsabilité de celui-ci se trouve atténuée. Rousseau décrit l'extraordinaire efficacité du réquisitoire de l'avocat général Joly de Fleury. Ce libelle calomnieux à lui seul déterminera les juges, en toute ignorance des livres censurés. «Il est vrai», précise l'exilé, «que le crédit de M. de Voltaire à Genève a beaucoup contribué à cette violence et à cette précipitation. C'est à l'instigation de M. de Voltaire qu'on y a vengé contre moi la cause de Dieu.»[61] «Mais à Berne...», le réquisitoire a suffi pour que livres et auteur fussent condamnés. Il n'était donc nullement nécessaire que Voltaire intervînt.

Dans les mouvements contradictoires que suscitent les condamnations successives de Rousseau, il faut faire une place particulière à la «lettre ostensible» de Charles Pictet.[62] Comme le décret lancé contre Rousseau ne paraissait pas clair, comme la procédure du Petit Conseil prêtait à contestation, le lieutenant-colonel Pictet, membre du Conseil des Deux-Cents, laisse (ou fait) courir dans Genève une protestation vigoureuse contre les sentences du tribunal. Il les attribue à trois causes dont la première «est l'engouement où l'on est de M. de Voltaire». Motif inacceptable selon Pictet: il juge illogique de sévir contre Rousseau au nom de Voltaire, quand les écrits du premier, citoyen de la République, ne sont qu'équivoques, alors que le second, réfugié ingrat, «insulte à Genève et à la religion qu'on y professe, [...] infecte tout ce qui l'environne du poison de ses sentiments erronés». Voilà donc le nom de Voltaire jeté en pâture à l'opinion. Pour venger Rousseau, certains à Genève s'affairent à réunir ce que le philosophe de Ferney a pu écrire contre la religion, afin de «déférer ces extraits» au Conseil et de faire condamner leur auteur. Des correspondances citent le *Sermon des cinquante* à côté des *Recherches sur l'origine du despotisme oriental*, ouvrages «plus destructifs des gouvernements» que ceux mêmes de Rousseau.[63] L'alerte est désormais du côté des voltairiens. Cramer prépare une réplique à laquelle Voltaire, la jugeant excessive, substitue sa propre prose.[64] Cramer opposait à l'attaque «systématique» de l'*Emile* contre le christianisme les «plaisanteries profanes» et les «traits indiscrets dispersés dans des ouvrages non avoués»; l'indulgence, écrivait-il, devait être pour le catholique, le protestant restant «inexcusable». Voltaire se contente de justifier son installation aux portes de Genève: il refuse à Pictet le droit de regarder comme un exilé un gentilhomme ordinaire de la chambre du roi de France. Il se défend de comploter contre Rousseau. Il a vu

61. Leigh, n° 1953.

62. Ainsi désignée par R. A. Leigh, dont le commentaire est fort pertinent: Leigh, n° 1901 (22 juin 1762).

63. Leigh, n° 1923.

64. Leigh, n° 1972; D10577 et D10578.

Jean-Jacques une fois seulement, il n'a fait que parcourir ses derniers livres. Il insiste: «Je suis si éloigné d'être son ennemi que je lui ai fait offrir, il y a quelques années, une de mes maisons pour rétablir sa santé.» Sans doute, il est lié à des citoyens de Genève, mais sans, pour autant, se permettre aucune recommandation aux membres d'un Conseil qu'il respecte. Il ajoute qu'il recommande en toute occasion «la religion et la tolérance»: en effet son texte vise au travers de Pictet des esprits qu'il importe de se concilier.

Certes les Genevois n'avaient pas besoin des incitations de Voltaire pour juger sévèrement les écrits et la conduite de Rousseau. Les lettres d'un Charles Bonnet le montrent suffisamment.[65] Quant au sort de Rousseau lui-même, on ne saurait assurément l'estimer confortable, malgré la sérénité désabusée qu'il affecte. Il sait néanmoins qu'à Genève et à Berne il ne compte pas que des ennemis. De tous côtés lui viennent des témoignages de sympathie: Hume[66] lui demande son amitié, Mme de Boufflers lui propose un asile,[67] Mme Boy de La Tour va lui offrir sa maison de Môtiers.[68] Rien ne prouve que Voltaire ait eu le cœur de rivaliser d'intolérance avec les pasteurs et les magistrats de la république calviniste ainsi que de la république bernoise.

On peut donc tenir pour sincères ses protestations dans une lettre à d'Alembert.[69] Qu'il ait persécuté Jean-Jacques: «étrange idée», et «absurde». Croit-on qu'il ait «un grand crédit auprès des prêtres de Berne»? Quant à «la prêtraille de Genève», elle l'aurait traité, lui, comme Jean-Jacques si elle avait pu. Le croira-t-on aussi lorsqu'il assure, dans la même lettre, qu'il a offert à Rousseau l'asile de Tourney, «terre entièrement libre» d'où il eût bravé «tous les fanatiques»? Rousseau aurait refusé par orgueil «d'accepter les bienfaits d'un homme qu'il avait outragé». Mais on aimerait connaître la lettre ou la démarche par un intermédiaire qui fit une telle proposition. Faute de preuve, on restera dans le doute.[70]

Rousseau s'affirme en ces mois de grand trouble extraordinairement créatif. Il publie coup sur coup ses grands ouvrages: après *La Nouvelle Héloïse*, voici le *Contrat social* et l'*Emile*. A peine parus, Voltaire les lit, ou les parcourt.

Il liquide d'un mot le *Contrat social* «ou insocial» du «peu sociable» Jean-Jacques.[71] Il proteste contre des théories politiques visant à ruiner l'autorité de

65. Leigh, n° 1876, 1878, 1891, 1915, 1928.
66. Voir Leigh, n° 1868, 1937, 1944, 1957.
67. Leigh, n° 1910.
68. Voir Raymond Trousson, *Jean-Jacques Rousseau* (Paris 1989), ii.183-89.
69. D10705 (15 septembre 1762).
70. D10705, note 6, et Gita May, «Voltaire a-t-il fait une offre d'hospitalité à Rousseau?», *Studies* 47 (1966), p.93-113.
71. D10527 (25 juin 1762), à Damilaville.

l'Etat et à détruire la société. Il écrit en ce sens à Richelieu. Les philosophes, selon lui, on le sait, ne doivent pas apparaître comme ennemis de l'ordre monarchique. Il laisse pareille aberration au «philosophe des Petites-Maisons».[72]

Sur l'*Emile*, il ironise : «un fatras d'une sotte nourrice en quatre tomes». Mais il en détache dans la *Profession de foi du vicaire savoyard* «une quarantaine de pages contre le christianisme, des plus hardies qu'on ait jamais écrites».[73] Il ira jusqu'à dire que le vicaire savoyard «sans doute était vicaire du curé Jean Meslier» (entendons le Meslier déiste de Voltaire).[74] Il n'hésitera pas à rééditer lui-même la *Profession de foi* dans le *Recueil nécessaire* avec, entre autres, le *Sermon des cinquante* et l'*Examen important de milord Bolingbroke*.[75] Il se reconnaît dans la critique de la Révélation, des dogmes, des miracles, de tant de religions qui dénaturent la religion naturelle. *Profession de foi* d'un théiste : il va la résumer comme telle, dans le *Pot-pourri*. Au cours de cet étrange conte, Rousseau apparaît à un certain moment, fuyant à toutes jambes. Il s'arrête un instant pour s'expliquer. Dans son ennuyeux *Emile*, afin d'«égayer la matière», il a «glissé adroitement une cinquantaine de pages en faveur du théisme». Il a «retranché tout ce que les protestants condamnent dans la religion romaine», puis «tout ce que les autres religions condamnent dans le protestantisme» : «il ne m'est resté que Dieu ; je l'ai adoré, et maître Joly de Fleury a présenté contre moi un réquisitoire».[76] Ainsi parle le Rousseau voltairien de la «cinquantaine de pages». Mais pourquoi faut-il que le Vicaire savoyard gâte ensuite une si excellente *Profession* ! Il «avoue aussi que la majesté des Ecritures [l']étonne», que «la sainteté de l'Evangile parle à [son] cœur», que «si la vie et la mort de Socrate sont d'un sage, la vie et la mort de Jésus sont d'un Dieu». Sur son exemplaire, Voltaire a annoté ce passage avec vivacité : «Qu'est-ce que la mort d'un dieu ?» Question fondamentale, en effet. Le Vicaire rousseauiste prétend ensuite que «depuis [ses] nouveaux principes», il dit sa messe «avec plus de vénération».[77] Absurde, objecte Voltaire, «tu ne crois pas à ta messe». Et puis, selon son habitude, Rousseau ne manque pas de dire, par la voix de son Vicaire, «autant d'injures aux philosophes qu'à Jésus-Christ». «Inconséquence digne de cette tête sans cervelle.»[78] Voltaire ne voit dans cette adhésion au christianisme de celui qui vient d'en pulvériser les croyances qu'hy-

72. D10522 (22 juin 1762).

73. D10507 (14 juin 1762), à Damilaville.

74. D11172 (22 avril 1763), au marquis d'Argence.

75. BnC, n° 5293.

76. Sur ce texte, certainement authentique, quoique publié seulement en 1818, voir Voltaire, *Romans et contes*, p.900, 902.

77. Rousseau, *OC*, iv.625, 626, 1589. En vertu de la même interprétation d'un Rousseau théiste, Voltaire présente son *Catéchisme de l'honnête homme* comme «traduit du grec par D.J.J.R.C.D.C.D.G.» (Dom Jean-Jacques Rousseau, ci-devant citoyen de Genève).

78. D10507 (14 juin 1762), à Damilaville.

pocrisie et trahison. C'est avec une dérision apitoyée qu'il apprend que Jean-Jacques réfugié à Môtiers-Travers, pour être admis à la communion, s'est déclaré auprès du pasteur du lieu «attaché à cette religion véritable et sainte» qu'est la religion réformée.[79] Mais voici qu'intervient un nouvel épisode. Christophe de Beaumont, archevêque de Paris, avec son habituelle absence de discernement, n'avait pas compris quel renfort pouvait apporter à sa cause le Vicaire savoyard. Contre Rousseau et l'*Emile*, il lance la condamnation véhémente d'un mandement (20 août 1762). Rousseau répond par une *Lettre* qui paraît imprimée à la fin de février 1763. Voltaire a grande hâte de la lire. «*La Lettre à Christophe* me donne la pépie, je ne dormirai point que je n'aie vu la *Lettre à Christophe*, avez-vous lu la *Lettre à Christophe*?»[80] L'ayant lue, il y trouve la même incohérence que dans la *Profession de foi du Vicaire savoyard*. Rousseau «proteste à Christophe qu'il est chrétien, et en même temps il couvre la religion chrétienne d'opprobres et de ridicules».[81] Peut-on se dire honnêtement chrétien, demande Voltaire, fût-ce chrétien réformé, quand on nie la Révélation et qu'on s'en tient à une sorte de déisme? Au total cependant l'ironie de Rousseau, son art de l'insinuation perfide, sa terrible logique sont plutôt de nature à mettre Voltaire en joie. «Il y a des choses charmantes dans sa *Lettre à Christophe*.»[82] «Il y a par-ci par-là de bons traits dans ce Jean-Jacques.» Par exemple sur l'eucharistie: «il suppose que notre sauveur Jésus-Christ communie avec ses apôtres. En ce cas, dit-il, il est clair que Jésus met sa tête dans sa bouche.»[83] Un tel Rousseau aurait pu entrer à l'Académie sur les pas de Diderot. Ah! s'il n'était pas «le plus grand petit fou qui soit au monde»![84]

Voltaire assurément n'attend plus de l'orgueilleux auteur de la *Lettre à Christophe* qu'il s'amende. Il fait là-dessus une remarque très digne d'intérêt: Jean-Jacques parle un peu trop de lui dans sa *Lettre*. Il reviendra sur ce reproche, n'apercevant que sotte vanité et impudence dans ce qui marque profondément l'incompatibilité de leurs tempéraments respectifs, de leurs styles de pensée. Rousseau médite et écrit à âme découverte: «aussi longtemps que je serai ce que je suis et que je penserai comme je pense, je parlerai comme je parle.»[85] Il révèle avec ses sentiments leur cheminement intérieur. On le dit «hypocrite», ou «fou»,[86] parce qu'il ne prend pas la précaution de déguiser ses hardiesses, parce qu'il ne

79. Leigh, n° 2108 et D10698.
80. D11153 (6 avril 1763), à J. Vernes.
81. D11174 (26 avril 1763), aux d'Argental.
82. D11182 (1er mai 1763), à d'Alembert.
83. D11183 (1er mai 1763), à Helvétius.
84. D11182.
85. *Lettre à Christophe de Beaumont*, *OC*, iv.962.
86. *OC*, iv.965.

veut pas tromper : «franchise déplacée» qui lui vaut tous ses malheurs. Il ose se vanter d'être «un homme véridique en toute chose, d'être le seul auteur de [son] siècle et de beaucoup d'autres qui ait écrit de bonne foi, et qui n'ait dit que ce qu'il a cru.»[87] Ses idées sont, affirme-t-il, si intimement liées à son existence qu'il lui faut pour s'expliquer, suivant en cela sa «méthode ordinaire», en «donner l'histoire». A ce discours d'un écrivain du «je», d'un philosophe de la conscience individuelle et du sentiment moral, Voltaire oppose une sorte de pudeur intellectuelle, le souci d'un rationalisme objectif et aussi le sens de la stratégie «philosophique». Elles divergent donc irrémédiablement, les voies de l'auteur du *Dictionnaire philosophique* et celles de l'auteur des *Confessions*.

Voltaire et Rousseau se trouvent l'un et l'autre impliqués dans les troubles de Genève.[88] De ce fait, les affrontements au sein de la République entraînent de nouvelles attaques de Rousseau contre Voltaire et de Voltaire contre Rousseau.

L'interdiction par le Petit Conseil de la *Lettre à Christophe de Beaumont* ayant suscité quelque émoi, le procureur général avait tenté de justifier la mesure par des *Lettres écrites de la campagne*. Rousseau riposte par des *Lettres écrites de la montagne* (automne 1764). Voltaire les lit à la fin de décembre et, parvenu à la cinquième *Lettre*,[89] il entre en fureur, non sans raison.

Rousseau y examine longuement les dispositions pénales de la Constitution de Calvin, principalement sur la publication d'ouvrages anonymes ou signés. A la complaisance des juges envers les auteurs protégés par l'anonymat, il oppose leur sévérité pour ceux qui avouent texte et pensée. Etant lui-même de ces derniers, il voit qu'on tolère à Genève «des ouvrages qu'on a peine à lire sans indignation», des écrits odieux «insultant au christianisme, aux bonnes mœurs». «Ne dirait-on pas», demande-t-il, «que le sort de quelques satires obscènes intéresse beaucoup les Potentats?» Bien entendu, malgré «ce petit tour d'adresse» qui consiste à ne pas se nommer, chacun a deviné «le grand homme» qui a composé l'écrit anonyme. Ce «grand homme», Rousseau le nomme dans les lignes suivantes. Il évoque son propre exil hors de France, à Genève et à Berne, la condamnation de ses livres parce qu'il y raisonne, alors qu'on laisse imprimer ceux où l'on use du ridicule et de l'insulte. «Ces Messieurs», continue-t-il, «voient si souvent M. de Voltaire. Comment ne leur a-t-il point inspiré cet esprit de tolérance qu'il prêche sans cesse, et dont il a quelquefois besoin». Vient alors la prosopopée du philosophe de Ferney. Celui-ci est censé recommander la liberté pour le penseur et la permission de raisonner. «Je ne raisonne pas, moi», avoue-t-il, mais «je fais raisonner mes lecteurs. Voyez mon chapitre des Juifs, voyez le même chapitre

87. *OC*, iv.965-66.
88. Voir ci-dessous, chapitre XVII.
89. Rousseau, *OC*, iii.795-99.

plus développé dans le *Sermon des cinquante.*» Un peu plus loin, c'est toujours Voltaire qui parle: «J'ai tant prêché la tolérance! Il ne faut pas toujours l'exiger des autres et n'en jamais user avec eux. Ce pauvre homme [Rousseau] croit en Dieu? passons-lui cela, il ne fera pas secte.»

Ainsi il est dit au lecteur des *Lettres de la montagne* que Voltaire est complice des magistrats persécuteurs de Rousseau, qu'il publie des ouvrages abominables, qu'il préfère au raisonnement la plaisanterie, qu'il est bien l'auteur du diabolique *Sermon des cinquante*, que, somme toute, il ne croit pas en Dieu.

Hors de lui, Voltaire riposte sur-le-champ. Il dénonce à François Tronchin une liste de treize propositions scandaleuses des *Lettres de la montagne*, contre l'Evangile, la foi des pasteurs, les miracles de Jésus, la Constitution de Genève, le Conseil des Deux-Cents, le Petit Conseil, etc. En conséquence la lettre appelle la «sévérité des lois» non seulement sur le livre mais sur l'auteur, un «blasphémateur séditieux». On espère que les pasteurs et les «meilleurs citoyens» contraindront le Petit Conseil à exercer toute «sa justice en pleine liberté». On suggère même d'élire de nouveaux commissaires des plus rigoureux, afin de préparer «un jugement qui mette fin à l'audace d'un scélérat».[90]

Il y a pire. Voltaire accompagne la lettre de dénonciation d'une brochure de huit pages, le *Sentiment des citoyens*. Après les *Lettres de la campagne* et celles *de la montagne*, «la ville» est censée exprimer ses «sentiments».[91] D'emblée, le ton est donné:

> On a pitié d'un fou; mais quand la démence devient fureur, on le lie.

Suivent des accusations à peu près identiques à celles de la lettre à Tronchin. Mais Voltaire va plus loin. Il lance le trait dont il sait qu'il va toucher l'ennemi au cœur. Ce Rousseau, «est-ce un homme de bien qui, trompé par un faux zèle, fait des reproches indiscrets à des hommes vertueux?» Voltaire répond:

> Nous avouons avec douleur et en rougissant que c'est un homme qui porte encore les marques funestes de ses débauches, et qui, déguisé en saltimbanque, traîne avec lui de village en village, et de montagne en montagne, la malheureuse dont il fit mourir la mère, et dont il a exposé les enfants à la porte d'un hôpital, en rejetant les soins qu'une personne charitable voulait avoir d'eux, et en abjurant tous les sentiments de la nature comme il dépouille ceux de l'honneur et de la religion.

Voilà révélé le secret honteux du citoyen de Genève: l'abandon de ses enfants. Quelques personnes déjà étaient au courant: Mme de Francueil, Mme de Luxembourg, Diderot, Grimm, Théodore Tronchin, Mme d'Epinay (la «per-

90. D12262 (vers le 25 décembre 1764): on remarquera que Voltaire stigmatise pour une part ses propres opinions.

91. M.xxv.310-14.

sonne charitable» du *Sentiment des citoyens*).[92] Voltaire lui-même était informé depuis juin 1762.[93] Mais voici désormais que la pire des contradictions de Rousseau est dénoncée publiquement: le vertueux citoyen, le pédagogue de l'*Emile* s'est débarrassé de sa progéniture aux Enfants-trouvés.

Chose étonnante, Rousseau n'a jamais su de qui venait un coup pour lui si douloureux. Il a toujours imputé le *Sentiment des citoyens* au pasteur Jacob Vernes. On eut beau lui démontrer l'invraisemblance de l'attribution: en dépit même de ce que lui dit Mme Cramer (elle savait qui était l'auteur, mais liée par le secret professionnel elle ne pouvait le nommer), il ne voulut jamais en démordre. Faisant preuve d'un «stupéfiant manque de flair»,[94] il refusa d'accuser Voltaire.

En tout état de cause, il lui fallait répondre. Il prit le parti de faire réimprimer le libelle par Duchesne, à Paris. Il y ajoutait des annotations.[95] Le *Sentiment des citoyens* contenait des erreurs de fait. Rousseau n'a pas de peine à les relever. Non, il ne porte pas «les marques funestes de ses débauches»: la maladie dont il souffre n'est ni la petite ni la grande vérole. Il n'a pas fait mourir la mère Levasseur, pour la raison que celle-ci «est actuellement pleine de vie et en bonne santé malgré sa vieillesse». Mais parvenu à la question des enfants, que dira-t-il? Une phrase lui suffit:

> Je n'ai jamais exposé aucun enfant à la porte d'aucun hôpital ni ailleurs.

C'est vrai, Voltaire se trompait quand il parlait d'une telle *exposition*: Rousseau a fait porter et déposer ses enfants, dans les règles, à l'établissement des Enfants-trouvés. Il joue évidemment sur les mots. Il dément la procédure, laissant croire que le démenti vaut aussi pour le fait même de l'abandon.

Rousseau sentait bien qu'une si pitoyable équivoque ne pouvait soulager sa conscience. Depuis un certain temps son éditeur Marc Michel Rey le presse d'écrire ses mémoires. Après le *Sentiment des citoyens*, il en prend la décision. Il démontrera qu'il n'est pas un monstre d'immoralité, comme le prétend l'auteur du libelle. Au contraire Rousseau apparaîtra comme «le meilleur des hommes». Fort heureusement il ne s'enfermera pas dans ce projet apologétique – très contestable – quand il rédigera ses *Confessions*. Il reste que cette œuvre, aujourd'hui la plus lue de tout ce qu'il a écrit, est née de sa rupture avec Voltaire et de la nécessité de répondre aux infâmes (et pourtant véridiques sur l'essentiel) accusations du *Sentiment des citoyens*.

92. Mme d'Epinay avait conjuré Rousseau de «laisser à ses soins» le dernier de ses enfants, d'après un témoignage de Henri Meister père, dans Rousseau, *OC*, i.1421.

93. D10515 (17 juin 1762), à d'Alembert, après la publication d'*Emile*: «Ce monstre ose parler d'éducation! lui qui n'a voulu élever aucun de ses fils, et qui les a mis tous aux Enfants-trouvés.» Voltaire à cette date croit que Rousseau abandonna également Thérèse Levasseur.

94. Expression de Henri Gouhier, *Rousseau et Voltaire*, p.218.

95. On les lira en note dans M.xxv.310-14.

Désormais Voltaire, définitivement, tient Rousseau pour un fou et un misérable. Il estimera justifiées les plus basses insultes, semblables à celles dont il abreuve Fréron, La Beaumelle et d'autres. Il ignore que *La Nouvelle Héloïse* fut l'un des grands succès d'édition du siècle, au point d'élargir, peut-on supposer, le lectorat littéraire. Il ne soupçonne pas l'autorité que Rousseau a prise auprès des contemporains, comme penseur et comme écrivain. Il méconnaît en lui l'un des maîtres de la génération montante : effet sans doute du vieillissement, mais aussi de l'exil qui le tient écarté depuis si longtemps du milieu intellectuel parisien.

11. Retour aux contes

La fin de 1763 est marquée comme chaque année par d'abondantes chutes de neige (point rares en cette région) et par l'ophtalmie qui les accompagne généralement chez Voltaire. Pourtant il ne quitte guère son château et même sa chambre, et échappe donc à la réverbération qui provoque, classiquement, l'ophtalmie: on peut s'étonner sur le lien de causalité qu'il établit («les neiges m'aveuglent»),[1] et se demander si ses maux oculaires ne sont pas plutôt causés par des infections hivernales. En tout cas, l'écrivain ne peut presque plus lire ni écrire, il doit dicter tout son courrier; il se croit menacé d'une cécité complète, et badine agréablement sur ce sujet avec Mme Du Deffand, qui est elle-même complètement aveugle, et son ami le président Hénault:

> Lorsque le cœur calmé renonce aux passions
> Deux yeux sont un meuble inutile.[2]

Mais il ajoute: «Cela n'est pas tout à fait vrai, mais il faut tâcher de se le persuader». En réalité, Voltaire est très affecté. Des neiges et de sa cécité, il parle à tous ses correspondants de façon lancinante. «Nous sommes enterrés sous la neige, c'est le temps de s'égayer, car la nature est bien triste. Je tâche de m'amuser et d'amuser», écrit-il aux d'Argental dans une lettre datée «de Sibérie, le 25 novembre 1763».[3]

C'est dans ces circonstances qu'amis et visiteurs de Voltaire découvrent que le vieillard est saisi d'une passion nouvelle et subite: la composition de contes en vers, qu'il nomme «contes à dormir debout», «contes de ma Mère l'Oye». Il présente cette activité comme le jeu d'un vieillard, qui l'arrache à des soucis liés à l'affaire Calas et à la diffusion du *Traité sur la tolérance*. Et de fait, au milieu de ces préoccupations de tous les jours, Voltaire ne perd pas la poésie de vue. Elle est pour lui comme un signe de jeunesse conservée, une échappée plutôt vers une autre époque de sa vie. Non une autre époque de l'histoire des lettres. On se tromperait en imaginant un Voltaire convaincu que l'ère de la poésie est close, que le temps de la prose est venu. Il ne cesse d'encourager de nouveaux talents, de suivre la nouvelle production; et s'il se montre souvent sévère et même dédaigneux, c'est qu'il l'est volontiers quand il s'agit des œuvres d'autrui. On le

1. D10941 (23 janvier 1763), à Fyot de La Marche.
2. D11529 (4 décembre 1763), à Hénault.
3. D11513.

voit bien quand paraît le poème de Bernis, écrit depuis longtemps en fait, *Les Quatre saisons*. A l'auteur devenu cardinal, il reproche, au milieu d'une gerbe de compliments, des négligences et, avec une discrétion dont les lettres à d'autres dévoilent le sens, des longueurs, une «profusion de fleurs».[4] Simplement, lui-même se sent trop vieux et usé pour être animé encore par la verve poétique. L'application du poète professionnel, qui paraît dans les commentaires sur les vers de Corneille, dans telle fabrication d'inscription lapidaire, dans l'élaboration calculée de tel compliment de commande, ne saurait masquer le fond de l'idée que se fait Voltaire de la création poétique. Il y faut du feu, une ardeur qu'on perd avec l'âge, la maladie, les déceptions, les tracas. Même la composition des tragédies, stimulée pourtant par un goût inusable du théâtre, par la perspective délicieuse d'être joué, et joué à Paris – même cela devient difficile et laborieux. Aux glaces de l'âge s'ajoute un goût croissant pour la brièveté, qui rend pénibles à Voltaire les développements attendus de toute grande composition poétique: rien ne lui plaît plus que les morceaux brefs. En prose comme en vers d'ailleurs. Le *Traité sur la tolérance*, œuvre majeure de la période, est une suite de chapitres enlevés, d'un tour sans cesse renouvelé, une mosaïque de textes. Un petit livre, somme toute, mais, de plus, fait de petits morceaux. Ce qui se prépare alors, c'est le *Dictionnaire philosophique*, qui va paraître en 1764: or le *Dictionnaire* est d'abord le résultat d'un goût croissant pour la brièveté, qui est caractéristique du vieux Voltaire, mais aussi de son temps et peut-être particulièrement de ces années-là.[5] Autant et plus que l'article de dictionnaire le conte en vers coupe court aux développements fastidieux. On comprend qu'il tente Voltaire à la fin de 1763, à un moment où la vieillesse lui pèse en le rendant particulièrement impatient.

Conter en vers, c'est pour Voltaire renouer avec sa jeunesse. Son précédent conte en vers, *La Mule du pape*, remonte à vingt-neuf années, si on le date de 1734; sans doute de plus longtemps encore, car il dit en 1734 qu'il a «retrouvé» ce conte.[6] Voltaire renoue plutôt avec les jeux poétiques des années 1715-1716, où il écrivait *Le Cocuage* ou *Le Cadenas*. Mais il n'a cessé de cultiver le ton et le style du conte en vers dans *La Pucelle*, à laquelle il ajoute constamment des chants nouveaux pour la plus grande joie de ses amis. Le goût des contes en vers n'est pas séparable du goût des contes en prose; les deux étaient mêlés chez Perrault, ou chez un autre modèle prestigieux, Hamilton, dont les contes en vers et en prose plaisaient au public depuis leur publication en 1730. Mais le choix des vers comporte sans doute un message discret: le désir chez l'écrivain de se glisser dans une tradition plus ancienne, où La Fontaine n'est lui-même que le continuateur des conteurs italiens et des conteurs antiques; l'acceptation d'une manière

4. D11388 (29 août 1763).
5. Voir D10894 (9 janvier 1763), à Elie Bertrand.
6. D781 (?août 1734), à Mme de La Neuville.

archaïsante, qui frôle souvent ce marotisme que Voltaire n'aime guère habituellement. Le premier conte qu'il écrit en novembre 1763, *Ce qui plaît aux dames*, est d'ailleurs une adaptation d'un des *Contes de Canterbury* du «vieux poète anglais» Chaucer, et de l'«Histoire de la femme de Bath», d'un autre poète anglais, moderne celui-là, Dryden, que Voltaire a découvert pendant son séjour en Angleterre.[7] Il ne s'agit pas d'inventer, mais de redire, de «radoter», selon le mot sans cesse répété par Voltaire, qui présente aussi son activité de conteur comme une litanie d'aveugles, dont on sait qu'ils allaient psalmodiant de monotones chansons pour attirer la charité des passants. «Les aveugles s'amusent comme ils peuvent».[8]

Souvent la poésie dit plus et mieux le secret des cœurs. Les contes en vers, dans les échappées qu'ils autorisent, révèlent chez Voltaire un sentiment de sa situation qu'on ne peut qualifier que de poétique. Il est prisonnier des neiges, mais c'est l'occasion de mieux sentir certains plaisirs: comme il l'écrivait l'hiver précédent à Algarotti: «Nous avons des neiges, j'en conviens, mais nous ne manquons pas de bois. On a des théâtres chez soi, [...] on fait bonne chère, on est le maître de son château, on ne paie de tribut à personne; cela ne laisse pas de faire une position assez agréable».[9] Le conteur en vers devient une figure ancrée dans la tradition, le châtelain libre et respecté qui, entouré de sa famille, anime la veillée au coin du feu: image archaïque où Voltaire trouve du réconfort. Il commence *Ce qui plaît aux dames* par l'évocation d'un tel cercle hivernal:

> Après souper pour vous désennuyer,
> Mes chers amis, écoutez une histoire
> Touchant un pauvre et noble chevalier

et il achève le conte par la même évocation:

> O l'heureux temps que celui de ces fables [...]
> On écoutait tous ces faits admirables.
> Dans son château, près d'un large foyer.

A côté de «M. de Voltaire», à côté de l'intellectuel engagé, resurgit ainsi un autre aspect de la personnalité de l'écrivain, que révèle le jeu auquel il se livre. L'image a suffisamment frappé les contemporains pour que le frontispice de l'édition des *Romans et contes de M. de Voltaire* faite à Bouillon en 1778 montre précisément «Voltaire au coin du feu, à Ferney, récitant à une compagnie mêlée ses contes en vers, etc.»[10] Le retour à la poésie, à la fin de 1763, est bien un mouvement de repli vers un univers – tout intérieur – opposé à celui où se meut

7. Voltaire, *Contes en vers et en prose*, éd. Sylvain Menant (Paris 1992), p.343.
8. D11529 (4 décembre 1763), au président Hénault.
9. D10917 (17 janvier 1763).
10. Edition citée, iii.101.

réellement Voltaire: il loue le passé, des mœurs gothiques, préfère les fées à la raison:

> On a banni les démons et les fées:
> Sous la raison les grâces étouffées
> Livrent nos cœurs à l'insipidité;
> Le raisonner tristement s'accrédite
> On court, hélas! après la vérité;
> Ah! croyez-moi, l'erreur a son mérite.

Lassitude dans le combat? Rappel plutôt des irremplaçables pouvoirs de la littérature, et spécialement de la poésie. Au cardinal de Bernis dont la disgrâce prend fin et qui s'apprête à occuper de hautes fonctions (l'archevêché d'Albi, puis l'ambassade de Rome), en janvier 1764, Voltaire conseille: «Aimez toujours les lettres; j'ai soixante et dix ans, et j'éprouve que ce sont de bonnes amies; elles sont comme l'argent comptant, elles ne manquent jamais au besoin».[11] Besoin de réconfort et de fuite devant les difficultés et surtout le vide de la vie. C'est pendant le même hiver que Voltaire confie à Mme de Champbonin, la voisine des temps heureux de Cirey: «La vie n'est que de l'ennui ou de la crème fouettée».[12]

Il s'agit bien d'un retour aux contes. Dans ce genre, depuis *Candide*, Voltaire n'a guère écrit que les quelques pages de l'*Histoire d'un bon bramin* (1759): il y présentait un héros assez semblable à lui-même, un riche vieillard plein de sagesse, dans une belle maison «ornée et accompagnée de jardins charmants».[13] *Le Pot-pourri*, auquel il a travaillé en 1761, n'est qu'à demi un conte.[14] Mais dans l'hiver 1763-1764, Voltaire devient conteur. Ses visiteurs le remarquent. Après son pèlerinage à Ferney, le tout jeune Charles Victor de Bonstetten écrit à son père que l'écrivain «travaille à présent à des petits contes fort jolis qui sont un de ses meilleurs ouvrages».[15] Et Voltaire avoue de son côté, ce qui est nouveau, qu'il se consacre aux contes. A d'Alembert, il confie: «J'ai été si dégoûté depuis peu de ce qu'on appelle les choses sérieuses que je me suis mis à faire des contes de ma Mère l'Oye».[16] Peu à peu, de novembre à mars, les textes surgissent. *Ce qui plaît aux dames*, *L'Education d'un prince*, *L'Education d'une fille*, *Les Trois manières*, à la fin de 1763; et au début de 1764, *Thélème et Macare*, *L'Origine des métiers*, *Azolan*, *Le Blanc et le noir*, *Jeannot et Colin*. Le bruit court que Voltaire veut composer, pour la première fois, un recueil complet de contes, comme tant d'autres l'ont

11. D11650 (18 janvier 1764).
12. D11506 (17 novembre 1763).
13. *Contes en vers et en prose*, i.335.
14. Voir ci-dessous, p.236.
15. D11606 (1763/1764).
16. D11597 (31 décembre 1763).

fait.[17] Ce projet est sans doute la conséquence du prodigieux succès de *Candide*. Voltaire a compris que l'auteur de *La Henriade* était devenu l'auteur de *Candide*, un conteur. Il en tire les conséquences en habile homme de lettres qu'il est. Il montre aussi qu'il est attentif au goût parisien. La vogue des contes reprend, comme le montrent les catalogues des libraires.

De la plupart de ces textes nés de l'hivernage de 1763-1764, Voltaire laisse courir une à une des copies manuscrites; c'est un privilège, dans les cercles parisiens comme dans les cours allemandes, d'en disposer. La *Correspondance littéraire* se hâte de fournir à ses abonnés princiers le texte de la plupart des contes, avec des commentaires admiratifs;[18] entre décembre 1763 et mai 1764, presque chaque livraison en contient un. Mme Du Deffand se vexe de n'avoir pas été comptée parmi les premiers destinataires des copies. Le duc de La Vallière, envers qui Voltaire a une dette de reconnaissance, réclame la primeur d'un des contes et le fait imprimer à ses frais: c'est *Thélème et Macare*.[19] Des éditions séparées de plusieurs autres contes circulent aussi, minces brochures qui rencontrent le succès. Voltaire réserve cependant la nouveauté de quelques textes pour le volume qui va paraître au printemps, et que Cramer prépare.

Quand le volume paraît, ce n'est pas sous le nom de Voltaire, mais sous celui d'un inconnu, Guillaume Vadé: il affiche comme titre *Contes de Guillaume Vadé*, et ne comporte pas de lieu d'origine. On a là un bon exemple de la tactique subtile de Voltaire. Le public européen le plus averti reconnaîtra évidemment des contes dont il sait la provenance. Pour lui, le nom de Vadé est un piment complémentaire, comme celui de tous ces auteurs supposés auxquels Voltaire prête ses œuvres. C'est un masque, mais un masque souriant. Pour le grand public, le pseudonyme est attractif: un véritable Vadé, mort en 1757, est célèbre à ce moment-là. Prénommé Jean Joseph, il est l'auteur de nombreuses œuvres en style poissard, qui reprennent le langage des Parisiens de la rue et de la halle. Il a écrit aussi des opéras-comiques, et Voltaire en a fait jouer un sur son théâtre de Ferney. En se mettant sous le patronage d'un membre de la famille de Vadé, Voltaire souligne le côté divertissant de ses contes; mais il réserve une surprise, puisque ses contes sont en réalité le fruit d'une riche et savante culture, et brillent aux yeux des contemporains par leur raffinement de langue et de ton. Comme l'écrit la *Correspondance littéraire* (15 décembre 1763): «Nous n'avons pas en France un seul poète qui approche de cette pureté, de cette force, de cette élégance, de ce coloris plein de charme et de séduction».[20] Plus simplement, l'usage du pseudonyme est une précaution contre les ennuis que pourraient

17. D11755 (7 mars 1764), Mme Du Deffand à Voltaire.
18. E. Lizé, *Studies* 180 (1979), p.100-102.
19. D11784 (vers le 18 mars 1764), à Damilaville.
20. E. Lizé, *Studies* 180, p.100.

susciter à l'auteur non les contes, moins antireligieux que bien d'autres pages de Voltaire, mais de petits textes qui y sont joints afin de grossir le volume.[21]

Pour ce retour aux contes, Voltaire puise dans son portefeuille, dans ses lectures préférées, dans son imagination. Après *Ce qui plaît aux dames*, inspiré de Chaucer et Dryden, *L'Education d'une fille* combine des souvenirs d'un conteur italien, Firenzuola, et les réflexions suscitées par l'éducation de Marie Françoise Corneille; *Jeannot et Colin* se nourrit à la fois du *Paysan parvenu* de Marivaux et d'une comédie jadis écrite pour le collège par un ancien professeur de Voltaire, le P. Porée. Il faut aussi que le vieil écrivain montre que les forces de son imagination créatrice sont intactes. Il cherche à innover, notamment en mêlant le conte et l'allégorie: *Thélème et Macare*, en grec le désir et le bonheur, dramatise sur le mode plaisant les choix de vie qui s'offrent à l'homme moderne. L'invention parut neuve et spirituelle aux contemporains. Ils y retrouvaient l'enquête à travers la société, avec un tableau de la cour et de Paris, qui structure tant d'autres contes de Voltaire; mais abrégée, accélérée par l'emploi d'un vers allègre. Ils y reconnaissaient la sagesse de l'ermite de Ferney, qui après avoir exploré le monde a appris à garder le bonheur en sachant «cacher sa vie» (ce sont les mots de la fin).[22]

Ce recueil de contes se caractérise par la recherche de la variété. Il mêle les contes en vers et les contes en prose; des textes de longueur très différente; il exploite des formes diversifiées, le décasyllabe de *La Pucelle* et l'octosyllabe alerte, le style oriental et le réalisme romanesque. Un des contes, *Les Trois manières*, se présente même clairement comme un concours entre trois «tons», le ton élevé, le ton badin, le ton élégiaque.[23] Même effet de variété dans le cadre du récit: Voltaire promène son lecteur de la France de Charlemagne (*Ce qui plaît aux dames*) au royaume de Bénévent (*L'Education d'un prince*), du monde antique (*Les Trois manières*, *L'Origine des métiers*) à l'Islam (*Azolan*), d'un Orient des *Mille et une nuits* (*Le Blanc et le noir*) à la France contemporaine (*L'Education d'une fille*, *Jeannot et Colin*). On y retrouve des thèmes habituels: le conte porte bien, ici comme ailleurs, divers messages à l'usage d'un large public. *Azolan* attaque les vœux monastiques, *L'Education d'une fille* la morale chrétienne, *L'Education d'un prince* l'influence des confesseurs sur le pouvoir royal; ces contes contribuent à enfoncer le clou, selon une tactique éprouvée. Ce qui surprend en revanche, c'est la place qu'occupent des figures féminines rayonnantes. La dérision est encore présente au début de *Ce qui plaît aux dames*, dans le portrait chargé de la vieille fée, qui rappelle la Vieille de *Candide*. Mais elle se transfigure, à la fin du conte,

21. Voir S. Menant, «La présentation des *Contes de Guillaume Vadé*», dans *La Présentation du livre* (Nanterre 1987).

22. *Contes en vers et en prose*, i.360.

23. D11755 (7 mars 1764), Mme Du Deffand à Voltaire.

en une exquise beauté et une amante enflammée. Dans *L'Education d'une fille*, Gertrude est la plus aimable des prudes et sa fille est une «rose naissante»: toutes deux trouvent leur épanouissement dans les bras d'amants très désirés. C'est autour de cet accomplissement que tournent encore *Thélème et Macare* ou *Les Trois manières*. Voltaire étonne et séduit par la finesse de sa psychologie de la femme, par son art d'évoquer le bonheur dans et par l'amour. A côté du «hideux sourire», il existe aussi un sourire malicieux et bienveillant, celui d'un homme qui a connu la passion et le plaisir, qui a rêvé des femmes et avec les femmes, qui a été aimé d'elles comme compagnon et comme poète.

Ce charme de Voltaire s'apprécie particulièrement dans les deux contes en prose de «Guillaume Vadé», faisant suite à ses contes en vers: *Le Blanc et le noir*, *Jeannot et Colin*. Sur des sujets aussi différents que possible, les deux récits ont un air de parenté. Dans l'un et dans l'autre la présence du conteur est sensible. Dans les deux cas nous l'entendons entrer en matière en invoquant la notoriété publique locale: «Tout le monde, dans la province de Candahar, connaît l'aventure du jeune Rustan»; «Plusieurs personnes dignes de foi ont vu Jeannot et Colin à l'école dans la ville d'Issoire en Auvergne»... Le conteur imprime à chaque narration un tour humoristique par lequel sa personnalité se laisse percevoir. On la sent dans la présentation des faits et dans les réflexions qui les accompagnent. Ainsi le héros Rustan est amené à se battre en duel avec un Barbabou aussi vilain que l'est son nom. Voici comment l'événement est rapporté: «Le combat se passa le mieux du monde; Barbabou fut tué roide, et le peuple en fut charmé, parce qu'il était laid et que Rustan était fort joli: c'est presque toujours ce qui décide de la faveur publique.»[24] L'auteur de *Jeannot et Colin* ne se prive pas d'intervenir pareillement. Il nous apprend que la ville d'Issoire est «fameuse dans tout l'univers par son collège et par ses chaudrons». Mentionnant la camaraderie des deux jeunes garçons au collège et les signes qui la manifestaient, il commente qu'on s'en «ressouvient toujours avec agrément quand on se rencontre ensuite dans le monde».[25] Jeannot étant devenu le marquis de La Jeannotière à Paris, un conseil se tient dans l'hôtel particulier de ses parents: que va-t-on lui enseigner qui soit digne de lui? On écarte successivement le latin, la géographie, l'astronomie, la géométrie, l'histoire, et même le blason. Et le narrateur conclut: «Enfin, après avoir examiné le fort et le faible des sciences, il fut décidé que monsieur le marquis apprendrait à danser.»[26]

Ressemblances qui font ressortir la différence des deux contes. *Le Blanc et le noir* est un conte plus oriental encore que *Zadig*, tant s'y multiplient les prodiges.

24. *Romans et contes*, p.262.
25. *Romans et contes*, p.269.
26. *Romans et contes*, p.273.

Le jeune Rustan a pour domestiques deux êtres surnaturels, l'ange bienfaisant, le blanc Topaze, l'ange malfaisant, le noir Ebène. Ces génies se métamorphosent, rien pour eux n'est plus simple: en aigle, en âne, en médecin, en pie dans le cas de Topaze; et pour Ebène en vautour, en rhinocéros, en marchand, en corbeau. Lancer en un instant un pont sur un précipice, creuser un tunnel à travers une montagne, autant de prodiges tout à fait normaux dans un Orient fabuleux, de même que le javelot autodirectionnel que la belle princesse envoie tuer, fatale méprise! son cher Rustan. Mais cet Orient de toutes les merveilles est un Orient philosophique. A son chevet Rustan agonisant retrouve Topaze et Ebène réincarnés en leur forme humaine. Il passe les dernières minutes de sa vie à discuter avec eux du manichéisme, cette doctrine de l'ancienne Perse, qui veut que deux principes, l'un bon, l'autre malfaisant, se disputent le monde: philosophie de Zoroastre, dont Rameau avait tiré un opéra portant le nom de son fondateur.[27] Les allusions font comprendre au lecteur que quelque chose en est passé dans le christianisme: dans la croyance que chaque chrétien a près de lui son ange gardien, son Topaze (quoique la présence symétrique d'un mauvais ange, chargé spécialement de l'induire en tentation, paraisse moins attestée). Le manichéisme résoudrait-il l'insoluble problème du Mal? Non pas: «c'est une grande difficulté», avoue Ebène, et Topaze reconnaît qu'il y a «là-dessous quelque chose qu'il ne comprend pas». Rustan espère savoir à quoi s'en tenir «dans un moment», après sa mort.[28] Mais soudain tout s'efface. Rustan se réveille. Les événements fabuleux qui précédaient n'étaient qu'un rêve. Dénouement inattendu analogue à celui du *Crocheteur borgne*, ce conte de la jeunesse de Voltaire.[29] Mais ici le protagoniste, devenu philosophe, va discuter des rêves, avec son valet Topaze accouru en bonnet de nuit (Ebène, lui, continue à dormir dans sa chambre). Il ressort que «nos idées ne dépendent pas plus de nous dans le sommeil que dans la veille». Rustan n'a dormi qu'une heure, et en songe il a vécu plus de six mois d'aventures. Le temps est-il donc relatif, long ou court, selon l'expérience qu'on en fait? Rustan ne le comprend pas. Mais un perroquet va le lui expliquer: âgé d'un an et demi, et né pourtant avant le déluge, il fut l'un des hôtes de l'arche de Noé. On amena le perroquet, «lequel parla ainsi». Le lecteur brûle d'apprendre, par une voix aussi autorisée, le secret de la temporalité. Las! «Mlle Catherine Vadé n'a jamais pu trouver l'histoire du perroquet dans le portefeuille de son cousin Antoine Vadé, auteur de ce conte».[30] Voltaire, après avoir excité notre folle curiosité, s'amuse méchamment à la décevoir. De même, aux dernières lignes de *Micromégas*, le «secrétaire de l'Académie des sciences» ayant ouvert avidement

27. Représenté en 1749, livret de Cahusac.
28. *Romans et contes*, p.265.
29. *Voltaire en son temps*, i.90.
30. *Romans et contes*, p.267.

le «beau livre de philosophie» où il devait apprendre «le bout des choses» s'aperçut que le livre était «tout blanc».[31] Voltaire répète la leçon aux crédules que nous sommes: le mystère est le mystère et nul n'en a la clé.

Point de songes, point de prodiges dans *Jeannot et Colin*. Nous restons dans la réalité la plus quotidienne. M. Jeannot le père, aidé par les charmes de Mme Jeannot, a fait une fortune immense dans une affaire d'hôpitaux aux armées (il a tué «plus de soldats en un an que le canon n'en a fait périr en dix»).[32] Dès lors, c'est la grande vie à Paris pour «M. de La Jeannotière», sa femme, son fils. Une foule d'amis intimes, de précepteurs, une beauté qui va épouser le fils, un confesseur qui veille sur leurs consciences, les aident à dépenser leurs énormes revenus. Mais un beau matin, M. de La Jeannotière se réveille entièrement ruiné. On l'emprisonne. On déménage ses meubles. Plus d'amis désormais, ni de fiancée éperdument amoureuse, ni de confesseur. Le pauvre Jeannot se retrouve à la rue. Voici qu'il aperçoit une voiture chargée de chaudrons. Sur le siège, il reconnaît son ami Colin, flanqué d'une petite femme son épouse, rondouillette et agréable, qui n'est pas une de ces beautés évaporées de la capitale. Colin a fait fortune dans la quincaillerie. Il vient vendre à Paris sa production et gagne gros. Bon cœur, il recueille Jeannot et ses parents. Il les associe à ses affaires. Quel contraste entre la «crème fouettée» parisienne, ce luxe proliférant sur la spéculation, et la vie sérieuse, productive, de la province, où l'on travaille dans le solide! Une leçon ici aussi se dégage: «Et Jeannot le père, et Jeannotte la mère, et Jeannot le fils, virent que le bonheur n'est pas dans la vanité.»[33] Le récit relève du genre alors en vogue, le «conte moral», que Marmontel vient d'illustrer.[34] Mais dans le *Jeannot et Colin* de Voltaire on ne trouve pas trace de la convention moralisante ni de la fadeur dont pâtissent tant d'autres «contes moraux».

Les contes de l'hiver 1763-1764 vont faire une belle carrière: ils sont parmi les préférés des lecteurs jusqu'au milieu du dix-neuvième siècle; ils vont inspirer plusieurs spectacles lyriques comme cette *Fée Urgèle*, tiré de *Ce qui plaît aux dames* par Favart, que Jean Marie Villégier remontait encore en 1991 à l'Opéra-Comique. Mais Voltaire, lui, tourne la page. Dès le 21 mars 1764, il constate les faits: «Mon goût pour les contes est absolument tombé. C'était une fantaisie que les longues soirées de l'hiver m'avaient inspirée. Je pense différemment à l'équinoxe; l'esprit souffle comme il veut, comme dit l'autre.»[35]

A cette date, «l'esprit» soufflait effectivement dans une autre direction. Le

31. *Romans et contes*, p.37.
32. *Romans et contes*, p.270.
33. *Romans et contes*, p.277.
34. Marmontel, *Contes moraux* (1761).
35. D11791, à Mme Du Deffand.

changement intervient au milieu même des *Contes de Guillaume Vadé*. Après les contes en vers et en prose, le volume donne quatorze autres pièces, de tendance nettement polémique, pour la plupart. En tête vient le chant de *La Pucelle*, la «capilotade», dont nous avons parlé: Fréron et La Beaumelle y apparaissent, à la place qui, selon Voltaire, est la leur, liés à une chaîne de galériens.[36] On lit ensuite le *Discours aux Welches*, attribué à un Antoine Vadé fictif. Welche: ce serait le nom que «les Allemands donnent aux Français et aux Italiens».[37] Voltaire aurait donc rapporté le mot, fort dépréciatif, de ses voyages en terre germanique. Il n'englobe pas sous ce vocable la totalité des Français, ses compatriotes. Sont Welches «les ennemis de la raison et du mérite, les fanatiques, les sots, les intolérants, les persécuteurs et les calomniateurs»: ce qui tout de même, selon ses critères, représente beaucoup de monde. En revanche sont Français «les philosophes, la bonne compagnie, les véritables gens de lettres, les artistes, les gens aimables enfin».[38] Le *Discours* s'ouvre sur une charge pleine d'humeur contre nos ancêtres: ces lâches ont été la proie des Romains, des Vandales, des Burgondes. Puis ils furent conquis par «un Sicambre nommé Hildovic [Clovis] [...], avec une poignée de Francs sortis des anciens marais du Rhin, du Mein, et de la Meuse». Alors la contrée des Welches «porta le nom mélodieux de Frankreich». Viennent ensuite les envahisseurs normands, et les Anglais. Ce qu'il reste de Welche chez les Français d'aujourd'hui? La misère de beaucoup: «environ deux millions de personnes qui marchent en sabots six mois de l'année, et qui sont nu-pieds les autres six mois». Et aussi la vénalité des charges, la lenteur à adopter les découvertes des voisins; surtout leur langage et leur orthographe. Parler d'un cul d'artichaut, d'un cul-de-lampe, d'un cul-de-sac, «pour signifier des choses auxquelles un cul n'a nul rapport», voilà qui est «horriblement welche».[39] «Et comment voulez-vous qu'une nation puisse subsister avec honneur quand on imprime *je croyois*, *j'octroyois*, et qu'on prononce *je croyais*, *j'octroyais*?» Irritation non tout à fait injustifiée. La France attendra plus d'un demi-siècle après la mort de Voltaire pour «subsister avec honneur» en distinguant par l'orthographe entre le prénom *François* et le nom *Français*. «Pourquoi», demande le *Discours aux Welches*, «ne pas écrire comme on parle?» Revendication constante, presque irréalisable, des réformateurs de notre orthographe.

Les Welches pourtant, du moins certains d'entre eux, sont devenus Français sous le beau règne de Louis XIV, grâce à leurs grands écrivains. Sont énumérés Pascal, Bossuet, Fénelon, La Fontaine sur les fables duquel Voltaire fait des

36. Voir ci-dessus, p.106.

37. Selon Littré, qui orthographie le mot «velche», et donne comme seuls exemples des phrases du *Discours aux Welches* et de son *Supplément*.

38. M.xxv.250.

39. M.xxv.237-38, 251.

réserves, mais dont il loue sans restriction les *Contes*: éloge qui certes est à sa place dans un volume de *Contes de Guillaume Vadé*. D'autre part «les tragédies de Racine et plusieurs scènes de Corneille» sont ce qu'il y a de plus beau dans la langue française. Molière l'emporte sur Plaute et sur Térence. «L'*Art poétique* de Boileau est plus poétique que celui d'Horace». Mais Voltaire avertit les Français: «Voilà votre gloire, ne la perdez pas.»[40] Recommandation où perce quelque inquiétude.

«Guillaume Vadé» reprend en 1764 une brochure publiée en 1761 : *La Conversation de l'Intendant des Menus avec l'abbé Grizel*. Cet Intendant est responsable à Versailles «de l'argenterie, menus-plaisirs et affaires de la chambre du roi». Il a dans son département les spectacles de cour. A ce titre, il attaque l'abbé Grizel sur une survivance «welche»: l'excommunication des comédiens. Quand le roi fait jouer à la cour des pièces de théâtre, des opéras, quand il danse lui-même en ces circonstances, comme Louis XIV et Louis XV l'ont fait, est-il excommunié? L'abbé avoue son embarras. «Il y a des tempéraments», dit-il pour s'excuser, «nous sommes assez heureux et assez sages pour n'avoir aucune règle certaine.» Ainsi Molière, à qui on refusa la sépulture à la paroisse Saint-Eustache, l'obtint pourtant dans la chapelle de Saint-Joseph.[41] L'Intendant revient à la charge sur la condamnation prononcée dans l'Evangile, Matthieu xviii.17, contre les agents du fisc. L'abbé rétorque qu'ici aussi il y a des accommodements: «On n'ouvre point les anciens rituels, et l'on vit paisiblement avec les fermiers généraux, pourvu qu'ils donnent beaucoup d'argent quand ils rendent le pain bénit.»[42] L'abbé Grizel, moins caricatural que d'autres marionnettes ecclésiastiques de Voltaire, n'en plaide pas moins si maladroitement sa cause, qu'il la fait apparaître comme indéfendable. Trait final du «Menu»: «Laissons paisiblement subsister de vieilles sottises [...] Laissons les tartuffes crier encore quelque temps, et dès demain je vous mène à la comédie de *Tartuffe*.»[43]

Sous le titre *Des fêtes*, un court récit proteste contre le trop grand nombre de jours chômés, à l'occasion de la fête d'un saint. Un pauvre gentilhomme avait labouré son champ dans un cas d'urgence, le jour de la Sainte-Radegonde, après être allé à la messe en l'honneur de celle-ci. Le curé de l'endroit se fâche, le fait mettre à l'amende. Le pauvre gentilhomme est ruiné, quitte le pays et sa terre reste en friche. «Qu'on aille de l'autel à la charrue», demande Voltaire [...]. «C'est le travail qui est nécessaire; il y a plus, c'est lui qui sanctifie.»[44] Le patriarche

40. M.xxv.240, 244-46.
41. M.xxv.242.
42. M.xxv.245.
43. M.xxv.250.
44. M.xix.115.

reviendra souvent sur ce sujet, notamment, nous le verrons, à propos de saint Cucufin.

«Guillaume Vadé» termine – ou peu s'en faut – par trois lettres de personnages fictifs. Deux d'entre eux portent des noms cocassement hérissés de consonnes. Un certain Cubstorf, prétendu pasteur de Helmstadt, se lamente auprès de son confrère «M. Kirkef, pasteur de Lauvtorp»: «Je gémis comme vous, mon cher confrère, des funestes progrès de la philosophie.» Il reconnaît que la faute en revient aux gens d'Eglise. Il fallait être d'accord que «Confucius, Pythagore, Zaleucus, Socrate, Platon, Caton, Scipion, Cicéron, Trajan, les Antonins, Epictète, et tant d'autres» furent quoique païens des hommes vertueux. Il fallait convenir que «l'Eglise est dans l'Etat, et non l'Etat dans l'Eglise».[45] Un autre de ces épistoliers se définit pareillement par son nom: c'est M. Clocpitre, ami de «M. Pfaff, l'illustre professeur de Tubinge», et de M. Crokius Dubius, «l'un des plus savants hommes de notre temps». Pour connaître la question dont débattent ces éminents érudits, il suffit de lire le sous-titre de la *Lettre*: «si les Juifs ont mangé de la chair humaine, et comment ils l'apprêtaient». Pour établir le fait, Clocpitre allègue des textes comme Ezéchiel xxxix.118-20, où il est question de manger la chair «des chevaux et des cavaliers». A l'appui vient l'histoire de ce housard qui, au siège de Colberg, a dévoré un cosaque et l'a trouvé «très coriace».[46]

La troisième *Lettre* est présentée comme sortie de la plume d'un quaker de Pennsylvanie. Elle est adressée à Jean Georges Lefranc de Pompignan, évêque du Puy: celui-là même qui, en 1760, avait à la réception académique de son frère Jean Jacques Lefranc de Pompignan été comparé à Aaron, le nouvel élu étant un nouveau Moïse.[47] Cet Aaron, qui sait écrire, mène le combat contre un fléau du temps: l'incrédulité. Il entend par là «tout ce qui n'est pas le catholicisme de stricte obédience».[48] Il avait donné en 1751 des *Questions diverses sur l'incrédulité*, en 1755 *La Dévotion réconciliée avec l'esprit*. En 1763 il publia une *Instruction pastorale sur la prétendue philosophie des incrédules modernes*. Le «prétendu philosophe» Voltaire riposta d'abord par une *Instruction pastorale de l'humble évêque d'Alétopolis*. Puis, sous la bannière de Guillaume Vadé, il prend l'apparence d'un quaker, lequel tutoie, selon les principes de sa secte, l'«Ami Jean Georges». L'Américain conteste les propos de l'évêque Pompignan, selon qui «les Anglais

45. M.xxiv.151-53.
46. M.xxiv.235-37.
47. Voir ci-dessus, p.81.
48. Lucette Pérol, «Les philosophes et l'archevêque», *Eclectisme et cohérences des Lumières: mélanges offerts à Jean Ehrard* (Paris 1992), p.124. Pourtant Jean George, qu'on aurait cru ultra-conservateur, conduira la partie du clergé qui aux Etats Généraux de 1789 se ralliera au tiers état, et il collabora à la préparation de la constitution civile du clergé.

recueillent le mépris des nations», ce que la guerre de Sept Ans a plutôt démenti. Il défend Locke contre l'imputation d'athéisme, plaide pour Fontenelle, Montesquieu, Boindin, Shaftesbury, chicane Jean Georges sur le Pentateuque, et assène au pourfendeur de l'incrédulité ceci: «Sache que la religion naturelle est le commencement du christianisme, et que le vrai christianisme est la loi naturelle perfectionnée.»[49]

Décidément, la trêve hivernale de Guillaume Vadé est bien finie. Sous des identités fugitives – Antoine Vadé, l'Intendant des menus, Cubsdorf, Clocpitre, l'évêque d'Alétopolis, ou le quaker de Philadelphie – Voltaire est reparti en campagne.

49. M.xxv.7-8.

12. La raison par alphabet

Encouragé par les succès de *L'Ecossaise* et de *Tancrède*, stimulé même par les *Commentaires sur Corneille*, Voltaire s'est livré plus que jamais à sa passion du théâtre.

Son *Droit du seigneur* avait attendu longtemps avant d'être porté à la scène. La comédie était terminée dès avril 1760. Elle ne sera jouée que deux ans après, retardée notamment par les événements théâtraux de l'année 1760. Voltaire avait rencontré ce «droit» dans un article de l'*Encyclopédie*; il en avait traité lui-même dans un chapitre de l'*Essai sur les mœurs*, le donnant comme un spécimen des «mœurs qui régnaient dans le temps des croisades».[1] Si la réalité d'une telle pratique ne paraît pas contestable, il s'en faut qu'elle ait été généralisée. Ce «droit du seigneur» était en tout cas attentatoire aux «droits de l'homme» – et de la femme. Voltaire y vit donc le sujet d'une comédie de tonalité sentimentale et morale. Il situe l'action non pas dans les temps «barbares» du Moyen-Age, mais tout de même à une époque reculée, au milieu du seizième siècle, sous Henri II. Nous sommes dans un village de Picardie, dominé par le château du «seigneur», un jeune marquis dont on attend le retour. Acante, élevée par un paysan, doit épouser un fermier enrichi, Maturin, personnage truculent, mais brutal et grossier. Ce Maturin nous paraît, bien plus que ne le sera le fantaisiste Figaro de Beaumarchais, représentatif d'une classe de roturiers ruraux, en pleine ascension sociale. Ses écus le rendent sûr de lui et de son avenir: il veut que «tout se passe à [son] plaisir, suivant [ses] volontés», car il est riche. Il se voit achetant une charge dans le grenier à sel. Ses petits-fils seront présidents au parlement (acte I, scène 4). Et un jour les descendants de Monseigneur feront leur cour à ses propres descendants. Voltaire, c'est évident, connaît bien le monde des campagnes: il exprime en son Maturin une évolution en cours, qu'il a observée. Mais son Acante, jeune fille délicate et cultivée, est au désespoir d'épouser un tel individu. Arrive le jeune marquis, cœur sensible, ému de retrouver le château de ses pères, les forêts et les plaines de sa jeunesse: caractère mis en valeur par le contraste avec son compagnon le chevalier, un franc libertin. Il reçoit Acante pour se conformer à l'usage: il refusera d'user d'un «droit» immoral. Il emploie le quart d'heure de leur tête-à-tête à un entretien sérieux. Cependant les deux jeunes gens sentent que leurs cœurs s'entendent. Ils s'aiment sans vouloir l'avouer. On allait

1. Voir l'introduction de W. D. Howarth, en tête de son édition, *OC*, t.50, p.8-9.

donc célébrer la noce de Maturin avec Acante, lorsque le chevalier libertin trouve plaisant d'enlever la fiancée. La péripétie amènera une reconnaissance. Il s'avère qu'Acante est fille d'une noble dame des environs. L'obstacle social ayant disparu, c'est le marquis qu'elle épouse, et Maturin devra se contenter de la rustique Colette qui depuis le début le poursuit de ses protestations. Le droit du seigneur est aboli, au nom du sentiment et de la morale. Cela dit, chacun est en sa place: les seigneurs au château, les roturiers, si riches soient-ils, au village. Maturin, certes, lance quelques traits contre l'ordre social, mais provenant d'un personnage aussi antipathique, ils n'ont pas la portée des attaques que proférera Figaro dans son célèbre monologue, au cinquième acte de la comédie de Beaumarchais. Les cinq actes de Voltaire en décasyllabes se lisent avec intérêt. On discerne que la pièce, ni franchement comique ni très dramatique, peut à la scène manquer d'efficacité. De fait, jouée le 18 janvier 1762 à la Comédie-Française, sous le titre *L'Ecueil du sage*, elle n'eut que huit représentations. Une version abrégée en trois actes, en 1779, n'en obtiendra que six.[2] Sur ce sujet du «droit du seigneur», la comédie de Voltaire devait être totalement éclipsée par *Le Mariage de Figaro*. Pour ce fameux «droit», Beaumarchais n'avait pas d'autre source que Voltaire. Mais à la différence de Voltaire, il sut dégager ce qu'une telle donnée pouvait receler de gaîté «folle» (le sous-titre de la pièce est *La Folle journée*), dans une ambiance de poésie exotique, discrètement érotique.

La tragédie d'*Olympie* se prêtait à un jeu de mots: «oh! l'impie», indiqué par Voltaire lui-même.[3] En réalité l'œuvre est peu marquée d'impiété. Elle relève plutôt, comme *Tancrède*, du projet d'atteindre un pathétique spectaculaire. L'action nous transporte à l'époque où les lieutenants d'Alexandre, après sa mort, se disputent son empire. Le décor représente la façade du temple d'Ephèse, dont parfois les portes s'ouvrent pour laisser apercevoir l'intérieur. En ce temple, une sorte de couvent païen, vivent des prêtresses sous l'autorité d'un hiérophante. Cassandre, roi de Macédoine, se prépare à y épouser une jeune orpheline, Olympie, qu'il a fait élever. Mais il dissimule un honteux secret: il a jadis dans un combat tué la veuve d'Alexandre, Statira, dont Olympie est la fille. On apprend bientôt que Statira n'est pas morte et qu'elle se cache dans le temple même. Elle retrouve bien entendu sa fille laquelle, éprise de Cassandre, est déchirée de sentiments contraires. Antigone, autre successeur d'Alexandre et ennemi du roi de Macédoine, propose à Statira de la venger de son meurtrier. Pour récompense, il demande la main d'Olympie. Celle-ci se dérobe. Après une tentative de duel entre les deux rivaux, ils envahissent le temple avec leurs soldats. Etant sur le point de tomber entre les mains de Cassandre, Statira se donne la mort. Olympie

2. *OC*, t.50, p.22-25. La censure refuse l'allusion leste qu'indiquait le titre *Le Droit du seigneur*; on préféra *L'Ecueil du sage*, renvoyant à la «surprise de l'amour» à laquelle succombe le sage marquis.

3. D11763 (11 mars 1764), à Damilaville.

voudrait se retirer parmi les prêtresses, pour la fin de ses jours. L'hiérophante s'y oppose. Elle doit choisir d'épouser ou Cassandre ou Antigone. Après une hésitation, elle annonce qu'elle a pris sa décision. Elle la fera connaître devant le bûcher où se consumera le corps de sa mère, en présence des deux prétendants. Les portes du temple s'ouvrent: apparaît le bûcher allumé. Olympie s'en approche et, tournée vers Cassandre, elle lui crie:

> Apprends que je t'adore, et que je m'en punis.

A ces mots, elle se frappe d'un poignard et se précipite dans les flammes.

Voltaire fondait de grands espoirs sur un dénouement aussi sensationnel. Il en fit l'essai sur son théâtre, récemment construit à Ferney. Comme à l'ordinaire, dans le feu de l'inspiration, il a écrit la pièce en six jours. «Spectacle, religion, malheurs, nature»: il y a tant de tout cela qu'il craint le ridicule.[4] D'où, toujours selon sa pratique habituelle, des mois et des mois de corrections. Il la joue enfin à Ferney, le 24 mars 1762, «devant trois cents spectateurs en larmes, de tout rang et de tout âge».[5] L'interprétation, selon lui, fut de tout premier ordre. Mme Denis dans le rôle de Statira égala la Clairon. Mlle Corneille dans un petit rôle s'est surpassée. Gabriel Cramer en Cassandre, Constant d'Hermenches en Antigone, sa femme en Olympie furent tous bouleversants. Voltaire s'est contenté de la place de souffleur, pour mieux juger de l'effet. Il s'adjugera ensuite le rôle de l'hiérophante. Il portera alors «une grande barbe blanche, avec une mitre de deux pieds de haut», et un magnifique manteau. Il a mis dans son jeu une onction «qui faisait pleurer les petits garçons». En un sens son hiérophante vaut mieux que le Joad de Racine dans *Athalie*: «Il a peint un prêtre, et moi j'ai voulu peindre un bon prêtre.»[6] Mais le clou de la représentation, ce fut la scène du bûcher. Olympie «se précipitait du haut d'une estrade sur un matelas, entre deux rangs de flammes, et on jetait de l'orcanson qui augmentait encore le feu».[7] Car on allumait au fond de la scène un vrai feu, lançant de vraies flammes. Voltaire sacrifiait tout souci de sécurité à la recherche de l'effet le plus spectaculaire. Aussi un jour à Ferney le bûcher d'*Olympie* provoqua-t-il un début d'incendie. Mme Denis, faute de place, utilisait l'arrière-scène comme lingerie: une partie du linge du château disparaît ce jour-là dans le sinistre.[8]

Il ne fut pas très facile de faire jouer à Paris cette *Olympie*, la Comédie-

4. Première mention à d'Argental, D10069 (11 octobre 1761); à d'Alembert, D10080 (20 octobre).

5. J. Vercruysse, «La première d'*Olympie*: trois lettres de Mme Denis aux Constant d'Hermenches», *Studies* 163 (1976), p.22, juge excessif le chiffre de trois cents spectateurs: plutôt cent-cinquante (D10390), ou deux cents (D10394).

6. D10748 (7 octobre 1762), D10757, D10796 (8 novembre 1762), D11761, D11252.

7. D11397 (4 septembre 1763).

8. D10429 (26 avril 1762), aux d'Argental: «la moitié de notre linge a été brûlée dans nos fêtes de Ferney».

Française se montrant de plus en plus rétive. La pièce n'est donnée que le 10 mars 1764, pour dix représentations seulement. Elle ne sera jamais reprise. Quant à «l'impiété», Voltaire l'introduisit dans les notes longues et abondantes du texte imprimé. Il prétendit même n'avoir écrit sa pièce qu'en vue d'y placer des annotations sur les mystères, sur les emprunts du christianisme aux religions païennes, et pour le plaisir de parler des grands prêtres, du «beau livre des *Rois*», et de reprendre l'énumération des assassinats que rapportent les livres saints.[9]

Le Triumvirat, sa tragédie suivante, reste, elle, tout à fait en marge de la campagne contre l'Infâme. Le sujet avait été traité par Crébillon. Mais Voltaire n'en est plus à refaire les pièces du vieux maître, comme au temps de *Sémiramis*, de *Rome sauvée* et d'*Oreste*. L'idée de ce *Triumvirat* lui est venue sans doute par les *Commentaires sur Corneille*. Au personnage de l'empereur, trop avantageusement présenté dans *Cinna*, il veut opposer ce qu'était Auguste à ses débuts, lorsque sous le nom d'Octave il s'associait aux crimes des deux autres triumvirs, Antoine et Lépide. Les trois complices sont enfermés dans l'île de Reno (proche de la ville actuelle de Bologne). De là, ils lancent des ordres de proscription: ils ordonnent d'abominables massacres de citoyens et se partagent le monde. «A quels maîtres, grands dieux, livrez-vous l'univers!», s'écrie un témoin horrifié. Deux femmes, Fulvie, épouse répudiée d'Antoine, et Julie, fille de Lucius César, tentent avec le fils de Pompée d'assassiner les tyrans. Le complot échoue. Les conjurés tombent aux mains des triumvirs. Mais Auguste déjà «perce» sous Octave: le futur empereur persuade Antoine de pardonner. La pièce avait, elle aussi, été rédigée en quelques jours, en juin et juillet 1763.[10] Après les habituels remaniements, les Comédiens-Français la donnèrent le 5 juillet 1764, Lekain interprétant Octave. Ce fut un piteux échec. *Le Triumvirat*, après cette unique représentation, ne sera jamais repris. Voltaire doit reconnaître que cette tragédie, romaine et politique, n'est plus au goût du jour.

Sont au contraire en prise directe avec l'opinion les publications qu'il lance dans une campagne contre l'Infâme.

La malheureuse guerre de Sept Ans se terminait. Après tant d'échecs et si humiliants, les autorités morales du royaume étaient ébranlées. Comme il est fréquent dans les après-guerres, un besoin de changement se manifestait. Et précisément un changement d'importance était en cours. La Compagnie qui avait si longtemps exercé une influence prépondérante, qui s'était efforcée, souvent avec habileté et non sans succès, de régenter les esprits, la puissante Société de Jésus était sérieusement battue en brèche. Ses ennemis, qui avaient toujours été

9. M.vi.128-29, et D10080, D10342, D10367, D11261, D11309.
10. D11276 (23 juin 1763), aux d'Argental, D11329 (29 juillet 1763), à Bernis.

nombreux et agissants, exploitaient contre elle un scandale. Un jésuite, le P. La Valette, s'était engagé, à l'insu de ses supérieurs, dans une vaste exploitation coloniale aux Antilles. Il avait, pour transporter ses productions en Europe, frêté des navires. Mais, pendant la guerre de Sept Ans, les opérations navales des Anglais contre le commerce français le ruinèrent. Il avait emprunté de grosses sommes à des financiers marseillais. Ses créanciers sont donc entraînés dans la catastrophe, et déposent leur bilan. Ils se tournent alors vers la Compagnie de Jésus elle-même, considérée comme solidaire de ses membres, puisque d'après ses statuts aucun jésuite n'est censé posséder rien en propre. Mais les supérieurs français du P. La Valette n'acceptent pas de reconnaître ses dettes. Le tribunal de Marseille les condamne néanmoins à acquitter ce qui est dû aux négociants de la ville. Les supérieurs commettent à ce moment-là la grave erreur de faire appel au parlement de Paris (1761).

C'était porter la cause devant une instance dont ils n'avaient rien de bon à attendre. Le parlement de Paris, où dominaient les tendances jansénistes et gallicanes, ne manqua pas l'occasion de traiter avec rigueur une congrégation accusée d'ultramontanisme, et responsable de l'odieuse bulle *Unigenitus*. Reprochant aux statuts de la Compagnie d'être incompatibles avec les lois du royaume, les parlementaires se mirent à les examiner point par point. Dans l'immédiat, la fermeture des collèges des jésuites est ordonnée (août 1761). Louis XV, pressé par la reine, par le dauphin, par le parti dévot, tenta d'intervenir. Il défendit au parlement de Paris de poursuivre la procédure. Le parlement ne tint aucun compte de l'interdiction. Par maintes affaires (procès du P. Girard, accusé d'avoir séduit une de ses pénitentes, billets de confession...), la Société de Jésus s'était acquis une solide impopularité. En politique habile, Choiseul, appuyé en cela par Mme de Pompadour, préfère aller dans le sens de l'opinion. Il persuade le roi de laisser faire. Le parlement de Paris rend alors un arrêt: déclarant inadmissible l'organisation de la Compagnie, blâmant ses richesses, sa morale, sa théologie, il ordonne sa suppression (août 1762). Les parlements de province le suivent et prennent pour la plupart des arrêts d'interdiction. Louis XV, non sans hésitation, finit par ratifier les sentences parlementaires. Un édit de novembre 1764 interdit aux jésuites de posséder dans le royaume des établissements et les autorise seulement à résider sur le territoire français à titre individuel. Des mesures analogues sont décrétées dans les autres royaumes d'Europe: dès 1759 au Portugal, en 1767 en Espagne, jusqu'à ce que le pape Clément XIV supprime la Compagnie (1773).

Les philosophes avaient été pour peu de chose dans l'abolition des jésuites, due surtout aux parlements et à l'influence janséniste. Ils n'en retirent pas moins un évident avantage. Avec les pères de la Société disparaissait une opposition à la «philosophie» qui était bien organisée et souvent efficace. Un espace de liberté s'ouvrait dans le monde intellectuel. Il fallait d'ailleurs empêcher que les jansénistes, eux aussi débarrassés de cet adversaire, ne prissent le dessus, comme le craignait Voltaire. Le moment était donc venu d'affirmer les valeurs des Lumières, par une propagande plus agressive.

A la fin de 1761, un autodafé, accompli à Lisbonne, a alerté Voltaire. L'une des victimes pourtant était un jésuite, le vieux P. Malagrida, et le responsable de l'exécution se trouvait être un politique censé favorable à la cause philosophique, ou du moins au despotisme éclairé, le marquis de Pombal. Après l'attentat contre le roi du Portugal, le tout-puissant ministre y impliqua les jésuites. Pour couper court, il préféra la procédure la plus expéditive, celle de l'Inquisition. On avait eu soin d'opérer un amalgame. Sur le même bûcher, on avait brûlé avec le P. Malagrida deux autres religieux, deux musulmans et trente-sept juifs. Indigné d'une si «épouvantable cérémonie», Voltaire va protester hautement. Il endosse l'identité d'un rabbin Akib, qui aurait prononcé à Smyrne un *Sermon*, le 20 novembre 1761. Voltaire-Akib est révolté qu'on ait choisi pour juger Malagrida un odieux tribunal ecclésiastique: accusé d'un crime d'Etat, le jésuite devait être «solennellement jugé par la justice ordinaire du prince, confronté avec ses complices, et exécuté à mort selon les lois».[11] Le rabbin passe ensuite au cas des juifs. Il dénonce la contradiction des chrétiens. Il leur pose la question: Pourquoi nous immolez-vous, «nous qui sommes les pères de vos pères»? «Jésus naquit Juif, [...] vécut Juif, mourut Juif, et vous nous brûlez parce que nous sommes juifs.» Le *Sermon* se distingue comme l'un des rares textes où Voltaire se montre favorable aux sectateurs de la foi juive. Il demande pour eux le bénéfice de la tolérance: «Que chacun serve Dieu dans la religion où il est né.»[12] *Le Sermon du rabbin Akib* fut envoyé à la fin de décembre à Fyot de La Marche, puis à Jacob Vernes.[13] Tiré à peu d'exemplaires, il demeure à peu près introuvable à la fin de janvier 1762. Voltaire allait bientôt répandre plus largement des écrits autrement virulents.

En 1762, il met au point et diffuse un *Extrait* du *Testament du curé Meslier*. Il connaissait depuis longtemps l'existence du *Mémoire* posthume du curé d'Etrépigny.[14] Il avait consigné une note, vers 1745, sur ce remarquable document dans l'un de ses carnets.[15] Quel argument que ce témoignage d'un desservant de paroisse rurale «qui en mourant demande pardon à Dieu d'avoir enseigné le christianisme»![16] L'Eglise n'est pas dénoncée de l'extérieur: c'est un de ses propres vicaires qui la fustige. Voltaire va donc diffuser le plus possible ce texte.

11. M.xxiv.278.
12. M.xxiv.281, 282, 284.
13. D10223, D10230.
14. *Voltaire en son temps*, ii.35.
15. *OC*, t.81, p.381.
16. D10323 (vers le 10 février 1762), à d'Alembert.

Mais il ne songe pas à reproduire l'énorme et peu lisible manuscrit original.[17] Il en existait déjà des extraits réduisant le texte authentique des quatre cinquièmes. C'est d'après l'un de ceux-ci qu'il compose son propre *Extrait des sentiments de Jean Meslier*, rédigé en janvier 1762. Il a soin de corriger ce qui dans le manuscrit initial était «trop révoltant».[18] Son Meslier «demande pardon à Dieu»: il est non pas athée, comme l'était le véritable Meslier, mais déiste. C'est comme tel qu'il dénonce les contradictions de l'Ecriture, les miracles, les prophéties, les bizarreries de Jésus. Voltaire efface pareillement la politique subversive, le «communisme» du vrai Meslier. Il reste qu'ainsi accommodé, «cet homme discute et prouve. Il parle au moment de la mort, au moment où les menteurs disent vrai [...] Jean Meslier doit convertir la terre.»[19]

Ce *Meslier* fut tiré sur des presses genevoises. En ces mêmes mois de 1762, Voltaire fait imprimer par le même éditeur genevois un autre écrit incendiaire dont l'existence est attestée depuis le début des années 1750, pour le moins, mais qui était resté très confidentiel: le *Sermon des cinquante*,[20] en 27 pages in-8°. Désormais le *Sermon* va être diffusé plus largement, associé le plus souvent avec *Meslier*. Voltaire envoie l'un et l'autre à la duchesse de Saxe-Gotha, à la demande de celle-ci, en septembre. Il précise bien que ces deux virulents pamphlets ne sont «empoisonnés d'aucun levain d'athéisme».[21] D'autres expéditions furent sans doute orientées dans la même direction. Il assure, le 1er novembre, que «le curé d'Etrépigny fait de merveilleux efforts en Allemagne».[22] Mais la diffusion des deux brochures imprimées à Genève fut, comme il est normal, d'abord plus importante dans les environs. Voltaire mande, le 15 septembre, qu'il y a «plus de *Jean Meslier* et de *Sermon des cinquante* dans l'enceinte de nos montagnes qu'il n'y en a à Paris». Il parle quelques jours après de «vingt exemplaires de ces deux opuscules dans le coin du monde» où il habite. A Versailles, «quatre ou cinq personnes» les possèdent. Clientèle fort étroite, donc, mais, suppose-t-on, bien ciblée. Voltaire déborde d'optimisme: «les jeunes gens se forment, les esprits s'éclairent.»[23] Il est informé qu'on a lu le *Sermon des cinquante* «pendant la messe de minuit [...] à plus de cent lieues de Genève», probablement chez d'Argence

17. Il compte 1207 pages dans l'édition qu'en ont donnée J. Deprun, R. Desné et A. Soboul, *Mémoire des pensées et des sentiments de Jean Meslier* (Paris 1970). Le manuscrit intégral connut cependant une certaine diffusion; voir G. Menant-Artigas, «Quelques témoignages inédits sur le *Testament* de Meslier», *Dix-huitième siècle* 24 (1992), p.83-94.

18. «Son récit est trop long, trop ennuyeux et même trop révoltant» (D10755).

19. D10581 (12 juillet 1762), à d'Alembert.

20. *Voltaire en son temps*, iii.15.

21. D10690 (5 septembre 1762).

22. D10790, à d'Alembert.

23. D10705 (15 septembre 1762), à d'Alembert; D10755 (10 octobre 1762), à Damilaville.

de Dirac, près d'Angoulême.[24] Cet effort de propagande coïncide, on le notera, avec les progrès de l'affaire Calas. Dans ses lettres aux intimes, *Meslier*, les *Cinquante* sont évoqués conjointement avec son action en faveur du supplicié toulousain. En même temps, il prépare la diffusion du *Traité sur la tolérance*.[25] Un tel rapprochement indique bien les développements qu'il attend, sur le plan de l'opinion publique, d'une réhabilitation de Calas et de sa famille.

Entre Voltaire et Mme Du Deffand, la correspondance presque interrompue depuis 1754[26] reprend en 1759, à un rythme soutenu, qui s'accélérera dans les années suivantes. La marquise vit à Paris dans les dépendances d'un couvent, celui des Filles Saint-Joseph, sur l'emplacement actuel du ministère de la Défense nationale. Ce n'est certes pas la dévotion qui l'avait attirée dans les parages immédiats d'une maison religieuse. Les Filles Saint-Joseph possédaient, dans un bâtiment séparé du couvent proprement dit, des appartements confortables, loués à des dames de haut rang, veuves ou célibataires. Mme Du Deffand en occupait un, spacieux, élégamment meublé. Devenue aveugle depuis 1753, elle remédiait à son infirmité par une vie mondaine active. Elle tenait un salon où se préparaient les élections académiques. Son grand plaisir était la conversation, dans son salon, ou au souper où elle invitait des intimes une fois par semaine, ou encore selon l'usage de l'ancienne France dans sa chambre à coucher. Elle a des amis du meilleur monde, Mme de Broglie, Mme de Luxembourg, le duc de Choiseul et la duchesse qu'elle appelle, bien que beaucoup plus jeune qu'elle, sa «grand-maman». Parmi les gens de lettres le président Hénault, l'un des plus assidus, d'Alembert qu'elle a fait entrer à l'Académie. Elle a pour demoiselle de compagnie une jeune fille, enfant naturel qui lui est apparentée, Julie de Lespinasse. Julie contribue à l'agrément de son salon, jusqu'au jour où la vieille dame s'aperçoit que sa demoiselle de compagnie tient des réunions à part dans son entresol, avec d'Alembert et d'autres «philosophes». Furieuse de ce manquement, elle chasse Julie de Lespinasse (mai 1764).

Esprit vif mais blasé, la marquise ordinairement s'ennuie. Elle a besoin de stimulants. Mais peu de choses ont l'heur de la divertir. Les écrits de Voltaire sont l'une des rares exceptions. Elle les recherche, elle les lui demande. Non qu'elle adhère à sa philosophie. Ne croyant à rien, nullement désireuse de changer un monde, dont au surplus elle n'a guère à se plaindre, elle n'a jamais approuvé sa campagne contre l'Infâme. Elle déteste les gens comme Diderot et les encyclopédistes, passionnés pour leurs idées. Elle n'a qu'aversion, nous dit Julie de

24. D10922 (18 janvier 1763), à d'Alembert.

25. Voir notamment D10827 (6 décembre 1762), à Damilaville.

26. Entre mai 1754 et la fin de décembre 1758, nous n'avons que deux lettres de Voltaire à la marquise.

Lespinasse, pour «tout ce qu'on appelle éloquence, beau style, grand sentiment»; elle tient «pour affectés tous les sentiments qu'elle n'éprouve pas et toutes les pensées qu'elle n'aurait pas eues».[27] Elle aime précisément chez Voltaire un tour dénigrant qui s'accorde avec son propre esprit. Elle savoure sa façon d'écrire. Le pétillement de son style devient pour elle une sorte de drogue dont elle ne peut plus se passer. Elle lit avidement tout ce qui sort de sa plume, ne se privant pas pour autant d'exercer sur ses ouvrages, entre intimes, une critique acerbe. Avec lui elle entretient un commerce épistolaire qui fait l'un des agréments de sa vie. Lorsque Voltaire tarde à répondre, elle le relance, exigeant qu'il lui écrive. Ainsi se développe, à partir de 1759 et jusqu'à la mort du philosophe (Mme Du Deffand lui survivra de deux ans), dans la correspondance de Voltaire un secteur particulier. S'adressant à cette vieille dame, fine, cultivée, quelque peu neurasthénique, il pratique volontiers la réflexion désabusée. Il se plaît à des considérations morales. Ses lettres à Mme Du Deffand, particulièrement soignées (il sait que les habitués de son salon en auront connaissance), tout en conservant leur habituelle vivacité, s'épanchent fréquemment en pensées sur la vie et la mort, sur la condition humaine.[28]

Ainsi en va-t-il de ce qu'il lui écrit, le 18 février 1760. Il lui parle d'un ouvrage auquel il travaille:

> Je suis absorbé dans un compte que je me rends à moi-même par ordre alphabétique, de tout ce que je dois penser sur ce monde-ci et sur l'autre, le tout, pour mon usage, et peut-être après ma mort, pour l'usage des honnêtes gens. Je vais dans ma besogne aussi franchement que Montaigne va dans la sienne, et si je m'égare, c'est en marchant d'un pas un peu plus ferme.

Ce sera, annonce-t-il, un «dictionnaire d'idées»: il se flatte que quelques-uns de ses articles ne déplairaient pas à Mme Du Deffand, car il suppose qu'il pense comme elle sur tous les points qu'il examine.[29] Il s'agit de toute évidence de ce qui deviendra le *Dictionnaire philosophique*. On notera que l'œuvre n'est pas encore conçue comme un écrit militant. Le sujet se situe au-dessus du niveau polémique. C'est un compte que Voltaire se rend à lui-même sur des questions de haute philosophie: ce qu'il faut penser «sur ce monde et sur l'autre». Il n'en prévoit pas la publication de son vivant. Il reviendrait en somme à quelque chose qui ressemblerait, mais par ordre alphabétique, à son *Traité de métaphysique*, toujours inédit à cette date et qui effectivement ne paraîtra que dans ses œuvres posthumes. Il évoque comme terme de comparaison les *Essais* de Montaigne: soit des réflexions à bâtons rompus, mais plus fermement affirmées, car Voltaire s'est constitué un corps d'idées bien arrêtées, «sur ce monde et sur l'autre».

27. Cité par Janine Bouissounouse, *Julie de Lespinasse, ses amitiés, sa passion* (Paris 1958), p.44.
28. Ainsi D11866 (9 mai 1764), à propos de la mort de Mme de Pompadour.
29. D8764.

Le projet évoluera vite. Dès juin 1760, Voltaire confie à d'Alembert qu'il souhaiterait, «après ces déluges de plaisanteries et de sarcasmes, quelque ouvrage sérieux et qui pourtant se fît lire».[30] Car depuis la lettre de février à Mme Du Deffand, des événements ont créé une situation nouvelle. Contre les philosophes a été déclenchée la campagne dont nous avons parlé: discours de Pompignan à l'Académie, comédie de Palissot au Théâtre-Français. La réponse, ce furent d'abord les «déluges de plaisanteries» contre le vaniteux Pompignan. Mais il faudrait traiter le problème de fond, par un «ouvrage sérieux». Voltaire alors réoriente le «dictionnaire d'idées» dont il entretenait Mme Du Deffand. On a besoin d'un écrit «où les philosophes fussent pleinement justifiés et l'Infâme confondue».[31] Il reprend ainsi le dessein polémique du dictionnaire conçu à Potsdam en septembre 1752.[32] Cramer en témoigne: Voltaire a «sur le métier un certain dictionnaire [...] commencé il y a vingt ans et dont personne n'a jamais rien vu».[33] Il avait conservé en portefeuille les articles rédigés alors, il en ajoute de nouveaux. Mais dans l'été de 1760, une réponse plus immédiate s'imposait: elle fut donnée au théâtre par *L'Ecossaise*. L'«ouvrage sérieux» – le *Dictionnaire* – fut reporté à plus tard.

Il n'est pas abandonné. A Mme Du Deffand encore, confidente du projet alphabétique, il envoie à la fin de la même année «deux petits manuscrits», articles manifestement du futur *Dictionnaire*. De l'un on ne sait rien, sinon qu'il paraît «merveilleusement philosophique et moral». L'autre est l'article «Ezéchiel». Voltaire vient de faire «une plaisante découverte [...] dans [son] ami Ezéchiel. On ne lit point assez Ezéchiel», continue-t-il, «c'est un homme inimitable.»[34] Il a découvert chez ce prophète les étranges «confitures» dont Dieu lui a ordonné la dégustation pour son «déjeuner», et puis aussi l'histoire des sœurs Oolla et Ooliba... On ne sait ce qu'en a pensé la marquise, sa réponse ne nous étant pas parvenue. Autre écho du *Dictionnaire* en voie d'élaboration: Voltaire a lu un *Dictionnaire des hérésies*: il confie à d'Alembert: «je connais quelque chose d'un peu plus fort.»[35]

Ce «quelque chose d'un peu plus fort» paraît en juillet 1764. Le moment était opportun. Le Conseil du roi venait, le 4 juin, de casser l'arrêt de Toulouse condamnant à mort Jean Calas. Voltaire a soin de synchroniser ses publications avec les progrès de l'affaire.

30. D9006 (23 juin 1760).
31. A d'Alembert, D9006, précédemment citée.
32. *Voltaire en son temps*, iii.94-96.
33. D8911 (mai 1760), G. Cramer à Grimm: «vingt ans», le chiffre se réfère-t-il à plusieurs textes «alphabétiques» datant des années 1740: *Du déisme*, *Du fanatisme*, etc.?
34. D9452 (9 décembre 1760).
35. D10790 (1er novembre 1762).

Le volume, clandestinement imprimé à Genève par Gabriel Grasset, s'intitule *Dictionnaire philosophique portatif*, un in-8° de VIII 344 pages. A peine est-il sorti des presses, Voltaire se hâte de faire savoir à ses correspondants qu'il n'est pas de lui. Selon son habitude, il redit la même chose, sans pourtant se répéter. C'est un plaisir pour le lecteur de sa correspondance de suivre ses dénégations, attendues, et cependant revêtant chaque fois un tour imprévu. Ainsi le 9 juillet à Damilaville, son correspondant à Paris et l'un des plus ardents militants de la philosophie, il mande ceci:

> Dieu me préserve, mon cher frère, d'avoir la moindre part au *Dictionnaire philosophique portatif*! J'en ai lu quelque chose; cela sent terriblement le fagot. Mais, puisque vous êtes curieux de ces ouvrages impies pour les réfuter, j'en chercherai quelques exemplaires et je vous les enverrai par la première occasion.[36]

Quelques jours après, c'est à son ami d'Alembert qu'il s'adresse, et il tourne la chose un peu autrement:

> J'ai ouï parler de ce petit abominable dictionnaire; c'est un ouvrage de Satan. Il est tout fait pour vous, quoique vous n'en ayez que faire. Soyez sûr que si je peux le déterrer, vous en aurez votre provision. Heureusement que je n'ai nulle part à ce vilain ouvrage, j'en serais bien fâché; je suis l'innocence même, et vous me rendrez bien justice dans l'occasion.[37]

Nous pourrions suivre ces variations. Ajoutons seulement deux textes. Le 7 septembre, à d'Alembert de nouveau:

> Vraiment, j'ai lu ce *Dictionnaire* diabolique, il m'a effrayé comme vous; mais le comble de mon affliction est qu'il y ait des chrétiens assez indignes de ce beau nom pour me soupçonner d'être l'auteur d'un ouvrage aussi anti-chrétien.[38]

Enfin, à l'adresse de Mme d'Epinay, ceci, daté du 25 septembre:

> Ma conscience même serait alarmée de contribuer au débit de ces œuvres de Satan. Mais comme il est très doux de se damner pour vous, Madame, et surtout avec vous, il n'y a rien que je ne fasse pour votre service. Je fais chercher quelques exemplaires à Genève.[39]

Voltaire se donne donc un de ces rôles qui l'amusent: celui de la bonne âme effrayée par «l'œuvre de Satan». Son ironie atteint par là deux résultats apparemment incompatibles. Ses correspondants, complices, savent à quoi s'en tenir. Ils sont informés que des volumes leur sont expédiés. L'ironie, dans la correspondance, est aussi une technique de la clandestinité. Voltaire sait bien que sa lettre risque

36. D11978.
37. D11987 (16 juillet 1764).
38. D12073.
39. D12102. «A Genève», chez Grasset et non chez Cramer. Il semble que Gabriel Cramer évita d'imprimer les écrits les plus dangereux de Voltaire, voir Andrew Brown et Ulla Kölving, «Voltaire and Cramer», *Le Siècle de Voltaire* (Oxford 1987) i.150-70.

d'être lue par des indiscrets, la police ne se gênant nullement pour décacheter le courrier. Au cas où ces curieux professionnels auraient manqué de finesse, le style de Voltaire paraissait irréprochable; les expressions étaient celles d'une personne pieusement affligée.

La satisfaction de duper des espions s'ajouterait ainsi au plaisir du jeu. Pour mieux démentir sa paternité, il invente un auteur du *Portatif*, apparenté au petit monde qui peuple ses contes et ses facéties. L'ouvrage serait d'un «apprenti théologien», à l'identité un peu flottante. Il se nomme tantôt Dubut, tantôt Des Buttes. Il habite la Hollande. Ou bien, tout proche de Ferney, il vient montrer au patriarche les nouveaux articles qu'il a rédigés. C'est tantôt un jeune homme, tantôt un vieillard accablé par les ans. Et puis soudain la version officielle change. Voltaire déclare qu'on «doit regarder» le *Dictionnaire philosophique* «comme un recueil de plusieurs auteurs fait par un libraire de Hollande».[40] Il rédige même tout un mémorandum pour démontrer que le *Dictionnaire* est un ouvrage de plusieurs mains: mémorandum envoyé à ses correspondants, pour qu'ils le répandent.[41] Ici reparaît l'idée d'un groupe de philosophes produisant un dictionnaire, comme à Potsdam en 1752. Mais ce n'est plus qu'une fiction apologétique (qu'il reprendra en 1765, dans la préface de l'édition Varberg). Il prétend se disculper en se multipliant. Il est bien vrai qu'il doit quelque chose à Abauzit, bibliothécaire de Genève, à Polier de Bottens, premier pasteur de Lausanne, à Middleton, à Warburton. Mais il a copié ces auteurs sans leur demander leur avis, et ces emprunts, qui d'ailleurs occupent dans le volume une place minime, il voudrait les faire passer pour une collaboration!

Dans cette campagne de désaveu, des intentions diverses et même contradictoires se superposent. Il se livre à la joie de jouer la comédie, de remplir sa vocation d'acteur. Il veut se montrer, il veut que le public s'occupe de sa personne. En même temps il aspire au secret. Il est à la fois expansif et dissimulateur. Ce qui conduit au déguisement, tout à la fois mesure de prudence et expression d'une de ses tendances fondamentales. Ce Dubut ou Des Buttes, c'est lui, et ce n'est pas lui. Sous ce masque comme sous l'alibi de l'équipe de philosophes, il attire l'attention, mais en se dérobant. De sorte que sa correspondance sur le *Dictionnaire philosophique* se trouve être à la fois une campagne de désaveu et une campagne de lancement. Il faut que tout le monde sache qu'il paraît un *Dictionnaire philosophique* qui n'est pas de Voltaire. On dira qu'en faisant tant de bruit, il ruine la prudence dont s'inspirent d'autre part ses démentis. C'est ce que Choiseul lui fait observer malicieusement:

Pourquoi diable vous démenez-vous, Suisse marmotte, comme si vous étiez dans un

40. D12115 (1er octobre 1764), D12120 (3 octobre 1764), à Damilaville.

41. D12091 (19 septembre 1764), à Damilaville; D.app.253.

bénitier? On ne vous dit mot, et certainement l'on ne veut vous faire aucun mal; vous désavouez le livre sans que l'on vous en parle, à la bonne heure; mais vous ne me persuaderez jamais qu'il n'est pas de vous [...] Vos lettres multipliées sont une preuve de plus qu'il est de vous et que vous avez peur.[42]

C'était en effet le résultat de tout ce tapage. L'Italien Goldoni, qui était alors à Paris, le constate: «Tout le monde ici», écrit-il, «dit que le *Dictionnaire philosophique* est de Voltaire.»[43]

Pourtant les démentis n'étaient pas inutiles. Il faut tenir compte de la législation de la librairie au dix-huitième siècle. C'était l'aveu de l'auteur qui avait valeur de preuve. Quand Jean-Jacques Rousseau mettait son nom au titre de ses ouvrages jugés subversifs, il s'exposait à des poursuites personnelles, et cette sincérité helvétique de Jean-Jacques aggravait son cas, étant considérée comme une insolente provocation. Au contraire tant que l'auteur n'avouait pas, il demeurait officiellement inconnu, bien que tout le monde sût ce qu'il en était. Aussi Voltaire disait-il de son *Dictionnaire philosophique*: «Je ne veux jamais qu'il soit de moi.»[44] On ne pouvait donc sévir que contre le livre et non contre l'auteur, puisque contre celui-ci manquait la preuve juridique de l'aveu.

Prudence d'autant plus nécessaire que le *Dictionnaire philosophique* remporta dès sa sortie un extraordinaire succès de scandale. Mais en employant ce mot de «succès», de quoi parle-t-on au juste? On souhaiterait dépasser une appréciation impressionniste, singulièrement arbitraire quand le fait est vu en gros, à plus de deux siècles de distance. Combien s'est-il imprimé et vendu d'exemplaires du *Portatif*, en 1764 et dans les années suivantes? Il est impossible de répondre. Nous ne savons rien sur le tirage de la première édition par Grasset; rien sur le tirage des éditions suivantes, ni sur les chiffres des contrefaçons. Au secret habituel des éditeurs s'ajoutent ici les conditions de la littérature clandestine. Le *Dictionnaire philosophique* n'était évidemment pas exposé à la vente dans les boutiques des libraires. Sans doute était-il souvent caché dans les arrière-boutiques. En tout cas, il était expédié par petits paquets, parfois par Voltaire lui-même. La meilleure source d'information à cet égard est sa correspondance. On voit ainsi qu'il envoie dans un paquet destiné à Rieu, avec d'autres marchandises, «quatre ou cinq *Dictionnaires* pour lui ou pour les personnes qu'il voudra en gratifier».[45] Grimm fait savoir à Voltaire que le *Portatif* ne peut pas voyager par la poste: il serait intercepté. Il faut le confier à des voyageurs se rendant de Genève à Paris. Grimm en demande par cette voie des exemplaires qu'il fera

42. D12168 (27 octobre 1764).
43. D12115, note 2.
44. D12091 (19 septembre 1764), à Damilaville.
45. D12305 (?10 janvier 1765).

parvenir à ses relations princières en Europe. Il cite la tsarine Catherine II, la reine Louise Ulrique de Suède, la princesse de Hesse-Darmstadt, la princesse de Nassau-Saarbruck, et il précise que la duchesse de Saxe-Gotha a déjà reçu le volume.[46] Ce qui donne une idée de la diffusion européenne du *Portatif*.

Un indice du succès est fourni par les rééditions fréquentes. La première édition, de juillet 1764, a dû s'épuiser vite, car en août une autre se prépare. Les autorités de Genève, alertées, ordonnent une perquisition chez un certain Gando, fondeur de caractères: on trouve chez lui 300 exemplaires, qu'on saisit.[47] Il devait exister d'autres dépôts, d'importance comparable. Voltaire écrit à ses correspondants qu'après la condamnation du *Dictionnaire* à Genève, en septembre, les libraires en ont fait venir beaucoup. Il mande à Mme d'Epinay qu'il fait chercher pour elle des exemplaires dans la ville, mais que «ces hérétiques les ont tous fait enlever avec avidité. La ville de Calvin est devenue la ville des philosophes.»[48] Pour satisfaire de telles «avidités», on donne des éditions dans d'autres villes: à Lyon en octobre et en même temps à La Haye; en décembre à Liège et à Amsterdam. Sur l'une de ces éditions hollandaises, Voltaire apporte une précision intéressante: «Il s'en est débité 4 000 en huit jours.» Il commente: «La sacro-sainte baisse à vue d'œil dans toute l'Europe.»[49]

Mais sur la diffusion du *Dictionnaire philosophique* le document le plus curieux est la lettre qu'une vieille dame de Paris adresse à Voltaire le 30 janvier 1765. Cette Mme de Chamberlin, veuve, vit très modestement, dans un grenier, dit-elle, au quartier du Marais, en un milieu de petite bourgeoisie, où règne une dévotion étriquée. Elle résiste à l'étouffement par la lecture. Elle raffole des tragédies de Voltaire qui, assure-t-elle, lui ont fait connaître l'amour. Elle lit Montaigne, Charron, Descartes, Milton, et surtout les œuvres de Voltaire. Elle énumère: l'*Essai sur les mœurs*, *Micromégas*, *Zadig*. Si elle n'est pas dévote, elle reste pourtant pratiquante. Elle se confesse pour les grandes fêtes de l'année. A la Noël de 1764, elle s'est donc confessée à un moine. Elle s'est accusée de la lecture des philosophes, sur quoi le religieux l'a brutalement rabrouée et, «tout en colère», lui demande si elle a lu aussi le *Dictionnaire philosophique*. Mme de Chamberlin n'en avait jamais entendu parler, six mois après sa publication. C'est son confesseur qui lui en révèle l'existence. Mais aussitôt elle se met en quête du livre, auprès de son libraire. Elle apprend que le *Dictionnaire* se vend, clandestinement, cinq louis, somme exorbitante. Ce prix, fort élevé pour un livre

46. D12072 (5 septembre 1764).
47. D.app.270.
48. D12102 (25 septembre 1764).
49. D12246 (19 décembre 1764), aux d'Argental.

d'environ 350 pages, donne une idée de la rareté de l'ouvrage, à Paris, en janvier 1765, et aussi de l'importance de la demande.[50]

Un autre signe du succès nous est fourni par la vivacité des réactions, et par les poursuites intentées contre le *Portatif*.

L'ouvrage a ulcéré le Suisse Charles Bonnet, savant pieux qui la même année 1764 a publié un traité intitulé *La Contemplation de la nature*. Il écrit à son confident Albert von Haller: «J'ai parcouru de l'œil ce *Dictionnaire philosophique*, le plus détestable de tous les livres du pestilentiel auteur».[51] Jean Robert Tronchin-Boissier, procureur général de Genève, a fait plus que «parcourir de l'œil» ce livre, à lui confié pour rapport par le Magnifique Conseil. Il remet un réquisitoire détaillé et argumenté. Il accuse l'auteur – non nommé, mais il n'ignorait certainement pas son identité – de se poser des questions «follement curieuses sur le Destin, la liberté, la chaîne des événements». Tout cela, souligne-t-il, est de nature à «alarmer les âmes pieuses et les magistrats protecteurs de la religion». Il demande que le livre «soit lacéré et brûlé devant la porte de l'Hôtel de Ville par l'exécuteur de la Haute Justice comme téméraire, impie, scandaleux, destructif de la Révélation», et que des sanctions soient prises contre les libraires.[52] Un autre grand personnage, Louis Eugène, prince de Wurtemberg, écrit à Voltaire directement pour lui reprocher de saper la société en attaquant la religion, «édifice», affirme-t-il, «élevé par l'Eternel lui-même».[53] Il s'en fallait que l'Allemagne des princes, au dix-huitième siècle, comptât uniquement des partisans des Lumières.

L'appel à la répression revient fréquemment dans les lettres de lecteurs scandalisés. Le protestant français Rabaut Saint-Etienne n'est certes pas un suppôt de l'Inquisition. Il milite pour la défense des huguenots. Il collaborera même avec Voltaire pour cette cause en 1768. Mais en 1764 il écrit à un ami que le *Dictionnaire philosophique* est «l'égout de toutes les impiétés imaginables». Il ajoute: Comment «peut-on réellement ne pas sévir contre un homme qui mettrait l'univers en dissension, si son système prenait faveur entière?» Et le pasteur ose écrire ceci: Voltaire «ne fait pas mal de s'accoutumer au feu, et en attendant mieux [*sic*] il ne peut pas mieux employer son temps qu'à se faire brûler en effigie.»[54]

Jean-Jacques Rousseau, comme on peut s'y attendre, porte une appréciation plus nuancée, quoique tout aussi défavorable dans sa conclusion. Il a lu le

50. D12364.

51. D12090, note 2; la lettre de Bonnet est du 17 septembre 1764.

52. D12093 (20 septembre 1764).

53. D12126 (6 octobre 1764). Le prince a lu, peu auparavant, le *Sermon des cinquante*: «cette brochure [l']a véritablement affligé».

54. D12112, commentaire (30 septembre 1764).

Dictionnaire philosophique au cours de l'automne de 1764, étant à Môtiers-Travers. Il est sensible à l'agrément littéraire de l'ouvrage. Il en loue même la valeur morale: «Il y règne une bonne morale: il serait à souhaiter qu'elle fût dans le cœur de l'auteur et de tous les hommes. Mais»... Nous attendions ce «mais»: «Mais ce même auteur est presque toujours de mauvaise foi dans les extraits de l'Ecriture; il raisonne souvent fort mal, et l'air de ridicule et de mépris qu'il jette sur des sentiments respectés des hommes, rejaillissant sur les hommes mêmes, m'apparaît un outrage fait à la société, et punissable devant les tribunaux.»[55] Ainsi «outrage à la société», et «punissable»: en termes plus mesurés, Rousseau rejoint l'opinion commune de ceux que scandalise le *Portatif*.

Au reste, l'autorité n'avait pas attendu ces appels pour sévir. A Genève, tout d'abord. Dès août, à la suite de la perquisition chez Gando, celui-ci avait été condamné à huit jours de prison, et à demander pardon à Dieu et à la Seigneurie de Genève.[56] Autre descente de police chez les libraires de la ville, le 10 septembre. Mais les précautions avaient été prises: les policiers ne trouvent que deux exemplaires à saisir. Cela n'arrête pas la répression. Le 25 septembre, à la suite du réquisitoire de Tronchin-Boissier, le *Dictionnaire philosophique* est lacéré et brûlé par les mains du bourreau.[57] En décembre, il est brûlé à Berne et aussi en Hollande.[58]

Pourtant le *Portatif* continue à être réimprimé, à Genève par Grasset et en Hollande, en dépit des condamnations. Paradoxe qui s'explique. En ces républiques commerçantes, les droits des citoyens et ceux du commerce opposent de sérieux obstacles à la répression. De plus la police, peu experte, se laissait facilement abuser. Ainsi Voltaire en janvier 1765 s'amuse à berner celle de Genève. Il dénonce lui-même l'arrivée prochaine chez le libraire Chirol d'ouvrages prohibés, *Dictionnaire philosophique* et autres, qu'on lui attribue. Il en demande la saisie. Les policiers se précipitent chez Chirol. Bien entendu, ils ne trouvent rien. L'irréprochable libraire leur fait savoir qu'informé de la qualité scandaleuse de la marchandise, il l'a fait arrêter en route.[59]

En outre l'affaire du *Dictionnaire philosophique* confirme qu'un peu partout en Europe, il existait des personnages haut placés qui, acquis à la cause des philosophes, contrecarraient la répression. A Genève, le Petit Conseil, en majorité favorable à Voltaire, ne tenait nullement à condamner au feu le *Dictionnaire*. S'il s'y était résigné, c'était afin de ne pas envenimer le conflit qui depuis longtemps

55. Leigh n° 3620 (4 novembre 1764), à Du Peyrou.
56. D.app.270.
57. D.app.249.
58. D.app.257, D12276, commentaire, D12266 (26 décembre 1764), à Damilaville.
59. D12313 (12 janvier 1765).

l'opposait à la bourgeoisie des citoyens, restés d'esprit religieux.[60] Mais le Conseil, en brûlant le livre, voulut atténuer la portée de la sanction. On fit une démarche privée à Ferney, pour faire connaître au patriarche qu'on n'en demeurait pas moins bons amis. «Un magistrat», écrit Voltaire, «vint me demander poliment la permission de brûler un certain *Portatif*. Je lui dis que ses confrères étaient bien les maîtres, pourvu qu'ils ne brûlassent pas ma personne, et que je ne prenais nul intérêt à aucun *Portatif*.»[61]

En France, les contradictions au sein du pouvoir étaient encore plus marquées. Dès que le *Dictionnaire* commence à circuler, il est, avec son auteur, l'objet de menaces précises. On parle très sérieusement, au parlement de Paris, dans l'automne de 1764, de brûler le livre. Commentaire d'Argental: «Il est assez bon pour mériter ce traitement.» Omer Joly de Fleury aurait même déclaré qu'il «ne mourrait pas content qu'il n'eût vu pendre un philosophe». A quoi Voltaire répondit: «Je peux l'assurer que ce ne sera pas moi qui lui donnerai ce plaisir.»[62] Effectivement le *Dictionnaire philosophique* fut condamné par arrêt du parlement, le 19 mars 1765.

Voltaire s'inquiétait davantage d'une menace venant d'un autre côté. A la cour, le parti dévot avait dénoncé le livre au roi. Louis XV aurait lu lui-même une partie du *Dictionnaire philosophique*. Il aurait dit, parlant de Voltaire, «Est-ce qu'on ne peut faire taire cet homme-là?»[63] Propos singulièrement menaçant, qui n'eut pourtant aucune suite. Voltaire a pour lui Choiseul. Le ministre a tenu à rassurer personnellement le patriarche, par la lettre du 27 octobre que nous avons déjà citée. Il y écrit des paroles lourdes de sens, venant d'un si haut personnage:

> Certainement l'on ne veut vous faire aucun mal [...] Soyez tranquille, et tout le sera à votre égard; mais ne nous prenez ni pour des absurdes, ni pour des persécuteurs; en mon particulier regardez-moi comme le serviteur de la marmotte.[64]

Cependant les contradictions de la société d'Ancien Régime étaient telles qu'en dépit d'une si puissante protection tout était à craindre à tout moment.

Pour achever d'évoquer l'ambiance où paraît le *Dictionnaire philosophique*, disons quelques mots des réfutations de celui-ci. Dès 1767, un bénédictin, Dom Chaudon, avait publié un *Dictionnaire* maladroitement intitulé *anti-philosophique*. En 1770, le P. Paulian, ex-jésuite, donne un *Dictionnaire philosophico-théologique portatif*. Mais le plus intéressant est une *Réfutation* demeurée manuscrite, conservée à la bibliothèque de Nancy. L'auteur anonyme est un janséniste. Il déclame

60. Voir les lettres du résident Montpéroux au ministère français (D12106, D12140).

61. D12254 (23 décembre 1764), à d'Argental.

62. D12201 (21 novembre 1764), D12180 (vers le 5 novembre 1764).

63. D12137 (12 octobre), D12162 (22 octobre), D12185 (9 novembre); Leigh, n° 3706 (5 décembre 1764), milord Maréchal à Rousseau.

64. D12168 (27 octobre 1764).

contre le théâtre. Il range *Polyeucte* et *Athalie* parmi les «ouvrages du démon». Il s'emporte contre les dames qui se fardent. Il reproche à Voltaire d'avoir écrit que l'amour est une consolation du genre humain. Il s'exclame: «Partout et en tout temps on a toujours condamné cet infâme commerce que l'on appelle l'amour.» D'article en article il invective Voltaire avec une violence inouïe. Il lui reproche de ne s'être pas marié et de n'avoir pas eu d'enfants, tout en se réjouissant que ce monstre n'ait pas engendré «des fruits de malédiction».[65] Une réfutation aussi frénétique, qui donnait tant de prise à l'adversaire, ne fut pas publiée. Elle constitue pour nous un document sur une certaine partie de l'opinion antiphilosophique du dix-huitième siècle.

En cinq ans, de 1764 à 1769, Voltaire a donné quatre nouvelles éditions du *Dictionnaire philosophique*, dont deux dans la seule année 1765. Chacune s'enrichit d'articles nouveaux. Une édition de 1765, imprimée à «Amsterdam, chez Varberg» (en réalité à Genève par Gabriel Grasset), reçut des apports particulièrement copieux: «16 articles nouveaux, 1 article remanié, deux sections supplémentaires et des additions dans 16 articles anciens».[66] Egalement importante, l'édition de 1767 qui contient 18 articles inédits. Aux 73 articles de la première édition, s'étaient substitués 118 articles et 6 sections supplémentaires en 1769. C'est ainsi qu'apparaissent des textes majeurs, comme «Torture», dans la dernière édition. Le *Dictionnaire philosophique* était en voie d'accroissement continu, lorsqu'en 1770 Voltaire commence les *Questions sur l'Encyclopédie*, œuvre différente, mais toujours alphabétique.[67]

Manifestement, Voltaire avait trouvé là une forme particulièrement adaptée à son génie propre. Depuis longtemps, il écrivait des textes brefs, vifs, prêts à se ranger sous l'appel d'un mot dans un dictionnaire. Au début de 1763, il se dit «tenté de tout mettre en dictionnaire». «La vie est trop courte pour lire de suite tant de gros livres; malheur aux longues dissertations!»[68] Habitué à concentrer l'idée, spontanément il pense par articles. Ce mode d'expression lui convient si bien qu'on est tenté de croire que le mot de *Portatif* au titre du *Dictionnaire* fut de son invention. En fait, comme l'a montré Pierre Rétat, le terme était usuel

65. Bibliothèque municipale de Nancy, nº 205, *Réfutation du Dictionnaire philosophique portatif*, 219 ff.

66. Nous renvoyons pour l'étude détaillée des additions à l'édition de Raymond Naves, *Dictionnaire philosophique* (Paris 1954), p.XVII-XIX, XXII-XXIX, tableau des additions.

67. Les éditions posthumes des *Œuvres complètes*, Kehl, puis Beuchot, imités par Moland, ont fondu en un ensemble qui cesse tout à fait d'être «portatif», le *Dictionnaire philosophique*, les *Questions sur l'Encyclopédie*, les contributions de Voltaire à l'*Encyclopédie* et au *Dictionnaire* de l'Académie, en y ajoutant encore divers textes courts. En réalité, il convient de distinguer les différentes publications comme le font les *OC* d'Oxford.

68. D10894 (9 janvier 1763), à Elie Bertrand.

bien avant le *Dictionnaire* de 1764. On a relevé jusqu'à trente dictionnaires portatifs de 1738 à 1763, parmi lesquels un *Dictionnaire théologique portatif* (1756), un *Dictionnaire portatif des cas de conscience* (1759), et même un ouvrage, par Chicaneau de Neuvillé, qui porte le titre même de Voltaire: *Dictionnaire philosophique portatif* (1756, réédité en 1762 et 1764).[69] Les lecteurs du dix-huitième siècle aimaient avoir à leur disposition telle ou telle information dans ces sommes du savoir qu'étaient les dictionnaires de Moreri, de Bayle, de Bruzen de La Martinière, le *Dictionnaire de la Bible* de Dom Calmet, le *Dictionnaire de Trévoux*, l'*Encyclopédie*. Mais ces publications avaient le tort d'aligner des in-folio aussi énormes que dispendieux. D'où l'idée des portatifs, résumant l'essentiel en volumes de taille réduite et, considération qui a son importance, moins coûteux. Voltaire avait adressé aux articles du *Dictionnaire historique et critique* de Bayle, puis de l'*Encyclopédie* le reproche d'être diffus, trop longs. «Il ne faut», affirme-t-il, «dans un dictionnaire que des définitions et des exemples.» Ceci, en 1755, à propos de sa collaboration à l'*Encyclopédie*.[70] Est-ce pour réaliser cet idéal lexicographique qu'il publie en 1764 le *Dictionnaire philosophique*? Evidemment non.[71] Pas davantage son intention n'est de donner un dictionnaire de philosophie, dans le genre de celui que constituera, de 1902 à 1923, André Lalande,[72] s'efforçant de définir chaque terme, d'analyser le concept qu'il désigne, de retracer son évolution à travers l'histoire des doctrines et des systèmes. L'ordre, ou le non-ordre, alphabétique permettait à Voltaire tout à la fois de satisfaire ses aspirations ludiques et d'accomplir une œuvre critique.

A la différence des dictionnaires ordinaires, le *Dictionnaire philosophique* appartient à la littérature. Contrairement aux *Portatifs* qui l'ont précédé, le sien ne se soucie pas d'offrir au lecteur de consciencieux résumés. La désinvolture de notre auteur apparaît déjà dans la répartition des articles. En 1764, les 6 premières lettres de l'alphabet obtiennent, à elles seules, 43 des 73 articles. Les 18 dernières n'en comportent que 30. Sans doute nous n'avons aucun article aux lettres K, W, X, Y, Z. Mais nous n'en avons aucun non plus à des initiales moins rares: N, O, Q, U. Il est apparent que Voltaire a pris son alphabet dans l'ordre, s'est attardé aux premières lettres, puis est passé vite sur les autres. Qu'il s'affranchisse de toutes les conventions de l'ouvrage en forme, on en jugera par son article «Job». On voit ce qu'un dictionnaire conscient de ses devoirs peut dire sur ce sujet: à peu près ce que nous lisons à l'article «Job» du Larousse en dix volumes:

69. Pierre Rétat, «Le *Dictionnaire philosophique* de Voltaire: concept et discours du dictionnaire», *RHLF* 81 (1981), p.892-900. P. Rétat renvoie, p.894, aux travaux de B. Quemada.

70. D6653 (26 décembre 1755), à J. Vernes.

71. Très peu d'articles commencent par des définitions à la manière des articles «Baptême», «Idolâtrie», «Matières», «Miracles», et dans ceux-ci la définition déjà engage la discussion critique.

72. Sous le titre *Vocabulaire technique et critique de la philosophie*.

Personnage biblique qui ne nous est connu que par le livre qui porte son nom. La tradition juive regarde Job comme un personnage historique. Né dans le Hauran, près de Damas, etc.

Suivent l'histoire de Job, ce qu'en pense l'exégèse actuelle, une documentation iconographique, et pour finir les locutions («pauvre comme Job»). Modèle d'article encyclopédique, proposant succinctement une documentation complète. Osons dire qu'avec tous ses mérites un tel texte se situe hors de la littérature. Ouvrons maintenant le *Portatif* à l'article «Job»: «Bonjour, mon ami Job». C'est ainsi que Voltaire entre en matière. Au lieu de savantes précisions, nous allons avoir la présence du personnage biblique et celle du patriarche philosophe. L'article continue sur ce ton. «Avoue que tu étais un grand bavard [...] J'ai été beaucoup plus riche que toi». Au passage il dit ce qu'il pense de l'histoire, selon l'Ecriture: «Je ne suis point du tout content de Satan»... Il donne son avis sur la femme de Job, qui était une «impertinente», sur les amis de Job, sur le rôle qu'a joué Dieu dans l'aventure, et pour finir s'étonne de la longévité du personnage biblique (plus de cent quarante ans): «Il faut que les hommes d'aujourd'hui soient de grands fripons, tant leur vie est courte!» Les prétendus articles du *Dictionnaire philosophique* font se succéder, avec autant de fantaisie, monologues, dialogues, contes, facéties. Ainsi que l'écrivait Yves Florenne dans sa préface à une édition de l'œuvre, le *Portatif* de Voltaire c'est «le triomphe de la littérature».[73] Mais sa séduction même incite à penser. Voltaire l'indique en tête du volume:

> Les personnes de tout état trouveront de quoi s'instruire en s'amusant. Ce livre n'exige pas une lecture suivie; mais, à quelque endroit qu'on l'ouvre, on trouve de quoi réfléchir.[74]

La fragmentation alphabétique a par elle-même une valeur critique. Attaquant sur des points précis, Voltaire disloque les systèmes, pulvérise les ensembles signifiants, ce que par exemple Bossuet présentait somptueusement comme la «suite de la religion». La Bible particulièrement pâtit d'un tel traitement. En mettant en valeur les incohérences de la Genèse, ou les pérégrinations bouffonnes d'Abraham, ou les injonctions répugnantes ou révoltantes adressées aux prophètes, Voltaire sape l'histoire chrétienne du salut. La critique des deux *Testaments* occupe dans le *Dictionnaire philosophique* une place considérable: 36 articles dans l'édition de 1769, plus nombre de mentions *passim*. La relation de Voltaire avec la Bible, sujet qui au-delà du *Dictionnaire* concerne une grande partie de son œuvre, méritera d'être examinée en elle-même.

Les premières éditions s'intitulaient *Dictionnaire philosophique portatif*. Mais à partir de 1769 le titre devient: *La Raison par alphabet*. Ce changement de titre

73. Introduction à l'édition du *Dictionnaire philosophique suivi de quarante Questions sur l'Encyclopédie* (Paris 1962), p.40.

74. Edition R. Naves, p.XXXII.

retient l'attention. Il est à rapprocher d'une indication de Voltaire dans sa préface: «Les livres les plus utiles sont ceux dont les lecteurs font eux-mêmes la moitié; ils étendent les pensées dont on leur présente le germe.» C'est dire que le discontinu n'est pas synonyme d'incohérence. «Alphabet» certes, mais qui met en évidence «la Raison». Rien de plus faux en effet, pour définir la pensée de Voltaire, que la boutade de Faguet qui fit longtemps fortune: «un chaos d'idées claires». Idées claires sans doute, mais logiquement organisées entre elles.[75]

Voltaire a rédigé lui-même une synthèse qui n'a rien de «chaotique». C'est le *Catéchisme de l'honnête homme*. L'opuscule parut en brochure à l'automne de 1763. Il fut ensuite repris dans les recueils collectifs: *L'Evangile de la Raison* (1764), le *Recueil nécessaire* (1766). Voltaire ne l'inséra pas dans le *Dictionnaire philosophique*, qui compte pourtant d'autres «catéchismes»: «chinois», «du curé», «du Japonais», «du jardinier». Celui de «l'honnête homme» en était exclu par sa longueur, et surtout par une conception incompatible avec celle du *Portatif*. Ce *Catéchisme* se présente comme un dialogue entre un «caloyer», ou moine grec, et un «homme de bien». En fait, il se réduit à peu près à un monologue. Le caloyer intervient peu: soit pour relancer la verve de «l'honnête homme», soit pour marquer les articulations du propos. L'essentiel consiste en un exposé du seul «homme de bien». Défilent en bon ordre les critiques de Voltaire sur l'Ancien Testament, puis sur le Nouveau, sur Jésus, sur le christianisme qui dénature le message de celui-ci, sur les fausses légendes, la propagation démagogique de la religion nouvelle, les crimes dont elle est responsable, les miracles; le tout culminant en une apologie de la religion naturelle. *Le Catéchisme de l'honnête homme* offre bien une synthèse de ce qu'il faut penser: c'est en cela qu'il est «catéchisme». Faux dialogue, comme le sont les catéchismes, il se développe en un discours, parfois éloquent, mais qui ne laisse aucune initiative à celui qui le reçoit. Ce n'est pas certes un de ces livres dont «le lecteur fait la moitié». Il ne stimule pas la réflexion. Il ne permet pas les effets de surprise inhérents à la succession alphabétique des articles. Plus à l'aise dans l'incursion analytique que dans l'effort de synthèse, Voltaire privilégie une forme différente. Sans renoncer au «sermon», débité en plusieurs «points», il préfère la succession de textes brefs, isolant une idée ou un fait, le système de pensée qui est le sien restant à l'arrière-plan. Aussi ne cesse-t-il d'ajouter aux articles de son *Dictionnaire*, bientôt relayé par les *Questions sur l'Encyclopédie*. De même dans des œuvres comme *Le Philosophe ignorant*, *L'Examen important de milord Bolingbroke*, les *Questions sur les miracles*, les *Questions de Zapata*, *Des Singularités de la nature*, le verrons-nous aligner les uns à la suite des autres de courts chapitres autonomes: des articles, dépourvus

75. Voir J.-M. Moureaux, «Ordre et désordre dans le *Dictionnaire philosophique*», *Dix-huitième siècle* 12 (1980), p.381-400.

toutefois de la lettre d'appel des dictionnaires: une *Raison* fragmentée, sans alphabet, mais renvoyant à la cohérence d'une pensée implicite.

13. Voltaire lit la Bible

L'abbé Morellet, en visite à Ferney en juillet 1766, fut bien étonné. Il a trouvé Voltaire «entouré de Bibles et de pères de l'Eglise». Obligeamment, l'abbé, pour aider ce grand lecteur des textes saints, lui a prêté une concordance de la Bible.[1]

Lire la Bible, ce n'était pas de la part de Voltaire le fait d'une lubie récente. Un tel intérêt remontait au moins à la période de Cirey. Dès novembre 1733, dans des vers adressés à la duchesse de Saint-Pierre, amie de Mme Du Châtelet, il affirme qu'il lit

> Très peu les nouveaux romans
> Et beaucoup la Sainte Ecriture.[2]

Une lecture cursive, par fragments, remontait sans doute aux années de collège, et s'était perpétuée depuis. Mais c'est à Cirey que nous l'avons vu procéder, en compagnie de Mme Du Châtelet, à des lectures suivies, méthodiques, et surtout critiques.[3] En 1776, à propos de la publication de *La Bible enfin expliquée*, la *Correspondance littéraire* rappellera cette époque lointaine: «On lisait tous les matins, pendant le déjeuner, un chapitre de l'Histoire sainte, sur lequel chacun faisait ses réflexions à sa manière.»[4] De ces propos de table naquit le manuscrit de Mme Du Châtelet qui nous est parvenu, l'*Examen de la Genèse*. Selon le journaliste, Voltaire aurait été chargé, pour sa part, de rédiger les commentaires des convives. De là procéderaient *La Bible enfin expliquée*, et sans doute les innombrables écrits sur les deux Testaments qui ont précédé. Très tôt il a dû épingler les épisodes sur lesquels il reviendra inlassablement: le cruel comportement de Moïse envers les Madianites, l'invraisemblable errance de six cent mille Hébreux pendant quarante ans dans les déserts d'Arabie, le rôle de la prostituée Rahab dans la prise de Jéricho, l'existence de sacrifices humains chez les Juifs démontrée par le meurtre de la fille de Jephté, les exagérations dans les récits des combats menés par Saül et Jonathan; dans le Nouveau Testament, l'incompatibilité des deux généalogies de Jésus, l'étrangeté du miracle de Cana, la bizarrerie de la malédiction du figuier stérile, «quand ce n'était pas la saison des figues», l'invraisemblance de l'épisode de Jésus envoyant les diables dans un troupeau de

1. D13424 (16 juillet 1766), d'Alembert à Voltaire.
2. D676.
3. Voir *Voltaire en son temps*, ii.35-36.
4. Septembre 1776 (CLT.xi.348).

porcs, en un pays où la consommation de cette viande est interdite, et l'on en passe.

Qu'après Cirey, Voltaire ait continué à fréquenter assidûment les textes scripturaires, nous en avons la preuve dans le *Sermon des cinquante*, réquisitoire antibiblique de la période prussienne, ainsi que dans le projet de *Dictionnaire* conçu à Potsdam: parmi les premiers articles, il rédige «Abraham», «Moïse», «Baptême»...[5] En même temps, lecteur critique, il consulte commentateurs et exégètes. La bibliothèque de Ferney en fait foi, où ces volumes portent maintes traces de lectures: coups de crayon, signets, marginalia. En premier lieu, vient Dom Calmet, avec son *Commentaire littéral* en vingt-cinq tomes (Paris 1709-1734), très copieusement utilisé, dès l'époque de Cirey. De Brosses voyait juste, lorsqu'il estimait en 1764 que Voltaire puisait la plus grande partie de son érudition dans les volumes du savant bénédictin.[6] Le philosophe s'instruit tant par le commentaire de Calmet, phrase par phrase, du texte saint, que par les dissertations où sont traitées maintes questions délicates. Voltaire d'ailleurs reconnaît ce qu'il doit à ce «naïf compilateur de tant de rêveries et d'imbécillités», «homme que sa simplicité a rendu si utile à quiconque veut rire des sottises antiques».[7] Il le pille et il le raille. Ainsi il se sert des dissertations *Sur la chronologie des Hébreux* et *Sur la première langue* pour réduire le peuple juif à «une horde d'Arabes», une «horde de voleurs», et pour rapprocher leurs aventures des «contes bleus» ou des «Mille et une nuits».[8] Grâce à la dissertation *Si Esdras est l'auteur ou le restaurateur des S^tes^ Ecritures*, il voit en Esdras l'auteur des écrits attribués à Moïse.[9] Il a marqué dans ces volumes un grand nombre de repères, mots-titres ou phrases-titres, à connotation ironique ou indignée, qui permettront de retrouver plus facilement les passages: «raisins si pesants», «Juifs sacrifient les enfants», «Sara âgée de 90 ans», «il rend ses propres enfants esclaves», «Elisée valet d'Elie très insolent», «figuier», «commandement nouveau», «5 pains 2 poissons», «querelle de Paul et Céphas», «Paul fouetté», «judaïse», etc.[10] De façon comparable le *Dictionnaire de la Bible* du même Dom Calmet (4 volumes, Paris, 1730) contient, à défaut de notes, des signets marquant les articles retenus.

Voltaire ne s'en tient pas à Dom Calmet. A partir de 1761, il réclame, mentionne, commente maints ouvrages ayant trait à la Bible. On voit se succéder dans sa correspondance, à quelques jours d'intervalle, remarques sur les apologistes et références à la critique subversive. Le 28 décembre 1761, il affirme avoir lu

5. *Voltaire en son temps*, iii.94-95, 96-98.
6. D12277.
7. Article «Job» du *Dictionnaire philosophique*, éd. R. Naves, p.260.
8. *Marginalia*, ii.326-28.
9. *Marginalia*, ii.332-34.
10. *Marginalia*, ii.23, 42, 46, 48, 77, 132, 203, 291.

saint Thomas et «deux cents volumes» du même genre. «C'est faire un cours de petites-maisons.»[11] Deux jours après, il commence à parler de l'*Examen de la religion dont on cherche l'éclaircissement de bonne foi*, livre «pulvérisant».[12] Plus tard il va l'attribuer, à cause de sa science, à Dumarsais plutôt qu'à Saint-Evremond, en souhaiter une édition meilleure, l'annoter, se réjouir de le voir répandu dans le public. Et il conclut par cette plaisante formule: «Saint-Evremond est un très grand saint.»[13] De deux lettres datées du 25 août 1763, l'une fait allusion à Dom Calmet «qui loue tout sans distinction», l'autre à la philosophie des Anglais qui «ont abusé de leur esprit jusqu'à oser examiner les mystères»,[14] mentionnant Shaftesbury, Bolingbroke, Collins, Woolston. En même temps qu'il admire, à la fin de novembre 1765, les «raisonnements très forts» de la *Lettre de Thrasybule à Leucippe* de Naigeon qu'il attendait et réclamait depuis mi-octobre,[15] il cherche un Grégoire de Tours, vante simultanément un manuscrit de l'*Analyse de la religion chrétienne* de Dumarsais qui développait sur plusieurs colonnes les erreurs de la chronologie des Hébreux.[16] Le 12 août 1767, il demande une traduction de la *Préparation évangélique* d'Eusèbe et, le 22, la *Théologie portative* (attribué à d'Holbach et Naigeon) dont d'Alembert lui avait parlé le 14. Bien qu'une note sur l'exemplaire de Ferney le qualifie de «livre dangereux», la correspondance indique que le philosophe a bien ri de ces «plaisanteries continuelles par ordre alphabétique».[17]

Devant «un gros paquet» contenant «un gros poème en cinq gros chants» intitulé *La Religion d'accord avec la raison*, il ressent une lassitude ironique, comme sans doute devant *L'Incrédulité combattue par le simple bon sens*, du roi Stanislas.[18] Il n'éprouve que dégoût à l'égard de l'apologie d'Houtteville, *La Vérité de la religion chrétienne prouvée par les faits*, demandée le 25 octobre 1762, reçue un mois plus tard, condamnée sans appel pour ses «détestables sophismes», son «éloquence fastidieuse», sa «mauvaise foi».[19] Il n'hésite pas à mêler à ces critiques une satire personnelle, visant le «maquereau d'Houtteville de l'Académie française», entremetteur, coupable en outre d'avoir servi de secrétaire à un athée et d'avoir dédié son ouvrage à un sodomite.[20] Le critique multiplie sur son

11. D10234, à Bernis.
12. D10239, à G. Cramer.
13. D11612 (1er janvier 1764), à Damilaville. Voir aussi D11535, D11549. En réalité, l'*Examen de la religion* n'est pas de Saint-Evremond.
14. D11381, D11383.
15. D13014, à Damilaville. Cf. D12938, D12959, D12960, D12984, D12989.
16. D13016, à G. Cramer, D13026, à Damilaville.
17. D14355, D14388, D14368, D14474.
18. D9990, D9172. L'auteur du «gros poème» est Duplessis de La Hauterive.
19. D10778, D10813, D10816, D12968, à Damilaville.
20. D10816 (30 novembre 1762), D12968 (vers le 6 novembre 1768), à Mme Du Deffand.

exemplaire brèves exclamations et rudes apostrophes, pour traduire son indignation quand l'auteur simplifie abusivement, à ses yeux, les liens entre prophétie et histoire, assimile «un coin de la Galilée» à tout l'univers. Les annotations expriment des doutes au sujet des prétendus témoins oculaires, dénoncent des falsifications à propos de la divinité de Jésus et des signes étonnants accompagnant sa mort, relèvent l'interpolation du passage de Josèphe le concernant, raille des miracles par lesquels Dieu contredirait l'ordre qu'il a lui-même établi.[21]

Même colère contre «ce polisson de Buddeus», auteur d'un *Traité de l'athéisme* qui s'en prenait à Spinoza et décrétait la corruption de l'humanité avant le Déluge: «Bête brute! commence par prouver le Déluge!»[22] Voltaire n'est pas mieux disposé envers les «dialogues de cet imbécile saint Grégoire le Grand», quand bien même il confie vouloir «ce monument de bêtise» dans sa bibliothèque.[23] Pour les travaux de Dom Ruinart sur les martyrs il manifeste le même dédain que pour le «fatras» de l'*Histoire critique du Vieux Testament* de Richard Simon, ou pour le «rabâchage davidique» de ce «nigaud de Laugeois», alors même qu'il demande la nouvelle édition de sa traduction des Psaumes.[24] Il s'amuse aussi des *Actes de Thècle* qu'il a cherché à se procurer par Moultou, qu'il a consultés en 1764, utilisés pour l'article «Paul» du *Dictionnaire philosophique*.[25] Il en cite encore les fragments sur le portrait de l'apôtre en juin 1765, au moment où il confie qu'il lit les Pères de l'Eglise, où il renvoie Lactance, attend Origène, réclame *De vita et morte Mosis* de Gaulmin.[26] En conséquence, l'interprétation allégorique de la Pentecôte, selon saint Augustin, pâtira, quelques mois plus tard, de l'ironie voltairienne.[27]

La même ironie s'applique au «sot livre» de Grotius, *De Veritate religionis christianae*, lu en avril 1766, annoté avec vivacité.[28] Voltaire met en relief le pillage des auteurs païens par les Juifs, révoque en doute la présence de sages et de savants parmi les premiers adorateurs de Jésus-Christ, explique l'entreprise des apôtres par la simple passion de «dominer sur les esprits».[29] Ne sera pas mieux traitée, en janvier 1768, l'*Histoire de l'établissement du christianisme tirée des seuls auteurs juifs et païens*, de Jean Baptiste Bullet. En rassemblant les traits de mépris des Grecs et des Romains contre les premiers chrétiens, ce docte professeur de

21. *Marginalia*, iv.501-516.
22. *Marginalia*, i.558.
23. D10816 (30 novembre 1762), à Damilaville.
24. D10857, D10883 (5 janvier 1763), aux d'Argental.
25. D12187, D12279.
26. D12656, D12650, D12636, D12641.
27. D13208 (12 mars 1766), à Florian (sermon 125, dans *Les Sermons de saint Augustin sur le Nouveau Testament*, traduits par Dubois-Goibaud, Paris 1700).
28. D13235 (5 avril 1766), à d'Alembert; voir aussi D14039.
29. *Marginalia*, iv.197-201.

théologie a tout fait, au jugement de Voltaire, pour rendre le christianisme ridicule et odieux.[30] Il souligne, dans son exemplaire, ce que Josèphe aurait dit de Jésus, et note, à propos d'Apollonios de Tyane, l'universalité des miracles.[31]

La bibliothèque de Ferney ne manque pas de trésors de ce genre. Voltaire a demandé, à la fin de 1765, l'*Essai sur les erreurs et les superstitions* de Castilhon et a marqué certains passages par des signets.[32] Le *Traité de la vérité de la religion chrétienne* d'Abbadie, dans l'édition de 1750, a suscité des remarques pleines de pugnacité sur les vingt-huit femmes de David, les trois cents de Salomon, les multiples assassinats racontés dans les livres saints. «Mauvaise foi», «audace inepte» de «cuistre», d'«impudent sot»: ainsi est jugé l'apologiste qui s'est essayé à réfuter Spinoza sur la mosaïcité du Pentateuque. Les propos admiratifs sur Jésus, fils de Dieu, attirent des commentaires encore plus vifs, rappelant quantité de comportements incompatibles avec la divinité:

> Avoir changé l'eau en vin pour des gens ivres, avoir envoyé le diable dans le corps de deux mille cochons, s'être transfiguré sur une montagne, avoir sué sang et eau

sans compter la prophétie erronée annonçant la fin du monde.[33]

Le *Discours sur l'histoire universelle* de Bossuet porte aussi quelques notes marginales, par exemple pour contester les ténèbres à la mort du Christ, «éclipse / Phlégon». Si Voltaire va jusqu'à juger «très beau» le passage sur le supplice que constitue, pour les Juifs, l'attente toujours frustrée du Messie, il ne voit qu'un «déclamateur» dans l'apologiste qui prétend que notre religion est aussi ancienne que le monde.[34] La passion du critique l'a poussé à lire aussi de savants ouvrages sur les Juifs, celui d'Ellies Dupin, ceux de Fleury, les *Antiquités judaïques* de Basnage, où il a relevé des passages sur l'idolâtrie du peuple élu, sur les sacrifices humains, sur «Baalzebud le dieu des armées», sur l'épreuve magique de la boisson qui décelait les femmes adultères.[35] Les *Conjectures* de Jean Astruc *sur les mémoires originaux dont il paraît que Moïse s'est servi pour composer le livre de la Genèse* (1753) sont présentes dans la bibliothèque de Ferney en mai 1766: deux développements marqués seront réutilisés. Néanmoins Voltaire ne s'étend guère sur l'apport fondamental de cet ouvrage.[36] Il pare au plus pressé, guette chez les savants, *a fortiori* chez les ecclésiastiques, des arguments pour soutenir ses propres thèses.

30. D14682 (16 janvier 1768), à Leriche.
31. *Marginalia*, i.613-14.
32. D13066 (28 décembre 1765), à Damilaville.
33. *Marginalia*, i.64-67.
34. *Marginalia*, i.407.
35. *Marginalia*, i.224-28.
36. D13291 (9 mai 1766), à Servan; *Marginalia*, i.164. Voir l'article «Genèse» des *Questions sur l'Encyclopédie*. On sait qu'Astruc le premier a discerné que le récit de la Genèse combine deux traditions, l'une élohiste, l'autre jahviste.

Ainsi se réjouit-il qu'un pasteur de Neuchâtel, Ferdinand Olivier Petitpierre, ait écrit un traité contre l'éternité de l'enfer, auquel il fait allusion à la fin de l'article «Enfer» du *Dictionnaire philosophique*.[37] De même a-t-il cherché fiévreusement à acquérir, à partir d'avril 1760, tous les volumes de l'évêque Warburton, pour démontrer que les Juifs n'attendaient point une autre vie.[38]

Avec la même énergie, infatigable dans son combat, il a annoté les volumes de Wagenseil, de Fabricius,[39] relevant des titres comme les «Actes de Pilate», ou les «Lettres de Paul à Sénèque». Ainsi était-il en mesure de retrouver rapidement les armes que les apocryphes ou la littérature rabbinique pouvaient lui procurer. En mars 1768 il a la joie d'annoncer à d'Alembert qu'on imprime les travaux du «savant Abauzit», qu'il connaissait en manuscrit, «contre la Trinité, l'Apocalypse, l'éternité des peines et les mystères. Cette édition», note-t-il, «fera beaucoup de mal».[40]

C'est donc en lecteur insatiable, vigilant, souvent caustique, passionné toujours, qu'il a peu à peu rassemblé, annoté les ouvrages sur la Bible que contient la bibliothèque de Ferney.

Ainsi comprend-on ce qui est l'un des traits frappants de sa correspondance: l'abondance des citations ou des références bibliques. C'était sans doute au dix-huitième siècle un fait culturel. L'éducation religieuse reçue dans les collèges laisse dans les esprits, même les plus émancipés de toute religion, des traces indélébiles. Des phrases, des expressions de l'un ou de l'autre Testament reviennent spontanément dans la mémoire, souvent dans leur texte latin. Il en va d'ailleurs de même des classiques anciens: Virgile, Horace, Ovide... A cet égard l'index des citations, dans l'édition Besterman de la correspondance de Voltaire, est éloquent: neuf colonnes pour Horace, cinq pour Virgile. Mais la Bible en occupe quatorze.[41] Pourcentage exceptionnel. Il s'en faut qu'on rencontre aussi souvent l'Ecriture dans des correspondances privées, sous la plume d'aristocrates faisant montre de quelque culture.[42] Les réminiscences bibliques dans les lettres de Montesquieu, de Diderot, de Rousseau sont loin d'être aussi fréquentes. Il semble qu'aucun écrivain n'ait autant que Voltaire mêlé la Bible à sa vie quotidienne.

37. D9561 (20 janvier 1761), à d'Argence. Le traité s'intitule *Apologie sur un système de la non-éternité de l'enfer* (1760).

38. D8858 (16 avril 1760), à Keate, D9563 (21 janvier 1761), à Thiriot.

39. Wagenseil, *Tela ignea Satanae* (1681); Fabricius, *Codex apocryphus Novi Testamenti* (1719-1743).

40. D14809 (5 mai 1768), à d'Alembert.

41. *OC*, t.135, p.1055-63, 1086-90, 1031-44.

42. Voir la thèse de Marie-Claire Grassi, *Correspondances intimes (1700-1860). Etude littéraire, stylistique et historique*, Université de Nice, 1985.

Et cela, bien avant ses années militantes. A-t-il été contraint, en 1733, de refaire son *Temple du Goût*? «*In triduo reaedificavi illud*», s'exclame-t-il.[43] Adresse-t-il à Mme Du Châtelet l'épître dédicatoire d'*Alzire*, il proteste de son indignité: «*Domina, non sum dignus*»...[44] Errant et nouveau Lazare, il attend, en 1754, qu'on lui dise à Plombières, comme devant la piscine sacrée: «*Surge et ambula*».[45] On pourrait multiplier les exemples. On relèvera seulement qu'après 1758 les citations deviennent plus fréquentes encore. Lorsqu'il présente, depuis les Délices, des remerciements pour un envoi de figues, il les pimente d'un rapprochement avec l'évangile de Marc: «Car ce n'était pas le temps des figues».[46] Une référence aux Psaumes, une autre à l'évangile de Matthieu ne lui semblent pas superflues lorsqu'il veut simplement parler à son fournisseur Le Bault d'un vin «qui s'est tourné en huile»: il n'est point toutefois *oleum laetitiae*.[47] A partir de 1764, Elie de Beaumont, l'avocat des Calas, est nimbé de la gloire du prophète auquel il doit son prénom: l'esprit de l'un se montre aussi flamboyant que le char de l'autre.[48] Que ne ferait-il pas pour le rencontrer: «Comment! je ne verrais pas Elie de Beaumont!», écrit-il à Mme Denis. «Je me transfigurerais plutôt comme Jésus se transfigura pour converser avec Elie.»[49] Incroyable familiarité avec l'Ecriture! Pour dire qu'après le départ d'un visiteur, il aurait voulu le suivre, il évoque Habacuc.[50] En de multiples occasions, «la chair est faible» sert à le justifier pour son retard à répondre à une lettre, ou pour son incapacité soit d'écrire de sa main, soit de se déplacer pour faire une visite. Il introduit des variantes: «L'esprit est prompt et la chair infirme chez moi», ou «*manus autem infirma*», ou, plus rarement et plus modestement, «et l'esprit n'est pas prompt».[51] Dans des lettres à ses proches, la maxime de la Vulgate peut se trouver tout à coup curieusement

43. D585 (2 avril 1733), à Cideville, «je l'ai reconstruit en trois jours», adapté de Matthieu xxvii.40.

44. D1003. Matthieu viii.8. Ces mots appartiennent à l'ordinaire de la Messe. L'enfant de chœur, que fut sans doute Arouet à Louis-le-Grand, devait dans l'ancien rituel les guetter sur les lèvres du prêtre, afin de les ponctuer par une sonnerie de cloche.

45. D5820, D5850: «Lève-toi et marche». Voltaire confond, dans ses réminiscences, Jean v.2-9, la guérison à la piscine de Béthesda d'un malade qui n'est pas Lazare, et Jean xi.1-2, la résurrection de Lazare.

46. D8461, voir aussi D8513.

47. D10866, D10909. Matthieu vi.28, Psaumes xlv.8 (*oleum laetitiae*: «huile d'allégresse»).

48. D12009, D12482, D13599.

49. D15828. Matthieu xvii.7.

50. D15770 (23 juillet 1769), à d'Alembert, s'agissant de Schomberg: «Je voudrais qu'il m'eût pris par le peu de cheveux qui me restent, comme Habacuc, et qu'il m'eût transporté vers vous» (Daniel xiv.36).

51. Voir D3190, D3453, D3839, D4782, D5083, D5578, D8039, D8881, D8998, D13174, D13759, D15156, et Matthieu xxvi.41.

mêlée à un diagnostic personnel et brutalement précis: «Mon estomac est déplorable. *Spiritus promptus est, caro autem infirma*».[52]

Non seulement l'Ecriture lui procure un vivier de formules, donnant du piquant à l'expression, ou servant un art mondain du compliment, mais souvent il paraît vivre le présent par référence à la Bible. Rien de plus aisé, lorsque le père jésuite qu'il a recueilli porte le nom d'Adam. Le religieux, on le sait, était son partenaire habituel au jeu d'échecs. Quand Voltaire voyait sa défaite s'annoncer sur l'échiquier, ce qui était assez fréquent, il se fâchait et le père prudemment s'éclipsait. Une fois calmé, Voltaire allait quérir le fugitif. Tel le Dieu de la Genèse iii.9, cherchant le premier homme après sa faute dans le jardin d'Eden, il appelait: «*Adame, ubi es?*». Et comme l'autre Adam, le père jésuite reparaissait.[53]

On s'interroge sur la motivation profonde d'un recours si fréquent. Il y entre assurément une part de jeu. Voltaire s'amuse de la Bible. La référence à l'Ecriture, parfois très imprévue, renforce la saveur de son propos. Il arrive qu'arrêté par une expression étrange, il la remodèle pour l'adapter aux circonstances. Ainsi Proverbes vi.6, «Va voir la fourmi, paresseux», est appliqué aux paresseux Gresset et Bernard: «Je leur dirai, avec l'autre, au lieu de *Vade, piger ad formicam, vade, piger, ad Fredericum.*»[54] De même il se plaît à monter des mises en scène en parodiant le discours ecclésiastique par le sermon, l'homélie, l'instruction, voire l'article aux relents de théologie. Que ce jeu soit constamment dépréciatif, c'est l'évidence. L'application plaisante désacralise les textes sacrés. Ainsi il est un passage de l'Ancien Testament que Voltaire cite volontiers, mais dans des applications dévalorisantes. Dans Exode xxxiii, Moïse demande à Jahweh qu'Il lui fasse voir «sa gloire». Ce serait fort dangereux pour un simple mortel. Le Seigneur place donc Moïse dans l'anfractuosité d'un rocher. Lorsque «sa gloire passera», Il le couvrira «de sa main» jusqu'à ce qu'Il soit passé. «J'ôterai ensuite ma main, dit le Seigneur, et vous me verrez par derrière, mais vous ne pourrez voir mon visage.»[55] Etrange épisode, relevant d'une notion très archaïque de la divinité, selon laquelle, comme le comprend bien Voltaire, «on ne pouvait voir les dieux tels qu'ils sont sans mourir».[56] Il remarque que le verset de l'Exode est en contradiction avec d'autres textes (comme Nombres xii.8) où il est dit que Moïse vit Dieu «face à face». Mais dans sa correspondance, il en fait l'application à la trop brève rencontre d'un ami, qu'il n'a fait qu'«entrevoir à Paris, comme

52. D8375 (29 juin 1759), à Cideville.

53. Desnoiresterres, vi.276, rapporte l'anecdote sans indiquer sa source. La lettre de Galiani, citée p.275, ne contient pas le trait: «*Adame, ubi es?*».

54. D2149 (26 janvier 1740), à Frédéric.

55. Exode xxxiii.18-23. *La Sainte Bible* (Paris 1935), trad. Lemaistre de Sacy, revue par l'abbé Jacquet.

56. *OC*, t.62, p.283.

Moïse vit Dieu». «Il me serait bien doux», poursuit-il, «de vous voir longtemps face à face, si le mot de face est fait pour moi.»[57] Quant au latin de la Vulgate, *Videbis posteriora mea*, on comprend à quelles traductions «voltairiennes» il se prête: «Tu ne pourras voir que mon derrière», mais aussi: «Dieu met Moïse dans la fente d'un rocher, afin que Moïse voie les fesses de Dieu»...[58] On ne peut guère pousser plus loin la désacralisation.

On a remarqué que jusqu'en 1759 la Bible constitue rarement dans la correspondance de Voltaire un sujet de polémique.[59] Le ton change quand s'engage la campagne contre l'Infâme. Il ne s'agit plus seulement de paraphrases scintillantes, d'où jaillissent des fusées narquoises. Voltaire analyse lucidement son comportement de lecteur quand il écrit à Moultou, en janvier 1763: «On est tantôt en colère et on a tantôt envie de pouffer de rire quand on lit l'histoire des Hébreux.»[60] De plus en plus, il puise en la Bible comme en un réservoir d'arguments au service de la lutte qu'il a entreprise. Lorsqu'il en parle à Helvétius dans telle de ses lettres, c'est pour souligner les contradictions du texte sacré. Non seulement «Moïse dit qu'il a vu Dieu en face et qu'il ne l'a vu que par derrière», mais «il défend qu'on épouse sa belle-sœur, et il ordonne qu'on épouse sa belle-sœur, il ne veut pas qu'on croie aux songes, et toute son histoire est fondée sur des songes.»[61] Son article «Moïse» du *Dictionnaire philosophique* revient sur ces contradictions. Car dans une période où il brasse interrogations et démonstrations, souvent ses lettres font écho à ce qu'il prépare en vue de ses publications, aux finalités précises. Sa critique biblique met en lumière un homme d'étude, un homme de lettres, mais aussi, surtout, un homme d'action.

Comment Voltaire lisait la Bible, d'une lecture engagée et offensive, on en jugera par deux textes, de genres différents, mais l'un et l'autre fort révélateurs, *Saül* et *Les Questions de Zapata*.

Saül, drame en prose, n'a pas été écrit pour être joué. Voltaire le publie en juin 1763.[62] La *Correspondance littéraire* en note l'originalité. En effet, aucune des trois unités, pas même l'unité d'action, n'est respectée. Chacun des cinq actes se passe en un lieu et en un temps que précise une référence au texte biblique des Rois. L'auteur choisit de rassembler ce qui dans l'histoire de Saül, puis dans celle

57. D2935 (20 février 1744), à Pallu.

58. *OC*, t.62, p.283.

59. A. Ages, «Voltaire, d'Alembert and the Old Testament: a study in the manipulation of Scripture», *Studi francesi* 31 (1967), p.86-89.

60. D10897.

61. D11444 (4 octobre 1763), à Helvétius. Voir Exode xxxiii.11, 20-23, Lévitique xx.21, Deutéronome xxv.5, xiii.1-3.

62. *Saül* avait circulé en manuscrit dès la fin de 1762 (D10854, 22 décembre, La Vallière à Voltaire).

de David est le plus choquant. Le premier acte met en scène le grand prêtre Samuel découpant en morceaux, sur une table, le malheureux roi Agag, en présence de Saül. Puis fait son entrée «l'oint du Seigneur», David: un chef de brigands, habitué à tout massacrer sur son passage, et d'une stupéfiante lubricité. Il a dix-huit femmes. Il s'empare d'une dix-neuvième, Bethsabée, dont il fait assassiner le mari, son fidèle lieutenant Urie. Chaque forfait est authentifié en note, par un renvoi précis au texte de l'Ecriture. David lui-même fait remarquer la misère de son pays et l'invraisemblance des richesses qui lui sont attribuées par le texte biblique. Le dernier acte montre un David usé par les débauches, réchauffant sa vieillesse grâce aux services de la Sunamite, une jeune fille de quinze ans. Salomon qui assiste à son agonie s'annonce aussi scandaleusement immoral: il aura, lui, mille femmes. Il s'agissait de montrer en Saül, David, Salomon, des souverains tout à l'opposé d'un Titus ou d'un Trajan.[63] Malheureusement le projet s'avéra ruineux pour la création esthétique: ce Saül, ce David ne réussissent à être que de piètres fantoches, incrédibles malgré les références.

Les Questions de Zapata, écrit tout aussi militant, est beaucoup mieux réussi. La brochure qui paraît, imprimée à Genève en mars 1767, a dû être improvisée rapidement.[64] L'auteur y répète ce qu'il a déjà dit bien souvent. Mais la présentation est nouvelle. Voltaire y donne la parole à un jeune Espagnol, le «licencié Zapata», qui vient d'être nommé professeur de théologie à l'Université de Salamanque. Fraîchement installé dans ses fonctions, Zapata a lu la Bible, du début de l'Ancien Testament jusqu'aux dernières lignes du Nouveau. Il a rencontré d'innombrables difficultés. D'où les *Questions* qu'il pose à ses «illustres maîtres». Aux interrogations du disciple la «junta des docteurs» reste silencieuse. Ces muets finiront pourtant par répondre, à leur manière: celle de l'Infâme.

Défilent donc les «questions», soixante-sept au total, en suivant l'ordre du texte. Comment concilier la chronologie des Juifs avec d'autres plus longues (celle des Chinois notamment)? Le Deutéronome aurait été gravé sur des pierres enduites de mortier, dans le désert où les Hébreux manquaient de tout. Est-ce vraisemblable? Comment conserva-t-on un ouvrage aussi encombrant?[65] Comment attribuer à Moïse un livre qui contient des mentions visiblement très postérieures (le lit du roi Og)?[66] Viennent des difficultés sur la Création selon la Genèse (Dieu créa le jour avant de créer le soleil...); sur l'arbre de la science et

63. D11393 (1er septembre 1763), à Damilaville. Voltaire attribue son *Saül* tantôt à un «coquin d'Anglais», tantôt à «quelque prêtre gaillard» et fait agir neveu et amis pour éviter les poursuites d'Omer Joly de Fleury (D11360, D11393). Utile précaution: un relieur parisien a été emprisonné du 8 août au 30 octobre 1763 pour avoir en sa possession 62 exemplaires de *Saül*.

64. Voir l'introduction de Jacqueline Marchand, *OC*, t.62, p.365-66.

65. *OC*, t.62, p.382. Spinoza avait déjà formulé l'objection, voir note 4.

66. *OC*, t.62, p.383: objection encore d'origine spinoziste.

le serpent, sur le Déluge; sur les mensonges d'Abraham au sujet de Sara; sur les anges de Sodome; sur les miracles de Moïse, concurrencés par ceux des magiciens au service du pharaon; sur le veau d'or fondu en un jour dans le désert et réduit en cendres; sur les massacres commandés par Moïse; sur l'interdiction de manger du lièvre «parce qu'il rumine et qu'il n'a pas le pied fendu», «tandis que les lièvres ont le pied fendu et ne ruminent pas». Comparaissent les inévitables Oolla et Ooliba, agrémentées cette fois d'une «question» posée par Zapata aux docteurs de la Junta: «Sages maîtres, dites-moi si vous êtes dignes des faveurs d'Ooliba?»[67] Au total, quarante-neuf questions sur l'Ancien Testament. Zapata passe plus vite sur le Nouveau. Il rappelle cependant la difficulté des deux généalogies du Christ. Il évoque l'impudique «question» du jésuite Sanchez: «*Num Virgo Maria in coïtu cum Spiritu sancto*»... Il demande comment il se fait que personne n'ait remarqué l'étoile qui conduisit les mages à Bethléem. Il s'interroge sur l'erreur de Luc, désignant comme gouverneur de Judée, au moment de la Nativité, Quirinius, qui n'entra en fonction que dix ans plus tard. Il demande si Jésus est monté au ciel à Béthanie selon Luc, ou en Galilée selon Matthieu. Il demande pourquoi ne s'est pas réalisée le prédiction de Jésus revenant «dans les nuées avec une grande puissance et une grande majesté, avant que la génération à laquelle il parle soit passée»? Il doute que saint Pierre soit jamais allé à Rome. Il s'étonne que les premiers chrétiens aient «forgé» tant d'apocryphes: lettres de saint Paul à Sénèque, lettres de Jésus, de Marie, de Pilate, etc., «fraudes aujourd'hui reconnues de tous les savants».[68]

On voit sur quel plan se situe le questionnaire de Zapata: celui de la vérité historique et de la vraisemblance. En cela Voltaire, ici et ailleurs, ne fait que suivre sur leur terrain les apologètes et notamment Dom Calmet. Si l'on admet que l'Ecriture fut directement dictée par l'Esprit saint, il faut soutenir que son texte exprime la vérité en tout, qu'il s'agisse d'histoire, de physique, de science naturelle ou d'astronomie. Position évidemment intenable, qui sera abandonnée sous les coups de la critique rationaliste du dix-neuvième siècle. Quant à la signification spirituelle qu'aux yeux du croyant recèlent ces textes, à d'autres égards si critiquables, Voltaire et généralement les «philosophes» s'y montrent totalement indifférents. Bien plus, ce qu'ils savent de ces interprétations leur paraît pure imposture. Voltaire ne s'est même pas avisé, en historien qu'il est, de l'évolution religieuse du judaïsme, depuis les origines jusqu'à l'époque romaine. Il est assurément inadmissible de réduire, comme il fait, le mouvement prophétique aux incongruités inlassablement ressassées d'Ezéchiel, d'Osée, de Jérémie.

Les *Questions* ne s'en tiennent pourtant pas à une pure critique. Elles débou-

67. *OC*, t.62, p.384-97.
68. *OC*, t.62, p.400-404.

chent sur l'affirmation d'une «spiritualité» qui est celle des Lumières. Progressivement Zapata a élevé le ton. Ses soixante-sixième et soixante-septième questions ne sont plus questions que pour la forme. «Ne rendrai-je pas service aux hommes en ne leur annonçant que la morale?» La réponse va de soi. «Cette morale», continue Zapata, «est si pure, si sainte, si universelle, si claire, si ancienne, qu'elle semble venir de Dieu même comme la lumière qui passe parmi nous pour son premier ouvrage.» «Tous les hommes réunis en société», demande-t-il encore, n'ont-ils pas «l'idée d'un Etre suprême, afin que l'adoration qu'on doit à cet être soit le plus fort lien de la société»? Zapata n'en doute pas: «Sitôt que les hommes sont rassemblés, Dieu se manifeste à leur raison; ils ont besoin de justice, ils adorent en lui le principe de toute justice.» Zapata demande aux «sages Maîtres» la permission «d'annoncer ces vérités aux nobles Espagnols». La junta étant restée muette, il «se met à prêcher Dieu tout simplement», un Dieu «père des hommes, rémunérateur, punisseur, et pardonneur». Les docteurs enfin donnèrent leur réponse: Zapata «fut rôti à Valladolid l'an de grâce 1631».[69]

Tant de diatribes contre le peuple juif, ordinairement insultantes, posent une question: Voltaire fut-il antisémite? En 1942, Henri Labroue publia un *Voltaire antijuif*. Il s'agissait d'apporter à la politique raciste du gouvernement de Vichy et du Troisième Reich une illustre caution. L'auteur, avec l'approbation de l'occupant, rassembla un ensemble de citations sur les anciens Juifs qui semblaient justifier les persécutions contre les Israélites. De tels pamphlets et d'autres semblables[70] jouent sur une double confusion: entre antijudaïque et antisémite, entre les anciens Hébreux et les juifs modernes. On identifie à tort l'antijudaïsme religieux et l'antisémitisme racial. Au regard du théisme voltairien, rien n'est plus inacceptable que l'idée judaïque: celle d'un Dieu qui aurait fait élection d'un seul petit peuple, à l'exclusion du reste de l'humanité. Peuple d'ailleurs fort indigne de ce choix, tant par ses mœurs que par son degré de culture, par rapport aux nations environnantes. Voltaire n'a pas de peine à le mettre en évidence, en s'appuyant sur les textes mêmes de l'Ancien Testament. En outre la conviction d'être le peuple de Dieu engendre le pire fanatisme. Le massacre des autres, qui n'auraient pas été choisis, paraît licite, et même recommandé. Tant de meurtres et de pillages, aux chiffres ridiculement invraisemblables, narrés dans le Pentateuque, illustrent une telle mentalité. L'ancien peuple juif paraît à Voltaire comme l'une des figures de l'Infâme, en même temps qu'il est la source impure du christianisme.

En résulte-t-il qu'il faille persécuter les juifs d'aujourd'hui? Voltaire fut amené à s'en expliquer. Il avait publié en 1756 dans la «Suite des mélanges» un opuscule,

69. *OC*, t.62, p.406-407.

70. Dans sa bibliographie, M. M. Barr signale n° 975, L. Ballanti, «Polemica: Voltaire e gli ebrei», dans un périodique intitulé *Difesa della razza*, 1940, et n° 976, N. Nicolo, «Voltaire ed il giudaismo», dans *Le Opere e li giorni*, 1937.

Des Juifs, histoire du peuple hébreu qui insistait sur ses atrocités et concluait: «un peuple ignorant et barbare, qui joint depuis longtemps la plus sordide avarice à la plus détestable superstition, et à la plus invincible haine pour tous les peuples qui les tolèrent et qui les enrichissent.»[71] Un juif cultivé et «philosophe», Isaac Pinto, prit la défense de ses coreligionnaires. Il imprima des *Réflexions critiques* sur l'opuscule *Des Juifs* (Amsterdam 1762) et les adressa à Voltaire. Celui-ci reconnut que «les lignes» dont on se plaignait étaient «violentes et injustes». Il promit de les corriger (ce qu'il ne fit pas).[72] Que Pinto et les siens restent juifs, soit. Mais qu'ils renoncent, par exemple, à égorger 42 000 hommes pour n'avoir pas bien prononcé «shibboleth», et qu'ils soient «philosophes». D'ailleurs l'opuscule de Voltaire incriminé, après avoir fait le procès des Juifs, terminait par cette phrase, soulignée: «*Il ne faut pourtant pas les brûler*».[73]

Répulsion mais aussi attirance, telle est l'impression complexe que l'Ecriture inspire à Voltaire. Car cette Bible si copieusement raillée, il aime la lire, et peut-être pour cette raison même. Il s'en faut qu'il fréquente le texte sacré, comme le croyait Bonnet, uniquement pour y chercher de quoi «mêler à son arsenic».[74] En septembre 1759, Mme Du Deffand avait, nous l'avons dit, renoué avec Voltaire une correspondance interrompue depuis plusieurs mois. La vieille dame aveugle le consultait sur ses lectures.[75] Elle ne s'attendait sans doute pas à sa réponse. Voltaire lui conseille de se faire lire la partie historique de l'Ancien Testament, «d'un bout à l'autre». «L'édification qu'on en retire» est hors de question. Mais Voltaire recommande la Bible pour «la singularité des mœurs antiques», «la foule des événements, dont le moindre tient du prodige». Il apprécie notamment cette «naïveté» qu'il «aime sur toutes choses». Pas une page «qui ne fournisse des réflexions pour un jour entier». Si Mme Du Deffand est «assez heureuse pour prendre goût à ce livre», elle ne s'ennuiera jamais; elle verra qu'on ne peut rien

71. M.xix.521.

72. D10579 (vers le 10 juillet 1762), D10600 (21 juillet 1762).

73. Sur l'attitude de Voltaire envers les Juifs et le problème qu'elle pose, voir: P. Aubery, «Voltaire et les Juifs: ironie et démystification», *Studies* 24 (1963), p.67-79; R. Desné, «Voltaire et les Juifs», *Pour une histoire qualitative: études offertes à Sven Stelling-Michaud* (Genève 1975), p.131-45; J. Katz, «Le judaïsme et les Juifs vus par Voltaire», *Dispersion et unité* 18 (1978), p.135-49; P. Aubery, «Voltaire and antisemitism», *Studies* 217 (1983), p.177-82. Certains critiques ont dénoncé l'hostilité de philosophes comme Voltaire ou Diderot: P. H. Meyer, «The attitude of the Enlightenment towards the Jews», *Studies* 26 (1963), p.1161-205; A. Hertzberg, *The French Enlightenment and the Jews* (New York 1968).

74. D12090 (19 septembre 1764), note 2, à propos du *Dictionnaire philosophique*.

75. La lettre est perdue, mais on se fait quelque idée de son contenu, d'après la réponse, D8484 (17 septembre 1759).

lui envoyer «qui en approche».[76] Comme la marquise renâcle, Voltaire insiste: la Bible «fait cent fois mieux connaître qu'Homère les mœurs de l'ancienne Asie; c'est de tous les monuments antiques le plus précieux».[77] Il a, lui confie-t-il, deux lectures préférées. L'une, nous la connaissons depuis longtemps: l'Arioste dans le texte italien. La seconde est le Pentateuque: l'une et l'autre «font aujourd'hui le charme de [sa] vie».[78]

L'archaïsme de ces textes et des mœurs qu'ils peignent le fascine. Il a pris la peine de rendre compte du livre de Robert Lowth sur la poésie des Hébreux.[79] A la suite du savant anglais, il lui plaît de retrouver, par exemple dans le livre de Ruth, la vie d'un peuple occupé aux soins des troupeaux et de la vigne. Il apprécie dans cette poésie pastorale le reflet d'une existence supposée primitive, où tout était simple, même les vices et les vertus. S'il regrette la grossièreté des allusions nombreuses, et peu convenables à ses yeux, aux «infirmités» de la femme, s'il condamne l'outrance des figures, qu'il impute à la barbarie des mœurs et à l'ardeur du climat, il n'en cite pas moins des tableaux enchanteurs dans le Cantique des cantiques, des images imposantes dans Jérémie. Il loue dans le livre de Job les apostrophes et les dialogues dramatiques. Pour sa richesse, sa majesté, sa douceur, sa simplicité, Isaïe est rapproché d'Homère. A Jérémie il reconnaît l'art d'émouvoir les passions. Ezéchiel lui-même trouve grâce: sa hardiesse, sa véhémence, sa démarche irrégulière et répétitive sont comparées à celles d'Eschyle.[80] Le voici qui rend enfin justice à ces prophètes si souvent brocardés.

Il arrive que Voltaire cite des versets pour leur beauté, ou qu'il les paraphrase. Ainsi dans des lettres à d'Argental sur le vieillissement:

> Quand celles qui se mettaient à la fenêtre ne s'y mettent plus, quand celles qui allaient au moulin n'y vont plus, que la corde s'est cassée au bord du puits.[81]

C'est dans un style biblique que sont faites certaines confidences sur la vue qui baisse, la vie qui s'en va:

> Non seulement les fenêtres se bouchent, mais la maison s'écroule.[82]

L'Ecriture se prête à des identifications. A un prêtre qui lui reprochait son intérêt excessif pour les Calas et les Sirven, il répond:

76. D8484, Voltaire signale à la vieille dame, qu'il sait peu bégueule, les passages scabreux d'Ezéchiel: Ooliba, etc.

77. D8533 (13 octobre 1759).

78. D9542 (15 janvier 1761).

79. *De sacra poesi Hebraeorum, praelectiones academicae Oxonii* (Oxford 1763). Voir R. Naves, *Le Goût de Voltaire* (Genève 1967), p.204.

80. M.xxv.204-208.

81. D11126 (25 mars 1763), référence à Ecclésiaste xii.3-6. Voir aussi D11406.

82. D11661 (26 janvier 1764), à Collini: écho encore d'Ecclésiaste xii.3-4.

J'ai trouvé dans mes déserts l'Israélite baigné dans son sang; souffrez que je répande un peu d'huile et de vin sur ses blessures; vous êtes lévite; laissez-moi être Samaritain.[83]

En diverses circonstances, il se compare à Job,[84] à Tobie, toujours pittoresque pour avoir soigné avec du fiel de poisson des maux d'yeux causés par la fiente d'hirondelle.[85] Plus souvent encore, il est le vieillard Siméon, chaque fois qu'arrive un événement heureux, après lequel sa vie pourrait prendre fin. Comme le vieil homme de saint Luc ayant vu Jésus enfant au temple, il s'écrie: «Je mourrai en paix, puisque j'ai vu les jours du salut.»[86] Plus significatif encore: le titre de patriarche que revendique le seigneur de Ferney se réfère à l'Ancien Testament: «J'aime les mœurs des patriarches», déclare-t-il à Mme Du Deffand, «non pas parce qu'ils couchaient tous avec leurs servantes, mais parce qu'ils cultivaient la terre comme moi.» C'est selon le modèle biblique qu'il goûte «le plaisir de gouverner des terres un peu étendues»; dans cette «vie libre et patriarcale» il fait l'expérience d'une «espèce d'existence nouvelle».[87]

Dans le Nouveau Testament, il découvre encore un autre modèle, s'appliquant, celui-là, à sa grande entreprise, celle de «faire plus en [son] temps que Luther et Calvin». Quel prodigieux exemple que l'établissement – selon lui, si déplorable – du christianisme! Il fut donc possible de créer une religion nouvelle avec si peu de propagandistes: les Douze, et encore «douze faquins».[88] On s'en inspirera pour «renverser le colosse» et le remplacer. Que «cinq ou six philosophes» s'entendent, qu'ils forment un «petit troupeau». Aussi Voltaire applique-t-il à l'entreprise philosophique le langage évangélique, à la fois parodie et leçon. «Travaillez donc à la vigne, écrasez l'Infâme.»[89] Et il multiplie dans ses lettres aux «frères» les objurgations évoquant la communauté chrétienne naissante. D'Alembert sera le «cher Paul de la philosophie», rôle que remplira aussi bien Damilaville, étant entendu que Jean-Jacques «eût été un Paul, s'il n'avait pas mieux aimé être un Judas».[90] Si Helvétius n'avait pas eu femme et enfants, Voltaire lui aurait dit volontiers: «*Vende omnia quae habes et sequere me*».[91] Des apôtres peu nombreux mais efficaces, diffusant des livres courts, accessibles et

83. D12425 (1er mars 1765), à Damilaville. Voltaire rapporte son propos sans nommer l'interlocuteur. Voir Luc x.34.

84. En conflit avec le Conseil de Genève, il est «le Job des Alpes», D8182, voir aussi D16560, D16735, D17091.

85. D11374, D11638, D11935, D12190, D15457, et Tobie vi.5.

86. D13913 (3 février 1767), à Stanislas Auguste Poniatowski, au sujet de l'établissement de la tolérance en Pologne. Voir Luc ii.29-30.

87. D8533 (13 octobre 1759), à Mme Du Deffand; D9542 (15 janvier 1764), à la même.

88. D9085.

89. D7499, D11695.

90. D11695, D15427, D10755.

91. D11418. Voir Matthieu xix.21: «Vends tout ce que tu as et suis-moi.»

d'abord bon marché : «si l'Evangile avait coûté mille deux cents sesterces, jamais la religion chrétienne ne se serait établie.»[92]

Ainsi Voltaire, à partir des succès du christianisme naissant, définissait une stratégie pour l'opération Ecrlinf.

92. D13235 (5 avril 1766), à d'Alembert. Voltaire vise les nombreux et coûteux in-folio de l'*Encyclopédie*.

14. Ecrlinf

(juillet 1765 - novembre 1767)

«Ecrasez l'Infâme»: le mot d'ordre, en ces termes précis, apparaît pour la première fois sous la plume de Voltaire dans une lettre à d'Alembert, datée «7 ou 8 mai» 1761.[1] Le philosophe de Ferney est furieux. Il vient de l'apprendre, le parlement de Paris a tenu une séance contre l'*Encyclopédie*. «Maître Aliboron Omer» a lancé un réquisitoire «aussi insolent qu'absurde». Après la disgrâce des jésuites une «troupe de convulsionnaires» est en passe de devenir toute-puissante. Que fait cependant d'Alembert? Il a prononcé à l'Académie un beau discours, sur l'*Apologie de l'étude*. Ce n'est pas assez de montrer qu'on a de l'esprit. Il faut rendre service au genre humain. «Ecrasez l'Infâme», lui enjoint Voltaire. Qu'il dise «hardiment et fortement» tout ce qu'il a sur le cœur. «Frappez, et cachez votre main». Avant que Voltaire ne meure, qu'il lui fasse ce plaisir.

Le philosophe de Ferney continuera pendant des années à exhorter d'Alembert, «frère Protagoras», dans ce sens. Ce n'est pas pourtant à lui qu'il répète dans ses lettres la célèbre formule. Il ne la lui adresse que rarement, lorsque la circonstance s'y prête. Ainsi, à propos des philosophes qu'il faut faire entrer à l'Académie, ou d'un voyage de d'Alembert chez «Luc», et chez Catherine II, et de la «douzaine d'êtres pensants» qui empêchent que la France ne soit la dernière des nations, il ajoute: «Au surplus, écrasez l'Infâme».[2] Mais celui auquel il dit et redit l'injonction, à peu près dans chaque lettre, c'est Damilaville.

Etienne Noël Damilaville, ancien garde du corps, avait fait les campagnes de la guerre de Succession d'Autriche. Il avait conservé quelque chose de l'esprit militaire: une certaine raideur, et le zèle à exécuter les consignes. Rendu à la vie civile, il était entré dans l'administration fiscale, et fut nommé premier commis du Vingtième. Il rédigea pour l'*Encyclopédie* l'article traitant de cet impôt.[3] Mais, bureaucrate consciencieux, ami dévoué, il manquait de brillant. «Ni grâce, ni agrément dans l'esprit», selon la *Correspondance littéraire*: il était «triste et lourd».[4] Et à cet homme peu doué, la vie ne fut pas facile. Pauvre, il traînait une liaison

1. D9771.
2. D11182 (1er mai 1763).
3. D11433 (28 septembre 1763).
4. CLT, viii.223 (15 décembre 1768): article nécrologique d'une excessive sévérité. Le journaliste cite le mot du baron d'Holbach sur Damilaville: «le gobe-mouche de la philosophie».

qui entrava sa carrière. Bientôt, atteint d'un cancer à la gorge, il souffrira une longue agonie avant de mourir en 1768, à l'âge de quarante-cinq ans. Il avait cependant des qualités solides. Son esprit peu subtil se recommandait par une grande fermeté dans ses convictions. Il manifestera envers Voltaire un attachement indéfectible.

Damilaville avait pris l'initiative de lui écrire au moment de l'affaire Palissot et de la bataille de *L'Ecossaise*.[5] Voltaire ayant répondu avec réserve, il insiste. Le champion de la cause philosophique voit bientôt quels services il peut attendre d'un homme aussi dévoué. Il en obtiendra pour sa correspondance de précieuses facilités. Il lui expédie au bureau du Vingtième plis et paquets en franchise. En outre son courrier ainsi adressé est mieux protégé contre l'indiscrétion de la police. D'autre part Damilaville est très lié avec Diderot. Il sert d'intermédiaire postal entre le Philosophe et son amie Sophie Volland. Diderot ne correspond pas volontiers avec Ferney. Les deux philosophes n'ont échangé que 26 lettres en 29 ans: 16 de Voltaire, 10 de Diderot. Ce qui est vraiment très peu. Mais Voltaire sait qu'il peut toucher Diderot par Damilaville. Dès les premières lettres, il le prie d'assurer «Monsieur Diderot» qu'il a en lui «le partisan le plus constant et le plus fidèle».[6] Même en dehors des cas de recommandation explicite, Voltaire est persuadé que l'ami commun fera part de ses messages au directeur de l'*Encyclopédie*.[7]

Ainsi s'établit entre Ferney et le bureau du Vingtième une très copieuse correspondance. Pour le seul mois de janvier 1761, on ne compte pas moins de cinq lettres de Voltaire, et ce rythme ne ralentira pas. C'est à partir de l'affaire Calas que le mot d'ordre apparaît sous sa plume. La première fois qu'il en entretient Damilaville, il conclut: «Je finis toutes mes lettres par dire: Ecrasez l'Infâme».[8] Effectivement la formule revient désormais dans chaque message à Damilaville, accompagnant salutations et signature, et bientôt tient lieu de celles-ci.[9] A l'usage «Ecrasez l'Infâme» s'est abrégé en Ecr.linf., comme si le signataire était un certain «M. Ecrlinf». Voltaire s'amuse à des variantes: «Ecra. l'Inf.»[10] Ou ceci, plus développé: «*Vive felix* et écra. l'Inf. Nous l'écra. – nous l'écra.»[11] A la nouvelle que les Calas sont réhabilités, le refrain tourne à l'hymne: «Ecr. l'Inf., mon cher frère, Ecr. l'Inf., et dites à frère Protagoras Ecr. l'Inf. le

5. D9055 (11 juillet 1760): Voltaire répond à une lettre de Damilaville qui ne nous est pas parvenue.

6. D9440 (2 décembre 1760).

7. C'est ce qu'a démontré J.-M. Moureaux, «La place de Diderot dans la correspondance de Voltaire: une présence d'absence», *Studies* 242 (1986), p.169-217.

8. D10607 (26 juillet 1763).

9. A partir de D11225 (23 mai 1763).

10. D11346 (8 août 1763), à Damilaville.

11. D11365 (14 août 1763), au même.

matin et Ecr. l'Inf. le soir.»[12] La formule s'accompagnait parfois d'un emprunt liturgique, comme «*Orate fratres et vigilate*».[13] Répétée le matin et le soir, elle devient une sorte de rituel, parallèle à celui de l'Eglise: parodie ou mimétisme.[14]

«Frère Damilaville» se devait d'aller à la source. En 1765, il fit à Ferney une visite qui dura plus d'un mois, de fin août au début d'octobre.[15] Or, malgré son admiration inconditionnelle pour Voltaire, son credo était celui de Diderot et des holbachiens, non le credo théiste du «rémunérateur et vengeur». Les deux philosophes en discutèrent. Voltaire soutenait qu'il y avait «dans la nature intelligence et matière». Damilaville «niait l'intelligence».[16] C'est alors que Voltaire s'initie, sans l'accepter, au système athéiste de Diderot et de d'Holbach. Le désaccord n'empêcha pas pourtant les deux hommes d'unir leurs efforts contre l'ennemi commun. Ensemble ils projettent un ouvrage «en faveur de la bonne cause», au titre duquel on mettra «le nom de feu M. Boulanger».[17] Ils élaborent des plans pour échanger des manuscrits clandestins (*Lettre de Thrasybule à Leucippe*, *Analyse de la religion*, *Examen des apologistes*), et pour les diffuser soit en copies à la main, soit en impressions discrètes. En repartant, Damilaville en emporte avec lui toute une charge. La présence d'un aussi ardent militant a prodigieusement excité le patriarche. Du Pan en fut le témoin. Au cours d'une visite, Voltaire lui dit bien haut devant une assistance nombreuse: «Eh bien! que dirons-nous de l'Infâme? Elle en a dans le c...» Damilaville à ce moment-là intervint: «Nous disons ici tout ce que nous pensons.»[18]

Dès le début de sa correspondance avec Damilaville, Voltaire évoque le «*pusillus grex*», le petit troupeau des philosophes.[19] Petit en effet. L'effectif de ceux que dans ses lettres il honore du titre de «frères», n'excède guère cinq ou six. A la date où nous sommes il ne peut plus guère compter sur «frère Thiriot», enfoncé définitivement dans sa paresse de parasite, de plus en plus négligent à écrire. Diderot, «frère Platon», ou «Tonpla», reste sur la réserve. Ses ouvrages seraient contre l'Infâme les plus décisifs. Mais il les confie à la clandestinité de la *Correspondance littéraire*, revue manuscrite, ou bien les conserve dans ses porte-

12. D12470 (17 mars 1765). Le «frère Protagoras» est d'Alembert.

13. D11306 (12 juillet 1763), à Damilaville.

14. Voir J.-M. Moureaux, «Voltaire apôtre: de la parodie au mimétisme», *Poétique* (avril 1986), p.169-77.

15. D12859, D12918.

16. D17749 (18 mai 1772), à Diderot, «j'irai bientôt voir Damilaville» dans l'au-delà, écrit Voltaire, et il évoque sa visite de 1765.

17. D12937 (16 octobre 1765), à d'Alembert.

18. 5 octobre 1765, références dans R. Pomeau, *La Religion de Voltaire* (Paris 1969), p.351.

19. D9440, citant Luc xii.32.

feuilles.[20] Il se dérobe aux propositions de collaboration. Nous verrons qu'il refusera le projet de Voltaire de fonder une colonie philosophique à Clèves. Les d'Argental lui sont tout dévoués, mais s'intéressent surtout à son œuvre théâtrale. En revanche il peut compter sur Helvétius, sur Grimm et Mme d'Epinay dans une certaine mesure, sur Marmontel auquel il apportera bientôt dans l'affaire *Bélisaire* un appui décisif. Mais celui qui est, de loin, le «frère» le plus efficace, c'est d'Alembert. Son autorité académique, ses relations mondaines et littéraires, son talent et son intelligence sont pour la cause de précieux atouts. D'Alembert, par ses lettres fréquentes, apporte à Ferney des informations, des conseils. Tout acquis à Voltaire, quoique conservant à son égard son indépendance, il n'hésite pas à le mettre en garde ou à corriger ses erreurs.

A cette petite équipe de fidèles, on adjoindra les Genevois Moultou (après son ralliement) et Jacob Vernes, ainsi qu'un gentilhomme provincial, l'Angoumoisin d'Argence de Dirac, autrement dit «frère Pythagore». Le marquis avait pris l'initiative d'écrire à Voltaire en septembre 1759: il l'interrogeait sur Moïse, sur l'immortalité de l'âme chez les Anciens. Voltaire lui répond savamment, en l'approuvant de «rejeter toutes les idées populaires».[21] Le marquis est d'un esprit ouvert, curieux. Il entretient son correspondant du philosophe anglais Hume.[22] Il constitue un bon exemple de l'émancipation d'une noblesse provinciale par rapport à l'enseignement traditionnel de l'Eglise. Il rendit visite à l'hôte des Délices en septembre et octobre 1760. Ils parlèrent philosophie. Voltaire leva les doutes de son visiteur. Le marquis repart chez lui en promettant «d'instruire sa famille et ses amis». Voilà donc un nouveau travailleur pour «la vigne du seigneur».[23] Il diffusera le *Testament de Meslier*, le *Traité sur la tolérance*, le *Dictionnaire philosophique*, qui lui sont envoyés à cette fin. Il fait une seconde visite, cette fois à Ferney en 1764.[24] On mesure la chaleur de ses sentiments par la lettre imprimée qu'il publie en réponse aux attaques de Nonnotte: il défend ardemment Voltaire comme philosophe et comme homme bienfaisant.[25]

Que les «frères» ne soient que quelques-uns n'inquiète pas Voltaire. «Il faut toujours commencer par faire éclairer le grand nombre par le petit.»[26] Il songe à des méthodes d'action bien différentes de celles qui seront pratiquées dans les

20. Dans la *Correspondance littéraire*, ont paru, entre autres, *La Religieuse*, *Le Supplément au voyage de Bougainville*, *Jacques le fataliste*, *Le Rêve de d'Alembert* (en 1782). *Le Neveu de Rameau* restera dans les portefeuilles de Diderot.

21. D8516 (1er octobre 1759). Nous n'avons pas la lettre de d'Argence à laquelle répond Voltaire.

22. D8881 (28 avril 1760), Voltaire à d'Argence.

23. D9289 (8 octobre 1760), à d'Alembert.

24. D11942 (22 juin 1764), à d'Argence.

25. D13672 (15 novembre 1766).

26. D11747 (4 mars 1764), à Damilaville.

sociétés des dix-neuvième et vingtième siècles. Le *pusillus grex* demeure informel. Voltaire n'a pas l'idée d'une action politique, organisant une sorte de parti, avec son centre directeur, ses groupes locaux. Les sociétés de pensée, les loges maçonniques, qui se multiplient alors en France, se développent en dehors de lui. Homme de lettres, il croit à l'efficacité des écrits. «Les livres gouvernent le monde», voilà ce dont il est convaincu.[27] Il va s'adresser à des lecteurs, ambitionnant de les gagner à la cause des Lumières. Il convient donc de produire des textes: les composer d'abord, ensuite les imprimer. Qui empêcherait les «philosophes», demande-t-il à Helvétius, «d'avoir chez eux une petite imprimerie et de donner des ouvrages utiles et courts dont leurs amis seraient les seuls dépositaires?»[28] Des œuvres «utiles»: cela va de soi, mais «courtes», c'est le point important. Voltaire, on le sait, a dans l'esprit le précédent des Evangiles. Les écrits brefs ne sont certes pas les plus aisément rédigés. Mais ils sont ceux qui se répandent le plus facilement. Le contre-modèle est ici l'*Encyclopédie* avec ses dizaines d'in-folio, toujours bloqués chez l'éditeur au moment où Voltaire s'exprime en ces termes. Une brochure de quelques pages se dissimule aisément, circule sans trop de peine, échappant aux perquisitions des gens de la douane et de la police. Et elle se vend pour quelques sous: un financier aussi avisé que Voltaire a souligné, nous l'avons vu, cet aspect de la question. Ici encore l'exemple à ne pas suivre est l'*Encyclopédie*: la collection a coûté une petite fortune aux souscripteurs, recrutés de ce fait dans la classe riche (et pas nécessairement «philosophes»: Lefranc de Pompignan a souscrit...).

De petites imprimeries, à domicile? Elles ne semblent pas avoir été fort nombreuses au dix-huitième siècle, même si certains tirages du *Sermon des cinquante* ont pu sortir de presses clandestines de cette sorte. Voltaire quant à lui n'avait nul besoin d'un tel recours. Grasset et d'autres imprimeurs genevois ou suisses, confectionnaient ses libelles les plus virulents dans les meilleures conditions de sécurité. Restait le problème de la diffusion. Voltaire a largement recouru aux «amis», comme il le recommande à Helvétius. Il s'assure les services de transporteurs de haut rang, dont on n'oserait fouiller les bagages. En septembre 1763, il a reçu la visite de la duchesse d'Enville: une La Rochefoucauld à la fois par sa naissance et par son mariage avec un La Rochefoucauld, promu duc d'Enville. En repartant la noble dame a emporté une demi-douzaine d'exemplaires d'«œuvres pies». Une autre personne – de sa suite, apparemment – en a emporté aussi une demi-douzaine. «Il nous faut surtout de saintes femmes», recommande Voltaire, toujours se référant aux précédents évangéliques.[29] Des voyageurs de plus modeste extraction essuieront des déconvenues. Nous rencontrerons plus

27. *OC*, t.62, p.461.
28. D11208 (vers le 15 mai 1763).
29. D11402 (7 septembre 1763), à Damilaville.

loin la mésaventure de la femme Lejeune. Opèrent également des courtiers en livres interdits, tel Chiniac de La Bastide qui propose à son correspondant parisien un lot impressionnant de titres, presque tous de Voltaire. Chiniac connaît des cheminements discrets pour les faire passer en France, jusqu'à Villejuif.[30] Parfois les imprimés sont expédiés pour être réimprimés par le libraire parisien Merlin, «Merlin l'enchanteur». Mais la police des livres à Paris souvent détruit le «charme». La clandestinité exige donc toutes sortes de précautions, notamment dans la correspondance relative aux envois. Par prudence, et non seulement par jeu, Voltaire se cache derrière des pseudonymes. Annonçant à Helvétius l'expédition du *Sermon des cinquante* et autres écrits, il se déguise en «Jean Patourel, ci-devant jésuite», et feint de déplorer la diffusion de ces «petits livrets»: «On ne les vend point, on les donne à des personnes affidées, qui les distribuent à des jeunes gens et à des femmes.»[31] Ou bien il recourt à un langage codé. Par référence à la formule évangélique, «Si le sel s'évanouit, avec quoi salera-t-on?»[32] le sel va désigner la «philosophie». Dans une lettre à Leriche qui, apprend-on, débite gratis du bon sel à «ceux qui veulent saler leur pot», il parle, à propos du «sel» qui peut venir en fraude de Genève, des puissants qui, «tout dessalés qu'ils sont», ne veulent pas que «de pauvres citoyens salent leur soupe à leur fantaisie», et qui prétendent donc que ce sel «leur brûle les entrailles».[33] Envoie-t-il trois cents *Meslier* à d'Argence de Dirac, ce sont trois cents «jambons» du curé défunt qu'il distribuera à ses voisins.[34]

Par une telle propagande, Voltaire compte gagner en France «deux mille sages», qui en dix ans en produiront quarante mille.[35] Estimation exagérée que ce dernier chiffre, si l'on tient compte d'une diffusion combien dérisoire en comparaison de l'efficacité de nos *média* modernes? Tel était en tout cas l'objectif de l'opération Ecrlinf: provoquer en quelques années une mutation non seulement intellectuelle mais religieuse dans une partie dirigeante de l'opinion. Et cela, par le seul pouvoir de l'imprimerie. Chimère, sans doute. Observons cependant qu'en ce dernier tiers du siècle nous sommes à la grande époque de l'ère Gutenberg. Les livres, les feuillets volants prolifèrent comme cela ne s'était jamais vu. Ils sont en effet

30. D15288 (2 novembre 1768). Propositions analogues, du même au même, D15386 (25 décembre 1768). Chiniac écrit de Ferney. Manifestement il prépare l'envoi avec Voltaire.

31. D11383 (25 août 1763).

32. Matthieu v.13.

33. D15036 (26 mai 1768). Voltaire signe: Francsalé. Il confiait de même à la duchesse de Choiseul (D14788, 1er mars 1768) que presque tout le monde mangeait fort salé en Europe.

34. D12132 (10 octobre 1764).

35. D13212 (19 mars 1766), à Damilaville. Sur le chiffre de quarante mille, Voltaire commente: «C'est à peu près tout ce qu'il faut, car il est à propos que le peuple soit guidé, et non pas qu'il soit instruit. Il n'est pas digne de l'être.»

alors les seuls moyens de communication, avec le théâtre.[36] L'imprimé possède une redoutable puissance (qu'il perdra au vingtième siècle, avec l'apparition d'autres modes de communication). Il n'était donc pas déraisonnable de se fier à l'imprimé pour atteindre un objectif apparemment limité: une révolution «dans les esprits» – et de la seule classe cultivée –, en clair l'effacement du christianisme au profit d'une religion philosophique, exempte de superstition et de fanatisme.

Après la victoire remportée dans l'affaire Calas, le moment n'est-il pas favorable pour réaliser le grand œuvre? Voltaire le pense. En un peu plus de deux ans, de 1765 (*Pot-pourri*, première *Lettre sur les miracles*) à novembre 1767 (*Lettres à S. A. Mgr le prince de* ***), il lance coup sur coup des textes qui devraient atteindre l'objectif. Il prolonge et renforce l'effet du *Dictionnaire philosophique*, dont dans le même laps de temps paraissent des éditions augmentées.

Cramer publiait depuis 1756 la *Collection complète des œuvres de M. de Voltaire*. En 1765, sort un tome troisième des *Nouveaux mélanges philosophiques, historiques et critiques*. Dans le volume, après divers opuscules (*Lettre sur Mlle de Lenclos*, *Lettre civile et honnête*, *Des païens et des sous-fermiers*) vient un texte intitulé *Pot-pourri*. Voltaire ne tenait pas à attirer l'attention sur un tel opuscule: il n'en paraîtra d'édition séparée qu'en 1772. Il le rangera lui-même dans la section des *Romans et contes philosophiques* de ses *Œuvres complètes*, éditions in-4° (1771) et encadrée (1775). Mais est-ce véritablement un conte? Les récents éditeurs[37] ont prouvé que Voltaire avait réuni des fragments d'époques diverses, les plus anciens paraissant remonter à 1761 – l'un d'eux, qui a trait à Jean-Jacques Rousseau, n'ayant été retrouvé et publié qu'en 1818. Voltaire joue sur l'effet du discontinu. Des personnages différents, ayant entre eux peu ou pas de relation, surgissent: Merry Hissing, M. Husson, le chevalier Roginante, M. de Boucacous, M. Evrard. Toutes sortes de questions sont soulevées: le sort des jésuites, les persécutions des protestants, le *Polyeucte* de Corneille, les fêtes chômées de trop nombreux saints, l'opulence des moines... Mais dans cet entrelacs le fil conducteur est l'histoire de Polichinelle. Polichinelle a deux généalogies inconciliables. Il crée un théâtre des marionnettes. L'affaire périclitant, un sieur Bienfait la relève et devient «fort riche et fort insolent»: il faut lui payer d'énormes redevances. La révolte d'un de ses domestiques, qui «institua d'autres marionnettes», ne réussit pas à le ruiner. On déchiffre le sens de l'allégorie, malgré maintes allusions obscures. Voltaire transpose l'histoire de Jésus et de l'Eglise. Il fallait éviter

36. La prédication religieuse dans les paroisses reste influente au sein des couches populaires. Mais, routinière et sclérosée, elle a perdu son autorité auprès des milieux cultivés. Après Massillon le siècle ne compte plus aucun grand prédicateur.

37. Frédéric Deloffre et Jacqueline Hellegouarc'h, *Romans et contes*, dont la notice très fouillée, p.894-925, éclaire autant qu'il est possible les problèmes que pose ce texte.

que la caricature pût être trop facilement reconnue. Mais quelques phrases se détachent: «Le petit peuple, d'un bout du monde à l'autre, croit fermement les choses les plus absurdes.» Cependant, «s'il y a un sou à gagner», «le plus imbécile de ces malheureux [...] l'emporte sur le philosophe». «M. Husson» se demande «comment tant de taupes si aveugles sur le plus grand des intérêts sont-elles lynx sur les plus petits». On lui répond: «N'est-ce pas [...] que les hommes sont superstitieux par coutume, et coquins par instinct?»[38] Fable élitiste que ce *Pot-pourri*, réservée au *pusillus grex*, qu'on se gardera donc de trop mettre en avant.

Il en va autrement des *Lettres sur les miracles*. Les miracles bibliques étaient devenus une question d'actualité. Rousseau, sur ceux des Evangiles, avait pris dans la troisième de ses *Lettres écrites de la montagne* une position dubitative. Il s'était attiré une réplique du pasteur et professeur de théologie à Genève, David Claparède: *Considérations sur les miracles de l'Evangile pour servir de réponse aux difficultés de M. J. J. Rousseau* (1765). Il s'agissait d'un des fondements de la religion chrétienne, une des «preuves» avancées par les apologistes. Voltaire intervient donc. Il revêt le personnage d'un «proposant», c'est-à-dire d'un candidat au titre de ministre de la religion réformée. Ce jeune homme est censé avoir rédigé une première *Lettre* qui paraît en juillet. Le proposant s'efforce de répondre à ceux qui nient les miracles: sa maladresse confirme la négation.[39] Conscient de son insuffisance, il s'adresse à son correspondant le professeur en théologie Cl... (Claparède): que l'illustre maître réfute mieux que lui les objections des impies. Nous rencontrons ici une ironie à la manière de *Candide*: un jeune esprit, doué d'un bon sens naturel, posant ses questions à un prétendu savant. Le proposant et son professeur Cl... auront leur équivalent dans le licencié Zapata interrogeant les «sages maîtres» de l'Université de Salamanque. Sous des déguisements divers, le schéma voltairien reste le même.[40]

Parmi les miracles épinglés par le proposant, il en est un qui retient particulièrement l'attention d'un lecteur d'aujourd'hui: Voltaire y fait apparaître la différence des mentalités. On connaît l'épisode de Josué x.11-14. Josué à la tête de ses Israélites poursuit les Amorrhéens vaincus. Afin de parfaire sa victoire avant la nuit, après avoir prié le Seigneur, il demande au soleil de n'avancer point «sur Gabaon», et à la lune, pas davantage «sur la vallée d'Aïalon». Le soleil et la lune s'arrêtent donc «au milieu du ciel». Manifestement, comme le note Voltaire, «l'auteur inspiré ne savait pas que c'est la terre qui tourne».[41] Un lecteur moderne, informé de ce qu'est réellement le mouvement des planètes, comprend que le miracle dut être beaucoup plus important qu'il ne paraît. Il fallut que Dieu

38. *Romans et contes*, p.249.
39. M.xxv.358-71.
40. *Les Questions de Zapata* (mars 1767) sont postérieures aux *Questions sur les miracles*.
41. M.xxv.390.

stoppât la rotation de la terre sur elle-même et celle de la lune autour de la terre. En outre, quand les deux mouvements reprirent, les positions des planètes et des astres se trouvèrent être ce qu'elles étaient au début du miracle. Il a donc fallu que Dieu bloquât pour quelques heures tout le mouvement gravitationnel. Et en vue de quelle fin, un prodige aussi démesuré? Pour parachever la déroute de quelques Amorrhéens. Car Dieu déjà était intervenu contre ces ennemis de Josué en faisant tomber du ciel sur eux une grêle de grosses pierres. Ce Dieu d'Israël ressemble plus à ceux de l'*Iliade* qu'au Dieu suprême des chrétiens et des philosophes. Comment donc croire à la vérité historique d'un récit évidemment légendaire, relevant d'une mentalité archaïque?[42]

Le proposant écrivit ainsi trois lettres à son professeur de théologie: trois brochures successivement imprimées à Genève, où l'idéal voltairien de la brièveté atteint une quasi perfection: vingt, quatorze, treize pages in-8°.[43] Le proposant aurait sans doute continué sur sa lancée, lorsqu'un personnage inattendu se mêla au débat: Needham, le «jésuite» aux «anguilles». Il se trouvait alors à Genève accompagnant un jeune homme dont il était le précepteur. Il répliqua aux *Lettres* de Voltaire par une brochure de sa façon: *Réponse au docte proposant*, 23 pages in-12.

John Turberville Needham (1713-1781) était un prêtre catholique anglais, et non un jésuite irlandais comme le répétera Voltaire. Il avait en 1745 publié le résultat de ses observations au microscope, *An account of some new microscopical discoveries*. Il avait à Paris collaboré avec Buffon. Les progrès du microscope et le manque de rigueur expérimentale l'induisirent en erreur. Grâce à des appareils plus performants que par le passé, il vit des bactéries qu'il prit pour des animalcules aquatiques, des «anguilles». Tandis que Buffon développait, à partir de cette découverte, sa théorie des «molécules organiques», Needham crut pouvoir réhabiliter la génération spontanée: des êtres vivants, soutenait-il, microscope à l'appui, peuvent se former dans de la matière morte. En réalité, les solutions sur lesquelles il opérait n'avaient pas été suffisamment stérilisées, et l'étanchéité des récipients laissait à désirer: ce qui permettait le développement de colonies bactériennes. Dès 1765, le biologiste italien Spallanzani allait démontrer que les prétendues «anguilles» de Needham provenaient de germes préexistants, et non d'une génération spontanée.

Mais auparavant Diderot, d'Holbach et leurs amis avaient cru rencontrer chez Needham un argument en faveur de leur naturalisme. *Le Système de la nature* l'expliquera fort clairement:

En humectant de la farine avec de l'eau et renfermant ce mélange, on trouve au bout de

42. M.xxv.372.

43. BnC, n° 4001, 4002, 4003. Cependant plusieurs des *Lettres* suivantes n'auront que 4 pages (les 5ᵉ, 6ᵉ et 17ᵉ).

quelque temps à l'aide du microscope qu'il a produit des êtres organisés qui jouissent d'une vie dont on croyait la farine et l'eau incapables. C'est ainsi que la matière inanimée peut passer à la vie qui n'est elle-même qu'un assemblage de mouvements.

D'Holbach renvoie, par une note, aux *Observations microscopiques* de Needham, et commente:

La production d'un homme, indépendamment des voies ordinaires, serait-elle donc plus merveilleuse que celle d'un insecte avec de la farine et de l'eau? La fermentation et la putréfaction produisent visiblement des animaux vivants.

Voltaire ne lira ce texte qu'à la publication du *Système de la nature*, en 1770. Mais il a été informé dès 1765 par Damilaville, son hôte à Ferney.[44] Il sait, grâce à lui, le parti que les athées parisiens tirent des expériences de Needham. Immédiatement, il s'élève là-contre, en tête d'une *Cinquième lettre* que le proposant aurait adressée, cette fois, «à M. Needham, jésuite». Le «système ridicule» du destinataire mène «visiblement à l'athéisme». «Il arriva en effet», continue Voltaire, «que quelques philosophes, croyant à l'expérience de Needham sans l'avoir vue, prétendirent que la matière pouvait s'organiser d'elle-même; et le microscope de Needham passa pour être le laboratoire des athées.» Déjà Voltaire est informé que Spallanzani a démontré la fausseté des expériences sur les «anguilles».[45]

Dès lors les *Lettres sur les miracles* vont prendre un tour nouveau. D'autres personnages apparaissent: Needham, mais aussi Covelle, héros de l'affaire genevoise de la génuflexion,[46] puis un fictif M. Beaudinet, «citoyen de Neuchâtel». Celui-ci va nous parler de Jean-Jacques Rousseau et de ce qui lui est arrivé à Môtiers-Travers. Nous aurons même une lettre du pasteur de cette paroisse, Montmolin, adressée à Needham.[47] Le recueil tourne au «pot-pourri». Dans cet ensemble quelque peu confus se détachent des traits heureux, et même toute une *Lettre*, la quatorzième, de M. Beaudinet à M. Covelle: amusante facétie sur les démêlés de Rousseau. Le thème des miracles, non perdu de vue, assure une certaine unité. Outre le miracle de Rousseau à Venise (raconté dans les *Lettres de la montagne*) et ceux de Needham avec ses «anguilles», nous sommes gratifiés de quelques miracles burlesques: des pères du désert saint Pacôme et saint Paul, de la femme de Loth changée en statue de sel, de saint Grégoire Thaumaturge «qui se changea un jour en arbre».[48] Après s'être diverti de ces pieuses légendes, le philosophe conclut qu'il est bien inutile de croire à tant de miracles ridicules. Il

44. Voir *Marginalia*, iv.440, où ce texte est repéré par un signet «Needham».

45. M.xxv.393-94.

46. Voir ci-dessous, p.307 et suiv.

47. M.xxv.425-28.

48. M.xxv.369, 431: saint Pacôme voyageait monté sur un crocodile; le même saint, selon Voltaire, était tenté par le diable quand il allait à la selle. Un corbeau apportait chaque jour à saint Paul une moitié de pain, et un pain entier quand il recevait la visite de saint Antoine ermite.

suffit de pratiquer la morale dont Dieu a imprimé dans nos cœurs la loi «naturelle et sainte». Sont-elles pour autant inoffensives, toutes ces histoires merveilleuses qu'on nous débite? Voltaire ne le croit pas. «L'abrutissement de l'esprit n'a jamais fait d'honnêtes gens [...] On n'a jamais fait croire de sottises aux hommes que pour les soumettre.» Le meilleur remède, il le voit dans la liberté de la presse, dont il place ici un vibrant éloge. «C'est la base de toutes les autres libertés, c'est par là qu'on s'éclaire mutuellement.»[49]

Voltaire rassembla en 1765 la succession de ces vingt lettres dans une *Collection des lettres sur les miracles*, in-8° de 232 pages, où il insère les *Réponses* de Needham, mais avec ses propres annotations. En 1767, le recueil prend le titre de *Questions sur les miracles*, par analogie sans doute avec les *Questions de Zapata*.

Voltaire n'en avait pas fini avec le laboratoire parisien des athées. Il continue à réfléchir à ce que Damilaville lui avait dit de leur système. Il ne suffisait pas de ridiculiser leur garant scientifique Needham, comme il l'avait fait par ses *Questions sur les miracles*.

En janvier et février 1766, il est à Ferney assiégé par «quatre-vingt lieues de montagnes» enneigées. Il souffre une nouvelle fois d'une ophtalmie qui lui ôte, pour quelque temps, l'usage de la vue. Il médite. Comme il en a l'habitude, il s'ouvre à Mme Du Deffand de ses réflexions sur des sujets graves. Il sait qu'il rencontrera un accueil favorable auprès de la vieille dame qui ne peut souffrir les encyclopédistes. Il va être question en effet de «quelques philosophes modernes qui osent nier une intelligence suprême productrice de tous les mondes», de ces «si habiles mathématiciens» qui «nient un mathématicien éternel».[50] Un mois plus tard, il mande à sa correspondante qu'il se trouve «plongé dans la métaphysique la plus triste et la plus épineuse». Il s'est mis «à rechercher ce qui est». Il constate que «tous les fabricateurs de système» (notamment ceux dont lui parla Damilaville, l'été dernier) n'en savent pas plus que lui. Mais «ils font tous les importants». Quant à lui, il avoue «franchement [son] ignorance». Il est évident que son *Philosophe ignorant* est en cours de rédaction: il s'occupe de «cent idées sur l'éternité du monde, sur la matière, sur la pensée, sur l'espace, sur l'infini». Ce genre de méditations, confie-t-il, procure un certain plaisir: celui de «se perdre dans l'immensité». Alors les intérêts de ce monde paraissent «bien petits à nos yeux»; on ne se soucie plus guère «de ce qui se passe dans les rues de Paris».[51] Nouvelle expression de l'«élévation voltairienne»,[52] dont l'expérience psychologique anime l'idée de l'Etre des êtres: cette idée que son *Philosophe*, tout *ignorant*

49. M.xxv.418-35.
50. D13128 (20 janvier 1766), à Mme Du Deffand.
51. D13179 (19 février 1766), à Mme Du Deffand.
52. A comparer à *Zadig*, début du ch.IX.

qu'il se prétend, va réaffirmer contre les athées parisiens. L'opuscule consomme une rupture qui s'annonçait depuis longtemps.[53] Mais Voltaire insistera d'autant plus pour maintenir avec les athées parisiens une alliance tactique, contre l'Infâme.

Le *Philosophe ignorant* est imprimé, à Genève, par Cramer, dès avril 1766.[54] Un exemplaire est aussitôt envoyé à Grimm: la *Correspondance littéraire* en rend compte dans sa livraison (sans doute antidatée) du 1er juin 1766.[55] Le volume se diffuse difficilement. Après l'exécution du chevalier de La Barre (1er juillet 1766), Voltaire informe Damilaville que «l'ignorant doit rentrer dans sa coquille, et ne se montrer plus de six mois».[56] Marin, censeur de la police et secrétaire général de la Librairie, invite à la plus grande prudence dans les «malheureuses circonstances» présentes.[57] En octobre, l'*Ignorant* a tenté une sortie. Mais la chambre syndicale a renvoyé «bien proprement» toute l'édition que Cramer avait expédiée à Paris.[58] L'ouvrage ne sera réellement diffusé que dans les premiers mois de 1767. On voit par ce cas précis à quels obstacles se heurtait la stratégie de Voltaire, de campagne par l'imprimé.

L'ouvrage – œuvre «d'un homme qui ne sait rien» – se construit autour de cinquante-neuf doutes. Le doute majeur, qui commande les suivants, se nourrit du constat de notre ignorance: une «barrière infranchissable» nous sépare de la vérité. Se moquant de l'anthropocentrisme naïf de l'abbé Pluche, dans son *Spectacle de la nature*, Voltaire affirme que, loin d'être roi, l'homme est esclave de l'immensité qui l'entoure. Pour lui, tout est mystère: «Quelle est cette mécanique qui accroît de moment en moment les forces de mes membres jusqu'à la borne prescrite? Je l'ignore; et ceux qui ont passé leur vie à rechercher cette cause n'en savent pas plus que moi.»[59] La question «Comment puis-je penser?» pourrait conduire au dualisme spiritualiste. Voltaire le refuse. Il sent «grossièrement que nous sommes un seul». Faut-il désespérer de toute connaissance? Non, car il ne «laisse pas de désirer d'être instruit», et «[sa] curiosité trompée est toujours insatiable».[60] A la différence des philosophes anciens et classiques, dont il va passer en revue les doctrines avec quelque légèreté, son projet philosophique est inséparable de son inquiétude, on pourrait aller jusqu'à dire de son angoisse. Dieu, l'âme, le corps, l'espace, le temps, la liberté, le bien, le mal, sont pour lui d'abord des questions personnelles, vitales, et c'est ainsi que le malade qu'il est

53. Voir *Voltaire en son temps*, iii.88.
54. D13276 (30 avril 1766), Servan à Voltaire.
55. CLT, vii.49-54.
56. D13456 (28 juillet 1766).
57. D13425 (16 juillet 1766), Marin à Voltaire.
58. D13626 (27 octobre 1766), à Helvétius.
59. Ed. Roland Mortier, *OC*, t.62, p.33.
60. *OC*, t.62, p.34.

les aborde. «Je n'ai jamais pu concevoir comment et pourquoi [les] idées s'enfuyaient quand la faim faisait languir mon corps, et comment elles renaissent quand j'avais mangé.»[61] Si l'homme est un ignorant, il ne doit cependant jamais oublier qu'il est chair, et ne pense qu'autant qu'il se trouve en bonne santé.

Descartes fait l'objet d'une réfutation sommaire dans le ton des *Lettres philosophiques*: sa physique est un roman et sa psychologie contraire à l'expérience: «Gassendi se moqua comme il devait de ce système extravagant.»[62] Nous ne connaissons que par expérience: c'est la grande leçon que Voltaire retient de Locke; or l'expérience ne nous livre que des apparences, ce qui nous condamne à ne rien savoir de l'essence des choses; et quand nous en saurions quelque chose, jamais nous ne pourrons deviner comment une substance peut penser: «c'est le secret de la nature, elle ne l'a dit à aucun mortel». Notre savoir se fonde sur un non-savoir, une ignorance originaire. L'homme est «pris dans un cercle étroit», il y a «l'infini entre notre volonté et l'obéissance de nos membres.»[63] Le monde est proprement un mystère («hélas toute cause est occulte», écrira Voltaire dans les marges du *Bon sens* de d'Holbach),[64] et l'idée selon laquelle nous pourrions un jour en découvrir le secret est contradictoire, car dans cette hypothèse «je serais le Dieu de moi-même», ce qui «est incompatible avec ma nature».[65] Un certain pessimisme épistémologique s'oppose chez Voltaire à l'optimisme des Lumières ou au *Sapere aude* des *Aufklärer* allemands. Nous sommes loin des années de Cirey et de l'époque où, en compagnie de Mme Du Châtelet, Voltaire mesurait, pesait, comptait. Le positivisme des années 1740 a cédé la place au rationalisme sceptique le plus radical. Alors qu'à la belle époque de son exil champenois il croyait au libre arbitre et à la liberté d'indifférence, il y a renoncé dès 1749 et, en 1766, il pense que «l'homme est en tout un être dépendant, comme la nature entière est dépendante, et il ne peut être excepté des autres êtres.»[66] Opérant un retour sur ses œuvres antérieures Voltaire avoue qu'il «n'a pas toujours pensé de même», mais qu'il a été «contraint de se rendre».[67]

En apercevant l'ordre de l'univers, il est «saisi d'admiration et de respect». «Rien n'ébranle en moi cet axiome», ajoute-t-il, «tout ouvrage démontre un ouvrier.»[68] Mais l'artisan suprême est inconnaissable, et je sais seulement que je dépends de lui. A l'époque des *Eléments de la philosophie de Newton*, c'est l'idée

61. *OC*, t.62, p.33.
62. *OC*, t.62, p.36.
63. *OC*, t.62, p.40.
64. *Marginalia*, iv.415.
65. *OC*, t.62, p.42.
66. *OC*, t.62, p.46.
67. *OC*, t.62, p.47.
68. *OC*, t.62, p.49.

de *relation* qui prévalait, maintenant c'est celle de *dépendance*: c'est Dieu qui me donne des idées et non pas la matière: mon impuissance est le corrélat de sa toute-puissance. Dieu seul peut donner à la matière le pouvoir de penser, car rien n'est impossible au Créateur. Cette idée est réaffirmée. Voltaire ne s'en départira jamais. Elle est une preuve supplémentaire de la toute-puissance de l'Ouvrier Suprême. Et Voltaire qui s'était tant moqué de «ce fou de Malebranche» s'en rapproche maintenant: «il y avait quelque chose de sublime dans ce Malebranche, qui osait prétendre que nous voyons tout en Dieu même», mais ce n'est qu'un rêve, et il faut se contenter d'adorer.[69]

Il reviendra sur ce rêve, en 1769.[70] Pour l'heure c'est Spinoza[71] qui le retient. Sa doctrine s'offre à Voltaire comme un trait de lumière comparée à celle des Grecs dont il s'inspire: «Spinoza a fait ce qu'aucun philosophe grec, encore moins aucun Juif, n'a fait. Il a employé une méthode géométrique imposante, pour se rendre un compte net de ses idées.»[72] Voltaire, qui aime la clarté, est fasciné par ce penseur qui déduit la métaphysique *more geometrico*. Cependant, comme la plupart de ses contemporains, il ne lit pas Spinoza dans le texte mais à travers Bayle et Boulainvilliers, qu'il possède en bonne place dans sa bibliothèque. Que dit Spinoza *via* ses commentateurs? Que puisque quelque chose existe, il existe un Etre nécessaire infini dans l'espace et le temps; que cet être nécessaire étant tout ce qui existe, «il n'y a donc réellement qu'une substance dans l'univers». Cette substance est Dieu, qui est à la fois pensée et matière: «Toute pensée et toute matière est donc comprise dans l'immensité de Dieu: il ne peut y avoir rien hors de lui; il ne peut agir que dans lui; il comprend tout, il est tout.»[73]

Pourtant le spinozisme est «un château enchanté», car si Dieu est le monde, on doit, comme Bayle l'avait remarqué, lui supposer des parties et dire, par exemple, qu'il «se mange et [...] se digère lui-même», qu'il aime et qu'il hait la même chose en même temps... Quoique Voltaire objecte à Bayle que Spinoza n'a jamais parlé de *parties*, mais de *modalités*, l'idée d'un Dieu faisant corps avec le monde le choque, car c'est renoncer à la transcendance. Or la cosmologie voltairienne suppose un Dieu ordonnateur et providentiel. Ainsi s'explique que dans ces pages, significativement longues, qu'il consacre à Spinoza, il lui oppose les «desseins marqués qui se manifestent dans tous les êtres»,[74] et qu'au total il

69. *OC*, t.62, p.54.
70. Voir ci-dessous, p.405 et suiv.
71. On se reportera à E. D. James, «Voltaire and the *Ethics* of Spinoza», *Studies* 228 (1984), p.67-87; Ch. Porset, «Notes sur Voltaire et Spinoza», *Spinoza au dix-huitième siècle*, éd. O. Bloch (Paris 1990), p.225-40.
72. *OC*, t.62, p.58.
73. *OC*, t.62, p.58-59.
74. *OC*, t.62, p.61.

le déclare «athée dans toute la force du terme»: «il n'a dit qu'il faut servir et aimer Dieu que pour ne point effaroucher le genre humain.»

Spinoza attire et repousse Voltaire; ce qu'il redoute en lui, c'est moins son supposé matérialisme qu'exploitent les «spinozistes modernes» que l'athéisme qu'une interprétation alors courante de son *Deus sive natura* lui impute; il n'est pas utile, après Paul Vernière,[75] d'insister sur le contresens que supposait une telle lecture, il reste cependant qu'elle avait été celle de Bayle, des encyclopédistes, et de quelques autres. Spinoza se trompait, mais, précise Voltaire, «il se trompait de très bonne foi».

La suite du *Philosophe ignorant* partant d'une critique de Leibniz dans le ton de *Candide* roule, pour l'essentiel, sur la morale. On y retrouve la réaffirmation du credo empiriste mais surtout le thème d'une morale universelle transcendant les particularismes culturels; contre Locke cette fois, mais surtout contre Montesquieu, Voltaire considère que la loi morale, le juste et l'injuste, sont les mêmes partout. Si au physique, la loi de gravitation est uniforme, au moral, celle du juste et de l'injuste ne peut souffrir le relativisme. *«Natura est semper sibi consona*: la nature est toujours semblable à elle-même».[76] Cet adage que Voltaire attribue à Newton devient un dogme: et malgré les guerres, les massacres, les crimes, les maux dont l'*Essai sur les mœurs* a dressé l'impressionnant catalogue, Voltaire soutient que si l'homme est l'homme, rien de ce qui est humain ne peut lui être étranger. Mais ce sens moral, qui nous fait reconnaître l'humanité chez l'Algonquin, l'Iroquois ou le Welche, n'est pas inné: «Quel est l'âge où nous connaissons le juste et l'injuste? L'âge où nous connaissons que deux et deux font quatre.»[77] Si l'affirmation n'était pas nouvelle, puisqu'on la trouvait déjà dans *Le Militaire philosophe* selon la juste remarque de Roland Mortier, en établissant une corrélation entre le calcul et la morale, Voltaire met en valeur l'identité rationnelle de l'humanité. Et la preuve, il la trouve chez Zoroastre (XXXIX), chez les brachmanes (XL), chez Confucius (XLI), Pythagore (XLII), Zaleucus (XLIII), Epicure (XLIV), les Stoïciens (XLV), etc. Chez tous les sages de l'antiquité païenne, en un mot.

Cependant «l'hydre du fanatisme» subsiste. «Le monstre» est encore actif et «quiconque recherchera la vérité risquera d'être persécuté.» Voltaire en appelle donc à l'union des philosophes, car en cette «aurore de la raison» «la vérité ne doit [...] plus se cacher.»[78]

Les six rééditions de l'ouvrage, de 1766 à 1767, indiquent qu'il connut un honnête succès; mais au delà, il ne sera plus publié, sauf dans des recueils. Quelle

75. *Spinoza et la pensée française avant la Révolution* (Paris 1954), ii.495-527.
76. *OC*, t.62, p.86.
77. *OC*, t.62, p.87.
78. *OC*, t.62, p.104-105.

en est la raison? Le curieux tirage hollandais de 1766, attribué à Marc Michel Rey, peut nous mettre sur la voie puisqu'il s'accompagne du sous-titre suivant:

Par A... de V... gentilhomme, jouissant de cent mille livres de rente, connaissant toutes choses, et ne faisant que radoter depuis quelques années; ah! public, recevez ces dernières paroles avec indulgence.

Ce surprenant commentaire traduit un état d'esprit qui pourrait n'être que persiflage si les propres amis de Voltaire ne le partageaient pas. Car, dans l'intimité, Mme Du Deffand ne cache pas sa déception. Ainsi, le 13 août 1766, elle écrit à Horace Walpole: «Je n'ai pas lu *Le Philosophe ignorant*. Je m'en informai hier, et Pont-de-Veyle me dit qu'on ne croyait pas qu'il fût de Voltaire, je pense de même puisque vous le trouvez ennuyeux.»[79] Puis, après l'avoir lu, ce jugement lui échappe: «c'est peu de choses, il ne vous plairait pas». Si plus tard, écrivant cette fois à Voltaire, elle revient sur son opinion, elle ne ménage cependant pas le philosophe: «Mon cher Voltaire, ne vous ennuyez-vous pas de tous les raisonnements métaphysiques sur les matières inintelligibles? Ils sont à mon avis ce que le clavecin du père Castel était pour les sourds. [...] De tout ce qu'on a écrit sur ces matières, c'est *Le Philosophe ignorant* et *La Religion naturelle* que je lis avec le plus de plaisir. Je ne me tourmente point à chercher à connaître ce qu'il est impossible de concevoir, l'éternité, le commencement, le plein, le vide: quel choix peut-on faire?»[80]

Grimm – porte-parole de Diderot et d'Holbach –, fut moins amène: dans le compte rendu qu'il donne de l'ouvrage, le 1er juin 1766, tout en se félicitant que les philosophes protestent contre l'intolérance des gouvernements, il souligne un certain désordre dans l'ouvrage qui lui paraît ne répondre que «faiblement» aux intentions déclarées. Quant au fond, il note que son auteur retombe dans le même défaut qu'il reproche à Descartes: «Ainsi, après avoir expliqué superficiellement le système de Spinoza, il entreprend de le combattre avec des armes bien puériles.» Et de citer l'axiome voltairien: «Tout ouvrage démontre un ouvrier»; «mais», poursuit Grimm, «qui vous a dit que l'univers était un ouvrage? [...] Vous convenez ailleurs que le passage du néant à la réalité est une chose incompréhensible, que tout est nécessaire, et qu'il n'y a pas de raison pour que l'existence ait commencé; et puis vous venez me parler d'ouvrage et d'ouvrier; vous voulez sans doute jouer avec les mots. Une production n'est pas un ouvrage; c'est une émanation nécessaire.»[81] Voltaire est tancé comme un écolier: si le monde est un artéfact, il faut bien qu'il ait un jour commencé...

En résumé, l'ouvrage a déçu. Il a déçu d'autant plus «qu'on a eu la sottise de

79. D13493, commentaire.
80. D16606 (22 août 1770).
81. Notons que d'Holbach parle d'«atelier» dans le *Système de la nature*, ii.167.

lier le système métaphysique, où tout est ténèbres, avec les idées morales, où tout est clair et précis, et de croire que s'il n'y avait plus de déraisonnements à perte de vue sur l'Etre suprême, il n'y aurait plus de morale ni d'obligation parmi les hommes d'être juste et vertueux.» «Rassurez-vous, mon cher Philosophe ignorant qui faites l'enfant», ajoute Grimm-Diderot, avec une dureté calculée, les hommes ne sont pas libres d'être ce qu'ils sont et «souviens-toi que tout est force, poulie, ressort, levier dans la nature; que ta science consiste dans le secret de donner du jeu à la machine, soit physique, soit morale, et que si tu n'es pas profond mécanicien, tes procédés seront toujours aussi inutiles que faux.»[82] Nous sommes déjà dans le *Système de la nature*, et le divorce est consommé.

Mais ce sont les *Mémoires secrets*[83] qui donnent un état moyen de l'opinion et qui voient juste: l'ouvrage est dangereux parce qu'il nourrit dans l'esprit de ses lecteurs «ce scepticisme trop répandu depuis quelques années»; les doutes qu'il propose sont bien difficiles à résoudre, écrit le journaliste, et «fondent le pyrrhonisme si dangereux pour les vérités reçues».

«Faut-il rester oisif dans les ténèbres?», demande Voltaire aux dernières lignes du *Philosophe ignorant*. Il faut évidemment «allumer un flambeau» et combattre les «monstres». L'opuscule principalement dirigé contre les athées parisiens en appelait un autre, attaquant celui-là sur le front jugé toujours prioritaire, celui de l'Infâme.

Ce sera *L'Examen important de milord Bolingbroke*. Cet écrit paraît dans l'été de 1766[84] inséré dans le *Recueil nécessaire*: il s'y trouvait joint à *L'Analyse de la religion*, à un extrait du *Vicaire savoyard* de Rousseau dans sa partie critique, et à deux autres œuvres de Voltaire, le *Catéchisme de l'honnête homme*, le *Sermon des cinquante*. L'*Examen important* suivait donc de peu le *Philosophe ignorant*. Rapidité de rédaction qui s'explique: Voltaire disposait de notes prises très antérieurement. On sait combien la personnalité de lord Bolingbroke l'avait impressionné.[85] Il conservait le souvenir d'un déiste pourfendant énergiquement la «superstition». Mais, comme il arrive, ce causeur brillant, ce vigoureux orateur, ne savait pas écrire. Ses *Philosophical works* posthumes, en cinq volumes, avaient paru en 1754. Voltaire n'en prit connaissance qu'en janvier 1759.[86] Il fut très déçu. Certes, la philosophie du lord lui agrée. Il a lu particulièrement l'*Essay* IV, «Concerning authority in matter of religion», arsenal d'arguments contre l'Infâme. Hélas!

82. CLT, vii.53-54.

83. *Mémoires secrets* (Londres 1784), i.66 (15 août 1766).

84. D13514 (25 août 1766), à Frédéric II, landgrave de Hesse-Cassel. Mais déjà en juin 1766, D13375, Voltaire en avait envoyé un exemplaire manuscrit à Damilaville.

85. *Voltaire en son temps*, i.163-64.

86. Voir l'introduction de Roland Mortier en tête de son édition, *OC*, t.62, p.139.

Bolingbroke est d'une prolixité affligeante. Voltaire constate que, paradoxalement, les Anglais par écrit sont «bavards». Un Bolingbroke, un Shaftesbury «auraient éclairé le genre humain, s'ils n'avaient pas noyé la vérité dans des livres qui lassent la patience des gens les mieux intentionnés». En outre, Bolingbroke est «sans aucune méthode».[87] D'emblée, dans l'esprit de Voltaire naît l'idée de corriger l'ouvrage de celui qui a gâché un si beau sujet. Il fait des extraits des *Philosophical works*.[88] Mais un simple résumé ne saurait le contenter. Bientôt, il crée un autre Bolingbroke, tel qu'il devrait être, et donc le «vrai» Bolingbroke, si vrai que Voltaire prie Damilaville de ne point blâmer le lord d'avoir écrit comme il a fait, avec un enthousiasme qui passe dans l'âme du lecteur: «Il examine d'abord de sang-froid, ensuite il argumente avec force, et il conclut en foudroyant.»[89] Pourtant, pour voltairien qu'il soit, ce Bolingbroke de l'*Examen* conserve d'un bout à l'autre du livre l'esprit et le ton d'un noble lord anglais. Il se réfère à son pays, chaque fois que l'occasion se présente. Il renvoie à «notre savant compatriote Dodwell», à «notre savant et sage Middleton», à «notre cher doyen Swift» et au polichinelle Punch. Il jure en bon Britannique: «By God!»[90] A la différence du *Philosophe ignorant*, dans l'*Examen important* Voltaire ne parle pas en son propre nom. Il met en avant une des figures qu'il s'amuse à faire jouer. Son Bolingbroke s'aligne à côté du proposant des *Lettres sur les miracles*, du licencié Zapata des *Questions*, et de maints autres, à peine moins imaginaire que ces créatures toutes fictives.

Ce qui est neuf ici, c'est l'allure qu'imprime au texte la «fierté» anglaise, cette audace caractéristique d'une «nation de philosophes». D'où la véhémence continue du ton, le choix des termes les plus résolument vigoureux ou les plus obstinément sarcastiques. «Lord Bolingbroke» progresse ainsi de la négation argumentée de la mosaïcité du Pentateuque à la négation de l'existence historique de Moïse. Suivent des chapitres sur les mœurs des Juifs: mœurs «aussi abominables que leurs contes sont absurdes». Et «c'est là le peuple saint!», s'écrie Voltaire-Bolingbroke.[91]

L'ampleur donnée à la critique néo-testamentaire est remarquable, comparée à la dimension de celle-ci dans les libelles antérieurs, même si les réflexions sur les sectes judaïques au temps de Jésus ou sur l'emploi du terme «Messie» ne sont pas nouvelles. N'est pas nouveau non plus le rapprochement entre le Christ et George Fox, suggéré déjà dans les *Lettres philosophiques*, ou le rappel du *Toldos Jeschut*, dont il était fait mention dans l'article «Messie» du *Dictionnaire philoso-*

87. D8059 (vers le 20 janvier 1759), à Clavel de Brenles; D8533 (13 octobre 1759), à Mme Du Deffand.

88. D'après D8854 (15 avril 1760), comme le remarque R. Mortier, *OC*, t.62, p.135.

89. D13375 (26 juin 1766).

90. *OC*, t.62, p.289, 318, 336, 337.

91. *OC*, t.62, p.197-98.

phique comme dans celui de l'*Encyclopédie*. Mais l'adhésion de «Bolingbroke» à ce récit dénigrant est beaucoup plus nette. La démarche suivie pour passer des «fadaises»[92] à une reconstitution réaliste, mérite, quant à elle, notre attention. Elle traduit, en effet, plus d'hostilité envers Paul, dont est tracé un portrait grotesque, qu'envers un Christ traité en victime des prêtres qu'il avait vilipendés. Voltaire estime que chaque évangéliste a brodé tardivement, autour de Jésus, une histoire différente, destinée à des auditoires différents. Il s'en prend plus aux imposteurs et aux faussaires, qui abusèrent de citations plus ou moins inventées et de prédictions erronées, qu'au personnage central des récits évangéliques.

Cette approche n'est donc pas incompatible avec celle du *Dialogue du douteur et de l'adorateur*, présumé de 1766.[93] Le *Dialogue* offre de Jésus une sorte de portrait en creux, par soustraction. Il trace une figure du Sage qui allait jusqu'à s'emporter contre prêtres et superstitions, et à qui on a prêté des actes et des propos extravagants: «Il paraît que les paroles et les actions de ce sage ont été très mal recueillies.»[94] L'essai de reconstruction réaliste – récits tardifs et fraudes pieuses, ambition et duplicité de Paul – suit, plus brièvement, le schéma de l'*Examen important*. La personne de Jésus, lavée de toute responsabilité, puisque les fautes de la secte chrétienne sont rejetées sur les disciples, devient une silhouette apte à se transformer en archétype au service des valeurs universelles. Voltaire retient la loi d'amour, en purgeant le message messianique de certains propos du Sermon sur la montagne, notamment de la maxime «Bienheureux les pauvres d'esprit!» A cette condition, il peut associer Jésus aux causes qu'il défend, se proclamer son «ami», voire son «frère».[95]

L'Examen important de milord Bolingbroke parut en volume séparé en septembre 1767, imprimé, comme le *Recueil nécessaire*, par Gabriel Grasset.[96] Voltaire a apporté à son texte des additions importantes. Tout un chapitre énumère les auteurs éventuels du Pentateuque, un autre détaille les emprunts des Juifs aux nations voisines. Le chapitre XI, surtout, s'est gonflé de remarques sur les actes et les propos prêtés à Jésus, qui entraîneraient le plus grand scandale, comme l'expulsion des marchands du Temple. L'évangéliste Luc est particulièrement pris à partie, dans une addition au chapitre XIV, au sujet du «dénombrement de toute la terre» et de la date du gouvernement de Quirinus. Incontestablement, le texte s'est durci. Voltaire, nous le verrons, introduira encore des variantes et des notes nouvelles en 1771, 1775, 1776, ajoutant aux objections, aggravant souvent la violence du propos.

92. *OC*, t.62, p.220.

93. Selon Bengesco, mais J. Van den Heuvel (Voltaire, *Mélanges*, Paris 1961, p.1435) le rapproche du *Catéchisme de l'honnête homme*, 1763.

94. *Mélanges*, éd. Van den Heuvel, p.672.

95. *Mélanges*, p.677.

96. Mais Voltaire pour dérouter les recherches prétend que le volume fut imprimé en Hollande.

L'allure très polémique ne doit pas dissimuler l'ampleur et la solidité de la documentation que Voltaire met en œuvre. Le relevé de ses marginalia a permis, sur le texte de l'*Examen important*, de vérifier son «extraordinaire érudition historique».[97] Chez des auteurs anciens comme Eusèbe de Césarée, comme chez des compilateurs modernes, tels l'abbé Fleury ou Dom Ruinart, il rencontre des récits, d'inspiration édifiante, mais qui sont inconsciemment voltairiens. Il a soin d'en armer la verve de son «Bolingbroke». Ainsi il rapporte selon Abdias l'extraordinaire concours de miracles, en présence de l'empereur Néron, entre Simon Pierre l'apôtre et Simon le Magicien, compétition à laquelle les chiens finissent par se trouver mêlés.[98] Dom Ruinart notamment, crédule auteur des *Véritables actes des martyrs*, est pour lui une source inépuisable d'histoires cocasses: celle du cabaretier saint Théodote et des sept vierges septuagénaires d'Ancyre, celle de sainte Epipode, opérant des guérisons par le soulier qu'elle a perdu...[99] Même le «déjeuner» d'Ezéchiel, rappelé ici une nouvelle fois, a pour garant le texte biblique. Voltaire sans doute sait, par Dom Calmet, que dans le désert les excréments sont utilisés non comme aliment, mais comme combustible pour cuire les aliments. Cependant son interprétation peut se réclamer du latin de la Vulgate: *e stercore operies illud.*[100]

Complaisant à exposer tant d'extravagances, le «Bolingbroke» de Voltaire ne rappelle pas moins par rapport à quelle vérité il convient de les situer. Elles «prouvent invinciblement que quiconque s'est écarté de la vraie religion, de la vraie philosophie qui est l'adoration d'un Dieu sans aucun mélange, n'a pu dire que des choses insensées».[101] Voltaire le répète dans sa conclusion: «Le seul évangile qu'on doive lire, c'est le grand livre de la nature, écrit de la main de Dieu et scellé de son cachet. La seule religion qu'on doive professer est celle *d'adorer Dieu et d'être honnête homme.*»[102] Pourtant au terme d'un réquisitoire aussi virulent, son «Bolingbroke» aboutit seulement à des propositions très modérées. «Renverser l'idole», offrir à Dieu «des hommages plus purs»? Ce serait souhaitable, «mais le peuple n'en est pas encore digne». Pour le présent, «il suffit que notre Eglise soit contenue dans ses bornes»:[103] ce qui est le cas de l'Eglise anglicane dans la patrie de lord Bolingbroke.

Pour redire les mêmes choses sous une autre forme, c'est précisément à un

97. Roland Mortier, *OC*, t.62, p.259, note 206.

98. *OC*, t.62, p.259. Il emprunte le texte d'Abdias à Fabricius, *Codex apocryphus*.

99. *OC*, t.62, p.290-95.

100. «Après avoir mangé un *sir reverend* sur son pain par ordre exprès de Dieu», traduit «Bolingbroke», *OC*, t.62, p.207, et note 83.

101. *OC*, t.62, p.274. Voir aussi p.284, p.338.

102. *OC*, t.62, p.350, souligné par Voltaire.

103. *OC*, t.62, p.352.

pasteur d'outre-Manche que Voltaire donne la parole, peu après l'*Examen important*. Ses quatre *Homélies prononcées à Londres en 1765 dans une assemblée particulière* datent en réalité de mai 1767.[104] Il les annonce le 15 au pasteur Jacob Vernes en ces termes: «Cela sent le brave socinien, l'impudent unitaire à pleine bouche. Ce prédicant paraît aimer Dieu par Christ, mais il se moque furieusement de tout le reste.»[105]

En réalité, par la voix de son prédicant Voltaire poursuit son combat sur les deux fronts. La première *Homélie*, «Sur l'athéisme», vise les athées parisiens. Non seulement la négation de Dieu est à ses yeux rationnellement insoutenable, mais quand bien même on aurait de bonnes raisons pour être athée, cette doctrine est fondamentalement dangereuse pour le corps social. L'*Homélie* n'apporte pas d'arguments nouveaux sur la question cent fois rebattue de l'existence de Dieu. Ce qui est nouveau en revanche, c'est qu'il insiste maintenant sur les conséquences pratiques de l'athéisme. Reste cependant le problème du mal. Un Dieu méchant est contradictoire. Si Dieu est, il ne peut être que bon. Mais dire que «le bien général est composé de tous les maux particuliers» est aussi déraisonnable que de prétendre «que la vie est le résultat d'un nombre infini de morts», ou «que la vertu est la somme de tous les crimes». Non décidément, tout n'est pas bien dans le meilleur des mondes possibles. La souffrance est trop réelle pour qu'on la dissolve dans l'universalité des choses. L'homme est en droit d'espérer. Comme tous les sages de l'Antiquité, il doit «croire que Dieu nous fera passer de cette malheureuse vie à une meilleure, qui sera le développement de notre nature».

Voltaire n'hésite pas à affirmer que «la mort peut nous donner une manière différente d'exister». Il se pourrait qu'il y ait physiquement en nous «une monade indestructible, une flamme cachée, une particule du feu divin, qui subsiste éternellement sous des apparences diverses». On aura remarqué les métaphores: monade, flamme, particule. Voltaire ne cache pas que l'idée n'est pas démontrée. Mais elle est vraisemblable, et puisque «toutes les nations policées sont d'accord sur ce point», la sagesse doit conduire à l'adopter. «Il faut reconnaître un Dieu rémunérateur et vengeur, ou n'en point reconnaître du tout. Il ne paraît pas qu'il y ait de milieu: ou il n'y a point de Dieu, ou Dieu est juste.»[106] «Otez aux hommes», poursuit Voltaire, «l'opinion d'un Dieu rémunérateur et vengeur, Sylla et Marius se baignent alors avec délice dans le sang de leurs concitoyens; Auguste, Antoine et Lépide, surpassent les fureurs de Sylla; Néron ordonne de sang-froid le meurtre de sa mère.»[107] Il faut poser l'existence du rémunérateur-vengeur,

104. Edition Jacqueline Marchand, *OC*, t.62, p.409-85.
105. D14117 (15 mai 1767).
106. *OC*, t.62, p.435.
107. *OC*, t.62, p.437.

sinon la porte est ouverte au crime.[108] D'où le reproche de duplicité que ses adversaires lui feront. Mais cette utilité que la société tire de ce credo est-elle bien certaine? La réponse du patriarche est un morceau d'anthologie:

> Il se peut, et il arrive trop souvent que la persuasion de la justice divine n'est pas un frein à l'emportement d'une passion. On est alors dans l'ivresse; les remords ne viennent que quand la raison a repris ses droits; mais enfin ils tourmentent le coupable. L'athée peut sentir, au lieu de remords, cette horreur secrète et sombre qui accompagne les grands crimes. La situation de son âme est importune et cruelle, un homme souillé de sang n'est plus sensible aux douceurs de la société; son âme devenue atroce est incapable de toutes les consolations de la vie; il rugit en furieux, mais il ne se repent pas. Il ne craint point qu'on lui demande compte des proies qu'il a déchirées; il sera toujours méchant, il s'endurcira de ses férocités. L'homme, au contraire, qui croit en un Dieu rentrera en lui-même. Le premier est un monstre pour toute sa vie, le second n'aura été barbare qu'un moment. Pourquoi? C'est que l'un a un frein, l'autre n'a rien qui l'arrête.[109]

Admirable texte qui dit bien à quel point l'athéisme est pour Voltaire un mal; ne pas croire c'est s'exposer à vivre sans remords. Allusion à la théorie du remords que Spinoza[110] développa dans la quatrième partie de son *Ethique*? On peut le penser. Mais précisément, Spinoza, tout athée qu'il fut, ne fournit-il pas l'exemple contraire? N'est-il pas la preuve qu'on peut être athée et sage? Sûrement, et d'Atticus à Spinoza et La Mettrie en passant par La Mothe Le Vayer, les exemples d'athées vertueux ne manquent pas. «Mais», objecte Voltaire, «mettez ces doux et tranquilles athées dans de grandes places; jetez-les dans des factions; qu'ils aient à combattre un César Borgia, ou un Cromwell, ou même un cardinal de Retz; pensez-vous qu'ils ne deviendront pas aussi méchants que leurs adversaires? [...] Certainement leurs principes ne s'opposeront point aux assassinats, aux empoisonnements, qui leur paraîtront nécessaires.»

«Il est donc démontré que l'athéisme [...] doit porter à tous les crimes dans les orages de la vie publique», conclut péremptoirement Voltaire. Il ne parvient pas à consentir à l'athéisme; et même il doute «que cet athéisme ait été une persuasion pleine, une conviction lumineuse, dans laquelle l'esprit se repose sans aucun doute, comme dans une démonstration géométrique». L'athéisme est une «demi-persuasion fortifiée par la rage d'une passion violente». En fait, ce sont les théologiens de l'Ecole qui en annonçant Dieu ridiculement fortifient l'athéisme. La fausse religion des prêtres est une insulte à Dieu. Or Dieu, pour Voltaire,

108. Commentaire de la *Correspondance littéraire*: «le seigneur patriarche tient toujours à son rémunérateur; mais quand le rémunérateur ne donnera plus ni grosses abbayes, ni riches évêchés, je crains que ses actions ne baissent considérablement, et qu'il soit à la longue lui-même réformé à la suite de ses rémunérés» (CLT, vii.489).

109. *OC*, t.62, p.437.

110. Voir l'*Ethique*, dans la traduction de Boulainvilliers publiée par F. Colonna d'Istria (Paris 1907), p.258-59.

existe, physiquement pourrait-on dire, quoiqu'invisible. Cette présence quasi mystique hantera à jamais le vieillard de Ferney qui, le temps passant, se rapprochera de Spinoza et de Malebranche.

La *Seconde Homélie* porte sur la superstition et l'on comprend, par l'enchaînement qu'il nous propose, que Voltaire met sur le même plan athéisme et superstition. Rien de bien nouveau dans cette *Homélie* qui par moments adopte le ton d'une *Philippique*. Mais la tolérance est sans cesse réaffirmée: «Quiconque me dit: *Pense comme moi, ou Dieu te damnera*, me dira bientôt: *Pense comme moi, ou je t'assassinerai*. Prions Dieu qu'il adoucisse ces cœurs atroces», commente Voltaire, «et qu'il inspire à tous ses enfants des sentiments de frères.»[111] La *Troisième Homélie* reprend, avec une ardeur renouvelée, la critique de l'Ancien Testament. Dans la quatrième, reparaît une image du Christ que Voltaire a déjà évoquée: celle d'un homme de bien, d'un pauvre qui a dressé d'autres pauvres contre des hommes constitués en dignité, superstitieux, insolents, qui a été persécuté pour cette raison, comme le philosophe grec condamné à boire la ciguë: «C'était le Socrate de la Galilée.»[112] L'assimilation présente Jésus comme le héraut, parmi d'autres, des valeurs humanistes. Des évangiles, sont retenus une sagesse et un message d'amour fraternel. Une cinquième *Homélie*, «sur la communion», évoquée le 15 mars 1769 par la *Correspondance littéraire*, opposera le sectarisme de tous ceux qui disputent sur les nombreuses contradictions des Evangiles, relations incertaines de la vie d'un Juif, à l'idéal d'une communauté de charité, de tolérance, de bienfaisance.

Les *Lettres à S. A. Mgr le prince de *** sur Rabelais et sur d'autres auteurs accusés d'avoir mal parlé de la religion chrétienne*, en novembre 1767, poursuivent l'offensive. Voltaire est censé adresser une suite d'épîtres à un prince allemand, Charles Guillaume Ferdinand de Brunswick (1735-1806), qui se trouve être celui qui commandera l'armée prussienne marchant sur Paris en 1792, et qui sera vaincu à Valmy. Pendant la guerre de Sept Ans déjà il avait combattu les Français. Le *Précis du siècle de Louis XV* fait son éloge pour s'être conduit généreusement au chevet du fils du maréchal de Belle-Isle, prisonnier et mortellement blessé.[113] Il était avant la Révolution l'un des princes de l'Europe des Lumières. Voltaire l'avait reçu à Ferney en juillet 1766, après le supplice de La Barre qui avait suscité chez lui «indignation, colère et pitié».[114] Les questions qu'aurait posées un tel personnage, et les réponses du philosophe appartenaient donc tout à fait au domaine du vraisemblable.

111. *OC*, t.62, p.459.
112. *OC*, t.62, p.484.
113. *OH*, p.1492.
114. D13422, D13423, D13428.

Voltaire présente un certain nombre d'auteurs, à la fois ancêtres et cautions de la philosophie, en commençant par Rabelais. Le roman de Gargantua et de Pantagruel, s'il est «un ramas des plus impertinentes et des plus grossières ordures qu'un moine ivre puisse vomir», est aussi «une satire sanglante du pape, de l'Eglise et de tous les événements de son temps.»[115] Voltaire entre dans des détails sur ce second aspect de l'œuvre rabelaisienne. Vient ensuite, après quelques auteurs moindres, Vanini. Si le Napolitain fut athée, il est étonnant qu'on s'en soit aperçu si tard, car en réalité il était théologien et philosophe; on le brûla cependant. Commentaire de Voltaire: «Il faut avouer qu'on brûle quelquefois les gens un peu légèrement; témoin Jean Hus, Jérôme de Prague, le conseiller Anne Dubourg, Servet, Antoine, Urbain Grandier, la maréchale d'Ancre, Morin et Jean Calas.» Décidément le christianisme est à l'origine de bien des crimes. En regard, analysant les ouvrages des auteurs réputés antichrétiens, Voltaire leur trouve de grandes vertus: Toland, Locke, Collins, Woolston, Warburton, Bolingbroke, Chubb, quoi qu'on ait pu écrire, furent de véritables sages qui, pour la plupart d'entre eux, accordèrent leur vie à leurs idées: «Locke mourut en paix, disant à Madame Masham et à ses amis qui l'entouraient: *La vie est une pure vanité.*» C'est le ton de l'Ecclésiaste. Le même constat s'impose si l'on examine les ouvrages des libertins français: Des Périers, Théophile, Des Barreaux, La Mothe Le Vayer, Saint-Evremond. Aucun ne fut athée. A quelqu'un qui l'accusait d'être sans religion, La Motte Le Vayer répondit: «Mon ami, j'ai tant de religion, que je ne suis pas de ta religion.» La Motte Le Vayer parlait comme Voltaire.[116]

Un chapitre de la septième lettre «sur les Français» est consacré à Fréret. Si Voltaire feint de ne pas adhérer à son hétérodoxie, il lui reconnaît une science cent fois supérieure à celle d'Abbadie: «Cet Abbadie prétend que les premiers chrétiens mouraient pour les Evangiles, et qu'on ne meurt que pour la vérité. Mais cet Abbadie reconnaît que les premiers chrétiens avaient fabriqué de faux Evangiles. Donc, selon Abbadie même, les premiers chrétiens mouraient pour le mensonge.» Parlant du *Christianisme dévoilé*, attribué à Boulanger, mais en réalité sorti de l'officine de d'Holbach, et qui, sous le prétexte des crimes commis par l'Eglise prône l'athéisme, Voltaire réaffirme, sans redouter l'hyperbole, sa sainte horreur de l'athéisme: «Quand tous les chrétiens se seraient égorgés les uns les autres; quand ils auraient dévoré les entrailles de leurs frères assassinés pour des arguments; quand il ne resterait qu'un seul chrétien sur la terre, il faudrait qu'en regardant le soleil, il reconnût et adorât l'Etre éternel; il pourrait dire dans sa douleur: Mes pères et mes frères ont été des monstres; mais Dieu est Dieu.»[117]

Après un éloge de la tolérance de Frédéric II qui sut accueillir l'impie La

115. M.xxvi.470.
116. M.xxvi.481-82, 484, 499.
117. M.xxvi.507, 509.

Mettrie, sans préjuger de son athéisme, Voltaire retrouve Meslier qu'il présente comme «le plus singulier phénomène qu'on ait vu parmi tous les météores funestes à la religion chrétienne». «Des trois gros manuscrits de trois cent soixante et six feuillets chacun, tous trois de sa main, et signés de lui», il ne retient que la critique anti-chrétienne. Meslier voulait délivrer ses paroissiens du joug de la religion? Heureusement qu'il s'adressait à des gens qui ne savaient pas lire, car la religion, réaffirme-t-il, est «un joug salutaire qui seul peut prévenir les crimes secrets». «La croyance des peines et des récompenses après la mort est un frein dont le peuple a besoin. La religion bien épurée serait le premier lien de la société.»[118]

Après des lettres sur l'*Encyclopédie*, sur les auteurs juifs qui ont écrit contre les chrétiens, la dernière traite de Spinoza. Voltaire souligne l'apport critique du *Traité théologico-politique*. Il commente l'*Ethique*, pour discuter l'interprétation qu'en donne Bayle (lui-même sujet d'une lettre antérieure). Il remarque que «Spinoza, dans son funeste livre, parle toujours d'un Etre infini et suprême: il annonce Dieu en voulant le détruire.» Il conclut cette revue ironiquement: «A Dieu ne plaise que je veuille préférer le théisme à la sainte religion des Ravaillac, des Damiens, des Malagrida [...] Je dis seulement qu'il est plus agréable de vivre avec des théistes qu'avec des Ravaillac et des Brinvilliers qui vont à confesse; et si Votre Altesse n'est pas de mon avis, j'ai tort.»[119]

Dans les écrits que nous venons d'évoquer, il entre une part de fiction, et donc une part de jeu. En homme de théâtre qu'il est, Voltaire met en scène ses textes militants. Ou bien c'est une correspondance supposée, comme les *Lettres à S. A. Mgr le prince de* ***. Ou bien il fait écrire, il fait parler soit des personnages imaginaires (le proposant, M. Beaudinet, le pasteur des *Homélies*), soit des personnages réels dont il endosse le déguisement (milord Bolingbroke). *Le Philosophe ignorant*, on l'a vu, est le seul ouvrage de la présente série où il s'adresse directement à son lecteur.

Mais parfois l'auteur s'efface totalement, du moins en apparence. Voltaire a agrémenté la campagne Ecrlinf de quelques dialogues, brefs et savoureux. A la fin de 1765, il fait dialoguer chez les morts Lucien, Erasme, Rabelais. Le Grec avait pour devise «se moquer de tout». Erasme, Rabelais, «entourés de fanatiques», furent moins heureux. La nation welche, explique Rabelais, était (mais faut-il parler au passé?) «un composé d'ignorance, de superstition, de bêtise, de cruauté et de plaisanterie». L'auteur de *Gargantua* prit donc le parti de dissimuler ce qu'il avait à dire au milieu d'énormes «ordures». «Les gens grossiers ne virent

118. M.xxvi.511-12.
119. M.xxvi.524, 526.

que les ordures», mais «les gens d'esprit» le comprirent. Rabelais et Erasme doivent apprendre à Lucien ce que sont les moines, les cardinaux, le «papegaut». Le Grec en est stupéfait. Trait final: «Le grand plaisir est de montrer le chemin à ses amis qui s'égarent». «Les morts ne demandent leur chemin à personne», mais avis aux vivants.[120]

Un autre dialogue de la même date nous transporte à Versailles. Il s'intitule *Les Anciens et les Modernes*. Une «ancienne», Tullia, fille de Cicéron, est revenue, on ne sait comment, de l'au-delà. Elle fait son entrée à la toilette de Mme de Pompadour. Elle découvre les merveilles de la technologie moderne (moderne en 1765): les bas de soie, les miroirs de verre, les estampes, les livres imprimés, le café, le chocolat, les boissons glacées, la boussole, la longue vue, la physique de Newton, la philosophie de Locke, ainsi que l'artillerie et l'opéra. Un duc et pair lui expose comment la civilisation a transformé le monde, depuis l'époque romaine. Et cela en dépit de l'invasion d'une «espèce d'hommes, nommés les moines, qui ont abruti dans l'Europe le genre humain, que vous aviez éclairé et subjugué.»[121] Nous restons dans le monde ancien avec *Les Dernières paroles d'Epictète à son fils*. Epictète mourant apprend de son fils les progrès d'une secte de Juifs, les chrétiens. Informé de ce qu'ils sont, il s'écrie – ce sont ses «dernières paroles»: «mon fils, tout est perdu».[122] *André Destouches* le musicien découvre *à Siam*, grâce à son interlocuteur Croutef, tous les maux du royaume siamois, c'est-à-dire de la France: armée et finances délabrées, prolifération des «talapoins», fonctionnement barbare de la justice, culte absurde de Sammonocodom pour lequel on s'égorge, soumission à «un étranger tondu» qui demeure fort loin. Réponse d'André Destouches: «Il ne vous manque qu'une bonne musique. Quand vous l'aurez, vous pourrez hardiment vous dire la plus heureuse nation de la terre.»[123] Sans doute par la «bonne musique» faut-il entendre la «philosophie».

Mais quand il s'agit de répondre à l'assemblée du clergé, Voltaire préfère le monologue. L'assemblée de 1765 avait condamné, entre autres ouvrages, l'*Essai sur les mœurs*, le *Dictionnaire philosophique*, *La Philosophie de l'histoire*. L'assemblée ayant aussi exposé «les droits de la puissance spirituelle», et pris parti une fois de plus pour la constitution *Unigenitus*, le parlement de Paris fit lacérer et brûler sa déclaration. Voltaire intervient alors par un *Mandement du révérendissime père en Dieu Alexis*. L'orthodoxe révérendissime, en fidèle sujet de Catherine II, se prononce contre la doctrine des «deux puissances». Ce que la tsarine approuve.[124]

120. Le dialogue parut dans les *Nouveaux mélanges* à la fin de 1765. Voltaire a mis en scène Rabelais, avant d'étudier son œuvre dans une des *Lettres à S. A. Mgr le prince de* ***.

121. M.xxv.451-57, paru dans les *Nouveaux mélanges*.

122. M.xxv.125-28, publié en 1766, dans le *Recueil nécessaire*. C'est à tort, semble-t-il, que Beuchot suivi par Moland place ce texte en 1763.

123. *OC*, t.62, p.117-26.

124. M.xxv.346-52; D13032 (9 décembre 1765), Catherine II à Voltaire.

C'est assurément une fiction d'une tout autre portée que *L'Ingénu*. Le roman prend place en 1766 parmi les écrits de la campagne Ecrlinf. Paru en septembre, il s'insère entre une sixième édition du *Dictionnaire philosophique* (juin), *La Défense de mon oncle* (juillet) et les *Lettres à S. A. Mgr le prince de* *** (novembre).

Une première esquisse autographe de *L'Ingénu*, en quelques lignes, est conservée à Saint-Pétersbourg.[125] Il en ressort que Voltaire avait d'abord conçu une trame fort différente du récit définitif. L'action était située non au temps du P. Lachaise, en 1689, mais à la fin du règne de Louis XIV, le confesseur du roi étant le P. Le Tellier. L'Ingénu se trouvait apparenté non à un prieur breton, mais à ce puissant personnage. Il lui devait apparemment sa carrière militaire. La majeure partie de l'histoire eût été occupée par ses exploits guerriers. Militaire philosophe, il meurt sur le champ de bataille, entre un jésuite et un janséniste, mais assisté par un «capitaine anglais» qu'on présume *free-thinker*. Mlle de Saint-Yves est absente de cette esquisse. L'Ingénu, marié, ne veut pas que «le mariage soit un sacrement». Il trompe sa femme et «trouve très bon» qu'elle le trompe aussi. Rien n'annonce ici le roman sentimental que deviendra *L'Ingénu* en sa seconde partie.

Il n'est pas possible de dater cette esquisse. La *Correspondance littéraire* du 1er novembre 1766 a publié un écho: «le patriarche travaille à un roman théologique».[126] S'agit-il de la première version de ce roman qui sera présenté comme «tiré des manuscrits du P. Quesnel», c'est-à-dire du champion du jansénisme, à l'époque précisément du P. Le Tellier? Mais il faut sans doute faire remonter plus haut le début de la rédaction. Dans la douzième *Lettre sur les miracles*, de 1765, nous lisons ceci (c'est «le proposant» qui est censé écrire): «j'ai lu dans l'histoire de saint Dunstan, qui est un fameux saint du pays de Needham, qu'il fit venir un jour une montagne d'Irlande en Basse-Bretagne, lui donna sa bénédiction, et la renvoya chez elle.»[127] Ce sont, presque textuellement, les premiers mots du premier chapitre de *L'Ingénu*.

Ce roman, qui va trancher sur les autres fictions de Voltaire par un certain réalisme, s'ouvre en effet sur une légende bretonne. Après cette entrée en matière, une première partie se situe dans ce que Voltaire appelle la Basse-Bretagne, à l'embouchure de la Rance: sept chapitres. Les douze chapitres suivants nous transportent à Versailles et à Paris. L'évocation de l'ambiance bretonne frappe par sa précision et un certain caractère de vérité. Il n'est que de comparer la Bretagne de *L'Ingénu* avec l'Auvergne de *Jeannot et Colin*. «L'information bre-

125. Voir notre édition des *Romans et contes* (Paris 1966), p.318 et p.712-15, «De *L'Ingénu* I à *L'Ingénu* II».

126. CLT, vii.123-24.

127. M.xxv.415.

tonne de Voltaire», a-t-on remarqué, «est abondante et soigneuse.»[128] D'où la tient-il donc, lui qui n'est jamais allé en Bretagne? Sans doute il a fréquenté des Bretons: Maupertuis, La Mettrie... Il a échangé des lettres avec le turbulent procureur général au parlement de Rennes, La Chalotais. Mais les uns et les autres lui ont-ils donné tant de détails sur leur pays d'origine?

Il faut savoir qu'il exista toute une correspondance bretonne de Voltaire, dont il ne subsiste que deux vestiges. En 1740, il rencontra à Amsterdam, chez le libraire Jacques Desbordes, un certain Jacques Le Brigant, qui allait devenir avocat à Tréguier. Le Brigant conserve le contact par des lettres, dont deux nous sont parvenues, datées de Tréguier les 15 août 1772 et 8 mars 1778:[129] leur teneur indique que ce correspondant écrivit assez régulièrement à l'illustre auteur, qui dut répondre de temps à autre. Le Brigant se dit «bas-breton», comme les personnages de *L'Ingénu*. Il s'affirme en outre celtomane. Il a découvert que la langue celtique fut la langue primitive de l'humanité. Sa lettre du 8 mars 1778 expose comment au deuxième verset de la Genèse l'expression *tohu bohu* s'explique par le celtique. Il sait que Voltaire est alors à Paris. Il voudrait pouvoir s'y rendre. Mais il a treize enfants. Tant de bouches à nourrir ne lui laissent pas de quoi payer le voyage. Sinon il lui suffirait de deux heures pour démontrer au philosophe son système. Système est le mot qui s'impose ici. Car Le Brigant a pour ami à Tréguier le libraire Le Duigou, qui n'est autre que «le bonhomme Système» de Renan, dans les *Souvenirs d'enfance et de jeunesse*,[130] le «système» de Le Duigou paraissant être celui de d'Holbach plutôt que celui de la celtomanie. On note que les théories de Le Brigant auront leur écho dans *L'Ingénu*. Au souper qui suit l'arrivée du Huron, on discute de la multiplicité des langues. «On convint que, sans l'aventure de la tour de Babel, toute la terre aurait parlé français». Mais Mlle de Kerkabon, elle, «a toujours cru» que, si «le français était la plus belle de toutes les langues», elle venait seulement «après le bas-breton».[131] On voit qu'en outre Le Brigant dans ses lettres informait Voltaire de ce qui se passait dans sa province. Ainsi le 15 août 1772, il le détrompe sur «le prétendu miracle de Paimpol» (une apparition miraculeuse du Christ): «une imposture des plus grossières». C'est donc grâce à lui sans doute que l'auteur de *L'Ingénu* acquit une certaine familiarité avec le monde breton.

Le Huron de Voltaire va se montrer à l'égard de la religion aussi critique que Le Brigant, mais différemment: comme le «bon sauvage» qu'il est. Tout ce petit

128. Edouard Guitton, «La Bretagne au XVIIIème siècle à partir de *L'Ingénu* de Voltaire», *La Bretagne au XVIIIème siècle* (Vannes 1991), p.421.

129. D17867, D21095.

130. Voir Jean Balcou, «Cet étrange Bonhomme Système», *Les Cahiers de l'Iroise* 154 (avril 1992), p.21.

131. *Romans et contes*, p.288-89.

monde, dévotement chrétien, prétend convertir l'Ingénu et le baptiser. On lui donne à lire le Nouveau Testament. Il le «dévore avec plaisir», et bientôt le sait presque tout entier par cœur. Mais il veut s'y conformer à la lettre. Ainsi il prétend être circoncis comme le furent les premiers chrétiens. On a bien de la peine à le détourner de cette dangereuse opération. On le persuade de se confesser, selon le texte de saint Jacques-le-Mineur: «Confessez vos péchés les uns aux autres». Or après avoir dit ses péchés, il extrait le prêtre récollet de son confessional et exige que celui-ci à son tour se confesse à lui. «Le récollet pousse des hurlements qui font retentir l'église.» Combien la religion d'aujourd'hui s'est écartée, notamment en Basse-Bretagne, de la simplicité évangélique, le baptême du Huron allait le démontrer. La cérémonie s'annonçait somptueuse. L'évêque de Saint-Malo, «flatté» de baptiser un sauvage, est venu officier en personne, «dans un pompeux équipage, suivi de son clergé». Mlle de Saint-Yves, qui sera la marraine, a mis sa plus belle robe et a fait venir une coiffeuse de Saint-Malo. L'église est «magnifiquement parée». Or voici qu'au moment de commencer, l'Ingénu a disparu. Après bien des recherches, on le découvre immergé au milieu de la Rance: il veut être baptisé dans le fleuve à l'imitation de l'eunuque de la reine Candace. Le Huron devait connaître la Bible aussi parfaitement que Voltaire lui-même pour avoir repéré dans les Actes des apôtres (viii.26-39) cet obscur épisode. Baptisé en définitive, par l'intervention de Mlle de Saint-Yves dont il est amoureux et aimé, il veut épouser la jeune fille. Mais il apprend que le mariage est interdit entre une marraine et son filleul: il faut obtenir une dispense du Saint-Père à Rome. Les Evangiles ne disaient rien de tel.

Puis les événements se précipitent. Le Huron tente d'«épouser» par force Mlle de Saint-Yves. Il repousse un débarquement anglais, va demander une récompense à Versailles, mais est incarcéré à la Bastille. La critique désormais prend une autre dimension. Le Huron est emprisonné avec un vieux prêtre janséniste, le bon Gordon. Dans sa cellule pleine de livres, il se met à lire, sous la direction du vieil homme. Il réfléchit, il discute. Cette éducation par les lettres va réaliser ce que n'avait pas obtenu son instruction chrétienne en Bretagne. De brute qu'il était il devient un homme. Tant il est vrai que la culture littéraire nourrit l'esprit et forme le caractère, n'en déplaise au détracteur des sciences et des arts: c'est la partie anti-Jean-Jacques du roman. Cependant l'incarcération de l'Ingénu a fait venir à Paris le prieur et sa sœur, ainsi que Mlle de Saint-Yves. Alors se développe une virulente critique politico-religieuse. Le romancier dénonce la complicité d'un régime despotique et bureaucratique avec une religion dominée par les jésuites. Mlle de Saint-Yves tombe entre les mains de l'intrigant jésuite, le Père Tout-à-tous, avec la complicité d'une dévote qui gagne la confiance de la jeune fille. Un sous-ministre, M. de Saint-Pouange, élégant libertin, pour libérer l'Ingénu pose comme condition que Mlle de Saint-Yves lui accorde ses faveurs. M. de Saint-Pouange est un ami des jésuites. Le P. Tout-à-tous, par une casuistique digne d'Escobar, démontre à l'amoureuse du prisonnier qu'elle doit y consentir, et la dévote l'y encourage. Mlle de Saint-Yves cède donc. Elle retrouve certes son cher Ingénu. Mais mortellement blessée, elle mourra bientôt du remords de sa faute, après une émouvante agonie. L'histoire, commencée en aimable satire de la province bretonne, s'achève dans le goût du temps en un drame sentimental et moral, mettant en accusation et le despotisme politique et une religion jésuitique totalement pervertie.

Dans la masse des écrits, répétitifs quoique variés, lancés dans la campagne Ecrlinf, *L'Ingénu* se détache et émerge. L'un des meilleurs romans de Voltaire avec *Candide*, il conserve une valeur qui va bien au-delà des objectifs polémiques visés au moment de sa publication.[132]

La dernière lettre à Damilaville que Voltaire signe Ecrlinf date du 29 septembre 1766. Quelques mois plus tard, il écrira à son fidèle disciple: «Que j'avais bien raison de vous dire autrefois à la fin de mes lettres, en parlant de la calomnie, *Ecrasons l'Infâme*» (19 décembre 1766).[133] Que signifie ce renoncement au mot d'ordre? Non certes qu'il abandonne le combat. L'année 1767, on l'a vu, sera la plus féconde en écrits contre l'Infâme. Mais les perspectives ont changé dans le cours de l'été 1766.

Il avait espéré d'abord un succès rapide. En septembre 1763, il croyait pouvoir constater qu'il ne restait plus dans la ville de Calvin «que quelques gredins qui croient au consubstantiel». En avril 1766, il applaudit: «Une grande révolution dans les esprits s'annonce de tous côtés.»[134] Mais survient l'affaire La Barre. L'affreux supplice du chevalier révèle que les «fanatiques» demeurent nombreux et puissants. Ecraser l'Infâme? «Il est plus aisé de le dire que de le faire», avoue-t-il à Damilaville.[135] Le combat continue, mais il sera long. Et il sait qu'il ne peut guère compter sur le *pusillus grex*. Son projet de rassembler les «frères» à Clèves, pour y fonder un centre de propagande, a échoué.[136] Tout un groupe parisien autour de Diderot, de d'Holbach, de la *Correspondance littéraire* se dérobe à son influence. On le juge trop timide, lui l'apôtre du rémunérateur et vengeur. On raille les petitesses du grand homme, les radotages du vieillard. On ose murmurer qu'il n'est «que le second dans tous les genres».[137]

132. Malgré la disparition des jésuites, la campagne contre la Société de Jésus restait d'actualité. Pendant la rédaction de *L'Ingénu*, Voltaire faisait imprimer à Genève l'ouvrage de d'Alembert, *L'Histoire de la destruction des jésuites*.

133. D13593, D13747.

134. D11433 (28 septembre 1763), à d'Alembert; D13235 (5 avril 1766), au même.

135. D13747 (19 décembre 1766).

136. Voir ci-dessous, chapitre 16.

137. Diderot à Sophie Volland, 12 août 1762, *Correspondance*, iv.100.

Sans doute, d'Alembert, Damilaville, et à un moindre degré Helvétius restent de précieux auxiliaires. Cependant il faut abandonner le rêve d'une action collective en groupe. Voltaire persévère, mais assez isolé. «J'ai fait plus en mon temps que Luther et Calvin», dira-t-il bientôt. Il ne dira pas: «nous avons plus fait»... S'il redouble d'ardeur, intarissable en ses écrits, c'est précisément parce qu'il se sent lutteur plus solitaire.

15. L'histoire, tous azimuts

Voltaire historien travaille dans la continuité. Les rééditions du *Siècle de Louis XIV* après 1751, de l'*Essai sur les mœurs* après 1756 ne se limitent pas à corriger coquilles ou bévues. Sa recherche, poursuivie même, on l'a vu, en cours d'impression, apporte aux nouvelles éditions des rectifications, parfois non négligeables, et souvent d'importantes additions.

L'*Essai sur les mœurs* est repris en 1761 dans la *Collection complète des œuvres de Mr. de Voltaire*, publiée par Cramer. Il forme les tomes XI à XV, immédiatement suivis du *Siècle de Louis XIV*, tomes XVI-XVII. Mais déjà dans l'édition de 1756 le *Siècle*, enchaînant sur l'*Essai*, se trouvait comme incorporé à ce vaste ensemble d'histoire générale. A celle-ci, en 1761, Voltaire ajoute des chapitres entiers, dont certains attendaient depuis des mois dans ses dossiers. On sait par exemple que le chapitre du Paraguay se trouve contemporain de la rédaction de *Candide* en 1758. Telle addition se révèlera particulièrement malencontreuse, et portera durablement tort au flair de l'historien. En 1761, un visiteur de Ferney, M. de Modave, commandant du roi sur la côte du Coromandel en Inde, lui remet ce qu'il crut être un véritable «trésor»: le manuscrit de l'*Ezour-Veidam*, ou commentaire du *Veidam*. Le texte original avait été, lui disait-on, traduit à Bénarès «par un Brame», correspondant de la Compagnie française des Indes. Voltaire est persuadé qu'il tient là un document «très authentique», fort antérieur à l'expédition d'Alexandre et à Pythagore. Puis il fait don du manuscrit lui-même à la Bibliothèque du roi, à Paris.[1] Il s'agissait en réalité d'un apocryphe. On sait aujourd'hui que l'*Ezour-Veidam* fut confectionné au début du dix-septième siècle, à la mission des jésuites de Pondichéry, en vue d'amener à la foi chrétienne des hindouistes.[2] Il s'efforce de proposer une base commune dans l'affirmation théiste d'un Etre suprême. Voltaire y rencontrait la confirmation de ses propres théories sur l'universalité, du moins parmi les sages, de la connaissance d'un Dieu unique, ayant ensuite dégénéré en polythéisme. «On y combat», mande-t-il à Jacob Vernes, «les commencements de l'idolâtrie».[3] Aussi consacre-t-il à un document aussi inespéré, dans l'édition de 1761 de l'*Essai*, tout un chapitre IV faisant suite au chapitre «des Indes».

1. D10051 (1er octobre 1761), à Jacob Vernes.
2. Voir Antonin Debidour, «L'Indianisme de Voltaire», *RLC* 4 (1924), p.26-40.
3. D10051.

Sur deux aspects, jugés particulièrement importants, un groupe de nouveaux chapitres enrichit l'exposé initial. L'*Essai* de 1756 n'évoquait les «mœurs de la société médiévale» que par un chapitre «De la chevalerie».[4] En 1761 s'ajoutent trois nouveaux chapitres, «De la noblesse», «Des tournois», «Des duels». Un peu plus loin, «L'Etat de l'Europe à la fin du XVe siècle» (ch.CII) est complété par l'évocation des exclus: «De l'état des juifs en Europe» (ch.CIII), «De ceux qu'on appelait Bohèmes ou Egyptiens». L'addition la plus considérable porte toutefois sur la colonisation en Amérique. Cinq chapitres nouveaux apparaissent: «Du Brésil», «Des possessions des Français en Amérique», «Des îles françaises et des flibustiers», «Des possessions des Anglais et des Hollandais en Amérique», «Du Paraguay» (ch.CL-CLIV): questions en rapport avec l'actualité de la guerre de Sept Ans, ainsi que sans doute le chapitre CLXXXIX, «De la Pologne au XVIIe siècle». D'autres chapitres ajoutés se relient à l'actualité «philosophique»: le chapitre XVIII (Charlemagne était-il despotique? son royaume était-il héréditaire?) s'inspire du débat en cours depuis Montesquieu sur les despotismes, comme le chapitre CXLVI, «Comment l'Amérique a été peuplée» s'inspire de la théorie théiste de Voltaire sur les origines de l'espèce humaine, ou comme son chapitre CLXXII, «Particularités du concile de Trente», se relie à sa campagne contre l'Infâme: appuyé sur Paolo Sarpi, l'historien insiste sur les côtés fort humains – influences politiques, altercations – de ce concile, fondateur de la contre-réforme.

Quant aux très nombreuses additions de détail, on n'entreprendra pas ici de les recenser. Constatons seulement que, relisant son texte, Voltaire y insère ici et là soit quelques phrases, soit un ou plusieurs paragraphes, s'inspirant de ses préoccupations actuelles. Ainsi pendant qu'il tente de faire accepter au ministère français son projet de char de combat, il relève que la Chine ancienne faisait usage de «chariots armés».[5] Insertions particulièrement nombreuses dans le dernier chapitre, conclusif, «Résumé de cette histoire».

La réédition de 1769 dans la *Collection complète des œuvres de Mr. de Voltaire*, in-4° (Genève, Cramer), bénéficie de moindres enrichissements. Un seul chapitre nouveau, le onzième, sur les «Causes de la chute de l'empire romain». Celles-ci, Voltaire ne les cherche pas dans la ligne de Montesquieu. Il n'incrimine pas les institutions, mais selon l'esprit de son ouvrage «les mœurs»: elles «étaient changées», et par la faute de la religion. «Le christianisme ouvrait le ciel, mais il perdait l'empire». «Les descendants des Scipion étant devenus des controversistes», tout occupés des «trois hypostases», les Romains ne sont plus capables de contenir aux frontières la pression des barbares.[6] Chapitre qui déjà énonce la

4. Chapitre XCVII dans l'édition définitive.

5. *Essai sur les mœurs*, éd. R. Pomeau (Paris 1990), i.211. Nous renvoyons à cette même édition dans les notes suivantes par le sigle *Essai*.

6. *Essai*, i.304.

thèse de Gibbon (*Decline and fall of the Roman empire*, 1776-1788). En même temps qu'il apporte un argument (qu'on rencontrera sous d'autres formes) à la campagne contre l'Infâme, il contribue à définir une politique voltairienne des Lumières. La plupart des ajouts de détail en 1769 vont dans ce même sens. Ainsi est épinglée la sotte expression du dévot historien Ducas relatant la prise de Constantinople par Mehmet II : les assiégeants poussaient «ce cri impie qui est le signe particulier de leur superstition détestable». Le «cri impie», remarque Voltaire, est «le nom de Dieu, Allah», en arabe. Quant à la «superstition détestable», elle était «chez les Grecs qui se réfugièrent dans Sainte-Sophie, sur la foi d'une prédiction qui les assurait qu'un ange descendrait dans l'église pour les défendre».[7] Voltaire ne cessera d'ajouter de telles réflexions jusque dans l'édition posthume de Kehl, qui recueillera des annotations portées sur un exemplaire de l'édition «encadrée» de 1775.

Le Siècle de Louis XIV, de par sa composition, ne permettait pas l'adjonction de nouveaux chapitres. Mais tout autant que l'*Essai sur les mœurs* il se prête à l'insertion de précisions, de compléments, de remarques. Les uns et les autres, comme il va de soi, s'inspirent des intentions polémiques de Voltaire en ces années 1760-1770. Par exemple, une édition séparée du *Siècle de Louis XIV*, en 1768 (4 volumes in-8°, Genève, Cramer), à propos de tel épisode de la politique pontificale, observe qu'«il y a toujours deux poids et deux mesures pour les droits des rois et des peuples», et que l'influence du Vatican serait incompréhensible «si l'on ne savait combien l'usage a de force».[8] Plus loin est ajouté le portrait d'un certain évêque de Munster, qui fut un «brigand à gages».[9] La plus développée des additions se lit dans le texte de 1761, à la fin du chapitre dernier, des «Cérémonies chinoises». Les éditions antérieures s'arrêtaient à la fin du règne de Cam-Hi (Kangxi) et concluaient sur une note rassurante: «l'esprit philosophique qui gagne de jour en jour semble assurer la tranquillité publique». En 1768, Voltaire actualise son texte. Il ajoute un assez long développement sur le règne de Yontching (Yong-zhen, 1723-1736). Ce fut, à l'en croire, une sorte d'âge d'or chinois. Dans chaque province, le meilleur laboureur était solennellement élevé au grade de mandarin. Des réserves de riz étaient constituées, en vue des années de disette. L'empereur devint si populaire qu'on le célébrait par des réjouissances publiques. Mais Yontching les interdit: elles coûtaient trop cher. L'idéalisation de la Chine par Voltaire atteint ici un sommet. «Malheureusement», continue-t-il, ce fut ce souverain exemplaire qui proscrivit la religion chrétienne. La faute en reviendrait entièrement aux disputes entre missionnaires, qui indignèrent l'empereur quand il les apprit. Seul le P. Parennin demeura à la cour, en tant

7. *Essai*, i.821.
8. *OH*, p.706.
9. *OH*, p.710.

que mathématicien et interprète. Les autres sont reconduits à Macao, avec des égards. Mais ceux qui tentent de revenir sont condamnés à mort et exécutés. Ainsi prit fin l'évangélisation de la Chine. Voltaire ne s'en tient pas là. Il va terminer le chapitre et tout *Le Siècle de Louis XIV* par un trait qui restera célèbre, mais qui fut une addition de 1768. Les *Lettres édifiantes et curieuses* des jésuites recouraient à des procédés d'«édification» peut-être naïfs, en tout cas contestables. Les pères ont prétendu que quatre croix étaient apparues «dans les nuées sur l'horizon de la Chine». Ils ont montré ces croix dans une illustration de leur périodique. «Mais», demande Voltaire, «si Dieu avait voulu que la Chine fût chrétienne, se serait-il contenté de mettre des croix dans l'air? Ne les aurait-il pas mises dans le cœur des Chinois?».[10]

Voltaire, historien engagé, avait rencontré des contradicteurs. L'un des plus virulents fut, on se le rappelle, La Beaumelle. Or le débat entre les deux hommes, toujours injurieux, tend cependant à s'espacer. L'auteur des *Mémoires de Mme de Maintenon*, sous le coup d'une lettre d'exil, avait dû se retirer dans le Languedoc (1757). Puis il s'était établi à Toulouse (1759). Protestant notoire, il prend la défense de Jean Calas pendant son procès. Il vit sans plaisir aucun Voltaire se charger de l'affaire, après l'exécution du malheureux huguenot. La Beaumelle se trouvait du même côté que son pire ennemi. Il pouvait d'autant moins s'en dégager qu'il épousa une sœur de Lavaysse, co-inculpé de Jean Calas. Il alla vivre avec elle dans leur château de Mazères (1764).[11] C'est là que l'atteignirent deux pamphlets successifs de Voltaire. En avril 1767, une de ces *Honnêtetés littéraires*, dont nous allons parler, dénonçait les «contorsions» du style à la mode: c'est La Beaumelle qui est visé. A la suite des *Honnêtetés*, une *Lettre* développe une critique acrimonieuse contre des détails des *Mémoires de Mme de Maintenon* publiés naguère par La Beaumelle. Bientôt Voltaire allait encore renchérir par son *Mémoire pour être mis à la tête de la nouvelle édition qu'on prépare du Siècle de Louis XIV et pour être distribué à ceux qui ont les anciennes*. Le *Mémoire* était destiné à paraître à la tête de l'édition de 1768 du *Siècle*. Mais il fut publié séparément en 1767 et reproduit avec des coupures dans le *Journal encyclopédique* (1er et 15 août 1767). Comme l'annonçait le titre, il fut «distribué», mais avec une particulière générosité dans le Languedoc et dans le pays de Foix. C'est là-bas en effet que se situait la cible, en la personne du seigneur de Mazères. Voltaire commence par insister sur son souci d'objectivité, sur l'ampleur et la qualité de sa documentation dans *Le Siècle de Louis XIV*.[12] Après ce préambule, il se lance

10. *OH*, p.1107-109.

11. Sur cette période de la vie de La Beaumelle, voir Claude Lauriol, *La Beaumelle: un protestant cévenol entre Montesquieu et Voltaire* (Genève 1978), p.535-47.

12. M.xvi.355-57.

dans une charge à fond contre La Beaumelle, comparé à «un gueux échappé des Petites-Maisons». Tel est le ton. Sont dénoncées comme attentatoires à la famille royale et aux plus hautes personnalités de l'Etat les affirmations de La Beaumelle, citations à l'appui. En conclusion le «monstre» est dénoncé aux autorités. Pourquoi tant de fureur? Voltaire lui attribuait la publication, en 1766, des *Lettres de M. de Voltaire à ses amis du Parnasse*, de *Monsieur de Voltaire peint par lui-même*, des *Lettres secrètes de Monsieur de Voltaire*. En outre, il prétend avoir reçu, en dix ans, quatre-vingt-quinze lettres anonymes, que La Beaumelle lui aurait écrites ou fait écrire.[13] Compte certainement «fantastique». Toujours est-il qu'il a envoyé au ministère la quatre-vingt-quinzième. En 1769 encore, Voltaire rédige une préface pour les *Souvenirs* de Mme de Caylus, nièce éloignée de Mme de Maintenon. Il ne laisse pas échapper l'occasion d'y placer une diatribe contre La Beaumelle, taxé de «l'ignorance la plus grossière» et de «la fatuité la plus révoltante», et traité de «gredin».[14]

La querelle était donc relancée, à son niveau d'insultes le plus élevé. La Beaumelle devait répondre. Il en eut le dessein. Mais ses forces le trahissaient. Depuis 1762, il est miné par un mal (tuberculose? cancer?) qui l'exténue. L'avènement de la nouvelle favorite, Mme Du Barry, dont il connaît la mère, lui permet de revenir à Paris (1769). Va-t-il rouvrir les hostilités? Mais squelettique, bourré de narcotiques pour apaiser ses souffrances, il est incapable d'aucun effort. Il mourra au cours d'un nouveau voyage à Paris (17 novembre 1773), laissant pour toute vengeance posthume une édition annotée de *La Henriade*, que publiera Fréron.

Depuis longtemps un autre champion était entré en lice, le P. Claude François Nonnotte, jésuite. Il est l'un de ceux dont le nom survit, attaché à celui de Voltaire. Ce religieux provincial n'avait rien qui pût attirer l'attention. Né à Besançon (1711), il se retira dans sa ville natale après la fermeture des collèges de la Société de Jésus (août 1761) et la suppression de l'ordre en France (août 1762), décrétées par le parlement de Paris. Homme, nous dit-on, de caractère «enjoué», se plaisant dans la vie mondaine,[15] il se fit apprécier en cette capitale de la Franche-Comté. Il y deviendra membre de l'Académie locale (1781) et y mourra de sa bonne mort (1793). Il aurait sombré dans un profond oubli s'il n'avait eu l'idée de s'attaquer à l'*Essai sur les mœurs*. En 1762, il publie *Les Erreurs de Voltaire*, deux volumes in-douze. Livre promis à un long succès. Passant pour une réfutation décisive de l'auteur impie, il sera réédité une quinzaine de fois, la

13. M.xxvi.364. Voir A. Feugère, «Un compte fantastique de Voltaire: quatre-vingt-quinze lettres anonymes attribuées à La Beaumelle», *Mélanges Paul Laumonier* (Paris 1935), p.435-49.

14. M.xviii.287.

15. Ainsi le présente la notice du Larousse du dix-neuvième siècle (le *Grand dictionnaire universel*).

dernière édition étant celle de 1823, en trois volumes.[16] Dans le roman de Flaubert encore, lorsque le curé Bournisien, dépassé par la crise mystique de Madame Bovary, demande au «libraire de Monseigneur» à Rouen de lui envoyer «quelque chose de fameux pour une personne du sexe qui était pleine d'esprit», *Les Erreurs de Voltaire* feront partie du lot.[17]

Nonnotte avait eu l'inspiration d'inventer un titre. *Les Erreurs de Voltaire*: ce seul énoncé porte à croire que l'historien de l'*Essai sur les mœurs* continuellement se trompe. Sur le plan des faits, son crédit serait ruiné. En réalité, lesdites «erreurs», comme le précisait le sous-titre, sont tout autant «dogmatiques» qu'«historiques». Nonnotte expose longuement que Voltaire erre parce qu'il s'écarte de la doctrine de l'Eglise. Sur les faits historiques eux-mêmes, le critique prend en défaut plusieurs fois son auteur. Mais il lui arrive aussi de se tromper lui-même. Voltaire n'avait pas tout à fait tort d'inscrire sur son exemplaire «Erreurs de Nonnotte».[18]

Il avait été alerté par l'éditeur même de Nonnotte. Fez, imprimeur-libraire à Avignon, lui proposa de lui vendre pour 3 000 livres la totalité de l'édition (1 500 exemplaires).[19] Bien entendu, Voltaire refusa, en persiflant: il craindrait d'être excommunié s'il supprimait une édition si utile.[20] L'ouvrage étant d'abord anonyme, il s'enquiert de l'auteur.[21] Informé, il fera un sort au nom comique de son homme.[22] Il avait intitulé sa réponse *Eclaircissements historiques*, énoncé sans relief.[23] Mais dès les premières pages, il trouve le titre qui porte: non pas «erreurs», mais «Sottise de Nonnotte». Ainsi vont défiler, dûment numérotées, trente-trois «Sottises de Nonnotte», auxquelles une trente-quatrième s'ajoutera en 1769. L'auteur de tant de «sottises» est pris à partie directement. Ainsi, à propos de la polygamie des rois francs, Voltaire l'apostrophe: «Ex-jésuite de province, pauvre Nonnotte, tu parles de femmes! De quoi t'avises-tu?»[24] Allusion aux goûts peu orthodoxes prêtés aux jésuites. Ou, sur l'origine de la messe: «Dis-

16. Selon Th. Besterman, D10430, note 1.

17. Flaubert, *Madame Bovary* (Paris 1971), p.220. *Madame Bovary* est de 1857, mais l'action est censée se situer vers 1840.

18. BV, n° 2579. L'exemplaire est une édition de 1766, «avec la réponse aux *Eclaircissements historiques* de Mr. de Voltaire». Voltaire possèdera également, du même auteur, *Dictionnaire philosophique de la religion où l'on établit tous les points de la religion, attaqués par les incrédules et où l'on répond à toutes leurs objections* (1772, 4 vol., BV, n° 2578), et *Petit traité philosophique sur la religion* (1772, extrait du précédent; BV, n° 2580).

19. D10430 (30 avril 1762).

20. D10451 (17 mai 1762).

21. D10698 (9 septembre 1762), à Damilaville.

22. Sur l'origine duquel Albert Dauzat, *Les Noms de famille de France*, 3e édition (Paris 1988), ne donne aucune indication.

23. Paru dans le tome VIII, 1763, de l'*Essai sur les mœurs* (Genève, Cramer).

24. M.xxiv.489.

tu la messe, Nonnotte? Eh bien, je ne te la servirai pas.»[25] Plus tard, dans une 22e *Honnêteté littéraire* il «revient» à son «cher Nonnotte», et l'interroge: «Petit Nonnotte, rabâcheras-tu toujours les contes de la légion thébaine? [...] Crois-moi, Nonnotte, marions les six mille soldats thébains aux onze mille vierges, ce sera à peu près deux filles pour chacun; ils seront bien pourvus [...] Cours après les trois cents renards que Samson attacha par la queue; dîne du poisson qui avala Jonas; sers de monture à Balaam, et parle, j'y consens encore; mais, par saint Ignace, ne fais pas le panégyrique d'Aod, qui assassina le roi Eglon, et de Samuel qui hacha en morceaux le roi Agag, parce qu'il était trop gras [...] Vois-tu, j'aime les rois, je les respecte, je ne veux pas qu'on les mette en hachis, et les parlements pensent comme moi, entends-tu, Nonnotte?»[26]

Bientôt un autre ex-jésuite est apparu. Et il se nomme Patouillet. Nonnotte et Patouillet, couple onomastiquement réjouissant que Voltaire n'eut pas à inventer:

> O Patouillet! O Nonnotte, et consorts,
> O mes amis [...][27]

Contre Nonnotte, les *Honnêtetés littéraires*, parues en avril 1767, passent aux attaques personnelles. L'ex-jésuite serait logé par une vieille fille (avec insinuations sur ses relations avec sa logeuse). Voltaire croit pouvoir triompher en annonçant que le père de son adversaire était «fendeur de bois» et sa mère «blanchisseuse».[28] Ulcéré, Nonnotte a répondu par une *Lettre d'un ami à un ami*, à quoi Voltaire riposte par une *Lettre* d'un prétendu «avocat» de Besançon.[29] Tombée à ce bas niveau, la polémique n'abandonne pourtant pas les contestations historiques: l'«avocat de Besançon» parle encore du centurion Marcel, de la légion thébaine, etc.

Le débat historique mériterait seul de nous retenir ici. Il serait néanmoins fastidieux de suivre, d'«erreurs» en «sottises», la contestation entre Voltaire et Nonnotte. Elle porte presque toujours sur des détails, parfois sans grande portée. Nonnotte eut au moins le mérite d'obliger Voltaire à rompre avec une pratique détestable: il omet le plus souvent de citer ses sources. Pour répondre, il est amené à donner ses références avec toute la précision souhaitable. Ainsi, sur les séculiers, et les femmes mêmes, qui avaient le droit de confesser, il renvoie à saint Thomas, *Somme théologique*, «page 255 de la IIIe partie, édition de Lyon,

25. M.xxiv.491.
26. M.xxvi.142-43.
27. M.xxvi.119, 151, 153. Patouillet est accusé d'avoir collaboré à la rédaction d'une *Instruction pastorale* (23 janvier 1764) de Mgr de Montillet, archevêque d'Auch, en faveur des jésuites, où Voltaire est attaqué. Voltaire répond à Montillet par une *Lettre pastorale*, M.xxv.469-70 et M.xxvi.155-56.
28. M.xxv.147, 151.
29. M.xxvi.569-70.

1738», et à l'abbé Fleury, «livre LXXVI, tome XVI, page 246 de l'*Histoire ecclésiastique*».[30] D'autres que Nonnotte attaquèrent sur le terrain historique l'*Essai sur les mœurs*. Un anonyme s'en prit à l'ouvrage en 1759, «au sujet de Mahomet et du mahométisme». Voltaire répond par une *Lettre civile et honnête*. Il s'agissait de savoir si le grand-père de Mahomet eut dix ou douze fils, si le père du prophète fut le premier ou le dernier de ceux-ci, et si Mahomet avait deux mois ou trois mois lorsque mourut son géniteur.[31] Voltaire se moque de telles broutilles, mais il ne juge pas superflu de se défendre à leur sujet. L'un de ses principes est qu'en matière d'histoire, «il faut éclaircir les faits», même minimes.[32] Autres «éclaircissements» dans des opuscules que Voltaire intitule: *Conclusion et examen* (1763), *Remarques pour servir de supplément à l'Essai sur les mœurs* (1763), *Le Président de Thou justifié* (1766), *Du gouvernement et de la divinité d'Auguste* (1766), *Des conspirations contre les peuples* (1766). En 1767, le recueil déjà cité énumère vingt-six *Honnêtetés littéraires*. Y sont passés en revue et fustigés, l'un après l'autre, Hubner, Goudar, *La Gazette ecclésiastique*, Desfontaines et Fréron, Caveirac, Pompignan, Chaumeix, Palissot, Jean-Jacques Rousseau, Guyon, Jacob Vernet. Et puis soudain Voltaire développe une longue vingt-deuxième *Honnêteté* où il discute dix-sept points contestés par Nonnotte.

Dans ce maquis historique, quelques massifs se détachent. Ainsi la première des *Remarques pour servir de supplément à l'Essai sur les mœurs* doit retenir l'attention. Voltaire revient sur les origines de l'ouvrage, à savoir le dégoût de Mme Du Châtelet pour ces histoires qui ne sont qu'«entassement de faits inutiles». Pour satisfaire cette «femme philosophe», il lui a proposé «l'histoire de l'esprit humain»: alors le «chaos d'événements» prend un sens.[33] Voltaire est amené ici à préciser ce qu'est cet «esprit des nations», inscrit au titre du livre: notion quelque peu ambiguë. Alphonse Dupront estimait que «l'histoire de la civilisation et l'histoire du mental collectif» y sont «encore emmêlées».[34] Les *Remarques* de 1763 tendent à «démêler» la confusion en introduisant la notion d'*opinion*, laquelle relève évidemment du «mental collectif». «C'est donc l'histoire de l'opinion qu'il fallut écrire.»[35] Mais par les exemples proposés cette opinion apparaît comme un facteur négatif. L'opinion fut, selon Voltaire, ce qui «enfanta les funestes croisades des chrétiens contre les mahométans et contre des chrétiens même».[36] L'opinion a «produit [...] l'établissement de la religion de Mahomet», et c'est même «le

30. M.xxiv.504.
31. M.xxiv.124-49.
32. M.xxvi.147.
33. M.xxiv.543.
34. Cité dans *Essai*, i.xxxv.
35. M.xxiv.547.
36. M.xxiv.547.

plus grand changement [...] sur notre globe» dont elle soit responsable.[37] Elle «a fait les moines».[38] Elle «a fait les lois»: des lois «presque partout incertaines, insuffisantes, contradictoires», improvisées pour faire face aux besoins du moment.[39]

Contre l'opinion génératrice de maux, un remède: la raison. L'opinion, toujours elle, a causé «les guerres intestines de religion» qui ont désolé l'Europe. Heureusement «depuis environ cinquante ans», «la raison, s'introduisant parmi nous par degrés, commence à détruire ce germe pestilentiel qui avait si longtemps infecté la terre». Exemple: pendant les beaux jours du siècle de Louis XIV, «on ne pense dans Paris rien de ce qu'on avait pensé du temps de la Ligue et de la Fronde».[40] Un article des *Questions sur l'Encyclopédie* (1771) reprendra cette interprétation de l'histoire comme une lutte de la raison contre l'opinion. Les opinions apparaissent «lorsqu'une nation commence à se civiliser», mais alors elles sont toutes «fausses». Voltaire cite des exemples évidents: croyances aux sorciers, aux possessions diaboliques, aux exorcismes, aux influences de la lune. «L'honnête homme» qui en douterait «courrait risque d'être lapidé. Il faut des siècles pour détruire une opinion populaire.» «Quand la raison vient combattre» l'opinion, «la raison est condamnée à la mort». «Il faut qu'elle renaisse vingt fois de ses cendres pour chasser enfin tout doucement l'usurpatrice».[41] L'historien a le devoir d'aider la raison dans sa lutte. Comment? En transmettant le souvenir de ces «égarements», où l'humanité, même éclairée, risque à tout instant de retomber.[42]

Aussi l'histoire universelle de Voltaire, quoiqu'optimiste en dernier ressort, se développe-t-elle comme une suite d'atrocités. Dans un opuscule de 1766, *Des conspirations contre les peuples ou des proscriptions*, il passe une revue horrifiée des massacres collectifs. Il commence par l'Ancien Testament: 23 000 Juifs mis à mort pour avoir adoré le veau d'or, 24 000 autres tués, parce que l'un d'eux avait été surpris dans la tente d'une Madianite; massacre étrange des Ephraïmites dans la guerre contre Galaad. Les hommes de Galaad s'étaient emparés des gués du Jourdain. Lorsque leurs ennemis se présentaient pour passer, ils leur demandaient de dire *shibolet*: les Ephraïmites se dénonçaient par leur prononciation, *sibolet*; ils étaient aussitôt exécutés. Bilan: 42 000 morts. Chiffres incroyables. Mais Voltaire cite exactement ceux de la Vulgate.[43] Suivent les proscriptions de Sylla, de

37. M.xxiv.555.
38. M.xxiv.562.
39. M.xxiv.573.
40. M.xxiv.553-54.
41. M.xx.136.
42. M.xxiv.554. Voir aussi M.xxiv.569: «La seule manière d'empêcher les hommes d'être absurdes et méchants, c'est de les éclairer.»
43. M.xxvi.1-2. Voir Exode xxxii.28, Nombres xxv.9, Juges xii.6.

Marius, et des Triumvirs, les croisades des Albigeois, les «massacres dans le Nouveau Monde», la Saint-Barthélemy, et l'on en passe. Conclusion: sommes-nous sûrs d'être meilleurs que nos ancêtres? Le supplice du chevalier de La Barre, évoqué *in fine*, en fait douter.[44]

Parmi les sujets qui reviennent fréquemment dans les *Mélanges* historiques de Voltaire, on relève ce qui met en cause la puissance pontificale. Il nie ce qui est considéré comme la justification originelle de celle-ci, à savoir le voyage de saint Pierre à Rome, et son installation dans la capitale impériale comme le premier pape, sous Néron. «Fable», répète Voltaire, notamment dans son opuscule de 1768, *Les Droits des hommes et les usurpations des papes*.[45] Il ne veut pas croire non plus à l'authenticité de ce qui fonda ensuite la puissance temporelle de la papauté: la donation par Pépin le Bref de l'exarchat de Ravenne à l'évêque de Rome. Pépin et Charlemagne auraient seulement placé ces terres italiennes sous l'autorité spirituelle du pape.[46] Quant au temps présent, l'historien demande qu'on s'affranchisse enfin, sur les plans à la fois financier, politique et même religieux, de la tutelle de Rome qu'il estime «usurpée». C'est encore le sujet du *Cri des nations*,[47] contre «les prétentions de la cour de Rome», en un moment où la Maison de Bourbon est en conflit avec la papauté: en 1768, Louis XV a fait occuper Avignon, qui jusqu'à la Révolution restera une possession pontificale. Il apparaît ainsi que les *Mélanges* historiques s'insèrent directement dans la campagne voltairienne contre l'Infâme.

La Philosophie de l'histoire, publiée en 1765, devient dès 1769 le *Discours préliminaire* en tête de l'*Essai sur les mœurs*.[48] Dans l'édition posthume de Kehl elle s'intitule simplement *Introduction* à cet *Essai sur les mœurs*. On pourrait donc supposer que Voltaire a conçu son ouvrage comme un complément nécessaire de son *Histoire générale* qui était censée commencer à Charlemagne. C'est ce que semblent confirmer ses confidences au pasteur Bertrand, de passage à Ferney en août 1764. Il a confié au visiteur qu'il va maintenant «donner l'histoire du monde dès son origine», jusqu'à Charlemagne. Mais, ajoute Bertrand, son propos (que le pasteur tente de combattre) sera de «décrier» les Juifs, en démontrant qu'«ils ont emprunté leur histoire et leurs cérémonies des païens».[49] En fait *La Philosophie de l'histoire* se situe plutôt dans le sillage du *Dictionnaire philosophique*. Voltaire

44. M.xxvi.15.
45. M.xxvii.198.
46. M.xxiv.476, 508.
47. M.xxvii.565 et suiv.
48. Au tome VIII de la *Collection complète des Œuvres de M. de Voltaire*, in-4°, Genève, Cramer, 1769.
49. D12066 (30 août 1764).

en conçoit l'idée après la sortie du *Portatif*, au début de juillet 1764. Il explique à Damilaville quelle est «la meilleure manière de tomber sur l'Infâme»: «débrouiller un peu le chaos de l'antiquité», «faire voir combien on nous a trompés en tout», «rassembler certains points de l'histoire» pour «laisser le lecteur tirer lui-même les conséquences», en prenant soin de répandre «quelque intérêt», «quelque agrément».[50] Le projet n'est donc pas celui de l'historien visant à la connaissance objective. Il sera celui d'un polémiste au service de «la bonne cause».[51] D'un polémiste qui emprunte ses arguments à l'histoire, mais qui ne prétend pas développer un panorama continu et complet des civilisations, depuis les origines jusqu'à Charlemagne. L'exposé une fois de plus pratiquera la technique du morcellement. Ce sera une «antiquité à bâtons rompus».[52] Les articles se succèderont, chacun attaquant sur un point précis, comme ceux du *Dictionnaire philosophique*. Une différence toutefois: ils seront disposés dans un ordre non pas alphabétique, mais *grosso modo* chronologique. Tel est le sens du titre, comme l'a bien vu J. H. Brumfitt. Voltaire n'apparaît nullement comme un précurseur des philosophes de l'histoire, en particulier allemands, du siècle suivant. Sa «philosophie de l'histoire» désigne seulement «les enseignements qu'un philosophe tire de l'histoire», contre l'Infâme.[53]

Une œuvre aussi dangereuse imposait, pour son impression et sa diffusion, les précautions de clandestinité. Elle n'est pas confiée à Cramer, mais à Gabriel Grasset. Sur les huit éditions connues de 1765, six sont données comme imprimées «A Amsterdam, chez Changuion»,[54] provenance que confirme Voltaire dans sa correspondance: éditions toutes fort chargées de fautes, trahissant la hâte d'une fabrication clandestine. A la fois par jeu et par prudence, Voltaire attribue *La Philosophie de l'histoire* à un «abbé Bazin», totalement inconnu, et d'ailleurs décédé. Cet abbé est censé «respecter» la religion.[55] Figure évanescente, comme à l'ordinaire: à un certain moment, «feu l'abbé Bazin» est présenté comme vivant encore, étant «chanoine de Saint-Honoré».[56] En tout cas, pas un instant le public ne s'y est trompé, malgré les désaveux insistants de l'auteur.[57] Le roi lui-même fut informé que *La Philosophie de l'histoire* était de Voltaire.[58]

Le livre se répandit difficilement dans Paris, d'abord par les seuls circuits privés.

50. D11978 (9 juillet 1764).
51. D11974 (6 juillet 1764), aux d'Argental.
52. D12535 (10 avril 1765), aux d'Argental.
53. *OC*, t.59, p.13.
54. Voir *OC*, t.59, p.79-80. Mais voir Andrew Brown et Ulla Kölving, «Voltaire and Cramer?», *Le Siècle de Voltaire*, i.161-62.
55. Affirmation paradoxale, qui revient fréquemment dans la correspondance.
56. D12968 (vers le 6 novembre 1765), à Mme Du Deffand.
57. D12606, D12612, D12614, D12623.
58. D12626 (30 mai 1765), à Damilaville.

Dès le 17 mars 1765, Voltaire en a envoyé aux d'Argental «le commencement»: probablement les premiers cahiers à l'état d'épreuves. Il leur demande d'engager l'officieux Marin d'en «favoriser le débit».[59] Damilaville le lira un mois plus tard. Mais il n'a pas encore reçu les exemplaires imprimés en Hollande: il les distribuera autour de lui comme il vient de faire du *Catéchisme de l'honnête homme*.[60] Le 4 mai, Voltaire craint encore que Damilaville n'ait toujours pas «le Bazin de Hollande», les intermédiaires prévus – un M. Gaudet, un M. de Raimond – s'avérant défaillants.[61] Mais à Paris «l'enchanteur Merlin» en avait tiré sur ses presses clandestines une édition, jusqu'ici non identifiée, rapidement épuisée. Voltaire le conjure d'en faire une deuxième.[62] Ces impressions parisiennes éveillèrent les soupçons de la police des livres. Le 3 juillet, d'Hémery et ses acolytes perquisitionnèrent chez Merlin: pas de *Philosophie de l'histoire*. Le libraire reconnut seulement en avoir reçu, huit jours plus tard, six exemplaires. Il nomme les clients auxquels il les distribua: de hauts personnages. Obstinés, les policiers allèrent interroger deux brocheuses: la veuve Desprès et la dame Ratillon. Chacune finit par reconnaître qu'elle avait broché 200 *Philosophie de l'histoire* pour le sieur Merlin: 400 exemplaires à cette date dispersés dans la clientèle parisienne, et naturellement introuvables.[63] Les autorités de Genève avaient réagi plus vite, mais sans plus de résultat. Le Consistoire avait dénoncé le livre au Magnifique Conseil. Perquisitions le 26 avril «chez tous les imprimeurs, relieurs, libraires et loueurs de livres»: on n'a rien trouvé. Néanmoins interdiction de vendre ce pernicieux ouvrage, renouvelée le 21 mai.[64]

L'ouvrage de «l'abbé Bazin» n'en fut pas moins suffisamment lu pour que sa réception mérite l'attention. Voltaire l'avait dédié «A très haute et très auguste princesse Catherine seconde [...] protectrice des arts et des sciences, digne par son esprit de juger des anciennes nations, comme elle est digne de gouverner la sienne».[65] Apparemment Voltaire n'avait pas sollicité l'accord préalable de la dédicataire. Il entend compromettre la tsarine avec la philosophie la plus militante. Dans le corps de l'ouvrage, le chapitre XIV se termine, à propos des Scythes, par un éloge appuyé de l'impératrice. Celle-ci ne vient-elle pas de confirmer son engagement «philosophique» en offrant à Diderot de quoi doter généreusement sa fille, sous prétexte de lui acheter sa bibliothèque, dont il garde l'usufruit?[66]

59. D12468.
60. D12569 (24 avril 1765).
61. D12580 (4 mai 1765).
62. D12558 (19 avril 1765).
63. D.app.265.
64. D.app.264.
65. J. H. Brumfitt, en tête de son édition, *OC*, t.59, p.84, reproduit la disposition typographique de la dédicace.
66. D12556 (18 avril 1765), de Damilaville.

Mais c'était un peu forcer la main à la souveraine. Louer «les progrès de la félicité de l'empire»,[67] fort bien. L'approuver, comme il le fera ailleurs, d'avoir placé sous sa tutelle, à l'exemple de Pierre le Grand, l'Eglise orthodoxe, elle en sera d'accord. Mais l'associer à la démolition idéologique de ce qui constitue les fondements de cette Eglise dont elle est la souveraine, Catherine II ne peut aller aussi loin. Sa réponse marque une certaine réserve. L'ouvrage était censé être «offert très humblement par le neveu de l'auteur». La tsarine feint donc de s'adresser, à la troisième personne, à ce «neveu» de l'abbé Bazin. Elle mande qu'elle «a lu ce beau livre d'un bout à l'autre avec beaucoup de plaisir». Mais elle ajoute, en son style incertain, qu'elle «ne s'est point trouvée supérieure à ce qu'elle a lu parce qu'elle fait partie de ce genre humain si rempli et si enclin à goûter les absurdités les plus étranges».[68] Voltaire insiste par une lettre des plus flatteuses.[69] Il loue «l'étendue» du «génie», de «l'esprit», du «courage» de l'impératrice. Puisque désormais «la vérité vient du nord», on pourrait croire que *La Philosophie de l'histoire* avait été composée en Russie. Voltaire tente visiblement d'insinuer que cette «philosophie» est celle même de l'autocratrice. Catherine II réplique sans ménager les flatteries à son correspondant, en daubant sur Abraham Chaumeix qui se trouve être alors à Saint-Pétersbourg, mais sans exprimer d'adhésion formelle aux audaces voltairiennes.[70] L'épisode marque les limites de son engagement «philosophique» et peut-être en laisse deviner la nature.

D'autres lecteurs, parmi les correspondants les mieux disposés à l'égard de Voltaire, demeurent pareillement assez réservés. La duchesse de Saxe-Gotha a lu *La Philosophie de l'histoire* avec d'autres ouvrages «sortis du même esprit séducteur et de cette plume enchanteresse».[71] Mais elle s'abstient de commenter particulièrement l'ouvrage de «l'abbé Bazin». Cideville a lu ce livre et le *Dictionnaire philosophique* «avec un très grand profit», sans insister davantage.[72] Du côté de Mme Du Deffand la réticence va jusqu'à la réprobation. La marquise a dû recevoir *La Philosophie de l'histoire* dans le lot de «petites brochures» que lui a apporté Florian, époux en secondes noces de Mme de Fontaine, la nièce de Voltaire.[73] Le 28 décembre elle l'a lue, ou plutôt on la lui a lue. Elle en fait la critique, sans mention du titre. Elle désapprouve l'engagement militant de Voltaire: «Vous combattez et détruisez toutes les erreurs, mais que mettez-vous à leur place? [...] Tous discours sur certaine matière me paraissent inutiles [...]

67. *Essai*, i.52.
68. D12631 (mai-juin 1765).
69. D12809 (24 juillet 1765).
70. D12865 (2 septembre 1765).
71. D12872 (7 septembre 1765).
72. D12827 (13 août 1765).
73. D12956 (27 octobre 1765).

Je regrette toujours de vous voir occupé de certains sujets que je voudrais qu'on respectât assez pour n'en jamais parler, et même pour n'y jamais penser.»[74] Son scepticisme aristocratique s'accommode fort bien d'un conformisme de façade. Ce n'est certes point elle qui entreprendrait d'«écraser l'Infâme». Elle joint à la sienne une autre lettre, de son ami le président Hénault, qui est, lui aussi, un historien. Celui-ci blâme sans détour «l'abbé Bazin», après avoir fait cependant l'éloge de Voltaire poète. «Qu'a-t-il voulu ce M. Bazin?» En son livre, Hénault ne voit que «la solitude ou le désespoir». «La religion est détruite», elle qui console hommes et femmes dans leurs malheurs. «C'est fait de tous les devoirs de la société, de l'harmonie de l'univers. M. Bazin n'y laisse plus que des brigands».[75] Hénault se trompe assurément en interprétant *La Philosophie de l'histoire* comme un ouvrage nihiliste. Mais la force corrosive de la critique voltairienne fait que le lecteur est surtout sensible aux aspects négateurs.

En revanche, on ne s'étonnera pas que «l'abbé Bazin» recueille des applaudissements chez les militants de la campagne contre l'Infâme. Bien entendu, Damilaville juge le livre «admirable, plein de philosophie, de vues justes, lumineuses et nouvelles».[76] Voltaire s'attendait moins, certainement, à deux autres lettres d'approbation enthousiaste. Le comte Andrei Petrovitch Shouvalov vient de faire un séjour à Ferney. Il brûle d'y retourner comme son hôte l'y a invité. Car il mande de Turin que tout ce qu'il voit ici le consterne: partout «des prêtres, des simulacres, des églises, des processions». «Les moines sont les souverains de cette belle contrée.» Que sera-ce quand il arrivera à Rome! Il supplie Voltaire de faire traduire en italien *La Philosophie de l'histoire*, avec le *Dictionnaire philosophique* et les *Lettres sur les miracles*. «Peut-être est-ce l'unique moyen de rendre plus sensés les dix millions d'hommes qui habitent la patrie des César et des Virgile.»[77] L'autre lettre vient d'Allemagne. Le sieur Reichard, de Göttingen, remercie Voltaire de lui avoir fait «rompre les chaînes sacrées de la superstition». Comme «les gens sensés», il ne trouve «que des vérités» dans *La Philosophie de l'histoire*. Malheureusement le livre rencontre des contradicteurs. Reichard a donc rédigé une défense de l'abbé Bazin (bien avant que le «neveu» ne s'en charge...). Mais il l'a écrite en allemand. Il cherche un éditeur.[78]

«L'abbé Bazin» bousculait les idées reçues en matière d'histoire ancienne. Il sapait les bases d'un certain confort intellectuel, celui du président Hénault, ou celui de Mme Du Deffand. En revanche «l'abbé Bazin» apportait des arguments

74. D13070 (28 décembre 1765).
75. D13069 (28 décembre 1765).
76. D12569 (24 avril 1765).
77. D12926 (9 octobre 1765).
78. D14548. Reichard a même écrit deux ouvrages pour la défense de son auteur préféré. On ne connaît pas de réponse de Voltaire à cette lettre.

à tous les mécontents mal à l'aise dans la société, détachés d'une orthodoxie figée, qui se font plus nombreux à travers l'Europe à mesure qu'avance le siècle. Voltaire, sous le masque de son abbé, se propose de détruire l'historiographie de la tradition, à finalité apologétique. Il va ainsi parcourir une longue période allant de l'origine géologique de la terre, jusqu'à la chute de l'empire romain. Mais son dessein, dans cette sorte d'*Introduction* à l'*Essai sur les mœurs*, n'est pas de retracer l'histoire de la civilisation. Celle-ci tient peu de place dans l'ouvrage de «l'abbé Bazin».[79] La cible est l'historiographie chrétienne, telle que Bossuet, Rollin et maints autres croyaient pouvoir la fonder sur les textes du Pentateuque, conçus comme des documents historiques, ayant une valeur absolue, puisqu'ils sont censés avoir été inspirés par l'Esprit saint lui-même. Or ce que l'on commence à savoir de l'Orient ancien rend inacceptable une vision aussi étroite, destinée à soutenir une propagande religieuse, elle-même fondement de la puissance de l'Infâme. Il ne s'agit pas seulement de démontrer «l'excès de bêtise de nos histoires anciennes, à commencer par celle de Rollin».[80] Il faut «faire voir combien on nous a trompés en tout».[81] Voltaire n'a pas l'idée que les textes de l'Ancien Testament peuvent avoir une justification sur le plan du mythe, et qu'il existe en un certain sens une vérité du mythe. Une telle interprétation ne se présentera pas davantage à l'esprit de ses contradicteurs. Les réfutateurs de «l'abbé Bazin» s'évertueront, en vain, à défendre la rigoureuse exactitude historique des récits rassemblés dans le Pentateuque. Voltaire a, quant à lui, le sentiment exaltant de détruire les fables,[82] dont on a si longtemps empoisonné les esprits. Ecartant ces nuées malfaisantes, il va atteindre à la vérité de l'histoire. «Tout ce que je découvre», confie-t-il, «dépose furieusement contre l'Infâme».[83] C'est avec l'enthousiasme de l'explorateur qu'il s'aventure dans ces terres inconnues. Aussi le lecteur demeure-t-il sensible à une «fraîcheur de l'approche», et même à «l'éclat des intuitions»,[84] bien que le plus souvent les spéculations de «l'abbé Bazin» apparaissent sans valeur au regard de la science moderne.

Il est bien vrai que l'Orient ancien restait un vaste domaine à découvrir. Voltaire avait raison de le penser. Mais il était mal armé pour s'engager dans une telle entreprise. Il connaît mal le grec, et ignore totalement l'hébreu. Il reste donc tributaire des historiens anciens et des commentateurs modernes. Il demande des

79. Ainsi que le remarque justement J. H. Brumfitt, *OC*, t.59, p.56.

80. D12501 (25 mars 1765), à Damilaville.

81. D11978 (9 juillet 1764), au même.

82. La «fable», et non le «mythe», mot inusité au dix-huitième siècle. Dauzat, Dubois, Mitterand, *Nouveau dictionnaire étymologique et historique* (Paris 1964), et le grand Robert (Paris 1966), signalent son premier emploi en 1818. La fable est une fiction mensongère. Fontenelle a écrit un traité *L'Origine des fables*. Voltaire assimile «l'histoire ancienne» aux fables (D11924).

83. D11914, à Damilaville.

84. Brumfitt, *OC*, t.59, p.17.

livres à ses relations les plus sûres: à Gabriel Cramer, il demande Kircher, Pline, puis Huet et Bochart;[85] à Damilaville il demande la *Démonstration évangélique* de ce même Huet.[86] Il a en outre un informateur particulièrement utile en la personne de Moultou. Ce pasteur lui a prêté le livre de Hyde sur la religion des anciens Perses, plus un livre de l'érudit hollandais Van Dale qui n'est peut-être pas le célèbre *De Oraculis* adapté par Fontenelle, mais une autre dissertation latine, soit sur les Septante, soit sur l'origine de l'idolâtrie, soit sur d'autres antiquités romaines et grecques.[87] Moultou lui a communiqué aussi des «passages singuliers» qu'il ne connaissait pas. Il fait lire à ce savant homme des «cahiers» de *La Philosophie de l'histoire* déjà rédigés, et sollicite ses «remarques».[88] Et, comme précédemment, il recourt aux livres de sa bibliothèque. Que sa documentation soit assez ample, compte tenu des conditions où il travaille, c'est ce qu'a établi une recherche de ses sources.[89]

Il privilégie les textes anciens. Un recensement prouve qu'il utilise peu les ouvrages modernes. Un seul recours aux dictionnaires de Moreri et de Bruzen de La Martinière.[90] Il cite Rollin, quatre fois, mais toujours pour le contredire:[91] L'*Histoire ancienne* du recteur de l'Université de Paris est, on le sait, le type même de l'histoire conventionnelle et bien pensante qu'il veut supplanter. De même il combat Buffon, le père Pétau, Bochart, Huet.[92] S'il recourt à des modernes, Herbelot, Hyde, Holwell, Chardin, Couplet, Du Halde, Kircher,[93] c'est que ces auteurs lui offrent une information originale qu'il n'eût pu trouver nulle part ailleurs. Warburton présente un cas particulier. Comme l'a montré J. H. Brumfitt, *The Divine legation of Moses* est une source importante de *La Philosophie de l'histoire*:[94] l'évêque anglican fournissait une arme précieuse au détracteur des anciens Juifs. Le paradoxe, selon lequel l'ignorance de l'immortalité de l'âme prouvait le caractère divin de la mission de Moïse, pouvait facilement être inversé. Warburton, dont Voltaire combat les intentions apologétiques, n'en est pas moins pour lui un guide non-conformiste à travers l'Ancien Testament.

85. D11851, D11912.
86. D11877.
87. D12087, note 2.
88. D12187 (9 novembre 1764).
89. Voir les annotations dans *Essai*, i.3-193.
90. Nous renvoyons au texte de *La Philosophie de l'histoire* dans *Essai*, i.1-193. Moreri, i.19; Bruzen de La Martinière, i.29.
91. *Essai*, i.21, 73, 164, 165.
92. *Essai*, i.5, 86, 98.
93. *Essai*, i.37; Hyde: i.41, 62, 170, 171; Holwell, i.62, 68, 70, 78, 173.
94. Mentionnée six fois: *Essai*, i.47, 91, 95, 133, 134, 151.

Pour le reste, il utilise copieusement Hérodote,[95] Diodore de Sicile,[96] Josèphe.[97] Il recourt aux fragments de Manéthon[98] et de Sanchoniathon.[99] On rencontre dans son texte des renvois à des Grecs et des Latins bien connus: Strabon,[100] Arrien,[101] Polybe,[102] Plutarque,[103] Pausanias,[104], Tite-Live,[105] Pline l'Ancien,[106] Vitruve,[107] Dion Cassius,[108] Suétone,[109] Tacite,[110] Aulu-Gelle,[111] Quinte-Curce.[112] Comme on s'y attendait, il fait appel aux Pères de l'Eglise: Justin,[113] Lactance,[114] Tertullien,[115] Irénée,[116] Clément d'Alexandrie,[117] Origène,[118] Eusèbe;[119] mais aussi à des auteurs beaucoup moins connus: Aboul-Ghâzi,[120] Georges le Syncelle,[121] Sextus Empiricus,[122] Philon,[123] Orose,[124] Zosime,[125] Benjamin de Tudela.[126] Il nous reste cependant à faire état du texte le plus souvent cité dans *La Philosophie de l'histoire*: la Bible, qu'il s'agisse de l'Ancien ou du Nouveau Testament. On ne compte pas moins de cinquante-neuf référen-

95. Onze mentions: *Essai*, i.3, 8, 32, 39, 42, 74, 97, 119, 120, 128, 154.
96. Sept mentions: *Essai*, i.4, 38, 73, 98, 127, 164, 189.
97. Onze mentions: *Essai*, i.20, 88, 90, 105, 123, 160, 161, 163, 173, 178, 179.
98. Sept mentions: *Essai*, i.19, 20, 47, 57, 67, 75, 77.
99. Dix mentions: *Essai*, i.34, 46, 47, 48, 50, 67, 77, 88, 127, 132.
100. *Essai*, i.43, 115.
101. *Essai*, i.164.
102. *Essai*, i.188, 189.
103. Cinq mentions: *Essai*, i.80, 127, 128, 133, 167.
104. Quatre mentions: *Essai*, i.90, 127, 133, 135.
105. Cinq mentions: *Essai*, i.40, 116, 128, 154, 188.
106. *Essai*, i.10, 117.
107. *Essai*, i.39.
108. *Essai*, i.42.
109. *Essai*, i.117.
110. *Essai*, i.118.
111. *Essai*, i.109.
112. *Essai*, i.50, 164.
113. *Essai*, i.110, 113.
114. *Essai*, i.11, 112.
115. *Essai*, i.114, 135.
116. *Essai*, i.114.
117. *Essai*, i.80, 124, 177.
118. *Essai*, i.131, 177.
119. *Essai*, i.83.
120. *Essai*, i.17.
121. *Essai*, i.14.
122. *Essai*, i.43.
123. *Essai*, i.178.
124. *Essai*, i.164.
125. *Essai*, i.134.
126. *Essai*, i.150.

ces.[127] Par comparaison, le Coran, dans la traduction anglaise de Sale, n'obtient qu'une seule mention.[128] Cette prédominance du texte biblique s'explique. Voltaire se propose de remettre à sa vraie place le peuple hébreu. Et l'on sait aussi qu'il est de longue date un lecteur à la fois fasciné et horrifié des Ecritures.

Il a donc utilisé toute l'information qui était à sa portée. Il s'est, en bonne méthode, principalement adressé aux textes les plus anciens, ne recourant qu'exceptionnellement à des ouvrages de seconde main. Subsistent cependant pour lui beaucoup de zones d'ombres, de points d'interrogation. Son esprit décisif recourt alors, comme il l'a fait souvent dans l'*Essai sur les mœurs*, aux vraisemblances: «ces vraisemblances qui me paraissent des certitudes», écrit-il en 1764.[129] Glissement dangereux d'une notion à l'autre. «Ce qui n'est pas dans la nature n'est jamais vrai», lisons-nous dans *La Philosophie de l'histoire*.[130] Certes que Josué ou Zeus ait arrêté le soleil, pour prolonger, l'un une journée de combat, l'autre une nuit d'amour, n'est certainement pas «vrai». Mais qu'est-ce que «la nature» quand il s'agit de la vie sociale? Or c'est précisément un fait de cet ordre que vise le scepticisme de Voltaire en ce passage de *La Philosophie de l'histoire*. Il ne veut pas croire ce qu'Hérodote rapporte de la prostitution sacrée à Babylone. Pour démontrer qu'une telle pratique «n'est pas dans la nature», il la transpose dans le Paris du dix-huitième siècle (aux chameaux près...): «voir accourir dans une église des marchands de chameaux, de chevaux, de bœufs et d'ânes [...] pour coucher devant l'autel avec les principales dames de la ville», «cette infamie peut-elle être dans le caractère d'un peuple policé?» D'abord une telle transposition fausse complètement le texte d'Hérodote.[131] Et puis en matière de société, la «nature» peut-elle être limitée aux mœurs européennes modernes? Sur ce point son contradicteur Larcher aura raison contre lui, citant des exemples analogues, et faisant preuve d'un sens historique qui fait ici défaut à Voltaire.

Pourtant, s'agissant d'autres traits archaïques, fort choquants pour un moderne, Voltaire ne les révoque pas en doute. Il accepte fort bien, par exemple, des marques de la grossièreté du peuple hébreu, ce qui d'ailleurs va dans le sens de sa démonstration. Parmi tant d'épisodes pour nous étonnants (l'adjectif est faible), il a remarqué I Rois v-vi.[132] Selon ce récit, les Philistins s'étant emparés de l'arche sainte, la présence de celle-ci répandit parmi eux une épidémie d'hémorroïdes et une invasion de rats. Pour se débarrasser de ces fléaux, les Philistins restituèrent

127. Pour le détail, nous renvoyons à la table de notre édition de l'*Essai*, ii.980. Rappelons que dans cette édition *La Philosophie de l'histoire* occupe les pages 1-193.

128. *Essai*, i.56.

129. M.xxv.195, à propos du *Testament du cardinal de Richelieu*, dont nous parlerons plus loin.

130. *Essai*, i.42.

131. Comme le souligne J. H. Brumfitt, *OC*, t.59, p.55, 288.

132. *Essai*, i.146.

l'arche, en y joignant cinq anus d'or et cinq rats d'or. Mais sur le chemin du retour, les Bethsamites eurent l'imprudence de regarder cet objet sacré, manifestement affecté d'un *tabou*: ils moururent, au nombre de 50 070! Voilà qui donnait des Hébreux et de leur Dieu une image bien éloignée de la majestueuse noblesse que tentait de suggérer un Dom Calmet, notamment par les magnifiques illustrations de ses ouvrages.

Le peuple hébreu est, dans *La Philosophie de l'histoire*, l'objectif principal. Comme il le répète à ses confidents, Voltaire entend ruiner la prééminence que la tradition chrétienne accorde au «peuple élu». Il lui consacre donc treize des cinquante-trois chapitres du livre,[133] plus nombre de références dans des chapitres traitant apparemment d'autres sujets. Mais il n'aborde pas d'emblée une matière si sensible. Comme il l'exposait à Damilaville, il prépare son lecteur par des considérations qui ne sauraient l'effaroucher, par exemple sur l'humanité primitive, sur l'Amérique, sur les Scythes et les Gomérites. En outre, ce retard met en valeur l'une des idées maîtresses du livre,[134] à savoir que les Juifs sont «un peuple très nouveau». Ils «écrivirent très tard et eurent très tard des lois». Ils «ne s'établirent en Canaan que lorsque les Chaldéens, les Egyptiens, les Syriens, les Phéniciens faisaient déjà une très grande figure dans le monde.» Voltaire commencera donc par ces «nations puissantes» entre lesquelles les Juifs, «misérables habitants d'un petit pays», étaient «resserrés de tous côtés».[135] Les doutes des chronologistes furent pour beaucoup, on le sait, dans ce qu'on a appelé la «crise de la conscience européenne». Comparée à d'autres chronologies bien avérées, la biblique paraissait beaucoup trop courte. L'humanité remontait bien au-delà des six mille, ou même des huit mille ans (selon les Septante) que lui attribue la Bible. Ce peuple relativement récent a donc emprunté à ses voisins. Voltaire inverse les démarches hasardeuses d'une apologétique qui tentait de découvrir dans les mythologies antiques un souvenir corrompu des récits bibliques. Car si les événements du Pentateuque sont premiers, comment se faisait-il qu'on n'en retrouvât nulle trace ailleurs? Bochart avait voulu reconnaître dans les dieux païens des personnages de l'Ancien Testament (Saturne et Noé...). Daniel Huet surtout avait poussé l'entreprise jusqu'à l'absurde. «L'abbé Bazin» se gausse de la *Démonstration évangélique* du «savant évêque d'Avranches» qui identifie Moïse à la fois avec Zoroastre, Esculape, Amphion, Apollon, etc., et enfin avec Priape.[136] Selon Voltaire, c'est évidemment la marche contraire qu'il faut suivre. Si ressemblance il y a, elle s'explique par un emprunt des Juifs. Ainsi – sans être plus convaincant que Daniel Huet – «l'abbé Bazin» suggère que

133. Ch. XVI, «De Bram, Abram, Abraham», et les ch. XXXVIII-XLIX.
134. D12432 (4 mars 1765), à Damilaville.
135. D12087 (15 septembre 1764), à Moultou.
136. *Essai*, i.99.

l'histoire de Moïse est imitée de celle de Bacchus.[137] Plus intrépidement encore, par une de ces spéculations onomastiques dont Voltaire se moquera en d'autres circonstances, «l'abbé Bazin» fait venir Abraham du dieu hindou Brama, par un hypothétique intermédiaire Abram.[138] Voltaire avait pourtant raison de chercher l'origine des croyances hébraïques chez les peuples environnants de l'ancien Orient. Il tomba juste lorsqu'il accorda de l'importance à la cosmologie phénicienne mise sous le nom de Sanchoniathon, assez analogue à celle, postérieure, que devait exposer la Genèse. On sait que par la suite les tablettes cunéiformes de Ras-Shamrah révéleront une mythologie phénicienne toute proche de celle de Sanchoniathon.[139] Voltaire, malgré toutes ses erreurs et ses outrances, a fait œuvre scientifique au moins sur un point capital, lorsqu'il a dépouillé les Hébreux de l'Ancien Testament de leur statut de peuple unique et incomparable.

Il s'en prend par là même au statut de livre inspiré du Pentateuque, dont la véracité devrait être incontestable.[140] Comment croire les chiffres fabuleux qui y sont avancés? Par exemple que dans le petit pays de Madian, de neuf lieues carrées, les Israélites aient trouvé «675 000 brebis, 72 000 bœufs, 61 000 ânes, et 32 000 filles vierges»? L'invraisemblance de ce bilan atténue quelque peu l'horreur des massacres qui s'ensuivirent. Moïse fit mettre à mort la totalité de la population propriétaire de ce cheptel: hommes, femmes, enfants. On n'épargna que les filles vierges: 32 sur les 32 000 furent «réservées pour la part du Seigneur» (immolées en sacrifice?).[141] Voltaire s'indigne de ces effroyables tueries que l'Ancien Testament attribue aux Juifs: peuple atrocement cruel comme l'est son Dieu. Mais tout cela est-il bien vrai? Quand les Hébreux au désert adorèrent le veau d'or, le total des hommes mis à mort par les Lévites, en punition de ce crime, s'élevait-il vraiment à 23 000?[142] Avec une ironie incisive, Voltaire s'attache à ce que le texte sacré présente d'archaïque et de grossier. Du mouvement prophétique il ne retient que les traits qui paraissent fort bizarres au lecteur moderne: Isaïe marchant complètement nu dans Jérusalem, ou les fantaisies érotiques des sœurs Oolla et Ooliba rapportées par Ezéchiel... Il est certain que Voltaire ne fait pas le moindre effort pour comprendre l'esprit religieux des anciens Juifs, qui expliquerait (à défaut de le justifier) ce qui nous paraît si choquant. On mesurera son

137. *Essai*, i.97-98. Dans sa correspondance, Voltaire est plus catégorique: «Toute l'histoire de Moïse est prise mot pour mot de celle de Bacchus», D13250 (13 avril 1766), à Servan.

138. *Essai*, i.55-58.

139. *Essai*, i.47, note 1. Sur Sanchoniathon et la connaissance qu'en avait Voltaire, voir la notice de J.-M. Moureaux, *OC*, t.64, p.402-403. Sanchoniathon ayant fait l'objet d'une étude de Renan, voir l'état actuel de la question par André Caquot, «De quelques œuvres peu connues de Renan», *Etudes renaniennes* 88 (1992), p.4-10.

140. *Essai*, i.129.

141. *Essai*, i.129-30. Voir Nombres xxxi.17-18, 32-40.

142. *Essai*, i.146, et Exode xxxii.28.

incompréhension par comparaison avec ce qu'écrira Renan dans l'*Histoire du peuple d'Israël*, par exemple sur la révélation du dieu du Sinaï, ou sur «le complet épanouissement du prophétisme en Isaïe et en Michée».[143]

«L'abbé Bazin» ne s'en tient pas à saper les fondements historiques de l'Infâme. Il cherche dans l'histoire les justifications de sa «philosophie», en son aspect positif du théisme. Voltaire commence par un chapitre sur «Les changements dans le globe»: c'est ici qu'il paraît le plus éloigné de notre vision moderne. Il n'a pas la moindre idée, à la différence, entre autres, de Buffon, d'une histoire géologique de la terre. Il avait déjà rédigé en 1746 une *Dissertation sur les changements arrivés dans notre globe*, pour nier, ou à peu près, ces changements. Vingt ans plus tard, il fait ici quelques concessions. Il admet que le tracé du littoral a pu se modifier, la mer avançant sur telle côte, reculant sur telle autre. Mais ces phénomènes n'eurent qu'une ampleur limitée, la disposition d'ensemble des océans et des continents demeurant inchangée. L'Atlantide des Anciens aurait été engloutie? Voltaire pense plutôt qu'il s'agissait de l'île de Madère, découverte puis oubliée. Les «coquilles» trouvées très loin de la mer proviennent sans doute d'animaux d'eau douce.[144] Voltaire connaît les spéculations de Woodward, du consul de Maillet, qu'il s'abstient de citer ici. Ces imaginations fantastiques étaient en fait plus proches de ce que nous savons aujourd'hui que son scepticisme prudent.[145] Son conservatisme, même atténué,[146] s'inspire d'une vision déiste de l'univers. Nous le verrons mieux quand seront étudiés, sur d'autres textes, les débats scientifiques où il intervint. Notons cependant dès maintenant, avec J. H. Brumfitt, que le chapitre I de «l'abbé Bazin» s'éclaire par une formule qu'on lira dans *Des singularités de la nature*: «Toutes les pièces de la machine de ce monde semblent faites l'une pour l'autre.»[147] Les pièces peuvent avoir du jeu. Mais, restant ajustées les unes aux autres, elles révèlent un machiniste.

Son anthropologie contredit le monogénisme biblique et chrétien (toute l'humanité descendant d'un couple unique). Mais elle vient encore à l'appui de son théisme. «La Providence» – il emploie ce mot – a «planté» différentes races en différents pays, sans que les unes procèdent des autres. Il énumère: les Blancs, les Nègres, les Albinos (selon lui, «une nation très petite et très rare», qu'il confond peut-être avec les Pygmées), les Hottentots, les Lapons, les Chinois, les Américains, c'est-à-dire les indigènes des deux Amériques. A propos de ces

143. Textes commodément accessibles dans Renan, *Histoire et paroles, œuvres diverses*, éd. Laudyce Rétat (Paris 1984), p.895 et suiv.

144. *Essai*, i.4-5.

145. Comme le remarque J. H. Brumfitt, *OC*, t.59, p.40.

146. Il le sera plus encore dans le *Fragment sur l'histoire générale*, article IV.

147. Cité par J. H. Brumfitt, *OC*, t.59, p.40.

derniers, la question, encore débattue de nos jours: «d'où sont venus les hommes qui ont peuplé l'Amérique?», ne l'embarrasse nullement. Il répond: «On a trouvé des hommes et des animaux partout où la terre est habitable: qui les y a mis? [...] c'est celui qui fait croître l'herbe des champs: et on ne devrait pas être plus surpris de trouver en Amérique des hommes que des mouches.»[148]

Ne craignant pas de remonter aux origines les plus lointaines, telles qu'il se les représente, il s'interroge sur «la religion des premiers hommes». Ils ne furent pas d'emblée théistes. Absorbés par les besoins de la vie quotidienne, «ils ne pouvaient connaître ces rapports de toutes les parties de l'univers, ces moyens et ces fins innombrables, qui annoncent aux sages un éternel architecte».[149] Chez les primitifs, «la raison commencée et erronée»[150] leur fait concevoir quelque puissance supérieure: quelque animal considéré comme «protecteur», ou le soleil, ou un Maître, Seigneur, Chef, chaque petite société ayant sa divinité tutélaire: c'est le temps du polythéisme.[151] Puis viennent les progrès de «la raison cultivée». Alors les meilleurs accèdent à «la connaissance d'un dieu, créateur, rémunérateur et vengeur».[152] Ici apparaît la célèbre formule. Non pas que la création selon Voltaire nous ramène à la laborieuse œuvre des six jours, du dieu de la Genèse: «Un mot et un instant suffisent à la toute-puissance de l'Etre Suprême».[153] L'historien s'efforce de vérifier l'idée que presque partout une élite de sages s'est élevée à la notion d'un dieu unique. Sans doute était-ce le cas des mandarins confucéens, et aussi des prêtres égyptiens.[154] Chez les Grecs «l'unité de Dieu était le grand dogme de tous les mystères».[155] A Rome, «Cicéron, et tous les philosophes, et tous les initiés, reconnaissaient un dieu suprême et tout puissant.»[156] La conviction théiste fut pour beaucoup dans la confiance qu'il accorda à l'apocryphe *Ezour-Veidam*. Il y voit la preuve que les brachmanes de l'Inde, comme tant d'autres sages, reconnaissaient un dieu unique.[157]

Cette philosophie voltairienne comporte les inconvénients d'un élitisme. «Quel est le pays», demande l'abbé Bazin, «qui n'ait pas eu une foule de superstitieux», à côté d'un «petit nombre de sages»? «Ne sait-on pas», continue notre abbé, «que

148. *Essai*, i.28-29.
149. *Essai*, i.13.
150. La formule se lit dans *Essai*, i.182.
151. *Essai*, i.13-14.
152. *Essai*, i.13. L'édition de 1765, et celle de 1769, emploient le mot de «créateur». L'édition encadrée de 1775 lui substitue «formateur» qui s'accorde avec l'idée d'une matière éternelle, peut-être increée.
153. *Essai*, i.166.
154. *Essai*, i.80, 81, 84.
155. *Essai*, i.131.
156. *Essai*, i.17.
157. *Essai*, i.65.

dans tout pays le vulgaire est imbécile, superstitieux, insensé?»[158] En Egypte, «quand les Ptolémées et les principaux prêtres se moquaient du bœuf Apis, le peuple tombait à genoux devant lui.»[159] Voltaire, quant à lui, se moque du dieu adoré par les anciens Juifs, combien éloigné de la Majesté suprême! Ce dieu hébraïque, dans le Paradis terrestre, est «toujours représenté comme un homme; il se promène à midi dans le jardin, il parle, et on lui parle». «Il parle même au serpent.»[160] Voltaire le constate: «dans toutes les religions la divinité prend la figure humaine quand elle vient donner des ordres.» D'ailleurs, continue-t-il, faussement naïf, «il serait difficile d'entendre la voix des dieux, s'ils se présentaient à nous en crocodiles ou en ours.»[161] Que faire donc avec tous ces superstitieux? Le vulgaire «imbécile» mérite-t-il d'être éclairé? Problème politique de la campagne contre l'Infâme.

Ce mordant «abbé Bazin» fut, comme il pouvait s'y attendre, vivement critiqué. La *Correspondance littéraire*, comme elle fait fréquemment à l'égard de Voltaire, mêle le badinage – sur le prétendu «feu abbé Bazin» – à des réserves de fond. Le journaliste se dit déçu de n'avoir pas trouvé dans cet ouvrage «un grand et sublime tableau, digne de tous les temps et de tous les âges». Et il n'est pas d'accord avec l'idée que «la connaissance d'un seul Dieu suprême a été de tout temps commune à toutes les nations».[162] Divergence fondamentale avec Voltaire de l'avant-garde athéiste, qui a eu et qui aura d'autres occasions de se manifester.

Du côté des orthodoxes, les réfutations ne se font guère attendre: par l'abbé Clémence, Larcher, Viret, Roustan, et bientôt par Guénée, l'abbé François et le grand Haller lui-même.[163] On chicane «l'abbé Bazin» sur maints détails, où, il est vrai, il prête souvent le flanc aux coups qui lui sont portés. Il va répondre – nous le verrons bientôt – à son principal et plus dangereux contradicteur, *Toxotès*-Larcher. Mais ces passes d'armes érudites renforcent en lui le «pyrrhonisme de l'histoire».

Non qu'il s'agisse chez lui d'un état d'esprit nouveau. A une époque où les ouvrages historiques s'encombrent encore de récits fabuleux, il se délecte à en railler l'invraisemblance. Au temps où il commençait ce qui deviendra l'*Essai sur les mœurs* (1742-1744), il s'était moqué des contes encore débités par Rollin et par d'autres: les oreilles de Smerdis,[164] Darius proclamé roi par son cheval,

158. *Essai*, i.81, 96.
159. *Essai*, i.81.
160. *Essai*, i.166, 172.
161. *Essai*, i.100-101.
162. CLT, vi.276-80.
163. Voir J. H. Brumfitt, *OC*, t.59, p.64.
164. Voir *OH*, p.1669-70: un homme ayant usurpé le trône de Perse, une femme du harem découvrit la fraude: on avait coupé les oreilles de l'imposteur (*Essai*, i.43, 46).

l'archevêque de Mayence mangé par les rats, deux armées de serpents livrant bataille près de Tournai. Voltaire pensait que l'historien doit se proposer un autre objet que de colporter ces naïfs prodiges. Il avait intitulé alors ces petits écrits satiriques *Remarques sur l'histoire*, *Nouvelles considérations sur l'histoire*. En 1768,[165] il adopte un titre de plus de relief: *Le Pyrrhonisme de l'histoire*, du nom du sceptique grec contemporain d'Alexandre le Grand. Le terme de pyrrhonisme n'a pas été créé par lui: il se rencontre par exemple chez Pascal. Mais il semble bien avoir eu le premier l'idée de l'appliquer à l'histoire.[166] L'expression en 1768 correspond à l'anglais d'un ouvrage récemment paru d'Horace Walpole, *Historic doubts...*[167] Dans le flux de la polygraphie voltairienne, l'ouvrage ne fut guère remarqué: autant qu'on sache, il n'en parut pas d'édition séparée. Il fut inséré dans le tome IV de *L'Evangile du jour* (1769) et attribué à «l'abbé Big...». Selon une méthode éprouvée, «l'abbé», par chapitres successifs, épinglait une série d'histoires étranges, dont plusieurs avaient été déjà, et même plusieurs fois, pourfendues par Voltaire: saint Romain, né bègue, qui se met à parler avec volubilité dès qu'on lui a coupé la langue; Théodote et les sept vierges chrétiennes d'Ancyre, vénérables septuagénaires condamnées à être violées par les jeunes gens de la ville (Voltaire: on aurait dû «s'apercevoir que les jeunes gens étaient plus condamnés qu'elles»),[168] etc. Reparaît la question de la donation par Pépin le Bref de l'exarchat de Ravenne à l'Eglise de Rome, longuement traitée. Sont étrillés au passage, parmi d'autres, le géographe Hubner, lequel enseigne que «tous les Européens descendent de Japhet», le compilateur Lenglet-Dufresnoy, et voici que revient l'affaire de l'archevêque de Mayence mangé par les rats. Reparaissent aussi Nonnotte et Patouillet, en un ultime chapitre, intitulé «Absurdité et horreur»: deux mots qui résument la réaction de Voltaire devant un déferlement de sottises souvent cruelles.[169]

Depuis longtemps l'historien avait manifesté son pyrrhonisme à propos du *Testament politique du cardinal de Richelieu*. En 1749 avait été publié un recueil des *Testaments politiques de Richelieu, Colbert*, etc. Voltaire fait aussitôt paraître *Des mensonges imprimés*, donné à la suite de son édition de *Sémiramis* (Paris 1749). Il dénonce le *Testament* de Richelieu comme l'œuvre d'un faussaire, comparable à un précédent *Testament de Colbert* de Courtilz de Sandras, au *Testament de*

165. Mais déjà en 1748, au tome VII de l'édition des *Œuvres de M. de Voltaire*, le *Discours sur l'histoire de Charles XII* s'intitulait *Pyrrhonisme de l'histoire*.

166. Le mot apparaît dans sa correspondance, en avril 1768 (D14989), dans un démenti au *Courrier d'Avignon*, qui avait annoncé sa conversion, «opérée par la grâce» et par le P. Adam: «Tout cela pourrait servir à établir le pyrrhonisme de l'histoire».

167. D15063 (6 juin 1768). Voltaire emploie «pyrrhonisme de l'histoire» pour désigner le livre de Walpole, *Historic doubts on the life and reign of King Richard the Third*.

168. M.xxvii.239.

169. M.xxvii.270-74, 296, 298.

Louvois par le même, au *Testament politique de Charles V*, et autres forgeries. S'agissant de Richelieu, il raisonne par vraisemblance: «Il n'est pas vraisemblable que le cardinal ait tenu en 1624 les discours qu'on lui prête.»[170] Ses dénégations lui attirèrent immédiatement une réplique de l'académicien Foncemagne, inspecteur de l'Imprimerie royale et érudit très compétent.[171] Voici que la polémique rebondit en 1764. Marin publie une nouvelle édition du texte, sous le titre *Maximes d'Etat ou Testament politique d'Armand Duplessis, cardinal de Richelieu.*[172] En même temps Foncemagne donne une nouvelle édition de sa lettre de 1750, «considérablement augmentée».[173] En faveur de l'authenticité, l'érudit fait valoir qu'on a retrouvé dans les archives des Affaires étrangères un exemplaire du *Testament*, annoté de la main de Richelieu; et qu'en outre ce même *Testament* figurait parmi les papiers de la succession de Mme d'Aiguillon, héritière de Richelieu. Voltaire a peine à répondre à ces objections qu'il reconnaît «très fortes».[174] Il concède que Richelieu avait eu l'intention de rédiger un *Testament*, et avait pris quelques notes. Mais il maintient que le texte lui-même fut rédigé par le secrétaire du cardinal, l'abbé de Bourzeis.[175] Il tenta, à la fin de l'année, de consolider cette position par un prétendu *Arbitrage entre M. de Voltaire et M. de Foncemagne*, opuscule de 23 pages in-8°, s.l. [Paris, Merlin?], 1764. L'arbitre supposé admet l'attribution à Richelieu de la partie intitulée «Narration succincte»... Pour le reste, l'arbitre anonyme – Voltaire lui-même – donne raison à «M. de Voltaire». L'épisode démontre à tout le moins que le raisonnement par vraisemblance ne saurait prévaloir contre les recherches d'archives. Mais Voltaire à Ferney est conscient de sa situation d'infériorité à cet égard.[176] Les archives lui étant désormais inaccessibles, l'historien qu'il est travaille sur des livres. Pour le reste, il se fie à une «vraisemblance» parfois trompeuse.

En 1768, l'œuvre historique de Voltaire s'est enrichie d'un nouveau titre, le *Précis du siècle de Louis XV*.

Voltaire n'hésitait pas sur le commencement du Grand Siècle de Louis XIV. Il fixait la date de départ «à peu près à l'établissement de l'Académie française» (1634).[177] Mais il ne sait pas au juste quand ce siècle a pris fin, ni même s'il a pris fin. Il le conduit, en tout cas, bien au-delà de la mort du roi (1715). La

170. M.xxiii.447.
171. *Lettre sur le Testament politique du cardinal de Richelieu* (s.l. 1750). Voltaire en possède un exemplaire dans sa bibliothèque (BV, n° 1356).
172. Paris, Le Breton, 1764 (BV, n° 2980).
173. Paris, Le Breton, 1764 (BV, n° 1356).
174. M.xxv.286, 291.
175. M.xxv.291-92.
176. M.xxv.286.
177. *OH*, p.618.

première édition du *Siècle de Louis XIV* (1751) comportait un «Tableau de l'Europe depuis la paix d'Utrecht jusqu'en 1750». Dans l'édition de 1756 faisant suite à l'*Essai sur les mœurs*, ce «Tableau» est prolongé «jusqu'en 1756», et suivi de neuf chapitres, traitant de la Régence, de la guerre de 1741, jusqu'au début de la guerre de Sept Ans. En 1763, viennent après les catalogues du *Siècle de Louis XIV*, dix-huit chapitres. De prolongement en prolongement l'appendice va finir par se séparer, pour acquérir son autonomie. En 1768 paraît le *Précis du siècle de Louis XV*, à la suite du *Siècle de Louis XIV* (Genève, Cramer).[178] En 1769, le *Précis* forme deux volumes in-12:[179] trente-neuf chapitres. Voltaire y a incorporé de nombreux extraits de son *Histoire de la guerre de 1741*. Ce qui va entraîner un grave déséquilibre. Vingt-cinq chapitres seront consacrés à la guerre de Succession d'Autriche (1741-1748) contre cinq seulement à la guerre de Sept Ans, lorsque l'ouvrage aura atteint son plein développement en quarante-trois chapitres. Car le *Précis du siècle de Louis XV* continuera à recevoir des accroissements, pour mise à jour: trois chapitres en 1769, un chapitre «De l'exil du parlement de Paris et de la mort de Louis XV» en 1775.[180]

Ce «génie» qui «n'a qu'un temps»,[181] telle est la différence entre les «siècles» de Louis XIV et de Louis XV. Voltaire ira jusqu'à écrire que le siècle précédent fut «celui du génie» et le suivant «celui qui raisonne sur le génie».[182] Cependant de l'un à l'autre une continuité s'établit. L'historien constate que «les semences [...] furent jetées dans le dernier siècle: elles ont germé de tous côtés dans celui-ci.» Le dernier chapitre du *Précis* fait le bilan du temps présent. Le titre en résume le sens: «Progrès de l'esprit humain».[183] Voltaire note d'abord une diffusion de la culture et de l'esprit nouveau dans les provinces: fait incontestable, dont les historiens d'aujourd'hui soulignent l'importance.[184] Progrès, la suppression des jésuites, qui a levé la tutelle que cet ordre puissant faisait peser sur les esprits. Progrès des sciences et des techniques: «la saine physique a éclairé les arts utiles.»[185] Voltaire entre dans quelques détails. Les textiles sont fabriqués dans les manufactures à moindre coût. L'agriculture améliore ses rendements: la liberté de circulation des grains encourage la production. Un projet va permettre de distribuer l'eau courante dans chaque maison de Paris. Le perfectionnement des horloges va améliorer la détermination des longitudes dans les voyages

178. BnC, n° 3400.
179. BnC, n° 3551.
180. Voir *OH*, p.1664.
181. *OH*, p.1017: «le génie n'a qu'un siècle, après quoi il faut qu'il dégénère.»
182. *OH*, p.1294.
183. *OH*, p.1566.
184. Voir, entre autres, Robert Darnton, *L'Aventure de l'Encyclopédie* (Paris 1979).
185. *OH*, p.1567.

maritimes au long cours. Et tous, hommes de science et hommes de l'art, ont à leur disposition un remarquable «dépôt des connaissances humaines», l'*Encyclopédie*. La technique a donc commencé à changer la vie au quotidien : transformations bien modestes, dirions-nous, en regard de ce qui se produira aux siècles suivants, mais d'un effet considérable par rapport à la longue stagnation qui a précédé.

Sans doute subsiste-t-il des ombres. Voltaire fait allusion à Needham, Maupertuis, Rousseau, et à leurs «impertinences dignes de l'hôpital des fous». Il gémit sur les «abus» qui ont «infecté la littérature»: «un style recherché, violent, inintelligible», «la négligence totale de la grammaire». Au théâtre, «des pièces écrites aussi barbarement que ridiculement construites». «On a beaucoup écrit dans ce siècle», soupire-t-il, «on avait du génie dans l'autre.» Ce qui confirme l'acception littéraire du mot *génie* dans l'historiographie voltairienne.[186]

Il fait confiance cependant à l'Académie française pour conjurer «cette décadence», et aussi aux académies de provinces qui ont accoutumé les jeunes gens à la lecture.[187] Dans les dernières lignes de cette histoire au présent, tourné vers l'avenir il place ses espoirs dans «la littérature», autrement dit dans la culture littéraire. Il se rassure en constatant qu'elle «occupe presque toute la jeunesse bien élevée». Elle l'éloigne des «débauches grossières». Elle conserve «un reste de la politesse introduite dans la nation par Louis XIV et par sa mère».[188]

Parvenu au terme d'une histoire générale, conduite des origines de l'humanité jusqu'au temps présent, il est bien loin d'en tirer la conclusion qu'une rupture brutale, révolutionnaire, s'impose. Il se sent porté par un mouvement général, venu du fond des âges, vers le mieux. Non certes qu'il suffise de s'abandonner paresseusement à un «sens de l'histoire». Rien n'est jamais définitivement gagné : c'est aussi l'une des leçons de son *Essai sur les mœurs*. La lutte reste impérativement nécessaire. Mais il a confiance que les forces positives, en faveur desquelles il œuvre lui-même, l'emporteront en définitive sur les forces mauvaises.

186. *OH*, p.1570.
187. *OH*, p.1567.
188. *OH*, p.1571.

16. Le cri du sang innocent

Voltaire n'obtiendra l'acquittement définitif de Sirven qu'en 1771. Mais l'affaire avait commencé onze ans plus tôt.

Pierre Paul Sirven, né en 1709, était un feudiste, établi à Castres. Expert en matière de droits féodaux, il faisait des recherches dans les «terriers», afin d'établir les redevances que les familles nobles, nombreuses en cette province, étaient en droit d'exiger de leurs paysans. Minutieux, méthodique, on l'estimait pour sa compétence.

Il était «nouveau catholique», autrement dit protestant, ainsi que sa femme et ses trois filles, Marianne, Elisabeth, Jeanne. Il avait été baptisé et marié à l'Eglise catholique, où il avait eu soin de faire baptiser aussi ses filles: formalités indispensables, on le sait, pour qu'une famille protestante possédât un état civil. Mais il était connu de tous comme restant attaché à la religion réformée de ses ancêtres. Les protestants formaient, au milieu du dix-huitième siècle, dans la région de Castres et Mazamet, à peu près la moitié de la population. En raison de leur nombre, ils étaient l'objet, de la part des autorités civiles et ecclésiastiques, d'une attention particulièrement répressive. L'évêque de Castres, Mgr de Barral, ardent ultramontain, n'hésitait pas à faire appel à l'armée pour réprimer les assemblées «au désert». Son beau-frère, le vicomte de Saint-Priest, nommé intendant du Languedoc en 1751, avait relancé la persécution. Pour réprimer les réunions des protestants, Saint-Priest était d'avis que «cinq ou six personnes tuées par les soldats feraient plus d'impression que vingt condamnations aux galères».[1] C'est dans une ambiance de tension entre les communautés religieuses que va naître et se développer l'affaire Sirven, à partir d'un événement en lui-même banal, le suicide d'une déséquilibrée.

Des trois filles de Sirven, la deuxième, Elisabeth, âgée en 1760 de vingt-trois ans, donnait des signes de dérangement mental. Elle avait mal supporté le mariage de sa sœur aînée, Marianne. Le 6 mars 1760, elle s'échappe de la maison paternelle, se rend à l'évêché, déclare qu'elle veut se faire catholique, est reçue par Mgr de Barral, et devant lui s'évanouit.[2] L'évêque l'envoie au couvent des Dames noires

1. Elie Galland, *L'Affaire Sirven* (Mazamet 1910), p.13: ouvrage fondamental, où sont reproduits nombre de documents d'archives.

2. Le trouble d'Elisabeth était tel que ses règles s'interrompirent. Les Dames noires la crurent d'abord enceinte, Galland, p.66-67.

pour y être instruite et convertie. Le soir même il convoque le père et l'informe de sa décision. Pierre Paul Sirven ne peut faire autrement que de l'accepter.

Entre les murs du cloître, Elisabeth perd le sommeil et l'appétit. Ses parents demandent de la reprendre: on la leur refuse. Mais son état s'aggrave. Au cours de crises, elle se met nue, elle prétend avoir communication avec les anges, elle veut qu'on la fouette avec cet instrument de pénitence qu'on appelait la discipline. Ensuite, disait-elle, elle deviendrait catholique. Les Dames noires n'étaient évidemment pas en mesure de traiter un cas de pathologie mentale. Pour calmer Elisabeth, on l'enferme dans une chambre. On va, semble-t-il, jusqu'à lui infliger certains sévices corporels. En désespoir de cause, au bout de sept mois, elle est rendue à ses parents (9 octobre 1760).[3]

Revenue à la vie familiale elle reste hantée par une idée fixe: devenir catholique, avec une variante, épouser un catholique. L'idée du mariage l'obsède. Elle jette son dévolu sur plusieurs garçons de sa connaissance. Ses parents proposent alors de la renvoyer chez les Dames noires, mais celles-ci ne l'acceptent pas. Cependant certains soupçonnent Sirven de faire obstacle à la conversion d'Elisabeth. L'évêché continue à le surveiller. Pour se soustraire à une telle pression, il va s'installer avec sa femme et ses trois filles dans un village au nord de Mazamet, Saint-Alby. Il a d'ailleurs des expertises à faire dans les environs (juillet 1761).

L'état d'Elisabeth ne s'améliore pas. Pendant ses crises, sa mère doit la retenir à l'intérieur de la maison. La jeune fille persiste à vouloir se convertir. Un vicaire du village, nommé Bel, se flatte de gagner cette âme à la vraie foi. Il adresse à l'évêché un rapport dénonciateur: Elisabeth serait guérie, ou presque, mais ses parents s'opposeraient à sa conversion. Sur la place du village se dressait un puits, qui n'était plus utilisé pour l'approvisionnement en eau de la population. On a vu Elisabeth tourner autour de la maçonnerie élevée pour protéger son ouverture. Le 15 décembre, on l'a aperçue regardant dans le puits,[4] en faisant des grimaces. Ce même 15 décembre, Sirven est parti pour le château d'Aiguefonde, au nord de Saint-Alby, où il a un travail à faire. Il y passe la nuit. Le lendemain matin, un messager accourt au château: dans la nuit, Elisabeth a disparu de la maison familiale. On fait des recherches dans la campagne environnante: sans résultat. Au bout de quelques jours, on pense qu'elle s'est réfugiée dans un couvent, où on la tient au secret. Mais dans la soirée du 3 janvier 1762, des enfants s'amusent à regarder au fond du puits à la lueur d'un flambeau. Ils discernent, émergeant de l'eau, un corps. Le lendemain 4 janvier, le juge Landes de Mazamet-Hautpoul fait retirer le cadavre: c'est Elisabeth.

Il est évident que la jeune fille, obsédée la veille par le puits, y est retournée

3. Galland, p.35-41.

4. Galland, p.66-68. En hors-texte, une photo du puits en 1910. Il serait demeuré inchangé depuis 1762. Voir aussi, entre les pages 22 et 23, une carte situant Saint-Alby et les villages environnants.

au cours de la nuit. Elle s'y est jetée, ou y est tombée en se penchant imprudemment : suicide, ou accident. Mais les idées préconçues vont orienter les enquêteurs vers le crime protestant.

Pour comprendre la suite, il faut avoir présent à l'esprit que les autorités locales – les membres de la «communauté», c'est-à-dire du conseil municipal, les juges, le médecin et le chirurgien – sont catholiques, à l'exclusion de tout protestant. Il arrivait parfois qu'un «nouveau catholique» était élu au conseil. L'intendant cassait l'élection. Aucun protestant ne pourra intervenir dans les procédures engagées contre les Sirven. D'abord le médecin Gallet et le chirurgien Husson, praticiens de village peu compétents, examinent le corps. Du fait que le ventre n'est pas rempli d'eau, ils concluent qu'Elisabeth ne s'est pas noyée. Ils ignorent qu'en cas de noyade, c'est dans les poumons et non dans les intestins que l'eau pénètre. Ils en déduisent qu'Elisabeth a été assassinée avant d'être jetée dans le puits. Pourtant le cou ne porte aucune trace de strangulation : ils supposent qu'elle fut étouffée, par exemple sous un oreiller. Leur rapport rédigé en ce sens va fournir la base matérielle – la seule – de l'accusation contre les Sirven. Sans doute quelques jours plus tard, le médecin modifie son rapport. Il désavoue «l'erreur sensible» de son confrère chirurgien, mais n'ose pas se prononcer nettement. Il ne sera tenu aucun compte de ses scrupules.[5]

Déjà la rumeur de la «justice protestante» se répandait. On fait le rapprochement avec le procès Calas alors en cours au parlement de Toulouse. Ces deux affaires ne confirment-elles pas ce qu'on raconte ? Que les protestants dans des réunions secrètes décident la mort des enfants qui voudraient se convertir, et que des *estrangladous* exécutent la sentence. On parle d'un «synode» qui se serait tenu, peut-être à Lacaune : on y aurait décrété l'assassinat d'Elisabeth. Sirven *estrangladou*, tel est le bruit qui court (bien que le corps ne porte aucune marque d'étranglement). Le père était ce soir-là à Aiguefonde ? Mais il aurait pu, en pleine nuit, sur un cheval au galop, faire l'aller et retour de Saint-Alby sans être aperçu.[6]

Tout cela paraît fort cohérent à des esprits prévenus. Aussi, le 20 janvier, le juge Landes, poussé par le procureur général au parlement, Riquet de Bonrepos, lance-t-il un décret de prise de corps contre Sirven, sa femme, ses deux filles. Le père était alors à Castres pour s'occuper de l'affaire. Dans la nuit du 19 au 20 janvier, il voit arriver affolées sa femme et ses filles fuyant l'arrestation. Le lendemain de bon matin ils s'en vont tous quatre à pied, sur les routes, malgré l'âge de la mère (63 ans) et l'état de Marianne, enceinte de trois mois.[7] N'était-

5. Galland, p.90-91, 208.
6. Galland, p.110-11, 160.
7. Galland, p.142, 153.

ce pas s'avouer coupable ? Sirven ne se sentait pas capable de supporter le régime horrible de la prison, et encore moins la «question», c'est-à-dire la torture, appliquée à tout prévenu pour le faire avouer. La suite montrera qu'en s'enfuyant il a sauvé sa vie et celles des siens. Ils vont se cacher, séparément, dans la montagne. Ils ne s'éloignent pas trop. Ils attendent l'issue du procès Calas. La sentence de mort et l'exécution de Jean Calas (9-10 mars) leur font craindre pour eux un sort analogue. Ramond, le mari de Marianne, resté à Castres, les presse de s'enfuir le plus loin possible.

Sirven, seul, gagne directement Genève puis Lausanne. Mais pour les femmes commence un exode par les chemins enneigés et peu praticables des Cévennes. Marianne fait plusieurs chutes qui font craindre pour sa grossesse. Ainsi par la faute d'une législation inique, appliquée avec fanatisme, une famille honnête était réduite, privée de son chef, à un misérable vagabondage. Enfin les trois femmes atteignent Nîmes. Là elles sont recueillies par un réseau d'entraide protestant. On les fait passer discrètement à Genève, puis à Lausanne, où elles retrouvent Sirven.

Cependant, à Mazamet, l'instruction s'est poursuivie, scandaleusement partiale. Un monitoire est lancé, calqué sur celui de Toulouse contre les Calas. Comme le précédent, ce monument d'iniquité présente comme établie la culpabilité des Sirven. Lu dans toutes les églises, il invite les fidèles à se porter témoins à charge, sous peine d'excommunication. Ainsi les prêtres de paroisse se trouvaient transformés en juges d'instruction. Simultanément on saisit les biens des Sirven afin de payer les frais de la procédure intentée contre eux.[8] Ensuite le procès va être longtemps ajourné. Car le parlement de Toulouse a cessé ses fonctions. Il se trouve en conflit avec le roi. La paix est revenue. Pourtant des impôts de guerre ont été maintenus. Pour protester les parlementaires toulousains font ce qu'il faut bien appeler une grève.

Dans l'intervalle se produisit en 1763 l'affaire Faragou. Le cas en apparence ressemblait à celui des Sirven. Le jeune Faragou, de Castres, âgé de onze ans, manifesta quelque velléité de devenir catholique. Aussitôt l'évêque le place chez un bedeau pour être instruit. Mais au bout de quelque temps le garçon s'ennuie chez son bedeau. Il s'enfuit et disparaît. Nul doute, apparemment : le père protestant, comme d'habitude, a assassiné son fils : dans la cave, précisent des témoins ; on a entendu des cris. On sait même que le corps fut enterré dans une pièce de vigne. Le père Faragou est donc jeté en prison. A ce moment-là le gamin reparaît, plus gaillard que jamais. Mais cette tragédie terminée en farce ne servit pas de leçon aux juges des Sirven.[9]

8. Galland, p.134-36, 166-69.

9. Galland, p.213-14.

Le 20 mars 1764, à Mazamet, Landes et ses deux assesseurs rendent leur sentence. Sirven et sa femme sont condamnés à être pendus. Les deux filles sont condamnées au bannissement, après avoir assisté au supplice de leurs parents. Le jugement, ayant été rendu par contumace, fut exécuté par effigie, sous la forme d'un tableau accroché à la potence (11 septembre 1764).[10]

Peu après son arrivée à Lausanne, Marianne Ramond avait accouché d'un garçon (21 juillet 1762). Elle bénéficiait avec son père, sa mère et sa sœur, d'une pension accordée par le Conseil de Berne, dont Lausanne dépendait, comme on le sait.[11]

Voltaire n'eut connaissance des Sirven et de leur affaire qu'au bout de quelques mois.[12] Il en est informé d'abord par les *Lettres toulousaines* de Court de Gébelin: la lettre XXI, datée du 1er février 1762, était consacrée «à l'histoire et à l'apologie du sieur Sirven». Voltaire, nous l'avons dit, aperçoit tout de suite le danger.[13] Il persuade Court de Gébelin d'ajourner la diffusion de ses *Lettres toulousaines*. L'affaire Calas, on le sait, mit longtemps à trouver son dénouement. Silence jusque-là sur les Sirven. Voltaire les vit pour la première fois, autant qu'on sache, le 5 avril 1765. Ce jour-là Sirven et ses deux filles vinrent de Lausanne à Ferney «pour signer une procuration». La mère avait voulu être du voyage. Elle avait dû s'arrêter à Genève, où elle mourra quelques jours après. En s'entretenant avec le père et les filles, Voltaire se persuade de leur innocence.[14] Autre visite, le 18 mai 1766: Sirven est accompagné seulement de la fille aînée, Mme Ramond. Voltaire leur fit «mille caresses». La jeune femme, plus expansive que son père, lui retraça leurs malheurs. Il fut «touché de compassion». Il les conduisit devant l'estampe de la famille Calas. «Votre tour viendra, mais il faut prendre patience.»[15] Quand Voltaire parlait ainsi la réhabilitation des Calas était acquise, depuis plusieurs mois: l'arrêt du Conseil du roi remontait au 6 mars 1765. Les Sirven n'eurent guère à attendre. Dès juin 1766 leur protecteur rédige un *Avis au public sur les parricides imputés aux Calas et aux Sirven*:[16] nouveau plaidoyer pour la tolérance, en tête duquel Voltaire expose l'affaire des Sirven.[17] Tout en diffusant cet

10. Galland, p.230-31, 237.

11. Galland, p.216, 221.

12. Rien ne prouve que les réfugiés se soient présentés d'abord à Ferney (Galland, p.222, note 2).

13. D10822 (1er décembre 1762), à Debrus; D11096 (14 mars 1763), à Moultou.

14. «Certificat de Voltaire pour les Sirven», daté et signé du 4 février 1766, dans Galland, p.284, note 1.

15. D13314 (vers le 23 mai 1766), Marianne Ramond à son mari. D12778, «M. de Voltaire est venu quatre fois», de la main de Voltaire sur une carte à jouer, est-il bien adressé à Sirven? La date [*c.* 1765] est très conjecturelle.

16. M.xxv.517-37. L'*Avis* est signalé par les *Mémoires secrets* du 15 septembre. Mais Cramer le diffuse à Paris dès juin-juillet (D13381).

17. Non sans erreurs. Voltaire écrit que le puits de Saint-Alby est situé «au milieu de la campagne», qu'au cours de leur fuite Marianne «accouche sans secours dans le chemin, au milieu des glaces. Il

opuscule, il lance une campagne épistolaire, sollicite et obtient des appuis financiers: de Catherine II, de la landgrave de Hesse-Darmstadt, de la margrave de Bade-Durlach, du prince de Ligne, de la duchesse de Saxe-Gotha, de Frédéric II...[18] Mais tandis que la campagne pour les Sirven se développe, la nouvelle lui parvient d'un monstrueux assassinat juridique: l'exécution du chevalier de La Barre.

L'affaire La Barre surpasse de beaucoup en horreur celles de Calas et de Sirven, par la jeunesse de la victime, la légèreté de l'accusation, l'absence de fondement légal de la condamnation.

Des profanations furent commises dans la petite cité d'Abbeville, c'est un fait. Au matin du 9 août 1765, en pleine ville, sur le Pont-Neuf, un crucifix de bois fut découvert mutilé: le corps du Christ avait été frappé à coups d'épée ou de couteau. Grand émoi dans une population très attachée à la religion. L'évêque d'Amiens, répondant au sentiment du public, vint faire une réparation solennelle. Une procession se rendit devant le crucifix. Le prélat, corde au cou, fit amende honorable, déclarant dans son allocution que les mutilateurs «s'étaient rendus dignes des derniers supplices en ce monde et des peines éternelles en l'autre».[19] Vers le même temps, le Christ du cimetière avait été souillé d'immondices. L'évêque d'Amiens s'y rendit ensuite pour faire encore amende honorable. Ce sentiment généralement partagé d'un sacrilège commis, exigeant le châtiment le plus sévère, va peser lourdement sur l'action judiciaire.

Une enquête a été ouverte. Les soupçons se portent sur un groupe de jeunes gens dont les faits et gestes scandalisaient les bonnes âmes. Ils appartenaient aux meilleures familles de la ville et plusieurs d'entre eux n'avaient pas vingt ans. Phénomène banal, ils jetaient leur gourme en se faisant remarquer. En 1765, dans une petite ville dévote, un bon moyen était d'afficher l'impiété. Le jour de la Fête-Dieu, trois d'entre eux, pressés, avaient dépassé la procession du Saint-Sacrement sans se découvrir: ce sont eux précisément qu'on accusera dans l'affaire du Christ mutilé. Quotidiennement, on les entendait chanter des chansons de corps de garde, outrageant et les bonnes mœurs et la religion. Ils récitaient l'*Ode à Priape* de Piron. Ils affectaient de lire le *Dictionnaire philosophique* de Voltaire,

faut que, toute mourante qu'elle est, elle emporte son enfant mourant dans ses bras»: pathétique mais erroné.

18. D13391 (4 juillet 1766), à Damilaville; D13392 (5 juillet 1766), à Mme Geoffrin, en visite chez le roi de Pologne Stanislas Auguste Poniatowski. Voir aussi D13402 (vers le 10 juillet 1766), Frédéric II à Voltaire, où «l'hérétique Servet» désigne évidemment Sirven, et de plus D13433, D13435, D13436, D13437, D13438.

19. Cité par Marc Chassaigne, *Le Procès du chevalier de La Barre* (Paris 1920), p.9, ouvrage bien documenté, mais, comme *Le Procès Calas* du même auteur, parfois tendancieux, par hostilité à Voltaire et à la philosophie des Lumières.

et la pornographie de l'époque : *Le Portier des Chartreux*, *La Tourière des Carmélites*, *Thérèse philosophe*, *La Religieuse en chemise*...

Ces trois garçons étaient Jean François Lefebvre, chevalier de La Barre, né en 1745, Jacques Marie Bertrand Gaillard d'Etallonde, né en 1749, et Charles François Moisnel, le plus jeune et le plus influençable. Parmi eux, La Barre était particulièrement vulnérable. Orphelin, il avait été recueilli par une tante, Mme Feydeau, abbesse de Villancourt, apparentée aux d'Ormesson.[20] Il logeait dans les dépendances du couvent. La supérieure, femme mondaine, aux idées larges, accueillait avec son neveu ses camarades : réunions joyeuses, sans plus, semble-t-il. Un personnage pourtant en prit ombrage, le sieur de Belleval. Quinquagénaire, lieutenant du tribunal fiscal dit de l'élection, il poursuivait l'abbesse de ses assiduités. Elle le repoussa. Croyant que le jeune La Barre était la cause de sa disgrâce, il voulut se venger. Il pensa que la mutilation du crucifix lui en procurait l'occasion. Une seconde affaire se greffe sur celle-là. Un autre notable, Duval de Soicourt, avait été nommé tuteur d'une jeune orpheline, Mlle Becquin. Comme la jeune fille était fort riche, il voulut la marier à l'un de ses fils. Une idylle se noue. Mais soudain Mlle Becquin change d'avis. Elle épouse un fils de Belleval. Comme l'orpheline avait été placée au couvent de Villancourt, Duval accuse l'abbesse. Il rumine silencieusement une vengeance. Or voici qu'il est chargé, en tant que «maïeur» (maire) d'Abbeville de mener l'enquête sur le neveu de Mme Feydeau, le chevalier de La Barre.[21]

On imagine des noirceurs provinciales, balzaciennes avant la lettre. Elles auraient eu sans doute moins de réussite, n'était le climat dans lequel va se développer l'enquête. L'opinion en cette petite ville dévote[22] entend que le sacrilège soit puni, comme disait l'évêque, par «les derniers supplices». L'enquête n'apaisa pas les passions. Comme dans l'affaire Calas, comme dans l'affaire Sirven, un monitoire fut lancé. Ou plutôt trois : les 18 et 25 août, le 1er septembre. On enregistra donc «une foule de délations», apportées par de braves gens, plus ou moins crédibles. Certaines cependant ne manquent pas de vraisemblance. On peut croire par exemple que La Barre, apercevant un saint Nicolas en plâtre chez la sœur tourière du couvent, lui demanda si elle l'avait acheté pour avoir «l'image d'un homme chez elle».[23]

20. Elle recueillit aussi le frère aîné du chevalier, qui la quitta bientôt pour devenir garde du roi.

21. Chassaigne, p.33 et suiv. Voltaire dans la première édition de la *Relation de la mort du chevalier de La Barre*, 1766, attribue à Belleval la responsabilité principale. Dans la nouvelle édition, en 1775, il substitue Duval de Soicourt à Belleval. En réalité, comme on le verra, l'un et l'autre ont contribué à la condamnation à mort.

22. Abbeville avait été, et restait sans doute, janséniste. C'est pourquoi l'évêque d'Amiens, défenseur des jésuites, avait quelque peu hésité avant d'y venir célébrer la cérémonie réparatrice. Chassaigne tente vainement de minimiser la portée des paroles prononcées par l'évêque.

23. M.xxv.508.

Mais avant même les monitoires, l'enquête avait recueilli des indices. Si personne n'a vu la mutilation du Christ, un témoin a aperçu dans la nuit du 8 au 9 août, aux abords du Pont-Neuf, deux jeunes gens en redingote. Un autre, une fileuse de laine, vers la même heure, en a vu quatre se dirigeant vers ce même Pont-Neuf, en proférant des jurons. Une seconde fileuse de laine a vu aussi quatre jeunes gens, sans doute les mêmes, marchant dans la même direction : ils juraient tant que la brave femme, effrayée, s'est cachée contre la muraille. Dans l'obscurité, aucun des trois témoins n'a pu reconnaître ces noctambules suspects. Quatre autres déposants n'ont rien vu, mais ont entendu, vers onze heures, des coups du côté du Pont-Neuf : apparemment ceux que portaient les profanateurs sur le crucifix. Comme le souligne justement Marc Chassaigne, l'enquêteur aurait pu exploiter ces dépositions pour tenter d'identifier le ou les responsables.[24] Or bizarrement le magistrat instructeur, c'est-à-dire Duval de Soicourt, chef de la police locale en sa qualité de maire, n'a pas cherché à en savoir davantage. A-t-il eu très vite la conviction que le coupable était le jeune d'Etallonde, fils du président de Boëncourt, le supérieur de Duval dans la hiérarchie judiciaire, un homme à ménager ? Duval a-t-il fait délibérément avorter l'enquête ?[25] Toujours est-il que d'Etallonde disparaît, certainement en accord avec son père. Aveu de culpabilité ? Il a dû penser qu'il était le plus compromis des jeunes libertins. Qu'il ait eu l'habitude, en passant sur le Pont-Neuf, de donner des coups de canne au Christ, c'était un fait avéré. Peut-être a-t-il jugé prudent, pour cette seule raison, de se mettre à l'abri. Ultérieurement, La Barre interrogé dans sa prison le désignera comme le mutilateur. Mais le chevalier sait qu'à ce moment-là son camarade est hors d'atteinte : n'a-t-il pas voulu fixer les soupçons sur un absent ? La culpabilité de Gaillard d'Etallonde est probable, elle n'est pas certaine. Car nous disposons d'une confidence du très sérieux historien d'Abbeville, F. C. Louandre, publiée en 1844. Le coupable serait « un jeune étourdi », non nommé, compagnon de La Barre et de ses camarades, qui garda lâchement le silence et ne fut jamais soupçonné.[26] Quant à La Barre, il n'était pas sur le Pont-Neuf dans la nuit du 8 au 9 août. Il dormait sagement dans sa chambre, à l'abbaye de Villancourt.[27] Son alibi ne sera pas détruit. Aussi la sentence de mort ne lui imputera pas la mutilation du crucifix. Dans ces conditions comment en est-on arrivé là ? Le responsable est Belleval qui a fait une campagne acharnée contre lui. Il va de porte en porte pour susciter des dépositions à charge. Auprès

24. Chassaigne, p.62-63. Ces éléments, restés inexploités, ne furent pas connus de Voltaire ni de personne, jusqu'à ce que Marc Chassaigne les découvrît dans le dossier du procès.

25. C'est l'hypothèse de Chassaigne, p.66-67.

26. Cité par Chassaigne, p.65. D'Etallonde après avoir tenté de s'embarquer pour l'Angleterre passera en Hollande, Chassaigne, p.106.

27. Chassaigne, p.91, note 2.

des réticents, il rappelle la menace d'excommunication, «fulminée» dans les monitoires. Il y mêle une confuse histoire d'hostie percée ou cassée en deux, afin de voir s'il en sortait du sang: résurgence d'un vieux ragot antisémite.[28] Il rédige un mémoire dressant la liste impressionnante des impiétés du chevalier. Si celui-ci n'a pas frappé le Christ, il ressort qu'il en était bien capable. Belleval obtient ainsi qu'une enquête soit ouverte, le 13 septembre, sur La Barre. Le 27 septembre, sans qu'aucun fait nouveau soit apparu, le jeune homme est décrété d'arrestation, en même temps que le fugitif d'Etallonde et le jeune Moisnel. Car Belleval a fait en sorte de compromettre ce fragile garçon, espérant que ses aveux perdront le chevalier. La Barre, désemparé, est interrogé le 2 octobre par Duval, policier retors. Le lendemain, Moisnel se comporte avec plus de sang-froid.[29] Déçu, Belleval vient faire à ce jeune homme impressionnable une scène terrible, le menaçant de l'enfer. Alors Moisnel s'effondre. En larmes, agenouillé devant Duval, il raconte toutes les impiétés de ses camarades, et confirme que d'Etallonde s'amusait à donner des coups de canne au Christ du Pont-Neuf. Le magistrat va donc continuer à poursuivre La Barre, en associant l'affaire du crucifix. De sorte que, jusqu'à la sinistre issue, au procès d'impiété est joint un procès de sacrilège.[30]

On vint perquisitionner dans la chambre du chevalier. Il avait sur une étagère une rangée de livres érotiques. C'était, disait-il, son tabernacle. Devant eux le jeune fou qu'il était faisait la génuflexion. On ne les trouva plus. Sa tante l'abbesse avait eu la prudence de les faire brûler.[31] Mais dans une armoire les enquêteurs découvrirent, pêle-mêle avec d'autres érotiques, un seul livre philosophique: le *Dictionnaire portatif*. Voilà désormais Voltaire impliqué dans l'affaire, sans qu'à cette date (10 octobre 1765) il s'en doutât le moins du monde.[32] Quelques jours plus tôt, la tante du chevalier, commençant à s'inquiéter de la tournure que prenaient les choses, avait alerté son parent le plus influent, le président d'Ormesson. Celui-ci intervient auprès du procureur général Joly de Fleury, magistrat du parlement de Paris qui avait la haute main sur l'enquête. D'Ormesson ne prend guère au sérieux les charges retenues contre le chevalier, étant entendu que La

28. Chassaigne, p.76-77. Au cours de l'enquête les jeunes libertins, y compris La Barre, furent convaincus de s'être, au retour de leurs libations nocturnes, soulagés au pied du crucifix du cimetière. Ce chef d'accusation ne sera pourtant pas retenu contre eux.

29. Chassaigne, p.86 et suiv.

30. Chassaigne, p.96-100. Si La Barre n'est pas inculpé de la mutilation du crucifix, néanmoins le dossier relatif à celle-ci sera transmis au parlement de Paris avec le sien.

31. Robert Granderoute a retrouvé dans le dossier une pièce 14, du 4 octobre 1765, signée d'un frère de l'ordre de Cîteaux, donnant la liste des livres brûlés par ses soins à la demande de l'abbesse: «*Thérèse philosophe*, *Le Portier des Chartreux*, *Œuvres* de Grécourt, *La Tourière des Carmélites*, œuvres diverses contenant diverses pièces de poésies et d'épigrammes.» Nous remercions R. Granderoute de nous avoir communiqué ce document.

32. Chassaigne, p.103.

Barre «n'est pas coupable du fait du crucifix» et ne doit pas payer pour les auteurs de ce sacrilège.[33] Le président persistera dans ce sentiment trompeur de sécurité. Il contribuera par là, bien involontairement, à la perte de son lointain parent.

Mais voici que soudain Belleval change tout à fait d'attitude. C'est que Moisnel maintenant accuse Saveuse, le plus jeune de ses fils, d'être l'un des coupables. Du coup, l'accusateur forcené passe dans l'autre camp. Il reproche désormais à Duval d'être «plutôt inquisiteur que juge».[34] La Barre n'y gagne rien, car ce Duval prend le relais. Il va pouvoir punir et Belleval et l'abbesse de Villancourt, pour sa déconvenue dans le mariage de Mlle Becquin. Dans l'intervalle, ordre est venu du parlement de Paris de poursuivre. Duval s'efforce donc de constituer un tribunal. Il lui faut deux assesseurs. Mais tous les personnages pressentis se dérobent. Finalement il recrute un vieil homme vivant à la campagne, «d'intelligence légèrement assoupie», M. Lefebvre de Villers, et avec lui un marchand de porcs, avocat d'occasion, ignorant et discrédité, un certain Broutet. De tels assesseurs opineront du bonnet à tout ce que voudra Duval.[35] Enfin, le 27 février 1766, devant le tribunal formé de ces trois hommes, comparaissent La Barre, sur la sellette en qualité de «grand coupable», et Moisnel. Deux autres jeunes gens inculpés ont comme d'Etallonde disparu. A la fin de la séance, le procureur du roi requiert que d'Etallonde ait le poing coupé, la tête tranchée, et que son corps soit brûlé. Mais contre La Barre il demande seulement les galères à perpétuité.

Le lendemain 28 février, le tribunal, c'est-à-dire en fait Duval seul, rend sa sentence. Il renchérit sur les réquisitions du procureur. D'Etallonde aura non seulement le poing mais la langue coupée, et il sera brûlé vif. Barbarie gratuite, dira-t-on, puisque d'Etallonde est contumace. Mais contre La Barre Duval fait preuve d'une égale barbarie qui, elle, risque bien d'avoir son effet. Il condamne le chevalier à avoir la langue coupée, à être décapité et brûlé. A quoi s'ajoutent un raffinement: La Barre sera appliqué à la question ordinaire et extraordinaire; et un corollaire: «Le *Dictionnaire philosophique portatif* [...] sera jeté par l'exécuteur de la haute justice dans le même bûcher où sera jeté le corps dudit Lefebvre de La Barre et en même temps.»[36] Sur Moisnel, l'arrêt surseoit à statuer.

Le tribunal ne faisait référence à aucun texte législatif. En effet sa sentence était rendue en pleine illégalité. La déclaration de Louis XIV du 30 juillet 1666, sur le châtiment du blasphème, n'autorisait pas à condamner La Barre à mort. Ce qui était prévu par ce texte, et seulement à la septième récidive, c'était la lèvre coupée d'un fer chaud.[37] On a pensé que Duval avait appliqué, sans le dire, une

33. Chassaigne, p.105.
34. Chassaigne, p.110.
35. Chassaigne, p.125-28.
36. Chassaigne, p.149-57: textes du réquisitoire et de la sentence.
37. Chassaigne, p.107, note 3.

ordonnance rendue en 1682, au moment de l'affaire des poisons, contre la Voisin et ses messes noires: était puni de mort «le sacrilège joint à la superstition».[38] Extension abusive dans le cas présent, puisque le jugement ne faisait pas mention en ses attendus du sacrilège que constituait la mutilation du crucifix.

Pour devenir exécutoire, la sentence devait être confirmée par le parlement dont ressortissait Abbeville, celui de Paris. La Barre et Moisnel furent donc transférés, le 12 mars, à la prison de la Conciergerie. Ils y resteront trois mois. Dans cet intervalle, le parlement condamna à mort (6 mai) et fit exécuter une autre de ses victimes, le comte de Lally, ancien gouverneur de l'Inde. Voltaire n'a pas encore entrepris sa réhabilitation. Il n'est pas non plus informé du procès ni même de l'existence du jeune La Barre. En ce printemps de 1766, c'est de Sirven qu'il s'occupe. Le condamné d'Abbeville n'a pour ainsi dire pas d'avocat. Certes Linguet avait rédigé en sa faveur un vigoureux *Mémoire*. Mais d'Ormesson l'empêcha de le publier. Le président s'entêtait à penser que la discrétion était la meilleure manière de défendre son jeune parent.[39]

La Barre comparaît donc seul, le 4 juin, sans l'assistance d'un conseil, devant vingt-cinq juges du parlement. Le public n'est pas admis. Telle était la justice d'Ancien Régime, dont le vice apparaît nettement ici. En présence du public, les parlementaires n'auraient pu procéder avec autant de désinvolture. Et un avocat n'aurait pas laissé sans réponse la diatribe forcenée qui va perdre La Barre. L'ordre du jour de l'audience était chargé. On ne put consacrer au condamné d'Abbeville que peu de temps. On expédia l'interrogatoire. La Barre répondait par oui ou par non. Le procureur général Joly de Fleury se prononça-t-il pour casser la sentence de mort? Voltaire le croit, mais ce n'est pas certain. Pellot le rapporteur inclinait à l'indulgence, mais avec peu de chaleur. Avait-il étudié les charges éparses dans les 5 346 pages de la procédure?[40] On craint que non. En tout cas les scrupules de ces tièdes furent balayés par une intervention tonitruante. Le conseiller Pasquier, gros homme violent, aux yeux à fleur de tête qui lui valaient le surnom de «tête de veau», ne s'attarda pas à discuter les faits. Véhément, il pourfendit l'esprit philosophique, responsable selon lui des impiétés d'Abbeville. Il «pérora» contre les philosophes, les désignant nommément, et particulièrement Voltaire. Il fallait donc confirmer la sentence d'Abbeville.[41] Ce serait une bonne

38. D13410 et M.xxv.512.

39. Chassaigne, p.213-14. Le mémoire sera imprimé après l'exécution de La Barre, avec une consultation signée par huit avocats. Il contribua à l'acquittement des autres accusés, exception faite de Gaillard d'Etallonde.

40. Chiffre donné par Chassaigne, p.171, note 2.

41. CLT, vii.77 (15 juillet 1766) expose l'affaire depuis les origines et résume l'intervention de Pasquier.

leçon pour tous ces philosophes et pour ceux qui les écoutent. Personne ne répondit à Pasquier. Maupeou qui présidait resta passif. On remarqua qu'il était personnellement brouillé avec le président d'Ormesson, parent de La Barre. On passa au vote. Quinze voix se prononcèrent pour la confirmation du jugement d'Abbeville, dix contre.

On s'interroge. La motivation de ces hauts magistrats, en général de tendance janséniste, était-elle essentiellement d'ordre religieux? On en peut douter. Beaucoup d'entre eux ont sur les rayons de leur bibliothèque les livres de ces philosophes si honnis. Ils les lisent même «avec plaisir». Notamment Pasquier qui, nous dit-on, «n'était point du tout dévot».[42] Peut-être ces grands personnages de l'ancienne France sentent-ils confusément menacé par les idées nouvelles l'ordre social dont ils sont les privilégiés. Peut-être une réaction spontanée les porte-t-elle à défendre la religion comme force conservatrice.[43]

Cependant, à la réflexion, beaucoup de ces parlementaires s'inquiétèrent d'une décision aussi atroce, emportée par un mouvement de séance. On espère qu'elle ne sera pas exécutée. Il n'existait pas sous l'Ancien Régime de Cour de cassation. Après l'audience du 4 juin le seul recours était la grâce royale. On a dit que pour lui laisser le temps d'intervenir la signature de l'acte fut retardée de quelques jours.[44] En réalité Maupeou, président, et Pellot, rapporteur, signèrent l'arrêt le jour même. La vérité est qu'on laissa passer trois semaines avant de renvoyer La Barre à Abbeville, où devait avoir lieu l'exécution. Dans ce laps de temps, le président d'Ormesson et les relations haut placées de Mme Feydeau implorèrent le roi de pardonner. C'était manifestement un de ces cas où le droit de grâce doit corriger un mauvais fonctionnement évident de l'appareil judiciaire. Louis XV demanda-t-il un rapport sur les centaines de pages du dossier? Il ne semble pas. Il se prononça sur une réaction d'humeur: c'était non. Jadis, aurait-il répondu, «son parlement» lui avait fait des remontrances lorsqu'il avait paru souhaiter l'arrêt du procès intenté à Damiens. «A plus forte raison le coupable de lèse-majesté divine ne devait pas être traité plus favorablement que le coupable de lèse-majesté humaine.»[45] On insista. Le nonce du pape déclara que La Barre

42. D13382 (1er juillet 1766), Voltaire à d'Alembert; D13397 (7 juillet 1766), à Morellet; D13410 (14 juillet 1766), aux d'Argental; D13424 (16 juillet 1766), d'Alembert à Voltaire.

43. Voltaire avance une considération qui a pu influer sur le vote de certains: le parlement, en conflit avec les évêques depuis longtemps, a voulu donner une preuve de sa piété (D13516, 25 août 1766, à la duchesse de Saxe-Gotha).

44. Voltaire l'a cru, suivi par Beuchot (M.xxv.514, note 3), qui se réfère à une tradition orale. Voir Chassaigne, p.176.

45. Le propos est rapporté par L. A. Devérité, *Recueil intéressant sur l'affaire de la mutilation du crucifix d'Abbeville arrivée le 9 août 1765 et sur la mort du chevalier de La Barre pour servir de supplément aux causes célèbres* (Londres [Abbeville] 1776). Il est repris par Beuchot, M.xxv.514, note 3, et par Chassaigne, p.178.

n'eût pas été traité ainsi à Rome, et que l'Inquisition d'Espagne ou de Portugal ne l'aurait condamné qu'à quelques années de pénitence.[46] Enfin fut tentée une supplique de dernière heure : celle de l'évêque d'Amiens, appuyé par des membres de l'Assemblée du clergé, alors réunie. Le 27 juin, le prélat demande au procureur général d'ajourner le départ du condamné : on travaille «à obtenir du roi que la peine de mort soit changée en prison perpétuelle».[47] Démarche tardive. La Barre, accompagné de Moisnel toujours en sursis, roulait déjà vers Abbeville, où l'on dressait l'échafaud. Louis XV s'était montré inexorable. C'est lui, en tant que suprême recours, qui porte devant la postérité la responsabilité d'un supplice aussi injuste qu'atroce.

L'exécution eut lieu le 1er juillet.[48] Le matin, comme il était prévu par la sentence, Duval, que nous retrouvons ici, lui fit appliquer «la question ordinaire». On lui enferme chaque jambe entre deux planches de chêne, bien serrées par des cordes. Le bourreau, à grands coups de maillet, enfonce l'un après l'autre des coins entre la chair et le bois. Pendant que La Barre se tord de douleur, le sadique Duval lui pose les «questions» déjà maintes fois posées. Cela dura une heure. Sur le conseil du médecin présent, Duval renonça à la «question extraordinaire» : il fallait que le supplicié demeurât à peu près présentable, et capable de monter à l'échafaud. Pour l'assister religieusement, on avait choisi le P. Bocquet qu'il connaissait bien : c'était un familier de sa tante. Après la «question», il avait faim, étant à jeun depuis le matin. Il déjeuna avec le bon père, en devisant gaîment. A la fin du repas, ils prirent du café. La Barre remarqua que ce café-là ne l'empêcherait pas de dormir. Ses amis espéraient encore l'arrivée d'un courrier apportant, à bride abattue, la grâce royale. A cinq heures, ne voyant rien venir, on commença l'exécution.

Le chevalier, en chemise, corde au cou, portant au dos une pancarte : «Impie, blasphémateur et sacrilège exécrable», fut installé dans une charrette. En cet équipage, il traversa la ville. Malgré la pluie, qui tombait sans discontinuer, les rues, les fenêtres étaient noires de monde. On était venu des environs par villages entiers pour voir décapiter un gentilhomme. Au dix-huitième siècle, une exécution était un spectacle très couru. On s'arrêta devant le parvis de Saint-Wulfran. On lut la sentence. La Barre «l'écouta tranquillement et se mit à rire».[49] Il prononça, ou l'on prononça pour lui, la formule de l'amende honorable. Arrivé au pied de

46. M.xxv.514 : Voltaire place cette déclaration après l'annonce du supplice à Paris.
47. Chassaigne, p.180.
48. Elle nous est connue par trois récits concordants : celui de Devérité, p.35 et suiv. de l'ouvrage cité, un manuscrit Siffait qu'utilise Chassaigne, et une lettre de Favart à Garrick, D13477 (24 juillet 1766), que ne connaît pas Chassaigne.
49. Selon Favart, D13477.

l'échafaud, il regarde la foule et pâlit. Non, il n'a pas peur de la mort. Mais il reconnaît plusieurs de ses ennemis: ils viennent se repaître du spectacle. «Jusqu'à quel point se portent la haine et l'animosité des hommes!» Il aurait dit aussi: «Je ne croyais pas qu'on pût faire mourir un gentilhomme pour si peu de chose.» Comme le confesseur veut lui parler de l'au-delà, il l'interrompt: «Eh, M. le curé, dans un instant je saurai sur cette matière autant que vous.» Il aperçoit un morceau de papier qui sur l'échafaud danse au bout d'une corde. C'est «l'effigie» du contumace d'Etallonde. Comique. La Barre ne peut s'empêcher de rire. On avait aligné pour son exécution pas moins de sept bourreaux. On renonce à lui arracher la langue: on se contente du simulacre. Le principal bourreau, M. de Paris, approche alors. C'est celui qui avait si mal décapité le comte de Lally, il avait dû s'y reprendre à deux fois. La Barre lui demande de ne point le manquer. Mais, répond-il, c'est que Lally s'était mal placé. Agenouillé devant le billot, le jeune homme n'est pas non plus dans la bonne position. Il rectifie: «Suis-je bien?» «L'exécuteur lui répond par un coup de sabre qui fait voler la tête.» La foule applaudit. Elle applaudit encore quand le bourreau prenant cette tête par les cheveux la lui présente. Le public en voulait à ce jeune gentilhomme d'avoir affronté la mort avec tant de courage. On attendait du supplicié qu'il s'humiliât, demandât pardon à Dieu et aux hommes, pleurant et gémissant. La foule se sentait frustrée par ce sang-froid du chevalier, qui certainement, comme le répètera Voltaire, serait devenu un officier valeureux dans les armées du roi.

La tête coupée donnait encore quelques signes de vie: mouvements des lèvres et des paupières. «Le bourreau la laissa retomber, puis, de temps en temps, il la remuait du bout du pied, attendant que la vie s'en fût entièrement retirée.»[50] Ensuite le corps et la tête furent placés sur un bûcher allumé. On n'oublia pas d'y jeter aussi le *Dictionnaire philosophique portatif*. Au bout de quelque temps, les bourreaux avec de longues perches réduisirent en poussière les os et le crâne calcinés. La foule resta nombreuse à contempler ce «feu de joie» qui brûla jusqu'à trois heures dans la nuit. Le lendemain, les bourreaux dispersèrent les cendres.

Barbare exécution, combien révoltante pour nous. En 1766, elle paraissait normale, n'en doutons pas, à beaucoup. Elle était intolérable seulement à un petit groupe en qui se faisaient jour une pensée et une sensibilité modernes, ces philosophes et leurs lecteurs que le conseiller Pasquier avait dénoncés avec tant de brutalité. «Toutes les âmes sensibles ont été consternées», concluait la *Correspondance littéraire*. «L'humanité», continue le périodique, «attend un vengeur public, un homme éloquent et courageux qui transmette au tribunal du public et à la flétrissure de la postérité cette cruauté sans objet comme sans

50. Chassaigne, p.207.

exemple.» Et le journaliste nomme «M. de Voltaire».[51] Mais déjà celui-ci avait entendu son appel.

L'arrêt rendu le 4 juin par le parlement de Paris ne fut connu à Ferney que le 1er juillet, le jour même du supplice de La Barre à Abbeville. Tant le monde du dix-huitième siècle différait du nôtre, où l'information se diffuse presque instantanément d'un bout de la planète à l'autre.

Quand Voltaire apprit la sentence du parlement, il ne s'inquiéta pas trop. Il n'était pas possible qu'un tel jugement fût exécuté. Il veut croire qu'on a pris «les mesures convenables» pour éviter d'en arriver là.[52] Mais le 7 juillet, il est informé de l'exécution d'Abbeville. Il en est «atterré», et d'autant plus horrifié qu'il croit d'abord que le bourreau a réellement coupé la main droite et arraché la langue du supplicié.[53] Il s'informe auprès de ses parents, Dompierre d'Hornoy et les Florian dont le château d'Hornoy est proche d'Abbeville. De plus Mme de Florian est en relation avec Mme Feydeau.[54] Quand il connaît les détails de l'exécution, il est saisi «d'horreur et de colère». «Arlequins anthropophages», s'écrie-t-il, «l'Inquisition est fade en comparaison de vos jansénistes de Grand Chambre et de Tournelle [...] Quoi! le caprice de cinq vieux fous suffira pour infliger des supplices qui auraient fait trembler Busiris!»[55]

Mais s'agit-il seulement du caprice de quelques-uns? Ou d'une volonté du pouvoir? Ce sont les philosophes qui sont visés, il le sait. Les jeunes inculpés ont dit, ou on leur a fait dire, «qu'ils avaient été induits à l'acte de folie qu'ils ont commis par la lecture des livres des encyclopédistes.»[56] Il a été lui-même personnellement impliqué dans le supplice. Est-ce par ordre supérieur que son *Dictionnaire philosophique* a été condamné à être brûlé en même temps que La

51. CLT, vii.77.

52. D13383 (1er juillet 1766), à d'Argence. A cette date il ne connaît pas le nom exact du condamné qu'il appelle «M. des Barres».

53. D13394 (7 juillet 1766), à Damilaville; D13448 (25 juillet), à Constant d'Hermenches. Ce n'est pas La Barre, mais d'Etallonde qui a été condamné à l'amputation de la main. Voltaire envoie à Constant d'Hermenches, avec D13448, la «lettre» relatant le supplice de La Barre dont nous parlerons plus loin. Cette «lettre» contient plusieurs erreurs. Et dans la seule version adressée à Constant d'Hermenches est énumérée une liste d'ouvrages qui auraient été brûlés sur le bûcher du chevalier, outre le *Dictionnaire philosophique*: les *Pensées philosophiques* (de Diderot), «le *Sopha* de Crébillon», «des *Lettres sur les miracles*», «deux petits volumes de Bayle», «un *Discours de l'empereur Julien* grec et français» (par d'Argens), «un *Abrégé de l'histoire de l'Eglise* de Fleury et l'*Anatomie de la messe*» (D.app.279, var. g). Aucun des documents du dossier étudié par Marc Chassaigne ne confirme qu'une telle bibliothèque ait été brûlée avec le corps de La Barre.

54. D13396 (7 juillet 1766), D13469 (4 août 1766).

55. D13420 (16 juillet 1766), aux d'Argental.

56. D13382 (1er juillet 1766), à d'Alembert.

Barre?[57] Pasquier a proclamé «qu'il ne fallait pas s'amuser à brûler des livres, que c'étaient les auteurs que Dieu demandait en sacrifice».[58] Préparait-on une Saint-Barthélemy de philosophes? Un détachement de gendarmerie va-t-il venir le saisir, sur lettre de cachet du roi qui vient de se montrer si inexorable, pour le jeter dans quelque Bastille? Voltaire se souvient opportunément que la proximité de la frontière est l'une des raisons qui lui ont fait choisir Ferney. Le 14 juillet 1766 il se rend aux eaux de Rolle, sur le Léman, mais en territoire bernois. Il y restera quatre semaines, faisant pendant ce séjour plusieurs voyages à Ferney.[59]

De ce refuge, il projette une migration d'une tout autre portée. Puisque la France risque de devenir inhabitable aux philosophes, qu'ils aillent s'établir ailleurs, en un lieu où ils seront libres de parler et surtout d'écrire. Il pense à Clèves, en Rhénanie prussienne. Frédéric II ne lui refusera pas son accord. Il suffira de cinq ou six des principaux philosophes. Il sollicite Damilaville, d'Alembert, Diderot, et pourquoi pas d'Holbach et quelques autres.[60] On établirait là-bas «une imprimerie qui produirait beaucoup». Tous ces messieurs écriraient pour la bonne cause. Leurs livres ne manqueraient pas d'agir décisivement sur l'opinion. «Soyez très sûr qu'il se ferait alors une grande révolution dans les esprits et qu'il suffirait de deux ou trois ans pour faire une époque éternelle. Les grandes choses sont souvent plus faciles qu'on ne pense.»[61] Comme on le voit, Voltaire persiste à penser que la «révolution dans les esprits» s'opérera par des livres.

Le projet de Clèves va rapidement échouer. La proposition est accueillie par les intéressés avec une froideur polie. Damilaville, Diderot, d'Alembert vont en discuter.[62] Mais Voltaire sent bien qu'on ne répond guère à son enthousiasme. Frédéric II de son côté accepte, mais en posant des conditions qui risquent de devenir gênantes. Les philosophes à Clèves devront ménager «ceux qui doivent être ménagés». En imprimant, ils devront observer «de la décence dans leurs écrits». Sur le drame d'Abbeville, le roi est loin de partager l'indignation de Voltaire. «N'y a-t-il pas de la faute de ceux qui ont été punis?» Méprisant et

57. Chassaigne, p.156, en formule l'hypothèse.

58. D'Alembert à Voltaire (9 septembre 1766): mais Voltaire a dû être informé plus tôt de ce propos ou d'autres analogues. De tels excès de langage ne sont pas alors aussi exceptionnels qu'on pourrait le croire. Le libraire-imprimeur de Felice, protestant, écrit par exemple, au sujet de Voltaire, que si on a brûlé ses ouvrages, «on n'a pas assez fait»: «on aurait bien fait de s'en servir pour faire son bûcher». «Tout tolérant que je suis», écrit-il encore, «je n'aurais pas manqué de brûler Voltaire depuis longtemps et d'enfermer dans une maison de fous Rousseau.» (Clorinda Donato, «The letters of Fortunato Bartolomeo De Felice to Pietro Verri», *MLN* 107 (1992), p.87, 93).

59. D13409 (14 juillet 1766), à Damilaville.

60. D13434, D13440, D13442, D13476.

61. D13449 (25 juillet 1766), à Damilaville.

62. D13464 (31 juillet 1766), Damilaville à Voltaire.

conservateur, Frédéric tient qu'il ne faut pas heurter de front «des préjugés que le temps a consacrés dans l'esprit des peuples [...] Le vulgaire ne mérite pas d'être éclairé.»[63] Les nouvelles de France se font d'ailleurs rassurantes. Voltaire regagne Ferney le 6 août.[64] Il renonce, quelques jours après, au «beau roman» de Clèves. Non sans quelque regret: «Il y a des monstres qui n'ont subsisté que parce que les Hercules qui pouvaient les détruire n'ont pas voulu s'éloigner de leurs commères.»[65] Ceci pour Diderot, inséparable de son épouse. Mais Mme Denis? Aurait-elle suivi son oncle? Dans ce projet de colonie philosophique, digne pendant de la «ville latine» de Maupertuis,[66] Voltaire s'est écarté de son sens habituellement si juste des réalités.

Le supplice de La Barre, bien loin de donner le signal d'une persécution, provoque un revirement de l'opinion. A Abbeville, Duval est révoqué, les co-inculpés acquittés.[67] Au parlement de Paris, plus personne ne veut avoir voté la mort du jeune chevalier.

Voltaire contribue à ce changement des esprits par les écrits qu'il diffuse. Il fallait maintenir l'attention éveillée. Au dix-huitième siècle, l'opinion est parisienne, et Paris oublie vite. Si le supplice avait eu lieu au cœur de la capitale, en place de Grève, les esprits auraient été durablement marqués. Mais Abbeville...[68] A Paris, la grande affaire de chaque jour est l'opéra-comique. Le reste s'efface. Voltaire pare donc au plus pressé. Il envoie, dès le 14 juillet, pour qu'elle circule, une lettre datée d'Abbeville, 7 juillet 1766, qu'il a dû recevoir d'Hornoy, et que peut-être il a révisée. Bien informée, elle accuse le sieur Belleval d'être à l'origine de tout: par jalousie, il a excité les esprits contre La Barre, provoqué l'inculpation et la condamnation. Rien sur la séance du parlement. Mais l'exécution est racontée. La lettre conclut sur l'horrible disproportion entre la faute et le châtiment: «les plus horribles supplices pour avoir chanté des chansons et pour n'avoir pas ôté son chapeau.»[69]

Ce n'était qu'un canevas. Pendant ce mois de juillet, avec une horreur croissante, il rédige l'exposé détaillé de l'affaire. Le texte imprimé, un petit in-8° de 24 pages,

63. D13479 (7 août 1766), Frédéric II à Voltaire.

64. D13475, D13478.

65. D13483 (9 août 1766), à Damilaville.

66. Desnoiresterres, vi.502, fait le rapprochement.

67. Moisnel est «admonesté» et libéré de la prison. Les deux jeunes gens en fuite, Saveuse et Maillefeu, sont déchargés de toute accusation. Reste d'Etallonde dont Voltaire aura à s'occuper plus tard. C'est alors qu'il intitulera un nouvel écrit sur l'affaire d'Abbeville *Le Cri du sang innocent* (1775).

68. D13422 (16 juillet 1766), à Rochefort d'Ally: «on me mande que cette horrible aventure n'a presque point fait de sensation dans Paris.»

69. D.app.279.

s'intitule *Relation de la mort du chevalier de La Barre*, supposée être «par Monsieur Cassen avocat au Conseil du roi».[70] Posément, objectivement, Voltaire expose les faits, en s'en tenant aux réflexions qui se dégagent du récit lui-même. Mieux qu'une éloquence indignée cette *Relation* mesurée fait ressortir le scandale. Le lecteur se sent au diapason lorsque, haussant le ton, la phrase finale conclut sur «l'attendrissement et l'horreur».

La *Relation* se présentait comme une lettre adressée à Beccaria. En effet le supplice de La Barre venait de confirmer, sinistre coïncidence, l'opportunité du livre que César Bonesana, marquis de Beccaria, avait publié à Milan. Economiste, il avait débuté en 1762 par un ouvrage sur le désordre des monnaies dans l'Etat de Milan. Il l'avait envoyé à Voltaire qui l'avait remercié.[71] Mais Beccaria était l'ami d'un des deux frères Verri, fondateur du journal «éclairé» de Milan, *Il Caffé*. Alessandro Verri, «protecteur des prisons», l'avait informé de ce qui se passait réellement dans ces lieux infâmes, et de ce qu'était l'administration de la justice. Beccaria, nature sensible, en est bouleversé. Courageusement il va dénoncer erreurs judiciaires, irrégularités de la procédure, disproportion et cruauté des peines. Il publie *Dei delitti e delle pene* (1764). Il propose des réformes concrètes afin d'humaniser la justice. Le livre italien remporta aussitôt un succès européen, car un peu partout sévissaient les mêmes maux. Morellet en donne en 1766 une traduction française, aussitôt rééditée et augmentée.

Voltaire a dans sa bibliothèque l'édition italienne et les deux traductions françaises. Pendant le séjour à Ferney du traducteur, l'abbé Morellet, il en parle avec lui. Le 23 juin 1766, Voltaire espère encore que l'ouvrage de Beccaria aura «produit son fruit».[72] On a vu ce qu'il en advint. Après l'exécution, il lui parut urgent de remettre à l'ordre du jour le livre *Des délits et des peines*. Il en publie en septembre un *Commentaire*, censément «par un avocat de province».[73] En fait de commentaire, il ajoute aux exemples donnés par Beccaria une série de condamnations à des châtiments scandaleusement cruels, par rapport aux fautes commises. Il puise dans son érudition historique, réservant une large place aux châtiments imputables au fanatisme. Parmi les faits contemporains, il signale le cas d'une fille-mère de dix-huit ans, pendue pour avoir dans son désarroi accouché seule et abandonné son enfant. Le supplice de La Barre n'est pas oublié. «Que penser de ces horreurs et de tant d'autres? Est-ce assez de gémir sur la nature humaine?» Pour ne pas s'en tenir aux gémissements, il aboutit à une «idée de quelque

70. La date de diffusion de la brochure n'est pas connue. Celle du 15 juillet 1766 portée sur le titre est évidemment fictive. Mais celle de 1768 dans BnC, n° 4195, est beaucoup trop tardive: c'est celle de la réimpression.

71. D10547 (vers juin/juillet 1762).

72. D13371 (23 juin 1766), à Damilaville.

73. D13551 (13 septembre 1766), aux d'Argental.

réforme», adaptée à la situation française: supprimer la vénalité des charges judiciaires; unifier la législation dans tout le royaume; «poser des limites entre l'autorité civile et les usages ecclésiastiques»; que la peine de mort, avant d'être exécutée, soit soumise au souverain. Dans le cours du *Commentaire*, il avait demandé l'abolition de la question. Exception faite de ce dernier article, les réformes proposées en 1766 ne seront adoptées que par les Constituants de 1789.[74]

Voltaire envoya son *Commentaire* à l'auteur qu'il commentait. Beccaria fit en octobre et novembre 1766 un séjour à Paris. Homme à la mode, les salons se le disputèrent. Le seigneur de Ferney souhaitait recevoir sa visite, à l'aller ou au retour. Il fut déçu. Il lui fait savoir par le libraire genevois Chirol qu'il aimerait l'avoir comme hôte.[75] Beccaria ne répond pas. Le Milanais avait en réalité mal vécu son triomphe parisien. Sensitif, timide, il n'était pas fait pour les conversations brillantes de salon. Il ne se sentait sûr de lui, et hardi, que la plume à la main. Entre Voltaire et lui, une incompatibilité d'humeur aurait gâté leurs relations. Il préféra se dérober.

Néanmoins la rencontre des idées entre ces deux hommes de tempérament si différent est significative. D'un individu à l'autre, d'un pays à l'autre une nouvelle philosophie de la vie sociale commence à s'imposer. En dépit des résistances, l'Europe est bien en train de changer, comme Voltaire ne cesse de le répéter.

74. M.xxv.540, 557, 559, 577.

75. D13580 (21 septembre 1766); D14397 (29 août 1767), Voltaire fera parvenir à Beccaria, par Chirol, son *Ingénu*. Beccaria écrira à Voltaire en mai 1768: il lui parlera de «l'assassin» de La Barre: la lettre n'est connue que par la réponse de Voltaire, D15044 (30 mai 1768).

17. Tempête dans la «parvulissime»[1]

(août 1765 - janvier 1767)

Au commencement était «le fornicateur Covelle». L'affaire remontait au début de 1764. Robert Covelle, «citoyen» de Genève, avait fait un enfant à Catherine Ferboz, une «native». La jeune fille avait accouché hors de la ville. Mais son péché n'avait pas échappé à l'attention des autorités de la République. Son séducteur fut convoqué devant le Consistoire des pasteurs (1er mars 1764). Il avoua sa liaison. Mais sommé de demander pardon «à genoux», selon la règle, il sollicita un sursis de huit jours. Ce qui lui fut accordé. Or revenu devant le Consistoire à l'expiration du délai, au lieu de s'agenouiller, il présenta un mémoire fort bien argumenté pour justifier son refus de la génuflexion. Il avait en effet rendu visite à Ferney: c'est là que Voltaire et deux ou trois Genevois lui avaient dicté ce mémoire, qui outrepassait manifestement ses faibles capacités. Le Consistoire ne s'attendait pas à une telle résistance. Le Petit Conseil, à l'instigation des pasteurs, fait incarcérer le «fornicateur». Il n'en persiste pas moins dans son insoumission. Il se sent soutenu par une large partie de l'opinion genevoise. Les mœurs ayant évolué, on n'accepte plus cette archaïque génuflexion ni le contrôle de la vie privée par le clergé dont elle est le signe. Les partisans de Covelle publient brochure sur brochure: réunis, ces écrits finiront par former trois gros volumes. Le Consistoire insiste pour qu'on respecte la tradition: Covelle doit s'agenouiller. Le Petit Conseil, embarrassé, tergiverse. Saisi à son tour, le Conseil des Deux-Cents se prononce dans un sens favorable à Covelle (5 septembre 1765). En définitive un arrêt supprimera la cérémonie de la génuflexion (9 février 1769). Victoire d'une Genève moderne sur les tenants d'un passé révolu.[2]

Si l'affaire, en elle-même mineure, a fait tant de bruit, c'est qu'elle survient au milieu d'une crise sociale et politique de la République «parvulissime».

Depuis le début du siècle, Genève est en proie à une agitation, tantôt larvée, tantôt violente, procédant d'un régime très inégalitaire qu'il nous faut rappeler.

La population était répartie en quatre classes. Soit, par ordre croissant des droits: les «habitants», étrangers simplement autorisés à résider; les «natifs», nés

1. D10843 (16 décembre 1762), aux d'Argental, note 3. Voltaire qualifie Genève aussi de «pédantissime», et une fois de «petitissime». Pour «parvulissime», voir par exemple D13092.

2. Le plus récent exposé de l'affaire Covelle se lit dans l'introduction de John Renwick à l'édition de *La Guerre civile de Genève*, *OC*, t.63A, p.6-10.

des habitants; les «bourgeois», natifs ou habitants naturalisés, ayant obtenu moyennant finances des «lettres de bourgeoisie»; enfin les «citoyens», nés à Genève de citoyens ou de bourgeois. Les citoyens et les bourgeois sont seuls à jouir de droits politiques, lesquels s'accompagnent de privilèges économiques. Or dans la seconde moitié du dix-huitième siècle, cette classe privilégiée représente moins de la moitié des vingt ou vingt-cinq mille habitants que compte Genève.

De plus, parmi eux, un petit groupe de familles s'est accaparé pouvoir et richesse. Sans doute le Conseil général, qui fait les lois et élit les quatre syndics administrant la ville, est constitué par la réunion de tous les citoyens et bourgeois. Mais ce sont le Conseil des Deux-Cents, organe consultatif pour toutes les affaires importantes, et le Conseil des Vingt-cinq, ou Petit Conseil, organe dirigeant, qui présentent les candidats aux magistratures et détiennent la réalité du pouvoir. Un patriciat – dont fait partie entre autres la famille Tronchin – occupe la majorité des places et il tend à se fermer de plus en plus. Les deux Conseils se nomment l'un l'autre: «cet emboîtement favorise le resserrement de l'oligarchie.»[3]

Citoyens et bourgeois, à plusieurs reprises depuis le début du siècle, ont manifesté contre ces abus. En 1718, contre un nouvel impôt institué par les aristocrates sans consultation du Conseil général, le peuple a ressuscité la tradition des délégations de citoyens auprès des syndics et du procureur général: ce sont les «représentations» par lesquelles s'expriment ses doléances. Les troubles avaient repris en 1734, pour affirmer le principe que seul le Conseil général est souverain. Il avait fallu, afin d'éviter la guerre civile, une médiation de la France, de Berne et de Zurich. Un compromis avait été conclu (1738), mais dont les termes étaient contradictoires. Le droit de «représentation» était réaffirmé par le règlement de 1738. En même temps, il était annulé par un autre article, stipulant que «rien ne pourra être porté au Conseil des Deux-Cents qu'auparavant il n'ait été traité et approuvé dans le Conseil des Vingt-cinq».[4] Ainsi lorsque les «représentants» protestent, ils se heurtent, dans les Conseils, aux refus des «négatifs» de prendre leur avis en considération. Au milieu du siècle la fermentation est devenue endémique, aggravée par les influences extérieures, notamment la française, de plus en plus forte sur le patriciat. Les citoyens et bourgeois estiment que la France a partie liée avec le Petit Conseil pour étouffer leur liberté.

La France, mais non point celle dont Jean-Jacques Rousseau faisait entendre la voix. Les écrits politiques du «citoyen de Genève» offraient aux représentants de quoi soutenir leur cause. Pour cette raison même, le Petit Conseil, les 18 et 19 juin 1762, avait condamné *Emile* et le *Contrat social* à être lacérés et brûlés.

3. Jean-Daniel Candaux, introduction aux *Lettres écrites de la montagne*, Rousseau, *OC*, iii.CLX.
4. Cité par J. Renwick, *OC*, t.63A, p.11.

Rousseau accuse le «polichinelle Voltaire» et le «compère Tronchin».[5] Ledit polichinelle nie y être pour quoi que ce soit. Mais il éprouve certainement quelque dépit à constater que Jean-Jacques dispose de partisans influents du côté des représentants. Moultou voit dans *Le Contrat social* «l'arsenal de la liberté».[6] L'ardent Jacques François De Luc incite Rousseau à agir: ce qui fait craindre à Théodore Tronchin, non sans raison, que de Luc, orateur et libelliste «fanatique», n'excite des émeutes.[7] Autres protestataires: Marcet de Mézières, Marc Chapuis, députés de la bourgeoisie, Charles Pictet, lequel, du coup, est traduit en justice.

Rousseau pourtant est déçu. Il juge ses partisans trop peu nombreux. Il attend en vain qu'ils fassent des «représentations» contre les procédures qui le visent. «On cabalait, mais on gardait le silence», écrira-t-il dans *Les Confessions*.[8] Pour défendre ses ouvrages et sa personne, et répondre au mandement de l'archevêque de Paris condamnant l'*Emile*, il rédige la *Lettre à Mgr Christophe de Beaumont*. Or, à la fin du mois d'avril 1763, quand le Petit Conseil en interdit la réimpression à Genève, nulle voix ne s'est élevée contre cette décision. Déjà Rousseau avait refusé de revenir dans sa patrie, lorsque sous le coup d'un mandat d'arrêt, après l'*Emile*, il avait dû se réfugier en Suisse. Constatant la passivité de ses compatriotes dans l'affaire de la *Lettre à Beaumont*, il abdique son droit de bourgeoisie par une lettre au premier syndic (12 mai 1763).

Alors enfin les citoyens s'émeuvent. Ils viennent au nombre d'une quarantaine se plaindre au premier syndic du jugement rendu contre Rousseau (18 juin 1763). Une deuxième représentation, le 8 août, rassemble une centaine de manifestants. D'autres protestations suivent, réfutant le «droit négatif» du Petit Conseil. C'est à ce moment qu'intervient le procureur général, récemment réélu, Jean Robert Tronchin (à ne pas confondre avec Jean Robert Tronchin, banquier de Voltaire). Pour justifier le Petit Conseil, il publie, en septembre et octobre 1763, des *Lettres écrites de la campagne*. «De la campagne»? Titre malencontreux. Rousseau réplique par des *Lettres écrites de la montagne*: il répond ainsi à l'appel de Jacques François de Luc, qui s'exprimait au nom des citoyens et bourgeois (novembre 1763). Il accuse le Petit Conseil de gouverner tyranniquement. Au passage, il s'en prend à Voltaire. Il se moque de lui par un pastiche assez bien venu. Et ce qui est plus dangereux, il le nomme publiquement comme l'auteur du *Sermon des cinquante*.[9]

Dénonciation dont s'indigne Voltaire. Quel parti le seigneur de Ferney va-t-il donc prendre dans les dissensions genevoises? Après la *Lettre à d'Alembert*, où Jean-Jacques a cherché à contrecarrer les plans des philosophes français et du

5. Leigh, n° 2017.
6. Leigh, n° 1877.
7. Leigh, n° 1964.
8. *Les Confessions*, éd. J. Voisine (Paris 1964), p.721.
9. Rousseau, *OC*, iv.799. Voir ci-dessus, p.198-99.

patriciat de Genève, après les affrontements entre Voltaire et Rousseau sur le luxe, la civilisation, la culture, après la lettre outrageante écrite en 1760 par celui-ci et conservée par celui-là, on imaginerait volontiers le défenseur passionné du théâtre soutenant sans hésitation les magistrats contre ces citoyens et bourgeois endoctrinés par Jean-Jacques et en perpétuelle rébellion. Le patriciat n'est-il pas plein d'indulgence à son égard? Voltaire n'entretient-il pas des relations étroites avec des familles d'aristocrates qu'il reçoit chez lui? Ne trouve-t-il pas «faux» l'esprit de Rousseau, cependant que «son cœur est celui d'un malhonnête homme»?[10] Si ses «excommunications» visant les spectacles n'excitent à Ferney que la dérision, ses propos contre Helvétius ne sont-ils pas jugés dignes d'un «coquin» ingrat et incohérent?[11]

Qui se fierait, toutefois, à cette logique pour deviner le comportement de Voltaire irait de surprise en surprise.

En réalité, souvent des désaccords avaient altéré les relations du patriarche avec le Petit Conseil. A l'automne de 1765 plusieurs affaires vont l'irriter. En août, les magistrats entament des poursuites contre le *Portatif*: perquisitions chez les imprimeurs Gallay et Blanc (23 août), soupçonnés de tirer sur leurs presses des exemplaires de l'édition Varberg; saisie de trois cents volumes du *Dictionnaire* en deux tomes, ainsi que des *Lettres écrites de la montagne* (Voltaire et Rousseau étant réunis dans la même répression...), chez le fondeur de caractères Gando, emprisonné puis condamné. Voltaire est ulcéré de cette persécution, entreprise par égard pour le Consistoire.[12] A quoi s'ajoute l'expulsion du colonel Bülow. Celui-ci, mandaté par Catherine II, avait recruté à Genève des institutrices qui iraient enseigner le français à des jeunes filles russes à Saint-Pétersbourg et à Moscou. Le Petit Conseil les fait arrêter dans l'Etat de Berne. Il fait expulser Bülow. Voltaire dénonce cette action «brutale et tyrannique». Il prend conscience de l'étroitesse d'esprit des «vingt-cinq perruques», parmi lesquelles «trois ou quatre fanatiques ne sont bons qu'à jeter dans le lac».[13] Il s'avère que ce Petit Conseil rétrograde agit souvent contre les lois et ne mérite pas la protection française.

Et voici un autre sujet de mécontentement: les difficultés qu'on lui fait pour la cession des Délices, dont, étant installé définitivement à Ferney, il souhaite résilier le bail. Il se rapproche alors des représentants, mais par clairvoyance plus que par intérêt. Il demande à Damilaville de répandre dans le public que «les citoyens ont raison contre les magistrats», car, continue-t-il, «il est certain que le

10. D12549 (16 avril 1765), à d'Alembert.
11. Voir D12854, D12859, D12869, D12888.
12. Leigh, n° 4834. Pour plus de détails, voir D.app.270.
13. D12899, D12928.

peuple ne veut que la liberté, et que la magistrature ambitionne une puissance absolue». La preuve en est fournie par les atteintes récentes à la liberté d'imprimer: «comment un peuple peut-il se dire libre quand il ne lui est pas permis de penser par écrit?»[14] Une circonstance allait accroître l'influence de Voltaire. Le résident français Montpéroux étant décédé à Genève, le 7 septembre 1765, il se défend d'intervenir dans la nomination du successeur. Il souhaite pourtant un «philosophe», plutôt qu'un «bigot fanatique».[15] Aux d'Argental, qui peuvent toucher le duc de Praslin, ministre des Affaires étrangères, il suggère quelques noms. Il prend du plaisir à souligner le crédit qu'on lui prête: «Tout le monde demande la place de Montpéroux, tout le monde s'adresse à moi.»[16] Mais à ses candidats plus ou moins virtuels le ministre préfère un diplomate expérimenté, qui fut en poste en Pologne, Pierre Michel Hennin, nommé le 30 septembre. Nullement dépité, Voltaire lui adresse ses félicitations. Il lui rappelle leur rencontre aux Délices. Il le qualifie du beau titre de «prêtre de la philosophie».[17] Hennin ne rejoindra son poste que le 16 décembre 1765. D'ici là, l'intérim est assuré par Fabry, syndic des Etats de Gex. Pendant cette période, le seigneur de Ferney apparaît comme la personnalité dominante.

Il va prendre des initiatives. Il reçoit l'un des représentants, Jean André De Luc, fils aîné de Jacques François. Il accueille avec faveur les discrètes avances des «citoyens», par exemple l'«Ode à M. de Voltaire» de Jean Antoine Comparet: *La Vérité* [...] *suivie d'une dissertation historique et critique sur le gouvernement de Genève*.[18] Non qu'il se soit rallié complètement au parti des représentants. Ayant désormais des relations dans les deux camps, il se pose en conciliateur (quoiqu'il refuse le mot). C'est ce qu'il mande à Jacob Tronchin, le 13 novembre:

> Il est venu chez moi des citoyens qui m'ont paru joindre de la modération à des lumières. Je ne vois pas que, dans les circonstances présentes, il fût mal à propos que deux de vos magistrats des plus conciliants me fissent l'honneur de venir dîner à Ferney, et qu'ils trouvassent bon que deux des plus sages citoyens s'y rencontrassent [...] Il ne m'appartient pas d'être conciliateur, je me borne seulement à prendre la liberté d'offrir un repas où l'on pourrait s'entendre.[19]

Le rapprochement des esprits autour d'une table bien servie, c'est ce que Voltaire réussit parfaitement dans la fiction. Ainsi Zadig, dans un souper de Bassorah, apaise les dévots qui pour l'honneur de leurs divinités respectives allaient en

14. D12938 (16 octobre 1765), à Damilaville.
15. D12873, aux d'Argental.
16. D12895 (21 septembre 1765), aux d'Argental.
17. D12906 (29 septembre 1765). La nomination de Hennin, présentée au Petit Conseil le 30 septembre, était connue depuis plusieurs jours.
18. D12976, D12977, D12979.
19. D12976.

venir aux mains. Ce sera, nous le verrons, le grand succès à Paris de M. André, «l'homme aux quarante écus», qui à sa table désarme les animosités les plus acharnées.

De cette politique de conciliation, en cet automne de 1765, Voltaire tire un avantage évident. Il va rapprocher de lui les partisans de Rousseau qu'il sait lui être le plus hostiles. Il clame avec véhémence sa totale innocence dans les persécutions dirigées contre l'auteur de l'*Emile* et du *Contrat social*: «Moi, persécuter un homme de lettres! [...] Il faut absolument qu'on ait voulu nous aigrir l'un contre l'autre.»[20] Le trublion, c'est Jean-Jacques. Il «voulait tout brouiller, et moi, comme bon voisin, je voudrais, s'il était possible, tout concilier.» Car il est, lui, un homme de paix. Il veut «éteindre le feu que [Rousseau] a soufflé de toutes les forces de ses petits poumons». Il veut «jeter de l'eau sur les charbons ardents allumés par Jean-Jacques».[21] Dans cette conquête des partisans de Rousseau, il va obtenir un renfort imprévu: celui de Rousseau lui-même. D'Ivernois, qui est à Genève le correspondant de Jean-Jacques, s'était d'abord dérobé aux avances de Voltaire: «Il m'a fait demander deux fois, mais je ne veux point y aller».[22] Mais Rousseau lui conseille de changer d'attitude. Ayant renoncé à intervenir dans la vie politique genevoise, il voit, non sans lucidité, en Voltaire «l'unique ressource des représentants». Convaincu, d'Ivernois se rendra à Ferney (fin janvier 1766). Il rapporte à Rousseau les propos émus que Voltaire a tenus sur lui, propos sans doute non entièrement feints.[23]

Ce fut le Petit Conseil qui fit échouer la tentative de conciliation. Les magistrats opposent une fin de non-recevoir à la proposition faite à Jacob Tronchin. Ils refusent de rencontrer une délégation de représentants à la table de Ferney.[24] Voltaire pourtant ne se décourage pas. Le 21 novembre, il informe Lullin, conseiller secrétaire d'Etat, qu'il a reçu à dîner quatre représentants. Ces messieurs se montrèrent fort raisonnables. «Il y a des articles sur lesquels il m'a paru qu'ils se rendraient.» D'autres articles font difficulté, mais il a imaginé un plan dont il parlera au secrétaire d'Etat, s'il peut le rencontrer.[25] Mais le Conseil n'accepte

20. D12948 (20 octobre 1765), à Jean André De Luc.

21. D12988 (vers le 16 novembre 1765), à Florian; D13001 (25 novembre 1765), aux d'Argental; D13011 (29 novembre 1765), aux mêmes.

22. D13058 (23 décembre 1765), d'Ivernois à Rousseau.

23. D13149 (1er février 1766), d'Ivernois à Rousseau.

24. D12976, commentaire. La pensée politique de Voltaire, dans l'ambiance de la crise genevoise, connaît une certaine évolution. C'est probablement en octobre-novembre 1765 qu'il écrit les *Idées républicaines*; l'opuscule, tout en s'intégrant dans le contexte plus large d'une critique de l'arbitraire, formule des positions favorables aux représentants (voir Peter Gay, *Voltaire's politics*, Princeton 1954, p.214 et suiv.).

25. D12994 (21 novembre 1765), à Pierre Lullin.

aucune négociation: il ne transigera pas sur la constitution du gouvernement. Voilà ce que Lullin est chargé, le 25, de répondre à Voltaire.

Il en faudrait plus pour le décourager. Certes il va répétant que, comme étranger, il doit rester «neutre, tranquille, impartial»,[26] se borner à bien accueillir tous ceux qui viennent le consulter, y compris les «personnes des rues basses».[27] Il n'en prépare pas moins un plan de pacification qui prendra corps sous le titre de «Réflexions sur les moyens proposés pour apaiser les troubles de la ville de Genève».[28] Pour contourner les résistances genevoises, il le fait passer par la capitale française. Il l'envoie aux d'Argental: ils le communiqueront à deux juristes, puis le soumettront à Praslin, ministre des Affaires étrangères, et à Hennin, résident désigné. L'article essentiel du plan prévoit, pour la convocation du Conseil général, une pétition de sept cents citoyens, soit plus de la moitié de cette assemblée: chiffre équitable, puisqu'il paraît excessif aux citoyens et insuffisant aux magistrats. Cependant il continue à Ferney sa politique des dîners: entre Jean André De Luc et Fabry; puis, après l'arrivée du résident Hennin, entre celui-ci et le même de Luc, accompagné d'un autre représentant, Vieussieux. Les efforts de conciliation sont appuyés désormais par la menace d'une nouvelle Médiation, révisant le compromis conclu par la Médiation de 1738. Peine perdue: le Petit Conseil, le 28 décembre, fait savoir qu'il reste obstinément «négatif».

Le recours à un médiateur devenait la seule voie pour sortir de l'impasse. Celui-ci serait flanqué de deux personnalités nommées par Berne, et de deux autres nommées par Zurich. Mais le rôle principal reviendrait au personnage que choisirait la cour de Versailles. Voltaire voudrait, pour cette mission, faire désigner son «ange» d'Argental. Il aurait ainsi la joie de le revoir, et son influence personnelle à Genève serait considérablement accrue. D'Argental connaît bien le duc de Praslin. Qu'il fasse donc acte de candidature auprès de lui.[29] Mais «l'ange» devine qu'il rencontrerait des difficultés insurmontables à concilier les inconciliables. Il prévoit son échec à peu près certain. Prudemment, il se récuse. Voltaire en est «au désespoir», comme il le confie à Hennin,[30] sans trop se soucier d'une démarche irrégulière dont il s'est rendu coupable en intervenant directement à Versailles. Le résident ne lui en tient pas rigueur. Entre eux déjà des relations se sont nouées qui se développeront en amitié.

Le duc de Praslin a désigné pour une telle mission l'ambassadeur du roi à

26. D12979 (13 novembre 1765), à Damilaville.
27. D13017 (novembre-décembre 1765), à Gabriel Cramer.
28. Voir F. Caussy, «Voltaire pacificateur de Genève», *Revue bleue*, 5e série, 9 (4 janvier 1908), p.13-15.
29. D13107 (13 janvier 1766), aux d'Argental.
30. D13119 (18 janvier 1766).

Berne, le chevalier de Beauteville, en raison apparemment de sa connaissance des affaires suisses. Le médiateur fait donc son entrée en mars 1766, «avec ses dix cuisiniers», accompagné aussi de son secrétaire M. de Taulès. Beauteville multiplie d'abord les politesses envers les Genevois des deux partis. Tous sont enchantés, et Voltaire le premier. Le seigneur de Ferney s'est empressé d'applaudir le choix fait par le ministère français: «le meilleur», écrit-il.[31] Il prodigue les amabilités au chevalier. Il le reçoit à sa table, avec Hennin et Taulès. Accueil d'une chaleureuse simplicité: il a pris place à côté de Beauteville «en robe de chambre et en bonnet», mais c'est une «robe de chambre de satin azur, semé d'étoiles d'or».[32]

Comment Voltaire ne serait-il pas satisfait? La médiation de 1738 avait imposé aux Genevois un théâtre. Beauteville fait de même. Déjà, en dépit du Consistoire, une troupe dirigée par Rosimond s'était installée à Châtelaine, à la frontière de Genève, mais du côté français. Les pasteurs s'en désolaient. Le dimanche après-midi, les fidèles quittaient le sermon pour se rendre en carrosse au spectacle. En avril 1766, sous la pression du médiateur, la troupe de Châtelaine vint jouer en pleine ville, dans une salle de la Place Neuve. Voltaire exulte. «En vain, Jean-Jacques a-t-il joué dans cette affaire le rôle d'une cervelle mal timbrée, les plénipotentiaires lui ont donné le fouet d'une manière publique. Quant aux prédicants, ils n'osent lever la tête: lorsqu'on donne *Tartuffe*, le peuple choisit avec transport les allusions qui les concernent.»[33] Le bonheur de Voltaire est à son comble en novembre, lorsque la troupe de Rosimond représente son *Olympie*. Un triomphe! La scène du bûcher «tourne la tête» des spectateurs.[34]

Hélas! bientôt c'est le théâtre lui-même qui va brûler. Dans la nuit du 29 au 30 janvier 1768, un incendie le réduit en cendres. Selon un témoignage, il fallait accuser «la négligence de quelques beautés tendres et intéressées qui y donnaient de fréquents rendez-vous avec des lumières ou des chaufferettes».[35] Accident donc. Mais beaucoup y verront un attentat, perpétré par les ennemis du théâtre. Voltaire racontera comment «trois méchants» ont posé une étoupe enflammée sous le foyer. «Jean-Jacques rit», assure-t-il.[36] Car son animosité n'a fait que croître au cours de ces mois, contre Rousseau, «ce monstre de vanité et de contradiction, d'orgueil et de bassesse», «un grand fou, un méchant fou et un malheureux fou».[37]

31. D13139 (27 janvier 1766), aux d'Argental.

32. D'après un touriste de passage, Robert, «géographe du roi», cité par Desnoiresterres, vii.26.

33. Cité par Desnoiresterres, vii.104, sans référence.

34. D13653 (5 novembre 1766), à Damilaville; D13659 (7 novembre 1766), aux d'Argental.

35. Lettre de Le Sage (11 février 1768), cité par J. Renwick, *OC*, t.63A, p.132.

36. *OC*, t.63A, p.132-33. Il est à noter que Rousseau est à ce moment-là à Wootton en Angleterre. Desnoiresterres cependant, sans accuser Rousseau, croit encore à l'incendie criminel, vii.105.

37. D13114 (15 janvier 1766), à Damilaville; D13120 (18 janvier 1766), à de Ruffey.

Il est en effet deux personnages dont les relations avec Voltaire vont interférer avec les troubles de Genève: Jean-Jacques Rousseau, mais aussi Jacob Vernet. Il est nécessaire de suivre les démêlés du patriarche avec l'un et avec l'autre au cours de l'année 1766.

On se rappelle avec quelle inquiétude Jacob Vernet avait vu s'établir à Genève le philosophe, mais philosophe impie.[38] Voltaire, de son côté, compte le pasteur parmi les «sociniens honteux» qui l'ont déçu. Il va l'attaquer avec une violence où entre du dépit. En 1760, il le caricature dans le second des *Dialogues chrétiens*. Très ému, Vernet est allé se justifier devant le Consistoire. L'ambivalence de leurs relations est symbolisée par la présence, dans la bibliothèque de Ferney, à la fois du *Traité de la vérité de la religion chrétienne*, d'inspiration rationaliste, et des *Lettres critiques d'un voyageur anglais sur l'article Genève du Dictionnaire encyclopédique*, deux ouvrages de Vernet. Dans le second, le pasteur dénonce les défauts du philosophe: passions vives, humeur inquiète, abus d'esprit... Contre cet «indigne fatras», Voltaire s'emporte, se faisant menaçant:

> Il mériterait d'être puni publiquement de ce qu'il a écrit très obscurément, et tout vieux que je suis, je pourrais bien faire un exemple.[39]

En effet si «l'ouvrage bien plat» de ce «cuistre», si ses «coassements» de «grenouille presbytérienne» ne méritent pas une réponse, l'auteur mérite une punition. Ne s'avise-t-il pas d'attaquer à la fois d'Alembert, Hume, Diderot, Marmontel, la religion catholique, le pape, Louis XIV, la comédie, et de s'occuper encore de Mme Denis? Cette vengeance exemplaire et immédiate, c'est la *Lettre curieuse de M. Robert Covelle* [...] *à la louange de M. le professeur Vernet*.[40] Voltaire s'amuse à mettre en scène «Monsieur le fornicateur», ce qu'il fera plus longuement dans *La Guerre civile de Genève*. Il imagine que le pasteur vient consulter chez Mlle Ferboz quelques personnes, parmi lesquelles Covelle et... Thérèse Levasseur. Vernet leur demande leur avis sur l'ouvrage où il invective d'Alembert, Hume, les encyclopédistes, Rousseau. Malgré reproches et mises en garde, malgré sa promesse de supprimer le libelle, Vernet court le faire imprimer. Indigné d'une telle attaque, le pasteur porta plainte au Petit Conseil et l'informa, ainsi que le Consistoire, de ses échanges de lettres avec Voltaire. Des commissaires sont nommés pour examiner cette correspondance. Pour finir le Conseil voit «avec plaisir sa justification», et l'assure de son estime.[41] Voltaire se gausse bien évidemment de cette attestation de bonnes vie et mœurs. Il cherche à savoir si

38. Voir *Voltaire en son temps*, iii.234-35.

39. D13320 (26 mai 1766), à Moultou qui lui a procuré le livre. Sur la personnalité ambiguë de Jacob Vernet, voir Graham Gargett, «Jacob Vernet, theologian and anti-*philosophe*», *British Journal for eighteenth-century studies* 16, n° 1, 1993, p.35-52.

40. M.xxv.291-96.

41. D.app.278 (juillet 1766).

son adversaire prépare d'autres libelles. En attendant il repart lui-même à l'attaque, et passe vite à la charge insultante. Il choisit le pasteur Vernes pour lui confier qu'on ne pourrait écrire les paroles de son confrère «qu'avec la matière dont Ezéchiel faisait son déjeuner».[42] En janvier 1767, il fait parvenir à d'Alembert ainsi qu'au landgrave de Hesse-Cassel un «éloge de l'hypocrisie», qui est publié dans *Les Honnêtetés littéraires* sous le titre: «Maître Guignard ou de l'hypocrisie, diatribe de M. Robert Covelle». La satire vise encore Vernet, dont elle trace un portrait burlesque: front hideux, air empesé, œil de porc, «col tord ou tors».[43]

Mais ce ne sont là que gentillesses, en comparaison de la polémique acharnée contre Rousseau. Voltaire avait été informé, en novembre 1765, de la lapidation de Môtiers, antérieure de deux mois: il en parle avec légèreté. Il a su que Jean-Jacques à Strasbourg avait assisté à une représentation de son *Devin de village*, en contradiction avec ses principes. En janvier 1766, auprès des représentants genevois, il a tenté de dissiper certains malentendus dans ses relations avec Rousseau. Il a renouvelé ses offres d'assistance à celui-ci, tout en poursuivant ses railleries contre le «méchant fou» qui l'a dénoncé dans les *Lettres écrites de la montagne*. Or en janvier précisément, Jean-Jacques est parti pour l'Angleterre sous la conduite de Hume. Il a séjourné à Londres, puis dans le Staffordshire. On sait comment il s'est inconsidérément affolé devant certains regards de Hume, comment il a cru l'entendre tenir des propos menaçants, comment il a suspecté qu'on violait sa correspondance, comment il s'est vite jugé calomnié. En juillet 1766, éclate la querelle épistolaire entre Rousseau et Hume.

Un peu plus tôt, datée d'avril 1766, avait paru anonymement une *Lettre au docteur J. J. Pansophe*, avec une traduction anglaise, *A Letter* [...] *to M. Jean-Jacques Rousseau*.[44] Si ce Pansophe n'a pas la puissance comique du célèbre Pangloss, il apparaît comme un prodige insupportable de contradiction et d'orgueil. Voltaire signe en quelque sorte ce pamphlet en se défendant, en son début, d'être à l'origine des malheurs de Jean-Jacques. Pourtant il ne cesse de désavouer la *Lettre à Pansophe*. Il cherche à en faire endosser la paternité à l'abbé Coyer, d'abord, puis à Bordes, inventant même des «preuves»: n'étaient-ils pas en Angleterre à la date approximative de sa publication?[45]

Les échos de la querelle avec Hume ne font qu'aggraver le cas de Jean-Jacques, de plus en plus suspect de trahison. Voltaire apprend, fin juillet, par d'Alembert, le tour qu'il vient de jouer au philosophe écossais, son protecteur. Il a accepté

42. D13592 (26 septembre 1766). Une fois de plus Voltaire interprète à sa manière Ezéchiel iv.12.

43. M.x.137-39 et D13426 (17 juillet 1766), à Hennin.

44. M.xxvi.17-27. Rousseau s'est plaint à Hume de cette lettre et de sa traduction (Leigh, n° 5274), dont il avait vu l'annonce dès le 19 avril (voir Leigh, n° 5162, à Davenport; cf. Leigh, n° 5211 et 5220, où Rousseau se plaint de l'arrogance et de la brutalité de Voltaire).

45. D13734 (15 décembre 1766), à Bordes.

qu'il demande pour lui une pension au roi d'Angleterre. Puis, celle-ci obtenue avec beaucoup de peine, il l'a refusée avec éclat, et a répudié l'amitié de Hume, «pour se faire des amis dans le parti de l'opposition».[46] Aussi le philosophe de Ferney le juge-t-il «méchant par un excès d'orgueil»,[47] profanateur de la philosophie, et se réjouit-il que les médiateurs de Genève l'aient déclaré calomniateur dans ses *Lettres écrites de la montagne*. Pour réduire à quia ce «plat monstre d'orgueil»,[48] il envoie à Damilaville (11 et 29 août 1766) des extraits des lettres de Jean-Jacques écrites de Venise: les originaux étant au dépôt des Affaires étrangères, il n'a pu les obtenir qu'avec la complicité du ministère français.[49] Il veut prouver que, contrairement à ses dires, Rousseau n'était pas secrétaire d'ambassade.[50] Il faut dégrader ce traître de la philosophie, ce «Judas de la cause sacrée».[51] Voltaire attend la copie de la lettre, digne de Bedlam, que Jean-Jacques a adressée à Hume. Il propage les rumeurs courant sur sa folie: diagnostic qui alterne avec l'assimilation à «Chiampot-la-perruque qui disait que tout le monde lui en voulait».[52] A la mi-octobre, il a lu le factum de David Hume, *A concise and genuine account of the dispute between Mr. Hume and Mr. Rousseau*.[53] Il évoque les pièces de ce procès avec nombre de ses correspondants: les d'Argental, Damilaville, mais aussi Vernes, Mme de Saint-Julien, Rochefort d'Ally, Elie Bertrand, Hennin. Il oscille de la haine au mépris. La synthèse de ces commentaires est formulée dans la *Lettre à M. Hume*, datée du 24 octobre.[54]

Voltaire y rappelle tous les torts de Jean-Jacques envers lui. Puis il cite des exemples de ses incohérences et de ses folies. Il fait circuler la *Lettre* en l'envoyant à Helvétius, à Mme Du Deffand, à Damilaville. En octobre et novembre il mène contre Rousseau une campagne par correspondance où se combinent insultes et railleries: un «charlatan», une «âme pétrie de boue et de fiel», «qui sème toujours la tracasserie et la discorde dans quelque lieu qu'il se réfugie», «un des plus dangereux coquins qui respirent», «un chien basset qui aboie et qui mord». Voltaire n'oublie pas «la belle Mlle Levasseur, sa blanchisseuse âgée de cinquante

46. D13424 (16 juillet 1766), d'Alembert à Voltaire.
47. D13461 (30 juillet 1766), à Damilaville.
48. D13485.
49. Voir Amédée Outrey, «Un épisode de la querelle de Voltaire et de Jean-Jacques Rousseau: la publication des *Lettres de Venise*», *Revue d'histoire diplomatique* 64 (1950), p.3-36.
50. En fait, Rousseau était, ce qui est différent, secrétaire de l'ambassadeur, mais remplissait les fonctions d'un secrétaire d'ambassade.
51. D13626 (27 octobre 1766), à Helvétius.
52. D13586, D13592. Bedlam était l'asile de fous de Londres.
53. BV, n° 1698.
54. D13623 et M.xxvi.29-34. La *Lettre* parut dans deux éditions à peu près simultanées et fut rééditée avec des notes.

ans, à laquelle il a fait trois enfants qu'il a pourtant abandonnés».[55] Se profilent déjà les silhouettes grotesques de *La Guerre civile de Genève*.[56]

Cependant, à Genève, le conflit politique s'était compliqué. En mars 1766, les natifs, restés jusqu'alors passifs, sont intervenus dans les affaires de cette république, dont ils font partie, sans en être une partie intégrante. Ils espèrent, à la faveur de l'affrontement entre les citoyens et le Petit Conseil, obtenir une amélioration de leur sort. Ils pâtissent en effet de multiples injustices, bien qu'ils forment la majeure partie de la population genevoise. Les professions libérales leur sont interdites, de même que dans la milice le grade d'officier. Ils paient des taxes dont sont dispensés bourgeois et citoyens. Ils vont donc revendiquer l'admission à toutes les professions et en particulier, beaucoup d'entre eux étant ouvriers horlogers, le droit de fabriquer et de vendre des montres librement, pour leur propre compte.

Simples artisans, sans culture, ils se sentent inférieurs à ces messieurs de la bourgeoisie et des Conseils. Ils se montreront timides, maladroits dans leurs démarches. Mais parmi eux un chef se détache par ses qualités personnelles, Georges Auzière, monteur de boîtes en horlogerie, marié à la fille d'un citoyen. Il ose s'adresser à Voltaire. Pressenti, le philosophe de Ferney apparaît bien disposé. Il demande qu'on lui présente un mémoire exposant les griefs des natifs. Ces petites gens avaient commencé à se concerter, par petits groupes, de crainte d'attirer l'attention, en des salles portant des noms pittoresques, le Petit More, le Logis du Singe, le Dauphin, le Coq d'Inde, le Cheval Blanc. Le Petit More allait devenir une sorte de quartier général.

Auzière, avec l'aide de deux natifs quelque peu lettrés, rédigea, en s'y prenant à plusieurs fois, un mémoire revendicatif. Ils allèrent le présenter à Ferney (début d'avril 1766). Le patriarche se montra fort bienveillant. «Mes amis», leur aurait-il dit, «vous faites la partie la plus nombreuse d'un peuple libre, industrieux, et vous êtes dans l'esclavage. Vous ne demandez que de pouvoir jouir de vos avantages naturels; il est juste que l'on vous accorde une demande si modérée. Je vous servirai de tout mon crédit auprès des seigneurs plénipotentiaires» (c'est-à-dire auprès des médiateurs).[57] Effectivement Voltaire recommande Auzière et

55. D13636, D13638, D13644, D13645, D13646, D13647, D13664, D13684.

56. Un autre sujet d'irritation lui vint, fin décembre, à la lecture de l'*Avis aux sages du siècle, MM. Voltaire et Rousseau*, du poète Dorat. Voltaire se plaint d'être confondu avec celui qu'il vient de dépeindre comme «le singe de la philosophie qui saute sur un bâton, fait des grimaces et mord les passants» (D13745). Il demande à Dorat une rétractation publique qu'il n'obtiendra pas.

57. Ces propos de Voltaire, ou prêtés à Voltaire, sont extraits des *Mémoires historiques et politiques*, copieux manuscrit du natif Isaac Cornuaud, dont Desnoiresterres cite les principaux passages se rapportant aux démarches d'avril-mai 1766 (ici Desnoiresterres, vii.34). Desnoiresterres remarque que Cornuaud a tendance à amplifier les succès des natifs et à passer sous silence les rebuffades qu'ils essuyèrent.

les siens à Taulès et aux médiateurs de Berne et de Zurich. Mais il fallait préparer les voies, avant de formuler des revendications. Voltaire de sa meilleure plume rédigea, en leur nom, un bref compliment aux «très illustres et très excellents seigneurs» les médiateurs. Les natifs s'excusent de prendre «bien tard la liberté de présenter leurs profonds respects» à Leurs Excellences. «Enhardis» par l'«affabilité», l'«indulgence» des seigneurs médiateurs, ils se flattent que Leurs Excellences «daigneront jeter sur [eux] les regards de bonté dont elles favorisent tous les ordres de l'Etat». «Nous sommes les derniers», concluent-ils, «à vous offrir nos vœux, mais nous n'avons pas été les derniers à les former, et à remercier le ciel qui a remis en vos mains les intérêts de notre patrie.»[58] Voilà qui est fort bien dit. Mais comment croire que ces belles phrases aient été rédigées par de modestes ouvriers, plus à l'aise à leur établi que devant l'écritoire?

Rendez-vous avait été pris à l'Hôtel de France, le 20 avril, pour remettre le compliment à M. de Beauteville. L'audience se passa fort mal. Les quatre natifs délégués commencèrent par arriver avec une heure et demie de retard. Introduits en grande cérémonie, ils s'aperçurent qu'ils avaient oublié le texte du compliment. Beauteville leur répondit avec brusquerie que les natifs étaient «dans l'Etat» mais ne constituaient pas «un des cadres de l'Etat», et n'avaient donc «aucun rapport avec la Médiation». Il ne voulait «ni les entendre ni recevoir aucun mémoire de leur part».[59] Sur ces mots l'ambassadeur est sorti. Auzière ne se découragea pas. Il sut tourner avec esprit un récit de la piteuse séance, qu'il porta à Ferney. Voltaire ne le reçut pas le jour même. Mais le lendemain il le convoque. Il a goûté la plaisante narration, et la nuit précédente il a rédigé une requête. Qu'Auzière, sans le nommer, la fasse approuver par les natifs et ensuite la présente à la Médiation.

Une assemblée est convoquée dans une maison particulière, à Carouge. Auzière lit la requête. Mais à sa surprise l'auditoire, fort nombreux, proteste. Les termes sont trop humbles, indignes des fiers républicains que sont les natifs. «Point de Messeigneurs! point de Messeigneurs!» Il faut procéder à une nouvelle rédaction. Non sans inquiétude, Auzière alla présenter à leur protecteur de Ferney le texte de celui-ci ainsi corrigé. Mais Voltaire ne prit pas mal la chose. Il conseilla de soumettre la requête dans sa nouvelle version aux médiateurs. Ce qui fut fait le 23 avril. De nouveau les «Magnifiques seigneurs», aussi bien Beauteville que les Bernois et les Zurichois, opposent une fin catégorique de non-recevoir. Voltaire les encourage pourtant à persévérer: qu'ils s'adressent au gouvernement de Genève. Hélas! ils ont à la fois contre eux les deux partis opposés: les représentants et les négatifs du Petit Conseil. «Mes amis, soupire le patriarche, vous ne

58. Desnoiresterres, vii.36.
59. Desnoiresterres, vii.37-39.

ressemblez pas mal à ces petits poissons volants qui, hors de l'eau, sont mangés par les oiseaux de proie, ou qui, se replongeant dans l'onde, sont dévorés par les grands poissons. Vous êtes entre deux partis également puissants, vous serez victimes des intérêts de l'un ou de l'autre, ou peut-être de tous les deux ensemble.»[60]

Effectivement, les autorités sévissent. Auzière est arrêté (30 avril). Sous la menace on fait avouer aux délégués natifs que le compliment et la requête ont été rédigés par M. de Voltaire, d'après des canevas qu'on lui a communiqués. De cela, les divers partis en cause tiennent rigueur à M. de Voltaire. A un certain moment, il est parvenu à se mettre à dos les Conseils, les bourgeois, les médiateurs, et même les natifs, qui le soupçonnent de prendre parti pour les bourgeois.[61] Le Petit Conseil est «indigné» de sa conduite dans l'affaire des natifs et porte plainte à la cour de France (5 mai 1766). Hennin, le même jour, le prie instamment, pour son repos, «d'oublier qu'il y ait un Conseil et des représentants dans la banlieue de Ferney»; le résident a «de très fortes raisons» de lui parler ainsi.[62] Beauteville se plaint à Choiseul de sa «conduite également absurde et ridicule». Il l'excuse perfidement sur son grand âge. «L'auteur de *La Henriade* s'évanouit chaque jour»: il a près de soixante-treize ans...[63] Voltaire dut quelque temps se tenir à l'écart des affaires genevoises. Pourtant son intervention ne fut pas inutile à ces natifs si injustement traités. Ils pourront, le 20 septembre, présenter un mémoire au Magnifique Conseil et à l'Illustre Médiation. Lorsque, le 11 mars 1768, sera adopté par le Conseil général le plan de conciliation, ils obtiendront le droit d'accès aux professions libérales et celui de devenir maître-artisan. Mais beaucoup de leurs droits commerciaux seront abrogés en juillet 1769, ce qui entraînera les émeutes du 15 février suivant.

Voltaire reviendra alors à une suggestion proposée plusieurs fois aux natifs en 1766. Quand Auzière et sa délégation vinrent le voir au début d'avril, il leur dit, en leur promettant son aide, que si on les forçait à quitter Genève, il pourrait encore les servir et les protéger «ailleurs».[64] A en croire Cornuaud, il «terminait toujours ses discours aux natifs» par des offres d'établissement hors du territoire de la République. Manifestement, il souhaiterait attirer à Ferney, et dans ce pays de Gex si dépeuplé, ces artisans laborieux et compétents. Nous verrons comment l'idée prendra bientôt une forme précise dans le projet de Versoix.

En décembre 1766, Beauteville doit reconnaître que ses efforts pour concilier

60. Propos rapporté par Cornuaud, dans Desnoiresterres, vii.45-46.

61. D13294 (12 mai 1766), aux d'Argental.

62. D13286 (5 mai 1766).

63. D13282 (2 mai 1766). En avril, Praslin était passé au ministère de la Marine, Choiseul a repris les Affaires étrangères, tout en conservant le ministère de la Guerre.

64. Selon Cornuaud, Desnoiresterres, vii.34.

deux partis intransigeants, les représentants et les négatifs, ont échoué. Le 16 décembre, le Conseil général a rejeté, par 1095 voix contre 515, le plan des médiateurs. Il ne reste plus à Beauteville qu'à se retirer à son ambassade auprès de la république de Berne à Soleure,[65] non sans s'arrêter pour deux jours à Ferney. Car Beauteville, que les mauvais plaisants avaient surnommé Brouilleville, conservait de bons rapports avec le patriarche.

Après tant de vaines agitations, Voltaire éprouve un sentiment de lassitude, qui tourne à la dérision. Il a donné inutilement «de longs dîners aux deux partis», représentants et négatifs. Il a soutenu sans résultat ses chers natifs. A Hennin désormais d'«arranger cette petite fourmilière, où l'on se dispute un fétu».[66] Pour lui, il se contente de «pouffer de rire» devant «des tracasseries, des misères, des pauvretés», qu'il compare aux disputes de la *Batrachomyomachie*, de la *Secchia rapita*, du *Lutrin*. Il sent se réveiller sa veine burlesque. Il a l'idée de faire «un petit *Lutrin* de la querelle de Genève».[67] Ce sera *La Guerre civile de Genève*. Dès le 13 janvier 1767, il a promis au landgrave de Hesse-Cassel que «les prédicants, les catins et surtout le vénérable Covelle, y joueraient un beau rôle».[68]

Outre ces modèles classiques, il a dans son œuvre même un précédent, *La Pucelle*. De nouveau, il se met à versifier gaiement des décasyllabes héroï-comiques:

> Auteur sublime, inégal et bavard,
> Toi qui chantas le rat et la grenouille,
> Daigneras-tu m'instruire dans ton art?

En ces termes est évoqué le pseudo-Homère de la *Batrachomyomachie*. Comme au temps de sa *Pucelle*, à peine rédigés des chants circulent en manuscrits. On les lui dérobe, ou il les laisse dérober pour être imprimés. Et pareillement il retient un chant intermédiaire afin, apparemment, d'embarrasser les pirates.[69] Son début n'est pas indigne de son ancienne *Jeanne*. C'est dans ces premiers vers qu'on lit le seul tableau de Genève qu'il ait tracé dans toute son œuvre:

> Au pied d'un mont que les temps ont pelé,
> Sur le rivage où roulant sa belle onde,

65. Il faudra attendre le 11 mars 1768 pour que le Conseil général approuve l'édit de conciliation, par 1204 voix contre 37. Ce sera la conséquence de l'émeute du 5, à propos de l'élection des syndics: le procureur général Jean Robert Tronchin fut ce jour-là assailli par quelques centaines de manifestants. Les représentants obtenaient quelques concessions.

66. D13019, D13063.

67. D13127, D13107, D13132, D13155, D13158. Il s'agit du *Lutrin* de Boileau, d'un poème héroï-comique faussement attribué à Homère et d'un poème d'Alessandro Tassoni.

68. D13837.

69. Pour des précisions, voir l'introduction de John Renwick, *OC*, t.63A, p.32-34.

Le Rhône échappe à sa prison profonde,
Et court au loin par la Saône appelé,
On voit briller la cité genevoise,
Noble cité, riche, fière, et sournoise;
On y calcule et jamais on n'y rit.
L'art de Barême est le seul qui fleurit:
On hait le bal, on hait la comédie.
Du grand Rameau l'on ignore les airs:
Pour tout plaisir Genève psalmodie
Du bon David les antiques concerts;
Croyant que Dieu se plaît aux mauvais vers.
Des prédicants la morne et dure espèce
Sur tous les fronts a gravé la tristesse.[70]

Suivent «les amours de Robert Covelle»: tel est le sous-titre du poème: Voltaire a choisi pour fil directeur le scandale de la «fornication» et de la «génuflexion» refusée. Moyennant quoi, le chant I se déroule assez allègrement. Le poète feint de croire que les amours de Covelle furent la seule cause de la «guerre civile». Le chant II narre donc les affrontements comiques des deux partis genevois (il n'est pas fait mention des natifs). Des personnalités apparaissent comme le «célèbre Tronchin» (Théodore Tronchin le médecin). Quelques-uns sont fort reconnaissables sous des noms à peine déformés. Tous, et même ceux que le poète citait élogieusement, se montrèrent très irrités de figurer dans un tel poème. En effet Voltaire va se déchaîner contre deux de ses ennemis: Jacob Vernet et Jean-Jacques Rousseau, en s'acharnant particulièrement sur celui-ci.

Une déesse allégorique, l'Inconstance, enjoint à Robert Covelle et à son amante la belle Catherine d'aller consulter Jean-Jacques. Ce qui amène une première charge contre les œuvres du «citoyen de Genève», au «style entortillé», et contre ses contradictions. Mais il y a pire. Le début du chant III nous transporte devant une caverne, «dans un vallon fort bien nommé Travers», «digne et noir palais» de Rousseau. Lisons:

Là se tapit ce sombre énergumène,
Cet ennemi de la nature humaine,
Pétri d'orgueil et dévoré de fiel.
Il fuit le monde, et craint de voir le ciel.
Et cependant sa triste et vilaine âme
Du dieu d'amour a ressenti la flamme.
Il a trouvé pour charmer son ennui
Une beauté digne en effet de lui.
C'était Caron amoureux de Mégère.
Cette infernale et hideuse sorcière

70. *OC*, t.63A, p.79-80.

Suit en tous lieux le magot ambulant.
Comme la chouette est jointe au chat-huant.
L'infâme vieille avait pour nom Vachine;
C'est sa Circé, sa Didon, son Alcine.
L'aversion pour la terre et les cieux
Tient lieu d'amour à ce couple odieux.
Si quelquefois, dans leurs ardeurs secrètes,
Leurs os pointus joignent leurs deux squelettes,
Dans leurs transports ils se pâment soudain
Du seul plaisir de nuire au genre humain.[71]

Le biographe de Voltaire a le devoir de rendre justice à Rousseau et à la pauvre Thérèse Levasseur (Vachine), en citant cette tirade qui déshonore seulement son auteur. Desnoiresterres n'y a pas manqué, et il a prononcé la sentence qu'on ne peut que ratifier: «Odieux, sans être plaisant».[72] Voltaire se montre ici sous son plus mauvais jour. Animé par la rage, il ne se contrôle plus. Abdiquant tout bon sens, son imagination engendre des fantômes grimaçants, totalement irréels.

Tandis qu'ils voguaient vers Rousseau sur le Léman, Covelle et Catherine sont surpris par une tempête. Leur barque sombre: plate parodie, peut-être, d'un épisode de la lettre du Lac, dans *La Nouvelle Héloïse*. La belle Catin gît sur la rive, apparemment sans vie. Alors survient «en berlingot certain pair d'Angleterre»: un personnage non fictif, lord Abington, qui dans les troubles de Genève a soutenu les représentants, dans l'intention de contrecarrer l'influence française. Abington connaît bien les Genevois. Dans la main de la morte, il place une bourse pleine de livres sterling. Aussitôt la belle ressuscite (chant III). Au chant IV, la guerre continue, entre champions comiquement équipés:

Verne est en casque, et Vernet en cuirasse;
L'encre et le sang dégouttent de leurs doigts.[73]

Rousseau a fait son apparition sur les lieux. Il soudoie «trois méchants», qui brûlent le théâtre de Genève, et ruinent le malheureux directeur Rosimond.[74] Au cinquième et dernier chant, les hostilités prennent fin. Les combattants vont festoyer, pour se réconcilier, non pas à Ferney mais chez une certaine «Madame Oudrille».[75] L'ultime salve est tirée contre la cible principale de cette *Guerre*:

Le roux Rousseau, de fureur hébété,
Avec sa gaupe errant à l'aventure,

71. *OC*, t.63A, p.109-10.
72. Desnoiresterres, vii.100.
73. *OC*, t.63A, p.125: Jacob Vernes (pourtant un ami de Voltaire) et Jacob Vernet.
74. *OC*, t.63A, p.132-33. En réalité, on se le rappelle, Rousseau se trouvait alors en Angleterre.
75. Personnage à clef, sans doute, mais non identifié.

S'enfuit de rage, et fit vite un traité
Contre la paix qu'on venait de conclure.

La «muse de la haine»[76] a donc le dernier mot. Elle a mal inspiré le poète de cette *Guerre civile*. Si parfois Voltaire retrouve sa verve de conteur décasyllabique, trop souvent «le sarcasme cruel», «la plaisanterie acérée et envenimée» gâtent le plaisir du lecteur. Ici, comme il lui arrive fréquemment, il se livre trop à sa facilité d'écrire, en prose ou en vers.

Dans la réalité, l'année 1766 ne s'était nullement terminée par le retour de la paix, bien au contraire. Contre les Genevois récalcitrants, la France décide d'employer la manière forte. En janvier 1767 les troupes du roi bloquent Genève. Dans la ville, «presque toutes les boutiques sont fermées et les bourses aussi».[77] Une partie du Conseil est montée précipitamment en carrosse, pour quitter la cité.

Mais c'est à Ferney surtout qu'on souffre. Les habitants dépendent économiquement de Genève: or les produits ne circulent plus, les voitures venant de Lyon ne passent plus. Quotidiennement les correspondants de Voltaire sont informés de sa triste situation. Une centaine de personnes manquent de tout dans son village, alors que les Genevois ne manquent de rien, fait-il savoir à Choiseul, à qui il demande un passeport (9 janvier).[78] L'indignation réveille ses démons, peu assoupis: comme toujours c'est la faute de Rousseau, et de ses partisans: «C'est nous qui sommes punis des impertinences de Jean-Jacques et du fanatisme absurde de Du Luc le père.»[79] Les calamités s'accumulent. On va être privé de bœuf, de perdrix et même de casse. On en est réduit à manger de la vache. Le pain et le bois sont chers; on est bloqué «par les neiges et par les soldats».[80]

Enfin, le 30 janvier, il peut se réjouir. La «famine» va prendre fin grâce au passeport général que Choiseul vient de lui envoyer. Les lamentations ne s'arrêtent pas pour autant. Les frais pour s'approvisionner sont immenses. La position du pays de Gex rend impossible son autonomie économique. Cette guerre «n'ensanglante pas encore la terre, mais elle la ruine».[81] Aussi voit-on apparaître la tentation de fuir ce Ferney devenu si inconfortable. Va-t-il se réfugier en Suisse, ou s'installer près de Lyon avec sa petite famille?[82]

Projet récurrent de migration, qui ne sera jamais exécuté, jusqu'en 1778.

76. Desnoiresterres, vii.99.
77. D13744 (17 décembre 1766), à Damilaville.
78. D13823.
79. D13822 (9 janvier 1767), à Beauteville; D13835 (13 janvier 1767), au même.
80. D13828, D13862.
81. D14012 (3 mars 1767), à Frédéric II.
82. D14070 (27 janvier 1767), D14100, D14142.

18. De Bélisaire à Monsieur André

(février 1767 - février 1768)

Qui aurait cru que Bélisaire, ce général de l'empereur Justinien (sixième siècle après J. C.), serait engagé dans la campagne contre l'Infâme? La responsabilité en revient à Marmontel. Celui-ci vit un jour une estampe tirée du célèbre tableau de Van Dyck. Il fut ému par le spectacle d'un Bélisaire aveugle, mendiant. Auteur des *Contes moraux*, il crut tenir là le sujet non d'un conte, mais d'un roman profondément moral et par là, pensait-il, au plus haut point «intéressant». L'inspiration s'empara de lui si fortement qu'il guérit sur-le-champ d'une bronchite obstinée.[1] Son *Bélisaire* parut en février 1767. Ouvrage nullement subversif: il fut salué comme «le bréviaire des rois». A propos de ce Justinien, résistant mal aux intrigues dirigées contre un général vainqueur, il a dessiné l'idéal du monarque éclairé, qui doit repousser les assauts de délateurs attachés aux abus du passé, et écouter les conseils d'un Bélisaire «philosophe», «pour le plus grand bien de tous».[2] Le principal intéressé, Louis XV, ne semble pas avoir reçu la leçon. Il n'avait pas *Bélisaire* sur les rayons de sa bibliothèque.[3] Mais les têtes couronnées de l'Europe philosophique applaudissent. Catherine II descendait la Volga avec sa cour quand elle le lut. Elle en fut si enchantée qu'elle décida, comme distraction de voyage, de le faire traduire: on répartit les chapitres entre elle et ses courtisans.[4] Le prince régnant de Brunswick, en visite à Paris, entend une lecture d'un extrait, à une séance de l'Académie: son visage s'enflamme, ses yeux se remplissent de larmes. Le prince héritier de Suède, le futur Gustave III, s'enthousiasme. La pieuse Marie-Thérèse elle-même ordonne qu'on réimprime le livre dans ses Etats.[5]

A cet engouement général, deux exceptions: Diderot et les théologiens de la

1. Marmontel, *Mémoires*, éd. J. Renwick (Clermont-Ferrand 1972), p.237. On renverra à cette édition par la référence Marmontel. L'estampe était sans doute celle, gravée par de Bosse, que reproduit entre les pages 256 et 257 l'ouvrage collectif, *De l'Encyclopédie à la Contre-Révolution, Jean-François Marmontel* (Clermont-Ferrand 1970).

2. Renwick, *OC*, t.63A, p.155.

3. Marmontel, p.251: le roi ne peut remettre le volume à l'une de ses conquêtes, Mme de Séran, qui veut le lire.

4. D14363, D14389: selon Voltaire, elle se serait adjugée le chapitre XV, le plus litigieux.

5. Marmontel, p.237, 243. Marmontel, p.240, il se vendit 9 000 *Bélisaire* en quelques semaines.

Sorbonne. Diderot juge ce *Bélisaire* «froid», «commun», «monotone».[6] De fait le récit dans ce roman est singulièrement pauvre d'événements. Les six premiers chapitres, déjà encombrés de discours, racontent la marche du vieillard aveugle vers son exil. Puis dix chapitres sont occupés par les dialogues de Bélisaire avec Justinien et son fils.

Là se trouvait précisément ce qui allait exercer la fureur théologique de la Sorbonne. Dans son chapitre XV, Marmontel traitait de la religion. Il y revenait sur la question des païens vertueux. Conformément à la tradition libérale, il soutenait que ces hommes de bien, malgré leur ignorance de la Révélation, avaient été sauvés. Il distinguait entre les «vérités morales», seules nécessaires, et les «vérités mystérieuses», celles de la théologie. Il refusait au prince le droit d'imposer par la contrainte l'adhésion aux «vérités mystérieuses». Il posait le principe de la tolérance civile. De telles affirmations parurent scandaleuses à certains lecteurs. Ils les dénoncèrent au lieutenant de police, lequel alerta une sommité de la Faculté de théologie: le syndic de celle-ci, l'abbé Riballier, directeur en même temps du collège Mazarin. C'était un homme accommodant. Marmontel de son côté passait pour un modéré parmi les philosophes, et il souhaitait éviter tous les inconvénients résultant d'une censure. Mais la Faculté de théologie était entrée en effervescence. Une tentative de conciliation échoua: les théologiens subodorèrent dans le chapitre XV du déisme, et une attaque sournoise contre le christianisme. Alors intervint l'archevêque de Paris (25-26 février 1767). Il gardait un mauvais souvenir de son mandement contre l'*Emile* et de la cinglante *Lettre* de Rousseau. Il voulait éviter le renouvellement de pareille mésaventure. Il obtint de Marmontel des concessions substantielles. En «disciple très docile», l'auteur de *Bélisaire* promit des rétractations, et même «la profession de foi la plus caractérisée».[7] Mais Marmontel sentit qu'il s'était trop avancé. Il fait alors appel à Voltaire, en limitant l'affaire à celle des païens vertueux.[8]

Bien entendu Voltaire était tout disposé à aider dans une telle circonstance celui dont il avait protégé les débuts littéraires. Deux jours après l'arrivée de la lettre à Ferney, l'*Anecdote sur Bélisaire* était rédigée. Percutante, l'attaque de l'*Anecdote*: «Je vous connais, vous êtes un scélérat.» Scélérat, parce qu'il voudrait que «tous les hommes aimassent un Dieu père de tous les hommes». Ainsi parle un frère Triboulet s'adressant à un académicien (Marmontel) en présence d'un «magistrat homme de lettres». Triboulet, contre la vertu et le salut des païens, débite furieusement les arguments, les citations des Pères de l'Eglise et même de saint Paul qui se retournent contre lui. Par exemple, il s'écrie: «Vous êtes une troupe de coquins qui ne cessez de prêcher la bienfaisance, la douceur, l'indul-

6. Cité par J. Renwick, Marmontel, p.503, note 13.
7. Bachaumont, cité par J. Renwick, *OC*, t.63A, p.162.
8. D14024 (8 mars 1767).

gence, et qui poussez la méchanceté jusqu'à vouloir que Dieu soit bon.» L'académicien et le magistrat n'ont pas de peine à le confondre. Frère Triboulet quitte la partie tout penaud. Restés seuls, les deux interlocuteurs raisonnables constatent que «tout le monde» pense comme l'auteur de *Bélisaire* «dans le fond de son cœur». C'est-à-dire que «l'autorité ecclésiastique n'est qu'une autorité de persuasion», et non de persécution. Et l'on se réfère au mot de Catherine II: «Malheur aux persécuteurs».[9]

Lorsque l'*Anecdote* voltairienne parvint à Paris (fin mars 1767), la situation avait évolué. Il ne s'agissait plus de la question académique de la vertu des païens, mais de celle, fort actuelle, de la tolérance. La Sorbonne voulait saisir l'occasion de ce *Bélisaire* pour réaffirmer le principe de la répression légitime contre les protestants et contre tous les mal-pensants. Voilà à quoi Marmontel devait adhérer. Il fut invité à une réunion dans la résidence d'été de l'archevêque, à Conflans. Longtemps après, dans ses *Mémoires*, il raconte la scène, se donnant le beau rôle. Mais il est de fait que sur l'article de la tolérance il n'a cédé ni aux injonctions des théologiens ni à l'insistance bienveillante de Christophe de Beaumont. On lui demande de reconnaître «le droit du glaive pour exterminer l'hérésie, l'irréligion, l'impiété, et tout soumettre au joug de la foi». Il refuse. Quelques jours plus tard il dira: «Dans l'agneau de l'évangile, je n'ai pas voulu reconnaître le tigre de l'Inquisition».[10]

Les théologiens décident donc de censurer l'auteur récalcitrant (6 avril 1767). De son *Bélisaire*, ils extraient des propositions condamnables. «Ils les triaient curieusement comme des perles». Ils trouvèrent trente-sept «perles». Ils les réunirent en un *Indiculus*, petit index: *Indiculus ridiculus*, dit-on aussitôt.[11] Des amis des philosophes réussirent à en soustraire un exemplaire. Ils font imprimer ce document qui aurait dû rester confidentiel. Tollé: parmi les propositions condamnées on remarque celle-ci:

La vérité luit de sa propre lumière, et on n'éclaire pas les esprits avec la flamme des bûchers.

Aussitôt Turgot publie *Les Trente-sept vérités opposées aux trente-sept impiétés de Bélisaire*. Si «on n'éclaire pas les esprits avec la flamme des bûchers» est une «impiété», en bonne logique la «vérité» selon la Sorbonne s'énonce:

On éclaire les esprits avec la flamme des bûchers.

Et ce n'était pas là façon de parler. On se rappelait comment avait brillé dans la nuit d'Abbeville, dix mois plus tôt, le bûcher de La Barre, et à Toulouse antérieurement celui de Calas.

9. *OC*, t.63A, p.181, 188.
10. Marmontel, p.242, 245.
11. Marmontel, p.242.

L'affaire prenait une mauvaise tournure pour la Sorbonne. Tous les théologiens n'étaient pas d'accord sur la marche à suivre. Marmontel suggéra donc à Voltaire d'intervenir à nouveau en jouant sur les désaccords. Voltaire écrivit alors la *Seconde anecdote sur Bélisaire*, sans suivre cependant le schéma proposé par son correspondant. Dans un cabaret proche de la Sorbonne, entrent, attirés par la belle Fanchon, Triboulet, Bonhomme, Tamponet. Ayant bu, ils se querellent. Après quoi ils rédigent une censure bouffonne. Ils «donnent à tous les diables un nommé Bélisaire», lequel «aurait insinué avec malice que Dieu était miséricordieux. Condamnons cette proposition comme blasphématoire, impie, hérétique, sentant l'hérésie», etc. Nouvelle scène de l'inépuisable «Guignol de Ferney»,[12] qui fit son effet dans la campagne anti-sorbonnique.

Les théologiens se heurtaient à la mauvaise volonté du pouvoir. Au Conseil du roi, il ne paraissait nullement opportun de réaffirmer les principes d'une intolérance dure. Après l'affaire Calas, alors que l'affaire Sirven est en cours, on estime nécessaire de revoir la législation anti-protestante. Louis XV avait demandé à Gilbert de Voisins de rédiger des *Mémoires sur les moyens de donner aux protestants un état civil*, et de préparer une *Déclaration* en ce sens. Ne se sentant pas suivie, la Faculté de théologie réduisit ses ambitions. La censure rédigée le 26 juin ramenait de trente-sept à dix-neuf les propositions condamnées, écartant ce qui dans l'*Indiculus* était le plus choquant. Même sous cette forme atténuée, la censure déplut. Elle fut donc ajournée, sur ordre du gouvernement (fin juillet). De délai en délai, *Bélisaire* ne sera censuré qu'en décembre.[13]

Cependant un nouveau champion était entré en lice. L'abbé Coger, professeur de rhétorique au collège Mazarin, se trouvait placé sous l'autorité de Riballier. Mais il allait se montrer beaucoup plus ardent que son supérieur. En mai 1767 il publie un *Examen du Bélisaire de M. de Marmontel*, où à plusieurs reprises il attaque nommément Voltaire. Voltaire riposte sur le champ en ajoutant un chapitre, le vingt-deuxième, à *La Défense de mon oncle* (dont nous allons parler). Le neveu de l'abbé Bazin – c'est lui toujours qui est censé avoir la parole – traite de haut ce «Cogeos», un de ces «pédants ignorants», qui font «des brochures pour gagner du pain». Circonstance aggravante: Cogeos est un «cuistre de collège». Il a «l'impudence d'écrire contre Bélisaire, parce qu'il croyait que ce vieux général était mal en cour». Le neveu sait, lui, ce qu'on pense en haut lieu: «Ah! cuistres de collège, que vous êtes loin de soupçonner ce qui se passe dans la bonne compagnie de Constantinople!»[14] Voici qu'ensuite le neveu doit prendre

12. Expression de Jean Fabre, dans un de ses propos.

13. Voir le meilleur historien de cette affaire, John Renwick, «L'affaire de *Bélisaire*: une phrase du manuel», *De l'Encyclopédie à la Contre-Révolution, Jean-François Marmontel*, p.261-63.

14. *OC*, t.64, p.267.

la défense d'un «pauvre jardinier», bienfaiteur de son canton. Ce «jardinier» est aussi, «pendant l'hiver», homme de plume. «L'ami Cogé» a malignement falsifié une de ses phrases: cas pendable. Mais le neveu est bon prince: il pardonne.[15]

Le cuistre Coger allait pourtant se révéler coriace. Vers le mois de juillet il donne une édition augmentée de son *Examen*. Il profère des accusations graves, visant Voltaire. Il ose évoquer «les jeunes empoisonneurs [*sic*] et blasphémateurs de Picardie, condamnés au feu l'année dernière». Coger semble sous-entendre qu'on eut raison de condamner au feu le chevalier de La Barre. Le professeur serait-il donc de ceux qui pensent qu'on «éclaire les esprits avec des bûchers»? En tous cas il désigne le responsable des «horreurs» commises par ces jeunes gens et du châtiment mérité qu'ils en ont reçu: il y voit les conséquences des «progrès que le voltairanisme fait parmi la jeunesse». Il en a «gémi» devant l'archevêque de Paris, devant le procureur général Joly de Fleury, qui se sont trouvés de la même opinion.

Autre attaque non moins dangereuse: Coger rappelle l'audience où le président Hénault, MM. Capperonier et Lebeau ont présenté au roi les sages travaux de l'Académie des Inscriptions et Belles-Lettres. Sa Majesté a saisi l'occasion d'exprimer «l'indignation la plus grande contre le *Dictionnaire philosophique* de M. de V. [...] qui depuis a été brûlé».[16] Des bûchers, toujours.

C'était donc un redoutable adversaire que ce Coger. En septembre 1767 paraît un recueil des *Pièces relatives à Bélisaire*. Parmi ces pièces, une *Honnêteté théologique*, pamphlet d'une violence inouïe contre Riballier et Coger. L'auteur en était sans doute Damilaville, mais il est vraisemblable que Voltaire y contribua. Coger en tout cas n'avait à cet égard aucun doute. «Est-ce ainsi», demande-t-il non sans justesse, «que vous observez la tolérance, que vous prêchez partout avec tant de chaleur, et dont vous jouissez avec trop de sécurité?»[17]

Au coup qui frappait juste, Voltaire répond faiblement, par des missives attribuées à deux de ses gens. Un hypothétique Valentin signe une *Réponse catégorique au sieur Cogé*. Un autre, supposé se nommer Gérofle, adresse une *Lettre de Gérofle à Cogé*. Ces lettres appartiennent à la catégorie de ce que Beuchot désignait comme «les pièces triviales» de Voltaire. Elles firent peu d'effet, furent peu diffusées et tardivement, vers décembre 1767. A cette date, l'affaire de la censure tournait à la déconfiture de la Sorbonne. En novembre, Riballier, sous l'influence du pouvoir, propose un texte très édulcoré. Protestation des théologiens. En vain: l'assemblée générale, le 3 décembre, dut accepter une censure «émasculée». Le mandement de l'archevêque de Paris, qui suivit (31 janvier

15. *OC*, t.64, p.168-69. Voltaire orthographie Cogé par référence au *Coge pecus*, «rassemble le bétail», de Virgile, *Bucoliques*, III, 20.
16. *OC*, t.63A, p.212-13.
17. D14433 (vers le 20 septembre 1767).

1768), déçut aussi les plus enragés par sa modération.[18] L'opinion éclairée remportait donc une nette victoire. La Faculté de théologie s'était trouvée isolée. Le parlement, peu soucieux de rappeler le supplice de La Barre, comme l'avait fait fâcheusement Coger, s'était abstenu de toute intervention. Le ministère avait refusé de se prononcer pour la doctrine de l'intolérance civile. Fait sans précédent, le *Bélisaire*, tout censuré qu'il était, continuait à se vendre sans la moindre entrave, et avec privilège du roi. Tacitement – tacitement seulement, car l'arrêt annulant la Révocation de l'édit de Nantes ne sera signé par Louis XVI que vingt ans plus tard – le principe de la tolérance est admis.[19]

Voltaire eut soin d'orchestrer le succès. Une *Prophétie de la Sorbonne de l'an 1530*, versifiée à la manière des commandements de Dieu, rappelle les torts de la Faculté de théologie, depuis les moindres:

> Au *prima mensis* tu boiras
> D'assez mauvais vin largement.

jusqu'aux plus graves:

> Henri Quatre tu maudiras
> Quatre fois solennellement.

et prophétise pour la Faculté un sort analogue à celui des jésuites:

> A la fin comme eux tu seras
> Chassé très vraisemblablement.[20]

«Pièce triviale» que celle-ci, comme pareillement l'*Epître écrite de Constantinople aux frères*, et la *Lettre de l'archevêque de Cantorbéry à l'archevêque de Paris*, en réponse au mandement de Christophe de Beaumont. Mais une mention de l'affaire *Bélisaire* devait avoir un écho plus durable: celle que Voltaire a insérée dans une de ses meilleures œuvres, *L'Ingénu*. Au onzième chapitre, le Huron dans sa cellule-bibliothèque de la Bastille fait son éducation. Un jour il lit *Bélisaire*. Il apprend que les «apédeutes de Constantinople» ont donné à croire qu'était «catholique, universel et grec» l'axiome: «On n'éclaire les esprits qu'avec la flamme des bûchers, et la vérité ne saurait luire de sa propre lumière.»[21] Ainsi la plus scandaleuse censure de l'*Indiculus* initial passait à la postérité.

Riballier, Coger: de ce couple Voltaire fait très artificiellement un trio, en leur adjoignant Larcher.

18. John Renwick, dans Marmontel, p.265-66.

19. John Renwick, dans Marmontel, p.250-51, souligne avec raison l'importance d'un tel résultat.

20. M.xxvi.527-28. La Faculté de théologie se réunissait chaque premier jour du mois, *prima mensis die*.

21. *Romans et contes*, p.318.

Vers le 20 mars 1767 avait paru, sans nom d'auteur, un *Supplément à la Philosophie de l'histoire de feu M. l'abbé Bazin, nécessaire à ceux qui veulent lire cet ouvrage avec fruit* (Amsterdam, Changuion). Voltaire l'a en main à la fin d'avril.[22] A peine l'a-t-il feuilleté qu'il découvre ce qui se cachait sous un titre sans éclat: une réfutation scientifique de sa *Philosophie de l'histoire*. Des «erreurs de Voltaire» encore, mais plus solidement fondées que le pamphlet de Nonnotte et compromettant dangereusement son autorité d'historien. Sans attendre, il se met à répondre. Endossant l'identité d'un neveu de feu l'abbé Bazin, il commence à écrire *La Défense de mon oncle*. Mais il voudrait savoir à qui il doit s'en prendre. Il croit d'abord que l'ennemi est «un cuistre nommé Foucher», un abbé de l'Académie des Inscriptions et Belles-Lettres, «assez plat janséniste», précepteur d'une grande maison. Comme il a déjà rédigé au moins dix chapitres, c'est un «abbé Fou...» qu'il attaque.[23] Mais en juin il est informé par Damilaville. Le coupable est «un M. Larcher de Dijon».[24] Dès lors, dans les chapitres suivants, et dans les précédents lorsque la correction est faite, c'est M. Toxotès (traduction grecque du mot archer) que le neveu accable de ses sarcasmes.

Pierre-Henri Larcher (1726-1812) fut un très estimable helléniste. Fils d'un trésorier général de Dijon, il avait hérité une confortable fortune. Par goût de l'étude, il vint à Paris pour suivre les cours du Collège royal de France et fréquenter les bibliothèques. Bien loin d'être un esprit rétrograde, il tint à passer deux années en Angleterre. De retour à Paris, il publia des traductions de l'anglais, notamment de Pope. Il se lie avec des savants, collaborateurs de l'*Encyclopédie*. Il est l'ami du baron d'Holbach. Mais, à partir de 1760, il s'oriente vers les études grecques. Il met en chantier en 1765 ce qui sera sa grande œuvre, une traduction d'Hérodote.

Comment donc cet érudit, plus proche des philosophes que de leurs ennemis, en vint-il à s'engager dans une polémique avec Voltaire? Il se serait laissé «escobarder». L'attaque ne venait pas, comme on le croyait à Ferney, des jansénistes, mais des ex-jésuites. Un rédacteur du *Journal de Trévoux*, l'abbé Mercier de Saint-Léger, cherchait un nouveau Nonnotte, capable de ruiner *La Philosophie de l'histoire* dans le domaine de l'histoire ancienne. Il jeta son dévolu sur le traducteur d'Hérodote. Il le savait indigné de toutes les erreurs de «l'abbé Bazin». Avec quelques autres ecclésiastiques il l'invita à dîner, le cajola, obtint qu'il commencerait une réfutation. Larcher rédigea un premier cahier, dont on fut enchanté. Il voulait en rester là. Mais à force d'éloges, on le persuada de

22. D14118, et *OC*, t.64, p.22.

23. Nous suivons la magistrale introduction de J.-M. Moureaux, éditeur de *La Défense de mon oncle*, *OC*, t.64, p.24-25. Comme Voltaire négligera de corriger plusieurs de ces passages, Larcher sera très étonné d'être traité de prêtre, convulsionnaire, précepteur...

24. D14223 (12 juin 1767), à Damilaville.

continuer. Ainsi l'ami du baron d'Holbach se trouva enrôlé dans la campagne antiphilosophique.[25]

Une fois le *Supplément* terminé, on mit à sa tête une préface agressive, écrite peut-être par Mercier de Saint-Léger et ses amis. Voltaire y est désigné comme «un homme audacieux, un Capanée pour qui rien n'est sacré et qui toute sa vie s'est fait un plaisir de se jouer des plus grandes vérités», mais qui démontre seulement une «fastueuse ignorance, qu'à la faveur d'un style brillant, il est sûr de faire passer auprès de la multitude».[26] Une telle présentation, en réalité, faussait les intentions de Larcher. L'helléniste n'entendait pas instruire le procès de l'irréligion, mais celui de l'incompétence. Que Voltaire n'était qu'un «polygraphe sans solidité, qui en impose aux ignorants par le charme de son style», voilà ce que voulait prouver Larcher, «agacé par tant d'incursions intempestives dans un domaine aussi austère que l'érudition».[27] Aussi l'auteur du *Supplément* se tient-il de préférence sur le terrain qui est le sien: sur les soixante passages de *La Philosophie de l'histoire* qu'il critique, «huit seulement ont trait à l'histoire juive, mais quarante-neuf à l'Antiquité païenne».[28]

Ainsi s'expliquent et le titre, savamment terne, de ce *Supplément* [...] *nécessaire à ceux qui veulent lire avec fruit* le livre de l'abbé Bazin, et la disposition de l'ouvrage. Larcher ne compose pas une réfutation de *La Philosophie de l'histoire*. Il accroche une suite de commentaires critiques à des passages dont il cite le texte. Il ne s'en prend pas aux idées de Voltaire, mais à ses bévues d'érudit improvisé. Ainsi à «l'abbé Bazin» qui ne sait pas décliner *Basileus*, il apprend que ce mot «fait au nominatif pluriel *Basileis* et que *Basilos* et par conséquent *Basiloi* n'ont jamais existé en grec». «Bévues, fausses citations, ignorance du grec, du latin, de la chronologie, de l'histoire, plagiats de l'abbé Bazin, depuis la page 49 jusqu'à la page 309», résume cruellement l'index de Larcher.[29] Gravement pris en faute à maintes reprises, Voltaire ne sous-estime pas le danger. Subrepticement, il corrigera son texte en tenant compte du *Supplément*, lorsqu'il reprendra *La Philosophie de l'histoire* comme introduction de l'*Essai sur les mœurs*. Mais au printemps de 1767 le plus urgent est de sauver du discrédit l'ouvrage de «l'abbé Bazin». Il savait bien que le public ne lirait pas l'indigeste *opus* de Larcher. Ce public, son public, il l'évoque au chapitre XI de *La Défense*: «les jeunes dames qui sortent de l'opéra-comique [...], les jeunes officiers, les conseillers même de grand-chambre, messieurs les fermiers généraux, enfin tout ce qu'on appelle à

25. Voir J.-M. Moureaux, *OC*, t.64, p.62-64.

26. Cité, *OC*, t.64, p.69. Capanée, chef des Argiens, s'était vanté, en défiant les dieux, d'escalader les murs de Thèbes. Au cours de l'assaut, il fut foudroyé par Zeus.

27. J.-M. Moureaux, *OC*, t.64, p.70.

28. J.-M. Moureaux, *OC*, t.64, p.71.

29. Cité, *OC*, t.64, p.80-81, 77.

Paris la bonne compagnie». Tout ce beau monde se soucie fort peu «de savoir en quelle année le temple d'Hercule fut bâti»,[30] comment se décline en grec le mot «roi», etc. Mais Voltaire sait aussi que les savants liront le livre de Larcher, si riche d'érudition.[31] Du monde savant, une rumeur risque de se répandre dans la «bonne compagnie» qui lui ferait le plus grand tort. Il est donc indispensable de défendre «l'abbé Bazin» *inguibus et rostro* (bec et ongles): telle est la première phrase du «neveu» en tête de *La Défense de mon oncle*.[32]

Pour ce faire, le «neveu» se livre à la fougue de sa gaîté naturelle. Il lui faut un fantoche contre lequel s'escrimer. Il l'a déjà imaginé avant d'avoir identifié Larcher. Le cruel ennemi de l'oncle sera un cuistre de collège, et donc du collège Mazarin, comme Riballier et Coger: un précepteur libidineux, se complaisant à rêver la fornication des grandes dames dans «la cathédrale» de Babylone, ou celle des boucs de Mendès. *La Défense* commence par traiter de ces sujets scabreux, au succès assuré. Une fois Larcher reconnu comme l'auteur du *Supplément*, Voltaire n'en démordra pas. «Le marionnettiste éblouissant» va jouer de la marionnette appelée désormais M. Toxotès, «avec une joie irrésistiblement communicative».[33]

Dans la galerie des victimes voltairiennes, ce M. Toxotès est un cas. Le Fréron, le Pompignan, le Trublet de Voltaire ont avec les personnages réels la ressemblance d'une caricature. Mais non pas M. Toxotès avec Larcher. A quel point le «mazarinier» de Voltaire est «faux», on l'a démontré péremptoirement.[34] Toxotès relève presque de la pure fiction. A vrai dire à une marionnette on ne demande pas de ressembler, mais de réjouir le bon public. En cela le marionnettiste Voltaire a bien réussi. Autre originalité de *La Défense*: une transposition pseudonymique de l'auteur, ici en deux personnages, moins inconsistants qu'à l'ordinaire. On renoncera à saisir les ombres en qui l'homme de Ferney s'amuse à se projeter, fugitivement: le «M. Guillemet», correcteur d'imprimerie, à l'usage de la duchesse de Choiseul, le «M. Boursier», correspondant de Damilaville, et tant d'autres. Mais le biographe s'intéresse aux êtres en qui il s'est idéalisé: Zadig, Candide, le «jardinier» à la fin de *La Défense*, dans *Les Scythes* le bon vieillard Sozame. L'abbé Bazin, à l'instar de ceux-ci, présente une certaine substance, affirmée à mesure que son neveu développe sa *Défense*. Que l'abbé fasse lui-même valoir ses justifications aurait été maladroit. D'ailleurs, il est décédé. Déjà, en 1765, c'était le neveu qui offrait à la tsarine l'hommage de son livre. On ne peut donc que louer ce neveu de répondre maintenant aux critiques de Larcher. Il va nous dire,

30. *OC*, t.64, p.217.
31. D14230 (19 juin 1767), à d'Alembert.
32. *OC*, t.64, p.189.
33. J.-M. Moureaux, *OC*, t.64, p.86.
34. J.-M. Moureaux, «Voltaire et Larcher, ou le faux mazarinier», *RHLF* 74 (1974), p.600-26.

avec une fougue juvénile, quel admirable savant fut l'abbé Bazin. L'ignorant, c'est Toxotès. L'abbé «savait parfaitement l'arabe et le cophte». Il était «persuadé avec Onkélos et avec tous les juifs orientaux» qu'Abraham avait cent-trente-cinq ans à son départ de la Chaldée. On nous répète qu'il était lié «avec les plus savants juifs de l'Asie».[35] Il est bien naturel qu'à ce puits de science le neveu accorde toutes les vertus. Il était chaste, discret, sage, «un peu goguenard» il est vrai, mais ce trait sans doute procédait de la supériorité de cette grande intelligence. Il était pieux. Il se plaisait à adorer Dieu, purement, sans superstition.[36] Et ce fut un prodigieux voyageur. S'il eut la chance de se trouver à Paris quand on chassa du collège des jésuites, pour sodomie, le R. P. Marsy et le R. P. Fréron, il n'en a pas moins parcouru l'Asie, visité les Pyramides et le sud de l'Afrique: il a «manié» le «tablier» qui chez les Hottentots et les Hottentotes pend «depuis le nombril jusqu'au milieu des cuisses».[37] Ainsi les propos du neveu dessinent une sorte de Voltaire idéal: d'une part débarrassé de ses défauts, ne disant point «d'injures aux savants», «pétri de douceur et d'indulgence»,[38] d'autre part possédant certains mérites du vrai Voltaire, mais portés au suprême degré: ayant voyagé non seulement en Europe du nord, mais dans toute la planète, s'étant acquis une érudition antique aussi étendue qu'infaillible, n'en déplaise à Toxotès. Le neveu ajoute d'autres traits qui font apparaître l'identité véritable de l'abbé Bazin. Il a «vécu familièrement» avec ces prête-noms que furent «Jérôme Carré, Guillaume Vadé, feu M. Ralph». Il a essuyé une banqueroute, celle du juif Medina (comme Voltaire à Londres en 1726), il s'est moqué de Maupertuis. Mieux encore: il est l'auteur de l'*Essai sur les mœurs*, du *Traité sur la tolérance*, des *Commentaires sur Corneille*, et, ce qui est plus inattendu, de tragédies, parfois tombées, dont il énumère les titres: *Zaïre*, *Oreste*, *Sémiramis*, *Mahomet*, *Adélaïde Du Guesclin*, *Tancrède*...[39] Voltaire joue à ce jeu du masque qui n'est jamais aussi plaisant qu'au moment où le masque tombe.

Le neveu, à l'égard d'un oncle si admirable, déborde d'affectueuse révérence. Il se rappelle les entretiens de l'abbé Bazin qui lui faisaient verser «des larmes de tendresse». Lui-même ressemble à son oncle. Il l'imite. Il possède un manuscrit juif vieux de deux mille ans. Il a voyagé, avec son oncle ou seul: en Asie, à Constantinople, à Moscou. Il a vérifié sur les lieux, en Mésopotamie, que la ville d'Aran est la même que Carrès... Il a connu Ninon de Lenclos.[40] Quel âge peut

35. *OC*, t.64, p.195, 210, 224.
36. *OC*, t.64, p.203, 240, 218.
37. *OC*, t.64, p.204, 254, 234.
38. *OC*, t.64, p.228.
39. *OC*, t.64, p.220, 219, 228, 229, 241.
40. *OC*, t.64, p.241, 210, 198, 202, 264, 211, 212.

donc avoir ce neveu, Ninon étant décédée en 1705? Volontiers, lui aussi, il écrirait des tragédies. Mais son oncle l'en dissuade.[41]

Dans la dernière partie de la *Défense*, le neveu – un Voltaire junior – s'efface, pour laisser la parole à Voltaire senior, l'oncle. L'auteur de la *Défense* entendait bien porter l'offensive chez l'ennemi.[42] Non seulement il l'assaille par un flux de plaisanteries, fort réjouissantes pour le profane (sinon convaincantes pour un lecteur averti), mais il porte le débat sur un terrain où l'helléniste Larcher se sentirait fort dépaysé. Après un chapitre XVI en forme de conclusion, le neveu, qui n'a pas encore cédé la parole, répète les arguments du fixisme, base pseudo-scientifique du théisme voltairien: les races humaines ne procèdent pas les unes des autres, elles ont été créées différentes par Dieu en leurs sites respectifs. De même la configuration de la terre – montagnes, continents, océans – est restée immuable. Et pour donner plus d'autorité à l'idée, c'est l'oncle, cette fois, qui fait sur le sujet une véritable conférence: «Toutes les espèces restent toujours les mêmes. Animaux, végétaux, minéraux, métaux: tout est invariable dans cette prodigieuse variété. Tout conserve son essence. L'essence de la terre est d'avoir des montagnes».[43] Puis l'oncle prend définitivement la parole. Il développe quatre «diatribes». Revenant sur Sanchoniathon, il en affirme l'authenticité et l'antériorité par rapport à la Genèse: en quoi il a sans doute raison. Il lance un réquisitoire contre l'Egypte, probablement pour répondre à l'égyptologue Ameilhon. Il reconnaît – quatrième diatribe – les Hébreux de Moïse dans ces brigands chassés d'Egypte vers le Sinaï, dont parle Diodore: théorie insoutenable.

Mais le plus original est, dans la première diatribe, un dialogue, sur le Pirée, entre Voltaire-Platon et un jeune Madétès, épicurien, c'est-à-dire athée. Ce garçon professe ce qu'il a entendu dire à ses amis et à leurs maîtresses, dans leurs soupers: «le principe de toutes choses est dans les atomes qui se sont arrangés d'eux-mêmes, de façon qu'ils ont produit ce monde tel qu'il est». En conséquence, Madétès ne croit pas «que ce soit une intelligence qui ait présidé à cet univers dans lequel il y a tant d'êtres intelligents». Autrement dit, le jeune homme s'est laissé persuader par un athéisme matérialiste comparable à celui des Diderot, Helvétius, d'Holbach... Pour le détromper Voltaire-Platon ne va pas répéter l'argument habituel de l'ordre cosmique, ouvrage d'un Grand Architecte. Il va emprunter une démarche inédite dans l'œuvre voltairienne. Il conduit le jeune athée devant un squelette. Il lui demande d'imaginer que se réalise au fur et à mesure ce que sa parole va évoquer: qu'une matière cérébrale remplit la boîte crânienne et se ramifie en un système nerveux; que s'installe un système respira-

41. *OC*, t.64, p.242-43.

42. D14230 (19 juin 1767), à d'Alembert: «il faut toujours établir le siège de la guerre dans le pays ennemi».

43. *OC*, t.64, p.237.

toire, un appareil digestif; que le tout s'enveloppe de chairs et d'un tissu, la peau; que se mettent en place les organes de la génération. «Mais ce qui vous surprendra davantage, c'est que cet automate s'étant approché d'une figure à peu près semblable, il s'en formera une troisième figure. Ces machines auront des idées; elles raisonneront, elles parleront comme vous, elles pourront mesurer le ciel et la terre». Madétès admire. Alors Voltaire-Platon continue: cette machine existe, «vous êtes cette machine». «Les plus vils animaux sont formés avec un appareil non moins admirable, et les sphères célestes se meuvent dans l'espace avec une mécanique encore plus sublime: jugez après cela si un être intelligent n'a pas formé le monde, et si vos atomes n'ont pas eu besoin de cette cause intelligente». A ces mots, Madétès, athée de bonne composition, «tomba à genoux, adora Dieu, et aima Platon toute sa vie».[44] Voltaire en créant l'homme par la parole (ce qui n'est pas sans rappeler la création d'Adam dans la Genèse), a démontré l'existence de Dieu au moyen de la biologie. Que cet organisme humain si complexe soit l'aboutissement d'une évolution, c'est une notion qu'il écarte comme absurde. Le neveu l'a dit: «Il est difficile de comprendre que des marsouins aient produit des hommes.»[45] Voltaire assurément n'est en rien le précurseur de conceptions analogues à celles que développera un lointain descendant des Arouet, Teilhard de Chardin.[46]

La Défense de mon oncle a voulu réaffirmer et consolider moins la partie historique que la partie philosophique de *La Philosophie de l'histoire*. Derrière son Toxotès bouffon, Voltaire vise d'autres adversaires, plus redoutables. La lutte sur les deux fronts a déjà commencé. Mais on en est encore à des politesses. Epicure et ses épicuriens? de fort honnêtes gens. On ne tint pas rigueur à Madétès de son changement d'opinion. Entre philosophes «de sectes indifférentes», on continue à s'aimer, à souper ensemble gaiement. Ainsi du moins se passaient les choses chez les Grecs et chez les Romains. «C'était le bon temps», soupire Voltaire avec un brin de nostalgie.[47]

44. *OC*, t.64, p.246, 248.

45. *OC*, t.64, p.237.

46. Sur cette filiation, voir Theodore Besterman, *Voltaire* (London 1969), p.32 note, 208, 535.

47. *OC*, t.64, p.248. *La Défense de mon oncle* ne nuisit guère à la réputation scientifique de Larcher. Il tenta de répondre sur le terrain de la facétie. Il donna une *Réponse à la Défense de mon oncle, précédée de la relation de la mort de l'abbé Bazin*, plate imitation de la *Relation* [...] *de la mort du jésuite Berthier*. Renonçant à un «duel inégal», Larcher se replia sur le domaine où il était le plus fort, l'érudition. Sa véritable réponse fut en 1769 une réédition substantiellement augmentée du *Supplément* (J.-M. Moureaux, *OC*, t.64, p.94). Larcher fut élu en 1778 à l'Académie des Inscriptions et Belles-Lettres. Etant comme tant d'autres revenu à la religion après la Terreur, il termina sa vie comme helléniste estimé dans l'Institut de France impérial (1812).

Il nous faut revenir en arrière. Au moment où allait s'engager l'affaire *Bélisaire*, Voltaire était occupé d'un souci: faire jouer à Paris une tragédie nouvelle, *Les Scythes*. L'idée lui en était venue en novembre 1766. Ce fut une de ces inspirations soudaines qui exigent une réalisation immédiate. En dix jours la tragédie est «faite»: un exploit; il se compare au maréchal d'Estrées qui, à quatre-vingt-dix-sept ans, fit un enfant à sa femme.[48] Il se sent plein d'enthousiasme pour cet ouvrage. Le public, hélas! en jugera tout autrement. Mais il a des raisons bien personnelles d'aimer *Les Scythes*: c'est une tragédie autobiographique.

Nous sommes en Scythie, c'est-à-dire en Suisse. La scène représente «un bocage et un berceau»; dans le lointain, «des campagnes et des cabanes». C'est une «tragédie de bergers». Voltaire, historien des mœurs, va opposer les «mœurs agrestes» au «faste des cours orientales».[49] Car aux frontières de cette Scythie s'étend un vaste royaume, la Perse, autrement dit la France. Vit ici un «ancien général persan», Sozame, exilé par une «cour ingrate», «persécuté». Dès la première scène, on a reconnu Voltaire. Auprès de Sozame, non pas une nièce, mais sa fille Obéïde. Comme Mme Denis, Obéïde regrette la vie brillante d'«Ecbatane» (Paris). On devine qu'elle a laissé là-bas un amour mal oublié. Mais elle se résigne à la vie campagnarde. Elle accepte même d'épouser Indatire, fils d'Hermodan, un bon vieillard ami de Sozame. Les fiançailles sont conclues. On a déjà dressé l'autel pour célébrer le mariage. A ce moment, se produit un coup de théâtre. Le pouvoir a changé à Ecbatane. Le nouveau souverain, le jeune Athamare, surgit à la tête de ses troupes. Il vient enlever Obéïde qu'il aime. La jeune fiancée ne peut cacher tout à fait qu'elle aime aussi le prince. Duel entre Athamare et Indatire. Indatire est tué. Bataille entre les Scythes et les Persans. Les Persans sont vaincus, Athamare fait prisonnier. Ici Voltaire, malgré l'avis de ses conseillers, a inventé une invraisemblable loi scythe: la veuve Obéïde doit poignarder elle-même, sur l'autel, Athamare, comme assassin de son mari. Le dramaturge comptait s'assurer par là un bouleversant cinquième acte. Obéïde accepte – en apparence – d'accomplir son devoir. Auparavant elle lance contre les Scythes de terribles imprécations, imitées des imprécations, dans *Horace* de Corneille, de Camille contre Rome. Voltaire trouve ainsi l'occasion de dire, à travers son personnage, ce qu'il a sur le cœur contre ces Suisses chez qui il vit depuis dix ans.[50] Voici donc Athamare et Obéïde montés sur l'autel fatal. Ils se déclarent mutuellement leur amour. Obéïde enfin lève le poignard. Mais c'est elle-même qu'elle frappe; elle meurt. Les deux vieillards tirent la conclusion.

48. D13671 (14 novembre 1766), à Lekain; D13676 (19 novembre 1766), aux d'Argental.
49. D13676.
50. D13719 (8 décembre 1766), aux d'Argental: «j'avais fait là un petit portrait de Genève pour m'amuser». Il a dû atténuer la tirade des imprécations.

«Va, règne, malheureux!» dit Sozame à Athamare. Et Hermodan qui a perdu son fils et sa belle-fille: «Soumettons-nous au sort»...

Les «anges» d'Argental trouvent beaucoup à redire à ces *Scythes* en leur état premier. Suit donc l'habituel échange de correspondance. Voltaire aménage l'intrigue, récrit des scènes, refait des vers mal venus. Il y travaille pendant des mois, jusqu'au milieu de mars 1767.[51] Mais au travers de cette occupation survient un incident désagréable, et peut-être dangereux.

C'est l'affaire Lejeune. On y voit apparaître le rôle des d'Argental comme intermédiaires, dans la diffusion parisienne des ouvrages clandestins de leur ami. Fin novembre 1766 les «anges» ont envoyé à Genève Mme Lejeune, épouse d'un libraire parisien associé à Merlin, qui est l'un des diffuseurs de Voltaire à Paris. Ils la font passer pour la femme d'un de leurs domestiques. A Genève, Mme Lejeune s'est abondamment approvisionnée en livres interdits. Voltaire la fait venir à Ferney. On organise son départ. On lui prête le carrosse et les chevaux de Mme Denis. On charge sur le véhicule trois malles. On les a garnies d'anciens costumes de théâtre, mais au fond on a caché, en feuilles, les livres prohibés. Voltaire fait accompagner la voyageuse par un homme qu'il croit sûr, le sieur Janin, agent des douanes à Saconnex: il devrait aider Mme Lejeune à franchir les contrôles sans encombre. La voiture arrive à la sortie du pays de Gex, à Collonge, à six lieues de Ferney. L'usage est qu'en ce poste les commis du roi plombent les malles. Mais Janin a trahi. Les douaniers ouvrent les trois malles. Sous les hardes, ils découvrent les imprimés. Il y avait là 80 exemplaires du *Recueil nécessaire* «et d'autres livres pareils».[52]

Ce *Recueil nécessaire*, imprimé en 1765 ou 1766, par Grasset à Genève, rassemble dix pièces, parmi lesquelles huit sont de Voltaire, dont le *Sermon des cinquante* et l'*Examen important*, plus l'*Analyse de la religion chrétienne* attribuée à Dumarsais, et la *Profession de foi du vicaire savoyard* de Rousseau. C'est ce *Recueil* surtout que Mme Lejeune avait pour mission de convoyer discrètement jusqu'à Paris.[53]

Les douaniers saisissent le tout, et confisquent en outre le carrosse et les chevaux. Affolée, Mme Lejeune s'enfuit à pied à travers les champs enneigés. Deux ou trois jours après, en pleine nuit, elle frappe à la porte du château de Ferney. On la cache tant bien que mal. Aux douaniers de Collonge, elle a dit s'appeler Mme Doiret: c'est le nom de la femme qui, à Châlon-sur-Saône, devait réceptionner les trois malles. Mais le traître Janin connaît son vrai nom. Il importe

51. D14040 (vers le 15 mars 1767), à Cramer; Voltaire est «débarrassé des *Scythes*»: la mise au point est terminée.

52. D13727 (11 décembre 1766), aux d'Argental; D13762 (23 décembre 1766), aux mêmes.

53. BnC, n° 5293.

donc que Mme Lejeune s'éclipse le plus rapidement possible. On la fait passer à Genève, d'où elle part, sans attirer l'attention, pour Paris.[54]

Voltaire est dans les transes. Il se dit que le rapport des gabelous a dû sans doute déjà parvenir à Versailles. Pourvu que l'affaire ne remonte pas jusqu'au roi ! Ces émotions le secouent à tel point qu'il est pris d'une attaque d'apoplexie. Il perd connaissance pendant un quart d'heure. Mais il se remet vite. Après trois heures de lit il n'y paraît plus.[55] Il faut agir et d'urgence. Les d'Argental reçoivent message sur message. Qu'ils interviennent auprès de Maupeou, vice-chancelier. Qu'ils fassent valoir un argument de bon sens : le seigneur de Ferney se mêler de faire le commerce de livres ? Quelle «impossibilité morale» ! Il faut en tout cas gagner du temps. Voltaire craint aussi qu'au parlement de Dijon, la chambre de la Tournelle ne se saisisse de l'affaire. Il est si inquiet qu'il songe un instant, comme après le supplice de La Barre, à s'exiler. Il quitterait Ferney pour la Suisse ou la Hollande.[56] En attendant, comme l'offensive toujours est la meilleure défense, Mme Denis et lui portent plainte pour les effets (le carrosse, les chevaux...) qu'on leur a confisqués. Bientôt il peut se rassurer. Maupeou à Versailles étouffe l'affaire. Voltaire fin janvier apprend qu'elle n'aura pas de suite.[57] Ce qui confirme qu'à la date où nous sommes la cause philosophique rencontre des sympathies jusque dans les allées du pouvoir.

Au milieu de toutes ces alarmes, le poète avait continué à travailler à ses *Scythes*. Selon son habitude, il met la pièce au banc d'essai, par des représentations d'amateurs. Constant d'Hermenches et la troupe lausannoise la répètent pour la jouer au théâtre de Monrepos. Les choses traînèrent là-bas. La représentation n'eut lieu que vers le 10 mars, Constant d'Hermenches interprétant le rôle d'Athamare et sa femme celui d'Obéïde. Voltaire ne put y assister. Mais il sait que son cinquième acte a fait grand effet.[58] Quelques jours après, il monte la pièce lui-même, sur son théâtre à Ferney. Il s'est évidemment adjugé le personnage de son bon vieillard, Sozame. Dans le rôle d'Obéïde, la corpulente «Maman

54. D13766 (26 décembre 1766), Mme Denis aux d'Argental (outre le *Recueil nécessaire*, Mme Denis cite parmi les livres saisis le *Dictionnaire philosophique*, les *Lettres sur les miracles*) ; D13776 (29 décembre 1766), à d'Argental ; D13790 (2 janvier 1767), à d'Argental. Janin, pour prix de sa trahison, reçoit une prime et le tiers des effets saisis.

55. D13790 (2 janvier 1767), à d'Argental. Ce n'était pas la première de ses «apoplexies» : voir J. Bréhant et R. Roche, *L'Envers du roi Voltaire* (Paris 1989), p.139-47.

56. D13776 (29 décembre 1766), à d'Argental. Il est certain qu'il s'occupe d'envoyer des livres interdits (les siens) à Paris, non pour le profit, mais pour la diffusion de la propagande philosophique.

57. D13890 (28 janvier 1767), Florian à Voltaire ; D13907 (2 février 1767), aux d'Argental. Dans l'intervalle on a découvert que la femme Lejeune était la sœur d'un capitaine Thurot, un héros, «mort glorieusement au service du roi» (D13768).

58. Sur *Les Scythes* à Monrepos, voir la correspondance avec Constant d'Hermenches de fin janvier (D13870) au 10 mars 1767 (D14026).

Denis» eût été comique. Il fut attribué à la jeune et fine épouse de La Harpe. D'autres rôles allèrent à La Harpe et à Chabanon, alors présents à Ferney. Ce ne fut pas un spectacle en petit comité. Hennin, le résident de France à Genève, y assistait, et avec lui un public de militaires. Car en ce début de 1767 deux régiments français, comme on sait, bloquent Genève après l'échec de la médiation de Beauteville. Les représentations des *Scythes* à Ferney (il y en eut plusieurs) sont pour les officiers une distraction inespérée. Sur le succès du spectacle, nous avons le témoignage d'un des acteurs, également auteur de tragédies, Chabanon. Il fut impressionné par la déclamation «emphatique et cadencée» de Voltaire. Mais au total il estime que la pièce a peu réussi. Ce n'était sans doute pas l'avis de l'auteur.[59]

Celui-ci, en effet, tire argument de la réussite, réelle ou supposée, de sa tragédie sur les scènes de province, pour obtenir qu'elle soit créée à Paris.[60] Malheureusement la troupe de la Comédie-Française ne se montre guère empressée. Après plusieurs ajournements, la première eut lieu le 26 mars, et ce ne fut pas un succès.[61] «Beaucoup de bruit» dans le parterre. Des vers, «un peu familiers», firent rire. Le cinquième acte, sur lequel Voltaire comptait tant, fit peu d'effet. «Point d'applaudissements à la fin». Sans doute, remarque la *Correspondance littéraire*, la pièce était mal jouée. Lekain, interprète d'Athamare, ne se trouvait pas dans ses bons jours. Le rôle d'Obéïde avait été confié à une actrice médiocre, Mlle Durancy. Circonstances atténuantes, seulement. Car la *Correspondance* de Grimm a la franchise de l'avouer: cette tragédie est «froide et sans intérêt». On oserait parler d'une «chute», si l'on ne devait des égards à M. de Voltaire.[62] Collé, lui, prend moins de précautions: il accuse la «caducité» de l'auteur.[63] De fait, après quatre représentations, d'audiences décroissantes, la pièce fut abandonnée. Une reprise en 1770 n'aura pas plus de succès.[64]

Caducité de Voltaire? Dans son théâtre tragique, soit. Mais au cours des semaines suivantes il allait commencer l'un des plus brillants de ses contes, *La Princesse de Babylone*.

Des repères permettent de dater la rédaction: d'avril à août 1767. Puis il

59. Sur les répétitions et les représentations des *Scythes* à Ferney, à partir du 14 janvier 1767, D13844, D13878, D13904, D13992, D14016, D14022, D14049. Le récit de Chabanon, dans Desnoiresterres, vii.169-70.

60. D14029 (11 mars 1767), à Lekain. *Les Scythes* furent joués aussi à Bordeaux et à Lyon (D14069).

61. Sur les ajournements: D13987, D14007. Sur la première, D14078.

62. CLT, vii.267 et suiv. (1er avril 1767).

63. Cité par Desnoiresterres, vii.174.

64. D14071, note 2: à la quatrième représentation, il n'y eut que 785 entrées payantes. Sur les quatre représentations de 1770: D15659, note 4; D16185 (27 février 1770), d'Argental à Voltaire. La pièce cette fois fut bien jouée par Lekain (Athamare) et Mlle Vestris (Obéïde).

conserve quelque temps son manuscrit par devers lui. Il le remet à son «libraire», Gabriel Grasset, «pour ses étrennes», comme il le dit à la dernière ligne de son texte. L'édition paraît en mars 1768.[65] Il ressort donc qu'il se mit à rédiger le conte dans les jours qui suivirent l'échec des *Scythes* à Paris. S'ensuit-il que la tragédie fut «une sorte de prologue au roman»?[66] Elle le serait alors par contraste et par compensation. Il suffit de lire d'affilée *Les Scythes* et *La Princesse de Babylone*. On sent Voltaire comme libéré dans le conte de la forme tragique, si contraignante, si compassée. Par la prose du récit il donne essor à son imagination. Nous avons, ici aussi, un roi des Scythes. Mais le monarque du conte fait son entrée monté sur «un tigre superbe qu'il avait dompté», «aussi haut que les plus beaux chevaux de Perse». Que nous voilà loin des tristes Scythes de la tragédie![67] Nous revenons dans la Babylone déjà visitée vingt ans plus tôt avec *Zadig*. Cette capitale apparaît désormais prodigieusement agrandie et embellie. Le palais du vieux Bélus est bien autre chose que cette sorte de Versailles à quoi ressemblait la demeure royale de Moabdar. L'édifice où règne le père de Formosante s'élève «jusqu'aux nues», sur les «rivages enchantés» du Tigre et de l'Euphrate: la façade mesure «trois mille pas».[68] Devant le palais s'étend une plateforme, entourée d'une «balustrade de marbre blanc», où se dressent «des forêts» d'arbres exotiques (oliviers, palmiers, cocotiers, et autres), recouvrant «des allées impénétrables aux rayons du soleil», rafraîchies par les eaux de l'Euphrate que «des pompes» élèvent jusque là par «cent colonnes creuses».

Bélus, pour marier sa fille Formosante, organise un tournoi. Déjà dans *Zadig*, nous avions eu un concours de cette sorte, également prénuptial. Mais celui-ci dépasse en splendeur tout ce qu'on peut imaginer. L'amphithéâtre contient cinq cent mille spectateurs. Les compétiteurs sont trois rois: d'Egypte, de l'Inde, des Scythes. Les épreuves: bander l'arc de Nembrod, tuer un lion «terrible», «posséder la chose la plus rare qui fût dans l'univers entier». On sait que les trois rois échouèrent dans la première épreuve; que les poltrons rois d'Egypte et de l'Inde refusèrent d'affronter le lion, mais qu'un jeune champion hors compétition s'est présenté, un berger gangaride nommé Amazan. Sans effort, il tend l'arc de Nembrod. Au moment où le lion allait dévorer le roi des Scythes, il jaillit dans l'arène, décapite l'animal, en un tournemain fait sauter ses dents et les remplace par des diamants. Le Gangaride est accompagné d'un bel et grand oiseau, le phénix: celui-ci va présenter la tête du lion ainsi parée à la princesse, qui précédemment a reçu du galant héros un compliment en vers fort bien tourné.

65. Nous suivons la chronologie établie par Frédéric Deloffre et Jacqueline Hellegouarc'h, *Romans et contes*, p.1003-1005.

66. *Romans et contes*, p.1005.

67. *Romans et contes*, p.351.

68. *Romans et contes*, p.349.

Déjà Formosante se sent éprise pour lui d'un violent amour, lorsqu'arrive un messager: le père du Gangaride se meurt. Amazan part donc en toute hâte, au galop de ses licornes, vers son pays, situé au nord du Gange. Mais il laisse à Formosante son bel oiseau. Dès lors tout va se mettre en mouvement. Le sot roi d'Egypte, pris de vin au sortir d'un banquet, tue le phénix. L'animal avant d'expirer a le temps d'expliquer à Formosante comment le faire revivre, à Eden, en Arabie heureuse. Pour s'y rendre, la princesse prend la route de Bassorah, sous le prétexte d'un pèlerinage à un saint spécialisé dans le mariage des filles. En route, elle fait la fâcheuse rencontre du roi d'Egypte. Elle se dérobe à de grossières avances, en acceptant son invitation à souper. Au cours du repas elle endort le roi et sa suite, par un puissant somnifère. Elle gagne donc, avec sa suivante Irla, Eden (c'est-à-dire Aden), y ressuscite le phénix, et va se diriger, guidée par ce merveilleux animal, vers le royaume de son cher Amazan. On se rappelle que Zadig en une seule nuit, à dos de chameau, avait couvert la distance qui sépare Babylone de l'Egypte. Formosante et Irla font beaucoup mieux. Elles vont voler d'Arabie au pied de l'Himalaya, sur un canapé porté par deux griffons. On se demandait dans *Zadig* si les griffons existaient, et en cas d'inexistence ce que peut signifier l'interdiction biblique de manger de leur chair. Dans notre conte la question ne se pose plus. Les griffons existent: ils empoignent le canapé et transportent les voyageurs, y compris le phénix, jusqu'au royaume des Gangarides. Là une terrible nouvelle attend Formosante.

Amazan, désespéré, vient de s'enfuir. Un merle assistait incognito au souper de Formosante et du roi d'Egypte. Il a vu la princesse donner à son convive un baiser, sans comprendre qu'elle trompait par là la méfiance de l'ennemi. Le merle a dénoncé Formosante à Amazan. Le jeune Gangaride se croit trahi. Le voici quasi fou, *furioso* comme le Roland de l'Arioste. Ainsi s'engage une course-poursuite imitée du poète italien.[69] A la tête d'une escorte chevauchant des licornes, Formosante court à Pékin. Amazan vient d'en repartir. De même elle le manque de très peu chez les Scythes, chez les Cimmériens (les Russes), en Pologne, en Hollande. Et lorsqu'elle le retrouve à Paris, il est endormi entre les bras d'une danseuse de l'Opéra. Il a, au cours de sa fuite, résisté à toutes les avances féminines, mais il vient de succomber aux agaceries d'une «farceuse des Gaules».

Alors la poursuite s'inverse. C'est Amazan désormais qui court derrière Formosante. Il la rejoint à Séville, au moment où elle allait brûler sur un bûcher de l'Inquisition. Il extermine les «anthropokaïes». Le roi d'Espagne le remercie de l'avoir débarrassé de cette cruelle engeance. Avec un renfort d'Espagnols et de Vascons (ces peuples «qui demeurent ou plutôt qui sautent au pied des Pyré-

69. Sur ce que Voltaire doit à l'Arioste, voir *Romans et contes*, p.1005-1007.

nées»),[70] Amazan et Formosante vont délivrer Bélus, assiégé dans Babylone par trois cent mille Egyptiens, trois cent mille Scythes, trois cent mille Indiens. Et tout se termine pour le mieux, dans le plus fabuleux des Orients.

Pendant qu'il racontait cette délectable histoire, Voltaire rédigeait *La Défense de mon oncle*, entre fin avril et fin juin 1767.[71] On n'est donc pas étonné qu'il reprenne, sous la forme narrative, dans les aventures de sa princesse babylonienne, certains règlements de compte avec Toxotès et autres. L'Egypte est ici plus malmenée encore que dans la «diatribe» de «l'abbé Bazin».[72] On trouverait difficilement monarque plus abêti par la superstition que le roi de ce peuple dont l'Ecriture et Bossuet louaient la «sagesse». Il fait bénir par ses prêtres l'arc de Nembrod; après quoi ses «contorsions» pour essayer de le tendre font rire tout l'amphithéâtre. Il a offert à la princesse les cadeaux les plus galants: deux crocodiles du Nil, «deux hippopotames, deux zèbres, deux rats d'Egypte et deux momies, avec les livres du grand Hermès, qu'il croyait être ce qu'il y avait de plus rare sur la terre».[73] Quand il a percé d'une flèche le phénix, il éclate d'un gros rire stupide. Il ne fait pas un pas sans son bœuf Apis et sans son grand-aumônier, dont les avis le dirigent.[74]

En contraste avec cette Egypte, terre bénie de la superstition, la course-poursuite de Formosante et d'Amazan passe en revue l'Europe philosophique. Le mouvement, d'est en ouest, atteint d'abord la Russie, en son «ancienne capitale», Moscou. Le phénix, il y a trois cents ans, avait vu ce même pays tout barbare. Il s'étonne du «prodigieux changement», «opéré dans un temps si court». Au lieu d'une «nature sauvage dans toute son horreur», il y découvre «les arts, la splendeur, la gloire et la politesse». Un seigneur «cimmérien» lui explique qu'une telle transformation est l'œuvre de Pierre le Grand et de sa continuatrice Catherine II. Voltaire ne manque pas de louer une fois de plus la politique tolérante de la tsarine: «Son puissant génie a connu que, si les cultes sont différents, la morale est partout la même.»[75] Au passage sont salués d'allusions flatteuses Christian VII, roi de Danemark, et le prince héritier de Suède, le futur Gustave III. Formosante fait halte chez «le roi des Sarmates», Stanislas Auguste Poniatowski: «roi de l'anarchie», il est au moins félicité pour collaborer avec Catherine II en vue, selon Voltaire, d'établir la tolérance en Pologne. La princesse

70. *Romans et contes*, p.410.

71. *OC*, t.64, p.28, 83.

72. *OC*, t.64, p.254-56, s'ajoutant aux chapitres IX et X de *La Défense*.

73. *Romans et contes*, p.351.

74. Autres rapprochements: *Défense de mon oncle*, ch.XII, «Des Chinois», ch.XIII, «De l'Inde et du Védam»; et *La Princesse de Babylone*, *Romans et contes*, p.409, sur l'antériorité des civilisations orientales: p.410 du conte, réaffirmation du fixisme, énoncé dans *La Défense*.

75. *Romans et contes*, p.384-85.

de Babylone traverse la Germanie. Elle y constate les «progrès de la raison et de la philosophie», l'abolition des institutions monastiques: elle n'a parcouru que l'Allemagne du nord, protestante. Elle ne semble pas s'être arrêtée à Berlin. Il n'est pas fait la moindre allusion au roi de Prusse: ce qui atteste qu'entre Voltaire et Frédéric un contentieux subsiste.[76]

Puis nous quittons Formosante pour suivre Amazan, qui l'a devancée «chez les Bataves». En cette Hollande règnent «la liberté, l'égalité, la propreté, l'abondance, la tolérance». Le Gangaride débarque ensuite en terre d'Albion. Milord What-then, taciturne, indifférent, ivrogne, y représente l'insularité britannique en ce qu'elle a de moins attrayant. Mais un membre du Parlement expose au voyageur, chaleureusement, l'histoire de la liberté anglaise, et lui présente le tableau idéal des institutions politiques en cette île: «Les grands d'un côté, et les représentants des villes de l'autre, partagent la législation avec le monarque.»[77] D'Angleterre le voyageur, s'étant rendu à Rome, par Venise, déplore au passage la misère des Etats du pape. A la cour romaine, il s'étonne qu'on lui fasse «des propositions encore plus étranges que celle de baiser les pieds» du Souverain Pontife. Puis voici Paris, capitale des plaisirs et des oisifs. Parfois cruels (le supplice de La Barre est évoqué), ces Français sont surtout insouciants. Voltaire les accuse de vivre sur leur réputation: après le grand siècle de Louis XIV, la décadence est commencée. Rien de plus délicieux cependant que leur opéra. Ce spectacle enchante l'amant, jusqu'alors fidèle, de Formosante, et l'on sait quelles en furent les conséquences.

Au finale la satire reprend le dessus. Une fête babylonienne conclut le récit, pour célébrer les noces de Formosante et d'Amazan: épisode symétrique de l'ouverture, quoique plus rapidement traité. Voltaire inopinément lance ici de nouveaux traits contre une de ses cibles préférées. Non seulement au grand dîner le roi d'Egypte, comme celui de l'Inde, verse à boire aux convives, mais on sert sur la table «le bœuf Apis rôti».[78]

Et pour conclure, sous prétexte d'une invocation aux Muses, Voltaire flagelle ses victimes habituelles: Coger, Fréron, Riballier, mais surtout Larcher. Apparaît enfin, en cette Babylone antique, ce qu'on attendait depuis le début: la prostitution sacrée. Larcher a «l'impudence de soutenir» que la belle Formosante et toutes les dames de la cour «allaient coucher avec tous les palefreniers de l'Asie pour de l'argent, dans le grand temple de Babylone». Pis: «ce libertin de collège» accuse les belles Egyptiennes de Mendès d'avoir aimé les boucs, «se proposant en secret par cet exemple de faire un tour en Egypte pour avoir enfin de bonnes aventures».[79]

76. *Romans et contes*, p.386.
77. *Romans et contes*, p.391.
78. *Romans et contes*, p.412.
79. *Romans et contes*, p.413.

Toujours salace, le même pédant se trompe aussi sur les amours de Ninon octogénaire, sur la pédérastie babylonienne. Dans cette charge ultime, Larcher bénéficie de l'assaut le plus long, le plus virulent. Tant l'auteur du *Supplément à la Philosophie de l'histoire*, en l'été de 1767, demeure au premier plan de l'actualité voltairienne.

On mesure la fécondité de Voltaire conteur au cours de ces mois. Après avoir terminé et publié, en juillet 1767, *L'Ingénu*, il a rédigé *La Princesse de Babylone*. A peine celle-ci achevée, il commence *L'Homme aux quarante écus* (octobre ou novembre).[80]

Seigneur exploitant, aux prises avec les dures réalités rurales, il n'aime pas les économistes en chambre que sont les physiocrates. Il ne porte pas en son cœur l'un des maîtres de l'école, le comte de Mirabeau et son *Ami des hommes*. Mais l'ouvrage d'un théoricien, paru en juin 1767, l'a particulièrement irrité : *L'Ordre essentiel et naturel des sociétés politiques*, par Le Mercier de La Rivière. Livre à succès, qui valut à son auteur d'être appelé à Saint-Pétersbourg comme expert en science agricole. Cette «essence» lui a «porté à la tête» et l'a mis «de mauvaise humeur».[81] Deux thèses de ce système le révoltent. Le Mercier veut que le souverain, autrement dit «la puissance législatrice et exécutrice» soit, et de droit divin, copropriétaire de toutes les terres. Le domaine de Ferney appartiendrait donc en commun à Louis XV et à Voltaire ! La seconde proposition, non moins scandaleuse, veut que la totalité de l'impôt soit prélevée sur le seul revenu de l'agriculture. La raison alléguée est que tout bien provient de la terre, «même la pluie». Les bénéfices du commerce, les profits mobiliers doivent être exemptés puisqu'ils procèdent originellement d'une production agricole qui a déjà été imposée.

Voltaire réagit par une œuvre rangée parmi les *Contes*, bien qu'elle soit plutôt une suite de dialogues. Son *Homme aux quarante écus* est rédigé en trois mois et paraît dans les premiers jours de février 1768.[82] Il fait parler à la première personne un Français moyen : moyen au sens économique du terme. Il a fait un calcul : pour une population de vingt millions d'habitants, le revenu annuel du royaume (notre «produit national brut») est de vingt-cinq milliards quatre cents millions de livres. Le revenu de chacun est donc de cent vingt livres, c'est-à-dire quarante écus.[83] Notre homme, en conséquence, possède une terre qui rapporte chaque année cette somme de quarante écus. Si l'on se rappelle que le salaire du manœuvre parisien est d'une livre par jour, l'homme aux cent vingt livres n'a pas

80. Le manuscrit est prêt et en cours d'impression en janvier 1768, *Romans et contes*, p.1061.

81. D14490 (16 octobre 1767), à Damilaville.

82. D14719 (3 février 1768), à Chardon.

83. *Romans et contes*, p.421 ; le calcul est fait dans un entretien avec un «géomètre».

de quoi subsister. Pour se procurer un supplément de ressources, il fabrique des paniers d'osier. Or voici que les nouveaux économistes viennent de prendre le pouvoir. L'homme aux quarante écus payait jusqu'ici douze livres d'impôts par an. La «puissance législatrice et exécutrice» va lui en demander soixante. «L'énormité de l'estomac» de ladite puissance lui fait faire «un grand signe de croix». Il rencontre un financier, «joufflu et vermeil», roulant carrosse à six chevaux, servi par une domesticité nombreuse, fort bien payée: ce Crésus jouit de quatre cent mille livres de rentes. Notre homme lui demande: «Vous en payez donc deux cent mille à l'Etat.» «Vous voulez rire», répond l'autre, goguenard. Il gagne ces sommes énormes par le commerce et la spéculation. Comme tout vient de la terre, les marchandises à l'origine de sa fortune en proviennent aussi. Elles ont payé l'impôt à la source, par le paysan. Si on l'imposait, lui qui ne possède pas un pouce de terrain, ce serait «un double emploi», «une énorme injustice». «Payez, mon ami, vous qui jouissez en paix d'un revenu clair et net de quarante écus; servez bien la patrie, et venez quelquefois dîner avec ma livrée.»[84]

Troublé, l'homme aux quarante écus discute le problème avec «un géomètre». Conclusion du savant: «Vous périrez de faim, et moi aussi, et l'Etat aussi, supposé que la nouvelle administration dure seulement deux ans.»[85] Pressé par la faim, l'homme aux quarante écus frappe à la porte d'un couvent de moines mendiants, «une maison superbe». «Mon fils», lui répond-on, «nous demandons nous-mêmes l'aumône, nous ne la faisons pas.»[86] Il obtient, après une longue attente dans l'antichambre bondée de solliciteurs, une audience du Contrôleur général, ou ministre des Finances. Ayant entendu sa plainte, le grand personnage éclate de rire, mais lui fait tout de même don de cent écus.

Voltaire ne s'attarde pas davantage à ces questions arides d'économie. Pour élargir le sujet, il produit un «morceau tiré des manuscrits d'un vieux solitaire». On reconnaît immédiatement ce «vieux solitaire», ne serait-ce que par l'aveu qu'il fait: «Je suis bien vieux; j'aime quelquefois à répéter mes contes, afin de les inculquer mieux dans la tête des petits garçons pour lesquels je travaille depuis si longtemps.» Voltaire est conscient de ce que les railleurs appellent ses «radotages».[87] Il les justifie comme étant des procédés pédagogiques et de propagande. Il va donc continuer à se répéter: sorties contre *Telliamed* qui veut que l'homme descende d'un poisson, contre les «coquilles» et la formation des montagnes dans les océans, contre les «anguilles» de Needham.

Le texte a pris désormais l'allure d'une biographie racontée à la troisième personne. On nous apprend que l'homme aux quarante écus a fait des héritages.

84. *Romans et contes*, p.418-19.
85. *Romans et contes*, p.432.
86. *Romans et contes*, p.433.
87. *Romans et contes*, p.442.

Il se marie; il a un fils. D'où des considérations sur la génération, sur le célibat ecclésiastique, sur les impôts payés au pape, sur la proportion entre les délits et les peines, et même sur la vérole. Car l'homme aux quarante écus se met à ressembler à quelqu'un que nous connaissons bien: il habite un «petit canton», où l'on envoya en garnison un régiment du roi. En conséquence la vérole rapidement se répandit dans tout le pays.[88] Discussion sur ce fléau avec un chirurgien. Jouissant maintenant d'une petite aisance, l'homme aux quarante écus, qui se nomme désormais M. André, vient s'installer à Paris. Il se constitue une bibliothèque. Il s'intéresse aux problèmes d'actualité, notamment à celui-ci: Marc-Aurèle, cet empereur bienfaisant, est-il damné, en enfer? Echo – ce ne sera pas le dernier – des attaques contre le *Bélisaire* de Marmontel. Le «bon sens» de M. André s'est affermi depuis qu'il a acquis de la fortune. Il constate qu'en Europe la raison progresse avec les progrès du bien-être, fruits de l'agriculture et du commerce, accompagnés de la tolérance. M. André reçoit chez lui à souper la bonne compagnie, et l'on cause, non pas de babioles, mais d'importantes questions. Le conte reproduit en son entier une de ces conversations «très gaie, quoique un peu savante».[89] On croit entendre ce qui se disait à la table de Ferney, aux meilleurs jours. M. André est devenu, on le comprend, l'une des figures idéales de Voltaire, un Voltaire qui vivrait non dans un lointain exil, mais à Paris avec ses amis philosophes.

Parmi les qualités de l'hôte, le conteur signale le don qu'il a d'apaiser au moyen de ses soupers les querelles opposant les adversaires les plus acharnés. Rêve irénique de Voltaire, que n'a pas découragé mainte déception, notamment en dernier lieu l'échec de sa tentative d'arbitrage dans les troubles de Genève.

88. Conséquence, selon Voltaire, du blocus de Genève par les troupes françaises cantonnées dans le pays de Gex.

89. *Romans et contes*, p.475.

19. L'aubergiste de l'Europe

«J'ai été pendant quatorze ans l'aubergiste de l'Europe, et je me suis lassé de cette profession.»[1] Quand Voltaire écrivait en ces termes à Mme Du Deffand, il venait de faire le vide à Ferney. Il avait décidé de ne plus recevoir personne. Mais auparavant, quel défilé, chez lui et à sa table!

L'attrait du grand homme est d'autant plus puissant que Ferney se trouve sur l'un des grands axes de communication dans l'Europe du dix-huitième siècle. Le voyage du Nord vers l'Italie, alors un des plus fréquentés, passe le plus souvent par Genève, et M. de Voltaire est tout proche: il s'impose de lui rendre visite. Parfois il est commode, voire économique, de lui demander l'hospitalité. Ainsi en juillet 1763 toute une ambassade vénitienne s'est rendue en Angleterre, où elle a complimenté le roi. Sur le chemin de retour elle est venue «fondre» sur le château de Ferney. Voltaire a hébergé ces compatriotes de son cher Algarotti.[2] Un visiteur l'a vu recevoir aussi bien des Anglais que des Français, des Italiens, des Allemands.[3] Nous ne tenterons pas ici de dresser un relevé exhaustif. Nous signalerons seulement quelques cas remarquables. Voltaire accueille parfois des voyageurs venus de fort loin. Ainsi le «fermier général du roi de Patna» en Inde, nommé Peacock, deux Américains, venus de Pennsylvanie (encore à cette date colonie anglaise). Des Russes viennent le voir, tel cet Hetman des Cosaques, «un des plus honnêtes gens de l'empire russe».[4] Plus tard il reçoit toute une délégation conduite par le prince Koslowski, envoyée par Catherine II. On lui remet une tabatière d'ivoire ouvragée par la souveraine, le portrait de celle-ci orné de diamants, une magnifique pelisse, le journal manuscrit de l'inoculation de la tsarine, une traduction française de son *Code*... Un autre visiteur qui était présent, James Callandar, a décrit la scène.[5] On signale, dans la chronique mondaine de

1. D14897 (30 mars 1768).

2. D11318 (26 juillet 1763), à Algarotti.

3. Nous utilisons l'excellente enquête de sir Gavin de Beer dans quatre volumes des *Studies*: «Voltaire's British visitors», *Studies* 4 (1957), p.7-136; «Voltaire's British visitors», *Studies* 10 (1959), p.425-38; et avec la collaboration d'André-Michel Rousseau, «Voltaire's British visitors, second supplement», *Studies* 18 (1961), p.237-62. Enfin G. de Beer et A.-M. Rousseau ont publié la synthèse de leurs recherches dans *Studies* 49 (1967), p.7-201. Nous renvoyons à cette dernière publication par la mention de Beer. Ici, de Beer, p.82.

4. De Beer, p.126, D13415, D13416.

5. De Beer, p.131-32, février 1769: à cette date en faveur de cette ambassade, Voltaire a fait une exception à sa règle de ne plus recevoir de visiteurs.

Ferney, le passage du prince héritier de Brunswick, du prince de Ligne, de l'aventurier Casanova. «Le couvent que j'ai bâti pour vivre en solitaire», soupire-t-il, «ne désemplit point d'étrangers.»[6] Certains, soit étrangers soit Français, associent une visite à Ferney avec une consultation de Tronchin à Genève, telle la duchesse d'Enville en octobre 1765.[7]

Les plus nombreux, et de beaucoup, sont les Anglais. Cela pour de multiples raisons. L'aristocratie d'outre-Manche, la plus riche d'Europe, a les moyens de voyager longuement sur le continent. La tradition du «Grand Tour» reprend toute sa vigueur après la fin de la guerre de Sept Ans. Pendant tout l'été de 1763 les Britanniques affluent à Ferney. Certains, tel Stephen Fox, sont les fils de ceux que Voltaire a connus à Londres en 1726-1728.[8] Tous savent que le philosophe aime l'Angleterre et aime dire du bien des Anglais (Shakespeare excepté). Il aurait confessé à Casanova qu'il «voudrait bien être» Anglais.[9] Combien de ces Britanniques a-t-il reçus? Trois ou quatre cents, affirme-t-il.[10] Sir Gavin de Beer a entrepris de les recenser. Le total n'a cessé de monter en cours d'enquête. Il s'est établi finalement à 150. Compte tenu des inévitables omissions, le chiffre lancé par Voltaire dans un mouvement d'humeur n'est pas tout à fait invraisemblable. Certain jour, à deux heures de l'après-midi, heure de son «dîner», on vient lui dire qu'une douzaine d'Anglais et d'Anglaises attendent dans son salon. Il fait entrer toute la troupe et l'installe à sa table pour, dit-il, un repas «à l'anglaise». Au menu, un peu de dispute sur Shakespeare.[11] Un autre jour, nouvel afflux de touristes d'outre-Manche: ils étaient quinze à table, dont pas un, assure-t-il, n'était chrétien.[12] Entre beaucoup de personnages obscurs, ou restés anonymes, quelques noms se détachent: lord Palmerston, qui revint plusieurs fois, Adam Smith, qui rendit également cinq ou six visites à Ferney, John Wilkes, très admiratif. Certains sont fort jeunes, tel Richard Twiss, vingt-et-un ans.[13] La visite ne se passe pas toujours sans quelque échange de piques, ou pire. Voltaire a reçu Hervey, comte de Bristol, évêque anglican de Derry. Il attendait cet ecclésiastique sur son perron. Du geste il lui montre son église et son théâtre: «Où joue-t-on la plus grande farce?» Réponse de Monseigneur: «C'est selon les auteurs.»[14] L'entrevue se passa beaucoup plus mal avec le quaker américain Claude Gay. A Genève, ce bel homme de haute taille, tout droit, portant

6. D13644 (3 novembre 1766), aux d'Argental.

7. Pour la visite du prince de Brunswick, voir ci-dessus, ch.14, p.252. Le prince de Ligne: D11516 (26 novembre 1763). La duchesse d'Enville: de Beer, p.70.

8. De Beer, p.42, 51.

9. Casanova, *Mémoires* (Paris 1926-1927), iv.425.

10. D14897.

11. D12786 (3 juillet 1765).

12. D11763 (11 mars 1764), à Damilaville.

13. De Beer, p.62, 81-83, 110-12, 101-104, 129.

14. De Beer, p.97.

le large chapeau de la secte, faisait sensation. Voltaire voulut voir le ressortissant de sa chère Pennsylvanie. Le quaker, malgré sa répugnance, accepta l'invitation. A table le philosophe plaisanta son hôte sur sa sobriété, qui lui faisait refuser bien des plats. Puis il l'attaque sur la Bible, sur la Révélation. Il s'échauffe progressivement, jusqu'à se mettre en colère. Le quaker demeure imperturbable. Enfin il se lève: «Ami Voltaire, peut-être un jour comprendras-tu mieux ces choses-là. En attendant, puisque je ne peux te faire aucun bien, je te quitte. Adieu.» Ayant ainsi tutoyé Voltaire selon l'usage quaker, il sort et regagne à pied Genève, malgré les efforts qu'on fait pour le retenir.[15] Les choses se gâtèrent tout à fait dans le cas de Robert Brown, pasteur presbytérien à Utrecht. Voltaire l'avait reçu souvent aux Délices. Il lui avait fait faire «trop bonne chère». Brown, peu reconnaissant, écrit une préface pour les *Lettres d'un voyageur anglais* de Jacob Vernet, où Voltaire est malmené. Fureur du philosophe. Brown répond, dans une lettre ouverte, «est-ce que pour avoir mangé des ortolans chez un déiste célèbre, [...] je dois oublier ce que je dois à la religion?»[16] Voltaire compte Robert Brown comme le seul Anglais qui se soit souvenu de lui, et de quelle manière! après avoir été généreusement hébergé. Sir Gavin de Beer proteste avec raison contre l'allégation d'un tel oubli. Tout au contraire, beaucoup de ces Anglais ont raconté, dans leurs lettres ou dans leurs mémoires, la mémorable visite faite au grand homme. Par là, ils sont pour nous particulièrement précieux. Ils font revivre Voltaire sous nos yeux.

Le recoupement de leurs témoignages fixe l'emploi du temps à Ferney. Le matin le Maître ne se montre pas. Il travaille dans son cabinet. Il sort vers 14 heures, pour le repas. Après le «dîner», volontiers il conduit ses hôtes dans son jardin tracé à la française. Si le temps est assez dégagé, il fait admirer le paysage: le Mont Blanc, le lac. Les visiteurs doivent prendre congé assez tôt. Ils n'oublient pas l'heure de fermeture des portes, à Genève. Compte tenu de la distance à parcourir (une lieue et demie), il faut partir plus vite encore qu'on ne le faisait aux Délices. Mais s'il s'agit d'un personnage important, ou tout simplement de quelqu'un qui a eu l'heur de plaire, Voltaire le retient pour la nuit, voire pour plusieurs nuits. Ainsi Boswell a couché à Ferney deux nuits, du 27 au 29 décembre 1764, et a pu admirer le luxe de la chambre d'amis.[17]

Ces Anglais ont regardé, écouté intensément, pour fixer sur le papier un souvenir inoubliable. Oliver Goldsmith, romancier du *Vicaire de Wakefield*, avait rendu visite à Voltaire en sa maison de Monrion, en 1756. Il avait scruté son visage. Il l'avait remarqué, son hôte ne conduisait pas toujours la conversation. Parfois il restait sur la réserve, silencieux. Mais quand il s'animait, sa parole

15. De Beer, p.64-65.
16. De Beer, p.49-50, D10394, D11077.
17. De Beer, p.86-88.

s'enflammait. Alors c'était un enchantement de l'entendre. Son visage si maigre prenait une sorte de beauté. Chaque muscle devenait expressif. Ses yeux surtout se mettaient à briller du plus vif éclat. Nombre de visiteurs ont été, comme Goldsmith, frappés de ce regard qui lançait des éclairs dans les moments d'excitation.[18]

Les témoignages, souvent fort détaillés, déroulent devant nous les séquences d'un film «Voltaire chez lui». Dans les derniers jours d'avril 1763 le patriarche a reçu un Anglais qui lui a paru très jeune (il avait pourtant presque vingt-six ans), George Macartney, futur pair d'Angleterre. Lorsque le garçon est introduit, Voltaire jouait aux échecs avec le pasteur Bertrand. Il prend la lettre de recommandation que lui tend le jeune Anglais, la parcourt, et sans un mot, regardant à peine le visiteur, il la laisse tomber près de lui. Tout en jouant, de temps à autre il jette les yeux sur Macartney et lui pose à brûle-pourpoint une question, d'abord sur des banalités, puis progressivement sur des sujets plus intéressants. Il est sensible au bon sens et à la culture que révèlent les réponses du garçon. Soudain il renverse l'échiquier, bouscule son partenaire et regarde bien en face Macartney: «Comment pouvez-vous, Monsieur, si jeune avoir acquis tant de connaissances sur tant de sujets?» Entre autres propos, le futur lord aurait dit qu'en France dès qu'il paraît une vérité, «tout le monde est alarmé comme si les Anglais faisaient une descente». Le lendemain ou le surlendemain, il le recommande au duc de Praslin, à Helvétius, à d'Alembert comme «très sage, très instruit, mais modeste», et «philosophe».[19]

Peu de temps après, un autre jeune Anglais (vingt-trois ans), Peter Beckford, vint présenter ses respects à Ferney. On l'accueille cordialement. On lui présente le P. Adam, pauvre souffre-douleur, juge Beckford. Voltaire n'oublie pas de faire sa plaisanterie habituelle: «Voici le P. Adam, qui n'est pas le premier des hommes.» Beckford remarque l'esprit satirique de son hôte. Il l'attribue à sa mauvaise santé. Il l'a entendu raconter une histoire scabreuse, en présence d'une dame prude, à seule fin, pense-t-il, de choquer celle-ci. Avec la sévérité de la jeunesse, il trouve sa physionomie très laide, mais remarque que tout en lui manifeste une grande activité de l'esprit. Cependant il ne lui pardonne pas de dire tant de mal de Shakespeare.[20]

L'un des récits les plus détaillés est dû à l'Américain John Morgan, accompagné d'un autre Américain, Samuel Powel. A leur retour d'Italie, ils se sont présentés

18. De Beer, p.27-28.

19. De Beer, p.56-58, D11182, D11183, D11184 (1er mai 1763). Ce George Macartney conduira en 1793 l'importante mission anglaise auprès de l'empereur de Chine Kien-long; voir Alain Peyrefitte, *L'Empire immobile ou le choc des mondes* (Paris 1989).

20. De Beer, p.66.

au château le 16 septembre 1762, dans l'après-midi. Ils auraient dû venir pour le repas, leur dit poliment Voltaire. Etre assis à la même table, confie-t-il, ouvre le cœur et excite les sentiments de sociabilité. Il leur parle anglais. Malgré ses gallicismes, ils estiment avoir rarement rencontré quelqu'un qui s'exprime aussi bien en leur langue, avec un bon accent. Autour de Voltaire, dans le salon, se tenaient un militaire d'une cinquantaine d'années, le comte de Bauffremont, Mme Denis, très fardée, une dame maigre outrageusement fardée (qui n'est pas Mme de Fontaine). Sur le mur, les visiteurs remarquent un tableau représentant Mars quittant le lit de Vénus. Comme ils regardaient par les fenêtres qui donnent sur le jardin, Voltaire le leur fait visiter. Il loue lui-même son ouvrage: «Je jouis», leur dit-il, «de la liberté et de la propriété, et je suis mon propre maître.» Lorsqu'il prend une prise de tabac, Morgan observe que la tabatière est ornée d'un portrait de Frédéric II. Les deux Américains se retirèrent, enchantés de leur hôte, qui les salua du titre d'amoureux de la Vérité. En sortant ils remarquèrent le *Deo erexit Voltaire* au fronton de l'église.[21]

Quelques mois après, le 6 mai 1765, Thomas Pennant, accompagné d'un Mr Martin, fait la même visite de l'après-midi, avec une promenade dans le jardin. Mais il apprécie moins l'anglais de Voltaire. Il relève que les jurons, «By God», «God damnee», y tiennent une place excessive. Comme les voyageurs précédents, ils sont reçus par Mme Denis, la jeune Mme Dupuits, et en outre par ce «pauvre squelette de P. Adam». Mais soudain un nouveau personnage fait son entrée: le singe de la maison. Voltaire adresse à l'animal une petite allocution: «Voici deux Anglais de l'Eglise réformée, qui se trouvent donc en état de damnation. Le P. Adam est damné aussi, de même que moi comme libre penseur. Aussi, mon révérend», dit-il au singe, «je vous prie de vous retirer d'une société aussi dangereuse.» Voltaire, estiment les visiteurs, était dans ses bons jours. Ils apprécièrent sa conversation si vive.[22]

Entre ces divers témoins, le major W. Broom est celui qui décrit avec le plus de précision l'apparence de Voltaire recevant chez lui.[23] Il est apparu au major grand, très maigre. Ce qui retient d'abord l'attention, ce sont ses yeux perçants et la vivacité de son regard. Quant au vêtement, habituellement le patriarche ne «s'habille» pas. Il endosse l'habit à la française, à la mode ancienne, uniquement pour les personnages du plus haut rang. Pour le major Broom il est resté en tenue d'intérieur: robe de chambre de satin bleu, avec des points dorés; sur sa tête un bonnet, également de satin, orné d'un gland doré. Parfois sous le bonnet, il porte une perruque de modèle antique, à trois queues. C'est ainsi accoutré qu'il accueille d'ordinaire ses hôtes. Il leur donne par là une impression de cordiale familiarité.

21. De Beer, p.72-80, et D12089 (?16 septembre 1764).
22. De Beer, p.94-96.
23. De Beer, p.93-94.

On songera aussi qu'enveloppé de la sorte – robe de chambre, bonnet – il résiste mieux au froid qui, malgré les feux de ses cheminées, s'insinue dans les pièces du château. Le major a rendu visite à Voltaire le 16 mars 1765: souvent en ces fins d'hiver, la campagne environnante est encore sous la neige.

On se rend à Ferney pour voir le grand homme. On s'y rend aussi pour l'écouter parler. Certains poussent la hardiesse jusqu'à l'interroger. L'Américain Morgan lui demande s'il connaissait l'électricité et les découvertes de Franklin: question où apparaît l'intérêt d'un citoyen du Nouveau Monde pour une science d'avant-garde susceptible d'applications industrielles. Voltaire aurait pu répondre que Franklin avait eu au moins un précurseur, l'abbé Nollet, avec qui il avait été en relations à l'époque de Cirey. Mais en 1764 il semble l'avoir oublié. Il répond seulement qu'il connaît les travaux de Franklin sur l'électricité et que cet Américain est un «homme de génie» et un «grand philosophe naturaliste».[24]

Voltaire volontiers oriente la conversation sur les sujets qui, présume-t-il, intéressent ses visiteurs. Devant les Anglais, il évoque ses souvenirs d'Angleterre. A William Broom, il parle d'abondance des auteurs qu'il a rencontrés pendant son séjour, Pope, Gay, Swift. Le major, né en 1737, n'a pu connaître ces personnalités: mais ce sont les grands noms de la littérature anglaise au dix-huitième siècle.[25] A Morgan, il fait l'éloge de Hume, de Bolingbroke, que cependant il trouve long et diffus. Mais ses grandes admirations sont Locke et Newton. Quand il parle à propos de l'Angleterre des grandes idées de Vérité, de Liberté, il s'exalte. Il s'exprime alors en anglais. En même temps que la langue, il emprunte l'âme anglaise. Il devient un Britannique par la force, l'audace, l'humour de son propos.[26] D'autres jours, cet homme si souple se fait tout Italien. En août 1760, Casanova lui a rendu visite aux Délices. Il l'a trouvé «au milieu d'une cour de seigneurs et de dames». Dans ses *Mémoires* le Vénitien se met avantageusement en scène, au centre de cette cour, dialoguant avec Voltaire. Ils ont parlé de la littérature italienne. Ils s'arrêtent sur l'Arioste, Voltaire, comme Casanova, «l'adore». Il récite de mémoire, en italien, sans une faute, des passages entiers de l'*Orlando furioso*. Casanova fait mieux encore. Il interprète la folie de Roland avec des accents si bouleversants que tout le noble auditoire verse des larmes.[27]

L'Italie conduit inévitablement à un sujet sur lequel Voltaire prend feu et flamme: les prêtres, la «superstition». Morgan et son compagnon reviennent de Rome. Il le leur demande: n'ont-ils pas bouilli d'indignation à voir de misérables

24. D12089.
25. De Beer, p.96.
26. Boswell en fait l'observation, de Beer, p.89.
27. Casanova, *Mémoires*, iv.425.

moines dire la messe à l'endroit où autrefois Cicéron, Caton, Scipion avaient si éloquemment harangué le peuple romain? Voltaire «hait les églises, les prêtres, les messes». En les reconduisant, il exhorte les deux *gentlemen* américains: «Détestez l'hypocrisie, les messes, et plus que tout détestez les prêtres».[28] Des propos semblables ont offusqué Casanova, qui pourtant ne professait guère de zèle pour la religion chrétienne et fut même condamné aux «plombs» de Venise pour athéisme. Le Vénitien, à la veille de quitter Genève, retourna aux Délices. Après divers propos sur la littérature, on en vint à la lutte contre l'Infâme. A supposer que Voltaire parvienne à détruire «la superstition», par quoi, demande Casanova, la remplacera-t-il? Du coup, Voltaire s'indigne: «Quand je délivre le genre humain d'une bête féroce qui le dévore, peut-on me demander ce que je mettrai à sa place?» Casanova: «Elle ne le dévore pas; elle est, au contraire, nécessaire à son existence.» – «Nécessaire à son existence! horrible blasphème»... Voltaire prononce alors: «J'aime le genre humain, je voudrais le voir comme moi, libre et heureux, et la superstition ne saurait se combiner avec la liberté.» En politique, il veut un souverain, mais qui «commande à un peuple libre».[29]

Les Anglais se montrent en général moins réticents que le Vénitien. Voltaire utilise les services de certains d'entre eux contre l'Infâme. Il charge un Britannique, non identifié, de porter un paquet de *Meslier* à Paris, pour le remettre à Damilaville et à d'Alembert.[30] Un autre Anglais, pareillement anonyme, est chargé le 6 août 1764 de véhiculer un colis de *Dictionnaires philosophiques*.[31] La complicité fut plus étroite encore avec un insulaire des plus originaux. Le 3 décembre 1758, un vieil homme (né en 1693) s'était présenté à la porte des Délices. Il voulait voir Voltaire. Il était si misérablement vêtu que les domestiques ne voulurent pas le laisser entrer. Alors il écrivit au maître des lieux. Il avait, expliquait-il, passé de nombreuses années à composer un «épitomé de religion», «miel extrait du suc de nombreuses fleurs», ouvrage très court, qu'on peut lire en une heure. Il voudrait le soumettre à Voltaire. En 1763, l'étonnant personnage reparut, monté sur un cheval blanc qui fait penser à celui de l'Apocalypse. Il se rend en Italie. Au passage, il veut conférer avec Voltaire sur le coup final à porter à «la superstition chrétienne».[32] On ne sait ce que Voltaire pensa de «l'épitomé», ni des projets de William Hewett: c'était son nom. En tout cas il lui emprunta son patronyme. Il attribue le drame de *Saül* à M. Huet, ou Hut, «membre du parlement d'Angleterre», «petit-neveu de M. Huet, évêque d'Avranches» (William Hewett n'était ni l'un ni l'autre). Il met sous son nom encore les dialogues

28. D12089.
29. Casanova, *Mémoires*, iv.449.
30. D11198 (9 mai 1763), à Damilaville.
31. D12035, D12059, de Beer, p.70: il s'agirait, selon Th. Besterman, de lord Abingdon.
32. D7961, de Beer, p.67.

d'*A.B.C.* M. Huet est, assure-t-il, «connu par de pareils ouvrages».[33] A cette date, William Hewett est décédé depuis trois ans.

Les questions de philosophie religieuse tiennent trop à cœur à Voltaire pour qu'il s'abstienne d'en parler à ses visiteurs. Pendant la réception de Morgan et de son compagnon, un chien est entré dans le salon. Il s'est arrêté devant son maître, en remuant la queue. Voltaire alors interpelle brusquement les deux hommes: «Que pensez-vous de ce chien? A-t-il ou non une âme? Qu'est-ce que les gens en Angleterre pensent maintenant de l'âme?» Morgan interloqué se tire d'affaire en répondant que les Anglais ont sur l'âme des opinions diverses.[34]

Parler de l'âme, conduit à parler de Dieu. Les visiteurs ne manquent pas de remarquer, près du château, au fronton de l'église l'inscription *Deo erexit Voltaire*. Certains ont aperçu aux murs d'une taverne sur la route de Ferney, la protestation d'un gribouilleur indigné:

> *Deo erexit Voltaire*!
> Voyez le pieux ouvrage du vaniteux Voltaire,
> Qui n'a jamais connu un Dieu ni dit une prière.[35]

La question de Dieu est l'une de celles qui inquiètent Boswell. Après deux jours passés au château, il voulait en avoir le cœur net. Le matin, il a suivi la messe dans l'église de Voltaire. Il s'est senti «réellement dévot». Il a parlé au P. Adam. L'ex-jésuite est sincèrement chrétien. Il prie pour M. de Voltaire chaque jour. Son protecteur, confie-t-il à Boswell, a toutes les vertus chrétiennes, mais... Le 28 décembre 1764 au soir, pendant que les autres sont à table, le visiteur est resté seul avec Voltaire. Devant les deux hommes, une grande Bible. La discussion fut vive, nous dit-on, sur un pied d'égalité, sans nul ménagement. Boswell est déconcerté par les fusées sarcastiques de son partenaire. Voltaire est véhément, comme un ancien orateur romain, comme Cicéron lui-même. Mais il abuse de ses forces. Il tremble de tous ses membres. Il gémit: «oh! je suis malade. La tête me tourne!» Il se laisse tomber doucement dans un fauteuil. Peu à peu il se remet. La conversation reprend, plus paisiblement. Boswell lui demande de confesser sincèrement ce qu'il croit réellement. Voltaire le fait, «du fond du cœur», avec une «candeur» qui étonne et touche le visiteur. Il déclare sa «vénération», son «amour» pour l'Etre suprême, son entière soumission à celui qui est Toute Sagesse. Il exprime sa volonté de ressembler à l'auteur de l'infinie Bonté en étant lui-même bon. Là s'arrêtent ses certitudes. Il n'a pas grand espoir en l'immortalité de l'âme: simple possibilité qui excède sa connaissance. Emu, Boswell doute

33. D15427 (13 janvier 1769), à d'Alembert.

34. D12089.

35. D12089. Morgan donne une version anglaise, que nous retraduisons, faute de connaître l'original.

encore. Il le presse, anxieusement: «Etes-vous sincère? Etes-vous vraiment sincère?» Voltaire répond: «Devant Dieu, je le suis. Je souffre beaucoup. Je souffre avec patience et résignation, non pas comme chrétien, mais comme homme.»[36]

On s'élevait rarement, à Ferney, à de pareils sommets. Les grandes heures étaient plutôt celles du théâtre.

Les spectacles privés de Voltaire avaient dès l'époque de Lausanne séduit un spectateur averti, naguère habitué des théâtres de Londres. Edward Gibbon, l'historien du *Decline and fall of the Roman Empire*, s'était fixé en Suisse. En 1758, il avait suivi les représentations de Monrepos. Il s'était étonné déjà que les rôles de jeunes premières fussent confiés à la grosse et laide Mme Denis.[37] Il allait retrouver la même vedette féminine, le 4 août 1763, sur le théâtre de Ferney. Il était venu à Genève spécialement pour assister à la soirée donnée par Voltaire: on allait jouer la pièce préférée de Gibbon, *L'Orphelin de la Chine*. Il fut déçu. Le rôle de la touchante Idamé avait été confié, inévitablement, à la quinquagénaire Mme Denis, toujours aussi laide. Quant au personnage de Gengis, fougueux conquérant tartare, il était interprété par Voltaire lui-même, vieil homme de soixante-dix ans à la voix brisée, obligé de faire une cour passionnée à sa vieille nièce. Une telle distribution – mais nulle autre n'était possible – détruisait l'illusion théâtrale. Gibbon revenait de Paris, où il avait fréquenté la Comédie-Française. La comparaison qu'il fit *in petto* démentait les éloges constamment adressés par Voltaire à ses acteurs, et d'abord à sa chère nièce, de surpasser les Clairon, les Lekain... Le reste du public, des Genevois sevrés de théâtre, n'était certainement pas en mesure de faire le rapprochement. Insensible à la cocasserie involontaire du spectacle, on admirait, on applaudissait à tout rompre. Enthousiasme d'autant plus grand qu'ensuite la fête allait continuer. La représentation avait commencé à huit heures du soir; elle dura jusqu'à onze heures et demie. Puis on passa à table pour un élégant souper de vingt couverts, jusqu'à deux heures du matin. Enfin on donna un bal, jusqu'aux aurores. Les carrosses ramenèrent les invités à Genève à l'heure même où les portes s'ouvrirent.[38]

De tels plaisirs faisaient scandale chez les rigoristes de la métropole calviniste. Déjà, au mois de mars 1762, Voltaire avait, rapporte Charles Bonnet, donné à Ferney «des fêtes de prince»: deux cents participants, «de superbes collations», suivies d'un spectacle où il joue lui-même; ensuite un souper offert «à tout le monde», et enfin un bal qui ne se termine qu'à sept heures du matin. Pour comble

36. De Beer, p.89-90.
37. De Beer, p.33-34.
38. D11343 (6 août 1763), de Beer, p.60-61.

d'horreur ces réjouissances se situent en période de carême. Bonnet épanche son amertume dans le sein de Haller.[39]

Contre les rabat-joie, et contre le réquisitoire de Rousseau, Voltaire maintient que le théâtre possède et une valeur sociale, «rien n'anime plus la société», et une valeur pédagogique, «rien ne donne plus de grâce au corps et à l'esprit, ne forme plus le goût», ainsi s'exprime-t-il dans la préface d'une de ses pièces pour amateurs, *Charlot*. Aussi consacre-t-il une part notable de son temps si précieux à préparer les représentations de Ferney. Aux acteurs qui joueront dans ses propres pièces, il distribue des exemplaires imprimés. Ainsi on le voit demander à Cramer de lui envoyer une «cargaison» de six *Mariamne*, six *Olympie*, six *Zulime*.[40] Pendant les répétitions, il se montre très exigeant et souvent désagréable avec ses acteurs et actrices improvisés. Une de ses interprètes s'est plainte à Casanova: «Il nous grondait sans cesse.» Et la jeune personne énumère les prétentions du Maître. On prononce mal. L'intonation ne rend pas «l'esprit de la passion». Il corrige les inflexions de voix «trop douces», ou les «chutes trop fortes». Et si l'on estropie un de ses vers – une syllabe ajoutée ou une syllabe oubliée – quel vacarme! Tantôt on rit mal, tantôt on fait seulement semblant de pleurer. Voltaire veut qu'on pleure pour de bon. Il faut que l'acteur ou l'actrice s'arrange pour extraire de ses glandes lacrymales des pleurs véritables. Bref, ce metteur en scène impitoyable «fait peur» à ses interprètes novices.[41] Pendant des représentations mêmes, sauf les jours de gala, il ne se prive pas d'intervenir, s'il juge défectueuse la marche d'une scène. En bonnet de nuit et robe de chambre, il traverse le plateau et vient réprimander les personnages.[42] Quand on songe à ses critiques si sévères sur le jeu de comédiens chevronnés, on devine dans quel état pouvaient le mettre les gaucheries et les balbutiements de ses amateurs. Certes, il n'est pas facile en cette province lointaine de recruter des acteurs. Si Voltaire et Mme Denis se distribuent si souvent dans des rôles qui ne conviennent ni à leur physique ni à leur âge, c'est aussi en raison de la pénurie des interprètes. Voltaire parfois en est réduit à faire monter sur la scène son personnel domestique. Selon un de ses visiteurs, il lui est arrivé d'aller chercher à l'office une vieille cuisinière pour la faire figurer dans un rôle de vestale.[43]

Aussi quelle aubaine lorsqu'à la fin de juillet 1765, Mlle Clairon vient passer quelques jours à Ferney! Voltaire en profite pour monter sa *Zaïre*. Il n'avait pas vu l'actrice depuis dix-sept ans. «Elle est unique», s'écrie-t-il après son interprétation de l'héroïne. Dans son enthousiasme il versifie une épître:

39. D10389, commentaire (lettre du 26 mars 1762 de Bonnet à Haller).

40. D11232 (vers le 26 mai 1763).

41. Casanova, *Mémoires*, iv.410. Il s'agit des représentations de Lausanne, mais la situation n'était sans doute pas meilleure à Ferney.

42. De Beer, p.114-15, août 1765.

43. De Beer, p.114-15.

Toi que forma Vénus, et que Minerve anime...[44]

Il n'avait pu résister à jouer lui-même son rôle préféré, celui du vieux Lusignan. Mais il y eut dans la salle un spectateur fort critique. Il hébergeait depuis quelque temps un jeune Anglais de vingt ans, James Callandar. Il lui permettait même de chasser sur ses terres. Le garçon fut sans pitié. Il trouva risible l'accoutrement de Voltaire en Lusignan: le croisé qu'il était censé incarner portait un habit du temps de Louis XIV et une perruque avec queue, surmontée d'un énorme casque de carton. Une longue épée lui battait les jambes.[45] Tel est l'inconvénient de ces spectacles à l'écart du grand public, devant des auditoires d'avance admiratifs. Des ridicules s'installent, qui ne sont plus sentis.

Mlle Clairon ne s'attarda pas à Ferney. Elle ne put supporter le tintamarre des maçons et charpentiers. Elle alla s'installer au château de Tourney. En effet Voltaire agrandissait son théâtre. Il allait porter sa capacité de cinquante à deux cents places.[46]

Voltaire ainsi disposerait d'une salle assez grande pour accueillir les spectateurs en uniforme qui bientôt allaient affluer chez lui. Ce fut une conséquence des troubles de Genève. Après l'échec de la Médiation, on se le rappelle, le cabinet de Versailles avait décidé le blocus de la petite république. Deux régiments campaient à la frontière, le régiment de Conti et la légion de Flandres. Les hommes logent chez l'habitant, les officiers, colonel en tête, chez Voltaire. Cet état-major fut hébergé au château pendant plus d'un mois, mais la troupe demeurera dans le secteur environ neuf mois.[47] De plus beaucoup de militaires étaient cantonnés dans la région. Pour eux, le théâtre de Ferney rompait bien agréablement la monotonie du service. Les officiers suivaient le spectacle dans la salle, les simples soldats assuraient diverses besognes.[48]

C'est devant un tel public, comme nous l'avons dit,[49] que furent données les représentations des *Scythes*. Mais Voltaire eut l'idée d'écrire une pièce spécialement destinée à son auditoire militaire. Ce fut *Charlot ou la comtesse de Givry*, comédie en trois actes et en alexandrins. Il l'a composée très vite, selon son habitude, en cinq jours à l'en croire.[50] «Pièce dramatique», selon lui. Disons plutôt, drame historique. L'action se situe sous le règne d'Henri IV. Nous sommes

44. M.x.384-86; D12820.

45. De Beer, p.99-100.

46. De Beer, p.105-106; D12822.

47. D14897 (30 mars 1768), à Mme Du Deffand; D14842 (16 mars 1768), à Choiseul.

48. Chabanon, *Tableau de quelques circonstances de ma vie*, cité par Desnoiresterres, vii.170, en témoigne.

49. Voir ci-dessus, p.340.

50. D14445, D14464.

en Champagne, dans le château de la comtesse de Givry, veuve d'un valeureux compagnon du roi. Le bon roi Henri est attendu pour assister au mariage du marquis, fils de la comtesse, avec une jeune Julie. Ce marquis est un individu odieux, qui n'aime nullement Julie. Il ne peut souffrir un garçon de son âge, qui a au contraire toutes les qualités: Charlot, fils de sa nourrice, et donc son frère de lait. Ce parfait jeune homme aime Julie; il en est aimé. D'où entre les deux rivaux une altercation. Charlot, malencontreusement, tue le marquis. La comtesse et Julie sont au désespoir. Charlot, arrêté, va être condamné à mort. A ce moment se produit un coup de théâtre. La nourrice avoue une substitution d'enfant. Dans les troubles des guerres de religion, elle a remis son propre fils à la place de l'enfant de la comtesse. Charlot est donc le véritable marquis. Henri IV apparaît à la dernière scène pour un heureux dénouement: le mariage de Julie avec ce Charlot qui possède la noble origine s'accordant avec ses vertus. Voltaire à l'acte I, scène 5, a eu soin de glisser quelques vers à l'intention des officiers présents dans la salle. Comme le détestable marquis, qui hait les études, constate que beaucoup d'officiers ne savent même pas lire, sa mère lui rétorque:

> S'ils l'avaient su, mon fils, ils en seraient meilleurs [...]
> Un esprit cultivé ne nuit point au courage.

La pièce fut montée sur le théâtre de Ferney en août 1767 pour fêter une convalescence de Voltaire. Elle fut jouée en présence du régiment de Conti. Comme aux plus beaux jours, le spectacle fut suivi d'un souper de quatre-vingts couverts, d'un bal, d'un feu d'artifice. La fête recommença le 4 octobre en l'honneur de la saint François, patron du philosophe. On rejoua *Charlot*, avec *La Femme qui a raison*, le régiment de Conti étant toujours présent. On a récité sur le théâtre des vers de Chabanon adressés à Voltaire:

> Votre immortalité sur la terre commence.

Mme Denis, Mme Dupuits, Mme de La Harpe, Mme Constant d'Hermenches présentèrent ensuite leurs vœux, sous forme de madrigaux. La soirée se termina par un feu d'artifice, un grand souper, et un bal où le patriarche dansa jusqu'à deux heures du matin, si l'on en croit Grimm.[51] Ce fut, en tout cas, la dernière des grandes nuits de Ferney.

La troupe de Voltaire venait de s'enrichir de trois acteurs de talent, La Harpe, sa femme, et Chabanon.

La Harpe s'était signalé à l'attention du patriarche par le succès de son *Warwick* (1763). Il apparaissait au poète comme l'un de ceux qui allaient maintenir la bonne tradition de la tragédie, en ces temps malheureux de drames bourgeois et

51. D14401, D14464, CLT, vii.454-55.

de shakespearomanie. Le débutant (né en 1739, il avait vingt-quatre ans l'année de son *Warwick*), sans fortune, devait vivre de sa plume. Il écrivit à Voltaire. Celui-ci aimait, on le sait, encourager la jeunesse. Il lui répond qu'il espère sa visite à Ferney, en compagnie de Ximénès.[52] La Harpe se rend à l'invitation l'année suivante. Voltaire connaissant son dénuement lui fait remettre par son banquier Camp quatre louis d'or, pour qu'il achève son voyage de Lyon à Genève.[53] Il va l'héberger jusqu'à la fin d'août 1765. Une bonne entente s'établit entre eux. Il reconnaît en La Harpe un esprit vif, du goût et une fidélité au genre tragique. Leurs relations se teintent vite de familiarité. La Harpe l'appelle «papa grand homme». «Petit», répond Voltaire, car La Harpe avait la disgrâce d'une petite taille. Voltaire l'appellera aussi bientôt «mon fils», espérant en lui un successeur. Son invité a entrepris une nouvelle tragédie, sans doute un *Gustave Wasa*. Mais il s'engourdit dans la vie de château. Malgré les stimulations du Maître, il n'a rien commencé: pas la moindre pauvre petite scène, au mois de juillet. Il écoute, respectueusement, les conseils. Il en fera son profit plus tard. Voltaire qui l'a bien jugé n'en désespère pas. Tout au contraire. Lorsque La Harpe quitte Ferney à la fin d'août, il l'exhorte «à suivre la détestable carrière des vers». Il prévoit qu'il «fera certainement de bons ouvrages». Mais il l'avertit: ce qu'il fera de bon lui vaudra de «mourir de faim», d'être «honni et persécuté». Qu'importe: «il faut que chacun remplisse sa destinée».[54] Aussi La Harpe reviendra-t-il sous le toit de «papa grand homme».

Dans l'intervalle, un autre auteur de tragédies, Chabanon, viendra chercher à Ferney encouragement et inspiration. A la différence de La Harpe, il n'avait aucun succès à son actif. Son *Eponine* était piteusement tombée (6 décembre 1762). Mais il médite une revanche. Membre de l'Académie des Inscriptions et Belles-Lettres, il possède en outre un agréable talent de musicien. D'Alembert le recommande. Il arrive donc à la fin de février 1766. Il se fait apprécier comme homme de culture. Il lit au patriarche son infortunée *Eponine* et une autre tragédie, *Virginie*. L'accueil ne lui laisse guère d'illusion. «Il est au-dessus de ses ouvrages», voilà ce que pense le Maître. Il rêve d'une troisième tragédie. Oui, mais «il faut un sujet heureux», lui dit-on.[55] Celui d'*Eudoxie* le sera-t-il? Cette troisième production lui permettra, en tout état de cause, de faire un nouveau séjour, afin de recevoir les conseils dont il a le plus grand besoin.

La Harpe et Chabanon se retrouvent ensemble à Ferney en 1767. La Harpe

52. D11961 (30 juin 1764).

53. D12481 (20 mars 1765). Il demande ensuite au ministère de lui transférer la moitié d'une pension de 2 000 francs qu'il percevait.

54. D12785 (3 juillet 1765), à Damilaville; D12791 (8 juillet 1765), au marquis de Villette; D12861 (31 août 1765), à Cideville.

55. D13193 (2 mars 1766), aux d'Argental. Il repart le 20 mars (D13231).

n'était pas revenu seul. A Paris, il avait courtisé la fille du limonadier son logeur. La jeune fille s'était trouvée enceinte. La Harpe alors se conduisit en honnête homme. Il épousa celle qu'il avait séduite. Elle l'accompagnait à son retour auprès de Voltaire, à l'automne de 1766.[56] Or la jeune femme réussit fort bien dans ce milieu pour elle si nouveau. Comme Mlle Corneille quelques années plus tôt, elle s'y sentit rapidement tout à fait à l'aise: succès dû à ses qualités propres et aussi à l'accueillante sympathie du patriarche envers les êtres jeunes qui vivaient sous son toit.

Les deux poètes travaillent sur des tragédies. Mais ils n'avancent guère. Voltaire a espéré deux pièces nouvelles pour Noël. Il sera déçu.[57] A peine de retour, La Harpe lui a lu sa pièce, *Pharamond* ou *Gustave Wasa*. Sentence de Voltaire: «il n'a jamais rien fait d'aussi mauvais.» Il espère cependant que son «cher fils» pourra tirer quelque chose de l'esquisse informe. Huit mois plus tard, La Harpe en est réduit à commencer «une pièce nouvelle après en avoir fait une autre à moitié».[58] Quant à Chabanon, Voltaire l'aiguillonnait de son mieux. Lorsqu'il le rencontrait dans son jardin, il lui disait: «Allons, promenez-vous avec la folle de la maison; c'est l'imagination qu'il appelait ainsi.» Il lui donnait des idées pour sa pièce, et concluait: «Cuisez, cuisez cela.»[59] Chabanon n'en peinait pas moins sur son *Eudoxie*, où l'héroïne était censée «pleurer sur les décombres de Rome». En juin il en est à refaire sa tragédie pour la troisième fois. Voltaire gémit: «Il faut que l'air de Ferney ne soit pas bon pour les tragédies.»[60]

Il est excellent en revanche pour les représentations qu'on y donne des pièces du Maître. Mme de La Harpe s'est découvert un talent insoupçonné de comédienne. Voltaire la proclame d'emblée l'égale de Mlle Clairon.[61] Grâce à elle, grâce à son mari, desservi pourtant par sa petite taille, grâce à Chabanon et aussi aux anciens de la troupe, Mme Denis, Mlle Corneille-Dupuits, les Constant d'Hermenches, la saison de 1767 sur la scène de Ferney fut des plus brillantes. En mai, on donna une reprise d'*Adélaïde Du Guesclin* revue et corrigée par La Harpe, non sans outrecuidance, mais l'auteur ne s'en offusqua pas. Au contraire il fait savoir que Chabanon et La Harpe dans les deux principaux rôles ont fait pleurer toutes les femmes et l'ont fait pleurer lui-même.[62] Quelques jours après, on reprend *Les Scythes*: la pièce «n'a jamais [fait] plus d'effet». La Harpe, «par

56. D13644 (3 novembre 1766), aux d'Argental. «La Harpe vient demain travailler chez moi». Il avait fait auparavant un séjour à Hornoy, auprès des Florian. Chabanon arrive plus tard, à la fin d'avril 1767, et resta six mois (D13915, note).

57. D14218 (9 juin 1767), à Florian; D14304 (24 juillet 1767), au même.

58. D13688 (24 novembre 1766), à Mme de Florian; D14232 (20 juin 1767), à d'Argental.

59. Souvenirs de Chabanon, cités par Desnoiresterres, vii.169; D13645 (3 novembre 1766).

60. D14232, D12791.

61. D14192 (21 mai 1767).

62. D14159 (4 mai 1767), à d'Argental.

sa figure et par la beauté de sa voix», réussit beaucoup mieux que Lekain dans le rôle d'Athamare. «Rien de plus parfait» que Chabanon dans le rôle d'Indatire. Pour Mme de La Harpe, interprète d'Obéïde, elle «sait pleurer et frémir», ce qui est le comble de l'art. En juin, on joue *Sémiramis*. En revoyant cette tragédie de sa meilleure période, Voltaire doit bien reconnaître qu'en comparaison *Les Scythes* sont «un peu guinguets».[63] En août, ce fut, comme on l'a vu, la création de *Charlot*. Il va presque sans dire que «Mme de La Harpe a joué comme Mlle Clairon, M. de La Harpe comme Lekain, M. de Chabanon infiniment mieux que Molé.»[64] Pareillement triomphale la reprise du même *Charlot* le 4 octobre 1767, à l'occasion de la saint François. Qui aurait pensé que le théâtre de Ferney allait bientôt fermer, par le contrecoup d'une tempête domestique?

La Harpe n'était plus à Ferney en ce début d'octobre 1767, ayant regagné Paris.[65] Quelques semaines plus tard, Voltaire est informé qu'on répand dans la capitale des copies du chant II de sa *Guerre civile de Genève*. Il en est fort irrité. Il entendait conserver ce chant en portefeuille, pour des «raisons essentielles»:[66] il s'y moque de maintes personnalités genevoises, décrites sous des pseudonymes transparents. Quelqu'un, c'est évident, a eu accès à ses manuscrits. Les soupçons se portent sur l'absent, et deviennent vite des certitudes: c'est La Harpe qui a dérobé le chant II et en a communiqué des copies dans Paris, notamment à Dupuits qui est lui aussi dans la capitale à ce moment.[67] Voltaire s'inquiète également pour les *Mémoires* où il raconte son séjour en Prusse: il importe que ce texte corrosif ne paraisse qu'après sa mort.

De retour à Ferney, La Harpe tente de se défendre. Il soutient d'abord que le chant incriminé circulait déjà dans Paris, avant qu'il n'y revienne, en octobre 1767. Il en aurait eu lui-même connaissance par un ami. C'est la justification qu'il présente dans une lettre (aujourd'hui perdue) envoyée de sa chambre à la chambre de Voltaire. Mais, confronté à des preuves accablantes, il doit avouer son larcin et son mensonge. La Harpe, cette fois, jouait mal la comédie. Il se tenait devant Voltaire, confus, pâle, baissant les yeux. Il plaidera, avec ses amis, une

63. D14167 (11 mai 1767), à Lacombe; D14202 (27 mai 1767), à Richelieu; D14232 (20 juin 1767), à d'Argental. Guinguet, selon Littré qui cite cet exemple, s'applique à ce qui a «peu de force, peu de valeur»: se dit notamment d'un vin à faible teneur d'alcool.

64. D14389 (21 août 1767), à Marmontel.

65. D14465 (4 octobre 1767), au marquis de Villette.

66. D14785 (1er mars 1768), à Hennin. Les craintes de Voltaire au sujet de ses *Mémoires*: Longchamp et Wagnière, i.70, note 19, i.268.

67. D14771 (22 février 1768), à Damilaville. Selon CLT, viii.50 (15 avril 1768), le chant II fut remis au journaliste par La Harpe, qui prétendit être chargé par Voltaire de le diffuser.

«imprudence de jeune homme».[68] Néanmoins Voltaire l'expulse. Il a quitté Ferney dans les derniers jours de février.[69]

Pendant toute la crise, Mme Denis défendit véhémentement le coupable. «Querelles très violentes», rapporte Wagnière qui assista à toute l'affaire. Elle était «intéressée elle-même à la chose», rapporte le même témoin, sans préciser davantage. Wagnière, ailleurs, parlera de «l'honneur» de la nièce qui se serait trouvé compromis.[70] On croit comprendre ce que suggèrent ces demi-mots. On se rappelle comment Mme Denis jadis avait permis à l'un de ses amants, Ximénès, d'avoir accès aux manuscrits de son oncle.[71] Desnoiresterres à juste raison fait le rapprochement.[72] L'ardente Denis eut-elle des faiblesses pour le jeune La Harpe? Le laissa-t-elle voler (fût-ce sous forme de copie) des inédits de «papa grand homme»?[73] L'hypothèse ne manque pas de vraisemblance. On comprend alors la colère de l'oncle. A quoi s'ajoutent des griefs annexes: les dettes de «maman Denis» qui pousse le désordre de ses finances «à un degré de perfection difficile à imaginer»;[74] l'agitation mondaine qu'elle entretient autour d'elle. Voltaire, sentant le poids de l'âge, éprouve un grand besoin de calme et de repos. Aussi, le 28 février 1768 demande-t-il à Mme Denis de partir. Ou plutôt, pour employer, avec Wagnière, le mot juste, il la chasse.[75]

Le lendemain, dans son château quasi désert, commence une nouvelle période de sa vie.

68. D14785, D14816, D14820.

69. D14782 (29 février 1768), d'Alembert à Voltaire: Damilaville lui a dit que La Harpe était parti de Ferney.

70. Longchamp et Wagnière, i.70, 269.

71. *Voltaire en son temps*, iii.259.

72. Desnoiresterres, vii.200. Th. Besterman, dans son *Voltaire* (Oxford 1976), p.527, fait également état de la «sensualité» de Mme Denis.

73. A. Jovicevich, «Voltaire and La Harpe: l'affaire des manuscrits: a reappraisal», *Studies* 176 (1979), p.77-95, s'est efforcé d'atténuer les torts de La Harpe. Son plaidoyer n'est pas entièrement convaincant. Mais il a certainement tout à fait raison de souligner la responsabilité de Mme Denis.

74. CLT, viii.52 (15 avril 1768).

75. Longchamp et Wagnière, i.269. Il renvoie également Mme Dupuits et son mari.

20. Seul à Ferney
(mars - décembre 1768)

Renvoyée, Mme Denis était partie très fâchée. Elle fit en sorte de quitter le château à la sauvette, sans prendre congé. A midi moins le quart, le 1er mars, Voltaire attend devant sa porte, croyant qu'elle n'est pas encore réveillée. Wagnière alors lui avoue qu'elle a pris la route deux heures plus tôt, en compagnie de Mme Dupuits. Fureur de Voltaire. Il va jusqu'à frapper son fidèle secrétaire.[1] Il est au désespoir. Cette séparation qu'il a voulue, le navre. Aussitôt il envoie une lettre à la voyageuse. «Je me dévore et je vous écris.»[2] Le voilà seul. Près de lui, il est vrai, Wagnière, le P. Adam, vingt-sept domestiques et autres. Mais sans la nièce bruyante, lassante et pourtant si chère, le château lui paraît tristement vide.

Sans elle, Ferney lui est «odieux». Il va le vendre, bâtiments et domaine, même à perte. Il a déjà un acquéreur, et d'autres se présenteront. L'affaire faite, il rejoindra Mme Denis, quitte à revenir passer l'été à Tourney.[3] Après l'avoir chassée, il sait qu'il ne peut pas vraiment se passer d'elle. Il rêve «d'aller mourir à Paris entre ses bras».[4] Pendant des semaines, il reviendra à l'idée de vendre. Des pourparlers sur le prix sont entamés avec des repreneurs éventuels. Mais juridiquement Ferney appartient à sa nièce. Or celle-ci refuse l'opération. «Mon oncle est perdu s'il vend Ferney [...] Que fera-t-il? Où ira-t-il?», observe-t-elle avec bon sens. Elle a envoyé sa procuration, mais avec l'intention d'arrêter la transaction, si nécessaire.[5] Les choses n'iront pas jusque-là.

Car il se met à apprécier une vie plus calme en son château. Naguère, dans le tourbillon de Mme Denis, il a donné des fêtes à trois régiments: bal, comédie, souper à deux cents couverts. Et tout ce beau monde, rentré chez soi, ne prenait même pas la peine de le remercier.[6] N'ayant plus d'autre compagnon que le P. Adam, il respire. Il se couche à dix heures, se lève à six. Le jour, il travaille à mettre en ordre ses «paperasses». Il jouit de sa «retraite», «la plus belle à cinquante lieues à la ronde». Ses jardins, en ce début de printemps, lui paraissent «embellis».

1. D14799 (1er mars 1768 au soir), Wagnière à Mme Denis.
2. D14789 (1er mars 1768, deux heures après midi).
3. D14820 (8 mars 1768), à Mme Denis.
4. D14830 (14 mars 1768), à Chabanon.
5. D14914 (3 avril 1768), Mme Denis à G. Cramer.
6. D14836 (15 mars 1768), à Mme de Florian; D14888 (28 mars 1768), à Dompierre d'Hornoy.

Mais il n'y veut recevoir personne. Il vient «des volées d'Anglais»: il leur ferme la porte au nez. Il est obligé de loger quatorze officiers d'un régiment de passage: il refuse absolument de les voir.[7]

Il fait ses comptes et s'aperçoit que des économies s'imposent. Sa nièce en partant a laissé «15 000 livres de dettes criardes à payer comptant».[8] Il faut encore lui verser une rente de 20 000 livres pour subvenir à ses dépenses parisiennes. En contrepartie, les sommes dues ne rentrent pas. Le duc de Wurtemberg lui est redevable de 80 000 livres, et fait la sourde oreille à toutes les réclamations. Pareillement, le duc de Richelieu, la succession de Guise, le marquis de Lézeau, et d'autres sont en retard.[9] Voltaire calcule qu'on lui doit 160 000 livres. Dur métier que d'être riche. La raison avouée du séjour à Paris de sa nièce est de faire payer les débiteurs récalcitrants. Effectivement Richelieu, Lézeau finiront par s'exécuter.

Seul à Ferney, Voltaire se sent plus que jamais «seigneur de village». Il entend exercer un magistère moral. Il donne ses instructions en ce sens à son curé, M. Gros. On s'est plaint, lui fait-il savoir, «des indécences et des excès qui se commettent quelquefois dans les cabarets à Ferney». Que le curé fasse des remontrances à ses paroissiens.[10] Le seigneur ne s'en tient pas là. Il va lui-même par un geste solennel cautionner l'autorité de l'Eglise, tout au moins au plan local.

Le saint temps de Pâques approche. Voltaire convoque le prieur des carmes de Gex. Il se confesse et reçoit l'absolution. Cela n'a duré qu'une minute. Le jour de Pâques, 3 avril, pendant que sonne la messe, M. de Voltaire sort de son château. Précédé de ses deux gardes-chasse, fusil en bandoulière, et suivi de sa livrée, il se rend à «son» église. En ce jour de fête, c'est lui qui «rend le pain bénit», offrant en outre une «très bonne brioche» au curé. Il communie. Et puis voici qu'au moment du prône se produit une intervention non prévue par la liturgie. M. de Voltaire prend la parole. Il harangue l'assistance. Il l'avertit d'un vol qui aurait été commis. Il l'invite à prier pour la santé de la reine, gravement malade. Ni le curé, ni les paroissiens ne soufflent mot. Wagnière, présent, a senti son sang se glacer, et s'est caché, sans rien dire.[11]

Il n'en sera pas de même du public, à Paris et ailleurs. Le premier à réagir fut

7. D14999 (4 mai 1768), à Mme Denis. Il fait pourtant quelques exceptions. Ainsi il a reçu chez lui des délégués des deux partis de Genève, les représentants et les négatifs. Ces messieurs ont bu du thé ensemble, «de la meilleure amitié» (D14835, 15 mars 1768, à Dompierre d'Hornoy).

8. D14835 (15 mars 1768), à Dompierre d'Hornoy.

9. D14888 (28 mars 1768), à Dompierre d'Hornoy.

10. D14840 (mars 1768).

11. D14932, commentaire: Du Pan à Freudenreich (10 avril 1768); D14966 (19 avril), Wagnière à Damilaville; D14983 (27 avril), Voltaire à d'Alembert.

l'évêque d'Annecy, évêque de Genève *in partibus*, dont Ferney dépend, comme on sait. En ce siège Mgr Biord a depuis mai 1764 succédé à Deschamps de Chaumont. Le nouveau titulaire est de tempérament plus combatif que son prédécesseur. Il se sent de taille à affronter, plume à la main, un champion tel que M. de Voltaire. Il écrit donc à son illustre diocésain, dès le 11 avril 1768. Il veut croire, lui mande-t-il, à la sincérité de la confession et de la communion, dont il fut informé. Mais il faut que le repenti confirme sa conversion par un désaveu public de ses attaques contre la religion chrétienne.[12] Le prélat manœuvre habilement. Il ne croit nullement que les actes de dévotion de l'impie soient le moins du monde sincères. En feignant de les prendre pour tels, il avance une exigence de reniement qu'il sait inacceptable. Dans sa réponse, Voltaire se dérobe, avec non moins d'habileté. Il n'aborde pas la question d'une éventuelle rétractation. Il proteste qu'il s'est acquitté «des devoirs dont tout seigneur doit donner l'exemple dans ses terres, dont aucun chrétien ne doit se dispenser, et [qu'il] a si souvent remplis». Sur ce dernier point il semble dire vrai. Sans remonter jusqu'à la communion de Colmar,[13] il apparaît qu'il lui est arrivé déjà de faire ses pâques à Ferney: «avec Mme Denis, une fois ou deux».[14] L'évêque d'Annecy – Mgr Deschamps ou Mgr Biord – n'était pas alors intervenu. Il poursuit par une profession de foi théiste: il croit dans «le créateur des temps et de tous les êtres». Il se flatte de pratiquer la vertu – non spécifiquement chrétienne – que Cicéron nomme *caritas humani generis*, et il signe: «gentilhomme ordinaire de la chambre du roi très chrétien».[15]

Ne va-t-il pas à son tour embarrasser l'adversaire? Mais il a à faire à forte partie. Biord l'attaque sur le point où il s'est dérobé. L'évêque insiste. La communion «exigeait préalablement de votre part des réparations éclatantes». Faute de quoi, aucun ministre du culte ne pourra l'admettre aux sacrements. Ce qui vaut interdiction pour l'avenir.[16] Voltaire réplique en feignant l'étonnement. Il a dû être calomnié auprès de son évêque, par Ancian peut-être ou par quelque autre. Pour démontrer combien il est irréprochable, il adresse à Mgr Biord un certificat signé par les autorités locales: Gros, curé de Ferney, Sauvage de Verny, syndic de la noblesse, Fabry, subdélégué de l'intendant, Adam, «prêtre», Fournier, curé de Prégny. Le document, signé du 28 avril 1768, par devant notaire, atteste que «M. de Voltaire [...] a non seulement rempli les devoirs de la religion catholique, dans la paroisse de Ferney où il réside, mais qu'il a fait rebâtir et

12. D14944.
13. *Voltaire en son temps*, iii.204-205.
14. D14973 (22 avril 1768), à d'Argental. Voir ci-dessus, p.63, au sujet de la communion de Pâques 1761.
15. D14950 (15 avril 1768).
16. D14980 (25 avril 1768).

orner l'église à ses dépens, qu'il a entretenu longtemps un maître d'école à ses dépens, qu'il a défriché à ses frais les terres incultes de plusieurs habitants», procuré charrues et maisons à des paysans pauvres, de sorte que la population de Ferney a doublé. Ce qui suggère que Mgr Biord s'en prend au bienfaiteur du pays.[17] Mais l'évêque n'en démord pas: il faut réparation publique et pratique régulière.[18]

Voltaire n'ayant pas répondu, Biord porte l'affaire à un autre niveau. On se rappellera qu'Annecy appartenait non au royaume de France, mais au duché de Savoie. L'évêque échappe donc à l'autorité du roi. Il tente, sans grand risque pour lui, de créer des ennuis au seigneur de Ferney auprès de la cour de Versailles. Il fait parvenir ses trois lettres et les réponses au ministre Saint-Florentin, qui les aurait mises «sous les yeux du roi». Sa Majesté «n'a pu qu'applaudir aux sages conseils [...] et aux solides exhortations» de l'évêque. Le ministre est «persuadé que M. de Voltaire aura fait des réflexions» sur de si sages avis. Visiblement le ministre cherche l'apaisement. Il écrit à Voltaire une lettre de mise en garde qui porte uniquement sur une question pour ainsi dire de police. Que le seigneur de Ferney admoneste ses gens dans l'intérieur de sa maison, fort bien. Mais il n'appartient à aucun laïc de prononcer «une espèce de sermon» dans l'église, «et surtout pendant le service divin». De la communion de Voltaire, des rétractations qu'on exige de lui, pas un mot.[19] Voltaire se défend à Versailles en envoyant le certificat du 28 avril. Saint-Florentin accuse réception: il l'a présenté au roi. Aucun commentaire. Au ministère, l'affaire en restera là.[20]

Dans le même temps, chez les amis du philosophe, la nouvelle a fait sensation. Certains se demandent s'il n'a pas cédé à l'influence du P. Adam, désormais sa seule compagnie. «La solitude du patron me fait frémir», confie Mme Denis.[21] Ce jésuite, en rupture avec sa Compagnie, vit à Ferney depuis janvier 1763. Il y dit la messe à la manière d'un aumônier. Mais il n'est certainement pas de taille à convertir son protecteur.[22] Il manque d'autorité morale. Il entretient une maîtresse dans le village et va la voir tous les jours. Voltaire en est informé et se

17. D14987 (29 avril 1768), Voltaire à Mgr Biord; D.app.300. Le curé Fournier désavouera, le 10 mai, D15009, à Mgr Biord, la signature donnée au certificat de Voltaire. Sa lettre contient quelques renseignements intéressants: Gros lui a assuré que Voltaire avait assisté à la messe «dévotement», et qu'il est venu à la messe «plusieurs fois depuis Pâques».

18. D14995 (2 mai 1768), Mgr Biord à Voltaire.

19. D15071 (14 juin 1768); D15083 (18 juin 1768), Saint-Florentin à Voltaire. Cette attitude réservée n'échappa pas à Mgr Biord. En remerciant le ministre, D15088 (vers le 20 juin 1768), il «espère» que «la continuation du zèle de Sa Majesté pour les intérêts de la religion le [Voltaire] mettront au moins dans le cas de ne plus chercher à lui donner de nouvelles atteintes».

20. D15120.

21. D15134 (9 juillet 1768), à Hennin. Voir aussi D14862, commentaire, les réflexions de La Harpe.

22. D14861 (21 mars 1768), Voltaire à Damilaville va jusqu'à dire: «Il est des nôtres».

fait lire à table, en présence d'Adam, un acte de *Tartuffe*: occasion de réflexions mordantes sur ceux qui veulent concilier la chair et la dévotion.[23] Le «patron» l'apprécie surtout comme partenaire à ses parties d'échecs, que le religieux gagne souvent.

Le P. Adam est d'autant mieux disculpé que d'évidence Voltaire ne s'était nullement converti. Il joue la comédie de la dévotion, et bien inutilement. C'est ce que lui reproche d'Alembert. Ce confident sincère adresse à Ferney, le 31 mai, une lettre confiée à un homme sûr, où il peut s'exprimer franchement.[24] Les dévots, qui haïssent l'auteur de tant de libelles anti-chrétiens, ne seront pas désarmés, bien au contraire. Louis XV ne fait pas ses pâques, ils en sont chagrinés, mais ils espèrent qu'il les fera un jour, quand il cessera de vivre dans le péché. Le cas de Voltaire est bien différent: «comédie», selon eux, et comédie peut-être dangereuse.

D'Alembert ruinait, avec bon sens, l'une des motivations de son correspondant: dresser un «bouclier», à l'abri duquel il pourra terminer ses jours.[25] A sa mort qu'il croit proche, on ne lui refusera pas la sépulture dans le tombeau en forme de pyramide qu'il s'est fait construire sous l'auvent de son église. Vain calcul. S'il décède à Ferney, Mgr Biord ne se montrerait pas plus conciliant que ne le sera, en 1778, M. de Tersac, curé de Saint-Sulpice.

Voltaire a d'autres raisons de feindre la pratique religieuse. C'est un rôle qu'il joue en acteur consommé: celui de seigneur de village. Rôle utile, nécessaire même. Il le dit à ceux qui s'étonnent de ses dévotions vraiment inattendues. A l'égard des gens de son village, faire ses pâques est pour leur seigneur un devoir. De cela, quoi qu'on pense à part soi des croyances liées à ces manifestations, il prend à témoin l'incrédule comte de La Touraille. Lorsque celui-ci est dans ses terres, il agit certainement comme le châtelain de Ferney.[26] Situation toute différente de celle de Paris, où «dans le grand mouvement des affaires» l'abstention passe inaperçue. Dans un village les regards sont portés sur le maître des lieux. Ses bons paysans seraient «effrayés» s'ils le voyaient agir autrement qu'eux, s'ils pouvaient imaginer qu'il pense différemment. Tant que Mme Denis était au château, elle maintenait le contact avec la paroisse, elle qui fréquente la messe du dimanche. Après son départ, la fonction incombe à Voltaire. Il ne peut «s'en dispenser». Seul à Ferney, il se trouve «chargé [...] de l'édification».[27]

En quoi, il jugeait avec réalisme l'état des esprits. Ces gens qui dépendent de

23. D15245, commentaire.

24. D15049.

25. D14967 (19 avril 1768), à Mme Denis.

26. D14964 (18 avril 1768), à Mme Du Deffand: il emploie le mot de «devoir»; D14971 (20 avril 1768), au comte de La Touraille, lettre où Voltaire s'exprime avec le plus de précision.

27. D14984 (27 avril 1768), à Mme Denis.

lui adhèrent traditionnellement à la religion. Il ne va pas les perturber en tentant de les détacher de leurs racines. Loin de lui la folle idée de déchristianiser Ferney. La morale ici repose sur la religion : il serait criminel de saper un tel fondement. Après la communion «solennelle» du 3 avril, on le voit donc encore, de temps en temps, à la messe du dimanche.[28] En cas d'absence, il s'excuse sur sa santé.

Mais le rôle ne vaut que pour Ferney, où il le justifie comme fonction sociale. Dans le public éclairé de Paris et de l'Europe, Voltaire continue à répandre les écrits anti-chrétiens. Dédoublement, qui l'expose à l'accusation de duplicité. Il désavoue certes ces libelles,[29] les attribuant à des auteurs de préférence décédés. Mais ses protestations, dont on a l'habitude, ne trompent personne.

Le Dîner du comte de Boulainvilliers fut sans doute rédigé dans l'automne de 1767. Imprimé par Gabriel Grasset à Genève, il fut diffusé à partir de janvier 1768. On connaît cinq autres éditions de cette même année suivies de deux éditions de 1769.[30] Voltaire y met en scène des personnages morts depuis longtemps. L'entretien chez le comte de Boulainvilliers (telle est l'orthographe de Voltaire) met aux prises, avant le dîner, le comte lui-même et l'abbé Couet ; pendant le repas, la comtesse et Fréret viennent se joindre à eux ; après le repas, à l'heure du café, les mêmes personnages poursuivent le débat. S'ajoutent des «pensées détachées de l'abbé de Saint-Pierre», qui sont de Voltaire lui-même. L'ensemble est mis sous le nom de Thémiseul de Saint-Hyacinthe, décédé en 1746.[31]

Le comte ouvre l'entretien par une définition de la «philosophie», identifiée au théisme de Voltaire : «l'amour éclairé de la sagesse, soutenu par l'amour de l'Etre éternel, rémunérateur de la vertu et vengeur du crime.»[32] Tout ce qui au cours des âges est venu s'ajouter à un principe aussi pur n'est que superstition et fanatisme. Ce sont ces détestables perversions que Voltaire ensuite va dénoncer par l'intermédiaire du comte, de Fréret, de la comtesse même. Avec une verve fougueuse, qu'alimente son immense érudition, il passe en revue sottises et horreurs, à travers les deux Testaments et l'histoire religieuse. L'abbé tente

28. Voir ci-dessus, note 17, le témoignage du curé Gros, et celui de Moultou, D15395 (25 novembre 1768), à Meister : «Sa dévotion paraît fort ralentie, et il prétexte souvent quelque incommodité pour ne point aller à la messe.» Pourtant le 29 novembre, D15340, il mande à Mme Denis qu'il a «assisté à la messe du Patron [saint François ?] et au sermon : il est bon d'édifier le peuple».

29. D14906 (1er avril 1768), tout en annonçant à Choiseul qu'il fait «régulièrement ses pâques», il affirme qu'il est tout à fait étranger aux publications anti-religieuses de l'imprimeur hollandais Marc-Michel Rey.

30. Voir l'édition critique par Ulla Kölving, avec la participation de José-Michel Moureaux, *OC*, t.63A, p.293, 323-28.

31. Sur ces divers personnages, voir, outre *Voltaire en son temps*, i, *OC*, t.63A, p.301-306.

32. *OC*, t.63A, p.343.

timidement de se défendre: «Ce n'est pas la faute de la religion chrétienne, c'est celle des abus.» Réplique du comte: «Il est démontré que l'abus est dans la chose même». L'abbé alors renonce. Le comte: «Vous sentez en rougissant la vérité qui vous presse, et vous n'avez rien à répondre.» L'abbé: «Aussi, je ne réponds rien.»[33] Dans ce réquisitoire, un article est à remarquer. Du Pan, écrivant à son ami Freudenreich, avait relevé le contraste de la communion de Voltaire avec ses plaisanteries sur «le morceau de pâte».[34] Le «morceau de pâte» apparaît dans le *Dîner*, sous une forme particulièrement blessante pour le croyant:

> Un gueux qu'on aura fait prêtre, un moine sortant des bras d'une prostituée, vient pour douze sous, revêtu d'un habit de comédien, me marmotter en une langue étrangère ce que vous appelez une messe, fendre l'air en quatre avec trois doigts, se courber, se redresser, tourner à droite et à gauche, par devant et par derrière, et faire autant de dieux qu'il lui plaît, les boire et les manger, et les rendre ensuite à son pot de chambre!

L'abbé qui entend cela, à une question de la comtesse, ne peut que répondre: «Oh! Madame, je suis aguerri.»[35] Vaincu plutôt. La fin de l'entretien met en scène la capitulation de l'abbé Couet. Après tant de critiques passionnées, Voltaire s'efforce d'aboutir à une conclusion positive. Son Fréret affirme que «l'adoration pure de l'Etre suprême commence à être aujourd'hui la religion de tous les honnêtes gens, et bientôt elle descendra dans une partie saine du peuple même.» L'enfer, tel que le peignent les prédicateurs, est «ridicule». «Mais», continue le même Fréret, «personne ne rirait d'un Dieu rémunérateur et vengeur, dont on espérerait le prix de la vertu, dont on craindrait le châtiment du crime, en ignorant», concède-t-il tout de même, «l'espèce des châtiments et des récompenses». Le comte termine par l'expression de sa confiance: «Prêchez Dieu et la morale, et je vous réponds qu'il y aura plus de vertu et plus de félicité sur la terre.» Telle est «l'opinion» de la comtesse et de Fréret. Mais c'est aussi, surprise finale, «l'opinion» de l'abbé Couet. Il avoue, à la dernière ligne de l'entretien, son «secret».[36] On comprend qu'il se soit montré si peu combatif. Voltaire a simplifié sa tâche en se donnant un apologiste de la religion intimement gagné à la «philosophie». Il rencontrera dans la réalité des contradicteurs plus coriaces.

La *Relation du bannissement des jésuites de la Chine*, diffusée en mars 1768,[37] reprend le même procès de la religion chrétienne dans une perspective inverse.

33. *OC*, t.63A, p.383-85.
34. D14932 (10 avril 1768), commentaire.
35. *OC*, t.63A, p.365-66.
36. *OC*, t.63A, p.397, 399, 401.
37. D14841 (16 mars 1768), Voltaire envoie à Daniel Marc Antoine Chardon un «petit écrit comique et raisonneur», que Th. Besterman identifie avec la *Relation du bannissement des jésuites de la Chine* (Amsterdam [Genève] 1768), attribuée par Voltaire à «l'auteur du *Compère Mathieu*», c'est-à-dire Dulaurens.

Recourant à un procédé classique qu'il a souvent employé, il donne la parole à un apologiste ridicule, qui discrédite ce qu'il défend. En scène, l'empereur de Chine Yong-tching, successeur de Kang-hi qui accueillit si bien les jésuites. De tous côtés le nouveau souverain entend des plaintes contre cet ordre envahissant. Avant de prendre un parti, il veut «s'instruire pour lui-même de l'étrange religion de ces bonzes». Il convoque le frère Rigolet. Le sot personnage s'y prend de telle façon qu'il offre du catholicisme une caricature toute voltairienne. Ainsi il explique la Trinité en ces termes: «Le père a engendré le fils avant qu'il fût au monde, le fils a été ensuite engendré par le pigeon, et le pigeon procède du père et du fils.» On comprend que l'empereur, après avoir écouté de telles divagations, ait décidé d'expulser de Chine les jésuites, par respect pour le «culte pur et sans mélange» rendu à l'Etre suprême.[38]

En 1768, Voltaire attaché à son écritoire lance presque chaque mois un libelle de ce genre, en même temps qu'il versifie une tragédie et deux satires, et rédige un ouvrage d'histoire naturelle. *La Profession de foi des théistes* sort en juin de cette année.[39] On y discerne quelques échos des réflexions que Voltaire dut faire quand il allait entendre la messe à sa paroisse. Il devait se dire, en voyant ce qu'il voyait, que, comme il l'écrit ici, le théisme est «la base» des «édifices fantastiques», des «absurdités» inventés par les hommes.[40] Ayant fait récemment ses pâques, il revient sur le sujet de la communion. «Se mettre à la place de Dieu, qui a créé l'homme, créer Dieu à son tour [...], avec de la farine et quelques paroles», etc., voilà «ce qui arrive journellement dans les villes le plus policées de l'Europe, sous les yeux des princes qui le souffrent, et des sages qui se taisent.» Quand le curé Gros officie devant lui, quand il reçoit lui-même l'hostie, il est l'un de ces «sages qui se taisent». La suite a le même accent personnel: «Que faisons-nous à l'aspect de ces sacrilèges? Nous prions l'Etre éternel pour ceux qui les commettent, si pourtant nos prières peuvent quelque chose auprès de son immensité, et entrent dans le plan de sa providence.»[41]

Comme *Le Dîner du comte de Boulainvilliers*, ce nouvel écrit accorde une large place à des attaques contre des croyances, des pratiques qui l'exaspèrent. Il s'efforce pourtant de mettre l'accent, mieux que dans le *Dîner*, sur les aspects positifs de sa «Profession de foi». S'adressant pour commencer à un souverain qui est visiblement Frédéric II, il assure que l'on compte plus d'un million de théistes, répandus dans toute la société. Il ne précise pas sur quoi se fonde une telle évaluation, sans doute très exagérée. Apologiste de cette foi, il affirme, en

38. M.xxvii.6.

39. D15073 (15 juin 1768): d'Alembert l'a reçue et lue. Il démentira qu'elle soit de Voltaire. L'ouvrage se présente comme étant du «comte DA...», «traduit de l'allemand».

40. M.xxvii.56.

41. M.xxvii.61.

croyant plus qu'en historien, que «toutes les nations s'accordent en ce point qu'elles ont anciennement reconnu un seul Dieu»: idée que nous avons déjà rencontrée dans *La Philosophie de l'histoire*.[42] Ce qui est le plus contraire à cette religion du Dieu de l'univers, c'est le judaïsme: c'est-à-dire l'idée que Dieu a choisi un petit peuple pour être le sien, à l'exclusion du reste de l'humanité et, ajoute Voltaire, «pour exterminer les autres en son nom». Conception en fait polythéiste des textes de l'Ancien Testament prouvant que les Juifs admettaient fort bien que les peuples voisins eussent de leur côté leur divinité tutélaire: «le dieu juif n'était qu'un dieu local.»[43] Voltaire revient, une fois de plus, sur les épisodes révoltants pour un moderne: «superstitions infâmes», «fables ridicules», horreur des sacrifices humains, «fureur de la magie commune à toutes les nations», mais particulièrement pratiquée par les Juifs.[44] Le modèle du théisme, c'est en Chine qu'il faut l'aller chercher.

L'auteur de la *Profession de foi* passe en revue tous les crimes du fanatisme et de la superstition, depuis les filles de Loth jusqu'à la Ligue et à la Fronde. Il leur oppose la moralité des théistes: «Utiles à l'Etat, nous ne sommes point dangereux à l'Eglise; nous imitons Jésus qui allait au temple.»[45] Ce qui amène Voltaire à reprendre – contre Rousseau non nommé – le parallèle entre Jésus «théiste israëlien» et Socrate «théiste athénien»: Jésus, «un adorateur de Dieu qui a prêché la vertu, un ennemi des pharisiens, un juste, un théiste; nous osons dire que nous sommes les seuls qui soient de sa religion, laquelle embrasse tout l'univers dans tous les temps, et qui par conséquent est la seule véritable.» Ayant fait une telle recrue, l'apologiste évoque, au milieu d'une foule de sectes corrompues ou disparues, «le théisme seul [...] resté debout parmi tant de vicissitudes, et, dans le fracas de tant de ruines, immuable comme le Dieu qui en est l'auteur et l'objet éternel.»[46] Enthousiasme impressionnant. Texte important, la *Profession de foi des théistes* passa et reste quelque peu inaperçue dans la surproduction de 1768, parmi des écrits de moindre intérêt.

En juin, en même temps que la *Profession de foi*, il a donné les *Conseils raisonnables à M. Bergier pour la défense du christianisme*, «par une société de bacheliers en théologie».[47] L'abbé Bergier, frère du Bergier libertin ami de

42. M.xxvii.55-56.

43. M.xxvii.58.

44. M.xxvii.51-52; M.xxvii.59, il rappelle l'épisode des Philistins frappés d'hémorroïdes pour avoir volé l'arche sainte, et se rachetant par des offrandes d'anus d'or: «est-il possible que l'esprit humain ait été assez abruti pour imaginer des superstitions si infâmes et des fables si ridicules?»

45. Sans y croire (en quoi le théiste de Ferney l'imiterait)? Le texte le suggère, M.xxvii.68.

46. M.xxvii.71.

47. Signalé à Mme Denis le 24 juin, D15094.

Diderot, venait de publier une *Certitude des preuves du christianisme*, où Voltaire était maltraité. Les *Conseils raisonnables* à cet apologiste se présentent comme une succession d'articles «sans suite» relevant des assertions de l'abbé. Par exemple Bergier pour prouver la réalité des possessions diaboliques raconte comment «saint Paulin vit un possédé qui se tenait les pieds en haut à la voûte d'une église» et marchait sur la voûte «sans que sa robe se retroussât»; pour rompre le charme, saint Paulin envoya chercher les reliques de saint Félix. Le possédé fut guéri sur le champ, en tombant la tête la première sur le sol. «Est-il possible, monsieur», demande Voltaire, «que dans un siècle tel que le nôtre, vous osiez rapporter de telles niaiseries?»[48]

En juillet, c'est un *Discours aux confédérés catholiques de Kaminieck en Pologne*, «par le major Kaiserling».[49] Une fois de plus, Voltaire voudrait persuader les Polonais que leur véritable ennemi, c'est Rome; que Catherine II collabore avec leur roi Stanislas Auguste Poniatowski pour établir chez eux la tolérance; qu'à cette fin une armée russe de 30 000 hommes occupe le pays... En août, paraissent en même temps l'*Epître aux Romains*,[50] et les *Remontrances du corps des pasteurs du Gévaudan à A.-J. Rustan*.[51] Sous un titre emprunté à saint Paul, l'*Epître aux Romains*, «traduite de l'italien de M. le comte de Corbera» (variante: «par le comte de Passeran»), s'adresse aux Romains modernes, sujets du pape. L'auteur leur peint le contraste de la Rome pontificale, misérable, avec la Rome impériale. Il leur explique comment les papes établirent leur pouvoir: fausse donation de Constantin, usurpations... Voltaire les exhorte à secouer le joug: «Eveillez-vous, Romains, à la voix de la liberté, de la vérité et de la nature. Cette voix éclate dans l'Europe, il faut que vous l'entendiez.»[52] Au moment où les Bourbons sont en conflit avec la papauté, où Louis XV fait occuper Avignon, terre pontificale, par ses troupes, sous les applaudissements de la population,[53] Voltaire appelle à un *risorgimento* romain: seulement romain, car l'idée n'apparaît pas ici d'une unité italienne, qui sans doute n'avait pas encore d'adeptes dans la péninsule.

Antoine Jacques Roustan (et non Rustan, comme l'écrit Voltaire), pasteur suisse à Londres, venait de publier des *Lettres sur l'état présent du christianisme*. Il s'en prenait aux philosophes français. Les «pasteurs de Gévaudan», soit d'un pays camisard ayant particulièrement souffert de la répression anti-protestante, sont censés lui répondre. Ils le blâment d'attaquer ceux qui ont obtenu la réhabilitation de Calas, et qui œuvrent pour la tolérance du protestantisme en

48. M.xxvii.47.
49. Signalé dans les *Mémoires secrets* du 24 juillet 1768.
50. *Mémoires secrets* (13 août 1768).
51. D15180 (19 août 1768).
52. M.xxvii.106.
53. D15087 (20 juin 1768).

France.[54] Ces *Remontrances* sont suivies d'*Instructions* au même «Rustan». Ces divers écrits répètent, dans des approches variées, parfois inattendues, les mêmes arguments, les mêmes faits, les mêmes textes, et les mêmes assertions historiques péremptoirement assenées, sur le bien-fondé desquelles le lecteur d'aujourd'hui s'interroge.

A ces écrits, il faut ajouter encore une *Homélie du pasteur Bourn*, prétendument «prêchée à Londres le jour de la Pentecôte 1768», en réalité publiée en octobre de la même année.[55] Par la voix du pasteur, Voltaire fait le tri dans les textes évangéliques. Il s'efforce de dégager «le christianisme primitif, le christianisme véritable», lequel, une fois écartés «mille traits [...] contre lesquels la nature se soulève», ressemble beaucoup au théisme voltairien.[56]

La Bletterie, en tête d'une traduction de Tacite, avait écrit que Voltaire avait oublié de se faire enterrer.[57] Ce qui entraîna une vive réaction de la part du seigneur de Ferney, qui bientôt fut dans l'embarras. Car il apparut que Choiseul protégeait La Bletterie. Voltaire en tout cas ne cessa de prouver, en cette même année, qu'il était plus vif que jamais.

Occupé de tant de polémiques, il eut encore le temps et le goût de procéder à une expérience de science naturelle. L'entreprise peut paraître incongrue. Elle atteste au moins une remarquable disponibilité intellectuelle. Un certain jour,[58] le seigneur de Ferney a fait rassembler un lot de «colimaçons», vingt limaces et huit escargots. Il coupe ou fait couper les têtes de ces petites bêtes. Puis il les met en observation. Au bout de quinze jours, la moitié des escargots sont morts. Les limaces se portent bien et, ô merveille! à deux d'entre elles les têtes repoussent. Le contempteur des superstitions pense tout de suite à saint Denis. On sait que selon la légende le saint, ayant été décapité à Montmartre, se releva, prit dans ses mains sa tête et la porta jusqu'au lieu où se dresse depuis la basilique à lui dédiée. Mais il ne lui repoussa pas une nouvelle tête. Les deux limaces de Voltaire ont mieux fait. On connaît aujourd'hui l'explication scientifique de ce «prodige d'une tête renaissante». Des points existent qui, en cas d'amputation en avant de ceux-ci vers la «tête» de la limace, assurent une régénération de la partie amputée. Pas de régénération au contraire si la coupure a été pratiquée derrière les points.

54. Effectivement le pasteur Rabaut écrivant à Moultou, D14784 (29 février 1768), lui fait savoir que «si la main qui nous accablait s'est relâchée», c'est à Voltaire que les protestants français le doivent.

55. *Mémoires secrets* (21 octobre 1768).

56. M.xxvii.228, 233.

57. Voltaire n'était pas nommé, mais il était clair que le propos le visait. Voir D14972 (20 avril 1768), d'Alembert à Voltaire, et M.x.583-84, les épigrammes de Voltaire sur La Bletterie.

58. Ce serait le 7 mai 1768, si l'on accepte comme réelle la date donnée par le substitut fictif de Voltaire, le R. P. L'Escarbotier, M.xxvii.214.

Voltaire précise bien d'ailleurs que le résultat dépend de «l'endroit dans lequel on fait l'amputation».[59]

Sur l'étrange phénomène, il ne rédige pas un rapport destiné à l'Académie des sciences, comme lorsque à Cirey il expérimentait sur le feu. Il en tire une facétie. Il donne la parole à un capucin, le R. P. L'Escarbotier, à la fois «prédicateur ordinaire et cuisinier» au couvent de Clermont en Auvergne. Le père est censé écrire à un R. P. Elie, «carme chaussé». Il mêle à son propos des considérations égrillardes sur les plaisirs amoureux des colimaçons, animaux hermaphrodites. Avec une deuxième lettre, suivie de la réponse du P. Elie et d'une «dissertation du physicien de Saint-Flour», le débat s'élargit. On en vient à parler des «anguilles» de Needham, des «coquilles» et des raisonnements sur ces coquilles. Le physicien de Saint-Flour cite, pour conclure, Aratus cité par saint Paul: *In Deo vivimus, movemus et sumus.*

Voltaire a parlé de l'expérience des têtes coupées à Mme Denis le 23 juillet, à Allamand et à d'Argental le 27.[60] *Les Colimaçons*, brochure in-8° de 24 pages, ont dû suivre de peu. *La Correspondance littéraire* les mentionne à la date du 1er septembre. D'Alembert les a lus le 14.[61]

Les Colimaçons avaient réveillé l'intérêt de Voltaire pour les questions de sciences naturelles. En novembre, après les «têtes renaissantes» il a entrepris de traiter des autres «singularités de la nature». C'est le titre d'un livre, imprimé dans les derniers jours de décembre.[62] Idée générale: la nature recèle maints phénomènes «singuliers». Mais il faut refuser les systèmes que l'imagination des hommes a construits pour tenter de les expliquer. «Un être chétif ne peut pénétrer l'infini».[63] De sorte que Voltaire pèche par hypercritique. Ainsi il met en doute les observations, en réalité fort exactes, de Réaumur sur les abeilles. Il ne veut pas croire que la disposition des océans et des continents ait été fondamentalement modifiée. Car «toutes les pièces de la machine de ce monde semblent faites l'une pour l'autre».[64] Il se prononce pour les causes finales véritables, qu'il distingue de celles, futiles, de Pangloss dans *Candide*. Le vrai «système», c'est «celui du Grand Etre qui a tout fait et qui a donné à chaque élément, à chaque espèce, à chaque genre, sa forme, sa place, et ses fonctions éternelles.»[65] Sur les «coquilles»,

59. M.xxvii.214. Il reconnaît que «plusieurs naturalistes ont fait cette expérience», M.xxvii.213. C'est donc de sa part une vérification.

60. D15154, D15156.

61. U. Kölving et J. Carriat, *Inventaire de la «Correspondance littéraire»*, Studies 225-227 (1984), i.227; D15210. Voir aussi D15288 (2 novembre 1768), D15386 (25 décembre 1768): Chiniac de La Bastide envoie des *Colimaçons* dans des lots d'ouvrages clandestins.

62. D15283 (2 novembre 1768), à Chabanon; D15413 (5 janvier 1769), au comte de La Touraille.

63. M.xxvii.126-27.

64. M.xxvii.138.

65. M.xxvii.144.

il a voulu savoir à quoi s'en tenir. Il a fait venir une caisse de ce falun de Touraine, qu'on prétend formé de fossiles marins. Il y a reconnu en effet «de petits univalves et un coquillage qu'on nomme vis de mer».[66] Il lui faut bien admettre que la mer a pu recouvrir la Touraine. Mais qu'elle soit passée par-dessus «le Caucase, les Pyrénées et les Alpes», il se refuse à le croire. On a retrouvé un coquillage marin au Mont-Cenis? Il a son explication, fâcheusement «voltairienne». Des multitudes de pèlerins ont traversé le col, se rendant en Terre sainte ou en revenant. Leurs bonnets étaient chargés de coquilles, l'une de celles-ci a dû tomber au passage.[67] Les fossiles qu'on exhume du sol seraient selon lui des produits du sol même.[68] Si l'on a déterré, près d'Etampes, des ossements de rennes et d'hippopotame, il faut y voir apparemment les restes échappés du cabinet de quelque «curieux».[69] Ces considérations cessent pourtant d'exciter l'hilarité d'un lecteur moderne lorsque Voltaire fait valoir que les expériences de Spallanzani ont ruiné le système des «anguilles» selon Needham, et même celui des «molécules organiques» selon Buffon.[70] D'interrogations en interrogations, restées sans réponse, nous en arrivons à un chapitre «Ignorances éternelles», sur les rapports du psychique et du corporel. «Enfin», demande Voltaire, «pourquoi a-t-on l'existence? pourquoi est-il quelque chose?»[71] Nul ne se targuera de répondre. Voltaire ne se cantonne pas cependant dans le scepticisme. Ses *Singularités de la nature* se terminent sur une perspective d'espoir: «Nous sortons d'une nuit profonde, et nous attendons le grand jour.»[72]

Parti des *Colimaçons*, Voltaire avait rejoint les thèmes majeurs de sa philosophie. Il les reprend, en novembre 1768, en embrassant cette fois la politique, la morale, la religion. C'est l'*ABC*, ample recueil de seize entretiens.[73] Point ici d'interlocuteur inexistant, comme l'abbé Couet du *Dîner*, si facilement accablé par le comte de Boulainvilliers et ses commensaux; point de dialoguant inepte, comme le frère Rigolet du *Bannissement des jésuites*. Bien qu'abstraitement désigné, chacun de ces messieurs, A, B, C, possède sa personnalité et défend ses idées

66. M.xxvii.152-53.
67. M.xxvii.145-46.
68. M.xxvii.148.
69. M.xxvii.146.
70. M.xxvii.159-60.
71. M.xxvii.181.
72. M.xxvii.191.
73. «Traduit de l'anglais de M. Huet» (Londres 1768), in-8°, VII-160 p. Voltaire en envoie des exemplaires à Christin, D15311 (13 novembre 1768). Les *Mémoires secrets* en parlent le 12 décembre. Voltaire le propose à Mme Du Deffand, le 21 décembre (D15380) en l'avertissant: «Cela est insolent [...] pour des têtes françaises». La première édition ne comportait que seize entretiens; un treizième sera ajouté en 1769, portant le total à dix-sept.

avec bon sens, en homme éclairé. Voltaire se rapproche en ces entretiens du dialogue «heuristique», ou de recherche, qu'il ne pratique guère.[74] Cependant on le reconnaît lui-même dans le personnage de M. A, prétendu Anglais *free-thinker*: après des discussions équilibrées, c'est à lui que revient le dernier mot.

Sur ce mode sont traitées les questions les plus importantes. Le premier entretien passe au crible les idées politiques de Grotius, Hobbes, Montesquieu, celui-ci étant longuement critiqué, avec quelques éloges. Puis A, B, C s'interrogent sur l'âme: ils s'accordent à nier sa réalité en tant que substance autonome par rapport au corps. Thème suivant, «si l'homme est né méchant et enfant du diable». A, que le sujet inspire, nous fait entendre ici pour ainsi dire la conversation de Voltaire: l'homme n'est ni tout bon, ni tout méchant; la croyance à un enfer peuplé de diables vient des Juifs, qui l'empruntèrent des Orientaux pendant la captivité de Babylone; le dogme du péché originel vient de saint Augustin, docteur impitoyable qui veut damner tous les petits enfants morts sans baptême. Une suite d'entretiens en vient à examiner les problèmes politiques. B fait un chaleureux éloge de la démocratie, C préfère le régime aristocratique, mais A se prononce pour le régime mixte des Anglais, associant (croit-il) le peuple, les grands, le roi (sixième entretien). Il fait l'éloge de l'institution judiciaire anglaise (implicitement comparée à la française): une procédure publique, pas de torture, pas de châtiments inhumains, pas de vénalité des charges judiciaires (quinzième entretien). La paix et la guerre? Le meilleur moyen d'éviter la guerre, c'est de «se tenir continuellement sur ses gardes»: voilà pourquoi «douze cent mille mercenaires en Europe font aujourd'hui la parade tous les jours en temps de paix». L'idée, chère à feu l'abbé de Saint-Pierre, d'une organisation européenne, n'est pas évoquée (onzième entretien). Le statut de l'Eglise dans l'Etat? A se prononce avec une truculence toute britannique: «une bonne religion honnête, mort de ma vie! bien établie par acte du parlement, bien dépendante du souverain, voilà ce qu'il nous faut, et tolérons toutes les autres» (dizième entretien).

Le problème métaphysique avait été abordé dans le quatrième entretien: A avait maintenu, malgré les objections, le principe d'une loi morale universelle. Le dix-septième et dernier entretien réitère l'argumentation théiste. «Il y a certainement quelque différence entre les idées de Newton et des crottes de mulet. L'intelligence de Newton venait donc d'une autre intelligence.» Les athées – Diderot, d'Holbach..., non nommés ici – se trompent quand ils croient possible «que dans toute l'éternité le seul mouvement de la matière ait produit l'univers entier tel qu'il existe.» On leur objectera la présence d'«êtres intelligents», ce qui démontre l'existence d'une intelligence formatrice de cet univers, lequel

74. Voir *Voltaire en son temps*, iii.58. Voir cependant ce qui est dit sur le troisième entretien du *Dîner*, *OC*, t.63A, p.322.

existe de toute éternité. C demande comment cette intelligence suprême peut être le «Dieu rémunérateur et vengeur qui distribue des prix et des peines à des créatures qui sont émanées de lui»: puisque celles-ci «sont dans ses mains, comme l'argile sous les mains du potier», leurs mérites et leurs fautes ne sont-ils pas l'œuvre du seul «rémunérateur et vengeur»? A (Voltaire) fait alors une réponse souvent citée, mais dont on fausse la portée en la détachant du contexte. A est embarrassé par cette «matière abstruse» qu'il connaît bien. Il se tire d'affaire par une pirouette: «je veux que mon procureur, mon tailleur, mes valets, ma femme même, croient en Dieu, et je m'imagine que j'en serai moins volé et moins cocu». C objecte que «vingt dévotes» de sa connaissance trompent leur mari. A: «vos vingt dévergondées auraient-elles été plus fidèles en étant athées?» Il ignore d'ailleurs quand et comment «l'intelligence formatrice» punira ou récompensera. Il élève le débat, en sa dernière réplique: «Adorons Dieu, soyons bienfaisants et justes: voilà l'essentiel, voilà la conclusion de toute dispute.»[75]

Ces libelles de Ferney, clandestinement distribués, ne touchaient sans doute que quelques milliers de lecteurs, encore qu'il soit fort difficile de proposer une évaluation. Mais Voltaire a confiance. Il le répète dans sa correspondance: une «révolution dans les esprits» est en cours. Il la voit s'accomplir dans les événements de Pologne, lesquels manifesteraient «les progrès de la raison».[76] En Espagne, sous l'impulsion d'Aranda (qui vint à Ferney en 1768), les lumières progressent aussi; l'Inquisition régresse. Le livre de Beccaria, celui de Pilati di Tassulo, *Di una riforma d'Italia*,[77] la politique de Tanucci à Naples indiquent que la péninsule n'échappera pas au mouvement.[78] Il n'était donc pas inutile d'exhorter les Romains à se libérer, par une *Epître* bien différente de celle de saint Paul. En France, malgré quelque pessimisme tenant à l'influence janséniste,[79] Voltaire voit la lumière pénétrer jusque dans les parlements de province,[80] jusque dans certains milieux populaires.[81] Il ne veut pas sans doute que le mouvement dépasse certaines limites. Il félicite le marquis de Villevielle de n'être pas athée. Car «il n'y a rien

75. M.xxvii.99-100.

76. D14890 (28 mars 1768), à Vorontsov.

77. Sous-titre: «Ossia dei mezzi di riformare i più cattivi costumi e le più perniciose leggi d'Italia» [Venise], 1767.

78. D15255 (15 octobre 1768), Voltaire à Dupont.

79. D15003 (6 mai 1768), à d'Argental: la «bonne compagnie de Paris [...] soupe. Elle dit de bons mots et pendant ce temps-là les énergumènes excitent la canaille, canaille composée à Paris d'environ 400 000 âmes, ou soi-disant telles».

80. D15324 (18 novembre 1768), à Mme Denis. Mais le parlement de Paris n'est pas cité.

81. D15377 (20 décembre 1768), au marquis de Villevielle: «Le peuple est bien sot et cependant la lumière pénètre jusqu'à lui. Soyez bien sûr [...] qu'il y a des philosophes jusque dans les boutiques de Paris.»

de bon dans l'athéisme», «système fort mauvais dans le physique et dans le moral».[82] Il le répète au comte de La Touraille: «cette malheureuse philosophie n'est pas moins dangereuse qu'absurde.»[83] Cela posé, Voltaire est bien persuadé qu'actuellement «le monstre du fanatisme rend les derniers soupirs en se débattant».[84]

Pour porter le coup de grâce, il va donner une tragédie, très engagée. Une tragédie jouée et rejouée à Paris, reprise dans les provinces, est assurément au dix-huitième siècle un moyen de diffusion très efficace. Voltaire croit tenir l'œuvre qui emportera la décision. En août 1768, il improvise en douze jours *Les Guèbres*. Il est persuadé que sa pièce «est faite pour avoir un prodigieux succès».[85] Il envoie le manuscrit aux d'Argental. Mais ceux-ci font la grimace. Voltaire se méprend sur l'état des esprits. A la prière de ses «anges», il corrige, rend moins intolérables les abominables prêtres que l'action met en scène. Il n'empêche. Voltaire, absent de Paris depuis trop longtemps, n'a pas suivi l'évolution du goût. Et il ne se rend pas compte qu'il subit les effets de l'âge. Sa tragédie des *Guèbres* est une mauvaise pièce, injouable. En effet, imprimée en 1769, elle ne sera jamais jouée.

Les Guèbres ou Gaures, autrement dits Parsis ou Zoroastriens, constituaient et constituent encore une minorité religieuse de la Perse. Elle sera cruellement persécutée après la conquête du pays par l'Islam. Mais la tragédie de Voltaire situe l'action à une période bien antérieure, à la fin de l'empire romain, sous le règne de Gallien. Nous sommes en Syrie, sur les bords de l'Oronte, à la frontière de la Perse, dans la ville d'Apamée, et plus précisément dans le fort de cette ville. Un tribun romain, Iradan, y commande, ayant pour lieutenant son frère Césène. Mais le pouvoir en fait a été usurpé par le grand-prêtre de Pluton, dieu des enfers, et par son diabolique clergé.

Ils prétendent exécuter les ordres de l'empereur. Ils ont condamné à mort une jeune Guèbre, Arzame, qui refusait de se convertir. Iradan tente de la sauver. Ces «prêtres sanglants» la font enlever. Le supplice est imminent. Alors pour l'arracher de leurs griffes, le tribun déclare qu'il va l'épouser. Mais ici surgit une complication imprévue. Selon la loi des Guèbres, une fille ne peut épouser que son frère: Arzame se mariera donc avec Arzémon. Iradan et Césène feignent de se soumettre aux volontés du grand-prêtre, et secrètement préparent l'évasion des jeunes gens. Malheureusement, Arzémon, non informé de la ruse, attaque Iradan et le blesse grièvement. A ce moment apparaît un nouveau personnage, le vieil Arzémon, «agriculteur retiré près de la ville d'Apamée», bon vieillard qui a

82. D15189 (26 août 1768).
83. D15216 (16 septembre 1768).
84. D15324 (18 novembre 1768), à Mme Denis.
85. D15168 (14 août 1768), D15226 (28 septembre), à d'Argental.

l'oreille de l'empereur. Grâce à lui, intervient l'inévitable reconnaissance. Iradan avait jadis épousé une femme guèbre dans la ville persane d'Edesse, et son frère Césène en avait fait autant. Après la destruction d'Edesse, le vieil Arzémon avait recueilli deux enfants: l'un, le jeune Arzémon, se trouve être le fils d'Iradan, l'autre, Arzame, la fille de Césène: les jeunes gens vont pouvoir se marier entre cousins. Hélas! comme le grand-prêtre et son clergé revenaient d'une visite à l'état-major impérial, maintenant tout proche d'Apamée, le jeune Arzémon avec ses amis les agresse. Le grand-prêtre est tué. La disparition de l'abominable pontife est un soulagement. Mais qu'en pensera l'empereur? Précisément il vient d'occuper la ville. Le fort est cerné. Le souverain fait enfin son entrée, et c'est la grande scène du dénouement. Bien informé par le vieil Arzémon, il pardonne à tous. Il décrète la tolérance en faveur des Guèbres. On pense évidemment aux protestants français, pour lesquels une semblable mesure est demandée par l'opinion éclairée.

Toute l'intrigue reposait sur la cruauté vraiment infernale des «prêtres de Pluton». On ne parvient pas à croire un instant à la réalité de ces «méchants» absolus: ils n'ont pas d'autre vérité que d'exprimer un fantasme permanent de Voltaire. En face d'eux, les bons font preuve d'une bonté non moins absolue. A la suite des critiques de ses «anges», Voltaire a cantonné son clergé de Pluton dans les premiers actes. Il en résulte que la suite paraît un peu vide. En des moments qui devraient être d'un pathétique intense, le dialogue languit. Enfin la pièce est faiblement écrite. Plus que jamais le style noble de la tragédie voltairienne paraît usé, vieillot.

Etait-ce la fin de Voltaire poète? On répondra par la négative. Un très long exercice de la forme versifiée le mettait à même, à l'âge de soixante-treize ou soixante-quatorze ans, d'exprimer en rimes et en rythmes sa fantaisie, ses humeurs, ses émotions. A condition toutefois qu'il ne soit plus astreint à la forme rigide de la tragédie en cinq actes. Il est entré dans la période la plus heureusement productive de ce qui s'appelle dans son œuvre satires, épîtres, poésies fugitives: une partie trop oubliée de ses œuvres complètes.

Un armateur de Nantes avait donné à l'un de ses bateaux le nom de *Jean-Jacques*. L'un de ses concurrents nantais, nommé Montaudoin, baptise alors – si l'on ose dire – une unité de son armement *Le Voltaire*. Il en informe le grand homme de Ferney. Il lui cite l'ode d'Horace à son vaisseau, que tout homme cultivé connaissait alors. Il lui suggère de réciter à l'intention du nouveau navire *Sic te diva potens Cypris*...[86] Voltaire fit mieux. Il versifia lui-même une épître «A mon vaisseau»:[87]

86. D15032 (24 mai 1768).

87. Signalée par les *Mémoires secrets* du 12 juillet 1768. Des extraits paraissent dans le *Mercure de France* (juillet 1768), ii.

Puisses-tu comme moi résister aux orages!

lui dit-il. Cette épître pourrait aussi bien s'intituler satire. Il invite son vaisseau à débarquer, dans les «climats sauvages que Jean-Jacques a vantés dans son nouveau jargon», des voyageurs qui se nomment Patouillet, Nonnotte et Fréron. A moins que le navire ne les conduise au bagne de Toulon. Qu'il n'aille surtout pas à Naples,

Qui fait bien plus de cas du sang de saint Janvier
Que de la cendre de Virgile.

Ni vers le Tibre:

Chez ce peuple de conquérants
Il est un pape, et plus de Rome.

Mais qu'il aille en Espagne: il y verra un Alcide (Aranda) qui terrasse «une hydre plus fatale», l'Inquisition. Qu'il annonce, parlant aussi hardiment que celui dont il porte le nom, qu'en France il est «un mortel qui l'égale» (Choiseul). Mais au moment où le navire appareille, Voltaire le prie d'attendre encore un instant: il va lui-même s'embarquer. Dans ses «prés fleuris», ses «sombres forêts», «dans l'abondance et dans la paix» de Ferney, «[son] âme est encore inquiète». Les méchants et les sots, «les cris des malheureux», «le mauvais goût qui domine aujourd'hui», et pour comble «le *Tacite* de La Bletterie» qu'on vient de lui apporter, l'ont décidé: il veut partir sur son vaisseau.

Ainsi rêvait le poète. Soudain Minerve tire les rideaux de son lit, fait entrer le jour, et lui dit: «les ennuyeux et les pervers» sont partout. «Le monde est fait comme la France». Voltaire alors se rend à la raison:

Et, sans plus m'affliger des sottises du monde,
Je laissai mon vaisseau fendre le sein de l'onde,
Et je restai dans ma maison.[88]

Voltaire, on le voit, n'avait rien perdu de son talent d'improviser en vers, avec esprit et ingéniosité, sur un épisode d'actualité.

Sa veine poétique se manifeste encore à l'automne de 1768 par deux satires en alexandrins. Le 26 octobre, il envoie à Mme Du Bocage[89] *Le Marseillois et le lion*: une fable en forme de satire. L'entrée en matière pose que les animaux ont parlé à l'homme: pour preuves, le serpent d'Eve, l'ânesse de Balaam, les chevaux d'Achille, les animaux d'Esope, le tout corroboré par l'autorité de Dom Calmet.

88. M.x.395-97.
89. D15274. A la même date le poème est mentionné par les *Mémoires secrets*. Voltaire l'attribue à «feu M. de Saint-Didier, secrétaire perpétuel de l'Académie de Marseille».

Aussi lorsqu'un négociant marseillois,[90] dans les environs de Tunis, se trouve nez à nez avec un lion, celui-ci se met-il à lui parler. L'animal vient de dîner. Il n'a plus faim. Il épargnera donc le marchand si le marchand parvient à démontrer

qu'il est contre les lois
Que le soir un lion soupe d'un Marseillois.

Le Marseillois représente que Dieu, selon la Genèse, a institué l'homme maître de la Création: un «sujet africain» ne pourrait donc «sans pécher manger son souverain». Le lion alors d'un coup de patte arrache le vêtement et la perruque de son interlocuteur. Triste spectacle que ce roi mis à nu:

Un corps faible monté sur deux fesses de singe [...]
Un crâne étroit et creux couvrant un plat visage [...]

Le malheureux avance un autre argument, toujours tiré de la Genèse. Après le Déluge, où Noé dans son arche sauva tous les animaux de la terre, Dieu fit conclure un pacte: il recommande à l'espèce animale de «ne toucher jamais à l'homme, son image». Le lion voltairien à ces mots s'esclaffe:

Toi, l'image de Dieu! toi, magot de Provence!

Le lion se vante d'une supériorité carnassière. Le «débile estomac» du bonhomme, «honte de la nature», ne pourrait seulement digérer un poulet, «sans l'art du cuisinier», tandis que moi, le lion,

Je puis t'avaler cru, sans qu'il m'en coûte rien,
Je te digérerai sans faute en moins d'une heure.

Pourquoi, aussi, le Marseillois a-t-il quitté sa Provence, terre bénie que vinrent évangéliser après la Passion Lazare et Madeleine? On s'étonne que ce lion africain soit si bien informé: «c'est encore une preuve de l'intelligence des bêtes», assure Voltaire dans une note. Finalement le négociant propose une transaction: contre sa vie sauve, il fera livrer quotidiennement, pendant deux mois, «deux bons moutons gras». L'animal accepte le marché. Moralité:

Ainsi dans tous les temps nos seigneurs les lions
Ont conclu leurs traités aux dépens des moutons.[91]

Voltaire commente en prose, dans d'amples notes, les références, nécessairement elliptiques, de ses alexandrins à la Genèse, aux animaux-machines de Descartes, à la légende des Saintes-Maries...

Quelques jours après, le poète envoie à d'Alembert une nouvelle satire en vers,

90. Telle est ici l'orthographe de Voltaire, qui fait rimer Marseillois et lois. Selon une note de Beuchot, M.x.140, la prononciation du mot en *-oi* s'est maintenue jusqu'à la fin du dix-huitième siècle.

91. M.x.141-48.

Les Trois empereurs en Sorbonne.[92] Ces trois empereurs sont Trajan, Titus et Marc-Aurèle. Ils ont quitté les Champs-Elysées pour venir «en secret s'amuser à Paris», car «souvent un bienheureux s'ennuie en paradis». Ils se sont installés à l'écart, dans un faubourg de la capitale. Les «gens du bel air» ignorent leur présence. Mais des «sages» viennent leur tenir compagnie: des «philosophes» dont ils partagent les sentiments. Avec eux, les empereurs visitent la Comédie-Française, l'Opéra. Ils applaudissent *Andromaque* et *Armide*. A l'Observatoire, ils scrutent la voûte céleste. Ils vont saluer la statue d'Henri IV sur le Pont-Neuf. Enfin ils se rendent à la Faculté de théologie de la Sorbonne. C'est là que Voltaire voulait en venir.

La satire se situe dans le prolongement de l'affaire *Bélisaire*. En censurant la phrase «on n'éclaire pas les esprits avec la flamme des bûchers», Riballier avait en outre condamné Marmontel «pour avoir dit que Dieu pourrait bien avoir fait miséricorde à Titus, à Trajan, à Marc-Aurèle». Les trois empereurs entendent donc un certain Ribaudier soutenir, en un latin détestable, qu'Epictète, Caton et autres, parmi lesquels les trois empereurs dont il n'a pas remarqué la présence, brûlent nécessairement en enfer, en vertu de la théologie qui voue à la damnation les «païens vertueux». En revanche les régicides Jacques Clément, Ravaillac, Damiens, morts bien confessés, sont inéluctablement montés au paradis. Alors Marc-Aurèle indigné intervient:

> Vous ne connaissez point les gens dont vous parlez [...]
> Dieu n'est pas si méchant ni si sot que vous dites.

Consternés, les «sages» qui accompagnent les empereurs «rougissent pour l'honneur de la France». Ils s'excusent, et c'est le trait final:

> Nous pensions en effet vous mener en Sorbonne
> Et l'on vous a conduits aux Petites-Maisons.

autrement dit à l'asile des fous.[93]

L'année se termina par un triste événement: la mort de Damilaville, survenue le 13 décembre 1768. Depuis longtemps Voltaire s'inquiétait des mauvaises nouvelles qu'il recevait de sa santé. Dès 1765, il avait consulté Tronchin au sujet des douleurs de son ami aux amygdales.[94] Une tumeur apparaît, en 1767. On diagnostique aujourd'hui que Damilaville était atteint d'un cancer à la gorge. Quelques mois plus tard le mal est jugé sans remède. Voltaire pourtant lui propose une cure à Barèges, dont les eaux seraient souveraines pour guérir «loupes et

92. D15281 (2 novembre 1768). Mention dans les *Mémoires secrets* du 4 novembre. Le poème est attribué à «M. l'abbé Caille».

93. M.x.149-56.

94. D12432 (4 mars 1765), à Damilaville.

excroissances». Il ira à sa rencontre à Lyon, et ils se rendront ensemble à la station des Pyrénées. Mais Damilaville ne répond pas.[95] Déjà il ne peut plus écrire, encore moins voyager. On suit à travers les lettres de d'Alembert le progrès d'une atroce agonie. Le 6 décembre, le malheureux est dans un «état affreux», «ne pouvant ni vivre ni mourir, et n'ayant de connaissance que pour sentir toute l'horreur de sa situation».[96] Il survivra pourtant encore une semaine.

Avant de décéder il s'est mis en règle avec l'Eglise. Il s'est confessé et a reçu l'extrême-onction. «Sans rien entendre», et «sans s'en apercevoir», assure d'Alembert.[97] Une sépulture décente était alors à ce prix. On ne sait quelles furent les réflexions de Voltaire sur cet ultime épisode. Damilaville avait peu publié et rien qui attaque directement la religion.[98] L'Eglise n'avait pas à lui demander des rétractations publiques pour ses ouvrages. L'auteur du *Sermon des cinquante* s'est-il dit qu'il n'en irait pas de même dans son cas?

Voltaire voyait disparaître l'un des plus dévoués parmi les «frères»: «le plus intrépide soutien de [la] raison persécutée», «une âme d'airain et aussi tendre que ferme pour ses amis», mande-t-il à d'Argental.[99] Il avait pu, en toutes circonstances, faire fond sur la fidélité totale d'un tel correspondant. Damilaville n'était pas homme à manifester, comme souvent d'Alembert, réserves ou critiques devant certaines initiatives du patriarche. En outre sa position à l'administration fiscale du Vingtième offrait de grandes commodités pour faire passer discrètement par la poste des envois compromettants. Aussi ne compte-t-on pas moins de 539 lettres conservées de Voltaire à Damilaville, entre 1760 et 1768.

Perte irréparable que celle d'un tel ami. Voltaire peut dire, sans emphase, qu'il le «pleure». En cette fin d'année 1768, tandis que Damilaville est mort, «Fréron est gros et gras». Ainsi va la destinée. «On passe sa vie à s'indigner et à gémir.»[100]

95. D14414 (vers le 10 septembre 1767), Voltaire à Damilaville; D15191 (26 août 1768), d'Alembert à Voltaire; D15252 (15 octobre 1768), Voltaire à d'Alembert.
96. D15352 (6 décembre 1768).
97. D15373 (17 décembre 1768), d'Alembert à Voltaire.
98. Voltaire lui attribue (D15377) *Le Christianisme dévoilé* publié en 1761 sous le nom de Boulanger, mais l'auteur véritable était d'Holbach (D13737, note 1).
99. D15379.
100. D15392 (27 décembre 1768), à Grimm.

21. Travaux et jours
(janvier - octobre 1769)

Pourquoi Voltaire a-t-il en chantier une *Histoire du parlement de Paris*? Il en avait conçu le projet dès janvier 1768.[1] Il n'a cessé d'y travailler depuis, avec ses habituelles intermittences. A la question posée sa correspondance pendant cette période apporte des éléments de réponse. Il demeure traumatisé par la sinistre affaire du chevalier de La Barre. Il y revient fréquemment. Dès la première lettre se rapportant à l'*Histoire*, il met en avant «l'abominable aventure», preuve, conclut-il, que la nation française «est aussi atroce que frivole et composée de singes et de tigres». De tigres surtout. L'un des parlementaires, le conseiller Pasquier, dont la diatribe fit condamner à mort le chevalier, est volontiers désigné sous sa plume comme le «bœuf-tigre».[2] «Bêtes féroces», ces magistrats qui soutiennent «leur religion par des bourreaux».[3] Les circonstances affreuses du supplice infligé au jeune homme restent présentes dans son imagination. «Le sang du chevalier de La Barre fume encore». Ou dans un registre plus noble: «L'ombre du chevalier de La Barre crie en vain vengeance contre ses assassins.»[4] Plusieurs mois plus tard, il parle encore à La Harpe de «la mort d'un enfant innocent, dont l'arrêt porte qu'on lui arrachera la langue, qu'on lui coupera la main, et qu'on brûlera son corps, pour avoir chanté une ancienne chanson de corps de garde.»[5] Au moment où va paraître l'*Histoire du parlement de Paris* une récapitulation des méfaits de ce parlement se termine par le supplice du malheureux chevalier.[6]

Depuis la suppression des jésuites, les jansénistes du parlement se croiraient-ils donc tout permis? D'Alembert signale à Voltaire une sentence rendue à la «chambre des vacations» par les jansénistes Saint-Fargeau et Pasquier. Pour avoir vendu clandestinement *Le Christianisme dévoilé*, *Ericie ou la vestale* de Dubois-Fontanelle et *L'Homme aux quarante écus*, un garçon-épicier, un brocanteur et sa femme ont été condamnés, les deux hommes au carcan et aux galères, la femme

1. Cela ressort de sa lettre à Servan, D14668 (13 janvier 1768).

2. D14782, D14991, D16091. Cf. de d'Alembert: «certain conseiller aux yeux de veau et au cœur de tigre».

3. Dans *Le Dîner du comte de Boulainvilliers*, *OC*, t.63A, p.386.

4. D15017 (14 mai 1768); D14793 (1er mars 1768), à Leriche.

5. D15412 (5 janvier 1769). Comme on l'a vu plus haut, p.297, c'est le contumace d'Etallonde, et non La Barre, qui fut condamné à avoir la main coupée.

6. D15044 (30 mai 1768), à Beccaria; D15516 (15 mars 1769), à d'Alembert.

à la prison. L'un des deux hommes, après avoir subi le carcan, est mort subitement.[7] Manifestement, les dévots du parlement comptent sur les supplices pour empêcher la diffusion de la «philosophie». Voltaire lui-même n'est pas à l'abri de tout danger. Le même Pasquier a déclaré bien haut qu'il n'est plus possible de «souffrir davantage [ses] entreprises contre la religion». Si un exemplaire du *Dîner du comte de Boulainvilliers* lui tombe entre les mains, il fera décréter Voltaire de prise de corps, bien que Ferney soit en dehors du ressort du parlement de Paris.[8] Condorcet ne se trompait certainement pas lorsqu'il dénonçait chez les parlementaires parisiens «l'attachement aux préjugés», «l'obstination à rejeter toute lumière nouvelle».[9] Corps très puissant en raison de l'étendue démesurée de son ressort, de l'indépendance qu'assure à ses membres la vénalité des charges, et de ses empiètements sur le domaine politique réservé au roi. Au dix-huitième siècle, le parlement de Paris tente de transformer l'enregistrement des lois et le droit de remontrance en un droit de contrôle sur le pouvoir royal. Les parlements seraient-ils, en l'absence d'Etats Généraux, «une forme des trois Etats raccourcis au petit pied»? Les Etats Généraux de Blois auraient-ils adopté une déclaration en ce sens? Voltaire s'efforce d'obtenir des informations sur cette question capitale.[10]

Incertitude du statut, et à partir de là usurpations, prises de position séditieuses, sentences iniques: voilà ce que ne manquera pas de faire ressortir une histoire du parlement de Paris depuis les origines. Une histoire qui tournera à l'acte d'accusation. Mais elle se limitera au seul parlement de Paris. Ce serait une entreprise démesurée que d'étendre l'enquête à ceux de province. En outre, Voltaire est informé que la «philosophie» fait des adeptes chez les parlementaires provinciaux. A Toulouse même, «toute la jeunesse du parlement» réprouve la condamnation de Calas et se déclare favorable à Voltaire.[11]

Le travail de l'historien ne progresse que lentement. L'ouvrage ne paraîtra que fin mai 1769. D'ici là, il a le temps de lancer d'autres écrits, pour tenir son public en haleine.

Le 21 décembre 1768, Voltaire a reçu de la cour de Rome une information qui le met en gaîté.[12] Le pape Clément XIII (Rezzonico) vient de canoniser un père capucin du seizième siècle, Cucufino d'Ascoli.[13] Le procès-verbal de la

7. D15271 (22 octobre 1768).
8. Cité par *OC*, t.63A, p.299.
9. *Vie de Voltaire*, M.i.262.
10. D15228 (28 septembre 1768), à Hénault; D15411 (5 janvier 1769), au marquis de Belestat.
11. C'est du moins ce que mande Audra, D15287 (2 novembre 1768).
12. D15380.
13. Les religieux de son ordre changèrent son nom en celui, plus éthéré, de Serafino. Voltaire le sait, M.xxvii.426, mais préfère le nom originel de Cucufino.

congrégation des rites rapportait des traits d'humilité étonnants. Le bon père, invité à la table de son évêque, pour se mortifier répandit volontairement du jaune d'œuf sur sa barbe. Il mangea avec une fourchette de la bouillie, qui ne manqua pas aussi de couler sur sa barbe. En récompense de quoi, Cucufino fut honoré d'une apparition de la Vierge, et fit quelques miracles. Cette plaisante histoire donna lieu à une brochure de 24 pages parue en février 1769: *La Canonisation de saint Cucufin, frère d'Ascoli, par le pape Clément XIII, et son apparition à sieur Aveline, bourgeois de Troyes, mise en lumière par le sieur Aveline lui-même.*[14] Le jaune d'œuf et la bouillie, sujets de plaisanteries faciles, ne sont pas oubliés, mais n'apparaîtront qu'épisodiquement, au bon moment. Le «sieur Aveline» – Voltaire lui-même – entre en matière par des «idées préparatoires». D'abord une dissertation sur les divinités mineures qui dans les anciennes religions tiennent compagnie au «dieu unique», «dieu maître», «dieu formateur»: ainsi autour de Jupiter, on rencontre Mars, Minerve, Junon, Apollon, etc., comme autour de Jéhovah, Michaël, Gabriel, Raphael, Uriel, etc. Dans le christianisme, les saints remplissent cette même fonction. Mais Voltaire propose d'ouvrir une rubrique de «saints à faire»: y entreraient de grands hommes, distingués par leur action bienfaisante, «Henri IV, Turenne, Catinat, de Thou, le chancelier de l'Hospital», de «grandes femmes» aussi: Voltaire nomme Marguerite d'Anjou, et – ce qui est inattendu – la Pucelle d'Orléans. On l'accuse souvent d'avoir profané l'image de Jeanne d'Arc. On ignore qu'il l'a proposée, avec un siècle et demi d'avance, pour une canonisation, en quelque sorte laïque: à titre d'héroïne de la patrie.[15]

Une seconde série des «notes préliminaires» traite des redevances, fort lourdes, que les couvents d'ordres mendiants font peser sur les paysans de leurs domaines. A quoi s'ajoutent les fêtes des saints obligatoirement chômées, fort nombreuses effectivement sous l'Ancien Régime. Saint Cucufin va-t-il allonger la liste des jours fériés?

Nous arrivons ainsi au récit qui fait tout le sel de l'opuscule. Le sieur Aveline, après avoir assisté dans la cathédrale à l'office de saint Cucufin, est allé semer dans son champ. Le temps presse. Le pain fait défaut dans le pays et deux semailles précédentes ont manqué. Mais surgit le supérieur des capucins, au sortir de table, «enflammé comme un chérubin». Il insulte le laboureur, coupable d'«outrager Dieu et saint Cucufin» en travaillant un jour férié. Il commence à briser le semoir du paysan.

Alors se produisit le miracle. Du haut du ciel, descend saint Cucufin lui-même, reconnaissable au jaune d'œuf et à la bouillie dont s'orne sa barbe. Il calme le

14. D15457 (2 février), à la duchesse de Choiseul, D15459 (3 février), à Mme Du Deffand, en annoncent l'impression et l'envoi.

15. M.xxvii.420-26. L'Eglise béatifiera Jeanne d'Arc en 1909 et la canonisera en 1920.

supérieur. C'est une œuvre pie, dit-il, dans une période de disette, que de travailler «pour les pauvres après avoir assisté à la sainte messe». Le moine acquiesce. Le saint fait admettre aux magistrats de la ville qu'il est permis de travailler la terre «au lieu d'aller boire aux cabarets les jours de fête après la sainte messe». Et tout se termine par une action de grâces: «Gloire à Dieu et à saint Cucufin». Ainsi la fantaisie malicieuse de Voltaire, à partir d'une baroque canonisation, rejoignait l'un des thèmes que nous l'avons vu déjà évoquer, et qui se trouvait d'ailleurs en accord avec la doctrine des physiocrates.

«L'inépuisable M. de Voltaire», s'écrie un contemporain.[16] Pendant qu'il continue à rédiger l'*Histoire du parlement de Paris*, il vient de composer une comédie en cinq actes et en vers, qu'il tentera plus tard de faire jouer.[17] Il a entrepris un «nouveau roman», peut-être *Les Lettres d'Amabed*.[18] Et il versifie épître sur épître.

Il vit toujours seul à Ferney, «caché» à la manière d'une marmotte des Alpes, ce qui convient, prétend-il, à sa «vieillesse infirme».[19] Une marmotte laborieuse. Il a choisi une méthode pour se «rafraîchir la mémoire», et «empêcher le goût de se rouiller». Pendant qu'il prend ses repas solitaires, au dîner et au souper, il se fait lire «de bons livres par des lecteurs très intelligents». Bientôt il entendra aussi les sermons de Massillon, comme modèles d'une langue pure et d'un bon style.[20] Un jour, ayant par exception à sa table la femme d'un président au parlement de Bourgogne, il lui demanda «la permission de se conformer à l'usage établi dans la maison»: il lui infligea, malicieusement, la lecture de tout un sermon de Massillon, sans lui faire grâce d'un seul mot.[21]

L'éloquence de l'orateur sacré s'assortissait à ses moments de réflexion sérieuse. Il se rappelle qu'il est dans sa soixante-seizième année. Quand on a vécu si longtemps, se dit-il, «on ne doit pas se plaindre».[22] Mme Cramer a passé deux jours avec lui. «Il était gai, causant, nous avons parlé de la mort en étouffant de rire».[23] Voici pourtant qu'en mars Ferney est sous la neige, «et la neige [le] tue». Ce qui l'incite à des pensées plus tristes. «On ne vit pas assez longtemps. Pourquoi

16. Le marquis de Montmoreau, D15479 (17 février 1769).
17. D15501 (4 mars 1769), à Thiriot; c'est *Le Dépositaire*.
18. D15452 (28 janvier 1769), Suzanne Gallatin au landgrave de Hesse-Cassel.
19. D15428 (13 janvier 1769), à Mme Denis.
20. D15506 (8 mars 1769), à Mme Du Deffand. Et aussi parce qu'il «aime les livres qui exhortent à la vertu, depuis Confucius jusqu'à Massillon, et sur cela on n'a rien à me dire qu'à m'imiter» (D15735, 7 juillet 1769, à d'Argental).
21. D15659, note 7.
22. D15495 (1er mars 1769), à Thiriot.
23. D15478 (vers février 1769), Mme Cramer à Hennin.

les carpes vivent-elles plus que les hommes? Cela est ridicule.»[24] Il rédige alors son testament: un testament intellectuel, en vers, qu'il adresse à Boileau.

Suivent, à bref intervalle, deux autres épîtres en alexandrins, de caractère également testamentaire: *A l'auteur du livre des Trois imposteurs*, *A M. de Saint-Lambert*.[25] Ces trois compositions furent réunies sous le titre *Trois épîtres*. Voltaire croit le moment venu de prendre congé. Il dresse le bilan, non de sa vie personnelle, mais de son action dans la société. S'adressant à Boileau, après une évocation passablement critique du vieux satirique, qu'il a connu dans sa jeunesse, il mentionne l'administration de Fleury, «sage», mais qui «n'eut rien de sublime». Deux «partis fanatiques», jansénistes et jésuites, s'affrontaient alors: «temps destructeurs», très bons, lui dirait Boileau, pour la satire. Mais Voltaire – contre l'évidence – prétend s'être détourné d'un tel genre:

> A chanter la vertu j'ai consacré ma voix.

Il a prêché aux persécuteurs la tolérance. Il continue en ce moment même de demander pour Sirven une justice qu'il espère obtenir:

> Je vais mourir content...

Il a donc hâte de rejoindre Boileau aux Champs Elysées:

> Partons: dépêche-toi, curé de mon hameau,
> Viens de ton eau bénite asperger mon caveau.[26]

Saint-Lambert venait de publier son poème des *Saisons*. En réponse à cette poésie qui tente d'être champêtre, Voltaire brosse le tableau de ses réalisations à Ferney:

> Ces vignobles, ces bois que ma main a plantés;
> Ces granges, ces hameaux désormais habités,
> Ces landes, ces marais changés en pâturages,
> Ces colons rassemblés, ce sont là mes ouvrages.

Mais il déplore – déjà – l'exode rural:

> Le fils de mon manœuvre, en ma ferme élevé [...]
> Des laquais de Paris s'en va grossir l'armée.

Et pour comble, le garçon revient au pays comme «sergent des impôts». Il «tyrannise, emprisonne», dépouille les malheureux villageois à la frontière douanière qui sépare Ferney de Genève. Des temps plus heureux viendront, sans doute. Mais Voltaire ne les verra pas: ces vers sont ses adieux à Saint-Lambert.[27]

24. D15514 (12 mars 1769), à d'Argental.

25. *A Boileau* est envoyé à d'Argental le 12 mars 1769 (D15514); *A l'auteur du livre des Trois imposteurs* est envoyé à Mme Denis le même jour (D15513); Dupuits envoie à Marin l'*Epître à Saint-Lambert* le 27 mars (D15543).

26. M.x.397-402.

27. M.x.406-408.

L'épître *A l'auteur du livre des Trois imposteurs* est restée célèbre par un seul alexandrin :

Si Dieu n'existait pas, il faudrait l'inventer.

C'est en effet une réponse à un manifeste violemment athéiste récemment publié. En 1768 avait paru à Yverdon un *Traité des trois imposteurs*, remaniement d'un *Esprit de Spinoza* qui remontait à 1719. L'auteur anonyme s'attaque à la notion anthropomorphique de Dieu, fondée sur l'imposture, et il prend comme exemple Moïse, Jésus-Christ, Mahomet, ses «trois imposteurs».[28]

Contre le «quatrième imposteur» – l'auteur du livre – Voltaire répète son argumentation théiste :

Ce système sublime à l'homme est nécessaire.
C'est le sacré lien de la société,
Le premier fondement de la sainte équité,
Le frein du scélérat, l'espérance du juste.

C'est ainsi qu'est amené le vers célèbre, qu'il convient de ne pas séparer de son contexte :

Si les cieux, dépouillés de son empreinte auguste,
Pouvaient cesser jamais de le manifester,
Si Dieu n'existait pas, il faudrait l'inventer.[29]

Qu'on ne se méprenne donc pas. L'existence de Dieu est en elle-même une vérité, et en outre la croyance en cette vérité est utile, d'une utilité tout à la fois morale et sociale. Voltaire ne visait pas seulement l'obscur auteur d'un écrit ancien. Mme Du Deffand ne s'y est pas trompée. Remerciant pour ce poème qu'elle approuve hautement, elle accuse «nos beaux-esprits d'aujourd'hui» qui croient «avoir inventé l'athéisme» et «font grand cas de la nature»: des gens qu'elle n'aime pas et ne veut pas nommer, Diderot, d'Alembert, d'Holbach...[30]

Mais, objectera-t-on, cette «utile croyance», combien a-t-elle engendré de superstitieux et de fanatiques ! Pour répondre, Voltaire rappelle ce qu'il a fait afin de combattre les uns et les autres. Il rejoint alors le thème testamentaire des trois épîtres :

J'ai fait adorer Dieu quand j'ai vaincu le diable.

Il se voit comme une sorte de prophète moderne :

28. Voir sur cette question, Paul Vernière, *Spinoza et la pensée française avant la Révolution* (Paris 1954), p.302-305. Voltaire avait le volume de 1768 dans sa bibliothèque. Il y a inscrit «livre dangereux», BV, n° 3330.

29. M.x.403.

30. D15532 (21 mars 1769), Mme Du Deffand à Voltaire.

J'ai fait plus en mon temps que Luther et Calvin.

Car les deux réformateurs ont continué à «troubler la terre»,

... et je l'ai consolée.

Devant lui un avenir idyllique se dessine :

Je vois venir de loin ces temps, ces jours sereins
Où la philosophie, éclairant les humains,
Doit les conduire en paix aux pieds du commun maître.

Tous se réconcilieront : catholiques et protestants, et «les enfants de Sara», et le Turc. Les neveux mêmes de Voltaire s'assiéront gaîment à la même table que «les héritiers des frères Pompignan». A cette embrassade générale, une seule exception. Un seul restera irrécupérable : car «qui pourra jamais souper avec Fréron ?»[31]

Inépuisable Monsieur de Voltaire, vraiment ! Aux œuvres dont il vient d'être parlé, il faut en ajouter une autre, d'un genre tout différent. Dans la seconde quinzaine de mars 1769, il publie, sous la fausse date de 1768, un *Discours de l'empereur Julien contre les chrétiens*, sorti des presses genevoises avec la fausse adresse «A Berlin, chez Voss». Le sous-titre précise : «traduit de M. le marquis d'Argens [...] avec de nouvelles notes de divers auteurs», en réalité du seul Voltaire. Comme l'a parfaitement montré José-Michel Moureaux,[32] il apportait à cette prétendue «nouvelle édition» tant de modifications qu'il en a fait son œuvre propre.

Cependant l'idée initiale venait bien du «cher Isaac», le marquis d'Argens, son compagnon de Potsdam. On sait que l'empereur Julien (331-363 après J.-C.), ayant renoncé au christianisme (d'où son surnom d'Apostat), tenta de restaurer dans l'empire romain l'ancienne religion païenne. Entre autres écrits il rédigea un *Contre les Galiléens* : l'ouvrage ne nous est connu que par les extraits que Cyrille, patriarche d'Alexandrie, cite pour le réfuter dans son *Contre Julien*. D'Argens rassembla ces fragments afin de faire entendre, en un ensemble à peu près cohérent, la voix du souverain ennemi des chrétiens. Il le publia à Berlin en 1764, sous le titre *Défense du paganisme*. Il y inséra, de son cru, un «Discours préliminaire», des «Réflexions sur l'empereur Julien», et quatre-vingt-quinze notes commentant le texte. Apparemment une telle publication se présentait comme une contribution à la campagne contre l'Infâme. En fait, le projet du marquis d'Argens demeurait ambigu. Il annonçait dans son titre même l'intention

31. M.x.404-405.

32. Nous remercions J.-M. Moureaux de nous avoir permis d'utiliser le manuscrit de son édition critique, à paraître dans les *Studies on Voltaire*. Nous renvoyons à ce manuscrit en 3 volumes dactylographiés par la mention Moureaux.

de «réfuter les erreurs» de Julien. Il se targuait de «montrer aux incrédules modernes» qu'ils «ont cherché la clarté dans une philosophie qui n'a servi qu'à les aveugler». «Précaution stratégique»? Mais beaucoup de lecteurs en 1764 demeurèrent indécis sur l'orientation véritable du commentaire.[33]

Voltaire, quant à lui, ne voulut voir que le côté «diabolique» de l'ouvrage.[34] Il comprit tout le parti qui pouvait être tiré d'une mise en accusation des chrétiens par l'empereur romain du quatrième siècle. Mais il fallait éliminer les prudences ou timidités de d'Argens, et à son commentaire en substituer un autre, franchement militant.

C'est ce qu'il entreprit, peut-être à partir d'avril 1767.[35] Il négligea de demander son accord à d'Argens. Il dispose de son texte avec une complète désinvolture. Il ne retouche pour ainsi dire pas la traduction, que d'Argens avait établie sur une traduction latine. Voltaire est trop piètre helléniste pour en rectifier les erreurs.[36] Ecartant le «Discours préliminaire» et les «Réflexions» de d'Argens, textes touffus et d'orientation incertaine, il annonce d'emblée son projet militant par un «Portrait de l'empereur Julien» et un «Examen du *Discours*». Il le confirme en faisant suivre le *Discours* d'un *Supplément*, lequel conclut: «Il est temps de consoler la terre que des cannibales déguisés en prêtres et en juges ont couverte de sang. [...] Il est temps enfin de servir Dieu sans l'outrager.» En outre, il modifie radicalement l'annotation du marquis d'Argens. Il ne conserve que treize des notes, sur quatre-vingt-quinze, et encore les notes maintenues reçoivent-elles souvent des altérations qui en dénaturent le sens. Dans les quarante-quatre qu'il ajoute, il reprend ses attaques contre l'Ancien Testament, cible de vingt-trois notes, onze visant le Pentateuque, et particulièrement la Genèse.[37] Ainsi est renforcé par le commentaire l'effet polémique du texte de Julien. L'empereur, en quelque sorte pré-voltairien, est censé avoir dénoncé déjà les «absurdités grossières» des textes sacrés.

D'Argens avait donné une édition défensive, tendant à disculper Julien. Voltaire en tire un ouvrage offensif, mettant en accusation les chrétiens, par le truchement du *Discours* impérial. Ce que marque nettement le changement du titre. Polémiste plus qu'historien, il se sert de Julien aux fins qui sont les siennes. Il veut ignorer que le paganisme de Julien n'était guère moins éloigné en réalité des Lumières modernes que le christianisme du patriarche Cyrille. Contre l'évidence, il nie que l'Apostat ait cru réellement à l'existence et à l'efficacité du dieu Esculape. La dévotion, pourtant bien sincère, de l'empereur à suivre des processions païennes,

33. Moureaux, i.28-29
34. D12162 (22 octobre 1764), à d'Argental. Autres citations dans Moureaux, i.45-46.
35. Moureaux, i.133.
36. Moureaux, i.121.
37. Moureaux, i.194.

son culte de Mithra, son baptême par le taurobole : Voltaire ne veut voir là que les feintes d'un politique, soucieux de séduire le bas peuple afin de le détourner du christianisme.[38] Il s'efforce de moderniser la figure de Julien : de cet ennemi des «Galiléens» il fait un philosophe des Lumières. Voltaire ne rencontre-t-il pas enfin en cet empereur romain le prince idéal, conciliant en sa personne pouvoir suprême, héroïsme et philosophie ? Modèle qu'il avait voulu incarner dans le protagoniste de sa *Henriade*, et auquel le décevant Frédéric II s'était avéré peu conforme.[39]

Mais voici qu'en ce mois de mars 1769 le calendrier liturgique allait offrir au seigneur de Ferney l'occasion de jouer, cette fois sans masque sinon sans artifice, un autre mauvais tour aux «suppôts» de l'Infâme.

Moultou se demandait si Voltaire ferait ses pâques en 1769, la «farce» lui ayant mal réussi l'année précédente.[40] L'affaire se présentait désormais dans des conditions bien différentes. Il ne fallait plus songer à une communion de «seigneur de village», en majesté. L'évêque, Mgr Biord, maintenant alerté, avait posé des conditions précises. Voltaire doit préalablement faire «des réparations éclatantes» de ses ouvrages contre la religion catholique : «jusque-là aucun ministre instruit de son devoir» ne pourra lui donner l'absolution ni l'admettre à la communion.[41] Pour éviter toute surprise, l'évêque a frappé d'interdiction le P. Adam : l'ex-jésuite ne peut plus célébrer la messe.[42] A l'approche de Pâques 1769, Mgr Biord envoie ses instructions au supérieur ecclésiastique du curé Gros, l'official Castin. Il réitère les conditions déjà posées, en les aggravant. Non seulement Voltaire doit rétracter ses ouvrages anti-chrétiens, mais l'acte de reniement doit être enregistré par un notaire, avec signatures de témoins. Cela fait, le pénitent pourra être confessé et être admis à la communion.[43]

C'était provoquer un lutteur tel que le seigneur de Ferney. Il décida de relever le défi. Il ferait ses pâques, malgré l'évêque. Il recevrait la communion, non pas à la grand-messe de «son» église, mais en son château, dans son lit, comme viatique administré à un agonisant. «Cela pourrait être fort plaisant», aurait-il dit à Wagnière, «et nous verrons qui, de l'évêque ou de moi, l'emportera.»[44] Il en

38. Moureaux, ii.124.

39. On ne connaît pas les réactions de d'Argens à la publication de Voltaire. Le marquis ne connaissait pas celle-ci lorsqu'il publie à Berlin en 1769 une nouvelle édition de la *Défense du paganisme*, que Voltaire ne connaît pas quand il donne son *Discours de l'empereur Julien*.

40. D15335 (25 novembre 1768), Moultou à Meister.

41. D14980 (25 avril 1768), Mgr Biord à Voltaire.

42. D15340 (29 novembre 1768), Voltaire à Mme Denis.

43. D15547, Mgr Biord à Anthelme Castin, datée par Th. Besterman «29 mars 1769», mais la lettre doit être sensiblement antérieure.

44. Longchamp et Wagnière, i.3.

résulta une affaire embrouillée, qui dura plus d'un mois. Nous tenterons de faire le point à partir du récit de Wagnière, témoin oculaire, de la correspondance, et du dossier complexe des professions de foi, les unes acceptées par Voltaire, les autres proposées mais non agréées, d'autres enfin restées à l'état de projet.[45]

A l'approche des Rameaux, le malade, ou prétendu malade, supplie le curé Gros de lui apporter les derniers sacrements. Le pasteur répond que son pénitent devait d'abord rétracter «les *mauvais* ouvrages qu'il avait faits». L'agonisant bondit. Ce sont «d'infâmes calomniateurs» qui ont parlé au curé de ces *mauvais* ouvrages. Il n'y a pas là «un mot de vrai». Voltaire menace: Gros doit se conformer aux règlements des parlements et aux lois du royaume.[46] Nous sommes le dimanche des Rameaux, 19 mars. Ce jour-là, Voltaire est allé à la messe à la paroisse. Le mardi de la semaine sainte, il envoie appel sur appel à son curé. Il a la fièvre, il lui faut le viatique.[47] Gros se résigne alors à se rendre au chevet de son paroissien. Mais il le trouve «infiniment éloigné» de rétracter ses «mauvais ouvrages».[48] Entrevue sans résultat. Le pasteur se retire.

Le lendemain ou le surlendemain, Voltaire aperçoit de sa fenêtre deux hommes qui se promènent: le curé Gros et le père Claude Joseph, capucin de Gex, venu aider le curé pour les confessions de Pâques. Voltaire dit à Wagnière de poser sur la table de nuit un écu neuf bien brillant et d'aller chercher le capucin. Il demande au bon père de le confesser, en lui mettant dans la main la pièce de monnaie. Le père Joseph la prend, mais s'excuse: plusieurs personnes l'attendent dans l'église, il reviendra dans trois jours.

Voltaire sait bien qu'il ne reviendra pas. Il faut donc de nouveau solliciter Gros en l'intimidant. Voltaire convoque une «sorte de chirurgien», nommé Burgoz. Burgoz tâte son pouls: il le trouve excellent. «Comment, mordieu! ignorant que vous êtes, vous trouvez mon pouls bon!» s'écrie Voltaire, d'une «voix de tonnerre». Burgoz effrayé retâte, et trouve cette fois beaucoup de fièvre. Voltaire le charge de presser le curé de faire son devoir «auprès d'un malade qui, depuis plus de trois jours, a une fièvre aussi violente et qui est en danger de mort».[49] Pour le cas où la démarche du chirurgien ne suffirait pas, le curé reçoit, le vendredi saint 24 mars, ce billet: «Les ordonnances portent qu'au troisième accès de fièvre on donne les sacrements à un malade. M. de Voltaire en a eu huit violents; il en

45. D.app.300, D.app.310 (qui comporte, p.503, d'évidentes fautes de transcription).

46. D15528 (19 mars 1769), Voltaire à Gros, et commentaire. Voltaire à la messe des Rameaux: D15548.

47. D15551 (30 mars 1769), Gros à Castin à qui il demande conseil.

48. C'est ce qui ressort de la lettre confuse de Gros à Voltaire, D15559 (vers le 31 mars 1769), où le curé mêle à son propos Nathan, David, Ochozias, le prophète Elie, et l'archange saint Michaël. Il est à noter que la lettre est sans date: celle du 31 mars proposée par Th. Besterman est incertaine. Il est peu vraisemblable qu'il s'agisse du «projet de lettre» envoyée par Castin le 31 mars, D15556.

49. Longchamp et Wagnière, i.73-74.

avertit Monsieur le curé de Ferney.»[50] Le malheureux curé, pris entre son évêque et son seigneur, se trouve dans le plus extrême embarras. Il se dit malade lui aussi, et même à l'article de la mort. Il a cependant la force de répondre à son paroissien qu'il doit «faire une rétractation devant notaire de tous les mauvais ouvrages» qu'il a écrits, en présence de témoins. Voltaire laisse passer le jour de Pâques, 26 mars, mais ne renonce pas. Le lendemain 27, il en est à son neuvième accès de fièvre, ou le dixième selon Dupuits, présent dans la chambre du malade à sept heures du matin, qui cependant ne le croit pas en danger.[51] Deux jours après, le 29, Gros se rend une deuxième fois au château. Il a avec Voltaire «une grande conférence». Il l'aurait trouvé dans d'excellentes dispositions, prêt à rétracter «tout ce qu'il a fait de mauvais». Nous ne connaissons l'entrevue que par le billet du curé au P. Claude Joseph, du jeudi 30 mars. Gros invite, de la part de Voltaire, dit-il, le capucin à venir au château «samedi prochain», c'est-à-dire le premier avril. «Cela», ajoute-t-il, «sera très honorable et pour vous et pour moi.» Pour en convaincre le P. Joseph, il joint le document suivant:[52]

Copie au net de la profession de foi que M. de Voltaire a fait [*sic*] entre les mains de son confesseur et qu'il a réitéré [*sic*] publiquement avant la communion.

Je crois en un seul Dieu en trois personnes, père, fils et saint Esprit, réellement distinctes, ayant la même nature, la même divinité, la même puissance; que la seconde personne s'est fait homme, s'appelle Jésus-Christ mort pour le salut de tous les hommes; qu'il a établi la sainte Eglise à qui il appartient de juger du véritable sens des saintes Ecritures; que je condamne aussi toutes les hérésies que l'Eglise a condamné [*sic*] et rejeté [*sic*], toutes les interprétations et mauvais sens qu'on peut y donner.

C'est cette foi véritable et catholique hors de laquelle on ne peut être sauvé, que je professe et que je crois véritable; je jure et je promets et je m'engage de la professer avec le secours de Dieu.[53]

Ce *credo*, à la syntaxe incertaine, gauchement inspiré du catéchisme, fut sans doute l'œuvre du curé Gros. Voltaire évidemment ne l'a pas signé. Il est même peu vraisemblable que le pasteur le lui ait soumis dans l'entrevue du 29 mars: les choses alors se seraient moins bien passées qu'il n'a dit. Le projet de Gros se laisse deviner: il allèche le P. Joseph, afin que celui-ci se charge de confesser Voltaire; dans la foulée le père tâchera d'obtenir du pénitent une signature au bas du *credo* qu'on lui envoie.

Dans la nuit suivante, à une heure du matin, Voltaire réveille tout son monde.

50. D15534, «ce vendredi au matin 24e mars 1769».

51. D15542 (27 mars 1769), Voltaire à Thiriot; du même jour, D15543, Dupuits à Marin.

52. D15550 (30 mars 1769), et commentaire.

53. Nous avons une autre profession de foi, datée «L'an 1769 et le... du mois de...», mieux rédigée: œuvre apparemment de Castin ou de Mgr Biord. Il ne semble pas que ce texte ait été soumis à Voltaire. Il est reproduit dans D.app.310, p.502-503, mais mutilé et fâcheusement mêlé à une autre profession de Voltaire (voir p.503, l.13): faute non corrigée dans le supplément, *OC*, t.130.

Il est à l'article de la mort. Il expédie Wagnière et d'autres de ses gens, en toute hâte, au presbytère. Ils vont dire au curé que leur maître ne veut pas «mourir sans les secours d'usage en pareil cas».[54] Gros ne bougeant pas, Voltaire lui fait porter, ce même 30 mars, à 10 heures du matin, une déclaration. Il s'est, écrit-il, «traîné à l'église le jour du dimanche des Rameaux malgré ses maladies». Depuis, il a subi plusieurs accès de fièvre, attestés par le sieur Burgoz, chirurgien. Dans l'incapacité totale d'aller à l'église, il prie le curé de venir lui administrer les sacrements, en application des ordonnances du roi et des arrêts des parlements. Il se déclare disposé à faire «toutes les déclarations nécessaires». Ici il faut citer son texte, dont les termes ont été soigneusement pesés. La «sainte église catholique professée dans le royaume» est la

religion dans laquelle ledit malade est né, a vécu et veut mourir, et dont il veut remplir tous les devoirs ainsi que ceux de sujet du roi, offrant de faire toutes les déclarations nécessaires, toutes protestations requises, soit publiques soit particulières, se soumettant pleinement à tout ce qui est de règle, ne voulant omettre aucun de ses devoirs quel qu'il puisse être.[55]

Il signe et fait signer comme témoins ses deux secrétaires Bigex et Wagnière. Celui-ci va porter le texte au curé Gros.

Le même jour dans l'après-midi, le «moribond», décidément fort actif, convoque au château le notaire Raffo. En présence de témoins il lui dicte que les nommés Nonnotte et Guyon, l'abbé auteur de *L'Oracle des nouveaux philosophes*,

ayant fait contre lui des libelles aussi insipides que calomnieux, dans lesquels ils accusent ledit M. de Voltaire d'avoir manqué de respect pour la religion catholique, il doit à la vérité, à son honneur et à sa piété, [de] déclarer que jamais il n'a cessé de respecter et de pratiquer la religion professée dans le royaume, qu'il pardonne à ses calomniateurs, que si jamais il lui avait échappé quelques indiscrétions préjudiciables à la religion de l'Etat, il en demande pardon à Dieu et à l'Etat, qu'il a vécu et veut mourir dans l'observance de toutes les lois du royaume, et dans la religion catholique, étroitement unie à la loi.[56]

Ont signé, avec Voltaire et le notaire, le P. Adam, Etienne Mausier, orfèvre, Pierre Larchevêque, syndic, Simon Bigex.

On discerne clairement la limite de ces credos. Il ne déclare jamais sa foi en la religion catholique. Il proteste de son adhésion à cette religion comme institution établie par la loi dans le royaume. En cela, il se comporte en fidèle sujet du roi. Etrange conséquence du statut juridique de la «France toute catholique»: on peut se déclarer adhérent à la religion de l'Etat sans y croire. Quant à ses critiques, philosophiques et polémiques, du christianisme, ce ne serait qu'«indiscrétions», amplifiées par Nonnotte et Guyon.

54. Longchamp et Wagnière, i.75.
55. D15548.
56. D.app.300, p.486-87.

Le curé Gros fut ébranlé par ces déclarations réitérées. Peut-être pensa-t-il que le P. Joseph pourrait obtenir davantage, à la faveur de la confession. Tous deux se rendirent au château, le 1er avril au matin. Wagnière introduisit le capucin au chevet du soi-disant malade. Il laissa la porte entr'ouverte et écouta. Grâce à son indiscrétion, nous assistons à la «confession» de Voltaire. Le pénitent commence par dire que, dans l'état où il est, il ne se souvient plus bien du *Confiteor* ni du *Credo*: que le père veuille bien les réciter, il les répètera après lui. Alors le pauvre capucin, plus mort que vif, se mit à bredouiller un «salmigondis» du *Pater*, du *Credo*, du *Confiteor*. Voltaire répète. Il ajoute qu'il ne va pas à la messe aussi souvent qu'il le doit. Mais il adore Dieu dans sa chambre. «On dit», reprend le confesseur, «que vous avez fait de mauvais livres, contre le bon Dieu, la sainte Vierge et les prêtres». Le religieux sort alors de sa manche un papier, une profession de foi, qu'il demande à Voltaire de signer. A quoi bon, répond celui-ci, puisque nous venons de réciter le *Credo*, «le Symbole des Apôtres qui contient tout». Le père insiste. A plusieurs reprises, il présente son papier. Sans même y jeter un regard, Voltaire redit qu'il s'en tient au Symbole. Puis il prend la parole lui-même, avec fougue. Il adresse au confesseur un sermon très pathétique, sur la calomnie, la morale, la tolérance. Abasourdi, les larmes aux yeux, le bon père tend toujours son papier. Enfin Voltaire le voyant à point lui dit brusquement: «Donnez-moi l'absolution», immédiatement. Le capucin éperdu prononce l'*absolvo*, et remet le papier dans sa manche.[57]

Aussitôt Voltaire fait venir le curé Gros, porteur du saint-sacrement, et convoque le notaire et plusieurs personnes. Il communie de la main du curé. A l'instant même, il prononce ces paroles:

> Ayant mon Dieu dans ma bouche, je déclare que je pardonne sincèrement à ceux qui ont écrit au roi des calomnies contre moi, et qui n'ont pas réussi dans leur mauvais dessein.[58]

«Ayant mon Dieu dans ma bouche»: de la part du théiste Voltaire on devine le sous-entendu d'une expression, en apparence très orthodoxe. Dieu, l'Etre suprême, «dans la bouche» d'un homme, quelle absurdité! Quant à la deuxième partie de la déclaration, elle s'adresse à Mgr Biord: il a «écrit au roi» contre Voltaire, et n'a pas réussi dans son dessein. Ont signé avec Voltaire et Raffo les mêmes témoins qu'à la déclaration de la veille.

Une fois tout ce monde retiré, le prétendu moribond saute allégrement de son lit, et va se promener dans son jardin avec Wagnière. Moralité: «Je vous avais bien dit que je serais confessé et communié dans mon lit, malgré mons Biord.»[59]

57. Selon Wagnière, p.80, il s'agirait de la profession de foi envoyée par Mgr Biord, donc du texte de D.app.310, dont nous avons parlé plus haut. Mais le texte dont il sera question plus loin dans l'acte notarié du 15 avril, sera celui de Gros, reproduit ci-dessus, p.366-67.

58. D.app.300, p.487.

59. Longchamp et Wagnière, i.82.

La comédie pourtant comporte un épilogue. Rentré à la cure, Gros demande au capucin si Voltaire a signé le papier de la profession de foi. Hélas! non, répond le père, «encore tout tremblant». Les deux prêtres sont consternés. Les foudres de monseigneur vont s'abattre sur eux. Au bout de quelque temps, ils trouvent une parade. Le 15 avril le notaire Raffo veut bien enregistrer une déclaration sous serment de Gros, Joseph et quelques autres. Ils ont entendu, le 1er avril, à 9 heures du matin, M. de Voltaire avant de recevoir le saint viatique faire la déclaration suivante. Ici vient le texte que nous avons cité, p.395, avec quelques variantes. Notamment Voltaire aurait pris soin de préciser qu'il avait fait la même déclaration «entre les mains» du P. Joseph avant de se confesser: il fallait mettre à couvert le père capucin.[60] Un faux, affirme Wagnière.[61] Il a certainement raison. Parmi les déclarants du 15 avril figurent des personnages qui n'étaient pas présents le 1er: Burgoz, Jacquet, manœuvre, Jaquin, maître d'école. Voltaire lava la tête aux coupables, mais renonça à les poursuivre. L'acte du 15 avril fut néanmoins envoyé à Mgr Biord.

C'est à ce moment-là que celui-ci réagit. Il adresse à Voltaire une lettre fort longue.[62] Il tient, ou feint de tenir, pour authentique la profession de foi apocryphe. Il place le converti supposé devant un dilemme: ou bien il croit réellement ce qu'il vient de déclarer; il doit donc désavouer publiquement tous ses écrits impies, depuis l'*Epître à Uranie*; ou bien il ne le croit pas; il ne peut alors être considéré que comme un «hypocrite», «sans honneur, sans probité», ce qui annoncera «le décri formel de cette philosophie des prétendus esprits forts de nos jours». Voltaire répond sous le nom d'un parent supposé, M. de Mauléon: une telle lettre n'a pu être écrite que par un faussaire, qui l'a attribuée à l'évêque d'Annecy.[63] Mgr Biord laissa publier cet échange, dont il était sans doute assez satisfait, en y comprenant les billets du ministre Saint-Florentin, sans l'accord de celui-ci, et sans, non plus, l'accord de Voltaire. Ce qui lui valut une protestation du ministre, assortie d'une recommandation peut-être judicieuse, préfigurant en tout cas le parti qu'adoptera le pouvoir en 1778: ne pas élever «des doutes sur la sincérité d'une démarche que, quelle que fût son intention, nous ne sommes pas en voie de pénétrer».[64]

A Paris, parmi ses amis, l'effet fut aussi fâcheux que l'année précédente. Voltaire avance les mêmes justifications, toujours aussi peu convaincantes. Il a rempli les «devoirs d'un officier de la chambre du Roi Très Chrétien et d'un

60. D.app.310, p.501-502.

61. Longchamp et Wagnière, i.86.

62. D15631 (5 mai 1769).

63. D15653 (17 mai 1769). Le pseudo-Mauléon récidivera en dépassant vraiment les bornes, D15688 (vers le 15 juin 1769).

64. D15665 (27 mai 1769). Nous corrigeons la syntaxe défectueuse du ministre.

citoyen qui doit mourir dans la religion de sa patrie». Il a voulu éviter un refus de sépulture (mais à cet égard il aggrave plutôt son cas). Il aurait désarmé Biord qui lui «ménageait une excommunication formelle qui aurait fait un bruit diabolique».[65] Toujours est-il que, prudemment, il ne récidivera plus les années suivantes.[66]

Pendant ces démêlés eucharistiques, l'*Histoire du parlement de Paris* s'imprime à Genève et à Amsterdam.[67] Voltaire met beaucoup d'insistance à nier qu'il en soit l'auteur. L'édition d'Amsterdam l'attribue à un «abbé Big...», ultérieurement «abbé Bigore», personnage inconnu. Ruse banale que Voltaire appuie d'un raisonnement: le livre suppose des recherches dans de «vieilles archives», car il apporte des éléments nouveaux, par exemple sur les emprunts de Louis XII et de François Ier. Comment Voltaire, absent de Paris «depuis plus de vingt ans», aurait-il pu «fouiller» dans ces dépôts lointains?[68] Nul n'hésita pourtant à voir en lui l'auteur d'un ouvrage, si évidemment marqué de son esprit et de son style.

L'*Histoire du parlement de Paris* est aujourd'hui l'une des moins lues parmi les œuvres délaissées de Voltaire. A sa sortie, elle avait cependant remporté un succès «fracassant».[69] Elle apparaissait dans une actualité politique agitée. Le conflit du parlement de Rennes, mené par La Chalotais, avec le gouverneur de Bretagne, le duc d'Aiguillon, était devenu une affaire nationale. En vain, Louis XV avait voulu trancher dans le vif: emprisonnement de La Chalotais et de plusieurs magistrats, création à Rennes d'un nouveau parlement (1765). Le parlement de Paris alors, appuyé par celui de Rouen, avait pris la défense du parlement breton. Louis XV était accouru brusquement de Versailles dans la capitale pour remettre durement à leur place les magistrats indociles (séance de la Flagellation, mars 1766). Choiseul tenta ensuite l'apaisement. Il rappela le duc d'Aiguillon, rétablit l'ancien parlement de Rennes. Le seul résultat fut d'enhardir les parlementaires. Ils intentèrent un procès au duc d'Aiguillon pour abus de pouvoir. L'ancien gouverneur de Bretagne, étant duc et pair, devait être jugé par le parlement de Paris.

Les choses en étaient là, lorsque parut l'*Histoire du parlement de Paris*. On a dit[70] que Voltaire avait pu écrire cet ouvrage à l'instigation du ministère, pour

65. D15572 (5 avril 1769), à Saurin; D15578 (9 avril), à d'Argental; D15737 (7 juillet), au même.

66. En 1770, le nouveau curé Hugonet (Gros étant décédé) à l'approche de Pâques se montre fort inquiet. Biord lui adresse des consignes rigoureuses, accompagnées de deux lettres d'admonestation à Voltaire et d'un modèle de rétractation. Hugonet n'eut pas à faire usage de ces pièces, D16249, D16263, D.app.323.

67. Il existe une édition genevoise de Cramer (BnC 3350), et une autre hollandaise (BnC 3345).

68. D15727 (3 juillet 1769), à Mme Denis.

69. Voltaire, D15792 (vers le 1er août 1769), à Mme Denis, parle du «fracas» que faisait cette *Histoire du parlement*.

70. J. H. Brumfitt, *Voltaire historian* (Oxford 1958), p.70.

l'aider dans sa lutte anti-parlementaire. L'idée remonte au compte rendu des *Mémoires secrets* (17 juillet 1769). Mais elle est sans fondement. L'affaire, en fait, divisait le gouvernement. Si Maupeou, récemment nommé chancelier (1768), c'est-à-dire ministre de la Justice, tenait pour l'intransigeance,[71] Choiseul est «parlementaire»: il «soutient [les parlements] dans toutes les occasions».[72]

Voltaire est l'ennemi du parlement de Paris pour les raisons essentielles que nous avons dites. Il entend pourtant faire œuvre d'historien, non de polémiste. Il ne manque pas de souligner qu'en plus d'une circonstance cette institution a bien servi l'Etat et la nation. Ainsi, pendant la minorité de Charles VIII, le parlement a tenu une conduite exemplaire: il se consacre à rendre la justice, refusant de s'occuper de gouvernement et de finance (ch.XII). Sous François Ier, Voltaire l'approuve de s'être opposé au Concordat conclu avec le pape, comme trop favorable à Rome. Le parlement ayant refusé un édit relatif à cette affaire, le roi crée un Grand Conseil, en principe supérieur au parlement, sans régler cependant entre les deux institutions un conflit d'attribution qui persiste au dix-huitième siècle. C'est alors – Voltaire le note – que le parlement commence à intervenir dans les affaires politiques (ch.XV). L'historien approuve encore le parlement lorsqu'il refuse de recevoir en France le concile de Trente, sauf en ce qui a trait au dogme; lorsqu'il condamne une possédée de Romorantin qui va de ville en ville répétant que les protestants sont du parti du diable; éconduit une manifestation de dévotes prétendant empêcher la sœur de Henri IV de tenir un prêche en son palais; enregistre l'Edit de Nantes, sur les instances du roi; tente d'empêcher le rappel des jésuites, soupçonnés d'encourager le régicide (ch.XXXIX, XL, XLII). Bref une «compagnie utile, laquelle a été quelquefois dangereuse».[73]

Cependant la contrepartie négative apparaissait, non pas «quelquefois», mais très souvent. L'historien remonte aux origines de l'institution. Elles ruinent les prétentions actuelles du parlement de Paris. Il n'a que le nom de commun avec le parlement anglais qui est, lui, véritablement représentatif. Les «vrais parlements» en France, ce sont les Etats Généraux (ch.III). Lorsque Charles VII eut reconquis son royaume, il réorganisa les cours de justice. Les juges reçoivent alors des gages (ch.X). C'est pendant les guerres d'Italie au seizième siècle, que Louis XII puis François Ier pour se procurer de l'argent commencent à vendre des emplois de conseillers. Début de la scandaleuse vénalité des charges judiciaires (ch.XVI). Elle assurait sans doute une véritable indépendance des magistrats. Mais on voyait, sous Choiseul, combien ceux-ci en abusaient. L'enregistrement des

71. Maupeou ne semble pas, contrairement à ce qui a été dit, avoir rendu visite à Voltaire à Ferney en juin 1769: démarche incompatible avec sa fonction ministérielle.

72. D15507 (8 mars 1769), Mme Denis à Voltaire.

73. D15620 (avril-mai 1769), à G. Cramer: passage ajouté pour conclure l'*Histoire du parlement de Paris*, où il était rendu hommage aussi à «la sagesse et la clémence du roi».

édits royaux était né de «la nécessité d'avoir un dépôt d'archives qu'on pût consulter aisément» (ch.XI). Il n'impliquait aucun droit de refuser l'enregistrement, encore moins de présenter à cette occasion des remontrances: autant d'usurpations qui se développèrent dans la suite des temps. En plus d'une circonstance, le parlement se révéla obscurantiste: arrêt contre l'imprimerie, que Louis XI dut casser (ch.XI); arrêt en faveur d'Aristote (ch.XLIX); condamnation de la maréchale d'Ancre comme «sorcière», comme s'il existait des sorciers et des sorcières (ch.XLVIII); refus pendant dix-huit mois d'enregistrer les lettres patentes créant l'Académie française (ch.LII). Pendant les périodes troublées de notre histoire, le parlement eut souvent une action néfaste. Au quinzième siècle, sous l'occupation anglaise, il jugea et condamna le jeune dauphin, futur Charles VII (ch.VI). Il rend des arrêts justifiant la Saint-Barthélemy (ch.XXVIII). Après l'assassinat de Henri III, il déclare roi de France le candidat de la Ligue, le vieux cardinal de Bourbon, à la place d'Henri IV, héritier légitime (ch.XXXII). Sous la Fronde, le parlement de Paris lève des troupes, oblige la reine et le jeune Louis XIV à se réfugier à Saint-Germain, dans le plus grand dénuement (ch.LVI).

Au dix-huitième siècle, le parlement, sous la pression de Dubois, eut la faiblesse d'enregistrer la malheureuse bulle *Unigenitus* (ch.LXII). Puis, après bien d'autres, vient l'affaire Damiens. Ce pauvre homme, faible d'esprit, eut la tête échauffée par les propos de conseillers du parlement entendus dans la Grande Salle. Il fut condamné à mort, sentence légale contre les régicides. Mais l'exécution fut agencée avec une révoltante barbarie. Nous avons relevé précédemment que le supplice semblait n'avoir guère eu d'écho chez Voltaire installé à Genève.[74] C'est dans l'*Histoire du parlement de Paris* qu'il donne de l'exécution un récit détaillé, insoutenable.[75]

Les parlementaires parisiens reçurent fort mal cette *Histoire* de leur parlement. Certains pensaient lancer un décret de prise de corps. Quoique Ferney se trouvât hors du ressort, pourtant fort étendu, du parlement de Paris, Voltaire s'inquiéta auprès de l'avocat Christin: les magistrats auraient-ils quelque moyen indirect de l'atteindre?[76] En définitive aucune action ne fut intentée. L'*Histoire du parlement de Paris*, sévère mais objective, apportait à sa date une contribution non négligeable, préparant une réforme judiciaire, qui passait nécessairement par une réforme des parlements.

L'Infâme reste un sujet constant de préoccupation. Pendant qu'il demandait à

74. *Voltaire en son temps*, iii.314.

75. Au bout d'une heure d'écartèlement par quatre chevaux, «les membres se détachèrent l'un après l'autre. Damiens ayant perdu deux cuisses et un bras respirait encore, et n'expira que lorsque le bras lui restant fut séparé de son tronc tout sanglant» (ch.LXVIII).

76. D15777 (27 juillet 1769).

son secrétaire Bigex de signer ses professions de foi, il l'employait à une tâche d'une tout autre envergure. Il avait dans sa bibliothèque une savante publication: le *Codex apocryphus Novi Testamenti*, recueil des textes néo-testamentaires apocryphes, publié à Hambourg en 1719-1743 en trois volumes par Johann Albert Fabricius.[77] Il les fit traduire, ou résumer, par Bigex. Cramer publie cette *Collection d'anciens évangiles* au début de mai 1769.[78] Ainsi était mis à la disposition du public, en français, un recueil jusqu'alors connu des seuls érudits. L'intention de Voltaire est évidemment de susciter le scepticisme envers les quatre évangiles canoniques, d'en suggérer la relativité, par comparaison avec quantité de productions contemporaines du même genre. Mais le dessein polémique ne doit pas faire oublier que la *Collection* participait à la quête, commencée au dix-huitième siècle, des textes se rapportant aux origines du christianisme: mouvement qui ruinera l'idée, naïvement apologétique, d'une Révélation surgissant, totalement novatrice par rapport à l'environnement culturel de l'époque. Voltaire conseillait à Cramer de tirer peu d'exemplaires de son édition, comme chaque fois qu'il «ne s'agira que de raison»: «Très peu de plaisanterie, aucune satire, aucun conte ordurier, rien par conséquent qui réveille l'attention des hommes».[79]

Il va lui-même se charger de «réveiller l'attention des hommes», par la «plaisanterie», «la satire», voire le «conte ordurier». Au début d'août il publie, jumelée à un opuscule *De la paix perpétuelle*,[80] une *Instruction du gardien des capucins de Raguse à frère Pédiculoso partant pour la Terre sainte*. En fait de critique biblique, n'attendons aucune nouveauté de cette *Instruction*, qui par deux fois renvoie aux *Questions de Zapata*. Ce qui est neuf, c'est la mise en scène. Nous sommes à Raguse, aujourd'hui Dubrovnik, république italienne comme Venise; d'où le nom du pèlerin, frère Pédiculoso («pouilleux»). Le «gardien» – terme qui désigne le supérieur du couvent chez les franciscains – prodigue ses conseils au jeune voyageur pour une enquête en Terre sainte. La vérification des textes de l'Ancien Testament sur le terrain ne s'avère pas chose aisée. Comment retrouver l'emplacement du paradis terrestre, «à la source de l'Euphrate, du Tigre, de l'Araxe et du Nil»? Les sources du Nil et de l'Euphrate sont «à mille lieues l'une de l'autre», mais Pédiculoso n'aura qu'à demander le chemin aux capucins de Jérusalem. Le père gardien promène le frère dans tout l'Orient: sur le mont Ararat, pour vérifier les mesures de l'arche calculées par «l'illustre M. Le

77. BV, n° 1284.

78. D15594 (avril 1769), à Cramer. L'éditeur reprendra la *Collection*, en l'attribuant à Voltaire dans l'édition in-quarto des *Œuvres*, D17355 (10 septembre 1771).

79. D15594.

80. D15804 (7 août 1769). *De la paix perpétuelle* commence comme une critique des idées de l'abbé de Saint-Pierre, puis en vient rapidement à l'intolérance des premiers chrétiens. La conclusion est que la véritable paix s'établira avec la tolérance.

Pelletier»; à la tour de Babel, mesurée, elle, par le P. Kircher; à Sodome, pour prendre des nouvelles des anges que violèrent les Sodomites, etc. Mais le gardien oublie vite tout itinéraire. Que Pédiculoso «passe aux prophètes»! «Si vous déjeunez avec Ezéchiel, prenez garde, notre cher frère»... Puis voici Oolla et Ooliba, vieilles connaissances. Peu de choses sur le Nouveau Testament. Pour finir, une mise en garde. Que Pédiculoso ne manque pas d'avertir son supérieur, s'il rencontre en son chemin «quelques-uns de ces scélérats qui ne font qu'un cas médiocre de la transsubstantiation, de l'ascension, de l'assomption, de l'annonciation, de l'Inquisition, et qui se contentent de croire en Dieu»...[81] Le père gardien répète des choses vingt fois ressassées par Voltaire. Mais sa fougue, l'imprévu dans la succession des traits, le piquant du propos, un ton à la fois paternaliste et malicieux, exorcisent l'ennui du déjà dit.

De *Pédiculoso* aux *Lettres d'Amabed* la mobilité voltairienne nous fait passer de la facétie au roman sentimental. Ces *Lettres*, Voltaire les dit «dans le goût de *Paméla*», de la *Paméla* de Richardson, fort appréciée alors du public français. La même référence, on se le rappelle, avait désigné le roman épistolaire mis au point par Voltaire en 1753, à l'aide de ses lettres adressées de Prusse à Mme Denis.[82] L'*Amabed* de 1769 serait-il une refonte de la *Paméla* de 1753? Voltaire se serait-il souvenu, en narrant le séjour des jeunes mariés indiens dans les cachots de l'Inquisition à Goa, de son arrestation avec Mme Denis à Francfort? C'est peu vraisemblable. Les situations, les personnages, les sentiments sont trop différents.[83]

L'histoire débute à Bénarès, ville sainte de l'Inde, dans les premières années du seizième siècle. Deux jeunes gens, Amabed et Adaté, disciples du «grand brame» hindouiste Shastasid, vont se marier. Un missionnaire dominicain, le père Fa tutto, leur enseigne la langue italienne. Il leur porte une amitié tendre, et surtout à Adaté. Shastasid, soupçonneux, leur conseille de hâter leur union. Ce qu'ils font. Ils ont alors l'imprudence de suivre le missionnaire à Goa, colonie portugaise de la côte indienne. A peine arrivés, ils sont arrêtés, séparés, jetés dans des cachots que le lecteur reconnaît comme ceux de l'Inquisition. Ils ont été victimes d'une manœuvre infâme de Fa tutto. Adaté, affolée, comparaît devant un tribunal de cinq spectres, en longues robes noires. On lui demande si elle a été baptisée. Elle l'a été, comme hindouiste, par immersion dans le Gange. Elle répond donc: Oui. Alors les cinq spectres s'écrient d'un ton lugubre: «*Apostata*!» Mais parmi eux se trouve Fa tutto qu'Adaté a reconnu. «*Io la convertero*»,

81. M.xxvii.301-309.

82. D15668 (29 mai 1769), à Thiriot, et *Voltaire en son temps*, iii.192.

83. Reconnaissons cependant que nous ne savons rien de la genèse et de la rédaction des *Lettres d'Amabed*, qui apparaissent en mai 1769, dans une édition séparée et dans le recueil *Les Choses utiles et agréables* (*Romans et contes*, p.1115-17).

proteste-t-il. Littéralement, il «la retournera»... Il rend visite à la jeune femme dans sa cellule, se permettant des privautés. Un jour, il arrive triomphant: Amabed est libéré. A la faveur de ses effusions, Fa tutto viole Adaté, et de surcroît la servante Déra qui tentait de s'y opposer.

A partir d'ici, on peut imaginer un récit s'enfonçant dans des horreurs sadiques: au fond des souterrains de l'Inquisition, Adaté et aussi Amabed subissant la lubricité monstrueuse de moines diaboliques, et leurs sévices physiques. Or, tout au contraire, l'horizon s'éclaircit rapidement. Adaté a pu faire parvenir une dénonciation au corrégidor, un honnête homme. Les deux jeunes Indiens sont extraits de leur prison et embarqués, avec Fa tutto, sur un navire: ils seront jugés par le pape à Rome.

Voltaire n'a guère le souci d'utiliser, à la manière des romanciers ses contemporains, les ressources polyphoniques de la forme épistolaire. Dans ses *Lettres d'Amabed* l'échange se réduit presque à un monologue. Tous les messages sont adressés à Shastasid, mais celui-ci ne répond que trois fois, au début, lorsque ses jeunes disciples sont encore à sa portée. Ensuite, le bateau voguant vers l'Europe, la succession des lettres, toutes écrites désormais par le seul Amabed, forme en réalité un «journal». Voltaire déclarait son *Amabed* supérieur à la *Paméla* de Richardson en ce qu'il offrait un «tableau du monde entier depuis le Gange jusqu'au Vatican». En effet, ses lectures historiques lui permettent d'offrir une évocation remarquablement précise de l'Inde et de Goa.[84] Puis le navire emporte les jeunes Indiens bien loin de leur pays natal. Longeant l'Afrique du Sud, Amabed remarque les étranges particularités ethniques des indigènes Hottentots, puis les caractères tout différents des nègres d'Angola. Des populations si dissemblables peuvent-elles provenir d'un couple unique, comme le raconte la Genèse? A bord, un autre religieux, Fa molto. Ce père franciscain, à la faveur d'une escale, réussit à violer Déra, dans un cabaret de la côte. D'où des réflexions sur l'imprudent vœu de chasteté imposé aux moines. En outre Fa molto révèle que Fa tutto n'est qu'«un fripon qui ne croit pas un mot de ce qu'il enseigne».[85]

Parvenus dans la rade de Lisbonne, les voyageurs admirent cette capitale d'un petit royaume qui règne sur un si grand empire. Enfin par Malte, Cività Vecchia, port en ruines, et à travers la désolation des marais Pontins, ils arrivent à Rome. Voltaire s'inspire ici plus de Montesquieu que de Richardson. Ses Indiens découvrent la capitale de la chrétienté avec les mêmes étonnements faussement naïfs que les voyageurs des *Lettres persanes* découvrant la société parisienne. Ils viennent demander justice de Fa tutto. Mais de cela nul ne se soucie. Fa tutto est célébré comme un saint, qui a converti des milliers d'Indiens. On fête Amabed

84. Voir les détails dans *Romans et contes*, p.1088 et suiv.

85. *Romans et contes*, p.506.

et Adaté, sans trop examiner la réalité de leur conversion. La brillante société romaine s'empare des jeunes gens : réceptions dans de magnifiques palais, dîner chez une princesse de Piombino, particulièrement somptueux. Amabed, végétarien de par sa foi hindouiste, a bien quelque scrupule à se régaler de délicieuses gélinottes. Bah ! il se purifiera dans le Gange, à son retour. S'il revient. Car les jeunes gens, en cette Rome voluptueuse, se sentent «ensorcelés par le plaisir». Un jeune pape, nouvellement élu, Léon X, est intronisé au cours de fêtes splendides, qu'ils suivent : spectacles, festins, bals, «belles cérémonies de la religion». L'audience pontificale des deux jeunes Indiens se déroule dans une ambiance d'affectueuse cordialité. «Tout ceci est un enchantement.»[86] Amabed ne manque pas d'observer qu'un tel luxe est entretenu par les extorsions pratiquées dans toute la chrétienté et qu'une révolte est prévisible. Nous sommes en 1513 : celle de Luther suivra de peu. Mais les jeunes Indiens sont conquis par une sorte de *dolce vita*. Shastasid et son austère brahmanisme paraissent bien lointains, d'un autre âge. A Rome même tout esprit évangélique a disparu. Que la vie moderne, vie de relations sociales, aux manifestations brillantes, agrémentées de luxe, fasse évaporer pour ainsi dire le sentiment religieux : telle est la signification qui se dégage des *Lettres d'Amabed*. On jugera que pareille leçon ne manque pas sans doute de pertinence.

Et puis voici soudain un tout autre Voltaire, le Voltaire métaphysique. En août de cette même année 1769, il publie une brochure in-8° de 24 pages, *Tout en Dieu*, «commentaire sur Malebranche par l'abbé de Tilladet». Il revient ainsi à ce Malebranche attentivement lu en sa jeunesse :[87] il s'intéresse désormais moins au théoricien de l'erreur, qu'au philosophe de la «vision en Dieu». Il s'interroge sur la relation, non pas affective mais métaphysique, entre Dieu et l'homme. Il trouve la réponse dans le vers d'Aratus cité par saint Paul, qu'il traduit : «Tout se meut, tout respire, et tout existe en Dieu».[88] Il interprète l'idée en un sens plus spinoziste que malebranchiste. Bien qu'il ne possède pas *L'Ethique* dans sa bibliothèque, il semble l'avoir lue vers cette époque.[89] D'où viennent nos sensations, nos idées ? Il répond que «l'Auteur de la nature nous a donné tout ce que nous savons : organes, sensations, idées qui en sont la suite». «Voir tout en Dieu», selon Malebranche, ne peut signifier que ceci : «Dieu nous donne toutes nos idées». Il expose, s'inspirant de Spinoza, une philosophie de l'immanence, Dieu étant «une cause nécessaire, immense, agissante, présente à tous ses effets, en tout lieu, en tout temps». Il sait qu'il s'expose ainsi aux objections faites à Spinoza,

86. *Romans et contes*, p.523.

87. *Voltaire en son temps*, i.196. Il a envoyé *Tout en Dieu* à d'Alembert, le 15 août, D15824, qui répond le 29 dans un sens matérialiste, D15848.

88. *In Deo vivimus, et movemus, et sumus*, M.xxviii.91.

89. BV, n° 3202, contient seulement une adaptation du *Tractatus theologico-politicus*.

notamment par Bayle: Dieu tout à la fois «esprit et citrouille, loup et agneau, volant et volé, massacrant et massacré», etc. Sa réponse reprend, sous une autre forme, la distinction entre *natura naturans* et *natura naturata*, méconnue par Bayle.[90] Il cherche ainsi à établir son théisme sur un fondement plus approfondi que le banal argument de l'ordre de la nature attestant un grand Architecte. Par cet écrit, contemporain, ou peu s'en faut, de *Pédiculoso* et d'*Amabed*, il manifeste son ouverture d'esprit, et son aptitude aux grandes idées.

Mme Denis resterait-elle définitivement séparée de son oncle? Non, s'il ne tient qu'à elle. Elle s'inquiète des imprudences du vieil homme. Ses pâques mouvementées de 1768 ne sont pas faites pour la rassurer. Elle apprend qu'un personnage mal famé, Durey de Morsan, a réussi à s'implanter à Ferney. Il y a installé un laboratoire, où il fabrique des drogues.[91] On peut envisager deux solutions. Que Voltaire vienne rejoindre sa nièce à Paris. Ou que Mme Denis se résigne à retourner à Ferney. Pendant tout l'été, on hésitera entre les deux partis. Voltaire pourrait-il revenir à Paris? La question est à poser franchement à Choiseul. Mais le philosophe devrait en ce cas «renoncer à [sa] passion favorite, celle d'écrire»: condition inacceptable.[92] En juin, le résident français Hennin, de retour de Versailles à Genève, est allé à Ferney proposer un projet de Mme Denis: Voltaire viendrait s'installer à Paris, mais dans une maison différente de celle de sa nièce. La démarche est froidement reçue.[93] Autre projet: Voltaire irait passer quinze jours dans la capitale en octobre et reviendrait en compagnie de Mme Denis. Mais voici qu'un accident de santé le fait renoncer au voyage.[94] Une nouvelle opportunité semble se dessiner en août. On parle de jouer son opéra de *Pandore* pour le mariage du dauphin (le futur Louis XVI). Voltaire ne pourrait-il alors être présent à Paris, en annonçant que «ce n'est que pour trois mois»?[95] Il écarte d'emblée la proposition. Il ne croit pas que «le notaire Wim» (Louis XV) donnerait son accord. Dernière tentative en septembre. A la prière de Mme Denis, Mme Du Deffand à un souper chez la duchesse de Choiseul demande le retour de Voltaire. La duchesse répond que son mari dans les circonstances actuelles y est hostile et qu'elle n'interviendra pas.[96]

L'autre solution ne s'est pas imposée facilement. Mme Denis dès le 12 juin s'affirmait décidée à partir pour Ferney «peut-être avant un mois».[97] Mais Voltaire

90. M.xxviii.98.
91. D15887 (11 septembre 1769), Mme Denis à Hennin.
92. D15507 (8 mars 1769), Mme Denis à Voltaire.
93. D15687 (14 juin), Hennin à Mme Denis. Mme Denis, D15695, lui répond de ne pas insister.
94. D15756 (17 juillet), à Mme Denis.
95. D15811 (10 août 1769), D15816 (même jour), D15853 (30 août 1769).
96. D15889, commentaire, citant le journal d'Horace Walpole (13 septembre 1769).
97. D15746, Mme Denis à Dompierre d'Hornoy.

n'est pas encore décidé à l'accueillir. Il lui objecte que la vie qu'il mène dans cette «solitude» serait «un supplice» pour elle.[98] L'hiver en ce pays de Gex est «horrible et mortel». Pourquoi ne passeraient-ils pas ensemble la mauvaise saison sous un climat méridional: Montpellier, Hyères, Toulouse même, où toute la jeunesse lui est favorable, et où *Tancrède*, *Alzire*, *Mariamne*, joués par Lekain avec l'aide d'une troupe locale, ont remporté un immense succès?[99] D'autres difficultés apparaissent. Mme Denis a des exigences en fait de domesticité. Il lui faudra à Ferney une femme de chambre, un cocher, un laquais; elle aura à sa disposition un carrosse à deux chevaux, derrière lequel montera son laquais.[100] Elle a, selon son habitude, contracté à Paris de grosses dettes pressantes. Son oncle refuse de les éponger: ses débiteurs paient mal, il est obligé à l'économie pour les mois qui viennent. Il n'importe, Mme Denis partira pour Ferney dès «les premiers jours d'octobre».[101]

A ce moment-là, surgit un espoir de dernière heure. Le roi a dit «des choses honnêtes et flatteuses» sur Voltaire. Mme Du Barry lui a parlé favorablement du grand poète. Mais l'espoir est vite déçu. On ne prévoit pas un changement d'attitude de Louis XV dans un avenir prochain. Mme Denis quitte donc Paris le 23 octobre. Elle a emprunté 100 louis pour le voyage. Elle laisse à son beau-frère ses meubles, sa maison à louer, ses dettes. Elle arrive à Ferney le 27 ou le 28.[102]

Voltaire l'avait soigneusement dissimulé, mais il avait mal vécu ces dix-huit mois de séparation. Il a «dévoré seul [son] chagrin».[103] Son intense activité de plume, en 1768 et 1769, était un dérivatif. Désormais l'oncle et la nièce ne se quitteront plus.

98. D15596 (17 avril 1769).

99. D15828 (16 août 1769), D15897 (16 septembre 1769).

100. D15801 (6 août 1769).

101. D15896 (vers le 15 septembre 1769), Mme Denis à Hennin.

102. D15905 (18 septembre 1769), D15930 (7 octobre), D15956 (15 octobre), toutes trois de Mme Denis à Voltaire; celui-ci n'a pas cru à un changement d'attitude de Louis XV. Arrivée: D15976, 28 octobre, Voltaire à d'Alembert.

103. Il l'avoue à Mme Denis, D15694 (19 juin 1769).

22. Pour une statue

(octobre 1769 - juillet 1770)

Après l'échec des tentatives pour son retour, dans l'été de 1769, la capitale paraissait bien définitivement interdite à Voltaire. Il allait terminer sa vie sinon, formellement, dans l'exil, du moins dans l'éloignement. Triste constatation, dont allait naître bientôt l'idée d'un hommage exceptionnel. Au grand absent, champion des Lumières, la société éclairée allait ériger, à Paris, de son vivant, une statue. Le projet va prendre corps dans les mois qui viennent.

Pour le présent, en octobre 1769, Voltaire est fort content, sans trop le laisser paraître, d'avoir de nouveau sa nièce auprès de lui.[1] La vie reprend à Ferney, sous la direction de Mme Denis, mais différente de ce qu'elle était avant son expulsion. C'est désormais un Ferney réformé. Plus de ces réceptions aux innombrables invités. Plus de ces spectacles, temps fort des soirées de jadis. La salle de théâtre a été transformée en un élevage de vers à soie. Mme Denis s'est assagie. Elle reçoit deux ou trois visiteurs, dans des circonstances où précédemment elle en recevait cent. Elle s'est mise au régime. Voltaire prend avec elle ses repas, séparément de ses hôtes. Au château, une table demeure ouverte pour les étrangers, bonne et bien fournie, mais ils n'y paraissent pas.[2] Le maître des lieux se fait rare. La porte de son appartement reste fermée. Il continue à travailler quinze heures par jour. Nombre de visiteurs sont renvoyés, sans l'avoir vu, même des Anglais. Ou bien il les reçoit mal, comme William Constable. Ou encore il fait attendre plusieurs jours, comme celui-ci qu'il finit par recevoir dans son jardin.[3] Ceux à qui il se montre peuvent s'estimer privilégiés. Ainsi Chambrier et son ami, recommandés par Du Peyrou. Faveur qui nous vaut un croquis de Voltaire en robe de chambre. Il les reçoit coiffé d'une vaste perruque, portant une culotte rouge. Il a l'allure d'un «personnage de théâtre». Il en a le ton, et la physionomie très «expressive».[4]

De sa retraite, il continue à gérer maintes affaires. Le conflit avec le président de Brosses sur les bois de Tourney continue, sans espoir qu'on en voie la fin.[5] A

1. D15994 (12 novembre 1769), Mme Denis à Mme d'Argental. En février, il paiera les dettes qu'elle a laissées à Paris, D16132.

2. D16095, D15989, commentaire, D16482.

3. D16347, D16389 et commentaire, D16482.

4. D16414, commentaire.

5. D16092 (14 janvier 1770), à Girod.

Ferney même, il apparaît urgent de «saigner» un certain marais, pestilentiel. Un autre marécage est en train de se former dans le village, faute d'écoulement des eaux. Il faudrait la collaboration des riverains, dont certains renâclent. Lettre au subdélégué Fabry, pour qu'il use de son autorité.[6] Voltaire ainsi, de sa table de travail ou de son lit, règle par correspondance plusieurs affaires. Mme Denis, on le sait, voulait le départ du pauvre hère Durey de Morsan, que Voltaire avait recueilli par une générosité peut-être mal inspirée. Il lui donne 6 000 livres pour qu'il aille s'installer dans la principauté de Neuchâtel.[7] C'est par lettres encore, échangées avec le duc de Praslin, maintenant ministre de la Marine, qu'il tente de récupérer quelque chose d'une piraterie commise à son détriment. Un navire transportait dans son fret des diamants lui appartenant. Il est intercepté par des barbaresques tunisiens. Sur la plainte du légitime propriétaire, Praslin demande une enquête au consul du roi à Tunis. Las! les diamants étaient glissés dans une lettre: ils furent sans doute jetés à la mer avec les autres paquets.[8]

Vers la même époque, il arrive à Voltaire une aventure plus plaisante. A Gex les franciscains, autrement dits capucins, avaient des difficultés d'argent. Voltaire obtient pour eux de Choiseul, par l'intermédiaire de la duchesse, une subvention: 600 livres, soit 50 pour chacun, car ils étaient douze.[9] L'intervention ne procédait pas d'un attachement particulier à l'ordre de saint Cucufin. Elle s'inspirait d'une politique générale de Voltaire, se posant en protecteur du pays de Gex auprès du pouvoir. Or en remerciement, il reçoit du père général des franciscains à Rome un brevet le nommant «père temporel» de l'ordre. Voilà donc Voltaire capucin. Il s'amuse à jouer ce nouveau personnage, plutôt inattendu. Pendant des semaines, il va signer certaines de ses lettres «frère V., capucin indigne», notamment celle qu'il adresse au cardinal de Bernis, ambassadeur du roi à Rome, pour lui annoncer la bonne nouvelle.[10] Le curé de Ferney, M. Hugonet (successeur de Gros, décédé), en est bien entendu informé, et fait part à son évêque Mgr Biord de son embarras. Si le «père temporel» veut cette année encore faire ses pâques, faudra-t-il lui opposer un refus? Heureusement, le nouveau capucin s'abstint en 1770 de se présenter à la sainte table.[11] L'affaire fit tant de bruit que le ministre Saint-Florentin demanda une enquête. On interroge le père général, Aimé de Lamballe. Il désavoue la lettre d'affiliation que Voltaire «pourrait avoir, ne l'ayant pas

6. D16326 (1er mai 1770).

7. D16149 (15 février 1770) et D16271 (1er avril 1770), commentaire: Durey de Morsan a quitté Ferney pour le Val-Travers.

8. D16075, D16111, D16134.

9. D16001 (20 novembre 1769), D16029 (8 décembre), lettre de remerciement signée «Cucufin et frère Roch de Pediculis».

10. D16140 (8 février 1770), Saurin à Voltaire, et note 1, D16141 (9 février), Voltaire à Bernis.

11. Voir ci-dessus, p.399, note 66.

signée»: formule peu nette. Car Voltaire a bien reçu un brevet signé Aimé de Lamballe. Mais le père général se trouve alors en Corse, d'où il envoie sa dénégation.[12] On imagine qu'en son absence à Rome un secrétaire, ne sachant qui est Voltaire, a expédié, sur une feuille en blanc signée par le père général, la formule habituellement adressée aux bienfaiteurs de l'ordre.

Si le secrétaire romain avait su ce que le nouveau «père temporel» était en train de préparer! Condorcet en juin 1770 fait un séjour à Ferney. C'était sa première visite. Il étudie son hôte et le juge: moins un «philosophe» qu'un «apôtre», ce qui n'est pas mal vu. «La haine contre l'intolérance et la superstition», précise-t-il, «est le seul sentiment qui puisse lui donner la force d'écrire encore de longs ouvrages.»[13] Voltaire lui fait lire l'un de ces «longs ouvrages» en cours de préparation: les deux premiers volumes des *Questions sur l'Encyclopédie*, déjà à l'état d'épreuves. Quelques mois plus tôt, l'*Encyclopédie* étant enfin, depuis 1766, intégralement distribuée aux souscripteurs, l'éditeur Panckoucke avait formé le projet de lui donner un «supplément». Il demande la collaboration de Voltaire. Celui-ci s'est empressé de revoir et compléter, dans le sens d'une plus grande hardiesse, ses contributions au *Dictionnaire* de Diderot. Au début de novembre 1769, cent articles sont déjà prêts. Il conçoit la publication comme l'œuvre d'une «très petite société de gens» osant penser librement.[14] Bientôt, il ne s'agit plus d'un «supplément» édité par Panckoucke, mais d'une œuvre tout à fait autonome qu'imprimera Cramer: les *Questions sur l'Encyclopédie par une société de gens de lettres*.[15] Il prévoit d'abord cinq volumes: le total sera largement dépassé. Quant à la «société de gens de lettres», il en est presque l'unique membre.[16] L'*Encyclopédie* de Diderot ne l'avait jamais vraiment satisfait. Il la refait, toujours dans l'ordre alphabétique, selon son esprit, pour ainsi dire seul, mais avec des aides. Ainsi il sollicite de Moultou des renseignements sur les habits des évêques et des prêtres aux trois premiers siècles. Le pasteur, n'ayant rien trouvé, en conclut que le clergé primitif portait le même vêtement que les autres chrétiens, c'est-à-dire le *pallium* (plutôt que la toge): preuve que la hiérarchie ecclésiastique ne s'est établie que progressivement, à partir d'une situation d'égalité qu'ont fait revivre les quakers.[17] Il arrive qu'en pleine nuit, Voltaire réveille le P. Adam. Il le fait venir dans sa chambre: il faut que sans perdre une minute l'ex-jésuite

12. D16357 (22 mai 1770).

13. D16456 (28 juin 1770), à Turgot.

14. D16025 (6 décembre 1769), à Panckoucke, D16026 (même date), à Servan.

15. D16150, D16167, D16483: lettres à Cramer de février à juin-juillet 1770.

16. Cependant il obtient du pasteur E. Bertrand l'article «Droit canonique», D16242 (19 mars 1770).

17. D16066 (vers le 30 décembre 1769), Moultou à Voltaire; réponse D16069 (1er janvier 1770).

cherche tel mot grec, qui échappe à l'auteur des *Questions*.[18] En juin l'impression est assez avancée pour que le Conseil de Genève s'alarme. Injonction est faite à Cramer de suspendre, jusqu'à ce qu'il ait obtenu l'autorisation.[19] Bien entendu, Voltaire et Cramer continueront, sans autrement s'inquiéter.

Ultérieurement, les éditeurs des œuvres complètes fondront ensemble les articles du *Dictionnaire philosophique*, ceux des *Questions*, en y ajoutant divers textes. Peut-être un tel parti s'imposait-il.[20] Mais on se gardera d'oublier que Voltaire n'a jamais conçu un ensemble aussi volumineux (quatre tomes in-octavo dans l'édition Moland), qui n'a plus rien de «portatif». Les *Questions sur l'Encyclopédie* de 1770 et années suivantes se présentent comme une œuvre tout à fait distincte du *Dictionnaire philosophique* de 1764: plus libre, plus digressive encore, mais toujours suite alphabétique de «propos» plutôt que dictionnaire méthodiquement documentaire.

En octobre 1769, avait paru un autre de ces longs ouvrages dont parlait Condorcet: *Dieu et les hommes*, traité en quarante-quatre chapitres.[21] Voltaire prend pour son point de départ une appréciation fort pessimiste sur la nature de l'homme: «Nos crimes et nos sottises», tel est le titre de son premier chapitre. Seul remède: le recours à un Dieu rémunérateur et vengeur. Un tel antidote fut d'ailleurs connu dès les origines de l'humanité. Non certes par une Révélation: «mais il se trouva dans toutes les nations des hommes qui eurent assez de bon sens pour enseigner cette doctrine utile.»[22] Voltaire déroule ensuite une histoire universelle des religions, orientée par une question, «si toutes les grandes nations reconnaissent un Dieu suprême».[23] La réponse pour Voltaire ne fait aucun doute. Les brahmanes de l'Inde avaient pour doctrine secrète le théisme. La religion des anciens Chaldéens était «l'adoration d'un Dieu et la vénération des étoiles». Les Persans «révéraient dans le feu l'emblème de la Divinité». Pareillement théistes, les sages d'Egypte – Voltaire se réfère à Apulée –, ainsi que, dans leurs mystères, les initiés grecs et romains. En ces pays, il fallait en public sacrifier à «des dieux ridicules»: tout se passait comme si chez nous, «après avoir assisté à la messe de sainte Ursule et des onze mille vierges, de saint Roch et de son chien, de saint Antoine et de son cochon», des sages allaient ensuite «désavouer ces étonnantes bêtises dans une assemblée particulière».[24] Font exception à ce consensus les anciens Juifs. Leur Dieu fut d'abord un dieu cohabitant avec ceux des peuples

18. D16181 (26 février 1770), Du Pan cité dans le commentaire.
19. D16400 (11 juin 1770), commentaire.
20. Cependant voir ci-dessus, p.212.
21. Signalé par les *Mémoires secrets* le 2 novembre.
22. M.xxviii.134.
23. M.xxviii.150.
24. M.xxviii.154.

environnants, «Chamos, Moloch, Remphan, Belphégor, Astaroth, Baal-Bérith, Baal-Zébuth, et autres marmousets». Qui plus est «dieux ambulants» que ceux-là, qu'on promène dans des coffres ou arches, faute de temples.[25] Après être revenu une fois de plus sur la question de Moïse, sur les emprunts des Juifs aux croyances des autres peuples, Voltaire en arrive à Jésus. Il croit à son existence historique. Il ne partage pas l'avis de ceux qui en ont fait un essénien: les esséniens vivaient dans la retraite, à l'écart de la foule. Qu'homme du peuple, mêlé au peuple, il ait fondé une «secte», n'a rien d'invraisemblable. Voltaire cite George Fox, et aussi Mahomet. Il veut faire de Jésus «un juste et un sage».[26] Mais ensuite «rien ne s'écarte plus de la loi du Christ que le christianisme». Il revient alors sur le sujet qu'il a maintes fois traité: les querelles absurdes, les conflits sanglants dans les premiers siècles de l'Eglise. Sa conclusion éclaire le titre: «Oui, nous voulons une religion, mais simple, sage, auguste, moins indigne de Dieu, et plus faite pour nous; en un mot, nous voulons servir Dieu *et les hommes.*»[27] Il y avait en Voltaire l'étoffe d'un prédicateur, capable de reprendre vingt fois les mêmes thèmes, avec une vigueur et une conviction toujours aussi ardentes.

L'histoire apologétique du théisme tourne dans *Dieu et les hommes* au réquisitoire antichrétien. Mais voici que de nouveau le «quatrième imposteur» se manifeste et qu'il importe de le contrer. Au début de juin 1770, Voltaire confie à Cramer pour impression ce qui deviendra une brochure de 56 pages, parue vers le 10 août: *Dieu, réponse au Système de la nature*.[28] Il en reprendra l'essentiel l'année suivante, dans la quatrième partie des *Questions*.

Le Système de la nature avait pour auteur non pas «M. de Mirabaud», comme le prétendait le titre, mais le baron d'Holbach. Allemand francisé, comme son ami Grimm, pétulant animateur de la «synagogue», le cercle athéiste qui se réunissait dans son salon de la rue Royale Saint-Roch ou dans son château d'Ile-de-France, le Grandval, d'Holbach était avec d'autres (Naigeon, Diderot...) à l'origine des publications violemment antichrétiennes qui se multiplient dans les années 1760. Mais il mène son combat tout à fait à l'écart de Voltaire. Malgré de discrètes invites, il s'abstient d'aller rendre hommage aux Délices ou à Ferney. Nous n'avons aucune trace d'une correspondance entre les deux philosophes. Incompatibilité d'humeur, sans doute, aggravant le divorce idéologique. Dans la «synagogue», on va jusqu'à traiter le théiste de Ferney de «bigot», voire de «cagot».[29]

Parmi les productions holbachiennes, Voltaire connaissait *Le Christianisme*

25. M.xxviii.162-63.
26. M.xxviii.194, 195, 197, 199.
27. M.xxviii.243, souligné par Voltaire.
28. D16374 (vers le 1er juin 1770), à Cramer.
29. Voir R. Pomeau, *La Religion de Voltaire*, p.392-93.

dévoilé de 1761(?), qu'il avait annoté: «impiété dévoilée». Il avait dans une note nié que la morale de Jésus fût, comme le prétendait l'auteur, perverse.[30] Sur le livre, il avait inscrit «livre dangereux». Même inscription sur la *Théologie portative* (1768), que parfois on lui attribuait à lui-même, sur *De la cruauté religieuse* (1769) et *L'Enfer détruit* (1769).[31] *Le Système de la nature* se situe au sommet de l'œuvre du baron d'Holbach, et de la production philosophique la plus hardie, en ce siècle. Le sous-titre portait «des lois du monde physique et du monde moral». Le «système» consistait effectivement en ceci que les «lois du monde physique» suffisaient par leur seul jeu à produire la vie et la pensée: philosophie qu'expose vers le même temps avec plus de souplesse et de talent Diderot, dans les trois dialogues du *Rêve de d'Alembert* (resté alors manuscrit).

Le Système de la nature contestait notamment une idée essentielle que Voltaire venait d'imprimer. Il avait donné, en novembre 1769, *Les Adorateurs ou les louanges de Dieu*.[32] C'était à la gloire de l'Etre suprême l'hymne alterné d'un «premier adorateur», plus «adorateur», et d'un «second», plus critique. Voltaire reprend sur un mode lyrique les idées de *Tout en Dieu*: «Adorons ce grand Etre [...] C'est lui qui, de toute éternité, arrangea la matière dans l'immensité de l'espace.» «De toute éternité»: l'Adorateur précise que Dieu et l'univers sont co-éternels. Point de création à un moment du temps, «car alors il serait l'Etre capricieux».[33] Voltaire a marqué d'un signet la page où le *Système* nie qu'il existe deux êtres éternels, le monde et l'esprit: idée absurde, selon d'Holbach, la seule «substance éternelle» étant le monde.[34] En outre, le philosophe de Ferney pouvait se sentir visé par d'autres traits du *Système*, nettement satiriques.

Paru en mai 1770, *Le Système de la nature* fait «partout» «un bruit épouvantable».[35] Le scandale de cet athéisme si sûr de lui-même s'accroît du fait que l'assemblée générale du clergé est alors réunie, pour une session qui se prolongera jusqu'en août. Voltaire lit l'ouvrage du baron d'Holbach à la fin de mai, sans savoir d'abord, semble-t-il, quel en est l'auteur. Il le trouve «admirable dans sept ou huit chapitres». Mais il va réfuter la thèse centrale de «cet éloquent athée», en prenant la précaution d'éviter toute équivoque: il y joint une «réponse honnête à MM. les Juifs», c'est-à-dire une critique acerbe de ce que raconte l'Exode de la

30. R. Pomeau, *La Religion de Voltaire*, p.395.

31. BV recense dans la bibliothèque de Voltaire quatorze titres. L'annotation «livre dangereux» est portée aussi par Voltaire sur certains de ses propres ouvrages (par exemple BV, n° 3524). Elle semble être un avertissement à ses proches: «livre dont on ne doit pas admettre l'existence dans une bibliothèque».

32. Opuscule signalé par la *Correspondance littéraire* datée du 1er décembre 1769.

33. M.xxviii.310.

34. *Marginalia*, iv.452.

35. R. Pomeau, *La Religion de Voltaire*, p.395.

fonte du veau d'or en plein désert.[36] Sa réfutation du *Système* se place sur un plan non pas métaphysique mais pragmatique. Faut-il, «pour le bien commun de nous autres animaux misérables et pensants, admettre un Dieu rémunérateur et vengeur, qui nous serve à la fois de frein et de consolation»? La réponse est évidemment affirmative. «Nous nageons tous dans une mer dont nous n'avons jamais vu le rivage. Malheur à ceux qui [comme l'auteur du *Système*] se battent en nageant! Abordera qui pourra; mais celui qui me crie: vous nagez en vain, il n'y a point de port, me décourage et m'ôte toutes mes forces.» Certes l'athéisme philosophique est mille fois moins dangereux que le fanatisme. Ce qui ne veut pas dire cependant qu'il ne comporte aucun danger. «Le malheur des athées de cabinet est de faire des athées de cour.» Le pire fléau, c'est «un despote colère et barbare qui, ne croyant point un Dieu, serait son dieu à lui-même». S'il faut que le peuple croie en Dieu, il est aussi nécessaire que les princes soient retenus par ce «frein», «l'idée d'un Dieu». Voltaire est ainsi entraîné à deux concessions remarquables. «Un sot prêtre excite le mépris, un mauvais prêtre inspire l'horreur»; en revanche «un bon prêtre, doux, pieux, sans superstition, charitable, tolérant, est un homme qu'on doit chérir et respecter». Autre concession, sur un tout autre plan, celui de l'immortalité de l'âme. Voltaire revient à une hypothèse déjà esquissée. Si l'homme meurt tout entier, corps et âme, point de «rémunération» ni de punition, c'est trop évident. Ne se peut-il donc «qu'il y ait en nous une monade indestructible qui sente et qui pense»? Cette «opinion» est au moins «utile au genre humain».[37] Voltaire s'efforce de se placer sur le même terrain que son adversaire, en plaidant contre lui l'intérêt moral et social. Sent-il qu'il affaiblit ainsi sa position?

Voltaire continue à faire face sur plusieurs fronts. *Les Ephémérides du citoyen*, journal physiocratique, avaient ironisé sur le siècle de Louis XIV, «si cher à nos beaux esprits», «tant vanté» mais en réalité «si désastreux». Voltaire répond par une *Défense de Louis XIV*. Il rappelle l'éclat des lettres et des arts, le progrès des sciences sous le règne de Louis XIV. Il justifie même la malheureuse guerre de Succession d'Espagne: le roi ne pouvait refuser un testament en faveur de son petit-fils. Il fait l'éloge de Colbert et de sa politique. Il dénonce la mode actuelle de «dégrader les grands hommes». Entraîné par son sujet, il plaide avec une chaleur croissante qui vers la fin, selon une courbe habituelle, s'infléchit en satire. La *Défense de Louis XIV* se termine par une diatribe, s'ajoutant à tant d'autres, contre La Beaumelle.[38]

Son enthousiasme pour l'offensive russe contre la Turquie ne faiblit pas. Il est

36. D16388 (vers le 5 juin 1770), Voltaire à Cramer.
37. M.xviii.376-80.
38. M.xxviii.327-40.

«Catherin», plus que jamais.[39] La flotte de l'amiral Orlov, entrée par le détroit de Gibraltar, opère un débarquement en Morée, c'est-à-dire dans le Péloponnèse. Une opération en tenaille se développe. Mais, après l'occupation de la Bessarabie, de la Moldavie et de la Valachie, l'armée russe piétine. Voltaire propose une fois de plus son char de combat: en ces pays de plaine l'engin devrait faire merveille.[40] Il participe aussi aux opérations d'une autre façon: par la plume. En juin, se répand une *Traduction du poème de Jean Plokof, conseiller du Holstein, sur les affaires présentes*. Sous le masque de ce prétendu Plokof Voltaire appelle «aux armes contre les ennemis de l'Europe» – contre les barbares Ottomans. Pendant que le sultan, le grossier Moustapha, somnole en son harem, «le génie de la Russie a déployé ses ailes brillantes». «Jean Plokof» invite à se porter en renfort le «jeune empereur des Romains» (Joseph II), le «lion de Saint-Marc» (Venise), les «braves chevaliers du rocher de Malte».[41] Voltaire voit déjà, avec de tels appuis, la tsarine faisant son entrée à Constantinople et libérant la Grèce. Ce qui en fait n'arrivera pas.[42] Le *Poème de Jean Plokof*, censément traduit de l'allemand, conserve pour nous un intérêt stylistique. Voltaire s'amuse à y pasticher le style particulier de la traduction.[43]

Autre terrain d'opération: l'affaire Sirven s'achemine lentement vers son dénouement. Sirven était venu établir une boutique avec ses deux filles, près de Ferney.[44] Puis il s'était installé au bord du Léman, à Morges, avec sa fille mariée, Mme Ramond, et son petit-fils. Tête «capricieuse» que la sienne, et ses deux filles, qui ne s'entendent pas, sont «un peu folles».[45] Mais la famille se montre très docile envers son protecteur, qui les aide de ses deniers et les dirige.

En droit, l'affaire se présentait toute autrement que celle des Calas. Voltaire d'abord, après la réhabilitation de Jean Calas, avait évoqué pareillement la cause des Sirven devant le Conseil du roi. Mais le Conseil privé avait déclaré les Sirven non recevables en leurs demandes (7 mars 1768). En effet, ceux-ci, s'étant enfuis à temps, avaient été, comme on l'a vu, condamnés par contumace: Sirven et sa femme (décédée par la suite) à la potence, les deux filles au bannissement. Pour obtenir une révision du procès, le condamné doit «purger sa contumace», et cela non pas devant le parlement de Toulouse, mais devant le tribunal de Mazamet qui a prononcé la sentence. C'est-à-dire qu'il doit se présenter volontairement

39. D16348 (18 mai 1770), à Catherine II.

40. D16285 (10 avril 1770), à Catherine II.

41. M.xxviii.365-68.

42. Après la destruction de la flotte turque près de Chio (6-7 juillet 1770), Orlov n'ose pas se diriger sur Constantinople, pourtant mal défendue.

43. Nous traiterons plus en détail, dans *Voltaire en son temps*, v, ch.IV, de l'appui apporté par Voltaire à Catherine II dans la guerre contre les Turcs et dans les affaires de Pologne.

44. D14945 (12 avril 1768), à Damilaville.

45. D16096 (17 janvier 1770), à Elie de Beaumont.

pour être incarcéré dans cette ville. La démarche comporte des dangers. Sirven retrouvera, pour partie, les juges responsables de sa condamnation en 1762, peu enclins à se déjuger. Mais la loi prévoit une date limite pour la révision: le 11 septembre 1769. Il y a donc urgence. Voltaire décide de courir le risque. Il sait que depuis l'exécution de Calas les esprits ont évolué à Toulouse. Il compte sur la protection du prince de Beauvau, récemment nommé gouverneur de la province. Sur son conseil, Sirven quitte donc la Suisse en mars. Il se constitue prisonnier à Mazamet le 31 août.[46] Ce qui tenait lieu de geôle, dans cette petite ville, était un réduit branlant, à l'intérieur du clocher de l'ancienne église. On préféra installer le sexagénaire Sirven à l'Hôtel de ville, dans une chambre dont la porte demeurait ouverte.

Le procès va recommencer. Le juge Landes, principal responsable de la condamnation à mort, s'est récusé. Pour le reste, le tribunal est à peu près identique, et les mêmes témoins vont défiler. Le 2 septembre, Sirven est longuement interrogé. La procédure durera deux mois et demi. En octobre et novembre pendant treize jours, l'accusé est confronté aux témoins survivants de 1762. Les séances tournent à son avantage, malgré la mauvaise volonté du vicaire Bel, des deux religieuses jadis accusatrices et du médecin auteur du rapport concluant à l'assassinat. A distance, Voltaire manifeste son appui. Le prince de Beauvau lui a fait savoir que «l'affaire de Sirven est en très bon train, qu'il l'a fortement recommandée».[47] Il écrit à Lacroix, avocat au parlement de Toulouse, chargé de la défense.[48] Il écrit à Riquet de Bonrepos, procureur toulousain dont les dispositions sont incertaines. Il écrit à Antoine Astruc, principal juge de Mazamet. Il écrit à Sirven, pour soutenir son moral:[49] encouragement nécessaire, car le contumace doit endurer une pénible épreuve. Au dernier jour du procès, le 18 novembre, il est mis «sur la sellette»: sur ce siège à la dure dont nous avons déjà parlé, Sirven passa six heures. A l'issue, le procureur, l'affirmant coupable, réclama dix ans de bannissement et mille livres d'amende. Le tribunal ne le suivit pas. Il déclara l'accusé «hors d'instance». Ce qui n'équivaut nullement à un acquittement: on renonce seulement aux poursuites faute de preuves. Le juge, commentera Voltaire, «n'a donné sa sentence que comme le diable est obligé de reconnaître la justice de Dieu».[50] Sirven est libéré, ses biens, ou ce qu'il en reste, lui sont restitués. Mais il doit payer 224 livres pour les «frais de contumace». Immédiatement il fait appel devant le parlement de Toulouse.

46. Galland, p.370-72. Dans le récit qu'on va lire, nous suivons cet ouvrage fondamental.

47. D15852 (30 août 1769), à l'abbé Audra.

48. D15870 (4 septembre 1769).

49. D15916 (24 septembre), D15915, du même jour. La lettre à Astruc, dont l'existence est attestée, ne nous est pas parvenue.

50. D16244 (19 mars 1770), à Elie de Beaumont. L'avocat parisien, D16042 (15 décembre 1769), à Voltaire, avait exprimé son indignation: il fallait déclarer Sirven *déchargé* de l'accusation.

Il se trouvait là devant une juridiction plus favorable. Le parlement a changé de dispositions depuis la condamnation de Calas. Il a rendu récemment des décisions contraires à la législation anti-protestante en vigueur: validation d'un mariage sur le certificat du pasteur célébrant, légitimation d'un enfant né d'un couple protestant.[51] Le nouveau premier président, M. de Vaudeuil, est un admirateur de Voltaire.[52] Pourtant des oppositions subsistent. Le redoutable Riquet de Bonrepos reste en fonction. La veuve de Jean Calas, en visite à Ferney, a raconté ce qu'il avait requis au lendemain de l'exécution de son mari: la pendaison pour elle, la roue pour son fils Pierre et pour Gaubert Lavaysse.[53] L'archevêque de Toulouse, Loménie de Brienne, s'était d'abord montré favorable à Sirven: candidat à l'Académie française, il sollicite les suffrages des philosophes. Après son élection, il se ravise. Il révoque l'abbé Audra de son poste de professeur, où il enseignait l'histoire dans l'esprit de l'*Essai sur les mœurs*.[54] Aussi l'affaire Sirven traîne-t-elle, jusqu'au jour où le parlement est supprimé par la réforme de Maupeou (septembre 1771). C'est le «parlement Maupeou» de Toulouse qui relaxe, le 25 novembre, Sirven et sa femme (à titre posthume) des accusations portées contre eux.

En janvier 1772, Sirven, ses deux filles, son petit-fils se rendent à Ferney pour remercier leur bienfaiteur.[55]

La réputation de Voltaire redresseur de torts lui valut d'être sollicité dans une autre affaire, sans relation avec la religion, sinon du fait que le principal acteur est un dévot, et sans doute un faux dévot.

On sait que depuis 1740 Voltaire cherchait l'homme de l'art capable de composer la partition de son opéra de *Pandore*. Il crut le découvrir en 1765 en la personne du musicien Jean Laborde, en même temps premier valet de chambre du roi, celui que dans sa correspondance il nomme «le Pandorien».[56] Or Laborde se trouvait impliqué dans un procès, qui nuisit à son travail sur le livret de Voltaire. La nombreuse famille des Laborde avait pour chef un ancien fermier général, maintenant octogénaire, père du musicien. L'abbé Claustre avait été engagé comme précepteur des enfants. Ce personnage, Tartuffe subalterne, intrigua pour tirer le meilleur parti de sa situation. Il s'était fait nommer régisseur.

51. Galland, p.410, 426.

52. Sa fille a envoyé un «délicieux madrigal» à Voltaire qui prie l'abbé Audra de la remercier, en vers, D16033 (10 décembre 1769).

53. D16554 (30 juillet 1770), Voltaire à Elie de Beaumont. En fait, selon Galland, p.424, note 2, il aurait demandé seulement – si l'on ose dire – la pendaison pour tous trois. Et il semble qu'en 1770, dans l'affaire Sirven, ses dispositions ont évolué.

54. Galland, p.429.

55. Galland, p.446, 452.

56. Voir *Voltaire en son temps*, iii.225.

Surtout il avait réussi à marier l'un des fils Laborde, quelque peu débile, à une de ses nièces. Il espérait capter ainsi tout ou partie de l'héritage d'une tante hollandaise richissime. Le patriarche Laborde l'avait alors poursuivi en justice. Le Laborde «pandorien» jugea bon de soumettre le cas à Voltaire. Celui-ci consulta son ami le «philosophe» Christin, avocat à Saint-Claude dans le Jura.[57] Les Laborde obtinrent effectivement une sentence favorable, aux «requêtes du Palais», «sur presque tous les articles».[58] Mais dans l'intervalle le chef de famille était décédé: de désespoir, selon les siens, de vieillesse plutôt – à quatre-vingt-quatre ans – selon Voltaire.[59] Cette affaire, où un «coquin hypocrite» savait si bien comme le personnage de Molière faire jouer «les intérêts du ciel» au profit des siens propres, retint l'attention du philosophe. Il rédigea un récit aussi clair que possible de ces intrigues passablement embrouillées. Il le publia à Genève, en 1769, en une brochure d'une trentaine de pages, intitulée *Procès de Claustre*. Il n'y mit pas son nom. Il s'abstint d'y engager son autorité.[60] Le sous-titre situe le niveau d'un tel procès: *Supplément aux causes célèbres*, par référence aux *Causes célèbres et intéressantes*, recueil de Gayot de Pitaval. Curiosité judiciaire, sans plus, qui ne saurait être placée au même rang que les affaires Calas, La Barre, Sirven.

Au cours de ces mêmes mois, il est invité à s'intéresser à une affaire Martin. Le même Christin qu'il a consulté au sujet de Claustre lui fait part d'une information provenant d'une de ses relations, un «employé de Lorraine». Voltaire reçoit deux lettres s'y rapportant. Un certain Martin, cultivateur, père d'une nombreuse famille, menait une vie tranquille à Bleurville, village du Barrois. Or, près de ce Bleurville, un homme a été assassiné sur «le grand chemin». On a comparé les empreintes de pas avec les souliers de Martin: il y a concordance. Un témoin a vu le meurtrier s'enfuir. On lui présente Martin. Il ne le reconnaît pas. Martin alors s'écrie: «Dieu soit béni! en voilà un qui ne m'a pas reconnu.» Expression maladroite que le juge local considère comme un aveu. Il condamne le suspect à mourir sur la roue. La Tournelle du parlement de Paris confirme la sentence. Comme Calas, le malheureux étendu sur la roue proteste de son innocence, avant d'expirer, bras et jambes brisés. Mais, le 26 juillet 1769, un condamné à mort, avant d'être exécuté, avoue le crime pour lequel Martin a été roué.[61]

Scandaleux exemple du mauvais fonctionnement de la justice parlementaire. La Tournelle était sans doute trop pressée. L'accusé, un paysan ne sachant pas

57. D14955 (16 avril 1768), D15060 (6 juin 1768), D15097 (25 juin 1768).

58. M.xviii.90.

59. D15609 (26 avril 1769).

60. Répondant à une dame de la famille, Mme de Laborde Desmartres, il prétend même ne pas connaître le *Supplément aux causes célèbres*, D15898 (16 septembre 1769).

61. D15808 (9 août 1769), à Dompierre d'Hornoy; D15868 (4 septembre 1769), à d'Alembert.

s'exprimer, s'est mal défendu.[62] Les juges parisiens ont, bien à la légère, confirmé le verdict affreux d'un juge de province, apparemment fort borné. Mais l'affaire est-elle bien véritable? Voltaire s'interroge. A sa demande, son neveu Dompierre d'Hornoy a examiné les registres du parlement de Paris. Il n'a rien trouvé. D'Alembert a posé la question à un membre de la Tournelle: réponse négative. Même réponse des membres de la chambre des vacations.[63] Voltaire alors se retourne vers Christin. Qu'il prenne d'autres informations. Est-ce bien à la Tournelle de Paris que la sentence fut ratifiée?[64] Voltaire était sur le point de renoncer lorsqu'arrive une confirmation. Sans doute est-elle venue par Dionis Du Séjour. D'Alembert avait prié ce confrère à l'Académie des sciences, en même temps conseiller à la cour, de «tirer au clair cette histoire abominable». Vers le 20 octobre, à Ferney, on a la réponse. «L'aventure n'est que trop vraie», avec une précision supplémentaire: Martin a été condamné par un juge du bailliage de La Marche.[65]

Voltaire ne s'est pas engagé en faveur de cette victime comme il l'a fait pour Calas et Sirven. Il est informé que le procureur général travaille à réhabiliter la mémoire de Martin. Plus tard son neveu Dompierre d'Hornoy tentera de «rendre s'il se peut service à sa malheureuse famille».[66] Il est, quant à lui, submergé par tant d'horreurs. Il ne peut pas être «le don Quichotte de tous les roués et de tous les pendus».[67] Les images de ces supplices atroces secouent son organisme nerveux. «Lally et son bâillon, Sirven, Calas, Martin, le chevalier de La Barre»: ces roués, ces décapités, quelquefois se présentent à lui dans ses rêves, ou plutôt dans ses cauchemars. «Cent exemples pareils déchirent le cœur; mais les gens qui vont à l'opéra-comique n'en savent rien ou s'en moquent.» Bien différent de ces insouciants, il a, lui, depuis quelque temps, la fièvre à l'anniversaire de la Saint-Barthélemy.[68]

62. D15831 (17 août 1769), Voltaire à Elie de Beaumont.

63. D15842 (23 août 1769), Mme Denis à Voltaire; D15848 (29 août 1769), d'Alembert à Voltaire; D15955 (15 octobre 1769), d'Alembert à Voltaire.

64. D16035 (11 décembre 1769), à Christin.

65. D15992 (9 novembre 1769), d'Alembert à Voltaire; D16052 (vers le 20 décembre 1769), à Dompierre d'Hornoy. Voir aussi D16123 (31 janvier 1770), à d'Alembert: «je vous avais bien dit que l'aventure de Martin était véritable». Il est donc faux que «la prétendue affaire Martin» se soit avérée «sans fondement», comme il est dit dans l'édition de la *Correspondance* de Voltaire (Paris 1977-1993), ix.XVI.

66. D16176 (22 février 1770), d'Alembert à Voltaire; D19683 (1er octobre 1775), à Christin.

67. D15855 (30 août 1769), à d'Argental.

68. D16195 (3 mars 1770), à Elie de Beaumont. Le supplice de Lally remonte à 1766. Mais c'est à partir de 1773 que Voltaire appuiera la campagne de son fils naturel pour sa réhabilitation. Nous en traiterons dans le cinquième volume de *Voltaire en son temps*. C'est le 30 août 1769 qu'il fait état (D15855) pour la première fois de cette fièvre quelque peu pathologique du 24 août, jour du massacre de la Saint-Barthélemy.

Il est sollicité, jusqu'à la limite de ses forces, par de multiples entreprises menées concurremment. Parmi celles qui l'occupent le plus: la fondation de Versoix.[69] On sait que le royaume de France s'étendait au nord de Genève, jusqu'au Léman: sur cette étroite ouverture lacustre se situait un petit port de pêche, Versoix. Une telle configuration de la frontière permettait de concevoir le projet de concurrencer Genève. Richelieu, dit-on, y avait songé.[70]

La république fondée par Calvin avait habilement profité de l'avantage offert par sa position géographique. Elle se trouvait au croisement des axes majeurs de communication est-ouest, nord-sud. Par là transitaient les marchandises du Levant, via Marseille ou l'Italie, les soieries du Piémont, les indiennes de Hollande. Le commerce colonial de l'Océan passait par Genève en direction de l'Europe orientale. Aussi les commerçants genevois avaient-ils accumulé de considérables profits. Ils étaient ainsi en mesure de consentir des prêts rémunérateurs, notamment au roi de France, toujours en difficulté financière. La puissance de Genève était nettement apparue lorsqu'à la suite des troubles de la République les troupes françaises avaient bloqué la ville. Genève avait continué à s'approvisionner par le lac. Mais l'interruption du commerce avait causé un grand tort à Lyon, à Marseille, et surtout au pays de Gex, mal relié au reste de la France et dépendant étroitement de la métropole genevoise.

La tentation était donc grande de contourner cette place. Voltaire le premier en avance l'idée, par une lettre au chevalier de Beauteville: «commercer directement de Lyon avec la Suisse par Versoix».[71] Le projet est adopté par Choiseul. Il sera ardemment soutenu par Voltaire, par Hennin, résident français auprès de la République, et par le subdélégué Fabry. Tout d'abord, une route est construite. Faute de main-d'œuvre locale et faute de crédits, on y fait travailler deux bataillons de Conti-infanterie, en garnison dans le pays de Gex.[72] Versoix est désormais réuni, en territoire français, à la route de Franche-Comté, à Ferney, et au-delà à la route de Lyon à Meyrin. Reste à «fonder» Versoix. Un commandant, M. de Caire, est nommé. Mais il faut y construire un port. Il faut tracer la ville, y édifier des habitations. On attend un édit royal qui en déciderait.[73] Et pour peupler la cité, on compte sur une émigration principalement genevoise.

69. Voltaire a déjà entrepris de séparer le pays de Gex des fermes générales et d'obtenir la libération des serfs du Jura. Mais ses campagnes se développeront surtout après 1770. Elles seront exposées dans le volume suivant.

70. Fernand Caussy, *Voltaire seigneur de village* (Paris 1912), p.224.

71. D13937 (10 février 1767). On se rappellera que Beauteville avait fait fonction de médiateur français à Genève en 1766, pendant les troubles. Voltaire envoie à Versailles deux mémoires reproduits dans Caussy, p.214-18. Voir D14159 (4 mai 1767), et J. P. Ferrier, *Le Duc de Choiseul, Voltaire et la création de Versoix-la-ville* (Genève 1922).

72. Caussy, p.219.

73. D16120 (30 janvier 1770), Voltaire à Christin.

L'ambiance dans la République demeurait tendue. L'agitation persiste parmi les natifs. L'un d'eux, nommé Resseguerre, a été arrêté. Les natifs promettent de venir en masse à son procès. Le Conseil croit trouver la parade. Il décrète une prise d'armes. Les natifs en effet, quoique sans droit de cité, sont tenus de participer à la garde bourgeoise. La plupart d'entre eux n'ayant pas obtempéré, des bagarres éclatent dans les rues. Trois hommes sont tués, une femme enceinte molestée; une soixantaine sont arrêtés, parmi lesquels leur chef, Auzière. Le résultat est qu'un grand nombre émigre en terre française. Hennin, Fabry, de Caire les encouragent à s'y fixer, en leur promettant de les protéger comme sujets du roi.[74] Mais où les accueillir? On a tracé les rues de Versoix, sans qu'aucune maison encore ait été bâtie. Quant au port, on s'est contenté de construire une «galère»: une petite frégate, que Voltaire finira par acheter. On héberge donc provisoirement les réfugiés dans les résidences secondaires appartenant à de riches Genevois.[75] La République, sentant le danger, tente de retenir ceux qui ne sont pas encore partis. Aux exilés, elle offre de substantiels avantages, s'ils veulent bien revenir.[76] Elle dépêche à Versailles, pour plaider sa cause, un homme habile, Philibert Cramer, le frère de l'imprimeur de Voltaire.

Or à Versailles précisément les difficultés s'accumulent contre une entreprise que Choiseul croit pourtant «bonne, humaine et bien vue en politique».[77] En janvier l'intransigeant abbé Terray a été nommé Contrôleur général (ministre des Finances), avec mission de redresser une situation financière alarmante. Point question donc d'accorder des crédits pour aider les réfugiés, encore moins pour construire Versoix. Et voici qui est plus grave. Brutalement Terray s'est emparé des «rescriptions», autrement dit des bons du Trésor, portant intérêt et remboursables à tout moment. Terray d'un trait de plume a supprimé cette dette flottante, redoutable. L'argent ainsi confisqué sera restitué plus tard – on ne sait quand –, en billets de valeur incertaine. Or Voltaire avait placé dans ces rescriptions ses fonds disponibles. Le voici brusquement privé de liquidités, pour un montant de 200 000 livres.[78] Il propose qu'on lui en rende tout ou partie, à condition qu'il les investisse à Versoix. Terray fait la sourde oreille.[79]

Un autre obstacle – d'ordre spirituel – paraît encore plus insurmontable. Ces natifs sont pour la plupart des Français, ou des descendants de Français, réfugiés

74. D16151 (16 février 1770), Hennin à Voltaire; D16155 (même jour), Voltaire à Hennin.

75. D16169 (21 février 1770), à de Caire.

76. D16180, 60 familles se seraient réfugiées en France. Voir aussi D16181, D16184.

77. D16192 (2 mars 1770), Choiseul à Voltaire.

78. D16241 (19 mars 1770), à d'Alembert, D16247 (21 mars 1770), à Laleu.

79. Voltaire fait pourtant un geste, D16227 (14 mars 1770), à de Caire: pour lancer le commerce dans la ville nouvelle, il offre 10 000 livres, et Mme Denis 3 000, si de Caire a pu en réunir 7 000, et si un caissier est nommé à Versoix.

à Genève pour cause de religion. Ils doivent pouvoir continuer à pratiquer leur culte à Versoix. Voltaire se réjouit déjà à l'idée de créer en cette ville nouvelle la première cité française de la tolérance. Choiseul le reconnaît: «sans la liberté de religion, il ne faut pas y penser». Le ministre travaille à établir cette liberté, mais il avoue qu'elle sera «bien dure à arracher».[80] En effet, le duc de La Vrillière, dont c'est le département, s'y oppose. Et, de son côté, Mgr Biord, dès qu'il a vent de la chose, lance ses foudres depuis Annecy. On a eu, dit-il, déjà bien de la peine à obtenir que les populations voisines de Genève allassent à la messe sans y être conduites par des soldats. Tolérer l'hérésie «ne pourrait qu'affaiblir et détruire insensiblement la religion dans le pays de Gex». De plus, «cette première exception à la Révocation de l'Edit de Nantes» s'étendrait bientôt à d'autres villes du royaume. Non, il ne supportera pas «l'érection d'un temple protestant dans cette partie de [son] diocèse» où «de saints évêques [il nomme saint François de Sales] ont travaillé avec autant de succès que de zèle à extirper l'hérésie et à faire détruire tous les temples qui y avaient été érigés».[81] Louis XV, toujours enclin à racheter ses péchés par de bonnes manières envers le souverain des cieux, est assez de cet avis. Choiseul en est réduit à ne donner aux réfugiés que de vagues assurances: ils continueraient à vivre dans le pays de Gex «selon leurs mœurs et usages».[82]

Devant tant d'incertitudes, le mouvement de retour à Genève s'accélère. Voltaire s'efforce de s'y opposer. Il prend le parti d'attirer, à Ferney même, des artisans capables d'y vivre de leur travail. Il ajoute alors une nouvelle entreprise à celles qu'il a déjà installées sur son domaine ou à proximité: tuilerie, tannerie, manufacture de bas de soie et de blondes. Il avance 60 000 livres à des natifs réfugiés pour mettre en route des ateliers d'horlogerie. Il fait construire pour eux quatre maisons, ou huit selon les sources. Il héberge vingt familles, dont une cinquantaine d'ouvriers.[83] Bien entendu, tous ces huguenots ont chez lui liberté de conscience. Il adresse à Dupont de Nemours une profession de foi de libéralisme: «Liberté de commerce et liberté de conscience, monsieur, voilà les deux pivots de l'opulence d'un état petit ou grand. Je prouve par les faits dans mon hameau ce que vous et M. l'abbé Roubaud vous prouvez éloquemment par vos ouvrages.»[84] En juin l'horlogerie de Ferney est en pleine activité. Concurrence, on le conçoit, fort mal vue à Genève. Les mécontents vont jusqu'aux voies de

80. D16192 (2 mars 1770), Choiseul à Voltaire.

81. Cité par Caussy, p.246-47.

82. Caussy, p.244.

83. D16329 (4 mai 1770), commentaire; D16459, commentaire (30 juin 1770); D16526 (16 juillet 1770), à Dompierre d'Hornoy.

84. D16525 (16 juillet 1770).

fait. A la porte de Cornavin, un commissionnaire de Voltaire est injurié et bousculé, si gravement que Hennin doit protester auprès du Conseil.[85]

Ses artisans ne disposant d'aucun réseau de vente, Voltaire se charge lui-même de faire la promotion de ses montres. Il en envoie à Choiseul une petite caisse. Ces beaux objets pourraient, suggère-t-il, être offerts à l'occasion du mariage du dauphin. Il a établi un barème des prix qu'il diffuse: de 3 à 42 louis, les plus chères étant ornées de diamants.[86] Un prospectus publicitaire annonce que la maison Dufour, Céret et Cie, fournit, à meilleur marché que partout ailleurs, «toutes sortes d'horlogerie», avec boîtes ornées de portraits en émail à la demande.[87] Le duc de Praslin fait savoir à Ferney qu'il compte faire usage des montres pour des cadeaux dans les consulats.[88] Ainsi encouragé, Voltaire envoie une lettre circulaire aux ambassadeurs du roi de France: qu'ils veuillent bien l'aider à vendre les montres fabriquées à Ferney par des Genevois réfugiés. A Bernis tout spécialement, ambassadeur auprès du pape, il demande qu'on lui indique un commerçant susceptible de vendre à Rome ces productions «très bien faites, très jolies, très bonnes, et à bon marché».[89]

Qu'en est-il cependant de Versoix? Hélas! la ville nouvelle n'intéresse plus en haut lieu. On s'occupe uniquement à Versailles du procès du parlement contre le duc d'Aiguillon, du mariage du dauphin avec Marie-Antoinette, et de la pénurie d'argent. En juillet Voltaire n'espère plus une construction prochaine de cette cité.[90] Quelques mois plus tard, le renvoi de Choiseul (24 décembre 1770) enterrera définitivement le projet.

Homme de théâtre toujours, Voltaire avait trois pièces en souffrance. Il ne réussissait pas à les faire jouer à Paris. Il voudrait une reprise des *Scythes*, représentés cinq fois seulement en 1767.[91] Ni Richelieu, ni les acteurs ne se laissent convaincre. Même insistance pour *Les Guèbres*, non joués à la Comédie-Française. La tragédie a bénéficié seulement d'une représentation privée à Orangis, chez le duc d'Orléans: elle n'obtint que peu de succès. L'opposition de l'archevêque, Mgr de Montazet, a empêché qu'elle ne soit donnée à Lyon. En désespoir de cause, Voltaire en publie une nouvelle édition, agrémentée d'une préface

85. D16419 à D16421. L'incident est du 16 juin.

86. D16282 (9 avril 1770), à la duchesse de Choiseul, et D16340, D16346, D16351. Le tarif: D.app.329.

87. Prospectus reproduit en hors-texte dans la première édition de la correspondance par Th. Besterman: *Voltaire's correspondence* (Genève 1953-1965), lxxiv.103.

88. D16343 (15 mai 1770), d'Argental à Voltaire.

89. D16384 (5 juin 1770), D16339 (11 mai 1770).

90. D16376 (vers le 1er juin 1770), Hennin à Voltaire; D16504 (8 juillet 1770), Voltaire à Fabry.

91. D16185 (27 février 1770), d'Argental à Voltaire. Voir aussi D15991, D16005, D16103.

«curieuse»:[92] il y compare ses *Guèbres* à l'*Athalie* de Racine, apologie selon lui d'un prêtre fanatique.

Depuis quelques mois, il a en manuscrit *Le Dépositaire*: il a confié l'ouvrage à Thiriot, qui le fera jouer ou imprimer à son profit. Il s'agit ici d'une longue comédie en cinq actes et en alexandrins: une fois de plus on s'étonnera de la productivité voltairienne. Le principal personnage est Ninon de Lenclos, parvenue à l'âge de trente-cinq ou quarante ans. Se trouvant selon les idées du temps au seuil de son «hiver», elle a quitté la galanterie et mène une vie très décente dans le quartier du Marais. Elle veille sur deux jeunes gens, fils d'un de ses anciens amants, Gourville l'aîné et Gourville le jeune. Le père en mourant a confié sa fortune au marguillier de la paroisse, M. Garant, un dévot compassé: c'est le «dépositaire». Le moment est venu où le bonhomme devrait restituer aux enfants leur bien. Mais sous ses dehors édifiants, M. Garant cache de noirs desseins. Il convoite Ninon, qui a de beaux restes. Il lui propose de l'épouser et de voler aux jeunes gens leur héritage. Ninon feint d'entrer dans ses vues. Après une série de péripéties vaudevillesques, au dénouement elle démasque le vilain personnage. L'ancienne fille galante s'affirme aussi honnête que l'est peu le dévot marguillier.

Comédie plus plaisante que comique, à l'action un peu lente, faite plutôt pour être lue. On a le sentiment que le vieillard de Ferney se plaît à faire revivre le milieu de petite bourgeoisie parisienne où se passa son enfance. La pièce était-elle jouable en 1770? Outre son allure démodée,[93] elle propose un portrait des dévots, difficilement acceptable par la censure:

> ces esprits de travers,
> Ces cagots insolents, ces sombres rigoristes [...]
> Qui volent dans la poche en vous parlant de Dieu (acte v, scène 3)

Sartine, le lieutenant de police, voulut en juger par lui-même. Il se fit lire le manuscrit. Son verdict tomba, catégorique. Une telle comédie ne pouvait être autorisée.[94] *Le Dépositaire* s'ajouta à la liste des pièces de Voltaire non représentées.

Mais la désaffection pour ses ouvrages récents n'atteignait nullement le reste de son théâtre. Il est réputé le maître de la scène, l'égal de Corneille et de Racine. C'est ainsi qu'à la cour on donne *Tancrède*, le 20 juin, *Sémiramis*, le 14 juillet.[95] Avec ces deux pièces, ses autres grands succès, *Zaïre*, *Alzire*, *Mérope*, *Rome sauvée*, et même *Mahomet*, ainsi que quelques comédies tel *L'Enfant prodigue*, constituent, et constitueront longtemps, la base du répertoire théâtral. C'est donc au grand dramaturge, en même temps qu'au champion de la «philosophie», avocat

92. D15950 (13 octobre 1769), à d'Argental; D15969 (23 octobre 1769), à J. Lacombe.

93. Voltaire qui l'attribue à son parrain, l'abbé de Châteauneuf, en convient lui-même: «une ancienne pièce qui n'est point du tout dans le goût d'à présent» (D16103, 20 janvier 1770, à Lekain).

94. D16203 (6 mars 1770), Marin à Suard.

95. D16367 (29 mai 1770), d'Argental à Voltaire.

des causes humanitaires, apôtre de la tolérance, qu'au printemps de 1770 le monde des Lumières conçoit l'idée de rendre un hommage éclatant.

Une statue, voilà ce qu'on veut offrir, de son vivant, au maître de Ferney. On a fait déjà quelques démarches préliminaires. L'abbé Raynal a pressenti le sculpteur Pigalle. On lui a demandé de préparer une maquette. La séance décisive se tint le 17 avril, dans le salon de Necker. Le genevois Jacques Necker s'était établi à Paris comme banquier. A la suite d'opérations fructueuses, il s'est acquis une considérable fortune. Son épouse, née Suzanne Curchod, tient un salon brillant, fréquenté par l'avant-garde philosophique. Tous deux, mais surtout Mme Necker, fille d'un pasteur, sont des protestants convaincus, et même militants. Nul doute qu'ils portent à Voltaire une grande reconnaissance pour son action en faveur des Calas, des Sirven, et de cette tolérance dont les protestants ont tant de peine à bénéficier en France: l'affaire de Versoix est en train de le démontrer.

Le 17 avril 1770, Mme Necker a donc reçu à dîner dix-sept philosophes, une véritable «chambre des pairs de la littérature». La *Correspondance littéraire*,[96] qui raconte en détail la réunion, les énumère: Diderot (à la droite de la maîtresse de maison), puis en suivant le tour de table: Suard, Chastellux, Grimm, Schomberg, Marmontel, d'Alembert, Thomas, Necker, Saint-Lambert, Saurin, l'abbé Raynal, Helvétius, Bernard, l'abbé Arnaud, l'abbé Morellet. Dans l'euphorie du repas finissant, on adopte par acclamation une proposition: on érigera une statue à M. de Voltaire. Raynal alors va chercher Pigalle qui attendait dans une salle voisine. Le sculpteur présente une ébauche pétrie dans la terre glaise. Elle est acceptée. On inscrira sur le piédestal: «A Voltaire vivant, par les gens de lettres ses compatriotes». Il fut question d'abord de limiter la souscription, de deux louis au moins, aux gens de lettres. Mais on préféra accueillir les contributions de quiconque voudrait participer à l'hommage. On espère celles du maréchal de Richelieu, du duc de Choiseul... Les sommes seront recueillies par d'Alembert et placées chez le notaire Laleu. Le devis est estimé à douze ou quinze mille livres, dont dix mille d'honoraires pour le sculpteur. L'emplacement? On hésite.[97] Le lieu le plus désigné serait la Comédie-Française. Mais en 1770 les Comédiens n'ont plus de théâtre. La salle, depuis longtemps délabrée, de la rue des Fossés-Saint-Germain est tombée définitivement en ruine. La troupe est installée provi-

96. CLT, ix.14-17. On sait que le dîner au dix-huitième siècle est le repas du milieu de la journée.

97. *Mémoires secrets* (10 avril 1770): date antérieure à celle de la réunion, 17 avril, qui peut s'expliquer par le fait qu'on débattait déjà de l'entreprise. A moins que le dîner chez Mme Necker ait eu lieu réellement non le 17 mais le 6 ou le 7 comme le propose Th. Besterman, D16284, note 1.

soirement dans la salle des machines aux Tuileries. Le site du nouveau théâtre n'est même pas encore choisi.[98] A défaut on songe à la bibliothèque du roi.[99]

La souscription suscite à Paris une «fermentation». «On ne parle ici que de votre statue», écrit Mme Du Deffand à Voltaire. Elle-même ne souscrira pas, «par humilité».[100] Beaucoup d'autres, heureusement, souscrivent «avec empressement», tel Frédéric II qui accompagne son envoi d'un éloge dithyrambique.[101] A la fin de juillet, la somme est couverte et au-delà, tandis que l'on continue à recevoir des envois.[102] Mais parmi ces souscriptions l'une fait problème. Jean-Jacques Rousseau, alors à Lyon, a tenu à envoyer ses deux louis: il estime avoir «payé assez cher le droit d'être admis à cet honneur». Il remet la somme à M. de La Tourrette, conseiller à la cour des monnaies et son confrère en botanique. D'Alembert accepte la souscription: «un hommage» et «une espèce de réparation», mande-t-il à Voltaire.[103] A Ferney on n'est pas du tout de cet avis. Il faut rendre son argent à Jean-Jacques, répète-t-on lettre après lettre.[104] Voltaire rappelle que Rousseau a prétendu que c'était à lui-même qu'on devait «élever des statues».[105] Un refus, après que Jean-Jacques a été informé de l'acceptation, serait un affront sanglant. D'Alembert y est tout à fait hostile, et ses amis aussi.[106] Voltaire continue à tenir Rousseau pour «un bâtard de Diogène», un demi-fou, méprisé de tous. Absent de Paris depuis trop longtemps, il ne soupçonne pas l'autorité que l'auteur des *Discours*, de *La Nouvelle Héloïse*, d'*Emile* s'est acquise dans le monde intellectuel. D'Alembert le met au fait. Rousseau a de nombreux partisans, fort zélés. Il serait imprudent de s'en faire des ennemis.[107] Voltaire finira par se résigner.

Pigalle, comme il l'avait promis chez Mme Necker, prend la route de Ferney. Arrivé le 17 juin, il en repart le 25. Bref séjour, mais c'est le buste seulement qu'il est venu façonner, d'après le modèle.[108] Pour le reste, il n'a pas besoin de la présence de Voltaire. Car il a imaginé de représenter le grand homme en nu

98. Ce sera l'actuel théâtre de l'Odéon. Il n'ouvrira qu'en 1782.

99. D16283 (9 avril 1770), Mme Du Deffand à Voltaire.

100. D16337 (8 mai 1770). Elle n'avait pas souscrit non plus à l'édition de Corneille. La vieille dame est avare de ses deniers.

101. D16552 (28 juillet 1770), à d'Alembert. «On ne parlera plus français, que Voltaire sera encore traduit dans la langue qui lui aura succédé.»

102. D16545 (25 juillet 1770), d'Alembert à Voltaire.

103. D16486 (2 juillet 1770).

104. D16446, D16499, D16505, D16523.

105. D16289 (13 avril 1770), à Mme Necker, renvoie au passage de la *Lettre à Christophe de Beaumont*: «S'il existait en Europe un seul gouvernement vraiment éclairé [...], il eût rendu des honneurs publics à l'auteur de l'*Emile*, il lui eût élevé des statues».

106. D16545 (25 juillet 1770), d'Alembert à Voltaire. Rousseau est maintenant à Paris (D16462).

107. Voir Henri Gouhier, *Rousseau et Voltaire, portraits dans deux miroirs*, p.329-34.

108. D16425, D16444.

héroïque, à l'antique. C'est le projet qui a été agréé chez Mme Necker. Pigalle, «sculpteur du roi», protégé de Mme de Pompadour, vient de faire le mausolée du maréchal de Saxe (qui ne sera mis en place dans la cathédrale de Strasbourg qu'en 1777): monument au plus haut point baroque. Pourtant, en d'autres circonstances, il adopte un style néo-classique. Sur le socle du monument élevé à la gloire de Louis XV, sur la place royale de Reims, il a placé non des esclaves selon la tradition, mais un «citoyen». Il s'est inspiré d'une phrase du *Siècle de Louis XIV*:[109] plutôt que des esclaves aux pieds des statues des rois, «il vaudrait mieux y représenter des citoyens libres et heureux». Le «citoyen» de Pigalle, censément «libre et heureux», est nu. De même sera nu son Voltaire, qui ressemble à la statue de Reims: même inclinaison à l'oblique, même écharpe disposée pour la bienséance. Il n'était évidemment pas question de faire poser Voltaire, à Ferney, dénudé de ses vêtements. Pigalle pour le corps de sa statue prendra comme modèle un vieux soldat des Invalides.

Le vieil homme a certes protesté qu'il n'était pas «sculptable», étant «dans un état à faire pitié», et que même il n'avait pas de visage du tout.[110] Pigalle n'en a pas moins fait son travail. Il a étonné les gens du village. Quand ils l'ont vu «déployer quelques instruments de son art, tiens, tiens», ont-ils dit, «on va le disséquer, cela sera drôle».[111] Il était difficile, on l'imagine, d'obtenir du modèle qu'il se tînt immobile quelques instants. Car Voltaire a une idée en tête. Pour faire contrepoids à sa brochure *Dieu*, réponse au *Système de la nature*, on a vu qu'il prépare un article «Fonte», contre Exode xxxii.4, où il est dit que les Hébreux ont fondu en une seule nuit la statue du veau d'or. Est-ce possible? demande-t-il. Pigalle répond qu'il faudrait au moins trois mois. «Wagnière, Wagnière, apportez du papier et de l'encre à M. Pigalle pour qu'il me fasse un certificat de ce qu'il vient de dire, et cela pour faire voir à Moïse qu'il est une bête.»[112]

Le buste qui sortit de ces séances mouvementées fut en général bien jugé. Voltaire est satisfait. Pigalle l'a fait «parlant et pensant», il l'a «fait sourire». Il a su «rendre vivant le squelette de Ferney».[113] Du Pan le juge «très ressemblant», Mme Necker fait savoir qu'à Paris, après le retour de l'artiste, «tout le monde approuve ce monument de notre admiration».[114]

109. D16436 (22 juin 1770), Voltaire à d'Alembert, où est cité *Le Siècle de Louis XIV*, ch. XXVIII.

110. D16355, D16400. Voltaire proposait de prendre pour modèle un buste de Sèvres, de 1767.

111. D16431 (19 juin 1770), à Mme Necker.

112. D16485, témoignage de Du Pan du 1er juillet, commentaire. D'après D16441 (23 juin 1770), Pigalle aurait répondu qu'il faudrait «au moins six mois».

113. D16436 (22 juin 1770), à d'Alembert; D16449 (25 juin 1770), à Richelieu. Pigalle avait dû montrer à Ferney la maquette du nu.

114. D16485 (vers le 1er juillet 1770), à Voltaire, et commentaire.

En dira-t-on autant de la statue définitive, taillée dans le marbre, achevée en 1776? «Un monstre», s'écrie l'auteur d'une épigramme, qui l'a vue dans l'atelier de Pigalle. Ce corps décharné, portant entre ses jambes écartées une sorte de drap, tenant en sa main droite le long de sa cuisse une plume – accessoire bizarre pour un homme nu – levant vers le ciel une tête soucieuse: ce Voltaire était si laid qu'on n'osa pas l'exposer au public. L'œuvre resta dans l'atelier de Pigalle. Elle passa ensuite par héritage à Dompierre d'Hornoy, qui la donna en 1806 à l'Académie française.[115] Elle fut longtemps conservée dans la bibliothèque de l'Institut. Lors de la réfection des bâtiments quai Conti, dans les années 1980, elle sera cédée au Musée du Louvre. Pigalle aurait dû «transmettre aux siècles futurs la physionomie et l'âme de l'homme le plus célèbre de notre siècle». Il n'en fut rien. Il a seulement montré ce qu'il ne fallait pas faire à son successeur Houdon, qui allait, lui, sculpter pour les siècles futurs un Voltaire «tel qu'en lui-même».

A ce Voltaire statufié de Pigalle, et même à celui de Houdon, on peut préférer le Voltaire au quotidien d'un autre artiste, Jean Huber. Contre Pigalle qui n'était resté qu'une semaine à Ferney, Huber faisait valoir qu'on ne peut saisir un tel personnage «sans l'avoir pratiqué, ruminé, contrefait».[116] Certes il a, lui, «pratiqué» longuement son Voltaire. Cet ancien officier, membre du Conseil des Deux-cents, était devenu un familier de la maison. Artiste né, il avait senti qu'il tenait là un sujet aux ressources inépuisables. Il avait commencé non par le pinceau, mais par les ciseaux. Dans le papier, il découpait des silhouettes d'une vie saisissante. Beaucoup de ces fragiles chefs-d'œuvre ont sans doute disparu. Pourtant nous connaissons encore un Voltaire debout, faisant un geste d'accueil à des visiteurs,[117] un Voltaire affalé au fond d'un fauteuil, genoux croisés, pied en l'air et savate pendante, un Voltaire dansant en costume bouffant, un Voltaire chevauchant dans les nues le cheval ailé Pégase.[118] Le jeu des ciseaux excite chez Huber verve et fantaisie. Mais son sujet lui proposait des scènes que les découpages ne pouvaient rendre. Il se met donc à peindre. Vers 1769, il offre à Catherine II de lui envoyer des tableaux représentant Voltaire dans sa vie de tous les jours.

115. Louis Gielly, *Voltaire, documents iconographiques* (Genève 1948), reproduit p.47, la statue de marbre, et p.48 la maquette, encore plus hideuse. Voir Gielly, p.26, 117.

116. D16444 (24 juin 1770), à Hennin.

117. Reproduit par S. S. B. Taylor, «The duke and the duchess of Grafton: notes on unrecorded silhouettes by Jean Huber», *Studies* 135 (1975), p.151-65. Le duc et la duchesse séjournaient à Genève en 1761 puis de nouveau en 1762. D'autres découpages montrent le duc, la duchesse avec son jeune enfant, un mendiant, besace au dos, tendant son chapeau.

118. *Album Voltaire*, par J. Van den Heuvel (Paris 1983), n° 278, 279. Sous le Voltaire dansant, sept découpures de personnages de Ferney. La figure féminine centrale pourrait être Mlle Corneille, ou «Belle et Bonne» (voir le prochain volume de *Voltaire en son temps*). Voltaire et Pégase dans Garry Apgar, *The Life and art of Jean Huber of Geneva*, thèse, Yale University, 1988.

Ce qui est, bien entendu, accepté. Aussi aujourd'hui la collection de ses toiles se trouve-t-elle à Saint-Pétersbourg, au musée de l'Ermitage. Huber n'est pas un grand peintre. Mais il excelle à saisir le mouvement sur le vif. Nous avons ainsi un Voltaire au saut du lit, enfilant sa culotte et, bras tendu, dictant à Wagnière; un Voltaire conduisant un cabriolet, cheval au trot; un Voltaire agriculteur haranguant ses paysans, plantant un arbre, conduisant la «chaste Suzanne» (escortée du P. Adam), pour qu'elle assiste à une saillie; ou encore Voltaire se mettant à genoux devant Mlle Clairon agenouillée devant lui.[119] La statue de Pigalle devait porter l'inscription «A Voltaire vivant». Mais le Voltaire vivant de Ferney, c'est à Huber que nous le devons.

Le 20 février 1770, l'une de ses deux dates anniversaires, il ne manque pas de rappeler qu'il atteint les soixante-seize ans.[120] Il prévoit de mourir bientôt. Nous savons, nous, que la fin n'était pas si proche. Au point où nous sommes parvenus de cette biographie, nous avons en perspective, au terme de sa vie, deux Voltaire, l'un de Huber, l'autre non pas de Pigalle, mais de Houdon. L'un a été croqué au déclin de son ultime été à Ferney. Huber l'a dessiné grand dans la campagne plate (au loin un bosquet, des paysans, des collines), vêtu d'une longue veste à tortillons, marchant à l'aide d'une sorte de branche, d'un pas déterminé quoique branlant, le visage amenuisé sous un énorme bonnet rond, mais attentif, faisant du bras gauche écarté un geste de curiosité.[121] Présence étonnante encore de ce vieil homme en *son* domaine. A Paris, quelques semaines avant sa mort, Houdon l'apercevra pour le fixer définitivement, buste ou statue, dans le marbre.[122] Deux images très différentes, mais deux images également véridiques de cet homme si changeant.

119. *Album Voltaire*, n° 290, 287, 284, 285, 300, 288. Pour la scène de la «chaste Suzanne» nous préférons au n° 298 de l'*Album*, une variante de la même scène dans Gielly, p.36. Voltaire et Mlle Clairon: *Album*, n° 325.

120. D16165, à Collini.

121. Gielly, p.30, *Album*, n° 381.

122. *Album*, n° 407, 410, 411, 412.

BIBLIOGRAPHIE

1. Bibliographies concernant Voltaire

Barr, Mary-Margaret H., *A century of Voltaire study: a bibliography of writings on Voltaire, 1825-1925*, New York 1929.
– et Frederick A. Spear, *Quarante années d'études voltairiennes: bibliographie analytique des livres et articles sur Voltaire, 1926-1965*, Paris 1968.
Bengesco, Georges, *Voltaire, bibliographie de ses œuvres*, Paris 1882-1890.
Bibliothèque de Voltaire: catalogue des livres, Moscou, Leningrad 1961.
Bibliothèque nationale, *Catalogue général des livres imprimés de la Bibliothèque nationale: auteurs*, t.214, Paris 1978.
Candaux, Jean-Daniel, «Premières additions à la bibliographie des écrits français relatifs à Voltaire, 1719-1830», *Studi francesi* 39 (1969), p.481-490.
– «Voltaire: biographie, bibliographie et éditions critiques», *RHLF* 79 (1979), p.296-319.
Cioranescu, Alexandre, *Bibliographie de la littérature française du dix-huitième siècle*, Paris 1969.
Quérard, Joseph Marie, *Bibliographie voltairienne*, Paris [1842].
Vercruysse, Jeroom, «Bibliographie des écrits français relatifs à Voltaire, 1719-1830», *Les Voltairiens, 2ème série: Voltaire jugé par les siens 1719-1749*, New York 1983.

2. Biographies de Voltaire

Besterman, Theodore, *Voltaire*, 3e éd., Oxford 1976.
Bibliothèque nationale, *Voltaire: un homme, un siècle*, Paris 1979.
Bibliothèque royale Albert 1er, *Voltaire: bicentenaire de sa mort*, Bruxelles 1978.
Desnoiresterres, Gustave, *Voltaire et la société française au XVIIIe siècle*, 2e éd., Paris 1871-1876.
Duvernet, Théophile I., *La Vie de Voltaire*, Genève 1786.
Harel, Maximilien M., *Voltaire, recueil des particularités curieuses de sa vie et de sa mort*, Porrentruy 1781.
Hearsey, John E. N., *Voltaire*, London 1976.
Lanson, Gustave, *Voltaire*, Paris 1960.
Mailhos, Georges, *Voltaire témoin de son temps*, Berne 1987.
Mason, H. T., *Voltaire, a biography*, London 1981.
Naves, Raymond, *Voltaire, l'homme et l'œuvre*, Paris 1966.
Orieux, Jean, *Voltaire, ou la royauté de l'esprit*, Paris 1966.
Pomeau, René, *D'Arouet à Voltaire*, Voltaire en son temps 1, Oxford 1985.
– et Mervaud, Christiane, *De la cour au jardin*, Voltaire en son temps 3, Oxford 1991.
Vaillot, René, *Avec Mme Du Châtelet*, Voltaire en son temps 2, Oxford 1988.

3. Editions des œuvres de Voltaire

Œuvres complètes, Oxford 1968-, édition en cours.
33. *Œuvres alphabétiques* (I) (1987).
50. *Le Droit du seigneur*, éd. W. D. Howarth, *L'Ecossaise*, éd. Colin Duckworth, *Anecdotes sur Fréron*, éd. J. Balcou (1986).
53-55. *Commentaires sur Corneille*, éd. D. Williams (1974-1975).

59. *La Philosophie de l'histoire*, éd. J. H. Brumfitt (1969).
62. *Le Philosophe ignorant*, éd. R. Mortier, *André Destouches à Siam*, éd. J. Renwick, *L'Examen important de milord Bolingbroke*, éd. R. Mortier, *Les Questions de Zapata*, éd. Jacqueline Marchand, *Homélies prononcées à Londres*, éd. J. Marchand (1987).
63A. *La Guerre civile de Genève*, éd. J. Renwick, *Anecdote sur Bélisaire*, *Seconde anecdote sur Bélisaire*, *Réponse catégorique au sieur Cogé*, éd. J. Renwick, *Préface de M. Abauzit*, éd. C. Todd, *Essai historique et critique sur les dissensions des Eglises de Pologne*, éd. D. Beauvois et Emanuel Rostworowski, *Le Dîner du comte de Boulainvilliers*, éd. U. Kölving et J.-M. Moureaux (1990).
64. *La Défense de mon oncle*, éd. J.-M. Moureaux (1984).
81-82. *Notebooks*, éd. Th. Besterman (1968).
85-135. *Correspondence and related documents*, éd. Th. Besterman (1968-1977).
Œuvres complètes, éd. L. Moland, Paris 1877-1885.
Œuvres complètes, [Kehl] 1784-1789.
Contes en vers et en prose, éd. S. Menant, Paris 1992-1994.
Corpus des notes marginales de Voltaire, Berlin, Oxford 1979-.
Correspondance, éd. Th. Besterman et F. Deloffre, Paris 1977-1993, tomes V à XIII.
Correspondance avec les Tronchin, éd. A. Delattre, Paris 1950.
Dialogues et anecdotes philosophiques, éd. R. Naves, Paris 1966.
Dictionnaire philosophique, éd. R. Naves, Paris 1967.
Essai sur les mœurs, éd. R. Pomeau, Paris 1963; 2e éd., Paris 1990.
Lettres inédites à son imprimeur Gabriel Cramer, éd. B. Gagnebin, Genève 1952.
Lettres inédites aux Tronchin, éd. B. Gagnebin, Genève, Lille 1950.
Lettres philosophiques, éd. G. Lanson et A.-M. Rousseau, Paris 1964.
Mélanges, éd. J. Van den Heuvel, Paris 1961.
Œuvres historiques, éd. R. Pomeau, Bibliothèque de la Pléiade, Paris 1957.
Romans et contes, éd. R. Pomeau, Paris 1966.
Romans et contes, éd. F. Deloffre, J. Hellegouarc'h et J. Van den Heuvel, Bibliothèque de la Pléiade, Paris 1979.

4. Témoignages

Argens, Jean-Baptiste de Boyer, marquis d', *Histoire de l'esprit humain, ou mémoires secrets et universels de la république des lettres*, Berlin 1765-1768.
Argenson, René Louis de Voyer, marquis d', *Mémoires et journal inédits du marquis d'Argenson, ministre des Affaires étrangères sous Louis XV*, Paris 1857-1858.
– *Journal et mémoires*, éd. E. J. B. Rathery, Paris 1859-1867.
Collini, Cosimo Alessandro, *Mon séjour auprès de Voltaire et lettres inédites que m'écrivit cet homme célèbre jusqu'à la dernière année de sa vie*, Paris 1807.
Du Deffand, Marie de Vichy de Chamrond, marquise, *Correspondance complète de la marquise Du Deffand*, [éd. M. de Lescure] Paris 1865.
Fehrmann, Carl, «Un voyageur suédois chez Rousseau et chez Voltaire», *Actes du 7e congrès international d'histoire des littératures scandinaves*, Paris 1972, p.253-262.
Formey, Jean Henri Samuel, *Souvenirs d'un citoyen*, Berlin 1789.
– *Eloge de M. de Maupertuis*, Berlin 1761.
Gaullieur, E. H., *Etrennes nationales*, «Anecdotes inédites sur Voltaire racontées par François Tronchin», Genève 1855.
Grimm, Frédéric Melchior, *Correspondance littéraire, philosophique et critique par*

Grimm, Diderot, Raynal, Meister, etc., éd. M. Tourneux, Paris 1877-1882.

Longchamp, Sébastien G., et Wagnière, Jean Louis, *Mémoires sur Voltaire et sur ses ouvrages*, Paris 1826.

Luchet, Jean Pierre Louis, marquis de, *Histoire littéraire de monsieur de Voltaire*, Cassel 1780.

Marmontel, Jean-François, *Mémoires*, éd. J. Renwick, Clermont-Ferrand 1972.

Morellet, André, *Mémoires de l'abbé Morellet de l'Académie française sur le dix-huitième siècle et sur la Révolution*, Paris 1988.

5. Société et politique

Alembert, Jean le Rond, d', *Sur la destruction des Jésuites en France, par un auteur désintéressé*, Edimbourg 1765; nouv. éd., [Genève] 1767.

Badinter, Elisabeth et Robert, *Condorcet (1743-1794): un intellectuel en politique*, Paris 1988.

Barker, David Ernest, *Enlightenment politics: Voltaire, the Infame, and the new Jerusalem*, thèse, The University of Texas at Austin, 1974.

Bouissounouse, Janine, *Julie de Lespinasse, ses amitiés, sa passion*, Paris 1956.

Chappe d'Auteroche, abbé Jean, *Voyage en Sibérie fait par ordre du roi en 1761 de Paris à Tobolsk*, Paris 1768.

Darnton, Robert, *L'Aventure de l'Encyclopédie, 1775-1800: un best-seller au siècle des Lumières*, Paris 1982.

De l'Encyclopédie à la Contre-Révolution: Jean-François Marmontel, ouvrage collectif, Clermont-Ferrand 1970.

Diaz, Furio, *Filosofia e politica nel settecento francese*, Torino 1962.

Dupâquier, Jacques, «Voltaire et la population», dans *Liber Amicorum: études historiques offertes à Pierre Bougard*, Arras 1987, p.257-260.

Fabre, Jean, *Stanislas-Auguste Poniatowski et l'Europe des Lumières*, 2e éd., Paris 1984.

Gay, Peter, *Voltaire's politics: the poet as realist*, Princeton 1959.

Goubert, Pierre, «Révolution démographique au XVIIIe siècle?» dans *Histoire économique et sociale de la France*, t.II, Paris 1970, p.35-84.

Herrmann-Mascard, Nicole, *La Censure des livres à Paris à la fin de l'Ancien Régime, 1750-1789*, Paris 1968.

Labrousse, Ernest, «D'une économie contractée à une économie en expansion», dans *Histoire économique et sociale de la France*, t.II, Paris 1970, p.367-528.

Lizé, Emile, *Voltaire, Grimm et la Correspondance littéraire*, Studies 180 (1979).

Lortholary, Albert, *Le Mirage russe en France au XVIIIe siècle: les philosophes du XVIIIe siècle et la Russie*, Paris 1951.

Luthy, Herbert, *La Banque protestante en France de la Révocation de l'Edit de Nantes à la Révolution*, Paris 1959-1961.

Mervaud, Christiane, *Voltaire et Frédéric II: une dramaturgie des Lumières, 1736-1778*, Studies 234 (1985).

Mortier, Roland, «Voltaire et le peuple», dans *The Age of Enlightenment: studies presented to Theodore Besterman*, Edinburgh, London 1967, p.137-151.

Tucoo-Chala, Suzanne, «La diffusion des Lumières dans la seconde moitié du XVIIIe siècle: Ch.-J. Panckoucke, un libraire éclairé (1760-1799)», *Dix-huitième siècle* 6 (1974), p.114-128.

Vercruysse, Jeroom, «Voltaire et Marc Michel Rey», *Studies* 58 (1967), p.1707-1763.

Wade, Ira O., *The Clandestine organization and diffusion of the philosophic ideas in France between 1715 and 1780*, Princeton 1958.

Watts, George B., «Charles Joseph Panckoucke, ‹l'Atlas de la librairie française›», *Studies* 68 (1969), p.67-205.

6. Contes, facéties, fictions

Backès, Jean-Louis, «Tancrède, du paladin au citoyen», dans *La Réception de Voltaire et Rousseau en Egypte*, Le Caire 1991.

Balcou, Jean, *Le Dossier Fréron: correspondance et documents*, Genève 1975.

– «Cet étrange bonhomme Système», *Les Cahiers de l'Iroise* (1992).

Castex, Pierre Georges, *Voltaire, Micromégas, Candide, L'Ingénu*, Paris 1982.

Cotoni, Marie-Hélène, «Le merveilleux dans *La Princesse de Babylone* de Voltaire», dans *Etudes corses, études littéraires, Mélanges offerts au doyen François Pitti-Ferrandi*, Paris 1989, p.332-342.

Desvignes, Lucette, «Le théâtre de Voltaire et la femme victime», *Revue des sciences humaines* 42 (1977), p.537-551.

Feugère, A., «Un compte fantastique de Voltaire: quatre-vingt-quinze lettres anonymes attribuées à La Beaumelle», *Mélanges Laumonier*, Paris 1935, p.435-451.

Guitton, Edouard, «La Bretagne au XVIIIème siècle à partir de *L'Ingénu* de Voltaire», *La Bretagne au XVIIIème siècle*, Vannes 1991.

Havens, George R., «Voltaire's *L'Ingénu*: composition and publication», *Romanic review* 63 (1972), p.261-271.

Lauriol, Claude, *La Beaumelle: un protestant cévenol entre Montesquieu et Voltaire*, Genève, Paris 1978.

Menant, Sylvain, «La présentation des *Contes de Guillaume Vadé*» dans *La Présentation du livre*, Paris 1987, p.43-50.

Moureaux, José-Michel, «Voltaire et Larcher, ou le faux ‹mazarinier›», *RHLF* 74 (1974), p.600-626.

Naves, Raymond, *Le Goût de Voltaire*, Genève 1967.

Nivat, J., «*L'Ingénu* de Voltaire, les Jésuites et l'affaire La Chalotais», *Revue des sciences humaines* 66 (1952), p.97-108.

Philips, Edith, «Some changes contemplated by Voltaire in his *Questions sur les miracles*», *Modern philology* 28 (1931), p.360-362.

Pomeau, René, «Une esquisse inédite de l'*Ingénu*», *RHLF* 61 (1961), p.58-60.

Pruner, Francis, «Recherches sur la création romanesque dans *L'Ingénu* de Voltaire», *Archives des lettres modernes* 30 (1960).

Sareil, Jean, «Voltaire polémiste ou l'art dans la mauvaise foi», *Dix-huitième siècle* 15 (1983), p.345-356.

Smith, David W., «The first edition of the *Relation de Berthier*», *Studies* 137 (1975), p.47-54.

Taylor, S. S. B., «Voltaire's *L'Ingénu*, the Huguenots and Choiseul», *The Age of Enlightenment: studies presented to Theodore Besterman*, Edinburgh, London 1967, p.107-136.

Vercruysse, Jeroom, «Satire inédite de Voltaire contre J. J. Lefranc de Pompignan», *Studies* 47 (1966), p.7-13.

7. Affaires judiciaires

Bien, David D., *The Calas affair*, Princeton 1960.

Bontems, Claude, «L'affaire Calas», dans *Quelques procès criminels des XVIIe et XVIIIe siècles*, sous la direction de Jean Imbert, Paris 1964, p.139-163.

Chassaigne, Marc, *Le Procès du chevalier de La Barre*, Paris 1920.

– *L'Affaire Calas*, Paris 1929.

Coquerel, Athanase, *Jean Calas et sa famille*, Paris 1858.

Court, Antoine, *Le Patriote français et impartial*, Villefranche 1751.

Devérité, L. A., *Recueil intéressant sur l'affaire de la mutilation du crucifix d'Abbeville, arrivée le 9 août 1765, et sur la mort du chevalier de La Barre, pour servir de supplément aux causes célèbres*, Londres [Abbeville] 1776.

Flammermont, J., éd., *Les Remontrances du Parlement de Paris au XVIIIe siècle*, Paris 1888-1898.

Galland, Elie, *L'Affaire Sirven, étude historique d'après les documents originaux*, Mazamet [1911].

Gallo, Max, *Que passe la justice du roi: vie, procès et supplice du chevalier de La Barre*, Paris 1987.

Holleaux, Dominique, «Le procès du chevalier de La Barre», dans *Quelques procès criminels des XVIIe et XVIIIe siècles*, sous la direction de Jean Imbert, Paris 1964, p.165-179.

Mervaud, Christiane, «La réhabilitation du chevalier de La Barre: de Voltaire à la Convention», dans *Actes du colloque de Rouen, La Révolution française et l'homme moderne*, Paris, Rouen 1989, p.497-506.

– «Voltaire et le *Cri du sang innocent*: l'affaire La Barre dans sa correspondance», *L'Infini* 25 (1989), p.135-145.

Orsoni, Jean, *L'Affaire Calas avant Voltaire*, thèse de l'Université de Paris-Sorbonne, exemplaires dactylographiés.

Pomeau, René, «Voltaire et Rousseau devant l'affaire Calas», dans *Voltaire, Rousseau et la tolérance*, Amsterdam 1980, p.59-76.

8. Voltaire et la Bible (a) Œuvres des XVIIe et XVIIIe siècles

Abauzit, Firmin, *Discours historique sur l'Apocalypse*, Londres 1770.

– *Œuvres diverses*, Londres 1770-1773.

Annet, Peter, *The History of the man after God's own heart*, London 1761.

Astruc, Jean, *Conjectures sur les mémoires originaux dont il paraît que Moïse s'est servi pour composer le livre de Genèse*, Bruxelles 1753.

Basnage, Jacques, *Antiquités judaïques*, Amsterdam 1713.

Bayle, Pierre, *Dictionnaire historique et critique*, Rotterdam 1697.

La Sainte Bible contenant l'Ancien et le Nouveau Testament, tr. Lemaître Sacy, Paris 1730.

Calmet, dom Augustin, *Commentaire littéral sur tous les livres de l'Ancien et du Nouveau Testament*, Paris 1709-1734.

– *Dissertations qui peuvent servir de prolégomènes de l'Ecriture Sainte*, Paris 1720.

– *Dictionnaire historique, critique, chronologique, géographique et littéral de la Bible*, nouv. éd., Paris 1730.

Fabricius, Johann Albert, *Codex apocryphus Novi Testamenti*, Hamburg 1719-1743.

Gaulmin, Gilbert, *De vita et morte Mosis*, Hamburg 1714.

Holbach, Paul Thiry, baron d', *Histoire critique de Jésus-Christ*, s.l.n.d. [Amsterdam 1770?].

Huet, Pierre-Daniel, *Demonstratio evangelica*, Paris 1690.

Pinto, Isaac, *Apologie pour la nation juive*, Amsterdam 1762.

Simon, Richard, *Histoire critique du Vieux Testament*, 5e édition, Rotterdam 1685.

– *Histoire critique du texte du Nouveau Testament*, Rotterdam 1689.

Wagenseil, Johann-Christoph, *Tela ignea Satanae*, Altdorf 1681.

Warburton, William, *The Divine legation of Moses demonstrated*, 4e édition, London 1755.

Woolston, Thomas, *Discours sur les miracles de Jésus-Christ*, s.l.n.d.

8. Voltaire et la Bible (b) Etudes

Ages, Arnold, «Voltaire's biblical criticism: a study in thematic repetitions», *Studies* 30 (1964), p.205-221.

– «Voltaire, Calmet and the Old Testament», *Studies* 41 (1966), p.87-187.

– «Voltaire and Frederick: the image of the Old Testament in their correspondance», *Revue de littérature comparée* 40 (1966), p.81-90.
– «Voltaire and the New Testament. A study in the ironical use of metaphor», *Revue de l'Université d'Ottawa* 37 (1967), p.652-660.
– «Voltaire, d'Alembert and the Old Testament: a study in the manipulation of Scripture», *Studi francesi* 11 (1967), p.86-89.
– «Voltaire and the New Testament: a study in irony didacticism», *Zeitschrift für französische Sprache und Literatur* 78 (1968), p.35-43.
– «The private Voltaire: three studies in the correspondence», *Studies* 81 (1971), p.7-125.
– «Voltaire's philosophical messianism: the testimony of the correspondence», *Studi francesi* 30 (1986), p.197-205.
Aubery, P., «Voltaire et les juifs: ironie et démystification», *Studies* 24 (1963), p.67-79.
– «Voltaire and antisemitism», *Studies* 217 (1983), p.177-182.
Ballanti, L., «Polemica: Voltaire e gli ebrei», *Difesa della razza* 3, n° 11 (1940), p.21-23.
Bessire, François, «Voltaire lecteur de dom Calmet», *Studies* 284 (1991), p.139-177.
Bingham, Alfred J., «Voltaire and the New Testament», *Studies* 24 (1963), p.183-218.
Caquot, André, «De quelques œuvres peu connues de Renan», *Etudes renaniennes* 88 (1992), p.3-8.
Cotoni, Marie-Hélène, *L'Exégèse du Nouveau Testament dans la philosophie française du dix-huitième siècle*, Oxford 1984.
– «La résurgence du mythe messianique dans l'œuvre de Rousseau et de Voltaire», *Hommage à J. Richer*, Nice 1985, p.109-115.
– «Voltaire, Rousseau, Diderot», dans *Le Siècle des Lumières et la Bible*, Paris 1986, p.779-803.
– «Voltaire et l'Ecclésiaste», *Mélanges C. Faisant*, Nice 1991, p.163-172.
– «La référence à la Bible dans les *Lettres philosophiques* de Voltaire», *RHLF* 92 (1992), p.198-209.
Cuneo, Niccolò N., «Voltaire ed il giudaismo», *Le Opere e i giorni* 16 (1937), p.3-8.
Desné, Roland, «Voltaire et les juifs», *Pour une histoire qualitative: études offertes à Sven Stelling-Michaud*, Genève 1975, p.131-145.
Ehrard, Jean, «Tableaux de famille: la lecture de la Bible», dans *Diderot et Greuze: actes du colloque de Clermont-Ferrand, 16 novembre 1984*, Clermont-Ferrand 1986, p.77-90.
Grassi, Marie-Claire, *Correspondances intimes (1700-1860). Etude littéraire, stylistique et historique*, Université de Nice, exemplaires dactylographiés.
Hertzberg, Arthur, *The French Enlightenment and the Jews*, New York 1968.
Katz, J., «Le judaïsme et les juifs vus par Voltaire», *Dispersion et unité* 18 (1978), p.135-149.
Labroue, Henri, *Voltaire antijuif*, Paris 1942.
Lévy, David, *Voltaire et son exégèse du Pentateuque, critique et polémique*, Oxford 1975.
Meyer, Paul H., «The attitude of the Enlightenment towards the Jew», *Studies* 26 (1963), p.1161-1205.
Sakmann, Paul, «Voltaire als Kritiker der Bibel und des Christentums», *Zeitschrift für wissenschaftlichen Theologie* 49 (1906), p.398-421, 494-571.
Schwarzbach, Bertram E., *Voltaire's Old Testament criticism*, Genève 1971.
Le Siècle des Lumières et la Bible, sous la direction de Yvon Belaval et Dominique Bourel, Paris 1986.

Tichoux, Alain, *Les Apologistes chrétiens et la critique biblique de Voltaire (1714-1762)*, McGill University 1972.

Trapnell, William H., *Voltaire and the Eucharist*, Studies 198 (1981).

– *Christ and his ‹associates› in Voltairian polemic: an assault on the Trinity and the Two Natures*, Saratoga 1982.

Wade, Ira O. et Torrey, Norman L., «Voltaire et Polier de Bottens», *Romanic review* 31 (1940), p.147-155.

Waterman, Mina, «Voltaire and Firmin Abauzit», *Romanic review* 33 (1942), p.236-249.

9. Philosophie, science, histoire (a) Œuvres du XVIIIe siècle

Abbadie, Jacques, *Traité de la vérité de la religion chrétienne*, La Haye 1750.

Abrégé de l'Histoire ecclésiastique de Fleury, Berne [Berlin] 1766.

Argens, Jean-Baptiste de Boyer, marquis d', *Défense du paganisme par l'empereur Julien*, Berlin 1764.

Bergier, Nicolas Sylvestre, *La Certitude des preuves du christianisme*, Paris 1767.

Bigex, Simon, *L'Oracle des anciens fidèles*, Berne 1760.

Boulanger, Nicolas Antoine, *Recherches sur l'origine du despotisme oriental*, [Genève] 1761.

– *L'Antiquité dévoilée par ses usages*, Amsterdam 1766.

Buddeus, Johannes Franciscus, *Traité de l'athéisme et de la superstition*, Amsterdam, Leipzig 1756.

Bullet, Jean Baptiste, *Histoire de l'établissement du christianisme, tirée des seuls auteurs juifs et païens*, Besançon 1764.

Challe, Robert, *Difficultés sur la religion proposées au père Malebranche*, éd. F. Deloffre et M. Menemencioglu, Studies 209 (1982).

Chaudon, dom Louis Mayeul, *Anti-Dictionnaire philosophique*, Paris 1775.

Doutes sur la religion, Londres 1764.

Examen critique des apologistes de la religion chrétienne, s.l. 1766.

Examen de la religion, dont on cherche l'éclaircissement de bonne foi, s.l. 176. [*sic*].

Grotius, Hugo, *Traité de la vérité de la religion chrétienne*, tr. Le Jeune, Amsterdam 1728.

Holbach, Paul Thiry, baron d', *Le Christianisme dévoilé*, Londres 1756 [1766].

– et Jacques-André Naigeon, *Théologie portative*, Londres [Amsterdam] 1768.

– *Le Système de la nature*, Londres [Amsterdam] 1770.

Houtteville, Claude François, *La Religion chrétienne prouvée par les faits*, Paris 1722; nouv. éd., Paris 1749.

Lettre de Thrasibule à Leucippe, Londres s.d. [Amsterdam 1768?].

Lomonosov, M. V., *L'Apothéose de Pierre le Grand, trois écrits historiques inconnus*, publiés par Václav Černý, Prague 1964.

Meslier, Jean, *Œuvres complètes*, éd. J. Deprun, R. Desné et A. Soboul, Paris 1970-1972.

Middleton, Conyers, *Miscellaneous works*, London 1755.

Nonnotte, Claude François, *Les Erreurs de Voltaire*, Amsterdam 1766.

– *Dictionnaire philosophique de la religion*, s.l. 1772.

– *Petit traité philosophique de la religion*, Avignon 1772.

Roustan, Antoine Jacques, *Lettres sur l'état présent du christianisme*, Londres [Bâle] 1768.

Spinoza, Baruch, *Œuvres complètes*, Paris 1962.

– *L'Ethique*, tr. Boulainvilliers, éd. F. Colonna d'Istria, Paris 1907.

9. Philosophie, science, histoire (b) Etudes

Bingham, Alfred J., «The earliest criticism of Voltaire's *Dictionnaire philosophique*» *Studies* 47 (1966), p.15-37.

Bréhant, Jacques, «Quand Voltaire s'amusait à couper la tête des escargots», *Revue des deux mondes*, janv.-mars 1983, p.312-318.

Brumfitt, J. H., *Voltaire historian*, London, Oxford 1958.

Cazeneuve, Jean, «La philosophie de Voltaire d'après le *Dictionnaire philosophique*», *Synthèses* 16 (1961), p.14-31.

Cotoni, Marie-Hélène, «Rabelais maître et serviteur de Voltaire», *Mélanges J. Larmat*, Paris 1983, p.465-472.

Crist, Clifford M., *The «Dictionnaire philosophique portatif» and the early French deists*, New York 1934.

Debidour, Antonin, «L'Indianisme de Voltaire», *Revue de littérature comparée* 4 (1924), p.26-40.

Florenne, Yves, introduction à Voltaire, *Dictionnaire philosophique suivi de quarante questions sur l'Encyclopédie*, Paris 1962.

Galliani, Renato, «Les notes marginales de Voltaire au *Dictionnaire philosophique*», *Studies* 161 (1976), p.7-18.

James, E. D., «Voltaire and the *Ethics* of Spinoza», *Studies* 228 (1984), p.67-87.

Kotta, Nuçi, «Voltaire's *Histoire du parlement de Paris*», *Studies* 41 (1966), p.219-230.

Lavička, Jan, «La genèse du *Sermon des cinquante*», *Studies* 256 (1988), p.49-82.

Lee, Joseph Patrick, *Voltaire's «Sermon des cinquante»: a critical edition*, Fordham University 1971.

Mason, H. T., *Pierre Bayle and Voltaire*, London 1963.

Mervaud, Christiane, «Julien l'Apostat dans la correspondance de Voltaire et de Frédéric II», *RHLF* 76 (1976), p.724-743.

Monty, Jeanne R., «Etude sur le style polémique de Voltaire: le *Dictionnaire philosophique*», *Studies* 44 (1966).

Morehouse, Andrew R., *Voltaire and Jean Meslier*, New Haven 1936.

Moureaux, José-Michel, «Ordre et désordre dans le *Dictionnaire philosophique*», *Dix-huitième siècle* 12 (1980), p.381-400.

– «D'Argens éditeur de Julien», *Studies* 267 (1989), p.139-198.

– «Voltaire apôtre: de la parodie au mimétisme», *Poétique* 66 (1986), p.159-177.

– «La place de Diderot dans la correspondance de Voltaire: une présence d'absence», *Studies* 242 (1986), p.169-217.

Pappas, John, «Voltaire et la guerre civile philosophique», *RHLF* 61 (1961), p.525-549.

Pomeau, René, «Histoire d'une œuvre de Voltaire: le *Dictionnaire philosophique portatif*», *L'Information littéraire* 7 (1955), p.43-50.

– *La Religion de Voltaire*, Paris 1956; nouv. éd. 1969.

– «La documentation de Voltaire dans le *Dictionnaire philosophique*» *Quaderni francesi* 1 (1970), p.395-405.

Porset, Charles, «Notes sur Voltaire et Spinoza», dans *Spinoza au XVIIIe siècle*, Paris 1990, p.225-240.

– «Voltaire et Meslier: état de la question», dans *Le Matérialisme du XVIIIe siècle et la littérature clandestine*, Paris 1982, p.193-201.

Proust, Jacques, *Diderot et l'Encyclopédie*, Paris 1962.

Renwick, John, «Reconstruction and interpretation of the *Bélisaire* affair», *Studies* 53 (1967), p.171-222.

– *Marmontel, Voltaire and the «Bélisaire» affair*, Studies 121 (1974).

Rétat, Pierre, *Le «Dictionnaire» de Bayle et la lutte philosophique au XVIIIe siècle*, Paris 1971.

– «Le *Dictionnaire philosophique* de Voltaire: concept et discours du dictionnaire», *RHLF* 81 (1981), p.892-900.

Roger, Jacques, *Les Sciences de la vie dans la pensée française du XVIIIe siècle*, Paris 1963.
Šmurlo, Yevgeniĭ. F., *Voltaire et son œuvre «Histoire de l'empire de Russie sous Pierre le Grand»*, Prague 1929.
Torrey, Norman L., *Voltaire and the English deists*, New Haven 1930; rééd. 1967.
Trapnell, William H., *The Treatment of Christian doctrine by philosophers of the natural light from Descartes to Berkeley*, Studies 252 (1988).
Vercruysse, Jeroom, «De l'utilité de Pierre Bayle: l'*Abrégé* de A. J. Le Bret et Voltaire, ou du bon usage du *Dictionnaire* au 18e siècle», *Studi filosofici* 7 (1984), p.183-210.
Vernière, Paul, *Spinoza et la pensée française avant la Révolution*, Paris 1954.
Virolle, Roland, «Où en sont les études sur le *Dictionnaire philosophique* de Voltaire?», *L'Information littéraire* 26 (1974), p.60-67.
Wright, Winifred O., *Voltaire et les apologistes du XVIIIe siècle*, Université de Toulouse 1966.

10. Voltaire et Rousseau

Gagnebin, Bernard, «Voltaire a-t-il provoqué l'expulsion de Rousseau de l'île Saint-Pierre?», *Annales de la Société J.-J. Rousseau* 30 (1943-1945), p.113-131.
Gouhier, Henri, *Rousseau et Voltaire: portraits dans deux miroirs*, Paris 1983.
Guillemin, Henri, *Les Philosophes contre Jean-Jacques: ‹cette affaire infernale›. L'affaire J.-J. Rousseau-David Hume, 1766*, Paris 1942.
Havens, George R., *Voltaire's marginalia on the pages of Rousseau*, Columbus, Ohio 1933.
Hume, David, *Exposé succinct de la contestation qui s'est élevée entre M. Hume et M. Rousseau, avec les pièces justificatives*, tr. J. B. A. Suard, Londres [Paris] 1766.
Launay, Michel, *Jean-Jacques Rousseau écrivain politique (1712-1762)*, Cannes 1971.
May, Gita, «Voltaire a-t-il fait une offre d'hospitalité à Rousseau?», *Studies* 47 (1966), p.93-113.
Outrey, Amédée, «Un épisode de la querelle de Voltaire et de Rousseau: la publication des *Lettres de Venise*», *Revue diplomatique* 64 (1950), p.3-36.
Peoples, Margaret Hill, *La Querelle Rousseau-Hume*, dans *Annales de la Société J.-J. Rousseau* 18 (1927-1928), p.1-331.
Rousseau, Jean-Jacques, *Correspondance complète*, éd. R. A. Leigh, Genève, Banbury, Oxford, 1965-1989.
– *Œuvres complètes*, éd. B. Gagnebin et M. Raymond, t.I, *Ecrits autobiographiques*, Paris 1959; t.III, *Du contrat social, Ecrits politiques*, Paris 1964; t.IV, *Emile, Education, Morale, Botanique*, Paris 1969.
Spink, John Stephenson, *Jean-Jacques Rousseau et Genève*, Paris 1934.
Taylor, S. S. B., «Public awareness of the Voltaire-Rousseau quarrel: the iconographical and bibliographical evidence», dans *Rousseau and the eighteenth century: essays in memory of R. A. Leigh*, Oxford 1992, p.209-223.

11. Genève et Ferney

Apgar, Garry K., *The Life and Art of Jean Huber of Geneva*, Yale University 1988.
Beer, sir Gavin de, «Voltaire's British visitors», *Studies* 4 (1957), p.7-136; *Studies* 10 (1959), p.425-438.
– et Rousseau, André-Michel, «Voltaire's British visitors», *Studies* 49 (1957), p.7-136.
– et Rousseau, André-Michel, «Voltaire's British visitors: second supplement», *Studies* 18 (1961), p.237-262.
Bréhant, Jacques, «Voltaire et la médecine»,

Revue des sciences morales et politiques 142 (1987), p.105-120.
– et Roche, Raphaël, *L'Envers du roi Voltaire (quatre-vingts ans de la vie d'un mourant)*, Paris 1989.
Brown, Andrew, et Kölving, Ulla, «Voltaire and Cramer?» dans *Le Siècle de Voltaire*, Oxford 1987, p.149-83.
Casanova, *Mémoires*, Paris 1926-1927.
Caussy, Fernand, *Voltaire* [...] *seigneur de village*, Paris 1912.
Ceitac, Jane, *L'Affaire des Natifs et Voltaire*, Genève 1956.
Chapponière, Paul, *Voltaire chez les calvinistes*, Genève 1932.
Choudin, Lucien, *Deo erexit Voltaire, MDCCLXI: l'église de Ferney, 1760-1826*, Annecy 1983.
– *Histoire ancienne de Ferney*, Annecy 1989.
Comparet, Jean-Antoine, *La Vérité. Ode à M. de Voltaire, suivie d'une Dissertation historique et critique sur le gouvernement de Genève et ses révolutions*, Londres [Genève] 1765.
Cornuaud, Isaac, *Mémoires de Isaac Cornuaud sur Genève et la Révolution*, Genève 1912.
Ferrier, Jean-Pierre, *Le Duc de Choiseul, Voltaire et la création de Versoix-la-Ville*, Genève 1922.
Gargett, Graham, *Voltaire and Protestantism*, Studies 188 (1980).
– «Jacob Vernet: theologian and anti-*philosophe*», *British journal for eighteenth-century studies* 16 (1993), p.35-52.
Gielly, Louis, *Voltaire; documents iconographiques*, Genève 1948.
Haller, Albrecht von, et Bonnet, Charles, *The Correspondence between Albrecht von Haller and Charles Bonnet*, éd. O. Sohntag, Berne 1983.
Ivernois, Francis d', *Tableau historique et politique des révolutions de Genève dans le dix-huitième siècle*, Genève 1782.
Jovicevich, Alexander, *Jean-François de La Harpe, adepte et renégat des Lumières*, Seton Hall 1973.
– «Voltaire and La Harpe – l'affaire des manuscrits: a reappraisal», *Studies* 176 (1979), p.77-95.
Lambert, Gary, «Antoine Adam: Voltaire's Jesuit in residence», *Studies* 302 (1992), p.23-67.
Marchand, Jacqueline, «Des souris et des chats: Voltaire et les Genevois en 1765», *La Pensée et les hommes* 22 (1978-1979), p.187-196.
Renwick, John, «Voltaire et les antécédents de la *Guerre civile de Genève*», *Studies* 185 (1980), p.57-86.
Taylor, S. S. B., «The duke and duchess of Grafton with Voltaire: notes on unrecorded silhouettes by Jean Huber», *Studies* 135 (1975), p.150-165.
Todd, Christopher, *Voltaire's disciple: Jean-François de La Harpe*, London 1972.
Trousson, Raymond, «Les curiosités littéraires du prince de Ligne», *Nouvelles annales prince de Ligne* 4 (1989), p.91-124.
Van den Heuvel, Jacques, *Album Voltaire, iconographie choisie et commentée*, Paris 1983.
Vercruysse, Jeroom, «La première d'*Olympie*: trois lettres de Mme Denis aux Constant d'Hermenches», *Studies* 163 (1976), p.19-29.
Vernet, Jacob, *Lettres critiques d'un voyageur anglais*, 3e édition, Copenhague [Genève] 1766.

INDEX
des noms de personnes et des œuvres de Voltaire

TABLE DES MATIÈRES

Note v

Liste des abréviations vi

Note sur les monnaies vii

Introduction 1

Les échafauds. Transformation de la société française. Ambition du dessein voltairien: changer la religion. Le moyen: l'écrit. Entrelacement des entreprises simultanées. Ce qu'exige la clarté de l'exposé.

I. «Coups de patte» à l'Infâme 5

L'Infâme: mot de Potsdam. Le vocabulaire de Frédéric II, héros «vaurien» (p.6). Définition: un complexe de fanatisme et de superstition. Campagne limitée aux «honnêtes gens» (p.9). *La Relation* [...] *de Berthier*: Voltaire en état de vivacité créative. Mais son drame de *Socrate* est injouable. Un Socrate théiste (p.13). Défaites françaises en Allemagne. Désastres au Canada, en Inde. Voltaire s'entremet pour des pourparlers de paix clandestins entre Choiseul et Frédéric II. Intransigeance des deux côtés.

II. Le laboureur de Ferney 18

Situation du pays de Gex. Imbroglios administratifs et fiscaux. La position dominante du subdélégué Fabry; suite du conflit avec le curé Ancian; règlement de l'affaire des dîmes (p.22). Voltaire obtient que soient maintenus les privilèges fiscaux de «l'ancien dénombrement» pour Ferney. Projet de «libérer» le pays de Gex des fermes générales. «L'affaire des brigands du bureau (de douane) de Saconnex». Les jésuites d'Ornex, en collusion avec des prêteurs genevois, tentent de dépouiller une famille nombreuse de pauvres gentilshommes. Voltaire fait échouer la manœuvre (p.27). L'affaire Ancian rebondit: le curé de Moëns avec ses acolytes bastonne les jeunes gens attablés de nuit chez une veuve légère. Voltaire poursuit l'affaire avec tant de chaleur qu'il la compromet. Echanges épistolaires avec Mgr de Chaumont, évêque d'Annecy (p.32). Voltaire vigneron, laboureur. Il assèche un marais empoisonné, achète des chevaux. L'*Epître à Mme Denis sur l'agriculture*. Voltaire et ses bœufs. Le poète et le paysan: la cohérence d'une existence.

III. Les droits du seigneur 40

Jusqu'en 1765, Voltaire possède deux résidences: avec Ferney les Délices, où il fait des embellissements (p.40). Achats pour constituer, de Ferney à Tourney, un domaine d'un seul tenant. Choudens lui vend un terrain qui ne lui appartient pas: procès. L'affaire Bétens (p.42). Le procès Panchaud: pour «six noix et un coup de sabre», 600 livres de frais de justice (p.43). Conflit avec de Brosses pour Tourney. Marchandages pour un achat définitif. Echec (p.48). Les moules de bois de Charlot. Voltaire berné par de Brosses, de mèche avec Charlot. De Brosses, qui vise l'Académie, accepte un accommodement. Mais c'est à tort que la postérité lui a prêté le beau rôle.

IV. Le château, l'église, le théâtre 54

Reconstruction du château. Disposition des lieux. Le jardin, le parc. Une façade à dégager. Un obstacle : l'église entourée du cimetière. Voltaire veut la déplacer. Travaux commencés, puis interrompus. L'église sera reconstruite sur le même emplacement. Transport des justices séculières et ecclésiastiques. Les ossements. Le *patibulum*. Voltaire a-t-il dit: «Otez-moi cette potence»? (p.61). L'église de Voltaire différente de l'actuelle chapelle. *Deo erexit Voltaire*. L'église de Voltaire victime de la Révolution. A l'intérieur: un baldaquin, une relique envoyée par le pape. Sur l'autel une grande statue du Christ en sage antique. Voltaire à la messe, «édifie ses paroissiens» (p.65). Le théâtre: d'abord à Tourney. Scène exiguë. Voltaire aménage en salle de spectacle une bâtisse dans la cour du château à Ferney: trois cents places.

V. Monsieur de Voltaire 66

Ses titres, ses armes. La joie d'être riche, indépendant dans ses terres. *Suave mari magno*. Activité militante. Santé. La vie commence à soixante-dix ans (p.69). La maladie, exercice de renaissance. La thérapeutique de la gaîté. Il cultive sa présence par ses lettres. La diversité des registres et des thèmes. Les cercles concentriques de ses relations (p.79). Les visiteurs, à Ferney et aux Délices (1760-1761). Les obscurs et les hôtes de marque. Table ouverte, porte ouverte (p.73). Les fêtes de Ferney: spectacle, souper, bal. Le torrent des dépenses. Ne pas entamer son capital. Ses revenus: les intérêts des prêts consentis à des particuliers. «Etre vieux, riche, libre, hardi.» «Il faut faire la guerre et mourir noblement.»

VI. Une offensive antiphilosophique 80

Les défaites militaires françaises imputées aux philosophes. Le parti antiphilosophique. Lefranc de Pompignan, frère de l'évêque du Puy, élu à l'Académie. Son discours de réception: une diatribe contre la philosophie «qui sape également le trône et l'autel». Succès. Approbation de Louis XV. Voltaire: les *Quand*, les *Pour*, les *Que*, etc. Maladresse du vaniteux Pompignan. *La Vanité*. *Le Fat puni*: déroute de Pompignan (p.84). *Les Philosophes* de Palissot, montés sur ordre: les encyclopédistes, «gens de sac et de corde», notamment «Dortidius». Succès. Palissot joue sur le désaccord entre les philosophes et ménage Voltaire qui pourtant le désavoue. Palissot patronné par Fréron, soutenu par Choiseul (p.88). Faux-pas de l'abbé Morellet: sa *Vision de Charles Palissot* met en cause la princesse de Robecq. L'abbé *Mords-les* à la Bastille. Riposte de Voltaire: *Le Pauvre diable*. *Le Russe à Paris*, satire insuffisante (p.91). Riposte au théâtre: *L'Ecossaise*, drame à l'anglaise, où le journaliste Fréron est vilipendé, monté en hâte. Une première mémorable. Fréron est présent. Sa *Relation*: le *Te Voltarium*. *L'Ecossaise* finira par l'emporter sur *Les Philosophes* (p.96). Voltaire caresse une chimère: Diderot à l'Académie. *Tancrède*: succès de meilleur aloi que celui de *L'Ecossaise*. «De la pompe, du spectacle, du fracas.» La marche au supplice d'Aménaïde. Fatal malentendu (p.99). La vraisemblance sacrifiée à la production du pathétique. «Quand parlera-t-elle?» Triomphe de Lekain et de Mlle

dans l'intimité familiale. Recrudescence de la persécution dans le Languedoc, fin 1761-début 1762 (p.133). Echauffourée à Caussade. Le pasteur Rochette et trois gentilshommes protestants, transférés à Toulouse. Ribotte-Charron sollicite Rousseau qui se dérobe, et Voltaire qui intervient sans chaleur. Supplice à Toulouse du pasteur et des trois gentilshommes (p.135). La famille Calas. La disposition des lieux. La soirée du 13 octobre 1761. On découvre le corps de Marc-Antoine: allongé au sol? pendu? Le capitoul David de Beaudrigue croit au crime calviniste. Il fait incarcérer au Capitole toute la famille (p.138). L'enquête s'efforce d'établir le crime calviniste. Le monitoire le présente comme une certitude. Obsèques catholiques en grande pompe de Marc-Antoine. Pourtant aucune preuve de sa conversion, catégoriquement démentie par la servante catholique Jeanne Viguière. Sentence des capitouls frappée d'appel devant le parlement (p.141). *La Calomnie confondue* du pasteur Rabaut: on manque de troupes pour réprimer l'insolence des protestants. Faute d'aveu, le parlement de Toulouse hésite. On prononce sur le seul Jean Calas: condamné, de justesse, à la mort sur la roue. On espère qu'il avouera. Il meurt en protestant de son innocence. Désarroi des juges (p.143). Voltaire, d'abord hésitant, est bientôt persuadé de l'innocence de Calas. Indignation en Suisse. Donat Calas à Ferney. Voltaire prend en charge l'affaire. Difficultés de l'entreprise. Les atouts: la bonne réputation des protestants, leurs moyens financiers (p.148). Mme Calas conduite à Paris. Subsides et conseils de Voltaire. Intense campagne par correspondance. Il rédige les *Pièces originales*, au nom de Mme Calas et de Donat. Procès du secret de la procédure: *Histoire d'Elisabeth Canning et des Calas*. Le Conseil du roi, en séance exceptionnelle, ordonne au parlement de Toulouse d'envoyer le dossier, 7 mars 1763 (p.152). Le *Traité sur la tolérance* met en evidence l'enjeu de l'affaire. Arguments historiques et politiques. *La Prière à Dieu*: le fondement théiste de la tolérance. Propositions pour un statut des protestants: tolérance, non liberté (p.154). On empêche la diffusion du *Traité sur la tolérance*. Une fausse manœuvre: les *Lettres toulousaines* de Court de Gébelin. Le pouvoir ménage les parlements. Libération du galérien huguenot Chaumont; sa visite à Ferney. Projet de transférer les huguenots du bagne à la Guyane. Enfin, le 4 juin 1764, l'arrêt de Toulouse est cassé, le Conseil ordonne la révision du procès (p.157). Mme Calas reprend vie. L'estampe de Carmontelle. Réhabilitation de Jean Calas (12 mars 1765). Immense popularité de Voltaire, «don Quichotte des malheureux».

Relations longtemps correctes entre eux. Même la *Lettre à d'Alembert*, que Voltaire ne prend pas au sérieux, n'entraîne pas la rupture (p.162). Par lettre, le 17 juin 1760, Rousseau adresse à Voltaire une déclaration de haine. Le cheminement intérieur de Jean-Jacques, insoupçonné de Voltaire qui taxe son correspondant de folie et de trahison (p.165). Voltaire impute à Rousseau les difficultés qu'on lui fait pour son théâtre de Tourney. Représailles: les *Lettres sur la Nouvelle Héloïse*, attribuées à Ximénès, et peut-être l'épisode de Mme de Parolignac dans la révision de *Candide*. *Rescrit de l'empereur de la Chine* contre «la paix perpétuelle» de l'abbé de Saint-Pierre, et de Rousseau (p.170). Rousseau condamné à Paris, à Genève et à Berne. Responsabilité de Voltaire? Sa lettre à Charles Pictet. Voltaire a-t-il offert à Rousseau un asile à Tourney? (p.172). Réaction de Voltaire au *Contrat social*, «insocial», à l'*Emile*. Il extrait du *Vicaire savoyard* «une

(p.222). *Saül* met en scène les épisodes les plus choquants de l'histoire de Saül et de celle de David. *Les Questions de Zapata*: le jeune licencié pose soixante questions, en suivant le texte, aux docteurs de Salamanque. En conclusion, Zapata va enseigner le théisme. Mais ses maîtres l'envoient au bûcher. Voltaire antijudaïque, non antisémite (p.226). Voltaire aime la Bible. Se plaît à des identifications: le vieillard Siméon. Le modèle de la prédication évangélique.

XIV. Ecrlinf (juillet 1765 - novembre 1767) 230

Exhortation à d'Alembert, «frère Protagoras». Damilaville: sa personnalité. Intermédiaire entre Voltaire et Diderot. A partir de l'affaire Calas, le mot d'ordre dans chaque lettre. Damilaville à Ferney. Le petit troupeau (p.233). Propagande par des écrits courts. Le courtier Chiniac. Merlin l'enchanteur. Passer de deux mille à quarante mille «sages» (p.236). *Pot-pourri*, ou l'histoire de Polichinelle. *Lettres sur les miracles*: questions d'un proposant à un professeur en théologie. Needham et ses «anguilles», caution du naturalisme athée. Autres intervenants. Les miracles ridicules facteurs d'«abrutissement». Remède: la liberté de la presse (p.240). *Le Philosophe ignorant*. Pessimisme épistémologique de Voltaire. Existence de «l'artisan suprême», mais inconnaissable. Le spinozisme «château enchanté». Universalité de la loi morale. L'*Ignorant* critiqué par Mme Du Deffand, Grimm (p.246). Attaque sur l'autre front: l'*Examen important*. Au vrai Bolingbroke, ennuyeux par écrit, substituer un Voltaire-Bolingbroke. Place plus importante du Nouveau Testament. Une figure épurée de Jésus. Ampleur et solidité de la documentation (p.249). Les *Homélies* poursuivent le combat sur deux fronts. Hypothèse de la «monade indestructible». Débat sur l'utilité sociale de la croyance en Dieu (p.252). *Lettres à Mgr le Prince de...*, destinataire (fictif): le prince de Brunswick, en visite à Ferney en 1766. Défilé des auteurs, cautions de la philosophie, depuis Rabelais jusqu'à Spinoza (p.254). Divers dialogues, l'*Ingénu*, dans la campagne Ecrlinf. Le canevas initial. Voltaire et la Bretagne. Le celtomane Le Brigant. Le Huron et la religion. Son éducation par la lecture dans la prison-bibliothèque de la Bastille. Bienfaits de la culture littéraire. Jésuitisme, despotisme, bureaucratie provoquent le drame final (p.259). Quand et pourquoi Voltaire renonce au mot d'ordre «Ecrasez l'Infâme».

XV. L'histoire, tous azimuts 261

Additions à l'*Essai sur les mœurs*, souvent en fonction de l'actualité. Additions au *Siècle de Louis XIV*. Le trait final des «cérémonies chinoises» ajouté en 1768 (p.264). Voltaire contre La Beaumelle: nouvelles attaques virulentes (p.265). Nonnotte, *Les Erreurs de Voltaire*. Propositions du libraire Fez. Trente-quatre «Sottises de Nonnotte». Patouillet (p.267). Voltaire obligé de donner ses références. *Honnêtetés littéraires*. Contre «l'opinion», la raison. *Cri des nations* contre la puissance pontificale (p.270). *La Philosophie de l'histoire*, ou «l'antiquité à bâtons rompus». «L'abbé Bazin». L'ouvrage dédié à Catherine II: réponse réservée de la tsarine. Désapprobation de Mme Du Deffand et du président Hénault. Approbations des philosophes militants. Le dessein: ruiner l'historiographie ancienne de la tradition (Bossuet, Rollin). Voltaire aidé par Moultou. Warburton et son paradoxe. La prostitution sacrée de Babylone. Procès du «peuple élu», atrocement cruel (p.281). Voltaire ignore l'idée d'une histoire géologique du globe. Polygénisme. Que presque partout une élite de sages s'est élevée à la notion du Dieu unique : élitisme. *Le Pyrrhonisme de l'histoire.* Controverse sur le *Testament politique de Richelieu* (p.285). Le *Précis du siècle de Louis XV*, dans le prolongement du *Siècle de Louis XIV.* «Progrès de l'esprit humain». Mais la décadence menace.

XVI. Le cri du sang innocent 288

Le feudiste Sirven et sa famille, «nouveaux catholiques». Tension entre les communautés religieuses. Elisabeth, fille cadette de Sirven, aux Dames noires : un cas de pathologie mentale. Elle est rendue à ses parents. Les Sirven à Saint-Alby. Elisabeth attirée par le puits. On l'y retrouve noyée. Rumeur de la «justice protestante». Sirven *estrangladou.* Décret d'arrestation. Fuite des Sirven (p.291). Monitoire. Un intermède : l'affaire Faragou. Condamnations par contumace : pendaison pour Sirven et sa femme, bannissement pour leurs filles. Les Sirven, réfugiés à Lausanne, rendent visite à Voltaire. Début de la campagne en leur faveur (p.293). Dans l'intervalle, l'affaire La Barre. Mutilation d'un crucifix à Abbeville. Trois jeunes gens de la jeunesse dorée sont soupçonnés. L'un d'eux, d'Etallonde, s'enfuit. La Barre, malgré son alibi, est emprisonné. Deux notables, Soicourt et Belleval, travaillent à le perdre pour se venger de sa tante Mme Feydeau, abbesse de Villancourt. On trouve dans sa chambre un exemplaire du *Dictionnaire philosophique.* Duval et deux assesseurs condamnent d'Etallonde, contumace, et La Barre à être décapités et brûlés ; le *Dictionnaire* sera jeté sur le bûcher (p.298). Le parlement de Paris doit confirmer la sentence. Le jeune homme devant les vingt-cinq juges parisiens, sans public, ni avocat. Intervention tonitruante de Pasquier, contre les philosophes. La sentence d'Abbeville confirmée. On espère la grâce du roi, qui la refuse (p.300). Supplice de La Barre à Abbeville. Courage du chevalier. Hostilité de la foule accourue nombreuse, qui applaudit la décapitation d'un gentilhomme (p.302). Voltaire horrifié. «Arlequins anthropophages». Signal d'une Saint-Barthélemy de philosophes ? Voltaire se réfugie à Rolle, territoire bernois. Projet d'une migration des «frères» à Clèves, ville prussienne. Echec (p.304). *Relation de la mort du chevalier de La Barre.* Revirement de l'opinion. Beccaria, auteur de *Dei delitti e delle pene*, commenté par Voltaire. Beccaria triomphalement accueilli à Paris.

XVII. Tempête dans la «parvulissime» 307

Le «fornicateur» Covelle refuse de s'agenouiller devant le Consistoire. L'affaire survient au milieu d'une crise sociale et politique de Genève. Resserrement de l'oligarchie dominante, les «négatifs». Protestations des «représentants» (p.308). Après la condamnation par le Petit Conseil de l'*Emile* et du *Contrat social*, Rousseau est déçu par la faible réaction de ses partisans. Il accuse le «polichinelle» Voltaire. Voltaire va-t-il se ranger du côté du Petit Conseil ? (p.310). Mécontent de l'étroitesse de l'esprit de celui-ci, il estime juste la cause des représentants. Hennin nommé au poste, vacant, de résident de France à Genève. Pendant l'intérim, influence accrue de Voltaire. Il propose une rencontre de conciliation. Refus du Petit Conseil (p.313). Versailles nomme Beauteville médiateur à Genève. Le médiateur fait ouvrir un théâtre au centre de la ville. Un incendie le détruit. Voltaire accuse Jean-Jacques. Campagne contre Jacob Vernet. Campagne contre Rousseau. Sur les démêlés entre Rousseau et Hume, *Lettre au docteur J.J. Pansophe* (p.318). A son tour, la classe exploitée des natifs s'agite. Voltaire récrit un mémoire rédigé par leur chef Auzière. Echec de l'audience accordée par Beauteville. Arrestation d'Auzière. Voltaire s'est mis à dos tous les partis (p.321). Les affaires de cette «fourmilière» réveillent sa veine burlesque. *La Guerre civile de Genève*. Attaques odieuses contre Rousseau (p.324). Le médiateur s'étant retiré, Versailles ordonne le blocus de Genève. C'est à Ferney qu'on souffre le plus.

XVIII. De Bélisaire à Monsieur André (février 1767 - février 1768) 325

Le *Bélisaire* de Marmontel, «bréviaire des rois». Mais le chapitre XV alarme la Sorbonne: salut des païens vertueux, tolérance. Marmontel fait appel à Voltaire: *Anecdote sur Bélisaire*. L'*Indiculus ridiculus* de la Sorbonne. «Eclaire-t-on les esprits avec la flamme des bûchers»? Opposition du gouvernement à la censure (p.328). Entrée en lice de Coger, professeur au collège Mazarin. Voltaire répond faiblement. Mais le pouvoir refuse de suivre la Faculté de théologie. La tolérance tacitement admise (p.330). Le *Supplément à la Philosophie de l'histoire*, par Larcher, helléniste très compétent, proche des philosophes, mais circonvenu par leurs ennemis. Voltaire sait le danger d'un ouvrage qui risque de ruiner sa réputation scientifique. Réponse: *La Défense de mon oncle*, sur le mode plaisant. «Toxotès»: caricature sans rapport aucun avec le vrai Larcher. Entraîne le lecteur dans un domaine où Larcher ne peut suivre: le théisme prouvé par la biologie (p.336). *Les Scythes*, tragédie autobiographique. Pendant le travail de mise au point, l'affaire Lejeune. L'épouse d'un libraire parisien est venue à Ferney chercher des livres prohibés: trahie au retour, se cache au château. Alarme de Voltaire. L'affaire est étouffée à Versailles. Succès des *Scythes* à Ferney devant un public de militaires (blocus de Genève). Mais à Paris échec (p.340). Caducité? Démentie par *La Princesse de Babylone*: un Orient plus fabuleux que celui de *Zadig*. Revue de l'Europe éclairée. Au finale, charge contre les ennemis de Voltaire notamment Toxotès (p.345). Fécondité de Voltaire. Aussitôt après *La Princesse de Babylone*, *L'Homme aux quarante écus*. Absurdité des physiocrates, qui veulent que l'agriculture seule paie l'impôt. Elargissement à d'autres sujets, sous forme de dialogues. L'Homme aux quarante écus devenu M. André tient table ouverte et se met à ressembler à Voltaire.

XIX. L'aubergiste de l'Europe 348

Des visiteurs de toutes origines. Prédominance des Anglais qui ont laissé leurs témoignages. Une journée de Voltaire à Ferney (p.351). Voltaire chez lui. Son entourage. Son anglais. Son accoutrement (p.353). Sa conversation. Aux Anglais: l'Angleterre et Shakespeare. Aux Italiens: l'Italie et l'Arioste. Discussion avec Casanova sur l'Infâme, avec Boswell sur Dieu (p.356). Les spectacles suivis de soupers et de bals. Pénurie d'acteurs amateurs. Exigences du Maître aux répétitions. Mlle Clairon à Ferney (p.358). *Charlot ou la comtesse de Givry*, pour un public d'officiers. La dernière des grandes nuits de Ferney (p.359). La Harpe et Chabanon à Ferney, en mal de tragédies. Brillent comme acteurs amateurs dans les pièces du Maître (p.362). La Harpe soustrait un chant manuscrit de *La Guerre civile de Genève*. Mme Denis compromise. Voltaire la chasse.

XX. Seul à Ferney (mars - décembre 1768) 364

Voltaire navré du départ de sa nièce, qu'il a voulu. Velléité de vendre Ferney. Dettes

nature de d'Holbach: Voltaire en conteste la thèse athéiste (p.414). *Défense de Louis XIV* contre les physiocrates, *Poème de Jean Plokof* invitant à aider Catherine II dans sa guerre contre les Turcs. Fin de l'affaire Sirven: Sirven acquitté par le nouveau «parlement Maupeou» (p.417). Voltaire intervient dans l'affaire Claustre. L'affaire Martin. Les accès de fièvre, le 24 août, anniversaire de la Saint-Barthélemy (p.419). Projet de Versoix. Agitation des natifs: beaucoup émigrent en terre française. Leur installation à Versoix est compromise: économies draconiennes de l'abbé Terray, et interdiction de pratiquer le culte protestant. Voltaire attire les natifs à Ferney, et s'efforce d'aider l'écoulement des montres produites dans leurs ateliers (p.423). *Le Dépositaire*, pièce démodée, non jouée (p.425). Une réunion chez Necker décide d'offrir de son vivant une statue au grand homme. Souscription ouverte. D'Alembert accepte la souscription de Rousseau, malgré l'opposition de Voltaire. Pigalle, chargé de réaliser la statue, se rend à Ferney. Voltaire l'interroge sur la fonte du veau d'or en une seule nuit par les Hébreux. Pigalle a pris le parti de représenter le vieillard en nu héroïque. «Un monstre.» Houdon. Le vrai «Voltaire vivant» est celui de Huber.

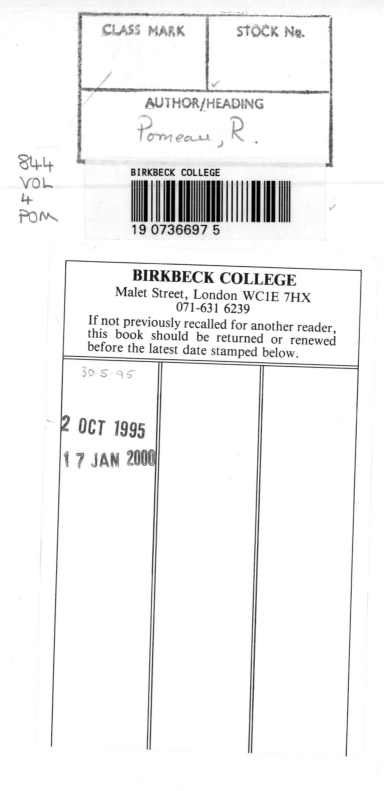